ASSiMiL
La méthode intuitive

L'anglais

Collection Sans Peine

par Anthony Bulger

Illustrations de Nicolas Sautel

94430 Chennevières-sur-Marne
FRANCE

ISBN 978-2-7005-0910-6

Sommaire

Avant-propos : Pourquoi cette nouvelle méthode ?

Les langues évoluant constamment, Assimil a comme politique de suivre assidûment ces mutations et de répercuter dans ses méthodes celles qui lui semblent pérennes. Ce principe de contrôle permanent est particulièrement pertinent pour la langue anglaise qui, du fait de sa large utilisation, connait des évolutions constantes et parfois significatives.

Ainsi, cette nouvelle édition de L'Anglais dans la collection *Sans Peine* est le fruit de nos efforts constants d'observation et de sélection, poussés par la volonté d'écouter les besoins de nos lecteurs et répondre à leurs attentes.

Nous n'avons pas cherché à révolutionner une méthodologie qui a largement fait ses preuves depuis plus de 90 ans, mais nous œuvrons pour mettre au service de nos apprenants les avancées pédagogiques et techniques de ces dernières années, afin de présenter in situ le vocabulaire et les tournures courants et contemporains. Notre méthode évolue avec le monde et donc avec vous !

Introduction

Qu'on le veuille ou non, l'anglais est devenu le vecteur incontournable de la communication mondiale. Il est utilisé comme langue principale par plus de 370 millions de personnes, et comme deuxième langue par près de 1,5 milliards. À l'heure actuelle, on prévoit que, d'ici 2050, la moitié de la population de la planète en aurait une connaissance plus ou moins opérationnelle. Certes, dans l'histoire, il y a toujours eu des exemples de langues internationales qui dépassaient leur communauté linguistique d'origine (l'arabe, le grec, le latin...), mais l'essor de l'anglais est sans commune mesure avec ces "espérantos" d'autrefois. Les raisons principales de cette généralisation sont évidentes : d'abord la révolution industrielle, ensuite l'influence politique, commerciale et culturelle des États-Unis, et enfin le fait que les grandes entreprises qui ont piloté la révolution de la communication sont anglophones. Aujourd'hui, les chantres de l'intelligence artificielle prévoient la fin plus ou moins imminente de l'apprentissage des langues étrangères, à la faveur de l'anglais et le codage informatique. Mais nous n'y sommes pas encore...

Il est indéniable que les autochtones – ceux pour qui l'anglais est la langue maternelle – font désormais partie d'une minorité. Selon une étude influente, il existe trois "cercles" concentriques d'anglophonie : le noyau central, composé des pays où l'anglais est la langue maternelle (Grande Bretagne, Etats-Unis, Canada, Australie, etc.), un cercle intermédiaire comprenant principalement d'anciennes colonies et pays où l'anglais a une place prépondérante au niveau administratif ou commercial (une cinquantaine de pays, notamment l'Inde, la Malaisie, ou encore le Kenya) ; et, enfin, un cercle extérieur en expansion, où le nombre de personnes parlant anglais comme une langue véhiculaire s'élargit sans cesse (Chine, Japon, Corée, Indonésie, etc.) et dépasse de très loin le groupe autochtone. D'où le concept de l'anglais "international" ou "global", qui n'appartient pas, ou plus, à ceux dont il est la langue maternelle ou première. Face à cette démultiplication – ou dénaturalisation, selon certains – il est légitime de se demander quel type d'anglais on doit apprendre.

Assimil a toujours souscrit à l'idée qu'une langue est indissociable de la culture de son pays d'origine, même si – comme c'est le cas pour l'anglais mais aussi l'espagnol ou encore le portugais – elle est pratiquée autant ou davantage à l'extérieur de celui-ci qu'à l'intérieur et peut devenir une sorte de "déséperanto". Les langues sont bien plus qu'un moyen de communication et ne doivent pas être apprises dans un vide culturel. Ainsi, cet ouvrage est toujours consacré à l'anglais britannique, tout en prenant en compte l'influence grandissante d'autres "anglais", notamment l'américain.

Comme matière de base, nous avons pris la langue parlée – y compris par les médias imprimés et numériques –, que nous avons structurée autour d'une progression grammaticale systématique et pragmatique. Même si la structuration grammaticale d'une méthode de langue est forcément artificielle (pourquoi apprendre, par exemple, le temps présent avant le passé simple, alors qu'on acquiert sa langue maternelle sans un tel ordonnancement ?), nous avons tenté d'être le plus réaliste possible. Quant au vocabulaire, nous le présentons toujours en situation, suivant le Cadre européen commun de référence pour les langues (CECR) : ainsi, lorsqu'un nouvel élément de la langue est présenté, il est expliqué en utilisant un vocabulaire déjà étudié, vous permettant ainsi de consolider vos connaissances au fur et à mesure de l'avancement.

Notre but est de vous amener au bout d'une vingtaine de semaines d'étude agréable, à une aisance dans les notions et fonctions de la langue quotidienne, sachant que cet acquis vous servira de base pour aller bien au-delà des frontières du Royaume-Uni. Il ne s'agit pas d'un guide de conversation – et surtout pas un recueil de règles grammaticales –, mais d'une vraie méthode d'apprentissage, complète et soigneusement étudiée, qui ne demandera qu'une chose de votre part : une étude régulière et si possible quotidienne.

Vocabulaire de l'anglais britannique

Le vocabulaire anglais est vaste. Selon différentes estimations, il contiendrait plus d'un million de mots, bien que ce chiffre soit contesté par les lexicologues professionnels. Si l'on se réfère uniquement aux dictionnaires – dans ce cas, le Complete Oxford Dictionary, qui fait autorité en la matière – il y aurait 600 000 mots uniques, presque six fois plus que le nombre recensé par le Grand Robert pour le français. L'explication pour ce foisonnement se trouve dans l'histoire des trois pays qui composent la Grande-Bretagne d'aujourd'hui.

La langue anglaise est le résultat d'une série d'invasions, d'abord celles des tribus germaniques (dont les Angles, à l'origine du mot "English"), qui déplacèrent les autochtones et leur langue celte vers les extrémités nord (Écosse) et ouest (Galles) ; ensuite celle des Romains, qui apportèrent le latin ; et enfin les Normands, parlant l'une des langues d'oïl, de la même famille que le français. Pendant plusieurs siècles, il existait une sorte d'apartheid linguistique avec, d'un côté, la noblesse et les seigneurs, qui parlaient le franco-latin, et de l'autre, la paysannerie, qui conversait en vieil anglais, un mélange de dialectes saxons et celtes. Les deux langues ont évolué et convergé pour enfin donner naissance au Middle English (Moyen anglais) vers le XIVe siècle et, plus tard – enrichie du vocabulaire de la Renaissance puis de la technologie industrielle – à l'anglais que nous parlons aujourd'hui. Ces doubles origines sont un facteur très important car il en résulte deux niveaux d'expression : une langue formelle et savante composée de mots d'origine latine, et une autre, plus émotive et "terre à terre" avec un vocabulaire germano-saxon. En voici quelques exemples :

Anglo-saxon	Latin	Traduction française
baby	***infant***	*bébé*
cold	***frigid***	*froid*
deadly	***fatal***	*fatal*
drink	***imbibe***	*boire*
end	***terminate***	*terminer*
fill	***replenish***	*remplir*
freedom	***liberty***	*liberté*
god	***deity***	*dieu*
hate	***detest***	*détester*
help	***assist***	*assister*

Cette dualité est sensible dans la conversation courante, où le locuteur natif a tendance à employer des mots courts d'origine saxonne (c'est notamment le cas des jurons), alors que le vocabulaire d'origine latine est employé dans les contextes formels : correspondance professionnelle, procédures juridiques, communications officielles, travaux académiques, etc. Pour un apprenant francophone, le danger est d'oublier cette dualité et d'opter pour les mots qui ressemblent plus à ceux de sa propre langue, à l'instar de Georges Clémenceau qui fit un jour la remarque que l'anglais n'est, en effet, que le français mal prononcé. Par exemple, s'il veut réserver *une réception chaleureuse* à quelqu'un, un anglophone peut choisir entre **a cordial reception** ou **a hearty welcome**, deux expressions synonymes mais ô combien différentes en termes de registre : le premier récipiendaire serait un dignitaire ou un grand manitou alors que le second serait un ami ou un proche. Certes, toutes les langues ont des niveaux différents de formalité mais l'anglais ajoute une strate supplémentaire en passant du latin à l'anglo-saxon. Soyez attentif et, lorsque vous apprenez un nouveau mot, tâchez de vérifier ses synonymes éventuels et le registre de langage correspondant.

L'anglais britannique vs l'américain

Les différences entre les deux principales variantes d'anglais font couler beaucoup d'encre. Puisque cette méthode est consacré largement à la langue parlée aux Royaume-Uni, nous nous contenterons ici d'évoquer ces dissemblances dans les grandes lignes seulement.

Différences de vocabulaire

Voici une liste sommaire des termes courants britanniques, avec leurs équivalents américains :

Britannique	Américain	Traduction française
autumn	**fall**	*automne*
bill	**check**	*addition* (au restaurant)
biscuit	**cookie**	*biscuit*
car park	**parking lot**	*parking*
chips	**French fries**	*frites*
crisps	**chips**	*chips*
flat	**apartment**	*appartement*
ground floor	**first floor**	*rez-de-chaussée*
holiday	**vacation**	*vacances*
lift	**elevator**	*ascenseur*
lorry	**truck**	*camion*
nappy	**diaper**	*couche* (pour bébé)
pavement	**sidewalk**	*trottoir*
petrol	**gasoline**	*essence*
queue	**line**	*queue* (attente)
railway	**railroad**	*chemin de fer*
rubber	**eraser**	*gomme (effaceur)*
rubbish	**garbage / trash**	*ordures*
sweets	**candy**	*bonbons*
timetable	**schedule**	*planning*
tin	**can**	*boîte de conserve*
toilet	**rest room**	*WC*

torch	flashlight	*lampe de poche*
trainers	sneakers	*tennis / baskets*
trousers	pants	*pantalon*
underground / tube	subway	*métro*
wardrobe	closet	*garde-robe*

Il existe d'autres termes, notamment dans le domaine de l'automobile (le *coffre* se dit **boot** en anglais britannique et **trunk** en américain), que l'on peut trouver dans un ouvrage spécialisé.

Différences d'orthographe

À la fin du XIXe siècle, des efforts furent entrepris aux États-Unis, notamment par le lexicologue Noah Webster, pour "rationaliser" l'orthographe de l'anglais en la réalignant davantage sur la prononciation. C'est ainsi que certains mots s'écrivent différemment en anglais britannique et en anglais américain :

– Les terminaisons et **-re** (GB) deviennent **-er** (US) : **centre/center**, **theatre/theater**, etc. ;

– Le phonème **ou** (**colour**, *couleur*, **behaviour**, *comportement*...) perd le **u** muet : **color**, **behavior**, etc. ;

– La terminaison verbale **-ise** (**authorise**, **organise**) devient **-ize** dans la plupart des cas : **authorize**, **organize**. Par conséquent, cette modification s'applique à la forme substantive : **authorisation/authorization**, **organisation/organization** ;

– La terminaison nominale **-ence** (**defence**, **licence**) devient **-ense** : **defense**, **license**.

– Alors que l'anglais britannique opère une distinction entre les formes nominale et verbale, par exemple **practice** (n) **practise** (v), l'américain garde la même orthographe pour les deux formes : **practice** (n + v).

– Les consonnes doubles, notamment la lettre l, suivent des règles différentes mais, en général, lorsqu'un suffixe est ajouté à un mot racine se terminant en **-l** (ex : **travel**, *voyager*), cette lettre est doublée en anglais britannique (**traveller**, *voyageur*) mais pas en américain (**traveler**).

Pour davantage d'informations, nous vous recommandons de consulter un ouvrage spécialisé mais sachez que les deux formes d'orthographe sont comprises de part et d'autre de l'Atlantique.

Différences de prononciation et accent

La vraie différence entre l'anglais britannique et américain se trouve dans la prononciation. Voici quelques éléments saillants :
– Contrairement à l'anglais britannique, la prononciation américaine est rhotique, c'est-à-dire que l'on prononce la lettre **r** à la fin des mots et devant des consonnes sonores, articulées par la vibration des cordes vocales (par exemple, **never**, *jamais*, **other**, *autre*) ;
– La lettre **t** entre deux voyelles est prononcé plutôt comme un **d** dans (**water**, **letter**, **server**, etc.). Après la lettre **n**, le **t** est souvent "mangé", comme dans **international** ;
– La voyelle **o** dans les mots courts (**dog**, **stop**, **lot**) est prononcée comme un **a** ;
– En règle générale, il y a moins de modulation dans la prononciation américaine, dont la bande passante est plus "plate". De ce fait, certains étrangers ont l'impression que les Américains sont plus faciles à comprendre que les Britanniques.
Enfin, quant à l'accent, le Standard American English – celui entendu par exemple sur la chaines d'information grand public – est plutôt minoritaire dans ce pays. Et si les trois-quarts des Américains parlent l'anglais comme première langue, il existe plus de 400 autres langues dans le pays et un nombre démesuré d'accents. Ainsi, cher apprenant, un accent français ne sera vraiment pas un handicap !

Mode d'emploi de la méthode

Comment l'exploiter ?

D'abord, quelques conseils très importants :

• Prenez dès aujourd'hui la décision de travailler tous les jours, en principe durant une trentaine de minutes. Si un jour vous manquez de temps, ne "sautez" pas votre étude quotidienne : prenez quand même cinq minutes pour écouter un dialogue ou revoir un exercice. En revanche, n'essayez pas de trop en faire : sachez consommer avec modération ! La régularité de l'effort est une des clés majeures de l'assimilation naturelle et, partant, de la méthode Assimil.

• Faites-nous confiance. Notre méthode vise l'acquisition progressive de la langue – un processus naturel – plutôt que l'apprentissage artificiel.

De ce fait, vous verrez parfois une tournure ou un élément grammatical une ou deux fois avant d'en avoir l'explication plus détaillée. Dans certains cas, nous reviendrons plusieurs fois sur un point à quelques leçons d'intervalle pour être certain qu'il est bien assimilé.

• Travaillez les dialogues à haute voix, en vous servant des enregistrements. Nous ne saurions trop insister sur l'importance de cet entraînement oral, surtout au début.

• N'ayez pas peur de faire des fautes : Pour certains apprenants, le mieux est l'ennemi du bien : puisqu'on veut parler ou écrire parfaitement, on se retient d'aller de l'avant pour ne pas faire de fautes. Mais vous en ferez, et ce n'est vraiment pas grave car cela vous permet de vous améliorer. Pensez aussi que l'on fait parfois des fautes dans sa propre langue, ce qui n'empêche pas de communiquer. Débarrassez-vous de vos inhibitions et jouez franchement la comédie ! (Voir ci-après, "Prononciation".)

• Révisez régulièrement. La méthode est construite autour d'une révision permanente (la "phase d'activation ", leçons reprenant du vocabulaire connu et développant les notes, etc.). Si d'aventure, un mot ou un élément grammatical refuse de "rentrer" tout de suite, pas de panique ! Prenez le temps qu'il faut et avancez à votre propre rythme, mais ne vous laissez pas rebuter par une difficulté. Continuez votre chemin, et il y a fort à parier que la solution du problème vous sautera aux yeux rapidement.

• Créez un vrai "bain linguistique" pendant votre étude. Profitez de chaque occasion pour entrer en contact avec l'anglais (sites internet, "chats", réseaux sociaux, blogs, films, journaux, écoute de musique, ...). Certes, vous ne comprendrez pas tout immédiatement, mais ce contact élargi et régulier avec la langue en favorisera l'acquisition naturelle.

• Écoutez la voix de l'auteur. Étudier ou apprendre tout seul peut parfois être intimidant, voire décourageant. C'est pour cela que nous ajoutons régulièrement des remarques, des commentaires, ou parfois des mots d'auteur – comme un professeur particulier qui vous susurre des encouragements à l'oreille.

• Amusez-vous ! C'est le dernier élément-clé de la méthode Assimil, mais non le moindre. Histoires drôles, anecdotes, situations inédites – tout est conçu pour joindre l'utile à l'agréable.

Construction - Méthodologie

La méthode se divise en deux parties correspondant aux phases naturelles d'apprentissage :

La phase d'imprégnation

Elle constitue la première partie de l'acquisition de la langue. Commencez par écouter, dans sa globalité, le texte de la leçon – généralement un dialogue – pour capter la musique de la langue. Cette écoute est essentielle car il y a une réelle différence entre l'écrit et l'oral en anglais – beaucoup plus que dans une langue comme le français ou l'espagnol. Vous pouvez, bien sûr, suivre la méthode sans les enregistrements, mais cela reviendrait à avoir les paroles d'une chanson sans la musique ; nous vous conseillons donc vivement de les écouter, d'autant plus que la prononciation anglaise est loin d'être régulière (voir ci-dessous) !

Ensuite, lisez le texte phrase par phrase, en vous reportant à la traduction française et en réécoutant chaque phrase. N'oubliez pas de consulter attentivement les notes, qui ont pour but d'éclaircir des éléments lexicaux et grammaticaux ou d'attirer votre attention sur une difficulté particulière. Considérez-les comme la voix de votre professeur, qui explique et encourage.

Vient le moment de la répétition. Elle se fait phrase par phrase, en reprenant l'écoute du dialogue. Répétez à vitesse normale, en respectant bien l'accent tonique et l'accent de la phrase. Puis la vitesse des enregistrements augmente au fil de votre apprentissage, afin d'atteindre une cadence naturelle vers la fin de l'étude. Si vous maintenez votre rythme de travail journalier, vous n'aurez aucun mal à suivre cette progression.

À la fin de chaque leçon, faites les exercices proposés : ils constituent les applications directes de ce que vous venez d'apprendre. Vous trouverez aussi, à la fin de certaines leçons, des notes culturelles qui apportent des informations sur certains aspects civilisationnels.

Toutes les sept leçons, les leçons de révision – un élément clé de la méthode – font le point sur vos acquis, qu'elles consolident en vous donnant des exemples différents de ceux que vous avez rencontrés dans les dialogues ou les notes, mais en reprenant le même vocabulaire. Une rubrique entière est consacrée à chaque élément nouveau. Consacrez-leur autant de temps que pour une leçon nouvelle, car elles sont conçues de manière à compléter systématiquement les informations données dans les notes quotidiennes.

Enfin, il existe un appendice grammatical très complet dans les annexes de cet ouvrage qui vous permettra de vérifier, si besoin est, tel ou tel point de grammaire, ainsi qu'un double lexique (anglais-français / français-anglais) reprenant tout le vocabulaire contenu dans les leçons.

La phase d'activation

À partir de la cinquantième leçon, lorsque vous aurez bien assimilé les bases, votre étude deviendra pleinement active. Tout en continuant à avancer comme précédemment dans les nouvelles leçons, vous reprendrez une à une celles que vous avez déjà apprises, en commençant par la première et en suivant le même rythme d'une par jour. Nous vous demanderons alors de traduire les textes de chaque leçon en anglais. Cette phase d'activation est un composant constitutif de la méthode Assimil : elle vous permettra de constater tous les progrès que vous aurez faits tout en vous aidant à les consolider.

N'oubliez pas d'apprendre les chiffres, ordinaux et cardinaux, qui sont donnés au début de chaque leçon et en bas de chaque page pour la version "livre" et dans "Les Plus" dans la version numérique. Quand vous en serez à cette phase d'activation, consacrez 30 secondes par jour à la lecture à haute voix de ces nombres.

En résumé, effort régulier, progression graduelle, et agrément de l'étude : telles sont les fondations de cette méthode, qui vous permettra d'acquérir presque naturellement une maîtrise de la langue anglaise, si importante dans le monde actuel mais aussi très enrichissant d'un point de vue personnel.

Prononciation

La prononciation anglaise est peu intuitive car un même phonème peut parfois s'articuler de façon très différente. En effet, avec un alphabet de 26 lettres, on arrive à produire une gamme d'au moins 44 sons – dont 23 sons vocaliques – en comparaison des 30 à 38 en français. De plus, ces sons peuvent s'écrire de plus de 1100 façons différentes. Comment s'étonner alors que la relation entre l'orthographe et la prononciation anglaises s'avère parfois assez lointaine ? Toutefois, en général, les sons de l'anglais peuvent être facilement reproduits par un Français, à part trois ou quatre d'entre eux qui exigent un peu d'effort et d'attention au départ.

Quelle que soit la langue que l'on veut apprendre, la seule manière d'acquérir une prononciation juste et claire est d'écouter. L'erreur que commettent beaucoup d'apprenants est d'essayer de prononcer des mots – voire des syllabes – qu'ils découvrent à l'écrit sans les avoir entendus plusieurs fois au préalable. C'est pour cette raison que les enregistrements qui accompagnent cette méthode sont d'une importance cruciale. Il vous permettront d'entendre des voix britanniques, et de réécouter et répéter les dialogues et exercices autant de fois que vous en ressentirez le besoin.

Avant d'étudier une leçon, écoutez attentivement l'enregistrement au moins une fois pour vous familiariser avec la “musique” des mots et des phrases, sans nécessairement chercher à comprendre tout de suite. Si nécessaire, écoutez deux ou trois fois de suite. Lorsqu'il s'agit de répéter et d'imiter les sons, n'oubliez pas de mobiliser vos talents de comédien. Vous savez bien prendre l'accent anglais quand vous racontez une histoire drôle, n'est-ce pas ? Alors, débarrassez-vous de votre timidité et allez-y franchement !

La prononciation figurée "Assimil"

L'alphabet phonétique international est un excellent outil pour acquérir une prononciation authentique ; encore faut-il le maîtriser. Pour permettre à ceux qui ne le connaissent pas de commencer immédiatement leur apprentissage, nous utilisons un système de transcription qui se rapproche le plus possible de la phonétique anglaise sans en être la retranscription parfaite. Par le truchement de cette “prononciation figurée”, nous avons transcrit intégralement les dialogues des douze premières leçons (leçons 1 à 6 et leçons 8 à 13), et, par la suite, tous les nouveaux mots ou ceux qui pourraient poser un problème à cause des irrégularités phonétiques. Cependant, notre système n'est pas scientifique : c'est "une béquille" qui vous aidera à vous débrouiller pendant les deux ou trois premières semaines. C'est pour cette raison que nous vous recommandons vivement de vous fier aux enregistrements sonores, effectués par des comédiens anglophones professionnels, qui accompagnent cette méthode.

Vous trouverez ci-dessous les symboles et conventions adoptés par Assimil pour la prononciation figurée, qui se concentre sur les voyelles car les consonnes sont prononcées plus ou moins de la même manière qu'en français. Un peu plus loin, nous vous donnons des exemples et explications plus détaillés.

Tout d'abord, notez que les voyelles courtes sont prononcées de manière plus brève qu'en français, alors que les voyelles longues sont plus allongées (pensez à une bulle de BD, ou à un cri de douleur : "Aïe" serait rendu par "Aï-ï-ï-ï-e !").

• Sons brefs

Lettre(s) anglaise(s)	Exemple et prononciation figurée Assimil	Son équivalent en français (toujours en plus bref)	*[Mot équivalent en API]*
a	**cat** *[kat]*	*[a]* de "date"	*[kæt]*
e	**red** *[red]*	*[e]* de "dette"	*[rɛd]*
i	**hit** *[Hit]*	*[i]* de "vif"	*[hɪt]*
o	**dog** *[dog]*	*[o]* de "hotte"	*[dɒg]*
u	**cup** *[keup]*	*[eu]* de "neuf", mais plus ouvert	*[kʌp]*
u	**put** *[pout]*	*[ou]* de "sous"	*[pʊt]*

• Sons longs

Lettre(s) anglaise(s)	Exemple et prononciation figurée Assimil	Transcription et son équivalent en français (toujours en plus long)	*[Mot équivalent en API]*
a	**car** *[kaa]*	*[aa]* un peu comme le â de "âne"	*[kɑː]*
a	**tall** *[tau]*	*[au]* comme dans "épaule"	*[tɔːl]*
o	**post** *[poost]*	*[oo]* comme dans "eau"	*[pəʊst]*
ea	**tea** *[tii]*	*[i]* un peu comme le î de "île" mais bien plus long	*[tiː]*

oo	**spoon** *[spoun]*	*[ou]* comme dans "souris"	*[spu:n]*
o	**work** *[weurk]*	*[eur]* comme dans "peur"	*[wɜ:k]*

• Sons doubles

Lettre(s) anglaise(s)	Exemple et prononciation figurée Assimil	Transcription et son équivalent en français	*[Mot équivalent en API]*
ay	**day** *[déé]*	*[eille]* un peu comme dans "oseille"	*[deɪ]*
y	**dry** *[draï]*	*[aï]* de "ail"	*[draɪ]*
oy	**toy** *[toï]*	*[oï]* comme dans "langue d'oïl"	*[tɔɪ]*
ow	**town** *[taoun]*	*[aou]* comme dans "caoutchouc"	*[taʊn]*
o	**no** *[noo]*	glisser de *[o]* vers *[ou]*	*[nəʊ]*
ea	**hear** *[Hiiə]*	glisser de *[i]* vers *[eu]*	*[heə']*
oo	**poor** *[pour]*	glisser de *[ou]* vers *[eu]*	*[pɔ:]*
ai	**hair** *[Héər]*	glisser de *[é]* vers *[eu]*	*[heə']*

Une règle importante : toute voyelle ou diphtongue dans une syllabe non-accentuée (voir plus loin la discussion sur l'accent tonique) devient "neutre", (dite "schwa", en API, comme dans "fenêtre"). Pour simplifier, nous avons utilisé le symbole API *[ə]* dans notre prononciation figurée.

• Sons nasaux

Les sons nasaux du français (*in*, *en*, *on*, etc.) n'existent pas en anglais. Pour vous le rappeler, et vous empêcher de "nasaliser" les voyelles de ces combinaisons, nous avons doublé la consonne qui suit la voyelle dans certains cas. Ainsi, le mot anglais **in**, *dans*, se prononce "inn" (prononciation figurée : *[inn]*), **on**, *sur*, se prononce "onn" (comme dans "donne") et se transcrit figurativement *[onn]*, etc. Quant à la terminaison **-ing**, qui généralement marque le participe présent, nous considérons que le français l'a déjà intégrée avec nos "parking", "smoking" etc.

• **Autres sons différents du français**

Lettre(s) anglaise(s)	Exemple et prononciation figurée Assimil	Transcription et son équivalent en français	*[Équivalent en API]*
ch	**change** *[tchéénd j]*	*[tch]* de "Tchad"	*[tʃeɪndʒ]*
sh	**shop** *[chop]*	*[ch]* de "chouette"	*[ʃɒp]*
j	**jam** *[djam]*	*[dj]* de "Djibouti"	*[dʒæm]*
s	**measure** *[mezhə]*	*[zh]* comme le j de "je"	*[ˈmɛʒə]*

• **Sons sans véritable équivalent en français**

Lettre(s) anglaise(s)	Exemple et prononciation figurée Assimil	Transcription et son équivalent en français
h	**ham** *[Ham]*	*[H]* aspiré comme dans "Hune-deux"
th	**think** *[THink]*	*[TH]* : prononcez un t en expirant de l'air avec le bout de la langue entre les dents
	this *[DHis]*	*[DH]* : prononcez comme le **th** dur (*[TH]*) mais en effleurant les dents avec le bout de la langue, sans insister

Analyse détaillée

Ce que l'on appelle "prononciation" est un mélange de deux éléments : les sons et le rythme.
Les rubriques signalées par le pictogramme ► indiquent que les mots anglais contenus dans ces parties sont enregistrés.

Les sons

• **Les voyelles courtes et longues**
La distinction entre court et long est extrêmement importante, car elle constitue l'une des principales différences entre la prononciation anglaise et française. Prenons les mots **ship** (un *bateau*) et **sheep** (un *mouton*) : le premier se prononce avec un "i" très court, alors que la double voyelle **e** du second mot est étirée bien plus que le **i** français.

► Écoutez ces paires de mots, puis dites-les à haute voix. N'oubliez pas d'allonger les voyelles longues dans la seconde série :
ship – **sheep**
at (*à*) – **ate** (prétérit de **eat**, *manger*)
plan (*projet*) – **plane** (*avion*)
met (prétérit et participe passé de l'infinitif **meet**, *rencontrer*)
not (négation, *pas*) – **note** (*note, billet de banque*)
lick (*lécher*) – **like** (*aimer*)
tub (*cuve*) – **tube** (*tube / métro londonien*)
hop (*sautiller*) – **hope** (*espérer*)
bet (*parier*) – **beat** (*battre*)
cut (*couper*) – **cute** (*mignon*)

• La lettre *r* après une voyelle en fin de mot
Cette règle de "non-rhoticité" s'applique à l'anglais britannique standard, mais pas à toutes les régions de ce pays (notamment l'Ecosse), ni à une grande partie des Etats-Unis.

Dans cette méthode d'apprentissage, nous avons choisi la prononciation classique non rhotique. Ainsi, le "r" allonge le son de la voyelle dans un mot comme **park** (*un parc / se garer*), mais il est totalement inaudible dans **weather** (*le temps*).
► Écoutez ces mots, puis répétez-les à haute voix :
term (*trimestre*)
fork (*fourchette*)
work (*travail*)
farm (*ferme*)
mother (*mère*)
brother (*frère*)
dinner (*dîner*)
doctor (*docteur*)

• La lettre *h* : aspirée ou non
– Le **h** est généralement aspiré au début et au milieu d'un mot, mais pas à la fin. Il faut faire sortir l'air par la bouche, comme si on prononçait *ha ha !* en français.
► Écoutez ces mots, puis répétez-les à haute voix :
he (*il*)
head (*tête*)
her (*elle, son*)
hurt (*faire mal*)
hand (*main*)
how (*comment*)
help (*aider*)
home (*foyer, domicile*)

– Dans un faible nombre de mots, le **h** ne se prononce pas :

► Écoutez, puis répétez à haute voix :

hour (*heure*) **honest** (*honnête*)
honour (*honneur*) **vehicle** (*véhicule*)

• **Le *th* : doux ou dur**

Le **th** se prononce "doux" (**think** ou **three**), ou "dur"(**this** ou **them**) :
– Pour le **th** doux, mettez le bout de la langue contre les dents de devant mais cette fois-ci prononcez un "d" tout en expulsant l air, comme pour le bruit d'un bourdonnement d'abeille.

► Écoutez les mots suivants, puis répétez à haute voix :

think (*penser*) **things** (*choses*)
three (*trois*) **Thursday** (*jeudi*)
throat (*gorge*) **thirty** (*trente*)
thanks (*merci / remerciements*) **thousand** (*mille*)

– Pour le **th** dur, mettez le bout de la langue entre les dents, mais cette fois-ci, prononcez un "**d**".

► Écoutez, puis prononcez ces mots :

this (*ce / ceci*) **the** (*le / la / les*)
then (*puis*) **their** (*leur*)
those (*ces*) **that** (*que / cela*)
they (*ils / elles*)

Essayons maintenant de mélanger les deux sons.

► Écoutez et répétez :

Thank you for this. *Merci pour ceci.*
That is their thing. *Cela est leur chose.*
They have three thousand things that they think about.
Il y a ("ils/elles ont") 3 000 choses auxquelles ils/elles pensent.
Thursday is their thirtieth birthday. *Jeudi, c'est leur 30e anniversaire.*
They think that this is easy! *Ils/Elles pensent que ceci est facile !*

Sons anglais inexistants ou différents en français

• **Sons nasaux**

Les sons nasaux du français (*in*, *en*, *on*, etc.) n'existent pas en anglais.

► Écoutez et répétez :

In an instant, he was certain, *En un instant, il en était sûr ("certain")*
I am in pain, *Je souffre* "suis en douleur"
It's simple, she's not interested, *C'est simple, elle n'est pas intéressée.*

The plan is to take the orange ambulance.
L'idée est de prendre l'ambulance orange.

• **Autres sons différents du français**
Quatre phonèmes en particulier posent un problème pour les débutants en anglais (voir tableaux dans les rubriques précédentes : "Autres sons différents du français" et "Sons sans véritable équivalent en français").
• **ch** (**cheese**, *le fromage*) : se prononce avec un *[t]* initial, comme dans Tchad ou tchèque.
• **sh** (**shop**, *magasin*) : se prononce comme dans chouette
• **j** (**jam**, *confiture*) : se prononce comme dans Djibouti

• Notez enfin que certaines consonnes initiales sont muettes en anglais lorsqu'elles sont suivies immédiatement par une deuxième consonne. Il s'agit notamment des lettres **k** et **w**. En voici quelques exemples :
- **kn** : **knee** (*genou*) prononcé *[nii]* ; **knife** (*couteau*) *[naïf]*, **know** (*savoir*) *[noo]* ;
- **wr** : **wrong** (*tort*) prononcé *[rong]* ; **write** (*écrire*) [raït], **wrist** (*poignée*) *[rist]*.

L'accent tonique des mots

Dans tous les mots comportant deux syllabes ou plus, l'une d'entre elles est accentuée plus que les autres : c'est ce que l'on appelle l'accent tonique. Par conséquent, les autres syllabes sont moins audibles et, surtout, les voyelles non accentuées sont à peine prononcées. Au lieu de distinguer un "a" d'un "i", ou un "u" d'un "o", par exemple, on entend une voyelle "neutre", que l'on appelle un "e muet" (ou le "schwa" en terminologie phonétique).

Dans toutes les leçons jusqu'à la quatre-vingt-cinquième (sur 100), nous mettons en évidence (en gras pour la version livre) la syllabe sur laquelle porte l'accent tonique. Elle doit être appuyée distinctement quand vous la prononcez. De ce fait, les autres syllabes – et surtout les voyelles – sont "mangées". Par exemple, **a cameraman**, *un cadreur*, est accentué sur la première syllabe, et le **a** de **man** devient muet. Le pluriel de ce mot est irrégulier – **cameramen** –, mais puisque l'accent tonique est toujours sur la première syllabe, la dernière voyelle (qui permet de différencier à l'écrit le singulier du pluriel) est muette, elle aussi. Il n'est donc pas possible dans cet exemple de distinguer à l'oreille le singulier du pluriel. Pensez donc à bien apprendre l'accent tonique avec chaque nouveau mot en vous fiant aux enregistrements.

Voici quelques règles simples pour bien positionner (et ainsi prononcer) l'accent tonique :

• Noms et adjectifs de deux syllabes

Ces mots prennent généralement l'accent tonique sur la première syllabe.

► Écoutez et répétez ces noms :

increase (*augmentation*)
accent (*accent*)
very (*très*)
later (*plus tard*)
woman (*femme*)
pleasure (*plaisir*)
money (*argent*)

• Verbes de deux syllabes

Ils sont habituellement accentués sur la seconde syllabe.

► Écoutez et répétez :

to increase (*augmenter*)
to receive (*recevoir*)
to decide (*décider*)
to relax (*se détendre*)
to collect (*collecter*)
to explain (*expliquer*)
to provide (*fournir*)

Un certain nombre de mots à deux syllabes peuvent être à la fois des verbes et des noms, comme **increase**. La seule manière de les distinguer est de bien respecter l'accentuation.

► Écoutez et répétez en marquant bien l'accent tonique :

an increase – to increase
an import (*une importation*) – **to import** (*importer*)
a protest (*une protestation*) – **to protest** (*protester*)
a record (*un record / un enregistrement*) – **to record** (*enregistrer*)
a present (*un cadeau*) – **to present** (*présenter*)

• Mots finissant en *-ion, -tion, -sion, -cian, -nion*

Ils sont accentués sur la syllabe qui précède la terminaison (donc l'avant-dernière).

► Écoutez et répétez :

region (*région*)
attention (*attention*)
illusion (*illusion*)
musician (*musicien*)
decision (*décision*)
opinion (*opinion*)

• Mots de trois syllabes

Ils sont habituellement accentués sur la première syllabe
► Écoutez et répétez :

instrument (*instrument*)
manager (*gérant / directeur*)
continent (*continent*)
separate (*séparé / individuel*)
furniture (*meubles*)
cinema (*cinéma*)

• Mots de quatre syllabes

Il y en a peu dans ce livre. Ils ne sont jamais accentués sur la première ni sur la dernière syllabe. Puisque les règles sont assez complexes, nous vous donnons deux conseils importants :
– lorsque vous notez un nouveau mot, marquez aussi l'accent tonique en le soulignant ;
– si vous n'êtes pas sûr du placement de l'accent quand vous employez un mot, prononcez toutes les syllabes clairement : vous aurez sûrement un accent, mais vous serez compris !
Dans tous les cas, fiez-vous à la prononciation des locuteurs qui ont réalisé les enregistrements de cette méthode d'apprentissage.

L'accentuation et le rythme de la phrase

Il y a une différence fondamentale de rythme (ou "l'ordonnance du mouvement") entre l'anglais et le français. En français, les syllabes se succèdent de manière plus ou moins régulière, prononcées avec à peu près la même force. Mais en anglais, on appuie sur les mots "sémantiques", c'est-à-dire ceux qui portent le sens de la phrase – généralement les noms, verbes et adverbes –, tout en passant plus rapidement sur les mots "grammaticaux" comme les articles et les prépositions. (En linguistique, on dit que l'anglais est une langue à rythme accentuel alors que le français est une langue à rythme syllabique.) Ainsi, en même temps qu'une nouvelle langue, vous assimilez aussi une structure phonique bien différente à la vôtre. C'est pour cette raison que nous insistons tant sur l'importance des enregistrements !

Pour simplifier, pensez à un SMS :"Besoin urgent d'argent", où c'est l'information qui prime. Le respect de cette accentuation est essentiel pour se faire comprendre. Changez le rythme et vous changez la nuance – et parfois le sens – de la phrase.

Prenez une phrase simple : **I will buy you dinner** "Je t'/vous achèterai dîner", ou, en bon français, *Je t'/vous inviterai à dîner*). Voici comment, en déplaçant l'accent tonique, il est possible de modifier – subtilement mais clairement – le sens de la phrase :

► Écoutez et répétez en marquant bien l'accent tonique de la phrase :

I will buy you dinner. (C'est moi qui t'inviterai, personne d'autre)
I will buy you dinner. (Je t'inviterai, je te jure)
I will buy you dinner. (Je t'inviterai à dîner, plutôt de faire la cuisine)
I will buy you dinner. (Je t'inviterai toi, pas les autres)
I will buy you dinner. (Je t'inviterai à dîner, pas à déjeuner)

Si l'exemple est un peu exagéré, il y a néanmoins une part de vérité. Et c'est pour ça qu'on vous invite à mobiliser vos talents de comédien !

Vous vous habituerez très vite à cette accentuation des phrases et une fois que vous en aurez saisi la musique – au bout de quelques semaines –, vous vous ferez un plaisir de la reproduire.

► Écoutez attentivement ces phrases. Vous pouvez même battre la mesure sur chaque syllabe accentuée :

My husband's a teacher. *Mon mari est professeur.*
We're here for a long weekend. *Nous sommes ici pour un long week-end.*
There's a café near the post office. *Il y a un café près du bureau de poste.*
Turn left at the traffic lights on the High Street. *Tournez à gauche au feu rouge sur la grand-rue.*
Whose are these jeans on the chair? *À qui est ce jean sur la chaise ?*
I start at six in the morning and I finish at noon. *Je commence à 6 heures du matin et je termine à midi.*

Dans chaque cas, le message de la phrase est porté par les mots sémantiques, qui sont accentués pour les signaler à l'interlocuteur.

Veillez donc à écouter très attentivement les enregistrements et à imiter les locuteurs, sachant que la maîtrise du rythme nécessite du temps et de la pratique.

En attendant, si vous n'êtes pas sûr du placement de l'accentuation, prononcez clairement et distinctement tous les mots importants. Mieux vaut avoir un accent français (souvent considéré comme charmant par les anglophones, d'ailleurs) que d'être mal compris !

Un accent parfait est-il nécessaire ?

Il existe une différence importante entre la prononciation et l'accent. La première se rapporte à la façon d'articuler un phonème, un mot ou un ensemble de mots selon des normes spécifiques afin de se faire comprendre, alors le second concerne la manière distinctive d'énoncer ces sons, par rapport notamment à un pays, une région, voire une ville en particulier.

S'il est évidemment nécessaire d'apprendre à bien prononcer l'anglais – il existe une norme appelée Received Pronunciation, considérée comme la forme standard, celle que vous entendrez dans les médias grand public et qui est reproduite dans ce livre – la question d'accent est plus équivoque car l'anglais est la langue native de pays aussi différents que l'Angleterre et la Jamaïque, chacun ayant son accent bien distinct. Et si, par exemple, un(e) Écossais(e) rencontre un(e) Texan(e), ils se comprendront plus ou moins parfaitement sans nécessairement être capables d'identifier le pays d'origine de l'un(e) ou l'autre. Les différences d'idiome et de vocabulaire sont une autre question, que l'on n'abordera pas ici.

En conséquence, s'il est absolument nécessaire d'acquérir une prononciation claire et compréhensible, on n'est pas forcément obligé de se faire passer pour un habitant d'Édimbourg ou de Dallas ! D'autant plus qu'un accent étranger peut parfois être un avantage, par exemple pour briser la glace avec un inconnu dans une conversation ("Que votre accent est charmant ! D'où êtes-vous ?").

Ainsi, perdez votre peur d'avoir un accent, et exprimez-vous à haute voix, car c'est en parlant qu'on apprend à parler !

Voilà, vous n'avez plus qu'à tendre l'oreille aux enregistrements et vous entraîner jusqu'à reproduire le même son que nos locuteurs professionnels. Vos progrès vous surprendront !

Avant de commencer, il est absolument nécessaire de lire l'Introduction qui précède, même si vous êtes faux débutant. Dans la traduction des dialogues, les crochets [ ] permettent de repérer les mots nécessaires en

1 First lesson

I'm fine, thanks.

1 – **He**llo **He**len. How are [1] you? [2]
2 – Hi [3] **I**an. I'm [4] fine [5], thanks.
3 And you?
4 – I'm **ve**ry well. [6]
5 It's nice [7] to see you.
6 – You too.

Prononciation

aïm faïn THannks ***1*** *Heloo Helənn Hao aa iou* ***2*** *Haï iiənn aïm faïn THannks* ***3*** *annd iou* ***4*** *aïm verii wel* ***5*** *its naïs tə sii iou.* ***6*** *iou tou*

Notes

1 **are** est la deuxième personne du singulier (et du pluriel) du verbe **to be**, *être*. Notez que l'infinitif de tous les verbes anglais – réguliers et irréguliers – se forme avec **to**. **you are** signifie *tu es* mais aussi *vous êtes* (singulier et pluriel).

2 On voit d'emblée la simplicité de l'anglais : il n'existe pas de tutoiement. Ainsi, **you** traduit à la fois *tu* et *vous* et s'emploie au singulier comme au pluriel (voir note 1).

3 Si **Hello** (en phrase 1) est la salutation la plus courante (comme *Bonjour*), **Hi** est un salut informel utilisé pour accueillir amis et proches, ainsi que les collègues, correspondants ou gens que l'on connaît bien. Mais vous l'entendrez aussi de la part des tiers (serveurs, employés de magasin, etc.), sans pour autant qu'il s'agisse de familiarité. Parmi les autres salutations "décontractées", citons **Hiya** ou encore **Hey**. Dans tous les *français mais qui n'apparaissent pas dans la phrase anglaise. Les mots entre parenthèses ( ) et en italique indiquent la traduction mot à mot lorsque cela est utile.*

1

Première leçon

Je vais bien, merci.

1 – Bonjour Helen. Comment vas- *(es)* tu ?
2 – Salut Ian. Je vais *(suis)* bien *(fine)*, merci.
3 Et toi ?
4 – Je vais *(suis)* très bien.
5 C'est sympa de te voir *(pour voir toi)*.
6 – Toi aussi.

cas, n'oubliez pas d'aspirer le **h** initial (voir la rubrique Prononciation dans l'Introduction).

4 Dans la conversation courante, certains verbes auxiliaires, notamment **to be**, sont "contractés" (on en supprime une voyelle). Ainsi, **I am**, *je suis*, devient **I'm** et **it is**, *c'est* (phrase 5) se contracte en **it's**. Nous reviendrons sur ces contractions dans notre première leçon de révision (n° 7). Le pronom de la première personne du singulier – **I** – s'écrit toujours avec une majuscule.

5 **fine** (*fin*, *délicat*) est un mot très utile, qui sert à indiquer que l'on va bien (**I'm fine**), qu'il fait beau (**It's a fine day**, *C'est une belle journée*) ou qu'on est d'accord (**Fine!** *Entendu !*). Dans ce dialogue, **I'm fine** et **I'm very well** sont synonymes.

6 Alors qu'en français, on "va" bien, en anglais, on "est" bien : **I'm well**, *Je vais bien*. D'ailleurs, **to be** remplace *avoir* dans d'autres expressions courantes ; nous les verrons dans les leçons à venir.

7 L'adjectif **nice** est utile car il couvre un champ très large : *bon*, *sympa*/*sympathique*, *gentil*, *agréable*, etc. Apprenez dès maintenant à le reconnaître. Notez également que les adjectifs sont invariables en nombre et en genre ; **nice** vaut donc tout aussi bien pour traduire *bon*, *bonne*, *bons* et *bonnes*. Pratique, n'est-ce pas ?

Exercise 1 – Translate

Exercice 1 – Traduisez

(Rappelons que le tutoiement n'existe pas en anglais. Ainsi, dans le premier exercice de chaque leçon, nous vous invitons à traduire avec le vouvoiement, à moins que le contexte impose la forme familière, comme dans ce premier exercice)

❶ Hiya Helen, how are you? ❷ I am very well. And you? ❸ Hey, it's nice to see you. ❹ It's a nice day. ❺ I'm fine, thanks.

***

Exercise 2 – Fill in the missing words

Exercice 2 – Complétez

(1 point = 1 caractère, qui peut être une lettre, une apostrophe, un trait d'union, etc.)

❶ C'est *(sans contraction)* sympa de te/vous voir.
. . . . nice . . . . . you.

❷ Je vais *(sans contraction)* très bien.
. . . very well.

❸ Et toi/vous ?
. . . . . . ?

❹ Toi/Vous aussi.
. . . .

❺ Je vais *(contraction)* très bien, merci
. . . . , thanks.

2

Second lesson

New friends [1]

1 – Good **eve**ning. My [2] name is **Ma**tthew.
2 – I'm Mike, and this [3] is my wife **Sa**lly.
3 That's [3] Meg, **o**ver there [4]. She's [5] our **dau**ghter.
4 This young [6] man here [4] is Steve. He's [5] our son.
5 We are pleased to meet you.

Corrigé de l'exercice 1

❶ Salut Helen, comment vas-tu ? ❷ Je vais très bien. Et toi ? ❸ Bonjour, c'est un plaisir de te voir. ❹ C'est une belle journée. ❺ Je vais bien, merci.

***

Corrigé de l'exercice 2

❶ It is – to see – ❷ I am – ❸ And you ❹ You too ❺ I'm very well –

2

Deuxième leçon

[De] nouveaux amis

1 – Bonsoir *(bon soir)*. Je m'appelle *(mon nom est)* Matthew.
2 – Je suis Mike et voici *(ceci est)* ma femme *(épouse)*, Sally.
3 C'est *(Ça-est)* Meg là-bas *(dessus là)*. Elle est notre fille.
4 Ce jeune homme *(ici)* est Steve. Il est notre fils.
5 Nous sommes enchantés de faire votre connaissance *(contents rencontrer vous)*.

Prononciation

niou frenndz ***1*** *goud* ***iiv****ning maï néémm iz* ***ma****THiou* ***2*** *aïm maïk annd DHis iz maï waïf* ***sa****lii* ***3*** *DHats meg* ***oo****və DHair chiiz* ***aou****ə* ***dor****tə* ***4*** *DHis ieung mann* ***Hii****ə iz stiiv Hiiz* ***aou****ə seunn* ***5*** *wi aa pliizd tou miit iou*

Notes

1 Le pluriel d'un nom se forme généralement en ajoutant un **s** terminal. Ici, le singulier est **a friend**, *un(e) ami(e)*. Cependant, il y a quelques nuances et plusieurs exceptions, que nous verrons dans la prochaine série de leçons.

2 Les noms anglais n'ont pas de genre grammatical, ce qui simplifie considérablement l'apprentissage. De plus, les adjectifs possessifs sont invariables, donc **my name**, *mon nom*, **my wife**, *ma femme*, **my friends**, *mes ami(e)s*. La tournure **My name is…** est l'équivalent de *Je m'appelle…*. (Selon le contexte, **a name** peut signifier *un prénom*, *un nom de famille*, ou les deux.)

***

Exercise 1 – Translate

Exercice 1 – Traduisez

❶ Good evening, my name's Tom. ❷ He's pleased to meet you. ❸ This is my friend Meg. ❹ That young man is our son. ❺ She is our daughter.

***

Exercise 2 – Fill in the missing words

Exercice 2 – Complétez

❶ Je suis *(contraction)* très heureux de faire votre connaissance.
…… …… …… to …… ….

❷ Ma femme Sally est là-bas.
…… Sally is …… …….

❸ Tom est ce jeune homme là-bas.
Tom is …… …… …… …… …….

❹ Nos jeunes ami(e)s sont ici.
…… …… …… …… here.

3 **this** et **that** sont des démonstratifs qui servent à indiquer le positionnement de quelque chose par rapport à celui qui parle, **this** lui étant proche, et **that** éloigné. Et puisqu'il n'y a pas de genres, **this** est l'équivalent de *ce*, *cet* et *cette*. La notion de proximité et d'éloignement – plus marquée qu'en français – détermine la traduction : **This is my husband, and that's my son**, *Voici mon mari, et lui ("ça"), c'est mon fils*. Notez la contraction du verbe **to be** dans **that's** = **that is**.

4 Comme **this** et **that**, les adverbes **here** (*ici*) et **there** (*là*) indiquent la position par rapport au locuteur. **Here is my son**, *Voici mon fils* ; **There's my wife**, *Voilà ma femme*. (L'adverbe **over**, *dessus*, est ajouté à **there** pour souligner l'éloignement. **She's over there**, *Elle est là-bas*.)

5 **she's** est la contraction de **she is**, *elle est* et **he's** la contraction de **he is**, *il est*.

6 **young**, *jeune*. Contrairement au français (sauf exceptions comme dans le cas présent), les adjectifs se placent généralement devant les noms qu'ils qualifient : **our young daughter**, *notre jeune fille*, mais aussi : **my blue dress**, *ma robe bleue*. De plus, nous avons déjà vu qu'ils sont invariables : **our young daughters**, *nos jeunes filles*. Simple, n'est-ce pas ?

***

Corrigé de l'exercice 1

❶ Bonsoir, je m'appelle Tom. ❷ Il est content de faire votre connaissance. ❸ C'est mon amie Meg. ❹ Ce jeune homme [là] est notre fils. ❺ Elle est notre fille.

Corrigé de l'exercice 2

❶ I'm very pleased – meet you ❷ My wife – over there ❸ – that young man over there ❹ Our young friends are –

3

Third lesson

Cities are expensive

1 – **Ex**cuse me [1], is there [2] a bus stop **near** here?
2 – No, and there [2] are no **bus**es [3] at this time of night.
3 – What a**bout** [4] **ta**xis? Is there a **ta**xi stand?
4 – Yes, but there's [2] **al**ways a long queue.
5 **A**nyway [5], there are not **ma**ny **ta**xis in the [6] **ci**ty [7] these days [7]
6 and they're [8] so ex**pen**sive. It's an [9] old **prob**lem.

Prononciation

***sit**iiz aa eks**penn**sif **1** eks**kiouz** mii iz DHair ə **beuss**top **nii**ə **Hii**ə **2** noo annd DHair aa noo **beuss**əz at DHis taïm ov naït **3** wot ə**baout tak**siiz iz DHair ə **tak**sii stannd **4** iess beut DHairz **aul**ouéëz ə lonng kiou **5 enni**wéé DHair aa not **me**nii **tak**siiz in DHə **si**tii DHiiz dééz **6** annd **DHéé**ə soo eks**penn**sif its ən old **prob**ləm*

Notes

1 **to excuse**, *excuser / pardonner*. Comme en français, on emploie **Excuse me…** comme une formule de courtoisie pour s'adresser à quelqu'un : **Excuse me, is there a bus stop near here?**, *Excusez-moi, y a-t-il un arrêt de bus près d'ici ?* Une alternative, plus formelle, est **Pardon me…** Notez que le nom **an excuse**, *une excuse*, se prononce avec un **s** sibilant au lieu d'un *[z]* pour le verbe (écoutez attentivement les deux premières phrases de l'exercice 1).

2 **there** est un adverbe de lieu (leçon 2) mais s'emploie aussi avec **is** (singulier) ou **are** (pluriel) pour désigner la présence ou l'existence de quelque chose (comme *il y a*). **There is / There's a long queue**, *Il y a une longue queue*, **There are long queues**, *Il y a des longues queues*. Notez que la contraction peut se faire avec le singulier (**there's**) mais pas avec le pluriel (**there are**).

Troisième leçon

[Les] villes sont chères

1 – Excusez-moi, y a-t-il *(est là)* un arrêt de bus *(bus-arrêt)* près [d']ici ?
2 – Non, et il n'y a pas *(là sont non)* [de] bus à cette heure *(ce temps)* de [la] nuit.
3 – Et *(Quoi autour)* [des] taxis ? Y a-t-il *(est là)* une station de taxis *(taxi debout)* ?
4 – Oui, mais il y a toujours une longue queue.
5 De toute façon *(chemin)*, il n'y a pas beaucoup [de] taxis dans cette *(la)* ville de nos jours *(ces jours)*
6 et ils sont si chers ! C'est un vieux problème.

3 Des noms singuliers se terminant en **-s** (ou **-ss**) forment leur pluriel en **-es** (**a bus** → **buses**). Cette terminaison ajoute une syllabe au mot.

4 **What about**... ("quoi autour") est une expression idiomatique utilisée pour solliciter une information. **There are no buses. – What about taxis?**, *Il n'y a pas de bus. – Qu'en est-il des taxis ? / Et des taxis ?*. Il existe d'autres possibilités, que nous verrons dans une autre leçon.

5 Composé de **any** (un adjectif interrogatif) et **way** (*moyen / chemin*), l'adverbe conjonctif **anyway** s'emploie pour continuer ou résumer le fil d'une conversation ou encore pour changer de sujet – comme *En tout cas* ou *De toute façon* : **Anyway, there are no buses**, *De toute façon, il n'y a pas de bus*. Commencez dès maintenant à prendre note de ces tournures idiomatiques.

6 **the** est l'article défini, qui correspond à *le*, *la* et *les*. L'emploi n'est pas toujours le même qu'en français : nous vous en reparlerons plus loin dans le livre.

7 Les noms qui se terminent en **-y** précédé d'une consonne forment leur pluriel en **-ies** (**city** → **cities**), mais si l'avant-dernière lettre est une voyelle, il suffit d'ajouter un **s** : **day** → **days**. (La formule **these days** signifie *ces jours-ci* ou *de nos jours*.). Nous ferons un point complet sur les formes plurielles dans la prochaine série de sept leçons.

8 **they** est le pronom personnel de la troisième personne du pluriel. Invariable, il traduit *ils* et *elles*. Rappelons que **are** est la conjugaison au présent de **to be** à toutes les personnes sauf la première (**am**) et troisième (**is**) du singulier. Sa contraction est **'re** : **you are** → **you're**. La négation se fait avec **not** (contraction :**'nt**) après le verbe: **there are not** / **there aren't**, *il n'y a pas*.

9 L'article indéfini (*un/une*) est **a** si le nom commence par une consonne et **an** si la première lettre est une voyelle (**a bus** ; **an expensive city**) ou un **h** muet : **an hour**, *une heure*.

***

Exercise 1 – Translate

❶ That's an old excuse. ❷ Excuse me, is there a bus stop near here? ❸ There is always a long queue over there. ❹ London is an expensive city. ❺ There are no buses. – What about taxis?

***

Exercise 2 – Fill in the missing words

❶ Il y a toujours une queue pour les taxis.
.... a queue ... taxis.

❷ Il n'y a pas *(contraction)* beaucoup de bus ces jours-ci.
.... buses ..... days.

❸ De toute façon, ils/elles sont très vieux/vielles.
......., ... very ....

❹ Mon fils, ma femme et mes amis sont ici.
....., ... and .... here.

❺ Les villes sont très chères de nos jours.
.... very expensive ....

***

Corrigé de l'exercice 1

❶ C'est une vieille excuse. ❷ Excusez-moi, y a-t-il un arrêt de bus près d'ici ? ❸ Il y a toujours une longue queue là-bas. ❹ Londres est une ville chère. ❺ Il n'y a pas de bus. – Et des taxis ?

***

Corrigé de l'exercice 2

❶ There is always – for – ❷ There aren't many – these – ❸ Anyway, they are – old ❹ My son, my wife – my friends are – ❺ Cities are – these days

Nous introduirons de temps en temps un mot ou une expression sans nécessairement le commenter tout de suite. La raison est simple : lorsque vous parlez à un anglophone, il ne va pas se restreindre au temps présent et à un vocabulaire circonscrit. Ainsi, en assimilant naturellement ces tournures ou expressions, sans effort, dès maintenant, vous pourrez facilement les employer plus tard quand vous serez plus à l'aise avec la langue. C'est l'un des principes fondateurs de la méthode Assimil.

4

Fourth lesson

Confusion

1 – Good **mor**ning **gent**lemen [1]. What [2] are your names, please [3]?
2 – I'm Smith and he's O'**Con**nor. We're [4] here for a **mee**ting.
3 – Who with? [5]
4 – We have an **appoint**ment at ten o'**clock** [6] with Mr **Wil**liams.
5 – You mean Ms **Wil**liams. She's a **wo**man [7].
6 And why are you late? It's now ten **thir**ty.
7 – Where's my watch? Oh, you're right [8].

Prononciation

*kənfi**ou**jən **1** goud **mor**ning **djenn**təlmənn ouot aa ior néémz pliiz **2** aïm smiTH annd Hiiz oo**ko**nə **wii**ə **Hii**ə for a **mii**ting **3** Hou wiDH **4** ouii Hav ən ə**poïnt**mənt at tenn ə**klok** ouiDH **mis**tə **wil**iəmz **5** iou miin miz **wil**iəmz chiiz ə **wou**mən **6** annd waï aa iou léét its naou tenn **THeu**tii **7** wairz maï wotch oo ior raït*

Notes

1 **gentle**, *doux*, partage la même racine que *gentil*, alors que **men** est le pluriel irrégulier de **a man**, *un homme*. Ensemble, ça donne **gentleman/gentlemen**, littéralement *gentilhomme/gentilshommes*. Dans le langage courant, le mot est l'équivalent de *monsieur* : **A gentleman is here for a meeting**, *Un monsieur est là pour une réunion*. Bien entendu, la notion d'homme de parfaite éducation est aussi sous-entendue. De manière plus prosaïque, les mots **Men** ou **Gentlemen** désignent les WC masculins (l'équivalent féminin étant **Women** ou **Ladies** *dames* ou *Mesdames*).

2 Dans une phrase interrogative, **what** (voir leçon 3, phrase 3) fait le travail de 4 mots en français : *quel(s)/quelle(s)*. **What's your name ?**, *Comment vous appelez-vous ?* Presque tous les pronoms interrogatifs (dont **who**, *qui* ; **where**, *où* ; et **why**, *pourquoi*) commencent par **wh-**

Quatrième leçon

[De la] confusion

1 – Bonjour *(bon matin)* messieurs. Comment vous appelez-vous *(quels sont vos noms)*, s'il vous plaît ?
2 – Je *(suis)* m'appelle Smith et lui *(il est)* O'Connor. Nous sommes ici pour une réunion.
3 – Avec qui *(Qui avec)* ?
4 – Nous avons *(un)* rendez-vous à dix heures avec M. Williams.
5 – Vous voulez dire Mme/Mlle Williams. C'est une dame *(femme)*.
6 Et pourquoi êtes-vous en retard ? Il est maintenant dix heures et demie *(trente)*.
7 – Où est ma montre ? Oh, vous avez raison *(êtes droite)*.

3 **to please**, *plaire* (voir leçon 2, phrase 5). L'adverbe dérivé est l'équivalent de *s'il vous/te plaît* et se place généralement à la fin d'un énoncé simple. **Who are you, please?** *Qui êtes-vous s'il vous plaît?* Une formule de politesse utile lors des présentations est **Pleased to meet you**, *Heureux* ("plu") *de faire votre/ta connaissance* ou, plus simplement, *Enchanté(e)* (voir aussi leçon 1, phrase 5).

4 **we're** est la contraction de **we are**, *nous sommes*.

5 Notez l'inversion par rapport au français dans cette question **Who with?** *Avez qui ?* Et notez que le **w** initial est muet dans le pronom **who**.

6 **a clock**, *une horloge / une pendule*. Pour parler de l'heure précise (1 h, 6 h, etc.) on emploie **o'clock** (raccourci de **of the clock**, *de l'horloge*) : **It's one o'clock**, *Il est une heure*. (L'apocope **o'** se trouve dans les noms de famille gaéliques ; **O'Connor** est le petit-fils de la famille **Connor**.)

7 **woman**, la forme féminine de **man** (note 1), signifie *femme*, c'est-à-dire une personne de sexe féminin. Le pluriel prend la même forme irrégulière : **women**. La prononciation, aussi, est irrégulière car le **o** initial se transforme en **i**.

8 Une dizaine d'expressions françaises qui emploient le verbe *avoir* sont rendues en anglais avec **to be**. Ainsi **She's right**, *Elle a raison* ou encore **They are wrong**, *Ils/Elles ont tort* (écoutez bien la prononciation dans

***

Exercise 1 – Translate

❶ You're wrong. It's four o'clock, not three o'clock. ❷ Who is that gentleman over there? – He's here for a meeting. ❸ I'm Ms Williams. – Pleased *(m.)* to meet you. ❹ A woman is here for an appointment. ❺ You're right, I'm late.

***

Exercise 2 – Fill in the missing words

❶ Quel est *(contraction)* votre nom, s'il vous plaît ?
. . . . name, ... ?

❷ Ces deux dames ont un rendez-vous à deux heures.
. . . . . two . . . . . . have an appointment . . two . . . .

❸ Où est ma montre ?
. . . . ?

❹ Je suis *(contraction)* Mack O'Connor. – Enchanté(e).
. . . Mack O'Connor. – . . . .

❺ Deux messieurs sont là pour une réunion.
Two . . . . are here for . . . .

5

Fifth lesson

Which day, exactly?

1 – Good after**noon**, is Mrs Wright in [1]? It's im**por**tant.
2 – I'm **sor**ry [2], she's out [1] to**day**.
3 – When [3] is she free? Is she at home [4] to**mor**row?

la première phrase du premier exercice : la lettre **w** est muette). Notez que **right** signifie aussi *droit* (le contraire de gauche)

***

Corrigé de l'exercice 1

❶ Vous avez tort. Il est quatre heures, pas trois heures. ❷ Qui est ce monsieur, là-bas ? – Il est ici pour une réunion. ❸ Je suis Mme/Mlle Williams. – Enchanté. ❹ Une femme est ici pour un rendez-vous. ❺ Vous avez raison, je suis en retard.

***

Corrigé de l'exercice 2

❶ What's your – please ❷ These – ladies – at – o'clock ❸ Where is my watch ❹ I'm – Pleased to meet you ❺ – gentlemen – a meeting

Les titres de civilité les plus courants sont **Mr** *(***mister***,* monsieur*),* **Mrs** *(***missus***,* madame *– voir la leçon suivante) et* **Miss** *(*mademoiselle*). Pour ne pas faire de distinction entre une femme mariée et une célibataire, on emploie* **Ms** *(prononcé [mz]). Cependant, si ce dernier titre est la norme dans la correspondance officielle ou commerciale, il n'est pas employé dans la conversation courante. Il existe d'autres formules, dont* **Mx***, utilisée pour ou par des personnes dont l'identité de genre est fluide. Dans tous les cas, ces titres doivent toujours être suivis du nom de la personne en question (***Mr O'Connor***,* **Ms Williams***, etc.). Pour s'adresser formellement à un inconnu, on emploie* **sir** *ou* **madam** *mais ces civilités sont moins utilisées qu'en français dans la vie quotidienne.*

5

Cinquième leçon

Quel jour, exactement ?

1 – Bonjour *(bon après-midi)*, Mme Wright est-elle là *(dedans)* ? C'est important.
2 – Je suis désolé, elle est absente *(dehors)* aujourd'hui.
3 – Quand est-elle libre ? Est-elle à la maison demain ?

4 – No, she **is**n't. She's at work all this week.
5 – That's too bad [5]. Thank you [6] **ve**ry much for your help.
6 – You're **wel**come. [7] Have a nice day.
7 – Which [8] day, ex**act**ly? □

Prononciation

*witch déé e**gzak**tlii* ***1*** *goud ahftə**noun** iz **mis**əz raït inn its imm**por**tənt* ***2*** *aïm **so**rii chiiz aout tou**déé*** ***3*** *wenn iz chii frii iz chii at Hoom tə**mo**roo* ***4*** *noo chii **iz**ənt chiiz at weurk aul THis wiik* ***5*** *DHatss tou bad THannk iou **ve**rii meutch for ior Help* ***6*** *ior **wel**kəm Hav ə naïs déé* ***7*** *witch déé-e**gzak**ltlii*

Notes

1 La préposition et adverbe **in** traduit *dans / dedans* : **What's in the box?** *Qu'y a-t-il* ("quoi est") *dans la boîte ?* – et parfois *en* lorsque le sens est "à l'intérieur de" (**in Scotland**, *en Écosse*). Selon le contexte et la forme grammaticale, le contraire de **in** est **out**, *dehors*. Dans sa forme adverbiale, **in** signifie *à la maison*, *au bureau*, *présent*, etc. **Is Cathy in?** *Cathy est-elle chez elle ?* – **No, she's out**, *Non, elle est sortie / n'est pas là*, etc. (Les panneaux **In** et **Out**, signifient *Entrée* et *Sortie*, respectivement.)

2 L'adjectif **sorry** a plusieurs sens, tous reliés à la notion de tristesse. Mais on l'entend le plus souvent dans des expressions de politesse ou de regret – **I'm sorry, I'm late**, *Je suis désolé(e), je suis en retard* – ou encore d'excuses.

3 **when**, *quand*, est l'un des pronoms interrogatifs commençant en **wh-** (leçon 4, note 2). Comme pour les autres, le **h** est muet.

4 **home** est un mot à forte connotation émotive car il contient la notion de *foyer / chez soi* (par rapport à **house**, *la maison*, plus "technique"). **This is my home**, *Ceci est mon chez moi. / Je suis chez moi ici*, etc. En

***

Exercise 1 – Translate

❶ When are you free? – I'm at work all week. ❷ Thanks for your help. – You are welcome. ❸ He's not in today. – That's too bad. ❹ They *(m.)* have an appointment with you. ❺ Good afternoon. Is Max at home?

4 – Non, elle [ne l']est pas. Elle est au *(à)* travail toute cette semaine.
5 – C'est dommage *(trop mauvais)*. Merci *(très)* beaucoup de *(pour)* votre aide.
6 – Je vous en prie *(vous êtes bienvenue)*. Passez *(avez)* une bonne journée.
7 – Quel jour, exactement ?

revanche, dans ce contexte, **at home** signifie simplement *à la maison*. **Is Mike at home?**, *Est-ce que Mike est chez lui ?*.

5 L'adjectif et adverbe **bad**, *mauvais(e)*, est le contraire de **good**, *bon(ne) / bien*. **Today is a bad day**, *Aujourd'hui est un mauvais jour*. L'expression **That's/It's too bad** ("C'est trop mauvais") permet d'exprimer un regret : *C'est/Quel dommage*.

6 **thank you** est la forme complète – donc plus formelle – de **thanks** (*merci*, leçon 1, phrase 2). En principe, le premier est plus formel que le second mais, dans la pratique, il y a très peu de différence. Notez que le verbe **to thank** signifie *remercier*.

7 **welcome** est formé de deux mots : **well**, *bien*, et **come**, *venir*, donc *bienvenue*. Il est employé fréquemment dans la formule de politesse **You're welcome**, l'équivalent de *Je vous/t'en prie* ou *De rien*. **Thanks. – You're welcome**, *Merci. – Je vous/t'en prie. / De rien*.

8 Voici un autre pronom interrogatif en **wh-** : **which** signifie *quel(s)/ quelle(s)* :. **Which day are you free?** *Quel jour êtes-vous/es-tu libre ?* (Dans certains contextes, ce pronom peut être l'équivalent de *lequel*, *laquelle* etc. que nous verrons ultérieurement.) Il est important de ne pas confondre **which** et **what** (leçon 4, phrase 1) : ce premier mot porte sur un champ limité (ici, les sept jours de la semaine) alors que le second est beaucoup plus ouvert (tous les noms possibles). Nous rencontrerons également **which** comme un pronom relatif plus loin dans le livre.

***

Corrigé de l'exercice 1

❶ Quand êtes-vous libre ? – Je suis au travail toute la semaine. ❷ Merci pour votre aide. – Je vous en prie. ❸ Il n'est pas là aujourd'hui. – C'est dommage. ❹ Ils ont rendez-vous avec vous. ❺ Bonjour. Max est-il à la maison ?

Exercise 2 – Fill in the missing words

❶ Quel jour es-tu libre? – Demain.
..... day ....? – ....

❷ Il n'est pas *(contraction)* chez lui aujourd'hui. – C'est *(contraction)* dommage.
He .... today. – ....

❸ Il est *(contraction)* désolé : il est *(contraction)* en retard.
.........: ....

❹ Passez une bonne journée. – Vous aussi.
.... a .... – You .... .

❺ Quand est-elle à la maison ? – Toute cette semaine.
...... she at home? – .... week.

6

Sixth lesson

A really small office

1 – Whose [1] **off**ice is this? It's **rea**lly [2] small.
2 – Yes, it **is**n't [3] **ve**ry big, and it's not [3] **com**fortable.
3 My chair is here, be**hind** the door.
4 Here's [4] my desk [5] and there's my com**pu**ter.
5 The phone [6] is **un**der [7] the shelf next to the **win**dow.
6 – Whose files are these on [8] the floor?
7 – Where? Oh, those? I have no i**de**a. □

Prononciation

*ə smaul **of**is **1** Houz **of**iss iz DHis its **rii**lii smaul **2** ies it **iz**ənt **ve**ri big annd its not **keumf**təbəl **3** maï tchair iz **Hii**ə bə**Haïnd** DHə door **4** **Hii**əz maï desk annd DHairz maï kom**piou**tə **5** DHə foon iz **eun**də DHə chelf **neks**tou DHə **win**doo **6** Houz faïlz aa DHiiz onn DHə flor **7** wair oo DHooz aï Hav noo aï**dii**ə*

Corrigé de l'exercice 2

❶ Which – are you free – Tomorrow ❷ – isn't at home – That's too bad ❸ He's sorry – he's late ❹ Have – nice day – too ❺ When is – All this –

Si la grammaire anglaise est assez facile à assimiler au début, la prononciation – et surtout le rythme – sont un peu plus compliqués. N'oubliez pas de vous reporter régulièrement à la rubrique Prononciation dans l'Introduction et de bien écouter les enregistrements.

6

Sixième leçon

Un bureau vraiment petit

1 – À qui est ce bureau ? C'est vraiment *(réellement)* petit.
2 – Oui, il n'est pas très grand. Et il n'est pas confortable.
3 Ma chaise est ici, derrière la porte.
4 Voici *(ici est)* mon bureau et voilà *(là est)* mon ordinateur.
5 Le téléphone est sous l'étagère [à] côté de la fenêtre.
6 – À qui sont ces dossiers par terre *(sur le plancher)* ?
7 – Où ? Oh, ceux[-là] ? Je n'en ai aucune idée *(J'ai non idée)*.

Notes

1 Voici le dernier des principaux pronoms interrogatifs de la famille en **wh-** : **whose..?**, *à qui ?* **Whose file is this?** *À qui est ce dossier ?* Dans certains contextes, le nom peut se positionner à la fin de l'interrogation : **Whose is this file?** Il n'y a aucune différence de sens. Comme pour **which** (leçon 5, note 8), **whose** est aussi un pronom relatif, que nous verrons plus tard.

2 **really**, *réellement*, *vraiment*, est un adverbe mais il peut aussi s'employer – comme *vraiment* – pour souligner une affirmation : **It's really important**, *C'est vraiment important*. Dans ce contexte, il est plus fort que **very**, *très* (leçon 1, phrase 4).

3 À la forme négative de **to be**, deux formes contractées sont possibles : **it's not** ou **it isn't**. Il n'y a aucune différence de sens.

4 Voir leçon 2, note 4. Rappelons qu'il est important de déterminer la position d'une personne ou un objet dans l'espace par rapport à celui qui parle : à proximité avec **here** et **this** at éloigné avec **there** et **that**. Dans ce contexte, ces adverbes ont la même fonction que *voici* et *voilà* mais contrairement au français, ils ont une forme plurielle : **these** et **those** (phrases 6 et 7).

5 L'anglais possède deux mots pour *un bureau* : **an office** (la pièce), voir phrase 1, et **a desk** (le meuble). Rappelons la règle concernant l'orthographe de l'article indéfini : **an** devant une voyelle et **a** devant une consonne. (Le nom **a bureau** existe en anglais, dans le sens de *un meuble à tiroirs, un secrétaire*).

***

Exercise 1 – Translate

❶ Where is your desk? – It's here. ❷ Whose is this file on the shelf? ❸ Is Stella on the phone? – I have no idea. ❹ My office is really small. ❺ Is he underpaid? – Not really.

***

Exercise 2 – Fill in the missing words

❶ Mon ordinateur est sur mon bureau *(meuble)* dans mon bureau *(pièce)*.
My . . . . is . . my . . . . . . my . . . .

❷ Ils/Elles sont derrière la porte et à côté de la fenêtre.
. . . . the . . . . and . . . . . . the . . . .

❸ À qui sont ces dossiers ? – Nous n'en avons aucune idée.
. . . . files? – . . . . idea.

❹ Les chaises sont sous l'étagère.
The chairs . . . . the . . . . . .

❺ Où est mon téléphone ? C'est vraiment important.
. . . . phone? . . . . important.

6 **a phone** est une aphérèse de **a telephone**. En principe, il y a une différence entre **a landline** ("ligne terrestre"), *un fixe*, et **a mobile**, *un portable* mais dans la mesure ou presque tous les téléphones sont portables de nos jours, **a phone** (parfois **smartphone**) est suffisant. Notez qu'en anglais américain, on emploie **a cell phone** (ou **cellphone**), *téléphone cellulaire* ou *portable*, souvent écourté en **cell**.

7 La préposition **under**, *sous*, est employée, de même qu'en français, comme préfixe pour modifier un nom ou un adjectif. Par exemple, **I am underpaid**, *Je suis sous-payé(e)*. Ou encore **underground**, "*sous-terre*" – le nom officiel du *métro* de Londres : **the London Underground** (une ellipse de **underground railway**, *chemin de fer sous-terrain*).

8 **on**, *sur*, peut aussi se traduire par d'autres prépositions en français. Par exemple, **He's on the phone**, *Il est au téléphone*, ou encore **The file is on the floor**, *Le dossier est par terre*. Prenez bien note de ces petites différences car elles sont importantes.

***

Corrigé de l'exercice 1

❶ Où est votre bureau ? – Il est ici. ❷ À qui est ce dossier sur l'étagère ? ❸ Est-ce que Stella est au téléphone ? – Je n'en ai aucune idée. ❹ Mon bureau est vraiment petit. ❺ Est-il sous-payé ? – Pas vraiment.

***

Corrigé de l'exercice 2

❶ – computer – on – desk in – office ❷ They are behind – door – next to – window ❸ Whose are these – We have no – ❹ – are under – shelf ❺ Where is my – It's really –

Comme nous l'avons expliqué à la leçon 3, nous introduisons certains mots, points de grammaire ou tournures de manière naturelle avant qu'ils ne soient expliqués, afin que votre don d'assimilation intuitive fonctionne à plein.

7

Seventh lesson

Revision – Révision

Nous consacrons chaque septième unité d'une série de sept leçons à la révision afin de récapituler, systématiser et approfondir les principaux éléments rencontrés au cours des six leçons précédentes. Cela vous permet aussi de mesurer vos progrès – et surtout de les consolider. Et puisque vous connaissez déjà la matière contenue dans cette leçon, vous pouvez vous détendre et lire, sans chercher à apprendre par cœur. Les règles se mettront en place automatiquement, petit à petit.

1 Les pronoms

1.1 Pronoms personnels sujets

Voici les pronoms sujets :

I	*je* (toujours avec une capitale initiale)
you	*tu*, *vous* (singulier), *vous* (pluriel)
he	*il* (personne de sexe masculin)
she	*elle* (personne de sexe féminin)
it	*il/elle* (objets), *cela*, *ça*
we	*nous*
they	*ils/elles* (personnes ou objets)

Il n'y a pas de tutoiement en anglais (même s'il existe une forme familière, **thou**, que l'on peut trouver dans la littérature classique ou dans certains usages archaïques). Par conséquent, **you** traduit à la fois *tu* et *vous* (ce dernier au singulier et au pluriel).
Par ailleurs, les noms n'ont pas de genre : **he** et **she** se réfèrent uniquement aux personnes, et **it** aux objets. Par ailleurs, **it** est employé pour le mode impersonnel (*il est*, *cela/ça*) : **It's very expensive**, *C'est très cher*. **It's small**, *C'est petit*. De ce fait, il n'y a qu'une forme plurielle à la troisième personne, **they**, qui englobe les êtres animés ainsi que les objets et les abstractions.

Enfin, depuis quelques années, il existe des néo-pronoms qui permettent d'intégrer la non-binarité au langage : par exemple, **ze** remplace **he** et/ou **she** (*iel* est l'équivalent français). Même si ces néologismes restent encore confidentiels, le pronom "standard" **they** est utilisé couramment au singulier pour éviter de créer une distinction masculin/féminin.

1.2 Pronoms personnels compléments

me	*me / moi*
you	*te, toi, vous* (singulier), *vous* (pluriel)
him	*le, lui* (personne de sexe masculin)
her	*la, lui, elle* (personne de sexe féminin)
it	*le, la, lui, elle* (objet inanimé, mode impersonnel)
us	*nous*
them	*les, leur, eux* (personnes, objets inanimés)

Contrairement au français, les pronoms compléments se placent après le verbe : **We are pleased to meet her**, *Nous sommes contents de la rencontrer*. Nous vous en reparlerons plus tard, quand nous aborderons la structure de la phrase en plus de détails.

2 Le verbe *to be* (être)

2.1 L'affirmatif, le négatif et l'interrogatif

L'infinitif de tous les verbes non-défectifs se forme avec **to**.
To be est important car il est à la fois verbe lexical et auxiliaire, utilisé (comme en français) pour former d'autres temps verbaux. Voici l'affirmatif au temps présent :

to be	*être*
I am	*je suis*
you are	*tu es / vous êtes*
he is	*il est* (sexe masculin)
she is	*elle est* (sexe féminin)
it is	*il/elle est* (objet, mode impersonnel)
we are	*nous sommes*
they are	*il/elles sont*

La négation est simple : il suffit de mettre **not** après le verbe :
I am not late, *Je ne suis pas en retard.*
She is not at home, *Elle n'est pas chez elle.*

Pour l'interrogatif, on intervertit le verbe et le nom ou pronom :
Are they at work? *Sont-ils/elles au travail ?*
Is he free? *Est-il libre ?*

2.2 Les contractions

Certains verbes, surtout **to be** (*être*) et **to have** (*avoir*) mais aussi quelques auxiliaires, peuvent être amalgamés avec un pronom ou l'adverbe négatif **not**. Pour ce faire, on omet la voyelle dans le deuxième mot, d'où la notion de contraction :

Forme complète	Forme contractée
I am	**I'm**
you are	**you're**
he is	**he's**
she is	**she's**
it is	**it's**
we are	**we're**
they are	**they're**

(Le **s** final se prononce *[z]*, sauf dans **it's**, où il est sibilant.)

Les contractions s'emploient dans la langue parlée ou à l'écrit si le style est informel : lettres et mails à des amis, messages sur les médias sociaux, paroles de chansons, publicités, etc. Il ne s'agit pas d'une subtilité grammaticale, mais d'une simple représentation de la prononciation, l'apostrophe indiquant l'endroit où une voyelle est escamotée. (D'ailleurs, nous avons un phénomène similaire d'omission en français : *Il est pas venu*, *J'sais pas*, etc.).

Dans la forme négative, il y a deux possibilités. Prenons la phrase **He is not at home**, *Il n'est pas chez lui.*
1) Le verbe et pronom sont amalgamés et suivis de **not** : **He's not at home**.
2) le verbe et **not** sont amalgamés, en supprimant le **o** : **He isn't at home**.

Il n'y a aucune différence de sens entre les deux constructions. Cependant, dans certains contextes, la première peut être plus catégorique car on entend clairement la négation **not** en entier. Nous en reparlerons, mais, en attendant, exercez-vous à employer les deux formes.

Enfin, comme nous avons vu en leçon 4, note 7, **to be** est utilisé dans un certain nombre de tournures où le français emploie le verbe *avoir*, notamment **to be right** et **to be wrong**.

3 Les démonstratifs

Les adjectifs et pronoms démonstratifs sont :

this	*ce, cet, cette*
that	
these	*ces*
those	

Ils s'emploient aussi bien pour les êtres vivants que pour les objets inanimés et les noms abstraits – et, bien sûr, il n'y a pas de genres grammaticaux.

La différence entre **this/these** et **that/those** est une question de positionnement par rapport à celui qui parle : proche pour la première paire, éloigné pour la seconde. Cette distinction est souvent absente en français : **this desk** et **that desk** peuvent être traduits tous les deux par *ce bureau*. C'est donc le contexte qui régit le choix du déterminant :
This is my wife and that's my daughter, *Voici ma femme et voilà ma fille* (l'une est près, l'autre plus loin par rapport à celui qui parle). Un moyen mnémotechnique est de se souvenir que **this** et *ici* partagent la même voyelle, tout comme **that** et *là-bas*. Par exemple, en se présentant au téléphone, on dira : **Hi, this is XX** (= votre nom) car c'est vous, le centre d'intérêt.

Parfois, le choix est subjectif : comme on le sait, Hamlet dit **That is the question** – il contemple de loin cette interrogation métaphysique. Mais il aurait pu dire **This is...** pour la rendre plus immédiate. Tout est une question de perception !

Enfin, une autre différence : **this** s'emploie plutôt avec le temps présent alors que **that** se réfère au passé. Nous verrons cela le moment venu.

4 Les pronoms interrogatifs

La plupart des pronoms interrogatifs commencent par **wh-**

what	*quel, quelle, quels, quelles*
when	*quand*
where	*où*
which	*(le)quel, (la)quelle, (les)quels, (les)quelles*
who	*qui*
whose	*à qui*
why	*pourquoi*

...avec une exception importante

how	*comment*

Comme en français, ces pronoms sont suivis par un verbe ou auxiliaire, qui peut être contracté selon le contexte, s'ils sont le sujet de la question et si le verbe est au singulier (**is**) :
What is / What's your name? *Comment vous appelez-vous / Quel est votre nom ?*
When is / When's the meeting? *Quand est la réunion ?*
Where is / Where's my phone? *Où est mon téléphone ?*
Who is that man / Who's that man? *Qui est cet homme ?*
Whose are these files? *À qui sont ces dossiers ?*
Why are you late? *Pourquoi êtes-vous en retard ?*
How are you? *Comment allez-vous/vas-tu ?*

Comme vous pouvez le constater, toutes ces structures suivent à peu près les mêmes règles qu'en français.

Rappelons que, dans ces pronoms, le diphtongue **wh** se prononce exactement comme un **w** seul. Écoutez attentivement le dialogue de révision.
Il existe encore un autre pronom : **whom**, dont nous parlerons plus tard.

5 Les chiffres et les nombres

Nous présentons les nombres cardinaux en bas de chaque page, et les ordinaux (jusqu'à 100) en haut de chaque leçon pour vous permettre de les réviser facilement au fur et à mesure de votre apprentissage. Pensez à les regarder systématiquement jusqu'à ce que vous les connaissez par cœur. Mais pour "mettre la machine en route", voici les éléments de base :

1	**one**	11	**eleven**
2	**two**	12	**twelve**
3	**three**	13	**thirteen**
4	**four**	14	**fourteen**
5	**five**	15	**fifteen**
6	**six**	16	**sixteen**
7	**seven**	17	**seventeen**
8	**eight**	18	**eighteen**
9	**nine**	19	**nineteen**
10	**ten**	20	**twenty**

– Le suffixe **-teen** est une déformation de **ten** *dix* ; ainsi **seventeen** (**seven+ten**) = 17. Mais on emploie **teen** (ou **teenager**) comme un nom pour désigner *un ado* (*adolescent*).
– En règle générale, *zéro* se dit **nought** en anglais britannique (sauf pour la température, où l'on utilise **zero**) ou encore **oh** (comme la lettre) lorsqu'on sépare un nombre chiffre par chiffre (numéros de téléphone, chambre d'hôtel, etc.). Il y a d'autres petites subtilités, que nous expliquerons au fur et à mesure.

Un petit conseil : pour développer vos reflexes, feuilletez rapidement votre livre, arrêtez-vous par hasard à n'importe quelle page et lisez à haute voix le numéro de cette page et celui de la leçon. Répétez cet exercice régulièrement, en accélérant la cadence, jusqu'à ce que vous soyez complètent à l'aise.

***

Revision dialogue – Dialogue de révision (Traduisez)

Ce petit dialogue reprend et reformule certaines des constructions les plus importantes que vous avez vues cette semaine. Écoutez attentivement chaque phrase, répétez et traduisez-la. Vous allez ainsi vous rendre compte de votre progression, et apprécier d'une série de leçons à l'autre à quel point vous avez assimilé des formules sans nécessairement vous en apercevoir.

1 – Good morning. How are you?
2 – I'm fine, thanks. And you?
3 – Where's Helen, your wife? Is she at home?
4 – No, she isn't. She's at work.
5 – It's too bad. When's she free?
6 What about tomorrow?
7 – I'm sorry, I have no idea.
8 – Thanks for your help.
9 – You're welcome.
10 Excuse me, who are you exactly?

8

Eighth lesson

At a party

1 – Who's that tall [1] **la**dy [2] in the long blue dress?
2 – Her [3] name's **Ka**ren. She's a **den**tist [4].
3 – And who's the guy there, on her left, in the blue suit?
4 – That's her **hus**band. His [3] name's **Len**ny.
5 They live in a large flat [5] on the third floor [6] with their [7] two **chil**dren [8].
6 They're a nice **fam**ily – like us.
7 – You know all of the **peo**ple [9] at this **par**ty!
8 – Not all of them.

Traduction
1 Bonjour. Comment allez-vous ? **2** Je vais bien, merci. Et vous ? **3** Où est Helen, votre femme ? Est-elle à la maison ? **4** Non *(elle ne l'est pas)*. Elle est au travail. **5** C'est dommage. Quand sera-t-elle libre ? **6** Demain, par exemple ? **7** Je suis désolé, je n'en ai aucune idée. **8** Merci pour votre aide. **9** De rien. **10** Excusez-moi, qui êtes-vous exactement ?

Félicitations ! Vous venez de conclure votre première série de sept leçons, et vous êtes déjà en train d'acquérir les mécanismes de base. Apprendre une langue, c'est comme apprendre un sport : cela demande une pratique régulière, mais pas d'effort excessif au début. Pour l'instant, vous êtes entre les mains de votre "entraîneur". Alors, faites-nous confiance… et fiez-vous à votre don d'assimilation.

8

Huitième leçon

Dans *(À)* une fête

1 – Qui est cette grande dame dans la longue robe bleue ?
2 – Elle s'appelle *(son nom est)* Karen. Elle est *(une)* dentiste.
3 – Et qui est le type là-bas, à *(sur)* sa gauche, en *(dans le)* costume bleu ?
4 – C'est son mari. Il s'appelle *(son nom est)* Lenny.
5 Ils habitent *(vivent)* dans un grand appartement au *(sur le)* troisième étage avec leurs deux enfants.
6 C'est *(sur le)* une famille sympa, comme nous.
7 – Tu connais toutes *(de)* les personnes *(gens)* à cette fête !
8 – Pas toutes *(d'eux)*

Prononciation

*at ə **paa**tii **1** Houz DHat taul **léé**dii inn DHə long blou dres **2** Heur néémz **ka**rən chiiz ə **denn**tist **3** annd Houz DHə gaï DHair onn Heur left inn DHə blou sout **4** DHats Heur **Heuz**bənnd Hiz néémz **len**ni **5** DHéé liv inn ə laadj flat onn DHə THeud flor ouiDH DHair tou **tchil**drən **6** **DHéé**ə ə naïs **fam**ilii laïk eus **7** iou noo aul əv DHə **pii**pəl at DHis **paa**tii **8** not aul əv DHem*

Notes

1 **tall** signifie *haut* : **a tall building**, *un bâtiment haut*. Ce mot est souvent traduit par *grand* : **a tall man**, *un homme grand*, mais il s'agit bien de la hauteur. À ne pas confondre avec **big** (leçon 6, phrase 2) et, surtout, **large** (phrase 5), qui est un faux-ami (*large*, **wide**). Ainsi, **a big man**, *un homme grand et fort*.

2 **a lady**, *une dame*. La différence entre **a woman** et **a lady** est la même qu'entre *une femme* et *une dame*. (Le pluriel de **lady** est **ladies** – voir leçon 4, note 1.)

3 Puisque les noms anglais n'ont pas de genre, les adjectifs possessifs de la troisième personne du singulier (**his**, **her**) s'accordent avec le genre du possesseur. Ainsi, comme nous l'avons déjà vu, **his name** désigne le nom d'un possesseur mâle et **her name** celui d'une femelle. L'adjectif neutre correspondant est **its**. De ce fait, **its name** serait le nom d'un objet inanimé (bâtiment, ville, etc.).

4 Autre conséquence de l'absence de genres : beaucoup de noms communs – notamment ceux désignant les professions – n'ont qu'une forme épicène. Ainsi, **a dentist** peut être *un* ou *une dentiste*. Nous y reviendrons plus longuement vers la fin de cette méthode. Par ailleurs, en parlant de professions, il faut toujours un article indéfini : **He's a doctor**, *Il est médecin*.

***

Exercise 1 – Translate

❶ Who's the guy on the right? ❷ They (*f.*) live in a big flat on the ground floor. ❸ I know all of the people at this party. ❹ He's a dentist and she's a doctor. ❺ Where are Karen and Lenny? – They're there with their child.

5 **a flat**, *un appartement*. L'adjectif **flat** signifie *plat(e)* : **a flat roof**, *un toit plat*. Par rapport à *une maison* (**a house**), un appartement est bien… *à plat* ! Outre-Atlantique, on emploie **an apartment** (avec un seul **p**) et, comme bien d'autres mots américains, celui-ci est employé, de plus, en anglais britannique.

6 Nous avons vu **on the floor**, *par terre*, en leçon 6, où **floor** se réfère au *plancher*. Mais ce même mot s'emploie pour un *étage* de bâtiment. **We're on the fourth floor**, *Nous sommes au quatrième étage*. Sachez toutefois que, si les Britanniques considèrent, comme les Français, que le premier étage d'un immeuble est celui immédiatement au-dessus du *rez-de-chaussée* (**the ground floor**), les Américains ignorent cette notion et commencent tout de suite au **first floor**.

7 **their** est l'adjectif possessif à la troisième personne du pluriel, traduisant *leur / leurs* car il est invariable, comme tous les adjectifs. Ainsi, **I know their flat**, *Je connais leur appartement* ; **We know all of their friends**, *Nous connaissons tous leurs amis*.

8 **children** est le pluriel irrégulier de **a child**, *un enfant*. Notez la différence de prononciation de la voyelle entre ce pluriel et le singulier (écoutez exercice 1, phrase 5).

9 Le nom **people**, *personnes / gens* est le pluriel courant de **a person**, *une personne*. Malgré les apparences, le mot franglais *people* est un faux-ami car l'équivalent anglais est **a celebrity** (sing.) ou **celebrities** (pl.). Il existe plus d'une centaine de ces formes nominales irrégulières, mais beaucoup suivent le même modèle (terminaison, changement de voyelle, etc.).

Corrigé de l'exercice 1

❶ Qui est le type à droite ? ❷ Elles habitent dans un grand appartement au rez-de-chaussée. ❸ Je connais toutes les personnes à cette fête. ❹ Il est dentiste et elle est médecin. ❺ Où sont Karen et Lenny ? – Ils sont là avec leur enfant.

Exercise 2 – Fill in the missing words

❶ Bonjour (*dans l'après-midi*) mesdames (*dames*) et messieurs.
Good .... and ....

❷ Son nom (*à elle*) est Karen et son nom (*à lui*) est Lenny.
.... Karen and ....

❸ Il est son mari (*à-elle*).
.. is ....

❹ Je connais tous ces gens mais pas leurs enfants.
I know .... but not ....

❺ Ils/Elles sont *(contraction)* américain(e)s. Ils/Elles habitent dans un petit appartement au rez-de-chaussée.
.... American. .... small ....

9

Ninth lesson

Questions from a sports coach

1 – I have [1] some **ques**tions for you. Are you **read**y?
2 How old [2] are you? Are you **un**der [3] **thir**ty [4]?
3 – Yes, I am. I'm **twen**ty-**sev**en next **birth**day.
4 – How tall are you? Are you **o**ver six feet [5]?
5 – Per**haps**, I'm not sure. Wait, I know that [6] I'm one **me**tre **eigh**ty.
6 – That's fine. [7] And **fi**nally, how **hea**vy are you?
7 – How [8] rude! My weight is not your **bus**iness. [9] □

Prononciation

***koues**tchənz from ə spauts **koo**tch **1** aï Hav səm **koues**tchənz for iou aa iou **re**dii **2** Haou old aa iou aa iou **eun**də **THeu**tii **3** ies aï am aïm **twenn**tii **sev**ən next **beurTH**déé **4** Haou taul aa iou aa iou **oo**və siks fiit **5** peu**Haps** aïm not chour ouéét aï noo DHat aïm weunn **mii**tə **éé**tii **6** DHats faïn annd **faï**nəlii Haou **He**vii ah iou **7** Haou roud maï ouéét iz not ior biznəs*

Corrigé de l'exercice 2

❶ – afternoon ladies – gentlemen ❷ Her name is – his name is Lenny – ❸ He – her husband ❹ – all those people – their children ❺ They're – They live in a – apartment on the first floor –

A guy : un type, un mec. *En 1606, un groupe de catholiques radicaux tenta d'assassiner le roi protestant* **James I** *(Jacques 1er) en faisant exploser des barils de poudre sous le Parlement à Londres. Le complot fut découvert à temps et l'artificier du groupe, un dénommé Guy Fawkes, fut exécuté. De nos jours encore, on brûle son effigie – appelée* **a guy** *– tous les 5 novembre sur de grands feux de joie à travers le pays. Le mot* **guy** *fut adopté au XIXe siècle pour désigner* un drôle de gus ; *aujourd'hui, il signifie simplement* un type : **He's a nice guy,** C'est un type sympa. *Comme quoi, les mots ont parfois une histoire extraordinaire !*

9

Neuvième leçon

[Des] questions d'un entraîneur sportif

1 – J'ai quelques questions à vous poser *(pour vous)*. Êtes-vous prête ?
2 Quel âge avez-vous *(Comment vieille êtes vous)* ? Avez-vous moins de *(êtes-vous en-dessous)* trente [ans] ?
3 – Oui *(je suis)*, j'aurais *(suis)* vingt-sept [ans] [à] mon prochain anniversaire.
4 – Quelle est votre taille *(Comment grand êtes vous)* ? Faites-vous plus de 1 m 80 *(au-dessus six pieds)* ?
5 – Peut-être, je ne suis pas sûre. Attendez, je sais que je mesure *(suis)* 1 m 80.
6 – C'est parfait *(fin)*. Et enfin *(finalement)*, quel est votre poids *(comment lourde êtes vous)* ?
7 – Quelle grossièreté *(Comment grossier)* ! Mon poids ne vous regarde pas *(n'est pas votre affaire)*.

Notes

1 Voici un autre verbe irrégulier important, que nous avons déjà commencé à assimiler : **to have**, *avoir / posséder*. Sa conjugaison est identique à toutes les personnes (**have**), sauf la troisième du singulier : **he/she/it has**.

2 Nous connaissons depuis la première leçon l'interrogation **How are you?** *Comment allez-vous ?* L'adverbe interrogatif **how**, *comment*, s'emploie dans une série de questions courantes, que nous découvrons dans cette leçon. **How old are you?**, *Quel âge as-tu/avez-vous ?* Ou encore **How tall are you?** *Combien mesurez-vous ?* ("Comment grand êtes-vous ?").

3 Voir leçon 6, note 7. Ici, **under** signifie *au-dessous/en dessous de* ou *moins de* : **He's under twenty-five**, *Il a moins de 25 ans*.

4 On "est" son âge en anglais : **My sister is nine**, *Ma sœur a neuf ans*. Comme nous le savons (leçon 4, note 8), **to be** est employé dans des expressions qui sont construites en français avec *avoir*. Par ailleurs, il n'est pas utile de préciser **years**, *années*. **I'm twenty-seven**, *J'ai 27 ans*. Néanmoins, si l'on y tient, il faut dire l'équivalent de "Je suis vieux/vieille de..." **I'm twenty-seven years old**. Il n'y a pas de différence de sens mais, au cause de sa brièveté, la première formule est la plus courante.

5 **feet** est le pluriel irrégulier de **a foot**, *un pied*. Mais d'autres noms avec la même double voyelle sont réguliers au pluriel, comme **a boot**, *une botte*, ou **a root**, *une racine* (**boots**, **roots**). Une particularité du monde anglo-saxon est le système de poids et mesures dit "impérial" qui est employé en parallèle du système décimal au Royaume-Uni pour certaines choses (liquides, distances, etc.).

***

Exercise 1 – Translate

❶ Peter's very young. He's only twenty years old. ❷ Is he over thirty? – Perhaps, I'm not sure. ❸ Wait, what is your weight? ❹ We're ready for a hard winter. ❺ That's fine. How nice of you *(f.)*!

6 **that** est non seulement un démonstratif (leçon 2, note 3) mais aussi une conjonction de subordination, l'équivalent de *que* : **I know that she's twenty-two**, *Je sais qu'elle a 22 ans*.

7 Nous avons vu **I'm fine**, *Je vais bien*, à la première leçon. Si l'adjectif et adverbe **fine** est parfois apparenté au français *fin* (par exemple, **fine wines**, *des vins fins*), il couvre un champ beaucoup plus large (*excellent / bien / super / top*, etc.) et s'emploie dans plusieurs expressions idiomatiques, dont **That's fine** *C'est parfait* et **It's fine**, *Tout va bien*.

8 Si **how** permet de poser des questions de quantité, le mot est utilisé aussi dans des formules exclamatives. **How nice of you!** *Que c'est gentil/sympa de ta/votre part !*, etc. (Faites attention au mot **rude**, qui signifie *impoli / grossier* voire *obscène*, alors que l'adjectif français *rude* se traduit plutôt par **harsh** ou **hard** : **a harsh/hard winter**, *un hiver rude*).

9 Le nom **business** (utilisé parfois en français !) est la forme nominale de **busy**, *occupé*, avec le suffixe **-ness**, qui dénote une qualité ou un état relié à l'adjectif racine (par exemple **rudeness** → *la grossièreté / l'impolitesse*). L'expression idiomatique **It's** (ou **That's**) **not your business** signifie *Ce ne sont pas vos affaires / Ça ne vous regarde pas*. Remarquez en passant comment le **y** terminal de l'adjectif se transforme en **i** lorsqu'on y ajoute le suffixe : **busy** → **business**.

Corrigé de l'exercice 1

❶ Peter est très jeune. Il a seulement vingt ans. ❷ A-t-il plus de trente ans ? – Peut-être, je ne suis pas sûr. ❸ Attendez, quel est votre poids ? ❹ Nous sommes prêts pour un hiver rude. ❺ C'est parfait. Que vous êtes gentille.

Exercise 2 – Fill in the missing words

❶ C'est quand, son anniversaire (*à lui*). Es-tu sûr(e) ?
. . . . birthday? . . . . ?

❷ Ils/Elles ont des *(quelques)* questions pour nous.
. . . . questions . . . . . .

❸ Combien mesure-t-il ? – En pied ou en mètres ?
. . . . ? – In . . . . . . in metres?

❹ Combien pèse-t-elle ? – Ça ne vous regarde pas.
. . . . is . . . ? – It's . . . .

10

Tenth lesson

The weather

1 – How's the **wea**ther up [1] there in **Dur**ham?
2 – **Te**rrible! [2] It's cold [3] and wet **ev**ery day.
3 – That's be**cause** it's **al**ways **rain**y [4] in the north in **sum**mer.
4 – What's it like down [1] in **Corn**wall?
5 – Fan**tas**tic. It's not **re**ally hot and **sun**ny.
6 In fact, it's **some**times a **lit**tle [5] **wind**y and **cloud**y.
7 But it rains only two times a week in the south:
8 from [6] **Mon**day to **Wed**nesday then from **Thurs**day to **Sun**day [7].

Prononciation

*DHə **we**DHə **1** Haouz DHə **we**DHə eup DHair inn **deu**rəm **2** **te**ribəl its kauld annd wet **ev**rii déé **3** DHats bii**koz** its orlwaïz **réé**nii inn DHə nauTH inn **seu**mə **4** wots it laïk daoun inn **korn**wəl **5** fan**tas**tik its not **rii**lii Hot annd **seu**ni **6** inn fakt its **seum**taïmz ə **li**təl **winn**dii annd **klaou**dii **7** but it réénz **aun**lii tou taïmz ə wiik inn DHə saouTH **8** frəm **meun**déé tou **wenz**déé DHenn frəm **THeurz**déé tou **seunn**déé*

❺ Quel âge ont les enfants ? – Je ne sais pas *(contraction)*.
.... are the .... ? – I ....

Corrigé de l'exercice 2

❶ When is his – Are you sure ❷ They have some – for us – ❸ How tall is he – feet or – ❹ How heavy – she – not your business ❺ How old – children – don't know

10

Dixième leçon

Le temps

1 – Quel temps fait-il *(comment est le temps)* là-haut à Durham ?
2 – Horrible *(terrible)* ! Il fait *(est)* froid et humide tous les jours *(chaque jour)*.
3 – C'est parce qu'il pleut toujours *(est toujours pluvieux)* dans le nord en été.
4 – Comment c'est *(Quoi-est ce semblable)* là-bas *(en-bas)* en Cornouailles ?
5 – Fantastique ! Il ne fait *(est)* pas vraiment *(réellement)* chaud et ensoleillé.
6 En fait, c'est parfois un peu venteux et nuageux.
7 Mais il pleut seulement deux fois [par] *(une)* semaine dans le sud :
8 de lundi à mercredi puis de jeudi à dimanche.

Notes

1 **up**, *en haut*, et son contraire **down**, *en bas* permettent de nous situer dans l'espace : **How's the weather up there?** *Quel temps fait-il là-haut ?* (par rapport à la personne qui interroge). Le même mécanisme est

employé à la phrase 4, mais dans le sens inverse. **We're down here in Cornwall**, *Nous sommes ici en Cornouailles* (vers le bas). Ces ajouts ne sont pas obligatoires : ce sont des tournures idiomatiques qui ajoutent une information complémentaire.

2 **terrible** signifie *affreux / moche* : **The weather's terrible**, *Le temps est affreux*. Il n'a aucune connotation positive, comme il peut y avoir en français. Si vous vous voulez dire le contraire, *Il fait beau*, ce sera : **The weather's fine**.

3 Pour parler du temps météorologique, il suffit d'utiliser le pronom impersonnel **it** et le verbe **to be** avant l'adjectif : **It's hot**, *Il fait chaud*. **It's cold**, *Il fait froid*, etc. Notez que **weather** ne prend pas l'article indéfini **a** : **hot weather**, *un temps chaud*.

4 Voici une façon de former un adjectif à partir d'un nom : **rain**, *la pluie* → **rainy**, *pluvieux* ; **a cloud**, *un nuage* → **cloudy**, *nuageux* ; **snow**, *neige* → **snowy**. Notez le cas de **sun**, *soleil* ; dans un mot monosyllabique avec une voyelle courte suivi d'une consonne, il faut doubler cette dernière avant d'ajouter un suffixe. Ainsi **sun** → **sunny**, *ensoleillé*.

***

Exercise 1 – Translate

❶ How's the weather down there? – Terrible. ❷ It's really cold and wet. ❸ It's really cloudy and rainy. ❹ I'm from Cornwall. – What's it like? ❺ Are you free on Monday, Wednesday or Thursday? – No, only on Friday or Saturday.

***

Exercise 2 – Fill in the missing words

❶ Il y a *(contraction)* du soleil ici (*en haut*) dans le nord, mais il y a *(contraction)* du vent.
. . . . in . . . ., but . . . .

❷ Nous avons un petit peu froid. – Oui, il fait un temps froid actuellement.
We . . . . – Yes, the . . . .

❸ Cette semaine, il est en Cornouilles de mardi à dimanche.
This week, he's in . . . .

❹ Il y a *(contraction)* toujours de la neige ici en hiver.
. . . . here . . . .

5 **little**, *petit*. Nous connaissons **small** (leçon 6, phrase 1), qui a le même sens mais qui se cantonne à décrire la taille de quelqu'un ou quelque chose. Dans ce contexte, les deux mots sont synonymes (**a small/little room**, *une petite pièce*). En revanche, **little** peut exprimer aussi une notion de jugement. **You little idiot!** *Petit idiot !* (la taille physique est hors de propos). Avec l'article indéfini, **a little** signifie *un (petit) peu (de)* : **I'm a little cold**, *J'ai un petit peu froid*. Nous y reviendrons.

6 La préposition **from**, vue à la leçon précédente, a plusieurs sens, notamment *de* (point de départ ou provenance) : **I'm from Cornwall**, *Je suis de Cornouailles*, ou encore : **We're here from Monday to Friday**, *Nous sommes ici de lundi à vendredi*.

7 Les jours de la semaine sont **Monday** (*lundi*), **Tuesday** (*mardi*), **Wednesday** (*mercredi*), **Thursday** (*jeudi*), **Friday** (*vendredi*), **Saturday** (*samedi*) et **Sunday**. (*dimanche*). Chaque nom commence avec une capitale initiale et se termine en **-day** (*jour*). En général, on utilise la préposition **on** : **The party is on Monday**, *La fête, c'est lundi*.

***

Corrigé de l'exercice 1

❶ Comment est le temps là-bas ? – Horrible. ❷ Il fait vraiment froid et humide. ❸ C'est vraiment nuageux et pluvieux. ❹ Je suis de Cornouailles. - Comment c'est ? ❺ Êtes-vous libre lundi, mercredi ou jeudi ? - Non, seulement vendredi ou samedi.

***

❺ **Il pleut parfois six fois par jour.**
. . . . six . . . .

Corrigé de l'exercice 2

❶ It's sunny up here – the north – it's windy ❷ – are a little cold – weather is cold at the moment ❸ – Cornwall from Tuesday to Sunday ❹ It's always snowy – in winter ❺ It sometimes rains – times a day

Les noms de lieux nous apprennent beaucoup sur un pays. Et puisque la Grande-Bretagne a été "visitée" par de nombreuses ethnies au cours de son histoire, la toponymie anglaise est particulièrement riche. Regardons les suffixes : **-ham** *signifie* pré *en langue frisonne : (***Cosham***,* le pré de

M. Cos). Et **-chester (Winchester, Dorchester)** *vient de* **castra**, *ou* camp fortifié *en latin. Dans le nord du pays, souvent envahi par les Vikings, beaucoup de noms de lieux se terminent par* **-thorpe (Scunthorpe, Harlthorpe…)**, *le mot pour* village *en vieux norrois. (Notez que ces suffixes ne sont jamais accentués.)*

11

Eleventh lesson

A spring [1] holiday

1 – So [2], how's your **ho**liday [3]?
2 – We're not on **ho**liday; it's a long week**end**.
3 Our bed and **break**fast is **opp**osite the beach.
4 It's not huge but it's clean, **co**sy [4] and warm [5].
5 The **vi**llage is **beau**tiful and calm in **au**tumn and **win**ter
6 but there's more to do [6] and there are more **tou**rists in **su**mmer.
7 – You're so **lu**cky [7]. Is there a room [8] for me in your **B&B**?

Prononciation

ə sprinng ***Ho****lidéé* ***1*** *soh Haouz ior* ***Ho****lidéé* ***2*** *ouiir not onn* ***Ho****lidéé its ə long* ***wiik****end* ***3 aou****ə bed annd* ***brek****fəst iz* ***op****əzit THə biitch* ***4*** *its not Hioudj beut its kliin* ***koh****zi annd worm* ***5*** *Dhə* ***vil****ədj iz* ***biiou****tifəl annd kaam inn* ***oo****təm annd* ***win****tə* ***6*** *beut DHairz mor tou dou annd DHair aa mor* ***tour****ists inn* ***seu****mə* ***7*** *ior soo* ***leu****kii iz DHair ə roum for mii inn ior bii-annd-bii*

Notes

1 **spring**, *le printemps*. Un nom peut être utilisé pour modifier un autre nom, par exemple **a spring holiday**, *des vacances de printemps*. Dans ce contexte, ces noms épithètes fonctionnent comme des adjectifs : ils sont placés devant le nom à qualifier et restent invariables : **summer tourists**, *des touristes estivaux* ("touristes d'été"). Cette souplesse syntaxique est l'un des points fort de l'anglais (voir aussi la note 7 ci-dessous).

Cornwall (la Cornouailles) *est la "botte" de la Grande-Bretagne. C'est un comté avec une forte identité régionale, celle d'un pays celtique et fier de l'être. Les similitudes avec la Bretagne sont frappantes, ne serait-ce qu'au niveau des toponymes. Par exemple,* **Land's End**, *le village le plus méridional du pays, signifie* la fin de la terre (Finistère).

11

Onzième leçon

[Des] vacances [de] printemps

1 – Alors, comment se passent vos vacances *(est votre vacance)* ?

2 – Nous ne sommes pas en vacances, c'est un long week-end.

3 Notre chambre d'hôtes *(lit et petit-déjeuner)* est en face de la plage.

4 Ce n'est pas énorme mais c'est propre, confortable et chaud.

5 Le village est beau et calme en automne et en hiver

6 mais il y a plus [de choses] à faire et il y a plus de touristes en été.

7 – Vous avez beaucoup de chance *(êtes si chanceuse)*. Y a-t-il une chambre *(pièce)* pour moi dans votre B&B ?

2 **so**, *si / aussi / tellement* (voir leçon 3, phrase 6 et phrase 7 de cette leçon). Mais dans la langue parlée, **so** est souvent employé en début de phrase comme un marqueur de discours, à l'image de *donc* ou *alors* : **So, how are you?** *Alors, comment tu vas?* Dans ce contexte, le mot est aussi inutile que rébarbatif, mais il très (trop ?) courant en anglais familier.

3 **a holiday**, *des vacances*. À l'origine, le mot désignait une fête religieuse (**holy**, *sacré*+**day**, *jour*) mais aujourd'hui l'usage est plutôt profane : on le trouve dans le terme **a public holiday**, *un jour férié*. Il est employé tantôt au singulier (**to be on holiday**, *être en vacances/congé*), tantôt au pluriel (par exemple **Happy holidays!** *Bonne fêtes* [de fin d'année] !), mais le sens est identique. Notez que l'anglais américain préfère le

nom (et faux-ami) **a vacation**, toujours au singulier. **We here on holiday/vacation**, *Nous sommes ici en vacances*.

4 L'adjectif **cosy** (**cozy** en américain) fait partie de ces mots anglais incorporés en français, faute d'équivalent indigène. *Douillet, chaleureux / accueillant* – autant des nuances que de contextes. Le mot prend tout son sens avec **a tea cosy**, *un couvre-théière*, accessoire indispensable pour garder au chaud le contenu du contenant…

5 L'adjectif **warm** décrit une chaleur confortable et agréable et peut se traduire par *chaud / assez chaud* ou *chaleureux*. Comme **cosy**, il est l'un de ces mots "émotifs" d'origine celte ou saxonne qui fonctionnent en parallèle du vocabulaire latin (voir Introduction).

6 **to do** – l'un des principaux verbes anglais – est à la fois un auxiliaire et un verbe lexical. Dans cette dernière fonction, le sens est *faire / agir* : **I have a lot to do tomorrow**, *J'ai beaucoup à faire demain*. Pour la conjugaison au

***

Exercise 1 – Translate

❶ A double room for next Sunday and Monday, please. ❷ Is there a nice bed and breakfast in the village? ❸ Are you here on your summer holiday? ❹ The living room is huge, but it's cosy too. ❺ He does a lot of work for us.

***

Exercise 2 – Fill in the missing words

❶ La chambre d'hôte possède deux chambres, une salle de bains et une salle à manger.
The B&B .... , ... and ....

❷ Nous sommes *(contraction)* ici en vacances, pas pour un long week-end.
.... , not for a long weekend.

❸ Le village est calme en automne et en hiver mais pas au printemps et en été.
The village .. calm .... and ...... , but .... and ....

présent simple, seule la troisième personne du singulier est différente : **I do**, **we do**, etc. mais **he/she/it does** (écoutez phrase 5 de l'exerice 1).

7 **luck**, *la chance* → **lucky**, *chanceux / heureux*. La locution verbale **to be lucky** fait partie des expressions qui emploient **to be** comme auxiliaire, alors que l'équivalent français – ici, *avoir de la chance* – est construit avec *avoir*. Voir leçon 1, note 6. (Les amateurs de BD classiques reconnaitront **Lucky Luke**, *Luc le chanceux*.)

8 **a room** est le nom commun désignant un espace clos dans un bâtiment : *une pièce / une chambre / un salon*, etc. Pour préciser la fonction d'un tel espace, il faut un qualificatif, qui peut être un gérondif : **a living room** (*un salon / un "living"*), **a dining room** (*salle à manger*), ou un nom épithète, auquel cas les deux noms fusionnent ; **a bathroom**, *une salle de bains*, (**bath**, *bain*) ou encore **a bedroom** (**bed**, *lit*), *une chambre à coucher*. À l'hôtel, cependant, il suffit de demander **a room**, le lit étant sous-entendu : **A double room, please**, *Une chambre double, s'il vous plaît*.

***

Corrigé de l'exercice 1

❶ Une chambre double pour dimanche et lundi prochains, s'il vous plaît. ❷ Y a-t-il une bonne chambre d'hôte dans le village ? ❸ Êtes-vous ici pour vos vacances d'été ? ❹ Le salon est immense, mais il est aussi très confortable. ❺ Il travaille beaucoup *(fait beaucoup de travail)* pour nous.

***

❹ **Nous avons de la chance car** *(parce que)* **les pièces sont propres et chaudes.**

.... **because the** ..... **are** ....

❺ **Bonne fêtes [de fin d'année]. – Merci beaucoup.**

.............! – ....

Corrigé de l'exercice 2

❶ – has two bedrooms, a bathroom – a dining room ❷ We're here on holiday – ❸ – is – in autumn – winter – not in spring – summer ❹ We are lucky – rooms – clean and warm ❺ Happy holidays – Thanks very much

12

Twelfth lesson

Sandwiches for lunch

1 – Why are food shops [1] so ex**pen**sive?
2 Look, this **sand**wich costs nine pounds and **for**ty pence!
3 **Sand**wiches [2] are so **ea**sy to make: [3] for eight **peo**ple,
4 you take two loaves [4] of white bread,
5 **al**so some to**ma**toes [5], some cold po**ta**toes, some **oth**er **veg**etables,
6 then cheese, shrimp [6], **but**ter, **mus**tard, **car**rot, **sa**lad, eggs, **on**ions…
7 – You **al**so need knives [7], forks and strong teeth [8]! □

Prononciation

***sann**witchiz for leuntch **1** waï aa foud chops soo eks**penn**sif **2** louk DHis **sann**witch kosts naïn paounds annd **for**tii penns **3** **sann**witchiz aa **ii**zy tou méék for éét **pii**pəl **4** iou téék tou loovz ov ouaït bred **5** **al**so seum tə**maa**tooz seum kold pə**téé**tooz, seum **eu**DHə **vedj**təbəlz **6** DHenn tchiiz, chrimmp **beu**tə **meus**təd **ka**rət **sa**ləd egz **eu**nieunz **7** iou **aul**soo niid naïvz forks annd strong tiiTH*

Notes

1 **food**, *la nourriture*. En règle générale, ce nom est indénombrable, (même si on trouve parfois un pluriel, **foods**). Il existe un certain nombre de ces substantifs, que nous apprendrons au fur et à mesure. Ils peuvent aussi fonctionner comme des adjectifs (leçon 11, note 1) : **a food shop**, **two sandwich shops**.

2 Voir leçon 3, note 3. Rappelons qu'on ajoute une syllabe et que le **s** terminal se prononce comme un **z**.

Douzième leçon

[Des] sandwiches pour [le] déjeuner

1 – Pourquoi les magasins d'alimentation *(nourriture)* sont[-ils] si chers ?
2 Regardez, ce sandwich coûte neuf livres et quarante pence !
3 Les sandwichs sont si faciles à faire : pour huit personnes,
4 vous prenez deux miches de pain blanc,
5 des tomates aussi, des pommes de terre froides, quelques autres légumes,
6 ainsi que du *(puis)* fromage, des crevette[s], du beurre, de la moutarde, des carotte[s], de la laitue *(salade)*, des œufs, des oignons...
7 – Vous avez aussi besoin [de] couteaux, [de] fourchettes et [de] dents solides *(fortes)* !

3 Voici le deuxième verbe qui se traduit par *faire*. La différence entre **to do** (leçon 11, note 6) et **to make** est que le premier concerne principalement des actions alors que le second se rapporte à la production ou la fabrication : **Cheese sandwiches are easy to make**, *Les sandwichs au fromage sont faciles à faire*. Nous y reviendrons plus en détail ultérieurement.

4 **a loaf**, *une miche de pain*. Le pluriel se forme en remplaçant le **f** par un **v** suivi de **-es**. (Dans une boulangerie en Grande-Bretagne, on demandera **a loaf of bread** alors que l'équivalent en français est tout simplement *un pain*.) On trouve le même mécanisme **f** → **v** avec **a leaf**, *une feuille*, **leaves**. Voir aussi note 7 ci-dessous.

5 Pour former le pluriel des deux mots courants se terminant en **-o** (**tomato**, *tomate*, **potato**, *pomme de terre*), il faut ajouter un **e** avant le **s** : **tomatoes, potatoes**. Certains autres mots avec un **o** terminal, notamment ceux empruntés de l'italien, se passent de cet **e** : **a concerto, concertos**, etc.

6 Tout comme **fish**, *le poisson*, **a shrimp**, *une crevette*, ne change pas au pluriel. Voir aussi la note 1 de cette leçon.

7 **a knife**, *un couteau*, forme son pluriel en changeant le **f** en **v** : **knives** (notez que le **k** est muet à la prononciation). Cette règle s'applique aussi **a wife**, *une épouse* (leçon 2, phrase 2).

8 Le pluriel de **tooth**, *une dent*, est très irrégulier : **teeth**. Mais dans un nom composé, comme **a toothbrush**, *une brosse à dents*, le pluriel se forme régulièrement : **toothbrushes** (notez en passant la différence entre les deux langues : brosse à la dent en anglais, mais les dents en français).

***

Exercise 1 – Translate

❶ **That sandwich shop is so expensive. All the sandwiches are fifteen pounds.** **❷** **I need a loaf of bread, some butter, some vegetables and an egg.** **❸** **It's so easy to make. – Really?** **❹** **The cheese costs only fifty pence.** **❺** **Where is your knife? – Over there, on the chair.**

***

Exercise 2 – Fill in the missing words

❶ J'ai une pomme de terre, une tomate, et aussi des crevettes.
I have . . . . , ... and . . . .

❷ C'est facile : des œufs, des oignons, du beurre, de la laitue et de la moutarde.
It's easy: . . . . , ... , ... , salad and . . . .

❸ Ces pommes de terre sont froides. – Je suis désolée.
. . . . are . . . . . – I'm sorry.

❹ Ce magasin d'alimentation fait de très bons sandwichs au fromage.
That . . . . very good . . . .

❺ Tu as besoin de dents solides pour ce pain !
You . . . . bread!

Corrigé de l'exercice 1

❶ Cette sandwicherie est si chère. Tous les sandwichs sont à quinze livres. ❷ J'ai besoin d'une miche de pain, du beurre, des légumes et d'un œuf. ❸ C'est si facile à faire. - Vraiment ? ❹ Le fromage ne coûte que cinquante pence. ❺ Où est votre couteau ? – Là-bas, sur la chaise.

***

Corrigé de l'exercice 2

❶ – a potato, a tomato – also some shrimp ❷ – eggs, onions, butter – mustard ❸ These potatoes – cold – ❹ – food shop makes – cheese sandwiches ❺ – need strong teeth for this –

La devise britannique est la livre, **the pound**, *dont la sous-unité est* **a penny**. *Lorsqu'on dénombre un montant,* **penny** *prend le pluriel* **pence**. *En revanche, pour compter le nombre de pièces, on utilise le pluriel régulier :* **pennies** *(voir leçon 3, note 5). Cette dernière forme s'emploie aussi dans certaines expressions idiomatiques. (En anglais américain,* **a penny** *est un synonyme familier de* **a cent**, *le centième de* **a dollar**.*)*
Le mot **sandwich**, *connu à travers le monde, a une histoire intéressante qui remonte au* XVII*e siècle. John Montagu, le comte de Sandwich, une petite ville dans le Kent, était un joueur invétéré qui passait des heures à la table de cartes. Au cours d'une partie interminable, il demanda à son cuisinier personnel de lui apporter quelque chose qu'il pourrait manger sans se lever de son siège. Ce dernier mit quelques tranches de jambon entre deux morceaux de pain, et le "sandwich" était né. Ces récits étymologiques, en plus de leur côté amusant, sont un bon moyen mnémotechnique pour l'acquisition du vocabulaire. Pensez-y !*

13

Thirteenth lesson

A full diary [1]

1 – On the fifth [2] of March [3] it's **Mo**ther's [4] Day.
2 Then there's **Ap**ril Fool's [5] Day on the first of the month.
3 – This **ye**ar, **Eas**ter **Mon**day falls on the fif**teenth**.
4 – Next [6] we have the **Sum**mer Bank **Ho**liday in **Au**gust.
5 On the fifth of Novem**ber**, of course [7], it's **Fire**work [8] Night.
6 **Box**ing Day is just **af**ter **Christ**mas, on the **twen**ty-sixth of De**cem**ber,
7 and in **Scot**land, on New **Ye**ar's Eve, they have **Hog**manay.
8 – **E**nough! I'm al**rea**dy **ti**red!

Prononciation

*ə foul **daïə**rii **1** onn DHə fifTH ov maatch its **meu**DHəz déé **2** DHenn DHairz **éé**prəl foulz déé onn DHə feurst ov DHə meunTH **3** DHis **ieu**ə **ii**stə **meun**déé faulz onn DHə fif**tiinTH** **4** **nekst** wii hav DHə **seum**ə bannk **Hol**idéé inn **oo**gəst **5** onn DHə fiTH ov no**vem**bə ov kaus its **faï**əweurk naït **6** **bok**sing déé iz djeust **aaf**tə **kris**məs onn DHə **twen**nti-sikTH ov di**semm**bə **7** annd in **skot**lənd onn niou **ie**əz iiv DHéé Hav **Hog**mənéé **8** ii**neuf** aïm aul**re**dii **taï**əd*

Notes

1 Alerte au faux-amis : **a diary**, *un agenda* (à ne pas confondre avec **a dairy**, *une laiterie*). En revanche, **an agenda** est *un ordre du jour* (réunion, etc.). Pensez à noter systématiquement ces paires de mots avec une orthographe similaire ou identique mais un sens différent

2 Pour écrire la date, on utilise une forme abrégée (par exemple **5 March**). Mais pour cette leçon, nous transcrivons ce qui se dit habituellement

Treizième leçon

Un *(plein)* agenda [bien] rempli

1 – Le cinq mars *(sur mars le cinquième)*, c'est [la] Fête [des] mères *(jour-de-la mère)*.
2 Puis, il y a le poisson d'avril, *(avril sot jour sur)* le premier du mois.
3 – Cette année, [le] lundi [de] Pâques tombe *(sur)* le quinze *(le quinzième)*.
4 – Ensuite, nous avons un jour férié *(l'été banque congé)* en août.
5 Le 5 novembre *(sur le cinquième de novembre)*, bien sûr, c'est la nuit du feu d'artifice.
6 Le "Boxing Day» *(boîte jour)* est juste après Noël, *(sur)* le vingt-six décembre,
7 et en Écosse, à la Saint-Sylvestre *(veille du Nouvel An)*, ils ont [le] "Hogmanay".
8 – Assez ! Je suis déjà fatigué !

(**the fifth of March**), avec l'article défini et **of**, mais qui ne sont (presque) jamais écrits. Pour préciser une date, il faut employer la préposition **on** : **The party is on the fifth of March**, *La fête a lieu/est le 5 mars*. Pour connaître les nombres ordinaux, il suffit de regarder tout en haut de chaque page de ce livre, mais nous ferons un point en leçon 14.

3 Comme les jours de la semaine (leçon 10, note 7), les mois s'écrivent toujours avec une capitale initiale. Dans cette leçon, nous rencontrons **March** (*mars*), **April** (*avril*), **August** (*août*), **November** (*novembre*) et **December** (*décembre*). Les autres mois sont **January** (*janvier*), **February** (*février*), **May** (*mai*), **June** (*juin*), **July** (*juillet*) et **September** (*septembre*).

4 Nous rencontrons pour la première fois la forme possessive, marquée par une apostrophe et un **s** final attachés à la fin d'un nom. Ici, **mother's day** signifie *le jour de la mère*. Évidemment, ce **-'s** ne peut être la contraction de **is** (~~**mother is day**~~), qui n'aurait pas de sens. Nous reviendrons plus longuement sur ce phénomène dans les leçons à venir. Retenez

à cette occasion quelques mots de vocabulaire importants : **parents**, *parents*, **a mother**, *une mère*, et **a father**, *un père* et **a grandmother**, *une grand-mère*, **a grandfather**, *un grand-père*.

5 **a fool**, *un idiot / un imbécile* **She's not a fool**, *Elle n'est pas bête*. Le mot vient du vieux français ***fol*** (*un fou*), mais il n'y a point de notion de démence. Ainsi, **April Fool's Day** ("le jour du sot d'avril") – remarquez à nouveau la forme possessive –, le 1er avril, est le jour des farces (le fameux "poisson d'avril").

6 Nous avons vu l'adjectif **next** (leçon 6, phrase 5 et leçon 9, phrase 3) mais c'est aussi un adverbe : *ensuite / après* : **Next, you need cheese**, *Ensuite, vous avez besoin de fromage*.

***

Exercise 1 – Translate

❶ The holidays are in January, February, June, and September. ❷ My father's birthday is just after Easter. ❸ Boxing Day is just after Christmas. It's on the 26th of December. ❹ You're* a fool (*f.*)! – Yes, an April fool! ❺ The party's on the 15th or 16th of May. Or perhaps it's in June.

* *Utilisez le tutoiement pour la traduction*

***

Exercise 2 – Fill in the missing words

❶ Cette année, les fêtes auront lieu *(sont)* le 2, le 3 et le 4 *(en toutes lettres)* janvier.
This year, the .... are ...., ... and ... . January.

❷ En Écosse on fête *(ils ont)* le Hogmanay à la Saint-Sylvestre.
.... have Hogmanay on ....

❸ La Fête des feux d'artifice tombe le 5 *(en toutes lettres)* de ce mois-ci.
Firework Night ....

❹ La question est-elle à l'ordre du jour ? – Bien sûr que non !
..... question ....? – ....!

❺ Son emploi du temps (*à-lui*) plein. Il est déjà fatigué.
.... is ..... He's ....!

7 **a course** signifie, entre autres, *un cours* ou *un stage*. Mais l'expression **of course** est l'équivalent de *bien entendu* ("qui suit le cours [des choses") **Are you free? – Of course**. *Êtes-vous libre ? – Bien sûr*. La forme négative est **of course not**, *bien sûr que non*.

8 **a firework** ("travail-de-feu") est *un feu d'artifice*. Pour fêter l'échec de la Conspiration des poudres (voir Note culturelle en leçon 8), en plus d'allumer des feux de joie, on organise des *spectacles pyrotechniques* : **firework displays**. Notez à nouveau comment un nom épithète est utilisé comme un adjectif, sans article partitif (= *de/des*) et sans accord singulier/pluriel.

***

Corrigé de l'exercice 1

❶ Les vacances sont en janvier, février, juin et septembre. ❷ L'anniversaire de mon père est juste après Pâques. ❸ Le "Boxing Day" est juste après Noël. C'est le 26 décembre. ❹ Tu es une idiote ! – Oui, une idiote d'avril ! ❺ La fête est le 15 ou le 16 mai. Ou c'est peut-être en juin.

***

Corrigé de l'exercice 2

❶ – parties – on the second, the third – the fourth of – ❷ In Scotland they – New Year's Eve ❸ – falls on the fifth of this month ❹ Is the – on the agenda – Of course not ❺ His diary – full – already tired

Au XIXe siècle, la tradition voulait que l'on offre des étrennes à ses employés de maison et ses commerçants fidèles le lendemain de Noël. Pour maintenir la bienséance, ces gratifications étaient soigneusement emballées dans une petite boîte (**box**)*, d'où le terme* **Boxing Day** *(rien à voir avec le pugilat, malgré la synonymie). Les mœurs évoluent et, depuis des décennies, le 26 décembre est simplement un jour férié, marqué presque partout dans l'Anglosphère. Pour les Écossais, cependant, la grande fête de l'année n'est pas Noël mais la Saint-Sylvestre, qu'ils nomment* **Hogmanay***. Malgré l'aspect celte de ce vieux mot, il s'agirait d'une altération de l'expression française* au gui l'an neuf *– un signe parmi tant d'autres de l'entente de longue*

14

Fourteenth lesson

Revision – Révision

Que de progrès en deux semaines ! Passons maintenant en revue quelques points-clés vus lors des six dernières leçons.

1 Les adjectifs possessifs

Vous avez déjà assimilé tous les adjectifs possessifs (*mon*, *vos*, *nos*, etc.). Ils sont invariables (**my** = *mon*, *ma* et *mes*) puisque les noms anglais n'ont pas de genre :

my village, my children	*mon village, mes enfants*
your dress, your sandwiches	*ta robe, tes/vos sandwichs*
our flat, our questions	*notre appartement, nos questions*
their breakfast, their teeth	*leur petit-déjeuner, leurs dents*

La seule difficulté par rapport au français se trouve à la 3e personne (*son*, *sa*, *ses*), puisque l'adjectif possessif dépend du sexe du possesseur :

his holiday	Lenny	*son congé / ses vacances*
her dress / dresses	Karen	*sa robe / ses robes*
its weather / tourists	Cornwall	*sa météo / ses touristes*

Logiquement, sans d'autres informations, il est difficile de traduire correctement, par exemple, *son appartement*, car le sexe du

date (1295) entre l'Écosse et la France pour contrer l'ennemi héréditaire : messieurs les Anglais !
Les 24 et 30 décembre portent aussi un nom spécifique avec le mot **eve** *(***Christmas Eve** *et* **New Year's Eve***), une apocope de* **evening***, (leçon 2, phrase 1)* le soir *mais aussi* la veille. *Le Royaume-Uni compte plusieurs* **public holidays** *(*jours fériés*, voir leçon 11, note 3), en plus du 25 et du 31/12, ainsi que le* **Good Friday***, ("*bon vendredi*",* vendredi saint*). Ces congés portent le nom curieux de* **bank holidays** *(car, à l'origine, toutes les banques fermaient, donc le commerce s'arrêtait) ; ils ont lieu au début du mois de mai (***Early May Bank Holiday***), puis au printemps et en été (***Spring/Summer Bank Holiday***).*

14

Quatorzième leçon

possesseur n'est pas connu (ou **his flat** ou **her flat**). Heureusement, on ne travaille que très rarement sans contexte.

2 Le pluriel

Voici un point complet sur les tous les éléments que nous avons assimilés dans les deux dernières séries de leçons :

• En règle générale, le pluriel des noms communs se forme en rajoutant un **s** terminal :
a question → **questions**
a room → **rooms**

• Certaines terminaisons exigent un **e** devant le **s**. Il s'agit de **-ch**, **-s**, **-sh**, et **-x**. Par exemple :
a sandwich → **sandwiches** (en français on ignore cette règle avec ces mots d'emprunt.)
a box → **boxes** (*une* → *des boîtes*)

• Les noms se terminant en **-y** prennent **-ies** pour le pluriel, sauf quand le **-y** est précédé d'une voyelle :
city → **cities** mais **guy** → **guys**

• Les noms avec une terminaison en **-f** forment leur pluriel avec **-ves**
loaf → **loaves**, **shelf** → **shelves**, etc. Une poignée de noms ont deux formes (par exemple **scarf**, *une écharpe*) mais ce sont des exceptions.

• Il existe aussi une poignée de mots dont le pluriel est irrégulier. Nous connaissons déjà :
a child → **children**, *enfant*
– Voici cinq autres noms courants comportant un pluriel irrégulier :
a foot → **feet**, *pied*
a man → **men**, *homme*
a penny → **pence**, *centième d'une livre sterling*
a tooth → **teeth**, *dent*
a wife → **wives**, *épouse*

Il existe quelques autres formes irrégulières, dérivées pour la plupart du grec ou du latin, que nous vous signalerons en temps voulu.

En ce qui concerne la prononciation, le **s** terminal se prononce :
• *[z]* (fricatif) si le mot se termine avec une consonne sonore : **-b**, **-d**, **-g**, **-v**, **-l**, **-m**, **-n**, **-r**, **-w**
• *[z]* (fricatif) pour les terminaisons exigeant un **e** devant le **s** et engendrant donc une syllabe supplémentaire (voir ci-dessus).
• *[s]* (sibilant) si le mot se termine par une consonne "dure" : **-k**, **-n**, **-m**, **-p**, **-t**, **-th** sibilant
Il y a quelques autres nuances, que nous verrons en temps voulu.

3 *their, they're* et *there*

Il est important de ne pas confondre ces mots, qui se prononcent de manière quasiment identique (écoutez attentivement la phrase 5 du Dialogue de révision à la fin de cette leçon) :
• **their** est un adjectif possessif, qui traduit *leur(s)* : **This is their room**, *Ceci est leur pièce/chambre*.

• **they're** est la contraction de **they are**, la 3e pers. du pluriel du verbe **to be** : **They're late**, *Ils/Elles sont en retard*.

• **there** est à la fois un démonstratif (*là/là-bas*) et un pronom (**il y a**) : **How's the weather there?** *Quel temps fait-il là-bas ?* **There's a B&B in the village**, *Il y a une chambre d'hôte dans le village*.

En réalité, il existe une légère différence de prononciation entre **they're** et les deux autres mots mais, en pratique, elle est très difficile à détecter.

4 Les nombres ordinaux

Les ordinaux sont basés sur les cardinaux (voir leçon 7) et figurent dans les numéros de leçons de cet ouvrage (les cardinaux quant à eux sont transcrits en bas de chaque page jusqu'à la 99e (**ninety-ninth**)). Le tableau ci-dessous montre la correspondance entre les deux formes, de 1 à 20.

1st	**first**	→	**one**	11th	**eleventh**	→	**eleven**
2nd	**second**	→	**two**	12th	**twelfth**	→	**twelve**
3rd	**third**	→	**three**	13th	**thirteenth**	→	**thirteen**
4th	**fourth**	→	**four**	14th	**fourteenth**	→	**fourteen**
5th	**fifth**	→	**five**	15th	**fifteenth**	→	**fifteen**
6th	**sixth**	→	**six**	16th	**sixteenth**	→	**sixteen**
7th	**seventh**	→	**seven**	17th	**seventeenth**	→	**seventeen**
8th	**eighth**	→	**eight**	18th	**eighteenth**	→	**eighteen**
9th	**ninth**	→	**nine**	19th	**nineteenth**	→	**nineteen**
10th	**tenth**	→	**ten**	20th	**twentieth**	→	**twenty**

5 Les jours, mois, et dates

5.1 Les jours

Deux choses importantes à retenir :

- l'accent tonique tombe systématiquement sur la première syllabe ;
- la première lettre est toujours une majuscule.

Monday	*lundi*
Tuesday	*mardi*
Wednesday	*mercredi*
Thursday	*jeudi*
Friday	*vendredi*
Saturday	*samedi*
Sunday	*dimanche*

La terminaison **-day** est une déformation du latin ***dies***, qui est devenue *-di* en français. Mais il existe un jour de la semaine qui, contrairement aux apparences, montre plus de similitudes qu'il n'y paraît entre l'anglais et le français : **Thursday** est dérivé de Thor, la divinité nordique du tonnerre, alors que *jeudi* porte le nom de Jupiter, le dieu de la foudre…et du tonnerre. Si loin, et pourtant si proche !

– La préposition utilisée habituellement avec les jours est **on** :
He's busy on Monday, *Il est occupé le lundi.*
On peut aussi mettre le nom au pluriel s'il s'agit d'une action habituelle :
He's busy on Mondays, *Il est occupé tous les lundis.*
– Pour **the weekend** (pas de trait d'union), on utilise **at the** :
The B&B is closed at the weekend, *La chambre d'hôtes est fermée le week-end.*

5.2 Les mois

Comme pour les jours de la semaine, les mois s'écrivent avec une capitale initiale :

January	*janvier*
February	*février*
March	*mars*
April	*avril*
May	*mai*
June	*juin*
July	*juillet*
August	*août*
September	*septembre*
October	*octobre*
November	*novembre*
December	*décembre*

L'accent tonique est irrégulier (sur la première syllabe pour **January**, **February**, **April** et **August**, mais sur la deuxième pour **July** les quatre derniers mois).

5.3 Les dates

L'orthographe – et surtout la prononciation – des dates est un peu plus compliquée car il existe plusieurs options. Pour résumer, prenons une date : le 5 mars.

– À l'oral, le jour est à la forme ordinale, précédé de l'article défini (**the**) et suivi de **of** : **the fifth of March.**
– À l'écrit, **the** et **of** sont supprimés et l'ordinal est abrège en **-th** : **5th March**. Il est aussi possible d'utiliser le cardinal seul : **5 March**. (Pour les trois premiers jours, voir plus haut le tableau des ordinaux)
– Pour situer un événement à une date précise, il faut employer la préposition **on** : **on the fifth of March**.

Il est aussi possible d'inverser le jour et le mois :
the fifth of March → **March 5th**.

Il n'y a aucune différence sémantique entre les deux formes, et l'une n'est pas plus "correcte" que l'autre. Mais le format numérique est toujours le même : jour/mois (ou jj/mm) : **5/3** (ou **05/03**).

Il y a cependant une différence fondamentale entre le Royaume-Uni et l'Amérique du Nord, où l'on utilise toujours la forme mois/jour. De ce fait, le **5/3** sera le *trois mai* pour un Américain ou un Canadien. Alors, si vous avez un rendez-vous important ou un vol à prendre, vérifiez bien la date sur l'agenda ou votre titre de transport !

Quant aux années, nous en parlerons dans une leçon à venir.

***

Revision dialogue

1 – Who's that tall guy over there?
2 – His name's Lenny. He's a dentist.
3 And that's his wife. Her name is Karen.
4 – Where are your friends Mike and Lisa?
5 – They're over there with their children.
6 There are some sandwiches for lunch.
7 There's also some salad, tomatoes, potatoes, and eggs.
8 And there are some knives and forks over there.

Traduction

1 Qui est ce grand type là-bas ? **2** Il s'appelle Lenny. Il est dentiste. **3** Et voilà sa femme. Elle s'appelle Karen. **4** Où sont tes amis Mike et Lisa ? **5** Ils sont là-bas avec leurs enfants. **6** Il y a des sandwichs pour le déjeuner. **7** Il y a aussi de la salade, des tomates, des pommes de terre et des œufs. **8** Et il y a des couteaux et des fourchettes là-bas.

15

Fifteenth lesson

Breakfast

1 – Good **mor**ning. Is there **an**y [1] tea in the pot?
2 – No, but you can [2] have [3] some **wa**ter or **co**ffee if you want.
3 – Thank you. Are there **an**y eggs?
4 – No, but I have some [4] **ba**con.
5 – **Won**derful [5]. And is there **an**y fruit [6]?
6 I'm **real**ly **hun**gry [7].
7 – That's **ob**vious! I can hear your **sto**mach.

Prononciation

***brek**fəst **1** goud **mor**ning. iz DHair **enn**ii tii inn DHə pot **2** noo beut iou kən Hav səm **wor**tə or **ko**fii if iou wont **3** **THannk**iou. aa DHair **enn**i əgz **4** noo beut aï Hav səm **beï**kən **5** **weun**dəfəl annd iz DHair **enn**ii frout **6** aïm **rii**lii **Heun**grii **7** DHats **ob**viəs aï kən **Hii**ə ior **steu**mək*

Notes

1 **any**, que nous avons vu à leçon 3, note 5, traduit les articles partitifs *du/de la/des* dans une question cherchant à déterminer si une chose existe. Ici, la personne qui parle ne sait pas s'il y a du thé dans la théière. (On verra plus loin que **any** s'emploie aussi dans des phrases négatives.)

2 **can**, *pouvoir / avoir la capacité de faire quelque chose*. Il s'agit d'un verbe défectif, qui n'a pas d'infinitif et ne se conjugue pas.

3 **to have**, *avoir*. À la fois verbe lexical et auxiliaire, **have** (découvert en leçon 4) est un vrai bourreau de travail, avec plus d'une vingtaine de

***Voilà, vous apprenez les mécanismes de base de la langue anglaise* slowly but surely *(*lentement mais sûrement*) – et presque sans vous en apercevoir ! Mais rappelez-vous notre seule règle : consacrez un peu de temps tous les jours à votre anglais. Prêt(e) pour la suite ?* Let's go!,** Allons-y !

15

Quinzième leçon

[Le] petit déjeuner

1 – Bonjour. Y a-t-il *(Est là)* du thé dans la théière *(pot)* ?
2 – Non, mais tu peux prendre *(avoir)* de l'eau ou du café si tu veux.
3 – Merci. Y a-t-il *(Sont là)* des œufs ?
4 – Non, mais j'ai du lard fumé.
5 – Génial *(merveilleux)*. Et y a-t-il *(est là)* des fruits *(du fruit)* ?
6 J'ai vraiment faim *(Je-suis réellement affamé(e))*.
7 – C'est évident ! J'entends *(peux entendre)* ton estomac.

définitions répertoriées dans les dictionnaires. Ici, nous le rencontrons dans le sens actif de *prendre* : **Have some coffee**, *Prenez du café*.

4 **some** traduit *du / de la / des* dans une phrase affirmative et s'applique à une quantité peu précise (voir leçon 12). **I want some bacon/tea**, *Je veux du lard fumé/thé*. Cependant, nous verrons que les articles partitifs français ne se traduisent pas systématiquement en anglais.

5 **wonder** est un nom abstrait qui signifie *l'émerveillement* ou *l'étonnement* (remarquez l'absence de l'article défini). Mais dans l'anglais courant, l'adjectif **wonderful** ("plein d'émerveillement") exprime l'enthousiasme, comme *Formidable !* ou *Génial !*

6 Le nom commun **fruit** est indénombrable, comme **food** (leçon 12, note 1). En règle général, il ne possède pas de forme pluriel. Ainsi, **The fruit is on the table** signifie, *Les fruits sont sur la table*. Nous reviendrons plus longuement sur le phénomène des noms indénombrables.

7 **hungry**, *affamé*. Notez que *assoiffé* se dit **thirsty**. Pour dire *avoir faim/soif*, nous utilisons l'auxiliaire **to be**, *être*, comme pour l'âge. **She's hungry and thirsty**, *Elle a faim et soif.*

***

Exercise 1 – Translate

❶ Good morning. Is there any coffee? ❷ Are there any eggs? ❸ You* can have some tea. ❹ She's really thirsty. ❺ This is a wonderful breakfast! Thank you.

* *Utilisez le tutoiement*

***

Exercise 2 – Fill in the missing words

❶ Y a-t-il des fruits pour le petit déjeuner ?
. . . . fruit for . . . . ?

❷ Et y a-t-il du thé ?
And . . . . ?

❸ J'ai* très faim.
. . . very . . . .

❹ Oui, elle a des fruits.
Yes, she . . . . fruit.

❺ Ils/Elles peuvent prendre du café s'ils/elles veulent.
They . . . . coffee if they . . . . .

* *Utilisez la forme contractée*

16

Sixteenth lesson

Problems

1 – What's wrong? [1] Speak to me!
2 – I've got [2] a big **prob**lem.
3 – Can [3] I help?
4 – This **cam**era's **brok**en [4].

Corrigé de l'exercice 1

❶ Bonjour. Y a-t-il du café ? ❷ Y a-t-il des œufs ? ❸ Tu peux prendre du thé. ❹ Elle a vraiment soif. ❺ Ce petit déjeuner est génial ! Merci.

***

Corrigé de l'exercice 2

❶ Is there any – breakfast ❷ – is there any tea ❸ I'm – hungry ❹ – has some – ❺ – can have some – want

Breakfast. *À l'hôtel ou au "B&B" (voir leçon 11) en Grande-Bretagne, on vous proposera peut-être le traditionnel* **full English** *(de son vrai nom,* **full English breakfast**, petit-déjeuner anglais complet*). Ce repas copieux comporte des œufs, du lard fumé, des saucisses, des tomates grillées et, parfois, des haricots à la sauce tomate et des rognons – le tout arrosé de thé ou de café. Cependant, les mœurs et les habitudes alimentaires ont beaucoup évolué. Aujourd'hui vous aurez droit au* **continental breakfast** *(pain, viennoiserie, café). Malgré des étymologies différentes, la logique du mot* **breakfast** *est identique en anglais et en français :* **break**, casser, **fast**, le jeûne → **breakfast**, *("dé-jeuner").*

16

Seizième leçon

[Des] problèmes

1 – Qu'est-ce qui ne va pas *(Quoi est faux)* ? Parle-*(à)*moi !
2 – J'ai *(J'ai eu)* un gros problème.
3 – Puis je [t']aider ?
4 – Cet appareil photo est cassé.

5 – But that's [5] your **bro**ther's **ca**mera [6].
6 – Exactly. That's my **prob**lem.
7 I can't tell him! □

Prononciation

***prob**ləmz **1** wots rong spiik tə mii **2** aïv got ə big **prob**ləm **3** **kanna**ï help **4** DHis **kamm**rəz **broo**kən **5** beut DHats ior **breu**DHəz **kam**rə **6** eg**zakt**lii. DHats maï **prob**ləm **7** aï kaant tel Him*

Notes

1 **wrong**, *faux / erroné*. **A wrong number**, *un faux numéro*. La tournure **What's wrong with...?** signifie *Qu'est-ce qu'il y a/qui ne va pas avec… ?* **What's wrong with this phone?**, *Qu'est-ce qu'il a ce téléphone ?* Adressé à une personne, **What's wrong?** signifie : *Qu'est-ce que vous avez ?, Quel est le problème ?* : **What's wrong with your thumb?** *Quel est le problème avec votre pouce ?* (Rappelons que le **w** est muet dans les mots commençant par **wr**).

2 La forme contractée de **have**, *avoir*, est **'ve** (et **-'s** à la 3e personne du singulier pour **has**). Quand **to have** est employé comme verbe principal (et non pas comme auxiliaire) à cette forme (**I've**, etc.) dans la langue parlée, il devient à peine audible. Alors pour pallier cette perte sonore, on rajoute le mot **got**, le participe passé du verbe **to get** (*avoir / obtenir*). **I've a flat in London** → **I've got a flat in London**, *J'ai un appartement à Londres*. Cette "pièce rapportée" n'ajoute rien au sens mais permet de mieux entendre l'énoncé. Ne vous inquiétez pas, cela deviendra très vite un automatisme.

3 Comme pour **to be**, on forme l'interrogatif de **can**, *pouvoir*, par simple inversion : **I can...** → **Can I...?**, *Puis-je… ?*.

***

Exercise 1 – Translate

❶ What's wrong with your thumb? ❷ Speak to him. ❸ I've got a problem. ❹ Can I help? – No you can't. ❺ That's my coffee!*

** Écoutez bien : l'accentuation est obtenue en mettant l'accent tonique plus fort sur* **my**.

5 – Mais c'est *(ceci est)* l'appareil photo de ton frère.
6 – Exactement. C'est ça *(Ça-est)* mon problème.
7 Je ne peux pas lui dire.

4 **broken**, *cassé*, est le participe passé du verbe irrégulier **to break**. (Vous vous souvenez sans doute de **breakfast**, *petit-déjeuner*, qui se traduit littéralement par "*casser [le] jeûne*".)

5 Rappelons que **this** et **that**, *ceci / cela* comportent une notion de proximité ou d'éloignement du "centre d'intérêt" de la phrase. Ici, le locuteur utilise **this** car l'appareil-photo est près de lui, alors que pour l'autre personne, il est éloigné.

6 Voici la forme possessive (appelée aussi le cas possessif). Il faut un peu de gymnastique mentale au début, mais la règle est assez simple. Au lieu de dire, par exemple, *l'appareil photo de Steve*, on dit l'équivalent de "*Steve son appareil photo*", en remplaçant l'adjectif possessif *son/sa*, etc. par **-'s** ajouté au "possesseur". Donc : *l'appareil photo de Steve* → **Steve's camera**. Nous y reviendrons plus longuement, mais remarquez comment nous perdons l'article défini **the** en cours de route.

***

Corrigé de l'exercice 1

❶ Quel est le problème avec votre pouce ? ❷ Parlez-lui. ❸ J'ai un problème. ❹ Puis-je aider ? – Non, vous ne pouvez pas. ❺ C'est mon café à moi !

Exercise 2 – Fill in the missing words

❶ Elle a* un appartement à Londres.
. . . . a flat . . London.

❷ Exactement. C'est ça,* mon problème.
Exactly. . . . . problem.

❸ J'ai* un nouvel appareil photo.
. . . . a new . . . .

❹ Est-ce que tu peux aider Fred, s'il te plaît ?
. . . . Fred, please?

❺ Ce téléphone *(-ci)* est cassé.
. . . . phone . . . .

* *Utilisez la forme contractée*

17

Seventeenth lesson

A pub snack [1]

1 – Can I help you? [2]
2 – Me [3]? Yes, a pint of **bit**ter, please [4].
3 – Sure [5]. **Any**thing else?
4 – Have you got **an**y crisps or **pea**nuts?
5 – No, but we've got fish and chips.
6 – No thanks [6]. Just the beer.

Prononciation

a peub snak ***1 kann****aï Help iou* ***2*** *mii ies ə païnt əv* ***bit****ə pliiz* ***3*** *chour* ***ə****nniTHing els* ***4*** *Hav iou got* ***e****nni krisps or* ***pii****neuts* ***5*** *noo beut ouiiv got fich annd tchips* ***6*** *noo THannks djeust DHə* ***bii****ə*

Notes

1 Le nom **a snack** est un bon exemple d'un mot franglais éloigné de son sens originel. Dérivé d'un vieux verbe dont le sens était *manger*, **to snack** signifie *grignoter*, *prendre un en-cas*. Le substantif, désignant *une*

Corrigé de l'exercice 2
❶ She's got – in – ❷ – That's my – ❸ I've got – camera ❹ Can you help – ❺ This – is broken

La langue anglaise ayant subi des influences latines, en plus de ses origines saxonnes, possède un large vocabulaire en commun avec le français – par exemple, des noms comme **hotel**, **river** *ou encore* **cathedral**. *Cependant, un certain nombre de mots sont traîtres : ils ressemblent aux mots français mais ont un sens différent – comme* **large**, grand *alors que* large *se dit* **wide** *(voir leçon 8, note 1). Voici un nouvel exemple de ces faux-amis :* **a camera** *n'est pas* une caméra *(qui se dit* **a movie camera** *ou* **a cinecamera**), *mais* un appareil photo. *Il est important de repérer ces mots traîtres car, si vous vous trompez, votre interlocuteur anglais restera coi. Nous vous les signalerons au fur et à mesure qu'ils apparaîtront.*

17

Dix-septième leçon

Un en-cas au pub

1 – Qu'est-ce qu'on vous sert *(Puis-je vous aider)* ?
2 – Moi ? Oui, une pinte de bière *(amer)*, s'il vous plaît.
3 – [Bien] sûr. Autre chose *(quelque-chose autre)* ?
4 – Avez-vous des chips ou [des] cacahuètes ?
5 – Non, mais nous avons du poisson et [des] frites.
6 – Non, merci. Seulement *(juste)* la bière.

collation, fut importé en français au lendemain de la deuxième guerre mondiale avec *un snack-bar*, devenu *un snack*. Mais si le mot français désigne un endroit, le terme anglais garde sa signification d'origine : *un en-cas*. Il faut toujours se méfier des faux-amis !

2 Cette locution est utilisée par des vendeurs, serveurs, etc. – comme ici – pour solliciter une commande, d'où notre traduction en contexte.

3 Rappelons que le pronom personnel complément **me** se traduit par *me* et *moi*. Voir leçon 7, section 1.2.

4 **Please** et ses dérivés (leçon 4, note 3) sont très usités dans les formules de politesse, dont l'une des plus courantes est **Yes, please**, *Oui, s'il vous plaît*. **Coffee? – Yes, please**, *Du café ? – Oui, s'il vous plaît*.

5 L'adjectif **sure** est l'équivalent de *sûr* (leçon 9, phrase 5). Mais il s'emploie comme un adverbe, notamment dans certaines tournures idiomatiques, pour exprimer l'acceptation. **– Are you interested ? – Sure.** *– Ça vous/t'intéresse ?* ("êtes-vous/es-tu intéressé(e)") *– Bien sûr*.

6 Voici comment refuser poliment une offre : **No thanks. / No thank you**.

***

Exercise 1 – Translate

❶ Can I help you? – No, thanks. ❷ Have you got any peanuts? ❸ Coffee? – Yes, please. ❹ Are you interested? – Sure. ❺ Two pints of bitter, please.

***

Exercise 2 – Fill in the missing words

❶ Trois thés s'il vous plaît. – Autre chose ?
Three teas . . . . – . . . . ?

❷ Salut ! – Qui, moi ? – Oui, vous !
Hello! – . . . , . . ? – Yes, . . . !

❸ Nous pouvons vous aider.
We . . . .

❹ Êtes-vous sûr(e) ? – Oui [je le suis].
. . . . ? – Yes, ...

❺ Nous n'avons* pas de fruits pour le déjeuner. Mais nous avons* du poisson et des frites !
We . . . . fruit for lunch. But . . . . fish and chips!

* *Utilisez la forme contractée*

***

Corrigé de l'exercice 1

❶ Puis-je vous aider ? – Non, merci. ❷ Avez-vous des cacahuètes ? ❸ Du café ? – Oui, s'il vous plaît. ❹ Cela vous intéresse ? – Bien sûr. ❺ Deux pintes de bière amère, s'il vous plaît.

***

Corrigé de l'exercice 2

❶ – please – Anything else ❷ – Who, me – you ❸ – can help you ❹ Are you sure – I am ❺ – haven't got any – we've got –

A pub *(contraction de* **public house**, maison ouverte au public*) est bien plus qu'un simple débit de boissons. Certes, on y boit, on y mange et on y joue (fléchettes, billard, etc.), mais le pub est aussi un point de convergence, un lieu de rencontre et de loisirs, presque un club. Le patron (ou la patronne) d'un établissement s'appelle* **the landlord** *(***landlady***) – littéralement "le seigneur du terrain" – le même mot employé pour le propriétaire d'un bien immobilier mis en location. Les clients réguliers, eux, parlent de leur* **local** *(c'est-à-dire, le pub "du coin"). Un autre mot, apparenté à* **pub** *et utilisé dans les enseignes de nombreux établissements est* **an inn**, *terme norrois pour un lieu refuge, qui peut aussi désigner* une hostellerie/hôtellerie *ou* auberge.

18

Eighteenth lesson

A cup of coffee [1]

1 – How **a**bout [2] a cup of **co**ffee?
2 – White [3] with two **su**gars, please.
3 – I'm a**fraid** [4] I **have**n't got **an**y milk.
4 – No **prob**lem. Black [3] **co**ffee's fine for me.
5 – Here you are. **Co**ffee with **su**gar and with**out** milk.
6 – Thanks a lot [5].

Prononciation

*a keup əv **ko**fii **1** Hao ə**baout** ə keup əv **ko**fii **2** waït wiDH tou **chou**gəz pliiz **3** aïm ə**frééd** aï **Hav**ənt got **enn**i milk **4** noo **prob**ləm. blak **ko**fiiz faïn for mii **5** **Hii**ə iou aa **ko**fii wiDH **chou**gə annd wiDHaout milk **6** THannks ə lot*

Notes

1 **a cup**, *une tasse* Bien sûr on peut demander simplement **a coffee**, *un café* ou **a tea**, *un thé*, mais il est très courant de rajouter le contenant au contenu. **A cup of coffee, please**, *Un café, s'il vous plaît*. Le deuxième sens du mot le rapproche de ses origines françaises, *une coupe* : **the World Cup**, *la Coupe du monde*.

2 **How about...?** est une tournure idiomatique ("Comment autour") utilisée pour proposer quelque chose à quelqu'un : **How about a cup of tea?**, *Que dirais-tu d'une tasse de thé ?* ; **How about some chips?**, *Et si nous prenions des frites ?* (ici, on n'utilise pas **any** car il ne s'agit pas

***

Exercise 1 – Translate

❶ How about a cup of tea? ❷ White with one sugar, please. ❸ That's fine. ❹ They (*m.*) haven't got any bacon. ❺ Thanks a lot.

Dix-huitième leçon

Une tasse de café

1 – Que dirais-tu d'*(Comment autour)* une tasse de café ?
2 – Au lait *(Blanc)* avec deux sucres, s'il te plaît.
3 – Je regrette mais *(j'ai peur [que])* je n'ai pas de lait.
4 – Pas [de] problème. [Du] café noir me convient très bien *(est fin pour moi)*.
5 – Voici *(Ici tu es)*. [Du] café avec sucre et sans lait.
6 – Merci beaucoup.

d'une vraie question, mais d'une proposition.). Enfin, dans ce type de tournure, on peut aussi utiliser **What about**... (leçon 3, phrase 3).

3 **white**, *blanc* (vous connaissez sûrement **The White House**, *la Maison blanche*, résidence officielle du président des États-Unis.). Si vous voulez *un café au lait*, vous pouvez demander tout simplement : **a white coffee** ("un café blanc") plutôt que **with milk**, *avec du lait*. Si vous buvez votre café nature, demandez-le **black**, *noir*.

4 **afraid** vient du français *effrayer*. Avec le verbe **to be**, *être*, le mot signifie littéralement *avoir peur* : **He's afraid of me**, *Il a peur de moi*. Mais il est utilisé couramment pour exprimer un regret (comme *J'ai bien peur que*... en français) : **I'm afraid that we haven't got any bacon**, *Je regrette, mais nous n'avons pas de lard fumé*.

5 **a lot** (du français *lot*) signifie *beaucoup*. **He's got a lot of friends**, *Il a beaucoup d'amis*. Considéré comme informel, l'expression est néanmoins très utile, comme nous verrons plus loin.

***

Corrigé de l'exercice 1

❶ Que diriez-vous d'une tasse de thé ? ❷ Au lait, avec un sucre, s'il vous plaît. ❸ Ça me convient très bien. ❹ Ils n'ont pas de lard fumé. ❺ Merci beaucoup.

Exercise 2 – Fill in the missing words

❶ Je* regrette mais nous n'avons pas* de chips.
. . . . we . . . . crisps.

❷ Emma a beaucoup d'amis.
Emma . . . . friends.

❸ Voici : du café sans lait et avec sucre.
. . . . : coffee . . . . milk and . . . . sugar.

❹ Pas de problème pour moi. – Es-tu/Êtes-vous sûr(e) ?
. . . . for . . . – . . . . sure?

❺ Jack a peur de moi. – Pourquoi ?
Jack . . . . of . . . – . . . ?

* *Utilisez la forme contractée*

19

Nineteenth lesson

A nice [1] present

1 – It's **Ti**na's [2] **birth**day next week.
2 Let's [3] buy her **some**thing [4] nice [1].
3 – She hasn't got **any**thing [4] to wear for **spe**cial occasions.
4 – What a**bout** a **pre**tty scarf?
5 – Good idea!
6 That's such [5] a nice [1] **pre**sent. And scarves [6] are cheap [7], too!

Prononciation

*ə naïs **prez**ənt **1** its **tiin**əz **beurTH**déé nekst wiik **2** lets baï Heur **seum**THing naïs **3** chii **Haz**ənt got **enn**iiTHing tə wair for **spech**əl o**kéé**zhənz **4** wot ə**baout** eu **pri**tii skaaf **5** goud aï**dii**ə **6** DHats seutch ə naïs **prez**ənt annd skaavz aa tchiip tou*

Corrigé de l'exercice 2

❶ I'm afraid – haven't got any – ❷ – has got a lot of – ❸ Here you are – without – with – ❹ No problem – me – Are you – ❺ – is afraid – me – Why

19

Dix-neuvième leçon

Un beau cadeau

1 – C'est l'anniversaire de Tina [la] semaine prochaine.
2 Achetons-lui *(laissez-nous acheter lui)* quelque chose [de] sympa.
3 – Elle n'a rien à [se] mettre *(à porter)* pour des occasions spéciales.
4 – Et si nous lui achetions *(quoi autour)* un joli foulard ?
5 – Bonne idée.
6 C'est un cadeau si sympa ! Et, [de plus, les] foulards sont bon marché *(aussi)* !

Notes

1 Le sens premier de **nice** est *agréable*, mais ce petit adjectif est polyvalent : **a nice day**, *une belle journée* ; **a nice guy**, *un chouette type / un type gentil* (voir leçon 1 note 7 et la note culturelle, leçon 8) ; **a nice city**, *une ville agréable / une jolie ville*. Bref, il est aussi utile que *sympa* en français (voir aussi le premier exercice de cette leçon).

2 Voici à nouveau la forme possessive, rencontrée à la leçon 16. Souvenez-vous que le **'s** indique ici la possession (et non pas une contraction de **is**, comme c'est le cas dans **it's** → **it is**). Ainsi, à la place de **the birthday of Tina**, *l'anniversaire de Tina*, nous disons **Tina's birthday**. (Rappelons que nous perdons l'article défini **the**).

3 **Let's** ... est la contraction de **Let us...**, littéralement *"Laissez-nous..."* (**us** étant le pronom personnel complément d'objet correspondant à *nous*). On utilise **Let's** toujours en début de phrase pour proposer une action : **Let's buy them a present**, *Achetons-leur un cadeau*.

4 **some** et **any** sont utilisés pour former certains mots composés. Ici nous rencontrons **something** et **anything** (**a thing**, *une chose*), qui suivent les mêmes règles que **some** et **any**, c'est-à-dire **something** dans une affirmation, **any-thing** dans une question ou une négation. **Let's buy something nice to wear**, *Achetons quelque chose de joli à porter* (affirmation), mais **She hasn't got anything nice to wear**, *Elle n'a rien de beau à se mettre* ("porter") (négation).

***

Exercise 1 – Translate

❶ He hasn't got anything nice to wear. ❷ Let's buy them something nice. ❸ Steve's such a nice guy. ❹ That's a nice idea. ❺ What about a cheap scarf?

***

Exercise 2 – Fill in the missing words

❶ Ces foulards ne sont vraiment pas chers.
.... are really ......

❷ C'est* l'anniversaire de Tina demain.
.... tomorrow.

❸ Ce sont des gens si gentils !
They're ....

❹ Nous n'avons* rien pour lui.
We .... for ....

❺ Achetons-lui *(à-elle)* un cadeau d'anniversaire.
.... birthday present.

* *Utilisez la forme contractée*

5 Nous connaissons **so**, *si* (leçon 11, note 2). L'adverbe et l'adjectif **such** a le même sens, mais si le premier est suivi d'un adjectif seul ou d'un adverbe, **such** s'emploie devant un nom, avec ou sans adjectif. Ainsi : **She's so nice**, *Elle est si gentille* mais **She's such a nice woman**, *C'est une femme si gentille*. Si l'article indéfini **a(n)** est obligatoire avec un nom singulier, il disparaît avec un pluriel : **They're such nice people**, *Ce sont des gens si gentils*.

6 Voici un pluriel irrégulier : **a scarf**, *un foulard*, *une écharpe*, → **scarves**. Voir leçon 14 section 2.

7 L'adjectif **cheap** se traduit par *bon marché* mais le sens est plus large qu'en français (*réduit*, *pas cher*, *à bas prix*, etc.) Tout comme **nice**, la traduction précise dépendra du contexte.

***

Corrigé de l'exercice 1

❶ Il n'a rien de beau à se mettre. ❷ Achetons-leur quelque chose de sympa. ❸ Steve est un type si gentil ! ❹ C'est une belle idée. ❺ Et si nous achetions un foulard pas cher ?

***

Corrigé de l'exercice 2

❶ These scarves – cheap ❷ It's Tina's birthday – ❸ – such nice people ❹ – haven't got anything – him ❺ Let's buy her a –

Twentieth lesson

A complete stranger

1 – Have you got [1] **an**y change [2] for the Tube?
2   I **hav**en't got my **tra**vel pass with me.
3 – **Hav**en't you got [3] **an**y **ti**ckets?
4 – No, and I **hav**en't got **an**y cash **ei**ther [4].
5 – I'm **so**rry [5] but I can't help you.
6   I **hav**en't got **an**y **mo**ney on me.
7   What's more [6], you're a com**plete stran**ger [7]! □

Prononciation

*ə kəm**pliit stréén**djə **1** Hav iou got **enn**i tchééndj for DHə **tioub** **2** aï **Hav**ənt got maï **tra**vəl paas wiDH mii **3** **Hav**ənt iou got **enn**i **ti**kits **4** noo annd aï **Hav**ənt got **enn**i kach **ii**DHə **5** aïm **so**rii beut aï kaant Həlp iou **6** aï **Hav**ənt got əni **meu**nii onn mii **7** wots mor iour ə kəm**pliit stréén**djə*

Notes

1 Relisez la note 2 de la leçon 16.

2 Le nom indénombrable **change** signifie *la monnaie* : **Have you got change for ten pounds ?** *Avez-vous de la monnaie de dix livres ?*. Il existe aussi une forme dénombrable, **a change**, *un changement* : **I have two changes on the Tube every morning**, *J'ai deux changements de métro tous les matins*. Cette différence entre les noms dénombrables et indénombrables est importante : nous y consacrons une leçon entière plus loin dans votre étude.

3 Voici la forme interro-négative : la négation porte sur l'auxiliaire (ici, **have**) suivi d'un nom ou pronom et le participe passé du verbe (**got** est à la fois l'infinitif, le présent, le prétérit et les participes passé et présent) : **Hasn't he got a ticket ?**, *N'a-t-il pas un ticket ?*.

4 **either** est un adjectif mais aussi un adverbe, signifiant *non plus*. **She hasn't got any money either**, *Elle n'a pas d'argent non plus*. Dans ce cas, le mot se place à la fin de l'énoncé, comme en français.

Vingtième leçon

Un total inconnu

1 – Avez-vous de la monnaie pour le métro *(tube)* ?
2 Je n'ai pas mon pass [de] voyage avec moi.
3 – N'avez-vous pas de tickets ?
4 – Non, et je n'ai pas d'espèces non plus.
5 – Je regrette mais je ne peux pas vous aider.
6 Je n'ai pas d'argent sur moi.
7 De plus *(quoi-est plus)*, vous êtes un total inconnu *(étranger)* !

5 Voir leçon 5, note 2. **Sorry** est utile pour s'excuser mais aussi pour exprimer un regret. **I'm sorry** signifie *Je suis désolé / Je regrette / Pardonnez-moi*, etc. **I'm sorry but there isn't any milk**, *Je suis désolé mais il n'y a pas de lait* ; **Can you help me? – No, I'm sorry**, *Pouvez-vous m'aider ? – Non, je regrette*.

6 **What is/What's more**... ("quoi est plus") s'emploie comme un adverbe pour indiquer une suite dans le propos, comme *D'ailleurs*, *De plus*, etc. Il est important de ne pas tenter de traduire mot-à-mot.

7 **a stranger**, *un inconnu* mais aussi *un étranger* (quelqu'un que l'on ne connait pas). Il y a un autre mot pour désigner un étranger originaire d'un autre pays : **a foreigner** – écoutez la prononciation dans le premier exercice. Notez que plusieurs noms français commençant par *ét-* (*étable*, *établir*, etc.) sont passés en anglais avec le **s** qu'ils ont perdu au passage du moyen français au français moderne : **stable**, **establish**.

Exercise 1 – Translate

❶ Is Brahim a foreigner? – No, he's English, like you. ❷ This holiday is a nice change. ❸ Can you help me? – We're sorry but we haven't got any tickets. ❹ What's more, they (*m.*) haven't got any cash. ❺ That person is a complete stranger.

***

Exercise 2 – Fill in the missing words

❶ Il n'a pas* de monnaie non plus.
He .... change ....

❷ N'as-tu pas* un ticket ?
.... a ticket?

❸ Avez-vous de la monnaie de cinq livres ?
.... for five pounds?

❹ As-tu de la monnaie ?
.... you ....?

❺ Elle regrette* mais elle ne peut pas* vous aider.
.... but ....

* *Utilisez la forme contractée*

21

Twenty-first lesson

Revision – Révision

1 *some* et *any*

Utilisés comme adjectifs, ces deux mots traduisent les articles partitifs *du*, *de la* et *des*. D'abord, deux règles de base :

• **some** s'emploie dans un énoncé affirmatif, et **any** dans une question dont le but est de déterminer l'existence ou la disponibilité de quelque chose : **You can have some coffee if you want**, *Vous*

Corrigé de l'exercice 1

❶ Est-ce que Brahim est un étranger ? – Non, il est anglais, comme vous. ❷ Ces vacances sont un changement agréable. ❸ Pouvez-vous m'aider ? – Nous regrettons mais nous n'avons pas de tickets. ❹ De plus, ils n'ont pas d'espèces. ❺ Cette personne est totalement inconnue.

***

Corrigé de l'exercice 2

❶ – hasn't got any – either ❷ Haven't you got – ❸ Have you got change – ❹ Have – got any change ❺ She's sorry – she can't help you

Plusieurs villes en Grande-Bretagne (et aux États-Unis) exploitent des systèmes de transport rapide sur rail, dont le plus célèbre – et le plus ancien – est sans doute **the London Underground**, *plus connu sous le sobriquet* **the Tube** *(ou* **tube**, *sans capitale) appelé ainsi à cause des tunnels très étroits. D'autres réseaux s'appellent, par exemple,* **the subway** *(terme américain, employé aussi à Glasgow) ou encore* **the metro** *(Newcastle, mais aussi Washington DC). Le terme générique pour le transport ferroviaire est* **the railway** *("chemin de rail").*

21

Vingt et unième leçon

pouvez prendre du café si vous voulez. **Is there any coffee?**, *Y a-t-il du café ?*

• **any** s'emploie aussi dans un énoncé négatif : **I haven't got any change**, *Je n'ai pas de monnaie*. (Un pense-bête : le n de négatif se retrouve dans le **n** de **any**.)

Some et **any** peuvent s'employer aussi comme pronoms. Dans ce cas, ils traduisent le pronom *en* :
I want some tea. Is there any?, *Je veux du thé ? Y en a-t-il ?* De même, on pourrait répondre : **No, there isn't any**, *Non, il n'y en a pas.*

Il existe aussi les pronoms composés comme **something** et **anything** (rappelons que **a thing** signifie *une chose*), qui suivent les mêmes règles que **some** et **any** :
I've got something for you, *J'ai quelque chose pour toi.*
We haven't got anything for them, *Nous n'avons rien pour eux.*

Toutefois, *du*, *de la* et *des* ne se traduisent pas systématiquement, et ces règles de base comportent quelques exceptions, que nous verrons ultérieurement. Mais pour l'heure, vous connaissez l'essentiel.

2 *can*

Can, *pouvoir*, est un verbe défectif, c'est-à-dire qu'il ne possède pas toutes les formes de la conjugaison. Il se conjugue de la même façon à toutes les personnes du présent (**we can**, **she can**, etc.). De plus, il n'a pas d'infinitif. (C'est vrai qu'il existe un verbe **to can**, mais le sens est *mettre en conserve*…).
Son maniement est simple. Pour former l'interrogatif, il suffit d'inverser tout simplement le verbe et le pronom, comme en français :
I can help you, *Je peux vous aider.*
Can I help you? *Puis-je vous aider ?*

On forme le négatif avec **not**, en créant un seul mot, **cannot** (ce qui constitue une exception à la règle). La forme contractée est **can't** (le **a** est prononcé comme une voyelle longue – réécoutez la quatrième phrase dans le premier exercice de la leçon 16).

Comme nous l'avons vu à la leçon 17, l'interrogation **Can I help you?** s'emploie souvent par des vendeurs, serveurs, etc., pour inciter l'acheteur à passer une commande. De même, si vous téléphonez dans une entreprise, on vous posera souvent la question : **How can I help you?**:
Good morning. MacCarthy and Company, how can I help you?
Bonjour, MacCarthy et Cie. En quoi puis-je vous être utile ?

3 got

Got est à la fois le prétérit et le participe passé de **to get**, *avoir*, *obtenir*, que nous verrons dans plus de détail à partir de la leçon 35. Pour l'instant, notons que la construction **have + got** peut sembler redondante, mais la logique est assez simple. Lorsqu'on forme la contraction de **have/has** (**I've**, **she's**, etc.), il y a une perte d'audibilité et aussi un risque de confusion, car le **-s** de la 3e personne est à la fois la contraction de **is** et la marque du cas possessif (voir section 4). Aussi, pour pallier ces divers problèmes, on rajoute un son guttural et audible – en l'occurrence **got**.
I have a new camera. → **I've a new camera.** → **I've got a new camera.** *J'ai un nouvel appareil photo.*

Toutefois, il ne s'agit pas d'une règle grammaticale mais d'un usage courant, d'autant plus que, **got** n'a pas de sens propre dans ce type de construction. Il est donc légitime de se demander pourquoi on fait une contraction si c'est pour rajouter un autre mot à sa place, mais c'est ainsi. Cette construction est utilisée à toutes les formes du verbe (affirmatif, négatif et interrogatif) :
I've got a Tube ticket, *J'ai un ticket de métro.*
I haven't got a Tube ticket, *Je n'ai pas de ticket de métro.*
Have you got a Tube ticket? *As-tu un ticket de métro ?*

Enfin, bien qu'elle soit courante, cette tournure relève de la langue parlée et d'un usage familier. Par conséquent, elle doit être évitée dans un style formel.

4 Le cas possessif

Pour indiquer la possession dans un énoncé comme *le frère de Steve*, on utilise une tournure un peu particulière : le cas possessif (parfois appelé le génitif saxon), qui se reconnaît par le suffixe **-'s**, un vestige des déclinaisons qui existaient en moyen anglais. Ainsi, au lieu de dire **the son of Steve**, nous retournons la structure, ce qui donne **Steve's son**.

L'ordre des mots est l'inverse du français car le signe de la possession (**-'s**) est ajouté au complément du nom, plutôt qu'au nom lui-même. Voici un autre exemple :
the birthday of Laura → Laura's birthday
Vous remarquerez que l'article défini **the** devant le nom disparaît.

Pour le pluriel, si le complément du nom est à la forme régulière – par exemple, *la maison de mes amis* – il suffit d'ajouter une apostrophe après le **s** final. Ainsi :
the house of my friends → my friends' house
Dans ce cas, il n'y a aucune différence de prononciation entre le singulier (ici, **friend's**) et le pluriel.

Mais avec un pluriel irrégulier, par exemple, *l'école de mes enfants*, il faut ajouter le **-'s** :
the school of my children → my children's school

S'il y a deux compléments, par exemple, *la maison de Jackie et Gavin*, la marque de possession est ajoutée au deuxième nom : **Gavin and Jacky's house**.

Il est important de ne pas confondre le **s** pluriel et le **s** possessif (même si certains autochtones le font : il existe en Grande-Bretagne une association dédiée à corriger le **misplaced apostrophe**, ou *apostrophe mal placé*, dans les panneaux ou enseignes publiques !)

Enfin, selon les grammairiens puristes, le cas possessif est utilisé seulement avec des êtres vivants (personnes, animaux), des choses dotées d'une personnalité (pays, entreprises, etc.) ou encore pour indiquer l'appartenance à une catégorie. Mais, comme on le verra tout au long de cet ouvrage, l'anglais moderne en fait un usage beaucoup plus large.

5 *please* et *thank you*

Ce sont les deux mots de politesse les plus fréquents. Notez que **thank you** peut parfois s'écrire en un seul mot – **thankyou** – mais que dans la langue parlée, on dit presque toujours **thanks**.

Pour éviter toute confusion, ne dites jamais **please** ou **thanks** tout seul pour accepter ou décliner une offre, comme on peut le faire en français. Un Britannique risque de comprendre le contraire !
Sugar? – Yes, please., *Du sucre ? – S'il vous plaît.*
Tea? – No, thanks., *Du thé ? – Non, merci.*

***

Revision dialogue

1 – Is there any coffee for breakfast?
2 – No, but I've got some tea.
3 I'm afraid I haven't got any milk.
4 – No problem, I'm not really thirsty.
5 – Hey, is that Steve's camera?
6 – Yes, and it's broken.
7 And I've got a big problem!
8 – What's wrong?
9 – I haven't got any cash.
10 – I can't help you.

Traduction

1 Y a-t-il du café pour le petit déjeuner ? **2** Non, mais j'ai du thé. **3** Je regrette mais je n'ai pas de lait. **4** Pas de problème, je n'ai pas vraiment soif. **5** Dites donc, est-ce l'appareil photo de Steve ? **6** Oui, et il est cassé. **7** Et j'ai un gros problème ! **8** Qu'est-ce qui ne va pas ? **9** Je n'ai pas d'espèces. **10** Je ne peux pas vous aider.

***

Vous avez peut-être l'impression de rencontrer beaucoup de grammaire en ce moment. En fait, vous êtes en train de faire la partie la plus complexe de votre apprentissage : la maîtrise des structures de base, où tout est nouveau. Alors laissez-nous faire. Nous procédons par petites touches afin que vous assimiliez ces tournures de la manière la plus indolore possible – c'est-à-dire, sans peine !

22 Twenty-second lesson

À partir de maintenant, nous commencerons à alléger la prononciation figurée pour vous permettre d'avancer plus rapidement. Cependant, les mots nouveaux dans les dialogues, ainsi que les homographes français-anglais qui se prononcent différemment (ex centre*) ainsi que les prononciations "irrégulières", seront indiqués systématiquement.*

A teacher…

1 This man's [1] name is Sean Hughes.
2 He is a **tea**cher in a **sec**ondary school.
3 He lives [2] in a **sub**urb [3] of **Leice**ster,
4 but he works [4] in a town [5] **six**ty miles from his home.
5 Sean **tea**ches **Eng**lish [6], **che**mistry and com**pu**ter **sci**ence [7].
6 He loves his job [8] but he **does** not like **tra**velling.

Prononciation

*ə **tii**tchə* ***1*** *… chaunn Hiouz* ***2*** *… **sek**əndrii skoul* ***3*** *… livz … **seub**erb … **les**tə* ***4*** *… taoun … maïlz … haum* ***5*** *… **kem**istrii … **saï**əns* ***6*** *… deuz …*

Notes

1 **man's** : Rappelons qu'il ne s'agit pas d'une contraction, mais d'un possessif (leçon 15, section 4). Et puisque cette leçon ne comporte pas de dialogue, il n'y a pas de contractions.

2 **he lives**, *il habite* : Voici le temps du présent simple, qui sert à exprimer des habitudes ou actions répétées (**he works**, *il travaille*, **she likes**, *elle aime*, etc.). En anglais, il n'y a pas de groupes de conjugaison comme en français : pour presque tous les verbes, le présent est identique à toutes les personnes, sauf – comme dans nos exemples – la troisième personne du singulier, où l'on ajoute un **-s** (ou **-es** selon la terminaison) à

Vingt-deuxième leçon

Un professeur…

1 Cet homme s'appelle *(Le nom de cet homme est)* Sean Hughes.
2 Il est professeur *(enseignant)* au collège *(un secondaire école professeur)*.
3 Il habite *(vit)* dans la *(une)* banlieue de Leicester,
4 mais il travaille dans une ville [à] soixante miles (96,5 kms) de chez lui *(son foyer)*.
5 Sean enseigne [l']anglais, [la] chimie et [l'] informatique *(ordinateur science)*
6 Il adore son travail mais il n'aime pas voyager *(voyageant)*.

la racine. Rappelons que dans la plupart des cas, cet **s** final se prononce *[z]* (mais voir note 4)

3 a **suburb**, *une banlieue*. L'adjectif est **suburban** : **a suburban train**, *un train de banlieue*. Lorsqu'on parle de la banlieue en général, on met le nom au pluriel ; **He lives in the suburbs**, *Il habite en banlieue*. Cependant, **suburb(s)** a une connotation cossue et confortable, à l'inverse de sa traduction française.

4 **to work**, *travailler*. Puisque la dernière consonne est dure (tout comme **p**, **t** et **th**), le **s** terminal est sibilant. En général, **work** (vu depuis la leçon 5, phrase 4) est aussi un nom indénombrable, *le travail / les travaux* : **Work is good for you**, *Le travail, c'est la santé* ("Le travail est bon pour vous"). Pour "singulariser" le sens – *J'aime mon travail/poste* – on emploie le nom **a job** (voir note 8).

5 L'anglais possède deux mots pour dire *une ville*, **a city** et **a town**. Traditionnellement, une agglomération bénéficiait du statut de **city** si elle possédait une cathédrale, mais aujourd'hui la différence est plutôt une question de taille, la première étant plus grande que la seconde. Les deux mots sont déclinés dans plusieurs locutions, notamment **a**

city hall / town hall, *une mairie* et the city centre / town centre, *le centre-ville*.

6 Rappelons que les adjectifs de nationalité, mais également le nom de la langue prennent toujours une majuscule initiale : **English**, *[l']anglais* ; **French**, *[le] français* ; **Spanish**, *[l']espagnol* ; **German**, *[l']allemand* ; etc. On écrira donc : **He speaks English**, *Il parle anglais*, **Do you speak Spanish?** *Parlez-vous espagnol ?*

7 **a computer**, *un ordinateur* (vu en leçon 6), vient du verbe **to compute**, *calculer*. Il n'existe pas de terme générique, comme *l'informatique* : on parle de **computing**, **computer science** ou encore **data processing** (*traitement de données*). À l'école, l'une des matières de base est **information**

***

Exercise 1 – Translate

❶ This man's name's Sean. ❷ He lives in Leicester. ❸ Maggie teaches chemistry in a secondary school. ❹ She doesn't like the job but she loves travelling. ❺ I work in a city but I live in the suburbs.

***

Exercise 2 – Fill in the missing words

❶ Je travaille dans l'école de village et j'adore mon boulot.
I .... in the village ...... and I .... my job.

❷ Il habite la *(une)* banlieue de la grande ville.
He .... of the big .....

❸ Nous enseignons l'informatique et elle enseigne le français.
We ..... computer science and she ....

❹ Ils/Elles ont* un nouvel emploi : ils/elles travaillent à Leicester.
.... a new ... : they .... Leicester.

❺ Le travail, c'est la santé. – Êtes-vous sûr(e) ?
.... is good ... .– ...... sure?

* *Utilisez la forme contractée*

and communications technology, ou **ICT**, l'équivalent de notre *TIC*. Enfin, dans le domaine professionnel, le terme consacré est **information technology**, *la technologie de l'information*, abrégé couramment en **IT**, prononcé *[aï-tii]*. Ainsi, *le service informatique* d'une entreprise s'appelle généralement **the IT department**.

8 **a job**, *un emploi / un travail / un poste / un boulot*. **She's got a new job**, *Elle a un nouveau travail*. Le mot ne comporte pas la connotation française d'un travail à la tâche ou occasionnel. D'ailleurs on le trouve dans les termes techniques comme **the job** (ou **jobs**) **market**, *le marché du travail*, ou encore **job(s) data**, *les données de l'emploi*.

***

Corrigé de l'exercice 1

❶ Cet homme s'appelle Sean. ❷ Il habite à Leicester. ❸ Maggie enseigne la chimie dans un collège. ❹ Elle n'aime pas le poste mais elle adore voyager. ❺ Je travaille dans une ville mais j'habite en banlieue.

***

Corrigé de l'exercice 2

❶ – work – school – love – ❷ – lives in a suburb – city ❸ – teach – teaches French ❹ They've got – job – work in – ❺ Work – for you – Are you –

Schématiquement, en Grande-Bretagne on trouve des **primary schools**, écoles primaires *pour les enfants âgés de 5 à 11 ans et des* **secondary schools**, écoles secondaires / collèges *pour les 12-16 ans. Lorsqu'on termine le deuxième degré, on peut poursuivre avec la* **higher education** (l'enseignement supérieur, *littéralement "plus élevé") :* **a university** *ou bien* **a further education college** *(à ne pas confondre avec le mot apparenté français* collège*). En effet, même si le vocabulaire est similaire entre l'anglais et le français, les différences entre les deux systèmes, notamment en termes de financement, est parfois considérable. Il existe aussi des divergences entre les quatre pays du Royaume-Uni. Pour en savoir plus, on peut se référer aux explications détaillées sur le site* **the Department of Education** *(l'équivalent du ministère de l'éducation nationale).*

23

Twenty-third lesson

...and his wife

1 **Ca**thy Hughes is Sean's wife.
2 They live to**ge**ther in a small house **ne**ar the town **cen**tre [1].
3 **Ca**thy de**signs** and writes **soft**ware inde**pen**dently [2].
4 She does not work [3] for an **IT com**pany.
5 **Ca**thy does not **tra**vel to work: her **off**ice is in her **bed**room.
6 She and Sean do not have [4] a car be**cause** they do not drive.
7 Sean **tra**vels by [5] **pub**lic **tran**sport, but **Ca**thy **sim**ply [2] goes up**stairs** [6]. □

Prononciation

*… waïf **2** … Haouss … **senn**tə **3** … də**zaïnz** … raïts … **4** … aï-tii **keum**pənii **5** … **bed**roum **6** … kaa … draïv **7** … eup**stairz***

Si la grammaire anglaise est assez simple, du moins au début, on ne peut pas en dire autant de la prononciation. Cela est notamment le cas pour les noms propres (toponymes, patronymes, etc.). Dans cette leçon, on fait la connaissance de **Sean** *(un prénom d'origine celte, qui se prononce [chaunn]),* **Hughes**, *dont le nom de famille contient le digramme* **gh**, *qui correspond à au moins quatre prononciations différentes (ou qui, comme ici, peut être muet : [Hiouz]. Ce monsieur habite* **Leicester**, *une ville de l'est de l'Angleterre, dont la prononciation est [lestə]. C'est vrai que ces différentes énonciations défient la logique. Et puisqu'il n'y a pas de règles universelles, il faut toujours s'assurer de l'énonciation de ces référents, par le biais d'un dictionnaire ou un outil spécialisé.*

23

Vingt-troisième leçon

... et sa femme

1 Cathy Hughes est la femme *(épouse)* de Sean.
2 Ils habitent ensemble dans une petite maison près du centre-ville.
3 Cathy conçoit et écrit [des] logiciels [de façon] indépendante *(indépendamment)*.
4 Elle ne travaille pas pour une société d'informatique *(technologie-information-ordinateur)*.
5 Cathy ne se déplace pas *(ne pas voyager à)* pour le travail : son bureau est dans sa chambre.
6 Elle et Sean n'ont pas de voiture parce qu'ils ne conduisent pas.
7 Sean voyage en *(par)* transports en commun *(transport public)* mais Cathy monte *(va)* simplement à l'étage.

Notes

1 Certains substantifs se terminent en **-re** en anglais britannique mais **-er** en anglais américain. Ainsi **centre** (GB), **center** (US) ou encore **theatre** (GB) **theater** (US). Le nombre de syllabes est identique, même si la prononciation change légèrement d'un accent à l'autre (voir l'Introduction).

2 Pour former un adverbe à partir d'un adjectif, il suffit généralement d'ajouter **-ly** à la fin : **independent** → **independently**, **regular** → **regularly**, *régulièrement*. Si l'adjectif se termine en **-le**, on supprime la voyelle finale, tout simplement : **simple** → **simply**. Nous parlerons plus tard de la position des adverbes dans la phrase.

3 Voici la forme négative du présent simple des verbes non défectifs. Elle se construit avec **do** utilisé comme auxiliaire (voir leçon 11, note 6), conjugué et suivi de **not** puis l'infinitif "nu", c'est-à-dire la base verbale sans **to**. **I work** → **I do not work** ; **she drives**, *elle conduit / elle va en*

***

Exercise 1 – Translate

❶ Cathy's Sean's wife. ❷ She doesn't live near the city centre. ❸ Where's Cathy's bedroom? – It's downstairs. ❹ Cathy travels and writes regularly. ❺ They don't live together: he lives in London and she lives in Leicester.

***

Exercise 2 – Fill in the missing words

❶ Ils/Elles n'ont pas* de voiture parce qu'ils/elles ne conduisent pas.*
They . . . . a car because they . . . .

❷ Où sont les enfants ? – Ils sont* en haut.
. . . . the children? – . . . .

❸ Cathy n'a pas* de bureau. Elle travaille dans sa chambre.
Cathy . . . . an office. She . . . . bedroom.

❹ Nous n'habitons pas* près du centre-ville.
. . . . the town centre.

❺ Vous pouvez aller en bus, en voiture ou à pied.
You can go . . bus, . . car or . . . .

* *Utilisez la forme contractée*

voiture → **she does not drive**, etc. Pour la contraction, il suffit d'ajouter **-n't** à la racine : **I don't work, she doesn't drive**. C'est tout !

4 Ici, bien sûr, **have** est employé comme un verbe propre, pas comme un auxiliaire. Rappelons que **I don't have** et **I haven't got** ont exactement le même sens, mais que la deuxième forme est plus idiomatique.

5 La préposition habituelle avec un moyen de transport est **by** (*en* en français) : **You can go by car or by bus**, *Vous pouvez aller en voiture ou en bus*. La seule exception – comme en français – est **on foot**, *à pied*. **You can go on foot**, *Vous pouvez aller à pied*.

6 **a stair**, *une marche (d'escalier)*. Il suffit d'ajouter une préposition au début de la forme plurielle pour indiquer le sens du mouvement ou de la position : **upstairs**, *en haut (de l'escalier) / à l'étage* ; **downstairs**, *en bas (de l'escalier)*. Ces mots peuvent être adverbes : **Where are you? – I'm upstairs**, *Où es-tu ? – Je suis en haut*, mais aussi adjectifs : **a downstairs bedroom**, *une chambre en bas/au rez-de-chaussée*.

***

Corrigé de l'exercice 1

❶ Cathy est la femme de Sean. ❷ Elle n'habite pas près du centre-ville. ❸ Où est la chambre de Cathy ? – Elle est en bas. ❹ Cathy voyage et écrit régulièrement. ❺ Ils n'habitent pas ensemble : il habite à Londres et elle habite à Leicester.

Corrigé de l'exercice 2

❶ – don't have – don't drive ❷ Where are – They're upstairs ❸ – hasn't got – works in her – ❹ We don't live near – ❺ – by – by – on foot –

Les Britanniques – et plus encore les Américains – utilisent très volontiers les formes abrégées des prénoms. Par exemple, la femme de **Sean** *se prénomme* **Catherine**, *mais utiliser la forme complète de ce nom serait un peu trop formel. Donc, comme la plupart des* **Catherine**, *elle se fait appeler* **Cathy**. *D'autres prénoms couramment abrégés sont :* **Edward (Ted, Ed, Ned), James (Jim) Richard (Dick) Robert (Bob), Elizabeth (Betty, Liz, Beth) Margaret (Maggie, Meg)** *ou encore* **Susan (Sue)**.

24

Twenty-fourth lesson

Never?

1 – **Ca**thy, where are my car keys [1]?
2 – I have no i**de**a [2]. These [3] are my keys, in my hand.
3 Are they in your coat **po**cket?
4 – Of course not, I **ne**ver [4] put them in my coat.
5 – In that case, what are these on the **cup**board [5]?
6 – Those are... my car keys.
7 I, er, **some**times leave them there on the table.
8 – You **al**ways use those same old ex**cu**ses.
9 – Thanks, **Ca**thy. Good**bye** [6].

Prononciation

ne**və **1** ... **kaa**-kiiz **2** ... aï**dii**ə ... **3** ... koot **po**kit **4** ... **ne**və pout ... **5** ... keïss ... **keu**bəd **6** DHooz ... **7** ... **seum**taïmz liiv ... **téé**bəl **8** ... iouz ... seïm ... eks**kiou**ssəz **9** ... goud**baï

Notes

1 Rappelons qu'il n'y a pas d'accord du premier terme dans ce type de construction. Ainsi, **the door key**, *la clé de la porte* ; **the car keys**, *les clés de la voiture*, ou encore **my coat pocket**, *la poche de mon manteau* → **my coat pockets**, *les poches de mon manteau*. Techniquement, faute d'accord, cette construction plurielle pourrait aussi signifier *les poches de mes manteaux* mais, dans ce cas, on ferait une périphrase pour éviter toute confusion : **the pockets of my coats**.

De plus, on vous appellera très rapidement par votre prénom ; il ne s'agit pas du tout d'une familiarité inconvenante, mais plutôt d'un accueil cordial (même dans un milieu professionnel, si vous donnez votre nom complet : **Hello, my name's Sean Hughes**, *on risque de vous répondre :* **Hi Sean, I'm Tom.**). *Cette habitude est très répandue dans les conversations téléphoniques. Toutefois, à moins que vous ne soyez très à l'aise en anglais, nous vous déconseillons de prendre l'initiative dans ce domaine.*

24

Vingt-quatrième leçon

Jamais ?

1 – Cathy, où sont mes clés de voiture *(voiture clés)*.
2 – Je [n']ai aucune *(non)* idée. Celles-ci sont mes clés, dans ma main.
3 Sont-elles dans la poche de ton manteau *(ton manteau poche)* ?
4 – Bien sûr [que] non. Je [ne] les mets jamais dans ma poche.
5 – Dans ce cas, c'est quoi ça *(quoi sont celles)* sur le placard ?
6 – Ceux sont… mes clés de voiture.
7 Je, euh, les laisse parfois là sur la table.
8 – Tu utilises toujours ces mêmes vieilles excuses.
9 – Merci, Cathy. Au revoir.

2 Nous avons appris les formes négatives régulière et idiomatique de **have** (**don't have, haven't got**). Il existe une troisième forme, dite emphatique : **I have no idea**, *Je n'ai aucune idée*. Le signe distinctif est l'emploi de **no** (au lieu de **not**), sans l'auxiliaire **do(es)**.

3 **these** et **those** (*ceux-ci/ceux-là*) sont les formes plurielles de, respectivement, **this**, *ceci*, et **that**, *cela* (voir leçon 2, note 3). Ainsi, **this excuse**, *cette excuse*, devient **these excuses**, *ces excuses*, avec la même règle de proximité (**this/these** pour désigner quelque chose près de la personne qui parle, **that/those** dans les autres cas). Dans notre exemple, Cathy dit **these** car elle tient les clés de Sean ; celui-ci, en étant éloigné, dit **those**.

4 Il ne faut jamais mettre deux négations ensemble en anglais. Ici, l'adverbe **never** suffit à lui tout seul pour dire *ne... jamais*. **He never puts his keys in his coat**, *Il ne met jamais ses clés dans son manteau*. Cette règle s'applique à d'autres termes négatifs, que nous verrons plus tard.

5 **a cupboard**, *un placard*. À l'origine, il s'agissait d'un meuble de cuisine où l'on rangeait les *tasses* (**cups**, leçon 18, phrase 1). Le sens actuel est beaucoup plus large (*armoire*, etc.). Faites attention à la prononciation : le **p** est muet.

***

Exercise 1 – Translate

❶ Where are your* car keys, Cathy? ❷ Is the door key on the cupboard? – Of course. ❸ What are these? – They're my Tube tickets. ❹ Let's go downstairs. – That's a good idea. ❺ She always uses that same old excuse.

* *Utilisez le tutoiement*

***

Exercise 2 – Fill in the missing words

❶ Ils/Elles sont dans les poches de mes manteaux.
They're in ... .

❷ Nous sommes désolé(e)s, mais nous n'avons aucune idée.
We're sorry but .. .. idea.

❸ Elle ne laisse jamais la clé de la porte dans son manteau.
She .... the .... in ... coat.

❹ Je travaille parfois à la maison parce que je n'aime pas* voyager.
I .... at .... because I ....

❺ Celles-ci sont ses filles *(à lui)* et ceux-là sont mes fils.
..... are ... daughters ..... are .. sons.

* *Utilisez la forme contractée*

6 **goodbye**, *au revoir* : **Goodbye. See you tomorrow**, *Au revoir. À demain* ("te voir demain"). Ce mot est une déformation de **God be with ye**, *Que Dieu soit avec vous* (**ye** étant l'ancienne forme de **you** au pluriel). Dans la langue parlée, le mot est souvent abrégé ou déformé en **Bye** ou **Bye-bye**. Curieusement, l'anglais ne fait pas de différence entre *au revoir* et *adieu*, mais il existe le mot **farewell** (du vieil anglais signifiant "*voyager bien*"), utilisé comme adjectif dans une expression comme **a farewell party**, *une soirée d'adieu*.

***

Corrigé de l'exercice 1

❶ Où sont tes clés de voiture, Cathy ? ❷ Est-ce que la clé de la porte est sur le placard ? – Bien sûr. ❸ C'est quoi, ça ? – Ce sont mes tickets de métro. ❹ Allons en bas. – C'est une bonne idée. ❺ Elle utilise toujours cette même vieille excuse.

***

Corrigé de l'exercice 2

❶ – the pockets of my coats ❷ – we have no – ❸ – never leaves – door key – her –❹ – sometimes work – home – don't like travelling
❺ These – his – those – my –

25

Twenty-fifth lesson

A lazy weekend

1 Sean **doe**sn't do [1] **an**y work for his school at the week**end**.
2 **Ev**ery **Sa**turday, he and **Ca**thy get up [2] late and make brunch [1],
3 then Sean does the **house**work [3] and the **dish**es.
4 He **al**so does some jobs a**round** [4] the **gar**den.
5 **Ca**thy does the **house**hold **shop**ping [5] on**line**.
6 In the **eve**ning, they don't do any **cook**ing [5].
7 They **u**sually go to the **mov**ies [6]
8 and then to a **res**taurant for **din**ner.

Prononciation

... ***leï**zii* ... **2** ... ***sa**tədéé* ... **3** ... ***Haous**weurk* ... ***dich**əz* **4** ... *ə**raound*** ... **5** ... ***Haous**Hold* ... *onn**laïn*** **7** ... ***iou**zhəlii* ... ***mou**viiz* **8** ... ***res**tront*...

Notes

1 Rappelons que **to do** est à la fois un auxiliaire et un verbe principal (*faire*). Comme en français, il peut être suivi d'un nom : **He does the housework**, *Il fait le ménage*. Mais comme nous l'avons expliqué à la note 3 de la leçon 12, **do** est remplacé par **make** dans certaines expressions (**to make breakfast**, **to make brunch**, etc.). Retenez les exemples donnés dans ce dialogue ; nous vous en dirons plus quand vous les aurez assimilés. (Notez que **brunch** est un mot-valise formé de **breakfast** et **lunch**.)

2 **to get** est l'un des verbes le plus importants en anglais, d'autant plus qu'il peut se substituer à toute une série d'autres verbes. Nous avons déjà vu le rôle du participe passé **got** (leçon 16, note 2). **Get** fonctionne aussi comme un verbe "à particule adverbiale". Ici **to get up** signifie *se lever* (d'une position assise ou couchée). **She gets up early every morning**, *Elle se lève tôt chaque matin*. Comme nous le verrons plus

Vingt-cinquième leçon

Un week-end paresseux

1 Sean ne fait aucun travail pour son école le *(au)* week-end.
2 Chaque samedi, lui et Cathy se lèvent tard et font [le] brunch.
3 Puis Sean fait le ménage *(maison-travail)* et la vaisselle *(les plats)*.
4 Il fait aussi du travail dans *(autour)* le jardin.
5 Cathy fait les courses du ménage en ligne.
6 *(Dans)* Le soir, ils ne font pas de cuisine.
7 Ils vont habituellement au cinéma
8 et puis au restaurant pour [le] dîner.

loin, ce type de construction peut traduire des verbes réfléchis et pronominaux français.

3 a **house**, *une maison*, est utilisé dans plusieurs noms composés, notamment **housework** ("travail de maison"), *le ménage*, **household**, *un foyer*, mais aussi **house cleaning**, *nettoyage de maison*, ou encore **house husband**, *homme au foyer*. Les règles concernant l'orthographe de mots complexes (fusion, trait d'union, séparation) sont compliquées et parfois aléatoires. Nous vous conseillons de toujours vérifier dans un bon dictionnaire.

4 **around**, *autour (de)*, dérivé de **round**, *rond*, peut être à la fois préposition (**around the garden**, *autour du jardin*) et adverbe : **Mark is around here somewhere**, *Mark est par ici, quelque part*. Il s'emploie aussi pour exprimer une approximation : **The distance is around twenty-five miles**, *La distance est d'environ 40 kilomètres*.

5 Beaucoup de noms verbaux sont formés en ajoutant **-ing** à la racine d'un verbe : **to cook** (*cuisiner*) → **cooking** (*la cuisine*) ; encore **to smoke** (*fumer*) → **smoking** (**No smoking**, *Il est interdit de fumer*). La même forme en **-ing** peut aussi être un gérondif – la forme verbale se terminant en *-ant* en français – que nous verrons plus tard. (Le nom **the**

shopping signifie *les courses alimentaires* ou *quotidiennes* ; la notion de "lèche-vitrine" contenue dans le mot franglais *le shopping* est totalement absente).

6 **a movie** est la contraction de **a moving picture** ("une image qui-bouge"), le vieux terme américain pour *un film*. Au pluriel, **movies** signifie à la fois *films* et *le cinéma*. Ces mots sont couramment utilisés en Grande-Bretagne, remplaçant **a film** et **the cinema**, respectivement. **Let's go to the movies = Let's go to the cinema**, *Allons au cinéma*.

***

Exercise 1 – Translate

❶ We usually get up late on Saturday. ❷ I do the housework and he does the shopping. ❸ The keys are around here somewhere. ❹ Let's go to a restaurant for dinner. ❺ The distance from here to the centre is around twenty-five miles.

***

Exercise 2 – Fill in the missing words

❶ Elle ne travaille pas* le week-end.
She .... the weekend.

❷ Il se lève tôt tous les matins, habituellement autour de six heures.
He .... morning, usually ....

❸ Allons au cinéma (US et GB).
.... the ...... / ....

❹ Ils/Elles ne font pas* de cuisine le samedi soir.
They .... on Saturday evening.

❺ Je peux faire le petit-déjeuner s'ils/elles veulent.
I .... if ....

* *Utilisez la forme contractée*

Corrigé de l'exercice 1

❶ Habituellement, nous nous levons tard le samedi. ❷ Je fais le ménage et il fait les courses. ❸ Les clés sont par ici, quelque part. ❹ Allons dîner au restaurant. ❺ La distance entre ici et le centre et d'environ vingt-cinq miles *(40km)*.

***

Corrigé de l'exercice 2

❶ – doesn't work at – ❷ – gets up early every – around six o'clock ❸ Let's go to – movies/cinema ❹ – don't do any cooking – ❺ – can make breakfast – they want

Pour la classe moyenne britannique, **dinner** *est le* repas du soir, *mais pour beaucoup d'autres familles, plus particulièrement dans le nord de l'Angleterre et en Écosse, il s'agit du* repas de midi *(d'ailleurs le repas de midi dans les toutes les écoles s'appelle* **school dinner***). Le* repas du soir *est le* **supper** *(du français* souper*) ou parfois même le* **tea**. *On trouve encore dans certaines régions une collation qui s'appelle* **high tea**, goûter dînatoire, *que l'on prend en fin d'après-midi. Alors, si un Britannique vous invite à prendre un repas chez lui, il vaut mieux vous faire préciser l'heure exacte.*

Twenty-sixth lesson

A difficult customer [1]

1 – Good **eve**ning and **wel**come to "**Straw**berries".
2 – Good, you're **o**pen [2]. A **ta**ble for two, please.
3 Can you find us [3] a **qui**et [4] **cor**ner?
4 We want to sit not too far from the **ex**it.
5 Put [5] us close to [6] the bar and **near** the **win**dow.
6 We don't want to be next to the **kit**chen or the **toi**lets. **Okay**?
7 – I'm **ve**ry **so**rry, sir, but we're **ful**ly booked [7] to**night** [8].
8 And we close [6] on **Sun**day.

Prononciation

keus**təmə* ***1 *…* ***strorb**əriiz* ***2*** *…* ***oo**pən …* ***3*** *…* ***kwaï**ət …* ***4*** *…* ***eg**zit*
5 … kloos … 6 … ***toï**lits … 7 … boukt tə**naït** … 8 … klooz*

Notes

1 **a custom**, *une coutume*. Ainsi, **a customer** est une personne qui a l'habitude de fréquenter un magasin ou un commerce : *un client*. (Attention : le pluriel **customs** signifie aussi *la douane*.)

2 **to open**, *ouvrir* : **What time does the restaurant open?**, *À quelle heure ouvre le restaurant ?* Ainsi, l'adjectif **open** signifie *ouvert* (les amateurs de tennis connaissent certainement un tournoi "open", ouvert aussi bien aux amateurs et qu'aux professionnels).

3 Rappelons que **us** est le pronom personnel complément de la première personne du pluriel *nous* (leçon 7, section 1.2).

4 L'adjectif bisyllabique **quiet** signifie *calme / silencieux*, etc. Ainsi, **a quiet street** est *une rue calme* ou *tranquille*, tandis que **a quiet voice** est *une voix douce*. (Faites attention à ne pas confondre monosyllabique **quiet** avec l'adverbe monosyllabique **quite**, *assez / plutôt* – écoutez bien le premier exercice.)

Vingt-sixième leçon

Un client difficile

1 – Bonsoir. Bienvenue chez "Strawberries" *(Fraises)*.
2 – Bien, vous êtes ouvert. Une table pour deux, s'il vous plaît.
3 Pouvez-vous nous trouver un coin tranquille ?
4 Nous voulons [nous] asseoir pas trop loin de la sortie.
5 Mettez-nous près du bar et près de la fenêtre.
6 Nous ne voulons pas être à côté de la cuisine et des toilettes, d'accord ?
7 – Je suis désolée, monsieur, mais nous sommes complets *(pleinement réservés)* ce soir *(cette-nuit)*.
8 Et nous fermons [le] dimanche ?

5 L'infinitif nu s'emploie comme un impératif. **Give us a quiet table, please**, *Donnez-nous une table tranquille, s'il vous plaît* ; **Don't put me near the door**, *Ne me mettez pas près de la porte*.

6 L'adverbe et adjectif **close** (généralement suivi de **to**) est un adjectif signifiant *près/proche de* : **We live close to Leicester**, *Nous habitons près de Leicester*. Dans ce contexte physique, il est synonyme de **near**. Mais **close to** peut aussi avoir un sens "émotif", que n'a pas **near** : **She's very close to her brother**, *Elle est très proche de son frère*. Attention à la prononciation de cet adverbe/adjectif, avec un *[s]* sifflant. Ne pas confondre avec le verbe **to close**, *fermer*, – prononcé avec un *[z]* bien zézayant (ligne 8). **Our restaurant closes at the weekend**, *Notre restaurant ferme le week-end*. Écoutez bien les enregistrements.

7 **a book**, *un livre*, mais **to book** signifie *réserver* (table, billet, etc.), peut-être parce que les réservations étaient inscrites dans un livre ou un registre. **Book me a table for four**, *Réservez-moi une table pour quatre*. Dans un théâtre ou une gare, **the booking office** est *le guichet des réservations*. Si un restaurant ou un hôtel affiche complet, on dit qu'il est **fully booked** ("pleinement réservé"). On peut aussi dire, d'ailleurs **We're full**, *Nous sommes complets*.

8 **night**, *la nuit* (vu en leçon 3). Mais si **tonight** signifie *cette nuit*, il s'emploie aussi pour *ce soir* : **We're full this evening/tonight**, *Nous sommes complets ce soir*. Il ne s'agit pas d'une règle mais d'un usage. En revanche, **good night** est un adieu (*bonne nuit*) alors **good evening** s'emploie plutôt comme une salutation (voir phrase 1).

***

Exercise 1 – Translate

❶ The street is quite quiet tonight. ❷ Our town is not too far from London. ❸ Book us a table next to the exit please. ❹ I'm very sorry, we're full this evening. ❺ The booking office closes in five minutes.

***

Exercise 2 – Fill in the missing words

❶ Nous habitons près d'un bon restaurant, mais il est* fermé ce soir.
We .... a good restaurant, but ....

❷ Mettez-nous près du bar, s'il vous plaît.
.... the bar, please.

❸ Ils sont complets ce soir. – À quelle heure ouvrent-ils ?
They're .... – What time .... ?

❹ À quelle heure ouvre Strawberries pour le déjeuner ?
.... Strawberries open .... ?

❺ Sam est très proche de sa sœur, qui habite près de Portsmouth.
Sam .... sister, who .... Portsmouth.

* *Utilisez la forme contractée*

***

***OK** (ou sa transcription phonétique **okay**) est peut-être l'anglicisme – ou plutôt l'américanisme – le plus connu au monde. Les théories sur ses origines vont bon train, allant du cri de ralliement d'un candidat présidentiel natif de la ville de **Old Kinderhook** (état de Missouri) à*

Corrigé de l'exercice 1

❶ La rue est assez calme ce soir. ❷ Notre ville n'est pas très loin de Londres. ❸ Réservez-nous une table, à côté de la sortie s'il vous plaît. ❹ Je suis vraiment désolé, nous sommes complets ce soir. ❺ Le bureau de réservation ferme dans cinq minutes

***

Corrigé de l'exercice 2

❶ – live near – it's closed this evening ❷ Put us close to – ❸ – fully booked tonight – do they open ❹ What time does – for lunch ❺ – is very close to his – lives near –

***

une invitation à un rendez-vous galant lancée par des filles de joie aux marins francophones arrivant à La Nouvelle Orléans ("Venez aux quais !"). Quoi qu'il en soit, **OK** *est non seulement facile à comprendre, mais il est aussi polyvalent grammaticalement puisqu'il peut être utilisé comme adjectif –* **An OK dinner**, un dîner acceptable *–, mais aussi comme verbe (***She OK'd the plan**, Elle a donné le feu vert au projet*), adverbe (***Is it OK to go?**, Puis-je y aller ?*) et comme nom (***Give me the OK**, Donne-moi le feu vert*).*
Cette souplesse est un trait distinctif de la langue anglaise : les catégories grammaticales étant moins nombreuses et plus poreuses qu'en français, un simple mot peut occuper de nombreuses fonctions (nom, verbe, adverbe) sans complexes. Ainsi nous vous conseillons de noter (dans un fichier, un cahier, etc.) toute particularité qui vous interpelle. **OK?** *(*Compris ?*)*

27

Twenty-seventh lesson

*Dans cette leçon il y a au moins six mots qui sont identiques en anglais et en français (*horrible, question, portion, *etc.). Écoutez attentivement les enregistrements et répétez chaque mot plusieurs fois : il faut toujours se méfier des homographes !*

A terrible experience

1 Sean and **Ca**thy aren't **ha**ppy be**cause** they can't find [1] a free [2] **ta**ble **an**ywhere [3].
2 So they de**cide** to try a new **steak**house in their **neigh**bourhood [4].
3 – This place is **rea**lly **te**rrible. And so [5] ex**pen**sive!
4 The food's **ho**rrible, and the **por**tions are **ti**ny!
5 – I **agree** [6]. Let's go **some**where else.
6 Ask the **ser**ver [7] for [8] the bill [9].
7 – Ex**cuse** me, can we have the bill please?
8 I have a quick **ques**tion: is the **ser**vice in**clu**ded?
9 – Don't **wo**rry, it is. But the tip [10] **is**n't.

Prononciation

*... **ter**ibəl eks**pii**riəns* **1** *... **en**iiwaïr* **2** *... di**saïd** ... **stéék**Haous ... **néé**bəHoud ...* **4** *... **Ho**ribəl ... **por**chənz ... **taï**nii* **5** *... ə**grii** ...* **8** *... kouik **koues**tchən ... **seur**vis in**klou**dəd* **9** *... **weu**rii ...*

Notes

1 Certains verbes de perception sont couplés avec **can**, surtout pour une action qui est en cours : **He can see you**, *Il te/vous voit* ; **I can't find my keys**, *Je ne trouve pas mes clés*. Dans ces cas, la négation habituelle (**do/does not**) est incorrecte.

2 Voir leçon 5 phrase 3. À la fois adjectif et adverbe, **free** à deux sens : *gratuit* et *libre* : **The tickets are free**, *Les billets sont gratuits*. **Is this table free?** *Cette table est-elle libre ?* Vous trouverez aussi le mot dans des formations composées comme **sugar-free**, *sans sucre* ou **duty-free**, *hors-taxes*.

Vingt-septième leçon

Une expérience affreuse

1 Sean et Cathy ne sont pas contents car ils n'arrivent pas à *(ne peuvent)* trouver une table libre nulle part.
2 Alors ils décident d'essayer un nouveau grill *(steak maison)* dans leur quartier *(voisinage)*.
3 – Cet endroit est vraiment affreux. Et tellement *(si)* cher !
4 La nourriture est horrible, et les portions sont minuscules !
5 – Je [suis d']accord. Allons ailleurs *(quelque-part autre)*.
6 Demande l'addition *(facture)* au serveur *(demande le serveur pour l'addition)*.
7 – Excusez-moi, pouvons-nous avoir l'addition s'il vous plaît ?
8 J'ai une petite *(rapide)* question : est-ce que le service est compris *(inclus)* ?
9 – Ne vous inquiétez pas, il [l']est. Mais le pourboire ne [l']est pas.

3 Voici encore deux adverbes composés avec **some** et **any** (leçon 15, notes 1 et 4) : **somewhere** (phrase 5) et **anywhere**. Le premier s'emploie dans un énoncé affirmatif : **I want to go somewhere this weekend,** *Je veux aller quelque part ce weekend* ; et le second dans des négations ou interrogations : **I don't want to go anywhere,** *Je ne veux aller nulle part*. Mais **anywhere** peut aussi désigner un endroit non spécifié : **We can go anywhere that you want,** *Nous pouvons aller où* ("quelque-part que") *tu veux* donc *n'importe où*. Enfin, l'équivalent de *nulle part* est **nowhere** : **I have nowhere to go,** *Je n'ai nulle part où aller*.

4 **a neighbour**, *un(e) voisin(e)* (notez que l'anglais américain omet le **u** dans la plupart des mots se terminant en **-our** → **neighbor**). Le suffixe **-hood** dénote un statut ou un état (**child** → **childhood**, *l'enfance*) ou encore un groupe partageant les mêmes caractéristiques, par exemple, **a neighbourhood**, *un voisinage*. Certaines de ces formulations ont un double sens, selon qu'elles prennent un article ou pas : le nom abstrait **brotherhood**, *la fraternité*, mais **a brotherhood**, *une confraternité*. Nous reviendrons plus longuement sur les suffixes dans une autre leçon.

5 **so**, *si / tellement* est utilisé ici comme adverbe pour intensifier l'adjectif. **She's so happy**, *Elle est tellement heureuse !* Voir aussi leçon 11, note 2.

6 **to agree**, *être* ou *se mettre d'accord* : **I agree with you**, *Je suis d'accord avec vous*. Dans sa forme transitive, ce verbe signifie *consentir* ou *accepter* : **They agree to help us**, *Ils acceptent de nous aider*. Le substantif est **an agreement**, *un accord*.

7 Le nom épicène **a server** s'emploie pour *un(e) serveur(-euse)* afin de favoriser un langage inclusif. Cela permet d'éviter le synonyme genré **a waiter** / **waitress**, du verbe **to wait**, *attendre*. Il n'empêche que dans les établissements chics, on trouve encore **the wine waiter**, *le sommelier*, et **the head waiter** ("serveur en tête"), *le maître d'hôtel* – que les Américains appellent **the maître d'** (prononcé ***[metrə dii]***) !

8 **to ask** signifie *poser (une question)* mais aussi *demander / solliciter* (un objet, un service), auquel cas il est suivi **for**. Ainsi, on dira **Ask them**

***

Exercise 1 – Translate

❶ Excuse me, is this table free? – No, I'm sorry *(f.)*. ❷ Let's go somewhere in the neighbourhood. ❸ The food in this restaurant's really terrible. ❹ Their new house is really tiny. ❺ Can I have the bill, please?

***

Exercise 2 – Fill in the missing words

❶ Le service est compris mais le pourboire ne l'est pas.*
The service .... but the ....

❷ Les enfants ne mangent pas de fraises à leurs fêtes.
Children .... at ....

❸ Je peux aller où je veux dans le voisinage.
I .... that ..... in ....

❹ Les portions dans ce restaurant*(-là)* sont tellement petites !
The portions at .... restaurant are ......!

a question, *Pose-leur une question* mais **Ask them for some milk**, *Demandez-leur du lait*. La maîtrise de ces "postpositions" est d'une importance capitale, comme nous verrons plus loin lorsque nous aborderons les verbes à particule. Commencez à les mémoriser dès maintenant.

9 Le nom commun **a bill** a plusieurs sens, notamment *une facture* (par exemple **the water bill**, *la facture d'eau*) ou, dans la restauration, *l'addition* ou *la note*. En anglais américain, **a bill** est aussi *un billet de banque*, alors que le terme anglais est **a note** : **a five-dollar bill / a ten-pound note**, *un billet de 5 dollars / 10 livres*.

10 Au sens propre, **the tip** signifie *le bout* ou *la pointe* de quelque chose (doigt, couteau, etc.) Mais dans le domaine des services à la personne, le sens est *un pourboire* (l'étymologie est pour le moins obscure). Le serveur dans cette leçon joue sur les mots car **the service** est, comme en français, le supplément payé par le client au personnel de salle. Mais il est vrai que cette obole porte plusieurs noms, dont **a gratuity** et **a service charge** qui ne sont pas toujours synonymes…

***

Corrigé de l'exercice 1

❶ Excusez-moi, cette table est-elle libre ? – Non, je suis désolée. ❷ Allons quelque part dans le quartier. ❸ La nourriture dans ce restaurant est vraiment affreuse. ❹ Leur nouvelle maison est vraiment minuscule. ❺ Puis-je avoir l'addition, s'il vous plaît ?

***

❺ Demande-lui *(à elle)* du café. – Mais c'est tellement cher ici !
. . . . coffee. – But it's . . . . here!

* *Utilisez la forme contractée*

Corrigé de l'exercice 2

❶ – is included – tip isn't ❷ – do not eat strawberries – their parties ❸ – can go anywhere – I want – the neighbourhood ❹ – that – so tiny ❺ Ask her for some – so expensive –

L'offre de restauration est très variée dans les grandes villes au Royaume-Uni. En plus des traditionnels **fish and chip shops** *(magasins ou petits restaurants servant du poisson pané et des frites) ou des* **steakhouses** *(parfois écrit en deux mots), on trouve toutes les cuisines du monde, ou presque. Parmi les concepts qui ont fait florès, citons des* **pop-up restaurants** *(restaurants éphémères qui "surgissent" ou "apparaissent", comme des menus informatiques à*

28

Twenty-eighth lesson

Revision – Révision

1 Le présent simple

1.1 Formation

Il y a deux formes du temps présent en anglais : simple et continu (ou progressif). Dans cette leçon, nous n'aborderons que le présent simple – celui que nous avons vu dans les six leçons précédentes. Il se forme avec l'infinitif nu (sans **to**), employé pour toutes les personnes sauf à la troisième du singulier, qui prend un **s** final.

Prenons le verbe transitif régulier **to work**, *travailler*.

I work	*je travaille*
you work	*tu travailles / vous travaillez*
he / she / it works	*il/elle travaille*
we work	*nous travaillons*
they work	*ils/elles travaillent*

Le **s** terminal de la troisième personne se prononce :
– *[s]* si le verbe-racine se termine en **-c**, **-f**, **-h**, **-k**, **-p** ou **-t**
– *[z]* si la dernière lettre est **-b**, **-d**, **-g**, **-l**, **-m**, **-n**, **-r**, **-w** ou **-y**
– *[ez]* après **-s**, **-z**, **-sh**, **-ch** ou **-x** (dans ce dernier cas, il faut mettre un **e** avant le **s** final de la troisième personne, ce qui ajoute mécaniquement une syllabe : **teach** → **teaches** (voir section 5 de cette leçon).

l'écran), les ***food trucks*** *("camions-nourriture"), ou encore des* ***gastro-pubs*** *– un mot-valise formé de* ***gastronomy*** *et de* ***pub*** *– autrement dit un pub qui sert une cuisine gastronomique. (Bien que l'adjectif anglais* ***gastronomic*** *existe, on utilise plutôt l'adjectif* ***fine-dining*** *("dîner fin") ou ("dîner raffiné") car, comme tous les termes français dérivés du latin,* ***gastronomy*** *est plutôt abstrait – voir l'Introduction de l'ouvrage).*

28

Vingt-huitième leçon

Pour les verbes dont l'infinitif nu se termine en **-y** précédé d'une consonne, la troisième personne se forme avec **-ies** :
I worry → she worries
Cependant, la règle ne s'applique pas si le **-y** est précédé d'une voyelle :
I play → he plays

La terminaison en **-es** s'applique aussi aux verbes **to go**, *aller*, et **to do**, *faire* (**I go → she goes** ; **I do → he does**).

La négation se forme avec **do not** (3e personne du singulier **does not**) devant le verbe :
I work in an office. → I do not work in an office.
You work in an office. → You do not work in an office.
They work in an office. → They do not work in an office.

À la troisième personne du singulier, on retrouve toujours le **s**, mais il se déplace vers l'auxiliaire de négation :
He works in an office. → He does not work in an office.

N'oubliez pas ce **s** final. Après tout, c'est la seule forme conjuguée que vous ayez à apprendre !

Les formes contractées sont : **do not → don't** et **does not → doesn't** (l'apostrophe signale la voyelle supprimée).

1.2 Emploi

Le présent simple s'emploie pour décrire les actions habituelles ou répétées :
We get up late at the weekend, *Nous nous levons tard le week-end.*
She loves her job, *Elle adore son travail.*
Il est possible de souligner l'aspect répétitif (ou répété) d'une action en ajoutant un adverbe comme **always** ou **never** :
You always use the same excuse, *Tu utilises toujours la même excuse.*

Ce temps décrit aussi les "états de fait" et des conditions permanentes :
He lives near Leicester, *Il habite près de Leicester.*
They work for an IT company, *Ils/Elles travaillent pour une société d'informatique.*

Enfin, la forme continue décrit les actions au moment où l'on parle. Nous le verrons dans la prochaine série de leçons.

2 La négation

2.1 Les principes de base

• la négation de tous les verbes, sauf les auxiliaires, se fait avec **do/does** + **not** avant l'infinitif nu (**I do not work**).
• Pour les auxiliaires, il suffit de mettre **not** après le verbe (**she is not**).
• Pour **can** (*pouvoir*), la négation est ajoutée directement au verbe : **cannot**.
• **to have** a deux formes négatives, selon qu'il est employé comme un verbe lexical (**do not/don't have**) ou un auxiliaire (**have not/haven't got**).
• Dans un registre familier ou conversationnel, on utilise les contractions, formées en remplaçant le **o** de **not** par une apostrophe (**doesn't**, **can't**).

Voici quelques précisions supplémentaires :

2.2 La négation unique avec un pronom ou un adverbe

Alors qu'en français on exprime toujours une négation avec deux termes – par exemple *Je ne prends jamais les transports en commun* – l'anglais se contente d'un seul : **I never take public transport**.

Cette règle s'applique à la forme emphatique avec **no** : **I have no idea**, *Je n'ai aucune idée*.
Notez que la plupart de ces pronoms ou adverbes commencent par un **n** – comme négatif !

2.3 La négation avec *some* et *any* et leurs dérivés

De même, les mots dérivés de **some** et **any** (**somewhere** / **anywhere**, **something** / **anything**, etc.) doivent être mis à la bonne forme dans un énoncé négatif ou interrogatif, afin qu'il n'y ait pas deux termes négatifs :
We haven't got anything to eat, *Nous n'avons rien à manger* (ne jamais dire ~~**We haven't got nothing**~~)
I can't find them anywhere, *Je ne les trouve nulle part*. (ne jamais dire ~~**I can't ...nowhere**~~)
(Il est possible, dans un registre soutenu, d'utiliser la forme unique **We have got nothing to eat** / **I can find them nowhere**.)

En somme, il ne faut jamais mettre deux négations ensemble dans ce type de formulation.

Malgré les règles de grammaire, la double négation est assez fréquente dans la langue parlée – vous l'entendrez surement, notamment dans un contexte populaire (paroles de chansons, cinéma...) – mais il s'agit d'une faute, tout comme l'omission de *ne* dans un énoncé négatif en français, comme par exemple *J'ai rien à dire*.

3 Les adjectifs de nationalité et les noms de pays

Nous avons vu que les adjectifs de nationalité prennent toujours une capitale initiale. Profitons de cette règle pour agrandir notre vocabulaire :

English	*anglais(e.s), l'anglais*	**England**	*l'Angleterre*
French	*français(e.s), le français*	**France**	*la France*
German	*allemand(e.s) l'allemand*	**Germany**	*l'Allemagne*
Dutch	*hollandais(e.s), le néerlandais*	**the Netherlands**	*les Pays-Bas*

Italian	*italien(ne.s) l'italien*	**Italy**	*l'Italie*
Russian	*russe(s), le russe*	**Russia**	*la Russie*
Ukrainian	*ukrainien(n.e.s)*	**Ukraine**	*l'Ukraine*
Spanish	*espagnol(e.s), l'espagnol*	**Spain**	*l'Espagne*
Chinese	*chinois(e.s), le chinois*	**China**	*la Chine*

England est souvent utilisé, à tort, comme synonyme de la Grande-Bretagne tout entière. Nous vous donnerons davantage d'explications à la leçon 33.

4 Prépositions

Passons en revue les principales prépositions que vous avez apprises jusqu'à maintenant :

at	*à*	**The meeting is at three o'clock.**	*La réunion est à trois heures.*
behind	*derrière*	**My desk is behind the door.**	*Mon bureau est derrière la porte.*
by	*par, en*	**She goes to town by bus.**	*Elle va en ville en bus.*
for	*pour*	**There's a queue for a taxi.**	*Il y a une queue pour le taxi.*
down	*en-bas*	**How is the weather down there?**	*Quel temps avez-vous là-bas ?*
from	*de*	**She comes from Italy.**	*Elle vient d'Italie.*
in	*dans*	**He works in a big company.**	*Il travaille dans un grande entreprise.*
near	*près de*	**We don't live near the town centre.**	*Nous n'habitons pas près du centre-ville.*
next to	*à côté de*	**Our table is next to the kitchen.**	*Notre table est à côté de la cuisine.*
of	*de*	**You need a loaf of bread and a cup of tea.**	*Vous avez besoin d'une miche de pain et d'une tasse de thé.*

on	*sur*	**The files are on that desk.**	*Les dossiers sont sur ce bureau.*
to	*vers, à*	**They're here from Monday to Wednesday.**	*Ils/Elles sont ici de lundi à mercredi.*
under	*sous*	**The phone is under the shelf.**	*Le téléphone est sous l'étagère.*
with	*avec*	**They live with their parents.**	*Ils habitent avec leurs parents.*

Évidemment, chaque préposition peut être utilisée de plusieurs façons (par exemple, **to** est le marqueur de l'infinitif d'un verbe). Par ailleurs, il y a des différences d'usage entre l'anglais et le français (**The meeting is on Monday**, *La réunion est lundi*).

Nous avons vu aussi que, dans certaines constructions, la préposition est placée après le pronom interrogatif ou, plus généralement, le groupe verbal : **Who with?** *Avec qui ?*

Mais c'est peut-être avec les verbes que les différences entre l'anglais et le français sont le plus évidentes. Prenons, par exemple, **to ask**, *demander*. **Ask the server**, *Demandez au serveur* (c'est-à-dire, posez-lui une question). En revanche, pour réclamer quelque chose, on ajoutera une préposition (ou, plus précisément, une post-position) : **Ask for the bill**, *Demandez l'addition*. En enfin, si l'on ajoute un objet indirect, la structure de la phrase changera : **Ask the server for the bill**, *Demandez l'addition au serveur*.

Il est essentiel de mémoriser l'association d'un verbe et sa préposition habituelle car, comme nous verrons dans une prochaine série de leçons, ce sont les composantes de ce que l'on appelle les **phrasal verbs**, ou *verbes à particule adverbiale*, que nous aborderons dans plusieurs leçons à venir. Dès à présent, passez en revue toutes les leçons précédentes pour bien repérer les prépositions. Vous ne le regretterez pas !

5 Chiffres et nombres (suite)

À partir de vingt, le système de numérotation est presque le même qu'en français ; mais en plus régulier. On ajoute les chiffres de 1 à 9 derrière l'unité de dix :

thirty	30
forty	40
fifty	50
sixty	60
seventy	70
eighty	80
ninety	90
one hundred	100

Par exemple :
43 = **forty-three**
55 = **fifty-five**
77 = **seventy-seven**
82 = **eighty-two**
96 = **ninety-six**

En ce qui concerne la prononciation, il est facile de confondre les paires 14 et 40, 15 et 50, etc. car la différence n'est pas toujours facile à entendre, surtout lorsqu'on parle vite. En cas de doute, il est tout à fait acceptable – voire recommandable – de demander à votre interlocuteur de bien préciser en accentuant la dernière syllabe : **Is that fifTY or fifTEEN?** Les autochtones font la même chose tout le temps !

Pour les ordinaux, il suffit d'ajouter **-th** (en transformant le **y** final en **ie**, le cas échéant) :
thirtieth (30e), **fiftieth** (50e), **eightieth** (80e), **hundredth** (100e).

N'oubliez pas de vous entraîner en feuilletant très vite ce livre tout en lisant les numéros de pages à haute voix.

Revision dialogue

1 Sean lives with his wife in the suburbs.
2 He works in the city, where he teaches chemistry, and she works at home.
3 This morning, they're late.
4 Sean can't find his keys and Cathy can't find her computer.
5 – I can't find my keys anywhere. Where are they?
6 They're not in my coat pocket; I never put them there.
7 – In that case, what are these?
8 – Er, those are my keys. I sometimes put them there.
9 – You use those same old excuses forty times a week.
10 – Or fourteen times a day!

Traduction

1 Sean habite avec sa femme en banlieue. **2** Il travaille en ville, où il enseigne la chimie, et elle travaille à la maison. **3** Ce matin, ils sont en retard. **4** Sean ne trouve pas *(ne peut pas trouver)* ses clés and Cathy ne trouve pas *(ne peut pas trouver)* son ordinateur. **5** Je ne trouve mes clés nulle part. Où sont-elles ? **6** Elles ne sont pas dans la poche de mon manteau ; je ne les mets jamais là. **7** Dans ce cas, c'est quoi ça ? **8** Euh, ce sont mes clés. Je les mets parfois là. **9** Tu utilises ces mêmes vielles excuses 40 fois par semaine. **10** Ou 14 fois par jour !

29 Twenty-ninth lesson

Exercise

1 **Ca**thy has a **ve**ry **ac**tive **life**style [1].
2 She loves [2] **swim**ming, and likes [2] **climb**ing and **cy**cling [3].
3 Sean is **dif**ferent from his wife.
4 He **does**n't like ener**ge**tic ac**ti**vities.
5 His **fa**vourite sports are **watch**ing **mo**vies and **play**ing **vid**eo games.
6 – You're **la**zy, Sean. You don't do **a**ny [4] **ex**ercise.
7 You don't **e**ver go for a walk.
8 You don't do **a**nything [4]!
9 You **ne**ver lift a **fin**ger [5]!
10 – Yes I do [6]. I **dou**ble-click on **e**verything.

Prononciation

***ek**səsaïz **1** … **laïf**stäil **2** … **klaï**ming … **saïk**ling **3** … **dif**rənt … **5** … **féé**vrit spoorts … **mou**viz ... **vi**dioo guéémz **7** … **e**və … wauk **9** … **finn**gə **10** … **deu**bəl klik …*

Notes

1 **lifestyle**, *mode/style de vie* contient **life**, *la vie*, qui, comme **wife**, *femme* (ligne 3), forment leurs pluriels en **-ves** : **lives**, **wives**. Écoutez attentivement la prononciation de **live**.

2 La différence entre **to like** et **to love** est une question de degré, même si les deux se traduisent par *aimer*. **I like you** signifie plutôt *Je t'aime bien* alors que **I love you** est *Je t'aime fort*. Mais **to love** ne se limite pas aux êtres vivants. Par exemple, **I love swimming**, *J'adore la natation*. Dans un tel contexte on peut aussi employer un verbe plus fort (**I adore**, etc.). Il existe aussi les noms dérivés : **a love**, *un amour*, et **a like**, souvent employé dans le contexte des réseaux sociaux.

Vingt-neuvième leçon

[L']Exercice

1 Cathy a un mode *(style)* de vie très actif.
2 Elle adore nager, et aime [l'] escalade et [le] vélo.
3 Sean est différent de sa femme.
4 Il n'aime pas [les] activités énergiques.
5 Ses activités *(sports)* préférées consistent à *(sont)* regarder des films et jouer à des jeux vidéo.
6 – Tu es paresseux, Sean. Tu ne fais aucun exercice.
7 Tu ne vas jamais te promener *(aller pour des promenades)*.
8 En fait, tu ne fais rien !
9 Tu [ne] lèves jamais le *(un)* [petit] doigt.
10 – Si, si *(Oui je fais)*. Je double-clique sur tout.

3 Voir leçon 25 note 5. Dans ce type de construction, le gérondif peut être remplacé par un infinitif, mais il y a une nuance que nous verrons ultérieurement. **To cycle** fait partie d'un petit groupe de verbes qui associe le mouvement au moyen de déplacement : *se déplacer à vélo / faire du vélo*, etc. **She cycles between home and work**, *Elle va à vélo entre chez elle et son travail*. Sachez enfin que ce verbe est lié au nom **a bicycle**, *une bicyclette*, abrégé habituellement en **a bike**, *un vélo*.

4 Voir leçon 25 note 1 pour le verbe **to do**. Remarquez l'utilisation de **any / anything** avec la négation : **I do something** → **I don't do anything**.

5 **a finger**, *un doigt*. L'expression *Il/Elle ne lève pas le petit doigt* se dit habituellement **He/She doesn't lift a finger** mais l'expression calquée **lift a little finger** existe aussi. Les autres doigts de la main sont : **the index finger**, *l'index*, **the middle finger**, *le majeur*, **the ring finger**, *l'annulaire*, et **the thumb**, *le pouce*. Enfin, en anglais américain, **the little finger** s'appelle aussi **the pinkie**, un mot d'origine néerlandaise.

6 Lorsqu'on répond à une question fermée (**Do you like swimming?**, *Aimez-vous la natation ?*), il est possible de dire simplement **yes** ou **no**. Mais la plupart du temps, on y ajoute un auxiliaire correspondant au temps du verbe dans la question. Ces réponses brèves se forment ainsi : **Yes/No** + pronom + reprise de l'auxiliaire : **Do you like video games?** (*Aimez-vous les jeux-vidéo ?*) **Yes, I do. / No I don't**; **Does she do any exercise? – Yes she does / No, she doesn't**. Notez l'utilisation des contractions dans la réponse négative ; en français, on pourrait

***

Exercise 1 – Translate

❶ Cathy is very active. Her favourite sport is swimming. ❷ I love playing video games. – Really? ❸ He's very lazy. He never lifts a finger to help me. ❹ I don't like cycling. It's too energetic. ❺ Double-click on this game. It's fantastic.

***

Exercise 2 – Fill in the missing words

❶ Il ne fait* rien. – Si, si.
He . . . . – Yes . . . .

❷ Sean va à vélo au travail tous les jours.
Sean . . . . day.

❸ Aimes-tu la natation ? – Non.*
. . you . . . . ? – No, ...

❹ J'adore regarder des vidéos et jouer à des jeux.
. . . . videos . . . . games.

❺ Font-ils/elles de l'exercice ? – Non.*
. . they . . . . . exercise? – No, ...

* *Utilisez la forme contractée*

30 Thirtieth lesson

Are you free?

1 – You're not **bu**sy [1] to**mo**rrow **eve**ning [2], are you? [3]
2 – No, I'm not. [3] It's my day off [4]. Why do you ask?
3 – You like **mu**sic [5], don't you? [6]

répondre par *si* (un adverbe qui n'existe pas en anglais) : **You don't do any exercise – Yes I do**, *Tu ne fais pas d'exercice – Si, si, j'en fais*. Il est très important de maitriser ces réponses courtes car elles sont utilisées quasi-systématiquement dans la conversation courante.

***

Corrigé de l'exercice 1

❶ Cathy est très active. Son sport préféré est la natation. ❷ J'adore jouer aux jeux vidéo. - Vraiment ? ❸ Il est très paresseux. Il ne lève jamais le petit doigt pour m'aider. ❹ Je n'aime pas faire du vélo. C'est trop énergique. ❺ Double-cliquez sur ce jeu. C'est fantastique.

***

Corrigé de l'exercice 2

❶ – doesn't do anything – he does ❷ – cycles to work every – ❸ Do – like swimming – I don't ❹ I love watching – and playing – ❺ Do – do any – they don't

30

Trentième leçon

Es-tu libre ?

1 – Tu n'es pas occupée demain soir, n'est-ce pas *(es-tu)* ?
2 – Non, en effet *(je ne suis pas)*. C'est mon jour de repos. Pourquoi poses-tu [cette question] ?
3 – Tu aimes la musique, n'est-ce pas ?

4 – Yes I do. How do you know?
5 – I have two **tick**ets for a show [7].
6 – Where is it?
7 – At the Rex. You know where that is, don't you? [6]
8 – No I don't. [6] It's not too far, is it? [3]
9 – No, it **is**n't. We can walk [8] there [9]. □

Prononciation

*1 … **bi**zii … 2 … dée**off** … 3 … **miou**zik … 5 … choo 8 … faa … 9 … wauk …*

Notes

1 **busy** signifie *occupé / affairé* (**business**, *les affaires*, voir leçon 9, note 9) ; le sens littéral est "*l'état d'être occupé*" – rappelons que le suffixe **-ness** dénote une qualité ou un état relié à l'adjectif, et que le **y** terminal se transforme en **i** : **happy**, *heureux/-euse* → **happiness**, *bonheur*. Mais le sens de **business** est très large : **the movie business**, *le secteur du cinéma* ; **a small business**, *une petite entreprise* ; **a business trip**, *un déplacement professionnel*, etc.

2 Comme en français, les adverbes de temps composés sont formés sans articles partitifs : **tomorrow morning**, *demain matin*, **yesterday evening**, *hier soir*, etc.

3 Voici une autre particularité de l'anglais : les **tags** (*étiquettes*) dans une question interro-négative. Ils correspondent souvent à *n'est-ce pas ?* Avec les auxiliaires **be**, **have** et **can**, il suffit de reprendre le verbe à la bonne personne, avec un **tag** négatif si la question est affirmative, et vice-versa : **She's not busy tomorrow, is she?** (*Elle n'est pas occupée demain, n'est pas ?*) – **Yes she is. / No she isn't**. Dans ces contextes, le **tag** peut correspondre à plusieurs structures en français, telle comme *en effet*.

4 **a day off**, une apocope de **off work**, est un terme idiomatique dont le sens est *un jour de repos*, c'est-à-dire ("jour en-dehors [du travail]"). La marque du pluriel, bien sûr, est sur le nom **day** : **I've got three days off between Monday and Thursday**, *J'ai trois jours de repos entre lundi et jeudi*.

4 – En effet *(Oui, je fais)*. Comment [le] sais-tu ?
5 – J'ai deux billets pour un spectacle.
6 – Où est-ce ?
7 – Au Rex. Tu sais où ça se trouve *(ça est)*, n'est-ce pas ?
8 – Non, je ne [sais] pas. Ce n'est pas trop loin, n'est-ce pas *(est ce)* ?
9 – Non, pas du tout *(ça n'est pas)*. On peut y aller à pied *(marcher là)*.

5 L'article défini **the** (*le/la, les*) ne s'emploie pas dans une généralisation (un énoncé non défini) comme **I like music**, *J'aime [la] musique*. Ceci est vrai même s'il y a un adjectif accolé au nom : **I like dance music**, *J'aime la musique "dance"*. L'utilisation de **the** est complexe et nous y reviendrons à plusieurs reprises jusqu'à ce que les règles deviennent des automatismes.

6 Ici le **tag** est utilisé avec un verbe lexical. Le mécanisme est identique (question affirmative, reprise négative, et vice versa) mais on emploie l'auxiliaire **do** : **You like them, don't you?** *Tu les aimes, n'est-ce pas ?* **Yes I do / No I don't.** Ou encore **You don't like them, do you?** *Tu ne les aiment pas, n'est-ce pas ?* **Yes I do / No I don't**. Il faut s'habituer à ces *étiquettes* (ou "queues de phrases") car elles sont très courantes.

7 **a show**, *un spectacle*, vient du verbe **to show** qui signifie *montrer*. Tout le monde connait sans doute le nom composé **showbusiness** (ou **showbiz** en langage familier, "*le commerce du spectacle*") mais le nom **show** occupe un large spectre, toujours dans le sens d'une exposition : **The Boat Show**, *Le Salon nautique* ("spectacle de bateaux").

8 Voici un autre exemple d'un verbe de mouvement qui précise le moyen de déplacement (leçon 29, note 3) : **to walk**, *marcher* mais aussi *aller à pied*. **Do you want to walk to the Rex or take the bus?** *Veux-tu aller au Rex à pied ou prendre le bus ?* **A walk**, *une promenade* : **Let's go for a walk**, *Allons-nous promener* (voir leçon 29, phrase 7).

9 Faites très attention à l'emplacement de l'adverbe, qui vient après le verbe, pas avant comme en français : **She lives in London** → **She lives there**, *Elle habite à Londres* → *Elle y habite*.

Exercise 1 – Translate

❶ We've got two tickets for the show. – Where is it? ❷ They (*m.*) know where the Rex is, don't they? ❸ Small businesses are very important. ❹ Show* me the bill. Wow, that's expensive! ❺ How does he know where I live? – I don't know.

* *Utilisez le tutoiement*

***

Exercise 2 – Fill in the missing words

❶ Allons à pied au cinéma. Ce n'est pas* loin, n'est-ce pas ?
. . . . the cinema. . . . . not . . . , ... ?

❷ Elle est* occupée demain, n'est-ce pas ? Oui, en effet.
. . . . tomorrow, ... ? – Yes, ...

❸ Quelle est la différence entre "heureux" et "bonheur" ou entre "affairé" et "les affaires" ?
. . . . . . the difference . . . . " . . . . . " and " . . . . " or . . . . " . . . . " and " . . . . "?

❹ Vous aimez la musique, n'est-ce pas ?* – Non, je ne l'aime pas.*
You . . . . , ... ? – No, ...

❺ Tu peux aller chez lui *(à sa maison à lui)* à pied ou à vélo. – Allons-y à pied.
You . . . . or . . . . house. – . . . .

* *Utilisez la forme contractée*

31

Thirty-first lesson

I'm starving

1 – I'm **star**ving [1]. Let's get [2] **some**thing to eat.
2 What do you **u**sually have for lunch?
3 – I'm **rare**ly **hung**ry in the **mi**ddle of the day.
4 What a**bout** you? [3]
5 – I **al**ways have a big meal at noon.

Corrigé de l'exercice 1

❶ Nous avons deux billets pour le spectacle. – Où est-ce ? ❷ Ils savent où se trouve le Rex, n'est-ce pas ? ❸ Les petites entreprises sont très importantes. ❹ Montre-moi la facture. Ouah, c'est cher ! ❺ Comment sait-il où j'habite ? – Je ne sais pas.

Corrigé de l'exercice 2

❶ Let's walk to – It's – far, is it ❷ She's busy – isn't she – she is ❸ What is – between – happy – happiness – between – busy – business – ❹ – like music, don't you – I don't ❺ – can walk – cycle to his – Let's walk there

Plus vous avancez, plus vous vous éloignez du français, en assimilant naturellement des structures parfois complexes et vous passant de la traduction "mot-à-mot" : pensez à* to walk/cycle*, ou à la place de l'adverbe correspondant à* y *en français. Comptez sur nous pour vous indiquer systématiquement ces différences afin que vous puissiez apprendre la langue "sans peine" !

31

Trente et unième leçon

Je meurs de faim

1 – Je suis affamé *(je suis affamé)*. Allons chercher *(obtenir)* quelque chose à manger.
2 Que manges-tu *(as-tu)* habituellement au déjeuner ?
3 – J'ai rarement faim au milieu de la journée.
4 Et toi ? *(quoi autour toi)* ?
5 – Je prends *(ai)* toujours un gros repas à midi.

6 In the after**noon**, I **of**ten [4] have an ice cream
7 and then a piece of **cake** before **din**ner.
8 – But you're so slim [5]. What's your **se**cret?
9 – Simple. I a**void** fast [6] food,
10 and I **ne**ver [7] eat or drink be**tween** [8] snacks. □

Prononciation

… ***staa**ving 3* … ***rair**lii* … *5* … *nounn 6* … ***of**ən* … *aïss**kriim** 8* … ***sii**krət 9* … *ə**voïd*** … *10* … *bi**twiin*** …

Notes

1 **starving** vient du verbe **to starve**, *affamer / laisser mourir de faim*. Dans le langage courant, le mot s'emploie surtout au sens figuré : **We're starving!** *On meurt de faim !* (Rappelons que *avoir faim* se dit **to be hungry**, voir leçon 15 note 7.)

2 Voici encore un exemple de **to get** dans le langage courant. Ce verbe hyper-polyvalent exprime une action, sans nécessairement donner plus de précision. Ici, on peut traduire **get something to eat** par *aller manger quelque chose*, *prendre quelque chose à manger*, etc. L'important, c'est la notion de mouvement. On fera un point plus complet dans la prochaine leçon de révision.

3 Cette tournure idiomatique (leçon 19, phrase 4) s'emploie pour demander un complément d'information ou une précision. **What about you? What do you think?** *Et vous, qu'en pensez-vous ?* Tachez toujours d'appréhender le contexte avant d'essayer de traduire. Rappelons que **about** signifie *autour (de)* et, par extension, *approximativement / environ*.

4 Remarquez le positionnement des différents adverbes de fréquence dans cette leçon (**usually, rarely, always, often, never**, etc.) En règle générale, ils sont placés entre le sujet et le verbe : **I always take the bus to work**, *Je prends toujours le bus pour [aller au] travail*, **We often eat lunch late**, *Nous déjeunons souvent tard*. Aux temps composés, ils sont placés entre l'auxiliaire et le verbe, mais avec **to be**, l'adverbe se positionne après le verbe : **He's often hungry in the evening**, *Il a souvent faim le soir* (voir aussi phrase 3). Bien que le **t** médian de **often** est habi-

6 *(Dans)* **L'après-midi, je prends souvent une glace**
7 **et puis un morceau de gâteau avant [le] dîner.**
8 – Mais tu es si mince. Quel est ton secret ?
9 – [C'est] simple. J'évite le prêt-à-manger *(nourriture rapide)*,
10 **et je [ne] mange ou [ne] bois jamais entre [les] collations.**

tuellement meut, certains locuteurs le prononcent : *[oftən]*. Écoutez la phrase 3 du premier exercice.)

5 **slim**, *svelte / mince* (d'où notre mot d'emprunt *un slim*, un pantalon serré). Le verbe racine est **to slim**, *suivre un régime minceur*. **No lunch for me, I'm slimming**, *Pas de déjeuner pour moi, je fais un régime*. À ne pas confondre avec **thin**, *maigre*, ou *peu épais* : **The ice is very thin**, *La glace est très peu épaisse*.

6 Utilisé comme adjectif **fast** signifie *rapide*. La différence avec **quick** (leçon 27, phrase 8) est que ce dernier s'applique au temps et décrit une action accomplie dans une courte durée (**a quick question**) alors que **fast** s'applique à la vitesse : **He loves fast cars**, *Il adore les voitures rapides*. Mais **fast** est aussi un adverbe irrégulier (sans la terminaison **-ly**), *vite / rapidement*. **You speak too fast**, *Tu parles trop vite*.

7 Rappelons qu'on ne met jamais deux négatifs ensemble en anglais (leçon 24, note 4). Ainsi, pour dire *Je ne mange jamais entre les repas*, nous avons deux solutions : **I don't ever eat between meals** ou bien **I never eat between meals**. Il n'y a pas de différence de sens entre les deux structures, mais **never** est plus courant.

8 La préposition de lieu **between**, que nous avons déjà vue, signifie *entre*. En principe, elle ne s'emploie que pour la distance entre deux ensembles distincts (personnes, choses…) : **The distance between my house and the school is about three miles**, *La distance entre ma maison et l'école et d'environ 3 miles / 4,8 km*. Lorsqu'il y a trois éléments ou plus, il faudrait utiliser **among**, *parmi* : **We're among friends here**, *Nous sommes entre* ("parmi") *amis ici*. (Une orthographe alternative est **amongst**.) Dans l'usage courant, cependant, **between** et **among** sont souvent confondus.

Exercise 1 – Translate

❶ Are you hungry? – No, we're starving! ❷ She's so slim. What's her secret? – She doesn't eat. ❸ Do you often* have a big lunch? – No, not very often.* ❹ I'm thirsty. Let's get something to drink. ❺ What about Richard, what does he think of the movie?

* *prononcez le* t *dans le premier* often *mais pas le second.*

***

Exercise 2 – Fill in the missing words

❶ Leur fils est souvent en retard pour l'école parce qu'il prend habituellement un bon *(grand)* petit-déjeuner
. . . . . son . . . . for school because he . . . . a big breakfast.

❷ Nous mangeons rarement des glaces. Et vous ?
. . . . ice cream. . . . . ?

❸ Le petit-déjeuner, le déjeuner et le dîner sont parmi leurs repas préférés !
. . . . , ... and . . . . favourite meals!

32

Thirty-second lesson

Too many things, not much money

1 – I'm **go**ing [1] to do the **Jan**uary **sa**les [2]. Do you want to come?
2 – No, I don't have much [3] time to**day**.
3 **An**yway, there are too **ma**ny [3] **peo**ple in the shops,
4 and there's too much noise and **tra**ffic [4].
5 – Please come with me. There aren't too **ma**ny shops.
6 And I don't have a lot of [5] **mo**ney,

Corrigé de l'exercice 1

❶ Avez-vous faim ? - Non, nous sommes affamés ! ❷ Elle est si mince. Quel est son secret ? – Elle ne mange pas. ❸ Prenez-vous souvent un gros déjeuner ? – Non, pas très souvent. ❹ J'ai soif. Allons chercher quelque chose à boire. ❺ Et Richard, que pense-t-il du film ?

***

❹ Ils/Elles ne prennent jamais le bus ou le métro pour [aller au] travail. Ils/elles [y] vont toujours en voiture.
.... the bus or the Tube to work. They ....

❺ J'ai une question rapide : conduis-tu vite ?
I have . ... : .. .. ?

Corrigé de l'exercice 2

❶ Their – is often late – usually has – ❷ We rarely eat – What about you ❸ Breakfast, lunch – dinner are among their – ❹ They never take – always drive ❺ – a quick question – do you drive fast

32

Trente-deuxième leçon

Trop de choses, pas beaucoup d'argent

1 – Je vais faire les soldes *(ventes)* [de] janvier. Veux-tu venir ?
2 – Non, je n'ai pas beaucoup [de] temps aujourd'hui.
3 De toute façon, il y a trop de monde *(personnes)* dans les magasins,
4 et il y a trop de bruit et de circulation.
5 – S'il te plaît, viens avec moi. Il n'y a pas trop [de] magasins.
6 Et je n'ai pas beaucoup d'argent,

7 so I can't get too **ma**ny things.
8 – That's the **prob**lem with the sales:
9 you always buy stuff [6] that you don't need with **mo**ney that you don't have. □

Prononciation

***1** …**djann**iouri **séé**lz … **4** … noïz … **9** … steuf …*

Notes

1 Comme en français, le temps présent peut exprimer une action ayant lieu dans un avenir proche. Nous employons la forme continue du présent, composée de **to be**, conjugué, avec le participe présent de **to go** : **We're going to the movies this afternoon**, *Nous allons au cinéma cet après-midi*. Nous y reviendrons.

2 **a sale**, *une vente*, est le substantif du verbe **to sell**, *vendre*. Ce mot figure fréquemment sur des panneaux annonçant la disponibilité à la vente : **For Sale**, *À Vendre*. Mais au pluriel, **the sales** signifie *les soldes* : **to do the sales**, *faire les soldes*.

3 **many** et **much** sont des quantifieurs, équivalents de *beaucoup de*. Le premier est employé avec des noms dénombrables, le second avec leurs équivalents indénombrables, comme **time** (on ne peut pas dénombrer *le temps*, un nom abstrait singulier). En revanche, il faut dire **many people**, *beaucoup de gens*, car il s'agit d'une quantité chiffrable.

4 Le nom indénombrable **traffic** signifie *le trafic* (routier, aérien, internet, etc.) mais aussi *la circulation* (en ville).

5 Pour éviter de faire la distinction entre **many** et **much**, il suffit d'employer **a lot of** ou **lots of** ("un / des lot(s) de"), qui, selon le registre et

***

Exercise 1 – Translate

❶ I'm not going to the sales because I don't have much money. ❷ Leo is very good; he really knows his stuff. ❸ Please come with us. We don't know the town very well. ❹ That's the problem with cities: there's lots of noise. ❺ Anyway, I don't have any time today.

7 alors je ne peux pas acheter *(obtenir)* beaucoup de choses.
8 – C'est le problème avec les soldes :
9 tu achètes toujours des choses dont *(que)* tu n'as pas besoin avec de l'argent que tu n'as pas.

le positionnement dans la phrase, est équivalent à *beaucoup de*, *un tas de*, etc. Ainsi, au lieu de **much time**, **many people**, on peut dire **a lot of time/people** (ou **lots of time/people**). En principe, ces dernières formulations sont plus informelles mais elles sont employées couramment, notamment dans la conversation. Ceci étant, elles ne s'emploient pas avec l'intensif **too**, *trop (de)*.

6 **stuff** est un nom collectif informel (dérivé du français *étoffe*) qui signifie, entre autres, *des trucs / des affaires*, etc. **Where's my stuff**, *Où sont mes affaires ?* Comme presque toutes les tournures idiomatiques, la traduction dépendra du contexte. Par exemple, en parlant d'une experte, on dirait **She knows her stuff**, *Elle connait son sujet / Elle s'y connait*, etc. (Attention : le verbe **to stuff** signifie *farcir* !).

Corrigé de l'exercice 1

❶ Je ne vais pas faire les soldes parce que je n'ai pas beaucoup d'argent. ❷ Leo est très bon ; il connaît vraiment son sujet. ❸ S'il vous plaît, venez avec nous. Nous ne connaissons pas très bien la ville. ❹ C'est le problème des villes : il y a beaucoup de bruit. ❺ De toute façon, je n'ai pas le temps aujourd'hui.

Exercise 2 – Fill in the missing words

❶ Il y a trop de circulation et trop de bruit.
There is .... and ....

❷ Beaucoup de gens vont au cinéma toutes les semaines.
.... the movies ..... week.

❸ Nous allons* faire les soldes demain. Viens avec nous.
.... tomorrow. Come ....

❹ Nous sommes en retard ! – Non, nous avons beaucoup de temps.
We're ....! – No, we .... time.

33

Thirty-third lesson

The UK Quiz Show

1 – Good **eve**ning **eve**rybody. Please **wel**come [1] our first guest.
2 Are you **read**y? Let's start.
3 How many [2] **coun**tries are there in the **U**nited **King**dom?
4 – I think that there are four.
5 – You're right! How much [2] tea do the **Bri**tish drink each year?
6 – I'm not sure. Lots and lots [3].
7 – Cor**rect**! [4] What is the **ca**pital of Wales?
8 – **Ed**inburgh, no, I'm sorry: **Car**diff.
9 – **Last**ly, how many **peo**ple live in the **Lon**don **a**rea?
10 – Far [5] too **ma**ny.
11 – Con**gra**tu**la**tions. You win to**night's** [6] star [7] prize [8]! : a week in the **U**nited States! □

❺ Où sont mes affaires ? – Sur ton lit.
Where . . . . ? – . . . . . . bed.

* *Utilisez la forme contractée*

Corrigé de l'exercice 2

❶ – too much traffic – too much noise ❷ A lot of people go to – every – ❸ We're going to do the sales – with us ❹ – late – have lots of – ❺ – is my stuff – On your –

33

Trente-troisième leçon

Le jeu-concours *(spectacle)* du Royaume-Uni

1 – Bonsoir à tous. Veuillez accueillir *(s'il-vous-plaît accueillez)* notre première invitée.
2 Êtes-vous prête ? Commençons.
3 Combien de pays y a-t-il *(sont)* au Royaume-Uni ?
4 – Je pense qu'il y en a quatre.
5 – Vous avez raison ! Combien de thé les Britanniques boivent-ils chaque année ?
6 – Je ne sais pas trop *(suis pas sûre)*. Beaucoup, beaucoup.
7 – C'est exact *(correct)* ! Quelle est la capitale du pays de Galles ?
8 – Édimbourg, non, je suis désolé : Cardiff.
9 – Enfin, combien de personnes vivent dans la région de Londres ?
10 – Beaucoup trop *(loin trop beaucoup)*
11 – Félicitations. Vous gagnez le premier prix *(étoile)* de ce soir : une semaine aux *(dans les)* États-Unis !

Prononciation

*... iou-kéé ... **1** ... gest **3** ... **keun**triiz ... iou**naï**təd **king**dəm **7** ... **wéé**lz **8** ... **ed**inbərə ... **9** ... **air**iə **11** kongratiou**léé**chənz ... ouinn ... staa praïz ...*

Notes

1 **welcome** (leçon 5, note 7) peut fonctionner comme un verbe (**to welcome**, *accueillir / souhaiter la bienvenue*), mais aussi une salutation : **Welcome everyone**, *Bienvenue à tout le monde*, ainsi qu'un nom (**a warm welcome**, *un accueil chaleureux*). Dans un bâtiment public, *l'accueil* se dit **the reception**.

2 Nous connaissons la différence entre **many** et **much** (leçon 32). Voici comment poser une question quantitative : **how + many/much**. Remarquez la place du verbe dans l'interrogation : tout de suite après le sujet : **How many cities are there in Britain?** *Combien de villes y a-t-il en Grande-Bretagne ?* / **How much time do you need?** *De combien de temps avez-vous besoin ?*

3 Encore une tournure, plutôt idiomatique, avec **lot** (leçon 32, note 5) : **lots and lots (of)**, qui, selon le contexte, peut se traduire par un idiotisme (*des tas de*, *des tonnes de*, etc.) : **I want some toast with lots and lots of butter**, *Je veux du pain grillé avec des tonnes de beurre*.

4 Alerte au faux-amis ! **correct** est un synonyme de **right** : **the right answer = the correct answer**, *la bonne réponse / la réponse correcte/ exacte*. Le sens français de *convenable* – comme dans *C'est un prix correct* – se traduit plutôt par **decent** ou **reasonable** : **That's a reasonable price** (voir note 8).

***

Exercise 1 – Translate

❶ The star prize is two weeks in Birmingham. – OK, let's start. ❷ "Is The Price Right?" is a new quiz show. ❸ I want some bread with lots and lots of butter. ❹ How much does he eat? – Far too much. ❺ Please give a warm welcome to tonight's star guest *(m.)*.

5 **far**, *loin* (voir leçon 26 phrase 4) est employé sans connotation de distance physique comme un intensif, souvent avec **too** : **far too much / far too many**, *beaucoup trop* ; **It's far too expensive**, *C'est beaucoup trop cher*. Dans ce contexte, il remplace **much**.

6 Le cas possessif (**'s**, voir leçon 21, section 4) est employé avec les expressions de temps : **today's show**, *le spectacle d'aujourd'hui*, **yesterday's dinner**, *le dîner d'hier soir*, etc. Évidemment, il n'y a ici aucune notion de possession.

7 Voici un bon exemple de souplesse syntaxique. Le nom **a star**, *une étoile* (ou *une star*, *une vedette*) peut devenir un adjectif, **Please welcome tonight's star guest**, *Veuillez accueillir l'invité vedette de ce soir*, mais aussi un verbe transitif : **The movie stars Brad Trench**, *Le film met en vedette Brad Trench*, et intransitif : **Brad Trench stars in many films**, *Brad Trench est la vedette de beaucoup de films*.

8 Ne confondez pas **a price**, *un prix* (paiement) et **a prize**, *un prix* (récompense). Écoutez attentivement les phrases 1 et 2 du premier exercice.

***

Corrigé de l'exercice 1

❶ Le premier prix c'est deux semaines à Birmingham. – D'accord. Commençons. ❷ "Le Prix est-il juste ?" est un nouveau jeu-concours. ❸ Je veux du pain avec des tonnes de beurre. ❹ Combien mange-t-il ? – Beaucoup trop. ❺ Veuillez accueillir chaleureusement l'invité vedette de ce soir.

Exercise 2 – Fill in the missing words

❶ Combien de pays y a-t-il au Royaume-Uni ?
. . . . the United Kingdom?

❷ Beaucoup trop de gens habitent dans la région de Londres.
. . . . in the London . . . . .

❸ Combien de temps ai-je pour cet exercice ?
. . . . for this exercise?

❹ Nous vous souhaitons la bienvenue dans notre belle ville de Cardiff.
. . . . beautiful city of Cardiff.

***

Il existe une fâcheuse tendance à parler de "l'Angleterre" ou "les Anglais" pour désigner l'ensemble d'une nation composée de quatre pays. Officiellement, elle se nomme **the United Kingdom of Great Britain and Northern Ireland** *(*Royaume Uni de la Grande-Bretagne et l'Irlande du Nord*), comprenant* **England** *(*l'Angleterre*),* **Scotland** *(*l'Écosse*),* **Wales** *(*le pays de Galles*) et* **Northern Ireland** *(*l'Irlande du nord*). L'ensemble se situe dans le périmètre des* **British Isles** *(*les Îles britanniques*). Voilà pour l'état-civil. Au quotidien, on utilise* **Britain** *pour parler de l'ensemble, bien que les organes officiels ainsi que les politiques et les médias aient tendance à utiliser l'abréviation* **the UK**.

34

Thirty-fourth lesson

No one can move an inch!

1 – What are you doing tom**orr**ow after**noon**?
2 – I'm **play**ing [1] **ten**nis [2] with Jake. We play [1] to**ge**ther once [3] a week.
3 I'm **meet**ing [4] him at his **off**ice then **go**ing to his sports hall.
4 We **al**ways find a free court at that time of day.
5 – How are you **gett**ing into [5] town? By bus?

❺ Le spectacle d'aujourd'hui met en vedette Michael Rivers et ses invités.
.... Michael Rivers and ....

Corrigé de l'exercice 2

❶ How many countries are there in – ❷ Far too many people live – area ❸ How much time do I have – ❹ We welcome you to our – ❺ Today's show stars – his guests

***

De nos jours, l'identité unitaire du Royaume-Uni est souvent remise en question au sein des quatre pays constitutifs, notamment depuis le Brexit, le départ effectif de l'Union européenne à l'orée des années 2020. Il est néanmoins important de garder en tête que le peuple qui se nomme **the English**, les Anglais, *n'est qu'un composant d'un ensemble géopolitique et que d'autres Britanniques s'identifient d'abord comme* **Scottish** *(*Écossais*)*, **Welsh** *(*Gallois*) ou* **Northern Irish** *(*Irlandais du nord*) et ensuite comme* **British**, Britanniques. *Par conséquent, le choix des gentilés est d'une grande importance.*

34

Trente-quatrième leçon

Personne [ne] peut bouger [d]'un pouce

1 – Que fais-tu *(es-tu faisant)* demain après-midi ?
2 – Je joue *(suis jouant)* au tennis avec Jake. Nous jouons ensemble une fois [par] *(une)* semaine.
3 Je le retrouve *(suis rencontrant)* à son bureau puis [nous] allons *(allant)* sa salle *(hall)* de sport.
4 Nous trouvons toujours un court libre à cette heure de [la] journée.
5 – Comment iras-tu *(es-tu obtenant)* en ville ? En *(par)* bus ?

6 – I **us**ually get there by train but this time I'm **tak**ing the car.
7 I have a **coup**le [6] of things to do **af**ter the game
8 and I must [7] get home be**fore dinn**ertime.
9 – You must [7] be **cra**zy [8]! What about the rush [9] hour?
10 – I don't under**stand** why they [10] call it the rush hour.
11 No one can move an inch! □

Prononciation

mouv … intch ***2*** *… djéék … weuns …* ***3*** *… spoots-Haul* ***4*** *… koort … **6** … **téé**king **7** … **keup**əl … guéém **9** … **kréé**zii … reuch-**aou**ə*

Notes

1 Remarquez la différence entre les formes simple et continue du temps présent. En substance, la forme continue est utilisée lorsque l'action est en cours (**I'm playing**, *Je suis en train de jouer*) ou aura lieu dans un futur proche ou certain (leçon 32, note 1), alors que la forme simple (ici, **play**) décrit une action habituelle – pour cette raison, on la trouve souvent avec un adverbe de fréquence ou une précision temporelle (ici, **once a week**).

2 Voici un autre exemple de l'omission de l'article défini (leçon 30, note 5). Les noms qui désignent un jeu ou une activité ne prennent pas d'article car le sens du mot est général : **I like games**, *J'aime les jeux*. En revanche, si on parle d'un aspect spécifique ("défini") de ce jeu – par exemple *les jeux auxquels on joue en hiver* – l'article est nécessaire : **the games that they play in winter**.

3 **once**, dérivé de **one**, signifie *une fois*. Comme ci-dessus, il est employé comme un adverbe de fréquence : **I play tennis once a month**, *Je joue au tennis une fois par mois*. On peut l'associer avec **twice**, *deux fois* : **She goes to the swimming pool once or twice a week**, *Elle va à la piscine une ou deux fois par semaine*. (L'adverbe **thrice**, *trois fois*, existe aussi, mais il est peu employé en anglais contemporain, à la place on dira **three times**.) **Once** est aussi utilisé dans d'autres contextes, que nous verrons quand nous aborderons les temps passés.

4 **to meet**, *rencontrer*. Le champ sémantique du verbe est très large, et se traduit de différentes façons, comme *croiser*, *(se) retrouver* ou encore

6 – D'habitude, je m'y rends *(obtiens là)* en *(par)* train mais cette fois-ci, je prends *(suis prenant)* la voiture.

7 J'ai deux ou trois *(un couple de)* choses à faire après la partie *(jeu)*

8 et il faut que je *(dois)* rentre à la maison avant l'heure du dîner.

9 – Tu dois être fou ! Et l'heure de pointe *(quoi autour l'heure ruée)* ?

10 – Je ne comprends pas pourquoi on l'appelle *(ils l'appellent)* l'heure de pointe.

11 Personne [ne] peut bouger [d'] un pouce !

aller/venir chercher : **Please meet me at the station at noon**, *Veuillez venir me chercher à la gare à midi*. L'idée de base est donc la rencontre ou réunion de plusieurs personnes. Le nom dérivé est **a meeting**, *une réunion* (vu en leçon 4). Ici aussi, le sens est plus large que *un meeting* en français.

5 **into**, préposition formée de **in** et **to**, est généralement associée à un verbe de mouvement, comme **to go** ou **to come**: **Let's go into the dining room**, *Allons dans la salle à manger*.

6 **a couple**, *un couple*, peut aussi s'employer dans un sens moins "binaire" : **I've got a couple of things to do today**, *J'ai deux ou trois / quelques trucs à faire aujourd'hui*.

7 **must** est l'un des deux principaux verbes défectifs, avec **can** (leçon 15 note 2). Équivalent de *falloir* ou *devoir*, il se comporte différemment (et plus simplement) des autres verbes car il est invariable (donc pas de **s** à la troisième personne du singulier : **He must listen**, *Il faut qu'il écoute*) Habituellement, **must** est suivi d'un infinitif nu (sans **to**). La forme négative est **must not** (ou **mustn't** pour la forme contractée) : **You mustn't give them your password**, *Tu ne dois pas leur donner ton mot de passe*. Enfin, la forme interrogative se forme par simple inversion : **You must leave now.** → **Must you leave now?** (*Tu dois partir maintenant.* → *Dois-tu partir maintenant ?*). Nous ferons un point plus tard.

8 **crazy**, *fou/folle* s'emploie comme en français dans un registre familier : **That's a crazy idea!** *C'est une idée folle* ou *absurde !* Mais le nom d'origine **a craze** signifie *un engouement* : **The chatbot craze is crazy!** *L'engouement pour les agents conversationnels est fou !*

9 **a rush**, dérivé du verbe **to rush**, *se précipiter*, est passé dans la langue française pour décrire l'action de *se ruer* sur quelque chose (le *rush de Noël*, calque de **the Christmas rush**). **The rush hour** – l'heure à laquelle tout le monde se rue dans le même sens – est le terme pour *l'heure de pointe*. Enfin, l'expression peut être employée comme un adjectif : **rush-hour traffic**, *la circulation aux heures de pointe* (remarquez le trait d'union).

***

Exercise 1 – Translate

❶ How are they (*f.*) going into town? – They're (*f.*) taking the bus. ❷ You're crazy (*pl.*)! The rush-hour traffic is horrible. ❸ The swimming pool is usually free at that time of day. ❹ We have a couple of things to do after breakfast. ❺ I can't have lunch with you because I have three meetings this afternoon.

***

Exercise 2 – Fill in the missing words

❶ On me dit que Londres est une ville sympa, mais pas à l'heure de pointe !
. . . . London is a nice city, but . . . . !

❷ Nous jouons au tennis une ou deux fois par mois, mais Jack [en] joue trois fois par semaine.
. . . . . tennis . . . . , but Jack plays . . . .

❸ J'ai* rendez-vous avec elle mardi pour déjeuner.
. . . . for lunch . . . .

❹ D'habitude, nous prenons le bus, mais cette fois, nous [y]* allons en train.
We . . . . the bus but this time . . . . train.

❺ Tu dois venir nous chercher à la gare à midi. C'est important.
. . . . the station . . . . . . It's important.

* *Utilisez la forme contractée*

10 L'équivalent direct du pronom personnel indéfini *on* est tout simplement **one**, mais celui-ci ne s'emploie que dans un registre soutenu ou littéraire. En anglais courant il existe plusieurs façons de contourner ce problème, dont l'emploi de la troisième personne du pluriel **they**. Par exemple, **They tell me that Edinburgh is a nice city**, *On me dit* ("ils me disent") *qu'Édimbourg est une ville sympa*. Nous vous présentons d'autres façons de rendre ce *on* impersonnel au fur et à mesure que nous progresserons.

***

Corrigé de l'exercice 1

❶ Comment vont-elles en ville ? – Elles prennent le bus. ❷ Vous êtes fous ! La circulation aux heures de pointe est horrible. ❸ La piscine est généralement libre à cette heure de la journée. ❹ Nous avons deux ou trois choses à faire après le petit-déjeuner. ❺ Je ne peux pas déjeuner avec vous parce que j'ai trois réunions cet après-midi.

***

Corrigé de l'exercice 2

❶ They tell me that – not at rush hour ❷ We play – once or twice a month – three times a week ❸ I'm meeting her – on Tuesday ❹ – usually take – we're going by – ❺ You must meet us at – at noon –

Vous vous rendez certainement compte des progrès réalisés depuis le début de votre étude. Ne vous inquiétez pas si tout n'est pas clair à ce stade : notre but est de vous aider à avancer posément et sûrement, en suivant une progression mesurée. N'oubliez pas que c'est en travaillant tous les jours, à votre propre rythme, que votre don naturel d'assimilation jouera à plein. Mais nous vous encourageons vivement à élargir dès maintenant le champ de votre apprentissage en regardant des films et vidéos en VO, en lisant à haute voix les textes des leçons, en écoutant des émissions ou des podcasts en anglais – bref, d'essayer à présent de mettre en pratique ce que vous avez appris.

Thirty-fifth lesson

Revision – Révision

1 La forme progressive (ou continue) du temps présent

• Le **present progressive** (ou **present continuous**), pour lequel nous n'avons pas d'équivalent en français, décrit une action en cours ou qui n'est toujours pas terminée. Il se construit avec **to be** conjugué et suivi du participe présent, qui, lui, se forme en ajoutant le suffixe **-ing** à l'infinitif nu (voir leçon 25, note 5). Les formes négative et interrogative se construisent comme pour **to be**, c'est-à-dire, respectivement, en rajoutant **not** (ou **-'nt**) et par inversion. Par exemple, **to eat**, *manger* → participe présent : **eating** :

Affirmatif	Négatif		Interrogatif
I am eating	**I am not eating**	**I'm not eating**	**am I eating?**
he/she/it is eating	**he/she/it is not eating**	**he/she/it/ isn't eating**	**is he/she/it eating?**
you are eating	**you are not eating**	**you aren't eating**	**are you eating?**
they are eating	**they are not eating**	**they aren't eating**	**are they eating?**

• Selon le contexte, il est possible de traduire avec *être en train de* :
I'm eating lunch, *Je suis en train de déjeuner*.
On le différencie d'une action habituelle ou répétée, pour laquelle le présent simple s'impose :
I eat lunch at home every day, *Je déjeune à la maison tous les jours*.

• Ce temps est utilisé aussi pour décrire un événement qui aura lieu dans un futur proche ou certain :
He's arriving tomorrow, *Il arrive demain* (proche).
I'm having dinner with Tim next week, *Je dîne avec Tim la semaine prochaine* (certain).

Trente-cinquième leçon

• Notez que certains verbes n'ont pas de forme progressive. Au-delà des auxiliaires **can** et **must**, il s'agit d'une série de verbes dits "de perception involontaire", comme **to see**, *voir* ; **to hear**, *entendre* et **to smell**, *sentir*. On peut considérer que, dans ce cas, ce n'est pas une question d'action mais plutôt de réaction :
I hear a noise, *J'entends un bruit.*
I see someone / somebody in the house, *Je vois quelqu'un dans la maison.*
Dans ces cas, on ajoute très souvent l'auxiliaire **can** devant le verbe pour lui rendre son caractère immédiat.
I can hear a noise.
I can see someone in the house.

• Enfin, les verbes qui expriment une émotion (**to love**, *aimer*, **to hate**, *haïr*...) ou la connaissance (**to know**, *savoir*, **to believe**, *croire*, **to understand**, *comprendre*...) n'ont pas de forme continue.
Attention : si ces verbes de perception sont utilisés dans un sens autre que leur sens littéral – par exemple, **to see** peut signifier *avoir rendez-vous avec* –, alors ils peuvent se conjuguer à la forme progressive. Par exemple, **I'm seeing the doctor on Tuesday**, *J'ai rendez-vous avec le médecin mardi*. Dans ces cas, le sens est presque toujours clair.

2 *To get*

2.1 Un verbe hyper-polyvalent

On aurait parfois l'impression que tous les verbes anglais contiennent **to get**. Même si ce sentiment est forcément inexact, ce petit verbe ubiquitaire peut sembler insaisissable – un dictionnaire faisant autorité propose quelque 290 définitions !
Il faut d'abord savoir que **to get** est considéré comme familier, et on conseille même de l'éviter dans certains contextes formels (rédaction scientifique, par exemple). Cela dit, il est quasiment impossible de parler anglais sans le maîtriser.

2.2 Possession : *have got*

Utilisé comme verbe lexical, **have**, *avoir / posséder*, est généralement contracté dans la conversation courante. Dans ce cas, on ajoute le participe passé **got** (voir leçon 21, section 3) pour compenser la perte d'audibilité. Il n'y a aucune différence de sens entre les deux formes.
I have two sisters → I've got two sisters, *J'ai deux sœurs*.

2.3 Sens propre (obtenir, recevoir, se procurer, etc.) suivi d'un objet direct

To get est souvent utilisé à la place d'un autre verbe. Regardez ces exemples, avec le "vrai" verbe entre parenthèses :
I can't get (buy) too many things in the sales, *Je ne peux pas acheter trop de choses dans les soldes.*
They get (receive) letters every week from the bank, *Toutes les semaines, ils reçoivent des lettres de de la banque.*
Where do we get (obtain) the tickets? *Où prend-t-on les billets/tickets ?*

2.4 Mouvement (aller, se rendre, se déplacer)

How are you getting (going) to work today? *Comment te rends-tu au travail aujourd'hui?*
I want to get (arrive) home before lunchtime, *Je veux arriver chez moi avant l'heure de déjeuner.*

Assimilez bien ces différentes notions, et nous y reviendrons à plusieurs reprises dans les leçons à venir. **Right, let's get on with the lesson**, *Bien, continuons la leçon*.

3 Les "question-tags" (I)

Ces *queues de phrases interrogatives* (**a tag**, *une étiquette / une accroche*) que l'on retrouve dans les constructions interro-négatives, sont typiques de l'anglais. Vous vous souvenez sans doute de l'étrange manière de parler des héros de "Astérix chez les Bretons" : *Nos voisins sont étrangement sympathiques aujourd'hui, ne sont-ils pas ?* (traduction littérale de **Our neighbours are strangely nice today, aren't they ?**). Même si la formulation est exagérée, les auteurs ont vu juste car on ajoute une accroche à la fin d'une question pour solliciter la confirmation ou dénégation de ce qu'on vient de demander, ou pour répondre à ces sollicitations.

En voici quelques principes, qui rappellent le jeu de questions/réponses (**Is she at home? – No, she isn't**) que nous avons vu tout au début du livre, car la **question-tag** reprend l'auxiliaire correspondant au début de la phrase :
He is not busy tomorrow, is he? *Il n'est pas occupé demain, n'est-ce pas?*
ou
He is busy tomorrow, isn't he? *Il est occupé demain, n'est-ce pas?*
(Si le tag est négatif on emploie toujours la forme contractée dans le langage courant.)

Petite exception : pour la première personne du singulier de **to be**, le tag se forme avec **are** au lieu de **am** :
I'm right, aren't I? *J'ai raison, n'est-ce pas?*
They don't live here, do they? *Ils/Elles n'habitent pas ici, n'est-ce pas ?*
They live here, don't they? *Ils/Elles habitent ici, n'est-ce pas ?*

Pour répondre à ce type de questions, on suit la règle normale (comme la femme du Breton chez Astérix, qui répond : – *Il est*) :
Yes he is / No he isn't.
Yes they do / No they don't.
They don't live here, do they? – Yes they do.
He is not busy tomorrow, is he? — Yes he is.

Évidemment, si l'on vous pose directement une question à la deuxième personne, vous y répondez à la première : **You don't live here, do you? – Yes I do / No I don't**.

Quant à la prononciation, enfin, si la personne qui pose la question veut simplement une confirmation, l'intonation est descendante. En revanche, si elle n'est pas sûre ou si elle exprime l'étonnement, sa voix monte sur la **question tag**.
Nous y reviendrons plus loin dans ce livre car ce mécanisme est structurant.
Enfin, sachez que dans l'art urbain, **a tag** était, à l'origine, la signature de l'artiste, ajoutée (ou "accrochée") à son œuvre.

4 Les expressions de quantité (*many, much, a lot of*)

Les déterminants **many** et **much** (appelés aussi "quantifieurs") permettent de décrire des quantités, comme le fait *beaucoup de*, mais en opérant une distinction entre des noms dénombrables (par exemple, **a car**) et indénombrables (**traffic**).

• À l'affirmatif, ces quantifieurs sont utilisés plutôt dans un registre soutenu :
After much discussion and many conversations, we now agree.
Après une discussion intense et de nombreuses conversations, nous sommes maintenant d'accord.

• Ils sont aussi employés, y compris dans le langage courant, avec des intensifs comme **too** ou **so** :
I hate places with too many cars and too much noise, *Je déteste les endroits avec trop de voitures et [trop] de bruit.*
There are so many people! / There's so much traffic! *Il y a tellement de gens ! / Il y a tellement de circulation !*

• En revanche, dans la conversation courante, on remplace souvent cette distinction – sans en changer le sens – par **a lot of** (ou, plus courant encore, **lots of**) :
There are a lot of cars / lots of cars.

• Enfin, dans un registre très informel (mais aussi très courant), le verbe est souvent mis au singulier, même si le nom est pluriel : **There's a lot of cars.** Il s'agit d'une entorse à la grammaire, qui ne doit pas être imitée !

• **Many** et **much** sont utilisés surtout aux formes négative et interrogative :
There isn't much traffic today. – Is there much traffic today? *Il n'y a pas beaucoup de circulation aujourd'hui. – Y a-t-il beaucoup de circulation aujourd'hui ?*
There aren't many cars in the street. – Are there many cars in the street? *Il n'y a pas beaucoup de voitures dans la rue. – Y a-t-il beaucoup de voitures dans la rue ?*
Dans ces deux types de construction, **a lot of** / **lots of** peuvent être utilisés mais la phrase sera un peu plus longue.

• Avec des questions quantitatives (*Combien de… ?*), seuls **much** et **many** sont possibles :

How much time do you need? *Combien de temps te faut-il ?*
How many hours do you need? *Combien d'heures te faut-il ?*

5 Les adverbes de fréquence

• Voici six des principaux adverbes de fréquence :
always, *toujours*
ever, *jamais*, avec verbe négatif
never, *jamais*, avec verbe affirmatif
often, *souvent*
rarely, *rarement*
sometimes, *parfois*

• Ils viennent toujours après les temps simples de **to be** :
He's always hungry, *Il a toujours faim.*
She's never late, *Elle n'est jamais en retard.*

• En revanche, ils se placent devant les temps simples des autres verbes :
They often go to Cornwall, *Ils vont souvent en Cornouailles.*
She sometimes takes public transport, *Elle prend parfois les transports en commun.*

• Pour les temps composés (par exemple les formes continues), l'adverbe de fréquence se place après le premier auxiliaire :
She is always trying to help, *Elle essaie toujours d'aider.*

• Comme **rarely**, trois autres adverbes de fréquence courants se forment avec la suffixe **-ly** (leçon 23, note 2) : **usual** (*usuel, habituel*), **frequent** (*fréquent*) et **normal** (*normal*), qui deviennent **usually**, **frequently** et **normally**. Ils suivent les mêmes règles que les autres :
He's usually/normally/frequently late.
She usually/normally/frequently takes public transport.
Habituellement, elle prend les transports en commun.

6 L'article défini

L'utilisation de l'article défini **the** est assez complexe. La règle de base paraît simple : l'article n'est pas utilisé lorsqu'on veut décrire une généralité, sans autre précision. En pratique, cependant, le maniement est plus complexe. Voici quelques indications :

• L'article n'est pas utilisé pour :
– les généralisations : **I love music.** – *J'aime la musique (en général).*
– les jours de la semaine : **Monday follows Sunday.** – *le lundi suit le dimanche.*
– les noms de pays : **Wales**, *Le pays de Galles*
– les noms abstraits : **I don't do exercise.** – *Je ne fais pas d'exercice.*

Cette règle s'applique même si l'un de ces noms est précédé d'un adjectif : **I like dance music**, *J'aime la musique dance*. Mais attention, si cet ensemble **dance music** est défini – par exemple, *la musique dance dans ce film* – il faut l'article : **the dance music in that movie**.

Dans les leçons qui suivront, prenez note de l'utilisation ou l'omission de cet article défini.

7 Les mesures

Bien que la Grande-Bretagne ait officiellement adopté la métrification dans les années 1980, pour s'aligner sur le reste de l'Union européenne, l'ancien système – appelé **imperial measurement** ou encore **avoirdupois** (du vieux français ***averdepeis***) – est toujours employé dans certains cas. Il s'agit notamment de :
– distances routières et limites de vitesse, mesurées en **miles** (**1 mile** = 1,6 km) ;
– les mesures de longueur, en **yards**, **feet** et **inches** (1 **yard** = 91 cm, 1 **foot** = 0,3 m, 1 **inch** = 25 cm) ;
– le poids corporel, en **pounds** (1 **pound**, abrégé en **lb**, du latin ***libra***, *livre* = 0,45 kg), **stone** (1 **stone**, nom invariable = 6,35 kg) et **ounces** (1 **oz** = 28 g)
– la bière et le cidre, vendus en **pint** (1 **pint** = 0,5 l).

Malgré un vocabulaire commun, les systèmes britannique et américain ne sont pas toujours identiques, mais les différences techniques sont au-delà de la portée de ce livre.

D'un point de vue lexical, certains de ces mots ont plusieurs sens. C'est le cas, bien sûr, de **foot** (*pied*) mais aussi de **a yard**, qui peut désigner *une cour* (bâtiment, etc.). Pensez à **Scotland Yard**, le siège de la police londonienne. En anglais américain, **the yard** peut aussi signifier *le jardin d'une maison*.

De plus, d'autres mesures sont employées dans le langage quotidien ou des expressions idiomatiques. C'est le cas, par exemple, de **inch** (**every inch**, *chaque coin et recoin*), **mile** (**go the extra mile**, *faire un effort supplémentaire*) ou encore **ounce** (**an ounce of common sense**, *une once de bon sens*).

Revision dialogue

1 – Are you going to do the January sales?
2 – No, I'm not. There's too much traffic in the city centre
3 and too many people in rush hour.
4 – But there are lots of good shops
5 and there are a lot of places to eat.
6 – Hey, I'm starving! Let's have lunch.
7 – I can't. I'm meeting my wife at her office at noon.
8 We have a couple of things to do this afternoon.
9 – Are you taking the train to go into town?
10 – No, I'm not. I'm driving.
11 – That's a crazy idea! You can't move an inch.

Traduction

1 Vas-tu faire les soldes de janvier ? **2** Non. Il y a trop de circulation dans le centre-ville, **3** et trop de monde aux heures de pointe. **4** Mais il y a beaucoup de bons magasins, **5** et il y a beaucoup d'endroits pour manger. **6** Hé, je meurs de faim ! Allons déjeuner. **7** Je ne peux pas. Je dois retrouver ma femme à son bureau à midi. **8** Nous avons deux ou trois choses à faire cet après-midi. **9** Tu prends le train pour aller en ville ? **10** Non. Je vais conduire. **11** C'est une idée folle ! Tu ne peux pas bouger d'un pouce.

Thirty-sixth lesson

How far is the cash machine?

1 – Hi, I'm **look**ing for [1] a cash ma**chine** [2] and I'm in a **hu**rry [3].
2 – Let's see, I know there's one a**round** here [4] **some**where.
3 Oh yes. Go back to the end of Broad Street and turn left.
4 There's a bank be**side** [5] the dry **clea**ner's [6] on the **cor**ner.
5 You will [7] see it in front of you, near the post **of**fice.
6 – How far [8] is it? Look at [1] the time!
7 – About two **hun**dred yards, per**haps** a bit [9] more.
8 – That's too far. Can you lend me some **mo**ney?
9 – But I don't **e**ven know you!
10 – That's **exact**ly why I'm **ask**ing you, **ob**viously. □

Prononciation

*... mə**chiin** **1** ... **Heu**rii **3** ... **Haï**striit ... **4** ... **bisaïd** ... draï**klii**nəz ... **7** ... iaadz ... **8** ... lennd ... **10** ... **ob**vieuslii*

Notes

1 Un verbe peut changer de signification selon la préposition qui le suit. Lorsque **to look** (vu en leçon 12, phrase 2) est suivi de **for**, le sens est *chercher*: **He's looking for his keys**, *Il cherche ses clés*. Mais si la préposition (ou plutôt postposition) est **at**, le verbe signifie *regarder* : **Look at the time!** *Regardez l'heure !* Comme mentionné en leçon 27, note 8, il est très important d'apprendre dès maintenant le rôle des différentes prépositions et particules car elles peuvent modifier significativement le sens des verbes qu'elles accompagnent.

2 Le terme **a cash machine** est un bon exemple du pouvoir descriptif de l'anglais, dû à ses racines anglo-saxonnes. Alors que le français préfère des

Trentième-sixième leçon

À quelle distance est le distributeur de billets ?

1 – Bonjour, je cherche un distributeur de billets *(espèces-machine)* et je suis pressé *(dans une précipitation)*.

2 – Voyons *(laissons-nous)* voir, je sais qu'il y [en] a un par *(autour de)* ici quelque part.

3 Ah oui. Retournez *(aller [en] arrière)* au bout *(fin)* de la rue Broad *(large rue)* et tournez à gauche.

4 Il y a une banque à côté du pressing *(sec nettoyeur)* au coin [de la rue].

5 Vous la verrez devant *(de)* vous, près du bureau [de] poste.

6 – C'est à quelle distance *(combien loin est-ce)* ? Regardez l'heure !

7 – Environ deux cents yards (180 m.), peut-être un peu plus.

8 – C'est trop loin. Pouvez-vous me prêter de [l']argent ?

9 – Mais je ne vous connais même pas !

10 – C'est exactement pour ça que je vous [le] demande, évidemment.

termes techniques comme *un automate bancaire* ou *un distributeur automatique de billets*, ce type de dispositif est décrit simplement en anglais comme ("une machine à espèces"). Deux synonymes sont **a cashpoint** ("point à espèces") ou, plus technique (et plutôt américain) **an ATM**, abréviation de **automated teller machine** ("machine caissière automatisée")

3 **to hurry**, *se dépêcher*. **Let's hurry, we're late**. *Dépêchons-nous, nous sommes en retard* ou encore **Hurry up!** *Dépêche-toi !* Par construction, **to be in a hurry**, *être pressé*.

4 Voir leçon 25, note 4. L'expression idiomatique **to be around here somewhere** signifie *être quelque part par ici*.

5 **beside** est synonyme de **next to**, *à côté de* (voir leçon 28, section 4). Le mot est dérivé de **side**, *côté* : **The bank is on this side of the street**,

La banque est de ce côté-ci de la rue. (Il existe aussi un adverbe et une préposition **besides**, qui signifie *en plus*.)

6 La forme possessive avec **'s** (leçon 21, section 4) s'emploie couramment dans le contexte d'un commerce pour remplacer le mot **shop**, **office**, etc. Elle se place après le nom propre du professionnel. Ainsi, au lieu de **the dry cleaner's shop**, *le pressing / le teinturier*, l'on dit **the dry cleaner's** tout court (le terme français *un pressing* ne s'emploie pas du tout en anglais : nous consacrons une leçon entière au phénomène "franglais" vers la fin de cette méthode). Notez que **dry** signifie *sec* et **a drier**, *un séchoir*.

7 **will** est l'auxiliaire du temps futur simple, que nous verrons en détail plus loin dans cette série de leçons.

***

Exercise 1 – Translate

❶ I know that my phone is around here somewhere. – Perhaps it's in front of you*. ❷ How far is the house from the beach? ❸ Hurry up! We're late for work. – That's obvious. ❹ Is there an ATM near here? – Go back to the end of the street. ❺ Please* can I have a bit of chocolate? I'm hungry.

* *Utilisez le tutoiement*

***

Exercise 2 – Fill in the missing words

❶ Nous* cherchons une banque. – Tournez à droite au bout de la rue York.
. . . . a bank. – . . . . York Street.

❷ Regardez l'heure ! – Êtes-vous pressé ?
. . . . . . the . . . . ! – Are you . . . . ?

❸ Pouvez-vous leur prêter un peu d'argent ?
. . . . money?

❹ Mon manteau d'hiver est chez le teinturier.
My winter coat is . . . .

❺ La banque se trouve de ce côté-ci de la rue, à côté du magasin d'alimentation.
The bank is . . . . the street, ... the food shop.

* *Utilisez la forme contractée*

8 Voir leçon 9, note 2. Rappelons qu'une question commençant avec **how** et suivie d'un adjectif permet de quantifier ou mesurer. Ici, avec **far**, *loin*, on s'intéresse aux distances, et la structure est très simple comparée au français (*à quelle distance ?, combien de mètres/kilomètres ?*, etc.). **How far is Paris from London?** *Paris est à combien [de kilomètres] / à quelle distance de Londres ?* Toutes ces formules interrogatives avec **how** sont aussi faciles à retenir qu'à utiliser.

9 **a bit (of)** est un nom plutôt familier mais très courant qui signifie *un peu (de), un petit bout (de)*, etc. Dans le langage courant, il peut ainsi remplacer **a piece**, *un morceau* (**a piece of chocolate** → **a bit of chocolate**), ou **a little**, *un peu* (**a little time** → **a bit of time**). Notez bien la présence de **of** dans cette dernière tournure. (En informatique, **a bit** est la quantité minimale d'information, mais, dans ce cas, le terme est une contraction de **binary digit**, *caractère binaire*).

***

Corrigé de l'exercice 1

❶ Je sais que mon téléphone est quelque part par ici. – Il est peut-être devant toi. ❷ À quelle distance se trouve la maison de la plage ? ❸ Dépêchez-vous ! Nous sommes en retard pour le travail. – C'est évident. ❹ Y a-t-il un distributeur de billets près d'ici ? – Retournez au bout de la rue. ❺ S'il te plaît, puis-je avoir un peu de chocolat ? J'ai faim.

***

Corrigé de l'exercice 2

❶ We're looking for – Turn right at the end of – ❷ Look at – time – in a hurry ❸ Can you lend them a little – ❹ – at the dry cleaner's ❺ – on this side of – beside –

Petit à petit, les phrases dans nos leçons deviennent plus longues, et vous maniez des constructions plus complexes. Ne vous attendez pas à tout comprendre, tout apprendre d'un seul coup. Laissez travailler votre don naturel d'assimilation : en suivant notre progression vous apprendrez presque sans vous en rendre compte !

Thirty-seventh lesson

Be careful!

1 – It's nice to see you **a**gain [1] **Da**vid.
2 What are you **do**ing these days? Are you still [2] **work**ing hard [3]?
3 – No, I'm not. **Ac**tually [4], I'm not well.
4 I have a bad [5] back and I sleep **bad**ly be**cause** I live on a **noi**sy street.
5 – You must be **care**ful. Is it **pain**ful [6]?
6 – No, the pain isn't too bad but the **sleep**less [7] nights are hard.
7 – Is there **a**nything I can do to help you?
8 – No thanks, I'm not **help**less [7]. But you're **ve**ry kind.
9 And I really a**ppre**ciate your **kind**ness [8].
10 – I hope to see you soon. And take care! [9] □

Prononciation

*… **kair**fəl **1** … ə**genn** … **3** … **ak**tchəlii … **4** … sliip … **noï**zii … **5** … **kair**fəl … **péén**fəl **6** … péén … **sliip**ləs **8** … **Help**ləs … **9** … a**prii**chiéét … **kaïnd**nəs **10** … kair*

Notes

1 **again** : Cet adverbe, qui signifie *de nouveau / encore une fois*, s'emploie après un verbe pour décrire une action répétée – là où le français utilise le préfixe **re-** : **She wants to see you again**, *Elle veut te revoir*. Très important : **again** se place toujours après le verbe qu'il modifie.

2 L'adverbe **still**, *encore* ou *toujours*, permet de décrire une situation ou une action qui continue dans le présent. Il se positionne directement avant le verbe ou le complément : **He still likes her**, *Il l'aime toujours*. Cependant, si la phrase se construit avec un auxiliaire, **still** se place

Trente-septième leçon

Soyez attentif !

1 – C'est un plaisir de te revoir *(voir à nouveau)* David.
2 Que fais-tu ces jours[-ci] ? Est-ce que tu travailles toujours dur ?
3 – Non *(je [ne] suis pas)*. En fait, je ne vais pas bien.
4 J'ai mal au dos *(un mauvais dos)* et je dors mal car j'habite dans une rue bruyante.
5 – Tu dois faire attention *(être attentif)*. Est-ce douloureux ?
6 – Non, la douleur n'est pas trop forte *(mauvaise)* mais les nuits sans sommeil sont difficiles.
7 – Y a-t-il quelque chose que je peux faire pour t'aider ?
8 – Non merci, je ne suis pas sans défense *(sans-aide)*. Mais tu es très gentille.
9 Et j'apprécie vraiment ta gentillesse.
10 – J'espère te voir bientôt. Et prends soin [de toi] !

entre celui-ci et le verbe principal : **I'm still looking for my watch**, *Je cherche toujours ma montre*. Notez que si **to be** est le verbe principal, **still** le précède : **She is still hungry**, *Elle a toujours faim*.

3 Nous savons (leçon 9, note 8) que **hard** est un adjectif signifiant *rude*, mais il signifie aussi *dur / difficile* : **This exercise is hard**, *Cet exercice est difficile*. C'est également un adverbe : **I'm working hard** : *Je travaille dur*. Bien entendu, la traduction peut changer selon la construction – par exemple **He's trying hard**, *Il fait des efforts* – mais la notion de base est toujours celle de la difficulté ou de l'effort.

4 **actually** est un faux-ami. Si **actual** signifie *réel* (**Here's an actual example**, *Voici un exemple réel*), la forme adverbiale est utilisée principalement comme un marqueur de discours, placé au début ou à la fin d'une phrase : **Is it cold ? – Actually, it's really hot**, *Fait-il froid ? – En fait, il fait très chaud*. (L'adverbe français *actuellement* se dit **at the moment**, *en ce moment*, – ou tout simplement **now**, *maintenant*).

5 **bad** signifie non seulement *mauvais* (leçon 5, note 5) mais aussi *mal* (notez qu'en tant qu'adverbe on trouve aussi **badly**, dans cette même phrase ; dans ce cas il se place après le verbe). Dans ce dernier contexte, **bad** est souvent employé en relation avec la santé : **I have a bad headache** (écoutez l'exercice 1 pour la prononciation de ce mot), *J'ai très mal à la tête*. Ici, le locuteur a mal au dos : **David has a bad back.**

6 Certains suffixes nous permettent de transformer un nom en adjectif. Ici, nous utilisons **-ful** dans le sens de *plein de* (avec un seul **l**). Ainsi **pain**, *la douleur* → **painful**, *douloureux* ("plein de douleur") et **care**, *le soin* → **careful**, *soigneux / prudent*.

7 Une autre terminaison adjectivale est **-less** (*moins / sans*). C'est le contraire de **-ful**. Ainsi, **sleep**, *le sommeil* → **sleepless**, *sans sommeil, qui*

***

Exercise 1 – Translate

❶ Are you still looking for your watch? – No, I'm not. ❷ We hope to see you soon. Take care. ❸ Is there anything we can do to help them? ❹ What's Sally doing these days? Is she working again? ❺ Matt's not very well, he has a very bad headache. – Still?

***

Exercise 2 – Fill in the missing words

❶ Je ne suis pas sans défense mais j'apprécie leur gentillesse.
I'm not .... but I ....

❷ Est-ce douloureux ? Oui. La douleur est très forte.
.. ..? Yes, ... is very bad.

❸ Soyez attentif/attentive : cet exercice est difficile.
.. ..: this exercise .. ..

❹ Elle est* très belle mais je ne veux pas la revoir.
.... but I don't want .. ..

❺ Il a toujours mal au dos et elle dort mal.
.. .. and she sleeps ..... .

* *Utilisez la forme contractée*

ne dort pas. De même, **painless**, *indolore*. Ici, **helpless** ("sans aide"), veut dire *impuissant(e) / sans défense*, et son contraire **helpful** ("plein d'aide") signifie *utile* ou *serviable*.

8 Voici le mécanisme inverse, une terminaison nominale ajoutée à un adjectif: **-ness** décrit *l'état* ou la *qualité* de quelque chose. Elle correspond souvent à *-esse* en français. Cela permet de transformer, par exemple, **kind**, *gentil/-le*, en **kindness**, *gentillesse*.

9 **Take care** signifie littéralement "*Prenez soin*" donc *Soyez prudent*, *Faites attention*. Mais dans le langage courant, cette expression est employée aussi pour saluer quelqu'un lorsqu'on le quitte – un peu comme **Goodbye** (*Au revoir*). Dans ce contexte, la notion de soin n'est pas nécessairement présente.

***

Corrigé de l'exercice 1

❶ Vous cherchez toujours votre montre ? – Non. ❷ Nous espérons vous voir bientôt. Prenez soin de vous. ❸ Pouvons-nous faire quelque chose pour les aider ? ❹ Que fait Sally ces jours-ci ? Est-ce qu'elle retravaille ? ❺ Matt ne va pas très bien. Il a très mal à la tête. – Encore ?

Corrigé de l'exercice 2

❶ – helpless – appreciate their kindness ❷ Is it painful – it is – The pain – ❸ Be careful – is hard ❹ She's very beautiful – to see her again ❺ He still has a bad back – badly

Thirty-eighth lesson

Happily employed

1 – Do you re**mem**ber [1] my **neph**ew Steve?
2 – Of course I do. [2] He re**minds** [3] me of you.
3 – He's got the **per**fect job. He works **on**ly two days a week
4 and he **hard**ly **ev**er [4] goes into the **off**ice or reads his **e**mails.
5 He **reg**ularly takes long **ho**lidays, **gen**erally [5] a**broad** [6].
6 I oc**ca**sionally [5] see him when he's in the **Ci**ty,
7 **nor**mally [5] when he has an a**ppoint**ment with a **cli**ent [7].
8 – That sounds [8] great! Re**mind** [3] me what he does.
9 – He doesn't **real**ly do **an**ything.
10 As a **mat**ter of fact [9], he's a con**sul**tant. □

Prononciation

***Hap**ilii emm**ploïd** 1 … **nef**iou … 2 … ri**maïndz** … 4 … **haad**lii … riidz … **ii**méélz 5 … **djen**ərəlii ə**brord** 6 … ə**kéézh**ənəlii … 7 **nor**məlii … ə**poïnt**mənt … **klaï**ənt 8 … saoundz gréét … rə**maïnd** … 10 … kən**seul**tənt*

Notes

1 **to remember**, *se souvenir de quelque chose/de quelqu'un*. **I'm sorry, I don't remember your name**, *Désolé(e), je ne me souviens pas de votre nom*. Voir aussi note 3.

2 Le mécanisme par lequel l'auxiliaire est répété en réponse à une question fermée (leçon 29, note 6) n'est pas limité à des répliques avec **yes** et **no**. **Does he remember? – Of course he does.** *S'en souvient-t-il ? – Bien sûr que oui.* Ou encore **Perhaps he doesn't**, *Peut être que non*. Il est important de bien assimiler ces tournures typiques et de s'en servir dès que possible.

Trente-huitième leçon

Un emploi heureux *(heureusement employé)*

1 – Te souviens-tu de mon neveu Steve ?
2 – Bien sûr que oui *(je fais)*. Il me fait penser *(rappelle)* à toi.
3 – Il a le travail idéal *(parfait)*. Il travaille seulement deux jours par semaine,
4 et il [ne] va presque jamais au bureau ou [ne] lit [pas] ses mails.
5 Il prend régulièrement [de] longues vacances, généralement à l'étranger.
6 Je le vois de temps en temps *(occasionnellement)* lorsqu'il est dans le quartier financier de Londres (*la City*),
7 normalement quand il a un rendez-vous avec un client.
8 – Ça a l'air génial *(superbe)* ! Rappelle-moi ce qu'il fait.
9 – Il ne fait pas réellement grand-chose.
10 En fait *(comme une matière de fait)*, il est consultant.

3 to **remind**, *rappeler* (quelque chose à quelqu'un) / *faire penser à*. **Remind me where you live**, *Rappelle-moi où tu habites*. **He reminds me of my brother**, *Il me fait penser à mon frère*. Il est important de faire la distinction entre les verbes **remind** et **remember** (note 1). Comparez **Remind me to read my emails**, *Fais-moi penser à lire mes mails* et **I don't remember his name**, *Je ne me souviens pas de son nom*.

4 Malgré les apparences, **hardly** n'est pas la forme adverbiale de **hard** (leçon 37, note 3) mais un autre adverbe qui signifie *à peine*, ou *presque* dans une formulation négative. **I hardly know him**, *Je le connais à peine*. Ainsi, si **never** signifie *jamais* (leçon 24), **hardly ever** veut dire *presque jamais*. Notez bien sa position : soit avant le verbe, soit entre l'auxiliaire et le participe : **He is hardly ever in the office**, *Il n'est presque jamais au bureau*.

5 Voir leçon 23, note 2. Pour former un adverbe à partir d'un adjectif se terminant par **-l**, il faut doubler cette consonne avant d'ajouter la terminaison en **-ly** : **general** → **generally** (*general / généralement*),

normal → **normally** (*normal / normalement*), etc. Enfin, un **-y** terminal se transforme en **i** : **happy** → **happily** (*heureux / heureusement*).

6 **broad**, *large* (leçon 36, phrase 3), s'emploie dans plusieurs noms composés, dont **broadband** (*transmission à bande large, à haut débit*) et, surtout **abroad**, *à l'étranger* (littéralement "*au large*") : **My niece lives abroad**, *Ma nièce habite à l'étranger*.

7 Nous connaissons **a customer** dans le sens *d'un client* (leçon 26, note 1). Mais on peut aussi dire **a client**. La différence, en théorie, est que le premier achète des biens alors que le second se procure des prestations de service. Dans la pratique, les deux mots sont compris indépendamment du contexte.

***

Exercise 1 – Translate

❶ Are you* perfect *(f.)*? – Of course I'm not! ❷ Remind* me to read that book: it sounds great. ❸ My two nephews are in Plymouth but my niece lives abroad. ❹ He doesn't do anything. As a matter of fact, he's too lazy to work. ❺ Your* new coat looks great. – Thanks.

* *Utilisez le tutoiement*

***

Exercise 2 – Fill in the missing words

❶ Vous souvenez-vous de mon client ? – Non, rappelez-moi ce qu'il fait.
. . . . client? – No, ... what . . . . . .

❷ Le nouveau consultant n'est presque jamais au bureau.
The . . . consultant . . . . in the office.

❸ Voyez-vous vos neveux régulièrement ou seulement de temps en temps ?
Do you see . . . . nephews . . . . or . . . . ?

❹ Nous utilisons à peine notre voiture. En fait, nous prenons toujours le train.
We . . . . our car. . . . ., we . . . . the train.

❺ M'aime-t-il ? – Bien sûr que oui. Ou peut-être que non...*
. . . . me? – . . . . Or . . . .

* *Utilisez la forme contractée*

8 **a sound**, *un son*, peut aussi être un verbe : **That sounds great**, *Ça a l'air génial*. Pour dire que quelque chose "a l'air" bon, mauvais, intéressant, etc., il faut préciser avec lequel des sens il est perçu. Dans notre exemple, la personne a entendu la description, donc elle utilise **to sound**. Mais si elle avait vu la chose en question, elle aurait dit **That looks great**. Nous y reviendrons dans la leçon de révision.

9 **a fact**, *un fait* (les deux mots partagent la même racine latine). L'expression courante **as a matter of fact** est une version plus longue de **in fact** (leçon 10, phrase 6) : *en fait, en effet*. **Latin is not difficult. As a matter of fact / In fact, it's easy**, *Le latin n'est pas difficile. En fait, c'est facile*.

***

Corrigé de l'exercice 1

❶ Es-tu parfaite ? - Bien sûr que non ! ❷ Fais-moi penser à lire ce livre : il a l'air génial. ❸ Mes deux neveux sont à Plymouth mais ma nièce vit à l'étranger. ❹ Il ne fait rien. En fait, il est trop paresseux pour travailler. ❺ Ton nouveau manteau est superbe. – Merci.

***

Corrigé de l'exercice 2

❶ Do you remember my – remind me – he does ❷ – new – is hardly ever – ❸ – your – regularly – only occasionally ❹ – hardly use – In fact – always take – ❺ Does he love – Of course he does – perhaps he doesn't –

The City of London *est le cœur de la capitale britannique et le centre névralgique de son activité commerciale. Petite par sa surface – elle ne mesure qu'environ 1 mile carré (2,5 km2), d'où son sobriquet* **the Square Mile – the City** *(son nom habituel) est néanmoins l'une des places financières les plus importantes du monde. Cette "ville dans une ville" jouit d'un statut spécial, avec son propre* maire *(***the Lord Mayor***), différent de celui qui gère l'agglomération du* Grand Londres *(***Greater London***). Certains des bâtiments modernes les plus emblématiques de la métropole sont concentrés dans cet espace réduit mais ô combien important.*

Thirty-ninth lesson

A hard life

1 Hi **eve**ryone [1]. I'm **hav**ing [2] a **mar**vellous time here in **Brigh**ton.
2 The sun is **shi**ning [3] in the sky and **eve**rything is **love**ly [4].
3 In fact, the sun shines [3] all day and **eve**ry day. It's **ide**al.
4 I **ima**gine that you know what I mean [5].
5 I'm **ly**ing [6] on the beach and **eat**ing a **co**conut that tastes de**li**cious.
6 I'm **stay**ing in a **lux**ury hotel and I like [5] it.
7 I swim **eve**ry **mor**ning and play cards **eve**ry after**noon**.
8 The staff [7] seem [5] **friend**ly and they know [5] their job.
9 In **addi**tion, I don't pay for [8] **an**ything, I **pro**mise you.
10 If I want **some**thing, I **sim**ply ask for [9] it. Life's hard! □

Prononciation

*laïf … **1** … **evr**iiweunn … **maav**ləs … **braït**ən **2** … **chaï**ning … skaï … **3** … **chaï**nz … aï**dii**əl **4** … **ima**djən … **5** … **laï**ing … **koo**kəneut … dii**li**chəs **6** … **stéé**ing … **leuk**chərii … **7** … kaadz … **8** … staaf … **frenn**dlii … **9** … a**di**chən … **pro**mis …*

Notes

1 **every**, *chaque* (leçon 10, phrase 2) est employé dans les mots composés **everyone** ("chaque-un"), *tout le monde* et son synonyme **everybody** (il n'y a pas de différence de sens entre les deux, si ce n'est que le premier serait plus courant à l'écrit et le second à l'oral). **Everyone/Everybody is here**, *Tout le monde est là*.

Trente-neuvième leçon

[La] vie est dure ...

1 Bonjour tout le monde. Je passe un moment merveilleux ici à Brighton.
2 Le soleil brille *(est brillant)* dans le ciel et tout est chouette.
3 En fait, le soleil brille toute [la] journée et tous [les] jours. C'est idéal.
4 J'imagine que vous savez ce que je veux dire.
5 Je suis allongée sur la plage et [je] mange *(mangeant)* une noix [de] coco qui a un goût *(qui goûte)* délicieux.
6 Je suis *(restant)* dans un hôtel de luxe et j'aime ça.
7 Je nage chaque matin et je joue [aux] cartes tous [les] après-midi.
8 Le personnel semble aimable *(amical)* et il connaît *(ils connaissent)* son *(leur)* métier.
9 De plus *(en addition)*, je ne paie rien, je vous [le] promets.
10 Si je veux quelque chose, je le demande tout simplement. [La] vie est dure !

2 Rappelons que **to have** n'est pas seulement un auxiliaire. L'expression **to have a good time** ou **a marvellous time** signifie *s'amuser* ou *bien s'amuser*. **I hope that you're having a good time on holiday**, *J'espère que tu t'amuses en vacances*.

3 Ici, nous revisitons la différence entre les formes simple et continue dans un même contexte (leçon 34, note 1). En phrase 3, l'auteur de ce message explique que "*le soleil est en train de briller*" au moment où il envoie son mail (**the sun is shining**), alors qu'en phrase 4 il ajoute que, en fait, le soleil brille tout le temps sur sa plage paradisiaque (**The sun shines every day**).

4 Même si **lovely** est dérivé de **love**, et malgré sa terminaison adverbiale **-ly**, il s'agit d'un adjectif avec un champ sémantique large – *chouette / charmant / ravissant / agréable / excellent*, etc. – similaire à **nice** (leçon 1, note 7)).

5 **to mean** *vouloir dire* (vu en leçon 4 phrase 5) et **to seem**, *sembler*, tout comme ces verbes de perception (avec **to hear** et **to see**, vus en leçon 35 section 1, et d'autres verbes ayant trait à la communication (**to like**, **to promise**) ou à la pensée (**to know**), font partie de ces verbes qui n'ont pas de forme continue quand ils sont utilisés de façon non idiomatique. Cette même règle s'applique aussi à **to be**.

6 **to lie**, *s'allonger / s'étendre*. Pour former le participe présent de ce verbe (et quelques autres, similaires) qui se terminent en **-ie**, il faut changer **ie** en **y** pour ne pas avoir trois voyelles à la suite : **she lies** → **she's lying**. Attention, toutefois car **to lie** signifie aussi *mentir*, mais, grâce au contexte, il y a peu de risque de confusion : **I know that he's lying: he hasn't got any money**, *Je sais qu'il ment* (et non pas "qu'il est étendu") *: il n'a pas d'argent*. La préposition qui suit le verbe est **to** : **Don't lie to me**, *Ne me mentez pas* ; **He's lying to his mother**, *Il ment à sa mère*.

7 Même si le français a adopté le mot *staff*, le sens anglais est plus large : **the staff** signifie *le personnel* ou *l'effectif* de n'importe quelle organisation ou structure. Par exemple **The staff and children at my school**, *Les*

***

Exercise 1 – Translate

❶ We're having a lovely time here and the weather is fantastic. ❷ The hotel is huge: it has a staff of three hundred people. ❸ The people are charming and very friendly. ❹ Hi everyone. I hope that you're all well. ❺ Do they (*m.*) know what to do? – Of course they do.

***

Exercise 2 – Fill in the missing words

❶ Je ne veux* rien merci. J'ai tout ce qu'il me faut.
I . . . . , thank you. I . . . . that I . . . . .

❷ Le soleil brille [en ce moment]. En fait, il brille tous le jours ici à Brighton.
The . . . . In fact, ... here in Brighton.

❸ Ne demandez pas quelque chose si vous ne pouvez pas* le payer.
Don't . . . . if you . . . . it.

professeurs et les enfants de mon école, ou encore **The company has a staff of two hundred**, *La société a un effectif de 200 personnes*. La notion de cadres dirigeants, présente dans l'acception française de *staff*, est absente en anglais. Enfin, comme certains autres noms collectifs, **staff** peut prendre un verbe singulier ou pluriel, sans que le sens change.

8 **to pay for**, *payer quelque chose* (qu'on achète) : **He always pays for lunch**, *Il paie toujours le déjeuner*. Retenez bien cette formulation (verbe + post-position) car nous verrons **to pay** dans une autre construction plus tard.

9 Voir leçon 27, note 8.

Corrigé de l'exercice 1

❶ Nous passons un moment agréable ici, et le temps est fantastique. ❷ L'hôtel est immense : il a un effectif de trois cents personnes. ❸ Les gens sont charmants et très aimables. ❹ Bonjour tout le monde. J'espère que vous allez tous bien. ❺ Savent-ils ce qu'il faut faire ? – Bien sûr que oui.

***

❹ **Il est allongé sur la plage et lit un livre. – La vie est dure !**
He .... the beach and .... a book. – ....!

❺ **Nous imaginons que vous savez ce qu'elle veut dire.**
We .... you ....

* *Utilisez la forme contractée*

Corrigé de l'exercice 2

❶ – don't want anything – have everything – need – ❷ – sun is shining – it shines every day – ❸ – ask for something – can't pay for – ❹ – is lying on – reading – Life is hard ❺ – imagine that – know what she means

Brighton est une station balnéaire (**seaside resort**) *sur la côte sud-est de l'Angleterre. Lieu de villégiature de la famille royale au XIXe siècle, la ville devint une destination chic qui attira le gratin de la haute société londonienne car, grâce à l'arrivée du chemin de fer, elle n'était qu'à une heure de la capitale. Depuis la deuxième moitié du XXe siècle, Brighton est à la fois touristique et branchée, avec une vie culturelle intense.*

40

Fortieth lesson

You will recognise him easily

1 – Mike's **un**cle's [1] **arri**ving from **Te**xas **la**ter to**day**.
2 His plane will [2] land at **ter**minal two at four o'clock.
3 Will you [3] meet him at the **air**port please?
4 – But I don't know him. Will he [3] **re**cognise [4] me?
5 – I will tell him that you'll [2] **ca**rry [5] a sign with his name.
6 But, in **a**ny case, you can't miss him.
7 He's six feet tall, with **dir**ty grey [6] hair [7], blue eyes and a white beard.
8 He always wears [5] a **yell**ow and black shirt,
9 red **lea**ther **cow**boy boots [8] and a huge green hat on his head.
10 – I think that I'll **re**cognise him with**out** **diffi**culty.

Prononciation

***rek**əgnaïz … **ii**zilii **1** … ə**raï**ving … **léé**tə … **5** … ioul … saïn … **7** … **deur**tii gréé … waït **bii**əd **9** … **le**DHə … Hioudj … Hed*

Les renvois que nous vous proposons régulièrement dans les notes (voir leçon X, note/phrase Y) ont pour but de favoriser l'assimilation en rappelant ou en soulignant les éléments de grammaire ou de vocabulaire que vous avez déjà vus. Selon notre expérience, ces petites "piqûres de rappel" sont plus efficaces – et moins ennuyeuses – que des longues listes de règles grammaticales ou de vocabulaire. C'est ça, le processus d'assimilation naturelle.

40

Quarantième leçon

Tu le reconnaîtras facilement

1 – L'oncle de Mike arrive du Texas plus tard dans la journée *(aujourd'hui)*.
2 Son avion atterrira au terminal 2 à 16 *(quatre)* heures.
3 Veux-tu le retrouver *(rencontrer)* à l'aéroport s'il te plaît ?
4 – Mais je ne le connais pas. Est-ce qu'il me reconnaîtra ?
5 – Je lui dirai que tu porteras un panneau *(enseigne)* avec son nom.
6 Mais, en tout cas, tu ne peux pas le rater *(manquer)*.
7 Il mesure 1,80 m *(est six pieds grand)*, a [des] cheveux gris sales, [des] yeux bleus et une barbe blanche.
8 Il porte toujours une chemise jaune et noire,
9 des santiags *(cow-boy bottes)* en cuir rouge et un grand chapeau vert sur la *(sa)* tête.
10 – Je pense que je le reconnaîtrai sans difficulté.

Notes

1 Un petit rappel : le premier **'s** est le possessif (**Mike's uncle**, *l'oncle de Mike*) alors que le second est la contraction de **is** (**uncle's arriving**, *oncle arrive*). En cas de doute, essayez toujours d'écrire la forme sans contraction. Ici, par exemple ~~**Mike is uncle**~~ n'aurait aucun sens, donc le **'s** est forcément la forme possessive.

2 Nous connaissons le temps "futur proche", avec **going to** suivi de l'infinitif nu (leçon 32, note 1). Voici maintenant le temps futur proprement dit. On le compose avec **will** (leçon 36, phrase 5) et le même infinitif nu – par exemple **He arrives today** → **He will arrive tomorrow** *Il arrivera demain* – et son utilisation est sensiblement la même que le futur français. Pour la forme contractée, il suffit de remplacer **wi-** par une apostrophe : **he will** → **he'll** ; **they will** → **they'll**, etc.

3 La forme interrogative du futur se forme par simple inversion du pronom et **will** : **he will recognise** → **will he recognise?**, à toutes les personnes. Cette formulation peut aussi être utilisée pour demander un service ou un renseignement. Dans ce contexte, le français préfère une formule de politesse, souvent avec *vouloir* : **Will you help me, please ?** *Voulez-vous m'aider s'il vous plait ?*

4 Rappelons que la terminaison verbale **-ise** s'écrit généralement **-ize** en anglais américain ainsi que dans certaines publications britanniques (Voir l'Introduction).

5 Ne confondez pas **to carry** et **to wear**, qui se traduisent tous les deux par *porter*. Le premier s'emploie pour un objet que l'on tient ou transporte : **She's carrying a red bag**, *Elle porte un sac rouge*, et le second pour les vêtements : **She's wearing a black dress**, *Elle porte une robe noire*. Si les deux notions apparaissent dans la même phrase, le français se contente d'un seul verbe : *Elle porte une robe noire et un sac rouge*, alors qu'il en faut deux en anglais **She's wearing a black dress and carrying a red bag.**

6 Les adjectifs de couleur se placent toujours juste devant le nom qu'ils décrivent, même s'il y a un ou deux autres adjectifs dans la même

***

Exercise 1 – Translate

❶ He's wearing a dirty red shirt and carrying a black bag. ❷ You can't miss her: she has short grey hair. ❸ Will you meet me at the airport, please? – No problem. ❹ I think that we will recognise them without difficulty. ❺ Her uncle will be here later today. – Are you sure *(m.)*?

phrase : **He has short black hair**, *Il a des cheveux noirs et courts*. S'il y a deux adjectifs de couleur, ils sont reliés par **and** (comme en français) : **a yellow and black shirt**, *une chemise jaune et noire*. Notez aussi le positionnement

7 **hair** est toujours au singulier lorsqu'on parle des *cheveux*, **Her hair is black**, *Ses cheveux* (à elle) *sont noirs* ; **Your hair's too long**, *Tes cheveux sont trop longs*. Il est très important de se souvenir de cette règle car **hair** peut prendre un pluriel, auquel cas il signifie *poils*. Fou rire (ou gêne) garanti si vous vous trompez...

8 L'anglais peut être moins grammaticalement précis que le français. Voici un bon exemple : **red leather cowboy boots**. Qu'est ce qui est rouge : le cuir, le cowboy ou les bottes ? Dans le cas où la logique n'explique pas le sens, il faut regarder le dernier mot du syntagme (**boots**) et remonter l'enchaînement. Ici, il est question de santiags, ou bottes de cowboy, en cuir rouge. Nous reviendrons à ce sujet car l'ordre des mots peut parfois poser problème.

***

Corrigé de l'exercice 1

❶ Il porte une chemise rouge sale et un sac noir. ❷ Vous ne pouvez pas la rater : elle a des cheveux gris courts. ❸ Voulez-vous me retrouver à l'aéroport, s'il vous plaît ? – Pas de problème. ❹ Je pense que nous les reconnaîtrons sans difficulté. ❺ Son oncle sera là plus tard dans la journée. – En êtes-vous sûr ?

Exercise 2 – Fill in the missing words

❶ Je lui dirai *(à lui)* que tu porteras un grand panneau rouge.
. . . . that . . . . a . . . . . sign.

❷ Nous pensons que tu le comprendras* facilement.
We think . . . .

❸ Les cheveux de ton fils* sont trop longs.
. . . . too long.

❹ Je ne me souviens pas d'elle. Est-ce qu'elle me reconnaîtra ?
I don't . . . . ?

41

Forty-first lesson

The general election (Part 1)

1 – Vote Con**ser**vative! We will change **Bri**tain.
2 We will make a bright **fu**ture for the young and the old [1].
3 Do you find it hard to pay [2] your bills?
4 We'll cut **tax**es for **ev**erybody, **ev**erywhere,
5 ex**cept** for the **weal**thy [1] and for big **com**panies.
6 We will not [3] lie to you; we will **al**ways tell the truth.
7 We won't make the same mis**takes** as our op**po**nents.
8 When we are [4] **elec**ted, we'll make **dif**ferent ones [5].
9 Will you [6] choose us? Think a**bout** [7] it.
10 The **cur**rent **gov**ernment says that it wants change.
11 And it does [8]. But not yet [9]. □

Prononciation

__djenn__ərəl e__lek__chən … __1__ voot kən__seu__vətiv … __2__ … braït __fiou__tchə … __4__ ouiil … __tak__səz … __5__ ek__sept__ … __wel__THii … __6__ … laï … trouTH __7__ … woont … mis__téé__ks … ə__poo__nənts __9__ … tchouz … __10__ … __geu__vənmənt … __11__ … iet

❺ Je pense qu'il porte* une chemise jaune. – Non, il porte toujours des chemises blanches.
I think that .... a yellow shirt. – No, ... shirts.

* *Utilisez la forme contractée.*

Corrigé de l'exercice 2
❶ I will tell him – you will carry – big red – ❷ – that you'll understand him easily ❸ Your son's hair's – ❹ – remember her – Will she recognise me – ❺ – he's wearing – he always wears white –

41

Quarante et unième leçon

Les élections législatives *(l'élection générale)* (1re partie)

1 – Votez Conservateur ! Nous changerons [la] Grande-Bretagne.
2 Nous bâtirons *(ferons)* un avenir radieux *(brillant)* pour les jeunes et les vieux !
3 Avez-vous du mal *(trouvez-vous ça dur)* [à] payer vos factures ?
4 Nous réduirons *(couperons)* [les] impôts pour tout le monde, partout,
5 sauf pour les riches *(fortunés)* et [les] grandes entreprises.
6 Nous ne vous mentirons pas ; nous dirons toujours la vérité.
7 Nous ne ferons pas les mêmes erreurs que nos adversaires.
8 Quand nous serons *(sommes)* élus, nous en ferons d'autres *(différentes unes)*.
9 Nous choisirez-vous ? Pensez-y *(autour ça)*.
10 Le gouvernement actuel dit qu'il veut [du] changement.
11 Et il le veut. Mais pas encore.

Notes

1 L'article défini permet de transformer un adjectif en un nom collectif désignant une catégorie spécifique : **the young**, *les jeunes* (*la jeunesse*), **the old**, *les vieux* (*les [personnes] âgées*) – même si, pour ce dernier, on préfère le terme **the elderly**, *âgé*. Cette même règle s'applique à **the wealthy**, *les riches*, à la phase 5 (**wealth**, *la richesse* ; **a wealth tax**, *un impôt sur la fortune*).

2 Voici une autre formulation avec **to pay**. Sans la postposition **for** (et l'élément ainsi acheté), le verbe décrit simplement une dépense ou un échange d'argent : *payer / régler* : **I pay my bills on the last day of the month**, *Je paie/règle mes factures le dernier jour du mois*. Comparez **I'll pay you**, *Je vous paierai* et **I'll pay for you**, *Je paierai pour toi*. Toutefois, lorsqu'en français, on emploie *payer* dans le sens de *offrir*, il faut un autre verbe que **to pay** : **I'll buy you a drink**, *Je t'offre / te paye un verre* ("boisson") (relisez aussi la note 8 de la leçon 39).

3 La négation du temps futur est simple : il suffit de mettre **not** après le modal **will** : **I will not lie**, *Je ne mentirai pas*. Pour la contraction, la solution la plus simple est d'utiliser **won't** à toutes les personnes : **I won't lie**, etc. (Voir aussi leçon 39, note 6.) Notez l'orthographe du substantif dérivé de ce verbe : **a liar**, *un menteur / une menteuse*.

4 Si **when** est utilisé dans une proposition subordonnée, il ne peut être suivi du temps futur, même si l'action ainsi décrite se situe dans l'avenir : **I will tell you when I go**, *Je vous le dirai quand j'irai*. Cette règle s'applique à quelques autres conjonctions de temps, que nous verrons ultérieurement.

5 **one** peut être utilisé comme un pronom comme *en* en français, pour éviter la répétition d'un mot déjà employé. Il en va de même ici, mais au pluriel : **They make promises; we make different ones**, *Ils/Elles font des promesses, nous en faisons d'autres* ("des différentes unes"). Notez la position du mot, après le verbe, soit le contraire du français.

***

Exercise 1 – Translate

❶ Tom won't lie to us. He's not a liar. ❷ You can choose to receive your bills on the first or the last day of the month. ❸ The government says that it will cut the wealth tax. – Fine, but when? ❹ Everybody makes the same mistakes. ❺ Noah will pay the bill, but I'll pay for the drinks.

One(s) peut être employé avec un adjectif : **He has two cars, a red one and a blue one**, *Il a deux voitures, une rouge et une bleue.*

6 Voir leçon 40 note 3.

7 La préposition **about** (vue dans l'expression **What about** en leçon 3, note 4) s'emploie avec des verbes comme **to think** ou **to speak**. Le sens de base est *concernant / au sujet de* : **I think about you all the time**, *Je pense à toi (à ton sujet) tout le temps*. Enfin, **about** est aussi un adverbe, que nous verrons plusieurs fois dans ce livre.

8 Nous avons appris (leçon 38, note 2) le mécanisme de relance qui consiste à reprendre un auxiliaire. Voici une tournure similaire, qui permet d'affirmer quelque chose sans répétition du verbe concerné. Dans notre exemple, au lieu de dire : **It says that it wants change and it is true that it wants change**, *Il dit qu'il veut le changement et c'est vrai qu'il veut le changement*, on peut tronquer la deuxième proposition et mettre juste l'auxiliaire à la place : **It says that it wants change and it does**, *Il dit qu'il veut le changement et, en effet, il le veut.* Ou encore **It's important to have a good breakfast, and I always do**, *Il est important de prendre un bon petit-déjeuner et je le prends toujours.*

9 **yet** est un adverbe négatif qui, précédé de **not**, signifie *pas encore* ou *pas tout de suite*. Il s'emploie dans différentes constructions que nous verrons plus tard. Pour l'instant, retenez bien : **We're going to cut taxes, but not yet**, *Nous allons baisser les impôts, mais pas tout de suite.*

Corrigé de l'exercice 1

❶ Tom ne nous mentira pas. Il n'est pas un menteur. ❷ Vous pouvez choisir de recevoir vos factures le premier ou le dernier jour du mois. ❸ Le gouvernement dit qu'il va réduire l'impôt sur la fortune. – Très bien, mais quand ? ❹ Tout le monde fait les mêmes erreurs. ❺ Noah réglera l'addition, mais c'est moi qui paierai les boissons.

Exercise 2 – Fill in the missing words

❶ Voterez-vous pour nous ? Oui, nous le ferons.
. . . . for . . ? – Yes, ...

❷ Ma femme a trois nouvelles robes : une bleue, une rouge et une verte.
. . . . . . has three new . . . . : a . . . . . . , ... and . . . .

❸ Qui paie trop d'impôt[s] ? Les vieux et les jeunes, mais pas les riches.
. . . . too . . . . tax? . . . . . . and . . . . , but not . . . .

❹ Quand ils/elles viendront la semaine prochaine, ils/elles ne choisiront pas le même hôtel que nous.
. . . . they . . . . next week, ... the same hotel . . . . .

❺ Je serai bon, mais pas tout de suite.
I . . . . , but . . . .

***

Le Royaume-Uni est divisé en quelques 650 **constituencies** (circonscriptions électorales*), élisant chacune un* **Member of Parliament, MP** *(député(e)) qui siège à la* **House of Commons** (Chambre des communes*) sise au palais de Westminster à Londres. Il y a aussi une chambre supérieure, le* **House of Lords***, dont les membres – tous des pairs du royaume, d'où l'appellation – ne sont pas élus mais nommés*

42

Forty-second lesson

Revision – Révision

Cette dernière série de leçons a été particulièrement riche en nouveautés. Prenons le temps de les revoir plus en détail afin de bien les assimiler.

1 Le futur simple

Le mode simple du temps futur suit pratiquement les mêmes règles que le futur français (nous verrons le mode continu plus tard). Il est formé de l'auxiliaire **will** suivi de l'infinitif sans **to** :

Corrigé de l'exercice 2

❶ Will you vote – us – we will ❷ My wife – dresses – blue one, a red one – a green one ❸ Who pays – much – The old – the young – the wealthy ❹ When – come – they will not choose – as us ❺ – will be good – not yet

***

par le monarque, après avis du Premier ministre, ou par une commission indépendante. L'Écosse et le pays de Galles ont chacun leur parlement (le **Scottish Parliament** *et la* **Welsh National Assembly***) avec des pouvoirs législatifs assez étendus. (D'ailleurs, les nationalistes anglais se plaignent de l'absence d'une assemblée spécifique représentant l'Angleterre.)*

Traditionnellement, il y a trois formations politiques principales en Grande-Bretagne : **the Conservative Party** *(*les Conservateurs*, appelé parfois* **Tory Party***),* **the Labour Party** *(*les Travaillistes*) et* **the Liberal Democrats***, ou* **Lib Dems** *(*sociaux-démocrates*). L'Écosse et le pays de Galles ont, en plus, leurs partis nationalistes.*

Le leader du parti majoritaire au parlement est nommé chef du gouvernement, ou **Prime Minister** *(*Premier ministre*), le chef de l'État étant le monarque, qui joue un rôle plus ou moins honorifique. Le mandat d'un gouvernement est de cinq ans, mais depuis le début des années 2020 le Premier ministre peut procéder à des élections* législatives *(***general election***, notez le singulier) avant terme.*

42 Quarante-deuxième leçon

I will go	*j'irai*	**we will**	*nous irons*
you will go	*tu iras / vous irez*	**they will**	*ils/elles iront*
he/she/it will go	*il/elle ira*		

Pour poser une question, il faut inverser l'auxiliaire et le pronom (ou nom) qui le suit : **will you go?** ; **will the government go?**, etc.

En ce qui concerne la forme négative, il suffit de mettre **not** après **will** : **she will not go, Tom and Sandra will not go**, etc. Pour la contraction, il y a deux possibilités, comme pour les autres temps. La forme la plus courante consiste à changer **will not** en **won't** (écoutez attentivement la prononciation dans le dialogue de révision de fin de leçon).

I won't go	*je n'irai pas*	**we won't go**	*nous n'irons pas*
you won't go	*tu n'iras / vous n'irez pas*	**they won't go**	*ils/elles n'iront pas*
he/she/it won't go	*il/elle n'ira pas*		

Le futur peut aussi être utilisé pour demander un service ou un renseignement à quelqu'un (**will** est aussi un nom abstrait qui signifie *la volonté*). Dans ce même contexte, le français préfère une formule de politesse, souvent avec *vouloir* :
Will you help me, please? *Voulez-vous m'aider s'il vous plaît ?*

Enfin, à la première personne, il existe une autre forme, **shall**, mais qui, en anglais moderne, ne s'emploie que rarement. Nous en reparlerons brièvement à la fin du livre, dans la leçon 96.

2 Le "petit plus" des verbes anglais

Nous avons vu comment les verbes anglais peuvent apporter un complément d'information par rapport à leurs homologues français.

• Pour dire que quelque chose ou quelqu'un "à l'air" sympathique, triste, etc., il faut préciser le sens avec lequel on perçoit cet état. Et pour comparer une chose avec quelque chose d'autre (*On dirait du…*) on utilise **like** après le verbe :
– avec la vue :
He looks American, *Il a l'air américain* (d'après sa dégaine, ses vêtements, etc.)
– avec l'ouïe :
He sounds American, *Il a l'air américain* (d'après son accent).
– avec l'odorat – et en passant par la cuisine :
That smells fantastic, *D'après l'odeur, ça a l'air génial*.
– avec le goût :
That tastes delicious, *Quel goût/parfum exquis ! / C'est super bon !*
– avec le toucher :
That feels cold, *C'est froid au toucher*.

• Il y a une série de verbes – **to sit**, *s'asseoir / être assis*, **to stand**, *se tenir debout* et **to lie**, *s'allonger*, mais aussi **to kneel**, *s'agenouiller*, et **to lean**, *s'appuyer* – qui décrivent la position et l'aspect d'une personne. Dans ces tournures, il ne s'agit pas de vraies actions ; d'ailleurs en français on emploie plutôt un participe ou un adjectif : **He's standing next to his wife**, *Il se tient à côté de sa femme* (et il est précisé qu'il est debout).
Myra's sitting at the bar, *Myra est assise au bar*.
They're lying on a beach, *Ils/Elles sont allongé(e)s sur une plage*.
Vous vous rendrez vite compte de l'importance des verbes en anglais (alors que le français préfère les noms).

3 Particularités du cas possessif

Le cas possessif (**-'s**) est utilisé avec les noms ou catégories de commerçants, professions, etc. Cette utilisation est un peu déroutante au début, mais elle n'a rien de très difficile.
Quand en français on dit, par exemple, *chez le boucher*, l'accent est mis sur la personne plutôt que sur le commerce. On fait pareil en anglais :
I'm going to the dry cleaner's, *Je vais chez le teinturier*, sous-entendu : **the dry cleaner's shop**, "la boutique du teinturier" c'est-à-dire *le pressing*.
Ce mécanisme s'applique très largement :
I'm going to the doctor's (sous-entendu le cabinet du médecin).
Pour cette raison, le cas possessif ne s'emploie pas lorsque le "débouché" du commerce figure dans le nom, par exemple un supermarché :
I'm going to the supermarket, *Je vais au supermarché*.

Enfin, ce cas possessif est utilisé fréquemment dans les noms de restaurants. Donc, au lieu de *Chez Paul* ou *Chez Giovanni* on trouve plutôt **Paul's** ou **Giovanni's**. Et même si la raison sociale du commerce ne comporte pas ce possessif, beaucoup d'anglophones l'ajoutent automatiquement. Par exemple, une cliente régulière d'un magasin d'habillement qui s'appellerait **Bridger**, dirait **I buy my dresses at Bridger's**, *J'achète mes robes chez Bridger*. Cet ajout n'est pas obligatoire, mais il très courant.

4 Formation d'adjectifs et adverbes

Voici un bref résumé des règles concernant la formation d'un adjectif à partir d'un nom, ainsi qu'un adverbe dérivé d'un adjectif. Grâce à notre méthodologie intuitive, vous avez déjà assimilé naturellement un certain nom de ces règles et mécanismes, qui parfois sont identiques au français – les terminaisons en **-able** (ou **-ible**) par exemple.

4.1 Adjectifs

Rappelons tout d'abord que les adjectifs anglais sont invariables. Voici les terminaisons les plus courantes :
– **-y** décrit les caractéristiques du nom-racine : **windy** (*vent → venteux*) ; **rainy** (*pluie → pluvieux*). Si le nom se termine en **e**, il faut supprimer cette voyelle avant d'ajouter la terminaison : **noise → noisy** (*bruit → bruyant*). Pour un nom composé de trois lettres (consonne-voyelle-consonne), il faut doubler cette dernière consonne : **sunny** (*soleil → ensoleillé*) ;
– **-ous** est l'équivalent de *-eux/-euse* : **dangerous** (*danger → dangereux*), **marvellous** (*merveilleux*), etc.
– **-ful** (dérivé de **full**, *plein*) signifie *plein de / caractérisé par*, ou encore *tendant à*. En plus de **painful** (*douloureux*) et **careful** (*soigneux / prudent*), il faut noter **hopeful**, *plein d'espoir*, **useful**, *utile*, **meaningful**, "plein de sens", *significatif*, ou encore **stressful**, *stressant*. Pour les quelques adjectifs se terminant en **-ty**, il faut changer cette lettre en **i**, comme **beauty → beautiful** (leçon 11, phrase 5) mais aussi **plenty** (*abondance*) → **plentiful** (*abondant*).
– **-less** (*moins / sans*) est le contraire de **-ful** et dénote *l'absence* de quelque chose. Ainsi, **sleepless** (*sans sommeil*) et **helpless**, *impuissant(e) / sans défense* mais aussi **doubtless** (*sans doute*), **useless** (*inutile*), **meaningless** (*dénué de sens / insignifiant*), ou **stressless** (*sans stress*). Faites attention, car cette règle ne s'applique pas à tous les adjectifs : par exemple **success → unsuccessful**. Nous verrons les préfixes adjectivaux dans une autre leçon.

Bien entendu, cette liste n'est pas limitative mais elle vous aidera à comprendre les mécanismes pour former des adjectifs.

4.2 Adverbes

La façon la plus simple de former un adverbe est d'ajouter la terminaison **-ly** à l'adjectif : **regularly** (*régulier / régulièrement*), **independently** (*indépendamment*), etc.
– si l'adjectif se termine en **-le**, on supprime la voyelle terminale : **simple** → **simply** (*simple* → *simplement*)
– pour les adjectifs se terminant en **-l**, il faut doubler cette consonne : **general** → **generally** (*général* → *généralement*)
– les terminaisons en **-y** deviennent **-i** avant l'ajout de **-ly** : **happy** → **happily** (*heureux* → *heureusement*)

Enfin, faites attention avec **hard**, *dur / difficile*, qui est à la fois un adjectif (**a hard bed**, *un lit dur*) et un adverbe (**to work hard**, *travailler dur*), alors que **hardly** signifie *à peine / presque pas* :
I can hardly hear you, *Je vous entends à peine*.

5 Verbe et préposition ou particule

Il est possible de modifier le sens d'un verbe anglais en changeant la préposition ou particule adverbiale qui le suit. Ce genre de construction est très usitée dans la langue parlée et dans un registre informel. Il est donc impératif, lorsqu'on apprend un verbe, de retenir en même temps sa "postposition" habituelle, s'il y en a une. Nous avons vu quelques exemples dans la dernière série de leçons : **to look**, *regarder*, est suivi habituellement de **at** :
He's looking at his phone, *Il regarde son téléphone*.
Mais si on utilise **for** au lieu de **at**, nous aurons le verbe *chercher* :
He's looking for his phone, *Il cherche son téléphone*.
De même, la postposition habituelle de **to go** est **to** :
She goes to the dry cleaner's once a month, *Elle va chez le teinturier une fois par mois*.
En ajoutant le mot **back**, nous obtenons le verbe *retourner / rentrer* :
I want to go back to the hotel, *Je veux rentrer à l'hôtel*.
Appliquée à d'autres verbes, cette construction avec une "postposition" montre une différence fondamentale entre l'anglais et le français, qui emploie plutôt des préfixes : (**to come**, *venir* → **to come back**, *revenir*)

Il en est de même pour le verbe, **to ask**, *demander*, qui ne prend pas de postposition quand il est utilisé pour poser une question ou demander un renseignement, une action, etc. Dans ce cas, il est suivi d'un nom ou d'un pronom :
She asks a lot of questions, *Elle pose beaucoup de questions*.
He always asks me to lend him money, *Il me demande toujours de lui prêter de l'argent*.

En revanche, **to ask** est suivi de **for** lorsqu'on demande une chose à quelqu'un :
Steve is asking for help, *Steve demande de l'aide*.
Si, dans ce deuxième cas de figure, nous avons un COD, nous mettons toujours le nom ou le pronom après **ask**, suivi de **for** :
Steve is asking us for help, *Steve nous demande de l'aide*.

Retenez bien le principe de ces combinaisons verbe + postposition. Vos connaissances seront fort utiles lorsque nous aborderons les verbes à particule.

6 *To remind* et *to remember*

Ces deux verbes sont souvent confondus – comme leurs équivalents français *rappeler* et *se souvenir*, *se rappeler* – car ils se réfèrent tous deux à des notions très proches.
– **to remember**, suivi d'un complément direct, signifie que l'on se souvient de quelqu'un ou de quelque chose ou que l'on garde en tête le souvenir :
I remember Zack: he's the guy who works at Bridger's, *Je me souviens de Zack, c'est le type qui travaille chez Bridger*.
We're sorry, but we don't remember your name, *Nous sommes désolés mais nous ne nous souvenons pas de votre nom*.
Pense-bête : **to remember** est synonyme de **do not forget**, *ne pas oublier*. D'ailleurs, on peut interchanger les deux notions : **Don't forget to pay the bill** → **Remember to pay the bill**, *N'oubliez pas de payer la facture*.
– **to remind** s'emploie lorsqu'on rappelle à quelqu'un de faire quelque chose :
Remind Sally to answer that email, *Rappelez à Sally de répondre à ce mail*.

Avec **of**, le verbe rend la notion de *faire penser à*. Dans ce cas, cette préposition se place après le complément :
He reminds me of my brother, *Il me fait penser à mon frère*.

Voici une petite phrase mnémotechnique pour vous aider à faire facilement la distinction entre **to remind** et **to remember** :
Remind me to remember my sister's birthday, *Fais-moi penser à me souvenir de l'anniversaire de ma sœur.*

Revision dialogue

1 – If you're looking for a dry cleaner's, there's one on the corner.
2 You'll see it if you go back to the street and turn left.
3 – How far is it? I can't walk very far.
4 I have a bad back, and it's very painful.
5 I have to be careful, you know.
6 Oh no, look at the time! I'm late.
7 Will you lend me some money?
8 – No I won't. I hardly know you.
9 But you remind me of my brother, who lives abroad somewhere.
10 I don't remember where, exactly. Anyway, he's a nice guy.
11 Come with me. I'll buy you a drink.

Traduction

1 Si vous cherchez un pressing, il y en a un au coin de la rue. **2** Vous le verrez si vous retournez dans la rue et tournez à gauche. **3** C'est à quelle distance ? Je ne peux pas marcher très loin. **4** J'ai mal au dos, et c'est très douloureux. **5** Je dois faire attention, vous savez. **6** Oh non, regardez l'heure ! Je suis en retard. **7** Voulez-vous me prêter de l'argent ? **8** Non. Je vous connais à peine. **9** Mais vous me faites penser à mon frère, qui vit quelque part à l'étranger. **10** Je ne me souviens plus où exactement. En tout cas, c'est un type sympa. **11** Venez avec moi. Je vous paierai un verre.

43 Forty-third lesson

I don't have anything to wear

1 – Do you mind if I **bor**row your brown [1] skirt?
2 – Yes I do! I need it because I'm **go**ing to a **par**ty to**night**.
3 – So can I take it to**mor**row? You won't need it any**more** [2].
4 And I need it more [2] than you. Do you a**gree**?
5 My **ward**robe's full of clothes [3] but I have **no**thing [4] to wear.
6 – What do you mean, you **hav**en't got [5] anything to wear?
7 You **must**n't [6] spend all your **mo**ney on new things.
8 You must try to save [7] for a **rai**ny day.
9 – Must I [6] **rea**lly? So why don't you give me the skirt?
10 That way, [8] I won't need to buy one for my**self**. □

Prononciation

*1 … braounn skeut … **3** … enni**mor** **5** … **word**roobz … klooDHz …*
*7 … **meuss**ənt spennd … **8** … seïv … **9** **meust**-aï …*

Notes

1 **brown** signifie à la fois *brun* et *marron* et, s'agissant de chevelure, *châtain*. À ce propos, deux éléments de vocabulaire utiles sont **brown bread**, *le pain bis*, et **brown paper**, *le papier Kraft*.

2 Nous savons que **more** signifie *plus (de)* (par exemple, leçon 11, phrase 6 et leçon 20, note 6). Voici le même mot dans une construction adverbiale négative : **anymore** (parfois **any more**), *ne… plus*. **Yasmina doesn't**

Quarante-troisième leçon

Je n'ai rien à me mettre *(porter)*

1 – Est-ce que ça te gêne *(fais tu esprit)* si je [t']emprunte ta jupe marron ?
2 – Oui [ça me gêne] ! J'[en] ai besoin car je vais à une fête ce soir.
3 – Alors puis-je la prendre demain ? Tu n'[en] auras plus besoin.
4 Et j'[en] ai plus besoin *(besoin-plus)* que toi. Es-tu d'accord ?
5 Mon armoire *(garde-robe)* est pleine de vêtements mais je n'ai rien à me mettre *(porter)*.
6 – Qu'est-ce que tu veux dire ? Tu n'as rien à te mettre ?
7 Tu ne dois pas dépenser tout ton argent pour *(sur)* de nouvelles choses.
8 Tu dois essayer d'économiser en cas d'imprévus *(pour un jour pluvieux)*.
9 – [Le] dois-je vraiment ? Alors pourquoi tu ne me donnes pas la jupe ?
10 Comme ça *(ce chemin)*, je n'aurai pas besoin de m'[en] acheter une *(pour moi-même)*.

live here anymore, *Yasmina n'habite plus ici*. Comme en français, où nous avons besoin de deux éléments dans la construction (*ne… plus*), l'anglais utilise **do not / does not** (ou **don't / doesn't**) avant le verbe et **any** après. Remarquez, dans la phrase suivante, comment **more** permet de faire une comparaison : **I need it more than you**, *J'en ai plus besoin que toi*. (Nous y reviendrons lorsque nous aborderons la forme comparative.)

3 Certains noms sont pluriels en anglais mais singuliers en français, et vice versa (leçon 40, note 7). C'est le cas de **clothes**, *les vêtements*,

toujours pluriel (le nom **a cloth** signifie *un chiffon* et donne **cloths** au pluriel). Ainsi, pour dire *un vêtement*, il faut une solution de contournement, par exemple **a piece of** ("un morceau de") : **Do you have a piece of clothing in your wardrobe that you never wear?** *Avez-vous un vêtement dans votre armoire que vous ne portez jamais ?*

4 **nothing** ("pas de chose") est suffisant à lui tout seul pour construire une phrase négative : **I have nothing to say**, *Je n'ai rien à dire*. Dans ce type de construction, c'est l'équivalent de **not... anything** : **I don't have anything to say**. Pour la forme interrogative, il faut employer **anything** : **Do you have anything to say?**, *Avez-vous quelque chose à dire ?*

5 Voir leçon 21, section 3. Rappelons que **got** n'a pas de sens propre dans ce type de construction. Cependant, l'équivalent "formel" de cette tournure **I haven't got anything** est **I don't have anything**, la première tournure étant plus idiomatique que la seconde.

6 **must** (déjà rencontré en leçon 37, phrase 5) est un verbe défectif, de la même famille que **can** (leçon 15, note 2). Comme son équivalent français *falloir*, il se comporte différemment (et plus simplement) des autres verbes. Habituellement, **must** est suivi d'un infinitif nu : **If you're in Edinburgh, you must visit the castle**, *Si vous êtes à Édinbourg, il faut que tu visites le château*. La forme négative est **must not** (ou **mustn't** pour la forme contractée). **You mustn't give them your phone number**, *Tu ne dois pas leur donner ton numéro de téléphone*. Enfin, la forme interrogative se forme par simple inversion : **You must leave now.** → **Must you leave now?**, *Tu dois partir maintenant. → Dois-tu partir maintenant ?*.

***

Exercise 1 – Translate

❶ Save twenty pounds with our special offer on shirts. ❷ Excuse me, can you tell me the way to a supermarket? ❸ If they're (*f.*) in Edinburgh, they (*f.*) really must visit the castle. – I agree. ❹ Do you* mind if I don't go to the party? I don't have anything to wear. ❺ You can use those cloths to clean your clothes.

* *Utilisez le tutoiement*

7 Le verbe régulier **to save** signifie à la fois *sauver* (sa racine étymologique) mais aussi *économiser* (argent, énergie, etc.) On peut aussi économiser le temps : **Save time with our new search tool.** *Gagnez du temps avec notre nouvel outil de recherche*. L'expression **save for a rainy day** signifie *économiser en cas d'imprévus / pour les journées difficiles*, ou, plus figurativement, *garder une poire pour la soif*. Rappelons que les expressions idiomatiques peuvent avoir plusieurs équivalences – ou aucune – dans une autre langue.

8 Nous savons que **way** signifie *moyen* ou *chemin* (leçon 3, note 5) : **Can you tell me the way to the market?** *Pouvez-vous m'indiquer* ("dire") *le chemin du marché ?*. Ce mot figure aussi sur des panneaux d'information **Way In** ou **Way Out**, *Entrée* et *Sortie* (litt., "*chemin-entrée / chemin-dehors*"). Mais l'expression idiomatique **that way** signifie *comme ça / de cette façon* : **Leave now. That way, you'll be early**, *Partez maintenant. Comme ça, vous serez en avance* ("tôt").

***

Corrigé de l'exercice 1

❶ Économisez 20 livres avec notre promotion sur les chemises. ❷ Excusez-moi, pouvez-vous m'indiquer le chemin d'un supermarché ? ❸ Si elles sont à Édimbourg, elles doivent absolument visiter le château. – Je suis d'accord. ❹ Est-ce que ça te gêne si je ne vais pas à la fête. Je n'ai rien à me mettre. ❺ Vous pouvez utiliser ces chiffons là-bas pour nettoyer vos vêtements.

Exercise 2 – Fill in the missing words

❶ Mack et sa femme n'habitent* plus ici.
Mack and . . . .

❷ Devez-vous partir maintenant ? – Oui, il le faut. Je suis* en retard.
. . . . now? – Yes, ...

❸ Ne dépensez pas* tout votre argent. Gardez-le *(économisez)* en cas d'imprévus.
. . . . money. . . . . it . . . .

❹ Je ne les aime pas* et je n'ai* rien à leur dire.
I . . . . and . . . . to say to . . . . .

44

Forty-fourth lesson

The last word

1 Two dads [1] are **tal**king [2] about their kids.
2 – My son's **stron**ger [3] and **big**ger than your son,
3 and he's **al**so **ni**cer, **fun**nier [4] and **tal**ler.
4 – Yes, but my son's more in**tel**ligent [5]
5 and he's much more **in**teresting.
6 More im**por**tant, he doesn't drink or smoke.
7 – So what? [6] I **real**ly don't care [7]
8 be**cause** my son's going to be a **law**yer.
9 – Law [8]? But he's only eight months old!
10 – **May**be [9], but he's more am**bi**tious than other **chil**dren [10].

Prononciation

... weud ***1*** *... kidz* ***3*** *...* ***naïssə*** *...* ***feuniiə*** *...* ***taulə 4*** *... inn****teli****djənt* ***6*** *... smook* ***8*** *...* ***loïə 9*** *lo-o ...* ***10 méé****bii ... am****bi****chəs ...*

❺ Pourquoi tu ne me* donnes pas une jupe ? Comme ça, je n'aurai pas* besoin d'en acheter une.
... . give me a skirt? That way, ... to buy ....

* *Utilisez la forme contractée*

Corrigé de l'exercice 2

❶ – his wife don't live here anymore ❷ Must you leave – I must – I'm late ❸ Don't spend all your – Save – for a rainy day ❹ – don't like them – I haven't got anything – them – ❺ Why don't you – I won't need – one

44

Quarante-quatrième leçon

Le dernier mot

1 Deux papas parlent de leurs gamins.
2 – Mon fils est plus fort et plus grand que ton fils,
3 et il est aussi plus gentil, plus drôle et plus grand.
4 – Oui, mais mon fils est plus intelligent
5 et il est beaucoup plus intéressant.
6 Plus important, il ne boit pas et ne fume pas.
7 – Et alors *(quoi)* ? Je m'en fiche vraiment
8 parce que mon fils va devenir avocat.
9 – [Le] droit *(loi)* ? Mais il n'a que huit mois *(vieux)* !
10 – Peut-être, mais il est plus ambitieux que [les] autres enfants.

Remarque de prononciation

Écoutez attentivement la différence entre la prononciation de **law** et celle de **lawyer**.

Notes

1 Voici deux mots familiers très courants : **a dad**, *un papa*, est la forme familière et affective de **a father**. Les plus jeunes enfants emploient plutôt **daddy**. Les équivalents féminins sont **mum** et **mummy** (en anglais américain, **mom/mommy**). Le nom **a kid** – littéralement "*un chevreau*" – est un mot affectueux pour *un(e) gamin(e) / un(e) gosse* (que l'on retrouve maintenant dans la langue française !)

2 Il existe deux verbes pour *parler* : **to speak** (leçon 16, phrase 1) et **to talk**. Schématiquement, le premier s'emploie lorsqu'une seule personne parle, alors que le second dénote un échange entre locuteurs : **Let's talk about your holiday**, *Parlons de tes vacances*. Plus d'informations à la leçon 49.

3 Voici la forme comparative des adjectifs courts, composés d'une seule syllabe, auxquels il faut ajouter la terminaison **-er** : **strong**, *fort* → **stronger**, *plus fort*. Si l'adjectif se termine par une seule consonne, elle-même précédée d'une seule voyelle, cette consonne est doublée : **big**, *grand* → **bigger**, *plus grand* mais **fast**, *rapide* → **faster**, *plus rapide* (que l'on retrouve dans la devise des *Jeux olympiques*, **Olympic Games** : **"Faster, Higher, Stronger"**, *plus vite, plus haut, plus fort*). La conjonction introduisant le second terme est **than**, *que* : **He's bigger and stronger than me**, *Il est plus grand et plus fort que moi*.

4 Un adjectif court se terminant en **-y** suit le même modèle que ci-dessus, sauf que cette dernière consonne devient un **i** : **funny** → **funnier**. Faites attention cependant : **taller** est le comparatif de **tall** (pas ~~**tal**~~), qui signifie *grand* dans le sens de la hauteur. **Jim is taller, happier and funnier than his brother**, *Jim est plus grand, plus heureux et plus drôle que son frère*.

5 Si un adjectif est composé de deux syllabes ou plus, la comparaison est formée avec **more** (*plus*) suivi de l'adjectif non modifié : **interesting** →

***

Exercise 1 – Translate

❶ As they say at the Olympic Games: "Faster, Higher, Stronger". **❷** You're not very ambitious *(f.)*. – I don't care about ambition. **❸** I'm studying law because my mum and dad are lawyers. **❹** It's late and the sun is low in the sky. **❺** Are they *(f.)* happy? – Maybe. I really don't know.

more interesting. La conjonction qui suit est toujours **than** : **His new movie is more interesting than his last one**, *Son nouveau film est plus intéressant que le précédent* ("son dernier").

6 L'expression familière **So what?** ("Ainsi quoi ?") signifie *Et alors ?*. Rappelons la malheureuse tendance à commencer une phrase avec **So**... dans la conversation courante (voir leçon 11, note 2).

7 Nous avons vu **to care**, *se soucier de* (qqch. ou qqn) (voir aussi leçon 37, notes 6 et 9 avec **take care**). Voici à présent l'expression idiomatique avec ce verbe : **I don't care**, *Je m'en fiche*. On peut, bien sûr, la décliner. Par exemple : **He's always late but he doesn't care**, *Il est toujours en retard mais il s'en fiche*. Si on ajoute un complément, il faut aussi la préposition **about** (voir leçon 31 note 3) : **They don't care about the weather**, *Ils/Elles ne se soucient pas de la météo* La tournure est familière, pas vulgaire.

8 **law** signifie à la fois *la loi* et *le droit*. **He's studying law at university**, *Il étudie le droit à l'université*. **You must obey the law**, *Vous devez obéir à la loi*. Faites très attention à la prononciation car il est facile de confondre ce nom avec l'adjectif **low**, *bas*. Écoutez attentivement les phrases 3 et 4 dans le premier exercice ci-dessous.

9 **maybe**, *peut-être / ça se peut* (le mot est composé du verbe modal **may**, qui exprime la possibilité et que nous verrons bientôt, et de **be**). **Maybe he can help you**, *Peut-être peut-il vous aider*. **Are you interested? – Maybe**, *Êtes-vous intéressé ? – Ça se peut*. Un synonyme est **perhaps** (leçon 36, phrase 7), qui a exactement le même sens – **Perhaps he can help you**. – mais qui est considéré comme plus formel.

10 Nous ne mettons pas d'article défini (**the**) à **children** car il s'agit d'une généralisation. Voir leçon 35 section 6 portant sur l'utilisation de l'article défini.

***

Corrigé de l'exercice 1

❶ Comme on dit aux Jeux olympiques : "Plus vite, plus haut, plus fort". ❷ Vous n'êtes pas très ambitieuse. – Je ne me soucie pas de l'ambition. ❸ J'étudie le droit car mon papa et ma maman sont avocats. ❹ Il est tard et le soleil est bas dans le ciel. ❺ Sont-elles heureuses ? – Peut-être. Je ne sais vraiment pas.

Exercise 2 – Fill in the missing words

❶ Mon papa est plus gentil, plus drôle et plus grand que ton papa. – Et alors ?
. . . . . is . . . . . , ... and . . . . – . . . . . . ?

❷ Son nouveau film (*à elle*) est beaucoup plus intéressant que le précédent *(son dernier)*.
. . . new movie is . . . .

❸ Tout le monde veut être plus grand et plus fort. – Est-ce réellement vrai ?
. . . . to be . . . . . . and . . . . – Is that . . . . ?

❹ Aujourd'hui les gamins sont plus ambitieux que leurs parents.
Today, ... are . . . . parents.

❺ Son fils (*à elle*) dit qu'il va être professeur. – Mais il n'a que dix ans !
. . . son . . . . a teacher. – But . . . . !

45

Forty-fifth lesson

It's mine.

1 – Whose is this **ball**point pen? [1]
2 – Which one? [2] The blue and green one?
3 It's mine [3]. I'm **go**ing to use it in a **min**ute.
4 – Can I **bo**rrow it to **fin**ish **sign**ing [4] these forms?
5 – I hate **lend**ing [4] my things! Where's yours?
6 – I think it's [5] in the **draw**er of my desk at home.
7 – Ask Kate if you can use hers.
8 – Who's [6] she? I don't think I [5] know her.
9 – Then **may**be **Si**mon will lend you his [7].
10 – You're **jo**king [8]: he's got more sense! □

Prononciation

*1 … **baul**poïnt … 3 … maïn …**minn**it 4 … **bo**roo … **saï**ning … formz 5 … iorz 6 … **droo**ə … 7 … Heuz 9 … Hiz 10 … **djoo**king … senns*

Corrigé de l'exercice 2

❶ My dad – nicer, funnier – taller than your dad – So what – ❷ Her – much more interesting than her last one ❸ Everyone wants – bigger – stronger – really true ❹ – kids – more ambitious than their – ❺ Her – says he is going to be – he's only ten years old

45

Quarante-cinquième leçon

C'est [le] mien !

1 – À qui appartient *(est)* ce stylo à bille *(pointe-à-balle stylo)* ?
2 – Lequel ? Celui qui est bleu et vert *(le bleu et vert un)* ?
3 C'est [le] mien. Je vais l'utiliser dans une minute.
4 – Puis-je [te] l'emprunter pour finir [de] signer *(signant)* ces formulaires ?
5 – Je déteste prêter mes affaires *(choses)* ! Où est [le] tien ?
6 – Je pense [qu]'il est dans le tiroir de mon bureau à la maison.
7 – Demande [à] Kate si tu peux utiliser [le] sien.
8 – Qui est-ce *(elle)* ? Je ne pense pas [que] je la connaisse.
9 – Alors peut-être [que] Simon te prêtera [le] sien.
10 – Tu plaisantes : il a plus de [bon] sens !

Notes

1 Voir leçon 6, note 1. La position de l'objet dépend de la fonction grammaticale de **whose** (déterminant ou pronom possessif). Le fait de mettre cet objet à la fin de la question permet de le mettre en évidence (voir leçon 49). Notez que *un stylo à bille* peut se dire aussi **a biro**.

2 **which** (voir leçon 5, note 8) permet de distinguer entre plusieurs éléments (**Which pen do you want?** *Quel stylo veux-tu ?*). Si l'élément en question vient d'être mentionné, il suffit de dire **Which one do you want?** *Lequel/Laquelle veux-tu ?* pour éviter la répétition du nom. Rappelons que si l'objet est pluriel, il faut ajouter un **s** à **one** : **Which ones do you want?** *Lesquels/-Lesquelles veux-tu ?* La même règle s'applique au démonstratif à la fin de la phrase : **The blue one or the red one**, *le/la bleu(e) ou le/la rouge*.

3 Nous connaissons les adjectifs possessifs **my**, **your**, **his/her**, **our** et **their** (leçon 14, section 1). Voici les pronoms possessifs **mine**, **yours**, **his/hers**, **ours** et **theirs**. Invariables, ils traduisent à la fois *le mien* et *à moi*, etc. **It's mine / They're mine**, *C'est le mien/la mienne / Ce sont les miens/miennes / C'est à moi* ; **It's yours**, *C'est le tien/la tienne / C'est le vôtre/les vôtres / C'est à toi / C'est à vous*, etc. Dans la leçon précédente, au lieu de dire **My son is bigger than your son**, le père aurait pu dire **My son is bigger than yours**, *Mon fils est plus grand que le tien/vôtre*.

4 Si un verbe est suivi d'une autre action, par exemple *J'aime nager* (leçon 29, phrase 2), le deuxième mot doit être soit un infinitif, comme en français, soit un gérondif (le nom verbal, se terminant en **-ing**). Le choix est arbitraire : **they decide to try**, *Ils/Elles décident d'essayer* (leçon 27, phrase 2) mais **they finish eating**, *Ils/Elles finissent de manger*. Il faut commencer dès maintenant à prendre note de ces structures ; nous ferons le point plus loin dans la méthode.

***

Exercise 1 – Translate

❶ Which boxes do you want? The big ones or the little ones? ❷ Ask Kate if you can borrow her biro. ❸ Lend money to George? You must be joking! ❹ I think that the form is in my desk, but I'm not sure. ❺ Whose is this cake? – It must be theirs.

5 Une autre particularité est l'omission du relatif **that** dans certains cas, notamment avec les verbes d'attribution (**say**, **agree**, **think**, etc.). Ainsi, **He says that he is happy**, *Il dit qu'il est content* peut se dire **He says he is happy** sans aucun changement de sens. Il ne s'agit pas d'une règle mais d'un usage, notamment dans la langue parlée. Dorénavant, dans nos dialogues, nous omettrons **that** lorsque la phrase s'y prête, tout en le signalant ou en intégrant la version "complète" dans un exercice.

6 Il est important de ne pas confondre le pronom **whose** (phrase 1) avec la contraction **who's** (**who is**, *qui est*), qui se prononce de façon identique, avec un *[z]* fricatif.

7 Un autre risque de confusion : **his** est à la fois un adjectif et un pronom possessif. L'astuce pour les distinguer ? Le pronom n'est pas suivi du nom alors que l'adjectif l'est : **The desk is his / It's his desk** : *Le bureau est à lui / C'est son bureau*.

8 **to joke**, *plaisanter* : **He's always joking about his age**, *Il est toujours en train de plaisanter à propos de son âge*. L'expression **You're joking!** – ou **You must be joking!**, plus catégorique – signifie, *Vous plaisantez ?* ou *Vous voulez rire ?* : **Lend money to George? You must be joking!** *Prêter de l'argent à Georges ? Tu veux rire !* **A joke**, *une plaisanterie*, *une blague* : **She's always telling jokes**, *Elle est toujours en train de raconter des blagues*.

Corrigé de l'exercice 1

❶ Quelles boîtes voulez-vous ? Les grandes ou les petites ? ❷ Demandez à Kate si vous pouvez emprunter son stylo à bille. ❸ Prêter de l'argent à George ? Vous plaisantez ! ❹ Je pense que le formulaire est dans mon bureau, mais je ne suis pas sûr. ❺ À qui est ce gâteau ? – Il doit être à eux.

Exercise 2 – Fill in the missing words

❶ Vous devez finir de signer ces formulaires[-ci]. – Je déteste signer ces choses[-là].
You must . . . . forms. – I . . . . things.

❷ Cette jupe est la mienne. Où est* la tienne ?
This . . . . ?

❸ Tu es sûr(e) que c'est leur maison ? – Oui, c'est* la leur.
. . . . this is . . . . . house ? – . . . , ...

❹ Il pense que sa montre est dans le tiroir de son bureau.
. . . . is in . . . .

46

Forty-sixth lesson

Ninety-nine channels but nothing to watch

1 – Do you want to watch [1] **tel**evision?
2 – Why not? I've got **no**thing **bet**ter [2] to do.
3 What's on? [3]
4 – Sit there and hand [4] me the re**mote**.
5 Let's watch the news [5] and see what's **ha**ppening.
6 "The po**li**tical situ**a**tion is **go**ing from bad to worse [6]."
7 "There is little hope and less [7] oppor**tu**nity for peace in the world."
8 – Let's change **cha**nnels. Ah, the **wea**ther **fore**cast.
9 "**Hea**vy storms will a**rrive** in less than an hour."
10 – How de**press**ing! Let's stream a **mo**vie.
11 – That's a good i**de**a, but I've got a **bet**ter one.
12 Let's turn off [8] the TV and go to bed. □

❺ Ces vêtements sont à nous. Peut-être que Sarah peut te prêter les siens.
These .... are .... Sarah can lend ....

* *Utilisez la forme contractée*

Corrigé de l'exercice 2

❶ – finish signing these – hate signing those – ❷ – skirt is mine – Where's yours ❸ Are you sure – their – Yes, it's theirs ❹ He thinks his watch – the drawer of his desk ❺ – clothes – ours – Maybe – you hers

46

Quarante-sixième leçon

99 chaînes mais rien à regarder

1 – Veux-tu regarder [la] télévision ?
2 – Pourquoi pas ? Je n'ai rien [de] mieux *(meilleur)* à faire.
3 Qu'est-ce qu'il y a à voir *(quoi est sur)* ?
4 – Assieds-toi là-bas et passe-moi la télécommande.
5 Regardons le journal télévisé *(les nouvelles)* pour *(et)* voir ce qui se passe.
6 "La situation politique va de mal en pis *(à pire)*."
7 "Il y a peu [d']espoir et moins [de] possibilité[s] de *(pour)* paix dans le monde"
8 – Changeons [de] chaîne*(s)*. Ah, les prévisions météorologiques. *(temps)*
9 "[De] fortes *(lourdes)* tempêtes vont arriver dans moins d'une *(qu'une)* heure."
10 – Quelle déprime *(comment déprimant)* ! Regardons un film en flux continu.
11 – C'est une bonne idée, mais j'[en] ai une meilleure.
12 Éteignons la télé et allons [nous] coucher.

Prononciation

*... **tcha**nəlz ... **1** ... **te**ləvizheun **2** ... **be**teu ... **4** ... **ri**moot ... **5** ... niouz ... **6** ... sitchou**éé**chən ... weus **7** ... opə**tchou**niti ... weuld **8** ... **for**kahst **9** ... stormz ... **10** ... striim ... **11** ... **be**tə ... **12** ... teun ... tii-vii ...*

Notes

1 Nous savons que **a watch** est *une montre* (leçon 4, phrase 7). Le verbe **to watch** (vu en leçon 29, phrase 5) signifie *regarder attentivement* ou de façon prolongée (comme on observe le passage du temps avec une montre). **Watch this video with me**, *Regarde cette vidéo avec moi*. Comparez ce verbe à **to look at**, *regarder* (leçon 36, note 1), où l'on regarde simplement en dirigeant les yeux vers la chose en question : **Look at this photo**, *Regarde cette photo*. Ici, il n'est pas question d'un regard attentif qui dure un certain temps (une photo versus une vidéo).

2 Voici le premier adjectif comparatif irrégulier (il n'y en a que cinq). **Better**, *meilleur(e)s*, est la forme comparative de **good**, *bon*. **Do you have a better idea?** *Avez-vous une meilleure idée?* Comme pour toutes les comparaisons, il faut la préposition **than** si l'on introduit un complément : **My ideas are better than yours**, *Mes idées sont meilleures que les tiennes*.

3 Ces formes abrégées ou condensées sont très courantes en anglais parlé. La question en entier serait **What's on TV?** *Qu'est-ce qu'il y a à la télé ? / Quel est le programme à la télé ?* (**TV** est la forme familière de **television**, *la télé*.) Mais puisque le contexte est clair (phrase 1), la version courte suffit. Nous avons vu une construction similaire, **Who with?** en leçon 4 et nous en apprendrons d'autres au fur et mesure. Mais, une fois de plus, il s'agit d'un usage, pas d'une règle.

4 Grâce à la souplesse grammaticale de l'anglais, la verbalisation d'un nom est facile. Ainsi, **a hand**, *une main* (leçon 24, phrase 2), peut deve-

***

Exercise 1 – Translate

❶ Let's watch TV. – Good idea. What's on? ❷ Hand me that book, the one over there on the chair. ❸ What's happening in the UK at the moment is depressing. ❹ The storm is heavy and it will arrive in less than two hours. ❺ Look at the weather! It's terrible.

nir un verbe : **Hand me the remote**, *Passe-moi la télécommande*. Le sens peut être littéral (ici, on utilise sa main pour passer l'objet) ou figuré. Par exemple, **a head**, *une tête* (leçon 40, phrase 9) devient **She heads a media company**, *Elle est à la tête d'une société de médias*. Ici encore, il n'y a pas de règle, mais restez vigilant(e) : si l'emploi d'un nom courant vous paraît étrange dans un certain contexte, il y a peut-être un changement de fonction grammaticale.

5 Certains noms se terminant en **s** sont singuliers. C'est le cas de **news**, *les nouvelles*. **I'm afraid the news isn't good**, *Je regrette, mais les nouvelles ne sont pas bonnes*. Dans le contexte des médias, **the news** signifie *les actualités / les informations* ou même *le journal télévisé* ou *journal radio*. **Let's listen to the nine o'clock news**, *Écoutons le journal de 9h/21h*. (D'ailleurs, le français a fait sien cet emploi, avec des emprunts comme *le newsmagazine*). Nous verrons plus loin d'autres "faux pluriels".

6 Voir note 2. L'adjectif irrégulier **bad**, *mauvais*, devient **worse** à la forme comparative. **The weather is bad in the south but it's worse in the north**, *Le temps est mauvais dans le sud mais il est pire au nord*. Invariable, il est suivi de **than** en cas de complément. **My headache is worse than before**, *Mon mal de tête est pire qu'avant*.

7 Et de trois ! **less**, *moins*, est le comparatif irrégulier de **little**, *peu*. **I have less luck than you**, *J'ai moins de chance que toi*. (Rappelons que le suffixe **-less** dénote un manque ou une absence (leçon 37, note 7)).

8 **to turn**, *tourner*, change de sens lorsqu'on ajoute une particule adverbiale. **Turn off the radio, it's late**, *Éteins la radio, il est tard*. Le contraire est **to turn on**, *allumer*. S'agissant du volume sonore, **the sound** ou **the volume**, on peut dire **turn up** ("tourner vers le haut" c'est-à-dire *monter*) ou **turn down** ("tourner vers le bas" c'est-à-dire *baisser*).

***

Corrigé de l'exercice 1

❶ Regardons la télé. – Bonne idée. Quel est le programme ? ❷ Passez-moi ce livre, celui qui est là-bas, sur la chaise. ❸ Ce qui se passe au Royaume-Uni en ce moment est déprimant. ❹ La tempête est forte et elle arrivera dans moins de deux heures. ❺ Regardez le temps ! C'est affreux.

Exercise 2 – Fill in the missing words

❶ Allumons la télévision et montons le son. Je n'entends rien.
Let's . . . . . . the television and . . . . I can't . . . .

❷ Le temps s'empire.
The weather . . . .

❸ Éteins la radio s'il te plaît. Il est temps d'aller se coucher.
. . . . please. It's time . . . .

❹ C'est* une bonne idée. – Mike en a une meilleure.
. . . . good idea. – Mike has . . . .

❺ Quel est son travail ? – Il dirige une grande société dans le nord de l'Écosse.
What is . . . . . . ? – . . . . a big company . . . . of Scotland.

* *Utilisez la forme contractée*

47

Forty-seventh lesson

The general election (Part 2)

1 – Be**fore** you de**cide** to vote Con**ser**vative,
2 com**pare** their **pro**mises with ours [1].
3 **La**bour is the **great**est [2] **par**ty in the **coun**try.
4 We're the **bigg**est [3], the **strong**est and the most ad**vanced** [4].
5 We are a**gainst low**er **tax**es, which they want.
6 And our **po**licies [5] are much more demo**cra**tic than theirs.

Corrigé de l'exercice 2

❶ – turn on – turn up the sound – hear anything ❷ – is going from bad to worse ❸ Turn off the radio – to go to bed ❹ That's a – a better one ❺ – his job – He heads – in the north –

Plusieurs centaines de chaînes de télévision et de radio sont disponibles au Royaume-Uni, mais le service public est toujours incarné par la **British Broadcasting Corporation** (Société britannique de radiodiffusion)*, ou* **BBC***, une véritable – et vénérable – institution. À telle enseigne qu'on l'a longtemps surnommée* **Auntie** (Tata) *! Fondée en 1922, la* **BBC** *joue un rôle important dans la vie quotidienne outre-Manche. Elle exploite des chaînes de télévision, des stations de radio nationales et locales, une prestigieuse station internationale, la* **World Service** (Service mondial) *et une offre en ligne (sites, applications, etc.). Bien qu'elle soit une régie d'État, le diffuseur jouit d'une réputation de sérieux et surtout d'impartialité. La preuve ? Les gouvernements de droite prétendent qu'elle favorise la gauche, et vice versa.*
Le rôle de plus en plus important d'Internet et, surtout, la diffusion en flux continu *(mieux connu en français sous le vocable anglais* **streaming***, de* **stream**, un ruisseau / un flot*) continuent à redessiner le paysage audiovisuel. Mais, pour l'instant, la* **BBC** *s'impose encore comme une référence incontournable.*

47

Quarante-septième leçon

Les élections législatives (2e partie)

1 – Avant de décider *(vous décidez)* de voter Conservateur,
2 comparez leurs promesses avec [les] nôtres.
3 Le [parti] Travailliste est le meilleur *(plus-grand)* parti du pays.
4 Nous sommes le plus grand, le plus fort et le plus avancé.
5 Nous sommes contre la baisse des impôts *(impôts plus-bas)*, [ce] qu'ils veulent.
6 Et nos politiques sont beaucoup plus démocratiques que [les] leurs.

7 They have the worst [6] **stra**tegy on **glo**bal **warm**ing [7].
8 We have the **hard**est **work**ers and the **bus**iest [8] M**Ps**.
9 Re**mem**ber: **ca**pitalism means that one **per**son exploits a**no**ther.
10 But **so**cialism is e**xact**ly the **o**pposite!
11 Vote **La**bour: the best [9] choice and the best re**sults** for **Bri**tain. □

Prononciation

***2** kəm**païr** … **pro**misəz … **aou**əz **3** léébə … **gréé**təst …**keun**trii **4** … əd**vanst 5** …ə**géénst looə tak**səz … **6** … **po**lisiiz … DHairz **7** … weust **stra**tədjii … **gloo**bəl **wor**ming **8** … **weur**kəz … **bi**ziəst əmm-**piiz 9** … eks**ploïts** … **10** … **so**chəlizəm … **11** … ri**zeults** …*

Notes

1 Voir leçon 45, note 3. Pour mémoire, **ours** *le/la/les nôtre(s)* est le pronom possessif de la première personne du pluriel. N'oubliez pas le **s** pour le différencier de l'adjectif possessif (**our** = *notre*). **These are our policies** → **These policies are ours**, *Voici nos politiques / Ces politiques sont les nôtres*. Dans cette même phrase nous avons l'adjectif possessif **their**, qui, comme pronom, devient **theirs** (voir phrase 6).

2 Comme pour la forme comparative, le superlatif dépend de la longueur de l'adjectif. Pour ceux comportant une syllabe (ou deux, se terminant en **-y**), il suffit d'ajouter le suffixe **-est** : **great**, *grand* → **the greatest**, *le/la/les plus grand(s)* (à la suite). En dehors des contextes familiers, comme à la leçon 38, phrase 8, **great** comporte la notion de grandeur ou d'importance, comme dans **Great Britain**.

3 Si un adjectif se termine par une consonne sonore, comme **-g**, celle-ci doit être doublée avant d'ajouter le suffixe du superlatif : **big**, *grand* → **the biggest**, *le/la/les plus grand(s)*. Pour plus d'informations, voir leçon 49.

4 Les adjectifs plus longs suivent une règle différente, qui ressemble davantage à la structure française car il suffit de mettre **the most** (*le/*

7 Ils ont la pire stratégie en matière de *(sur)* réchauffement climatique *(global)*.
8 Nous avons les travailleurs les plus diligents *(durs)* et les députés les plus affairés.
9 Souvenez-[vous] : le capitalisme signifie qu'une personne [en] exploite une autre.
10 Mais le socialisme, c'est *(est)* exactement le contraire !
11 Votez Travailliste : le meilleur choix et les meilleurs résultats pour la [Grande-]Bretagne.

la/les plus) devant le mot : **advanced → the most advanced. We live in the most advanced country in the world,** *Nous habitons dans le pays le plus avancé du monde.*

5 Il existe deux mots pour traduire *politique* : **politics** (toujours singulier malgré le **s** final) signifie *l'art et la pratique de gouverner*, alors que **a policy** signifie *une orientation* ou *ligne politique*. **What is the government's health policy?** *Quelle est la politique de santé du gouvernement ?*

6 Nous savons que le comparatif irrégulier de **bad** est **worse**. (leçon 46, note 6). Pour le superlatif, il faut simplement changer le **e** final en **t** (comme dans **most**) : **the worst. This is the worst storm in five years,** *C'est la pire tempête depuis cinq ans.*

7 Nous connaissons **warm**, *chaud*, en tant qu'adjectif (leçon 11, note 5). Celui-ci, comme beaucoup d'autres, peut s'employer comme un verbe, soit transitif : **I'll warm the bed,** *Je chaufferai le lit*, soit intransitif (souvent avec **up**) : **You're freezing! You need to warm up,** *Tu es gelé ! Tu dois te réchauffer*. Le substantif est **warming**, *réchauffement*.

8 Comme d'habitude, la terminaison adjectivale **-y** devient **i** avant l'ajout de la terminaison : **busy → the busiest** (comparatif : **busier**). **London Heathrow is one of the busiest airports in Europe,** *Londres Heathrow est l'un des aéroports les plus fréquentés d'Europe.*

9 Voir note 6. Le superlatif de **good** est **the best** (comparatif : **better**). **Which British city has the best food?** *Quelle ville britannique a la meilleure cuisine?*

Exercise 1 – Translate

❶ Why not compare prices before you buy your new suit? That one costs two hundred pounds. ❷ These are our policies on global warming. What are yours? ❸ What's the government's strategy on health? ❹ Joe is a really hard worker, isn't he? – I agree. ❺ He says that politics is the most important form of activity.

***

Exercise 2 – Fill in the missing words

❶ Décembre est le mois le plus chargé *(occupé)* de l'année. – Plus chargé qu'avril ?
December is .... of the year. – .... April?

❷ C'est la ville la plus grande et la plus avancée du monde.
It's .... and .... city ....

❸ Cela semble être la pire tempête de l'année.
This .... of the year.

❹ Notre entreprise a les travailleurs les plus diligents et les meilleurs résultats.
Our company .... and .... results.

❺ Je pense vraiment que notre pays est plus démocratique que le leur.
I really ..... that our country ....

48 Forty-eighth lesson

Booking [1] a flight

1 I dis**like** [2] **on**line **tra**vel **com**panies and **web**sites
2 but there are some ad**van**tages…
3 – Good **mor**ning. **Al**pha **Tra**vel. How may [3] I help you?
4 – I want to book a flight [4] to **Glas**gow, please.

Corrigé de l'exercice 1

❶ Pourquoi ne pas comparer les prix avant d'acheter votre nouveau costume ? Celui-là coûte 200 livres. ❷ Voici nos politiques en ce qui concerne le réchauffement climatique. Quelles sont les vôtres ? ❸ Quelle est la stratégie du gouvernement en matière de santé ? ❹ Joe est un bosseur *(travailleur appliqué)*, n'est-ce pas ? – Je suis d'accord. ❺ Il dit que la politique est la forme d'activité la plus importante.

***

Corrigé de l'exercice 2

❶ – the busiest month – Busier than – ❷ – the biggest – the most advanced – in the world ❸ – seems to be the worst storm – ❹ – has the hardest workers – the best – ❺ – think – is more democratic than theirs

48

Quarante-huitième leçon

Réserver *(Réservant)* un vol

1 Je n'aime pas les compagnies de voyage en ligne et les sites internet *(toile-sites)*
2 mais il y a des avantages...
3 – Bonjour. Alpha Travel. *(Comment)* Puis-je vous aider ?
4 – Je voudrais réserver un vol pour *(à)* Glasgow, s'il vous plaît.

5 – **Cer**tainly. When do you want to fly?
6 – I don't mind [5]. **A**ny time [6] next week.
7 – I'm **sor**ry, we have **no**thing be**fore** the week **af**ter next [7]
8 ex**cept** first class, **bus**iness class and **pre**mium.
9 **Glas**gow is a **fa**vourite desti**na**tion right now.
10 – Do you have **a**ny [8] flights to **Ed**inburgh?
11 – We do. But you have to go through New York. □

Prononciation

... flaït ***1*** *... dis****laïk*** ***onn****laïn ...****web****saïts* ***2*** *... əd****vaan****tədjəz* ***3*** *... méé ...* ***4*** *...* ***glaaz****goo ...* ***5*** ***seu****tənlii ...* ***8*** *...* ***prii****miəm* ***9*** *... desti****néé****chən ...* ***11*** *... THrou ...*

Notes

1 La terminaison **-ing**, caractéristique d'un participe présent, utilisée dans la forme continue (ou progressive) du verbe, est aussi le marqueur du gérondif anglais (**gerund**). Par exemple, en leçon 29 nous avons appris **swimming**, *la natation*, qui vient du verbe **to swim**, *nager / se baigner*. Ici, **to book**, *réserver*, nous donne **booking**, *la réservation*.

2 Même si les particules adverbiales ou prépositions sont incontournables pour modifier le sens d'un verbe (leçon 42, section 5), certains préfixes ont la même fonction. Par exemple, **dis-** indique le sens contraire (comme *dé-/dés-* en français) : **to like**, *aimer* → **to dislike**, *ne pas aimer / déplaire*, **to agree**, *être d'accord* → **to disagree**, *ne pas être d'accord*, **to connect**, *connecter* → **to disconnect**, *déconnecter*. Faites attention, cependant, car le sens négatif peut être assez éloigné de la forme affirmative (**to appoint**, *nommer à un poste*, mais **to disappoint**, *décevoir / désappointer*).

3 Nous connaissons **maybe** (par exemple, leçon 44, phrase 10), formé de **be** (*être*) et **may**, un auxiliaire modal qui exprime la possibilité ou l'éventualité d'une action. Par exemple, **She may be at home, but I'm not sure**, *Il se peut qu'elle soit à la maison, mais je suis ne pas sûr(e)*. C'est aussi, à la forme interrogative, un synonyme plus courtois de **can** à la première personne du singulier et du pluriel. Ainsi, vous l'entendrez

5 – Certainement. Quand voulez-vous prendre l'avion *(voler)* ?
6 – Ça m'est égal. N'importe quand *(tout temps)* [la] semaine prochaine.
7 – Je suis désolé, nous n'avons rien avant la semaine suivante *(la semaine après [la] prochaine)*.
8 sauf [en] première classe, classe affaires et premium.
9 Glasgow est une destination prisée *(favorite)* en ce moment.
10 – Avez-vous des vols pour Édimbourg ?
11 – Nous en avons. Mais vous devez passer par *(aller à-travers)* New York.

souvent dans un contexte commercial – un magasin, par exemple : **May I help you?**, *Puis-je vous aider ?*

4 **a flight**, *un vol* (*oiseau*, *avion*, etc.), vient de **to fly**, *voler*. Ce verbe fait partie de ceux qui indiquent le moyen de déplacement en même temps que le mouvement (leçons 29 note 3 et 30 note 8). **When do you want to fly?**, *Quand voulez-vous prendre l'avion ?*.

5 **the mind**, *l'esprit* : **Isaac Newton is one of the greatest minds of all time**, *Isaac Newton est l'un des plus grands esprits de tous les temps* Comme verbe intransitif, il traduit la notion de gêne ou de dérangement (leçon 43, phrase 1) **Do you mind if... ?** *Cela vous/te gêne si... ?* Une expression très utile est **I don't mind**, *Ça ne me gêne/dérange pas* ou encore *Ça m'est égal*.

6 **any** peut aussi avoir le sens de *n'importe...* : **When are you free? – Any time next week**, *Quand êtes-vous libre ? – N'importe quand la semaine prochaine*. **Any bus can take you to the city centre**, *N'importe quel bus peut vous emmener au centre-ville*. (Voir aussi leçon 43, note 2)

7 Les prépositions **after** et **before** permettent de s'orienter dans le temps : **the day before yesterday**, *avant-hier*, **the day after tomorrow**, *après-demain*, **the week after next**, *la semaine d'après/suivante*.

8 Petit rappel : on emploie **any** dans la question car le client ne sait pas s'il y aura des vols. **Do you have any flights to New York?** *Auriez-vous des vols vers New York ?*

Exercise 1 – Translate

❶ We can take a plane any time next week. ❷ Alex may be at home, but I'm not sure *(f.)*. He may be on holiday. ❸ Einstein is one of the greatest minds of all time. ❹ May I help you? – No thanks. I don't need anything. ❺ Do you mind if I sit here? – Of course not.

***

Exercise 2 – Fill in the missing words

❶ Si vous êtes déçu(e) du résultat, déconnectez votre ordinateur.
If you're .... the result, ... computer.

❷ Nous serons libres après-demain ou la semaine suivante.
We ...... free .... or ....

❸ Je pense que n'importe quel bus peut vous amener *(prendre)* à la gare, sauf le 21.
.... bus can .... the station, ... the twenty-one.

❹ Vous voulez aller à Glasgow en avion ou en voiture ? – Ça nous est* égal.
Do you want ...... or .... to Glasgow? – ....

❺ Avez-vous des vols vers Édimbourg ? – Non.*
.... to Edinburgh. – No, ...

* *Utilisez la forme contractée*

49

Forty-ninth lesson

Revision – Révision

Nous avons abordé plusieurs points grammaticaux importants au cours des six précédentes leçons. Il est donc essentiel de bien se les mettre en tête. C'est pourquoi cette leçon de révision est un petit peu plus dense que d'habitude.

Corrigé de l'exercice 1

❶ Nous pouvons prendre un avion à tout moment la semaine prochaine. ❷ Alex est peut-être à la maison, mais je n'en suis pas sûre. Il est peut-être en vacances. ❸ Einstein est l'un des plus grands esprits de tous les temps. ❹ Puis-je vous aider ? – Non, merci. Je n'ai besoin de rien. ❺ Cela vous dérange si je m'assoie ici ? – Bien sûr que non.

***

Corrigé de l'exercice 2

❶ – disappointed with – disconnect your – ❷ – will be – the day after tomorrow – the week after next ❸ I think any – take you to – except – ❹ – to fly – to drive – We don't mind – ❺ Do you have any flights – we don't

Glasgow, *la plus grande ville d'Écosse, est un énorme pôle industriel et l'un des principaux ports commerciaux de Grande-Bretagne, avec une grande tradition de construction navale. C'est aussi une ville très vivante, célèbre pour sa scène artistique dynamique, une magnifique architecture du XIX*[e] *siècle, et une vie nocturne animée.*
Edinburgh *(en français :* Édimbourg*), la deuxième ville importante, est la capitale du pays. Siège du* **Scottish Parliament** *(*Parlement écossais*),* **Edinburgh** *est aussi le centre financier et culturel, avec un festival des arts qui attire des millions de visiteurs chaque été.*

49

Quarante-neuvième leçon

1 Adjectifs comparatifs et superlatifs

D'abord, distinguons deux groupes : d'une part les adjectifs courts, c'est-à-dire formés d'une syllabe (**big**, **tall**, etc.) ou de deux syllabes se terminant en **-y** (**lucky**, **happy**) et, d'autre part, les polysyllabiques et les adjectifs longs, c'est-à-dire ceux formés de deux syllabes (sauf ceux qui se terminent en **-y**) ou plus (**intelligent**, **interesting**, etc.)

1.1 Avec des adjectifs courts

Dans la plupart des cas, il suffit d'ajouter les suffixes **-er** pour le comparatif de supériorité et **-est** pour le superlatif :
tall → **taller** → **the tallest**, *haut, plus haut, le plus haut*

Pour les adjectifs se terminant en **-y**, celui-ci se transforme en **i** avant l'ajout de la terminaison :
happy → **happier** → **the happiest**, *heureux, plus heureux, le plus heureux*
Comme en français, le superlatif est toujours précédé de l'article défini **the**.

Lorsqu'un adjectif se termine par une seule consonne, elle-même précédée d'une seule voyelle, on double cette consonne :
big → **bigger** → **the biggest**, *grand, plus grand, le plus grand*

1.2 Avec des adjectifs longs

Le comparatif de supériorité est formé avec **more** et le superlatif avec **the most** :
intelligent → **more intelligent** → **the most intelligent**

Pour la comparaison, la conjonction introduisant le second terme est **than** dans les deux cas (court et long) :
He's taller than me, *Il est plus grand que moi.*
She's much more intelligent than him, *Elle est beaucoup plus intelligente que lui.*

1.3 Formes irrégulières

Comme en français, il y a des exceptions à la règle. Les deux adjectifs irréguliers les plus courants sont **good**, *bon*, et **bad**, *mauvais* :
good → **better** → **the best** : *bon / meilleur / le meilleur*
bad → **worse** → **the worst** : *mauvais / pire / le pire*
Un autre adjectif irrégulier est **little** → **less** → **the least** : *peu / moins / le/la/les moins*
Rassurez-vous, ces exceptions sont peu nombreuses.

2 La possession : pronoms et *whose*

2.1 Pronoms possessifs

Nous connaissons bien les adjectifs possessifs **my**, **your**, **his/her/its**, **our**, **your**, **their** (*mon*, *ton*, etc.). Pour former la plupart des pronoms possessifs (sauf **my**, **his** et **its**, voir ci-dessous), il suffit d'ajouter un **s** à la fin de l'adjectif.
Rappelons aussi que "un mot fait tout" : **mine**, qui traduit *le mien*, *la mienne*, *les miens* et *les miennes*, ainsi que – selon le contexte – *à moi*. Voici un tableau récapitulatif (avec, en prime, un petit rappel de vocabulaire).

Rappel : Adjectif	Pronom	Traduction	Exemple (sing. /pl.)	
my	**mine**	*le mien, la mienne, les miens, les miennes ; à moi*	**That's my ticket. That's mine.**	**They're my tickets. They're mine.**
your	**yours**	*le tien, la tienne, les tiens, les tiennes ; le vôtre, les vôtres ; à toi, à vous*	**That's your key. That's yours.**	**Those are your keys. Those are yours.**
his	**his**[1]	*le sien, la sienne, les siens, les siennes ; à lui*	**This is his coat. This is his.**	**Those are his coats. Those are his.**
her	**hers**[2]	*le sien, la sienne, les siens, les siennes ; à elle*	**That's her skirt. That's hers.**	**Those are her skirts. Those are hers.**
its	Pas de pronom possessif			
our	**ours**	*le nôtre, la nôtre, les nôtres ; à nous*	**That's our house. That's ours.**	**Those are our houses. Those are ours.**
their	**theirs**	*le leur, la leur, les leurs ; à eux, à elles*	**It's their company. It's theirs.**	**They're their companies. They're theirs.**

[1] quand le possesseur est masculin
[2] quand le possesseur est féminin

2.2 Avec l'interrogatif *whose*

Ces pronoms sont souvent utilisés en réponse à une question avec **whose**. Puisque ce mot est à la fois un déterminant et un pronom possessif, la construction des questions varie en fonction de la forme grammaticale choisie. Ceci dit, le sens ne change pas.

Quand il est déterminant, **Whose...?** se place devant le nom (comme les adjectifs possessifs **my**, **your**, etc.).
Whose pen is this?, *À qui est ce stylo ?*
Whose tickets are these?, *À qui sont ces billets ?*

Mais quand **Whose...?** est pronom, il se place devant le verbe :
Whose is this pen? *À qui est ce stylo ?*
Whose are these tickets? *À qui sont ces billets ?*

S'il n'y a pas de différence sémantique entre les deux types de construction, le fait de mettre l'objet à la fin de la question permet de le mettre en évidence pour y attirer l'attention de l'interlocuteur.

Nous verrons ultérieurement comment **whose** est utilisé comme pronom relatif. Enfin, rappelons qu'il ne faut surtout pas confondre **whose** avec **who's**, qui est la contraction de **who is** et qui se prononce de façon identique.

3 *can* et *must*

Faisons le point sur ces deux auxiliaires modaux, qui ne possèdent pas toutes les formes de conjugaison (comme *falloir*). En substance, **can** signifie *pouvoir* et **must** *devoir*. Appelés aussi verbes défectifs, ils partagent les mêmes caractéristiques :
– pas d'infinitif ni de participes (présent ou passé).
– suivis de l'infinitif nu :
You must go back to the office, *Tu dois retourner au bureau.*
We can help you, *Nous pouvons vous aider*.
– pas de **s** à la troisième personne du singulier :
He can swim very well, *Il sait* ("il a la capacité de") *très bien nager*.
Fiona must be Scottish, *Fiona doit être écossaise*.

• Pour les formes négative et interrogative, **can** et **must** se comportent comme **to be** :

– négation :
He can't hear you, *Il ne peut pas vous entendre / Il ne vous entend pas.*
We mustn't be late, *Nous ne devons pas être en retard.*
– interrogation :
Can you lend me your car?, *Peux-tu me prêter ta voiture ?*
Must we meet him at the airport? *Devons-nous le prendre* ("rencontrer") *à l'aéroport ?*

À partir de ces règles de base, nous verrons, au fil des leçons, comment **must** s'emploie pour parler des obligations, des suggestions et des conclusions logiques, alors que **can** exprime la capacité, la possibilité ou la permission.

4 *always, still* et *yet*

Ces trois adverbes posent parfois des problèmes car ils se ressemblent et peuvent tous se traduire par un seul mot français : *toujours*. Voici quelques pistes :
– Si l'action ou l'état dont on parle est permanent, il faut **always** devant le verbe principal :
It always rains here in November, *Il pleut toujours ici en novembre.*
I don't always find the right answer, *Je ne trouve pas toujours la bonne réponse.*
– Si l'action est en cours, on utilise **still** :
Is it still raining? *Pleut-il toujours ?*
I still can't find the right answer, *Je ne trouve toujours pas la bonne réponse.*

Regardez la deuxième phrase de chaque exemple : **I don't always find** signifie que *je ne trouve pas* à chaque fois (mais parfois, j'ai de la chance) alors que, avec, **I still can't find**, j'informe mon interlocuteur que je suis toujours à la recherche de cette chose. Notez aussi le positionnement des deux adverbes.

Enfin, **yet** s'emploie dans une interrogation ou une phrase négative et se traduit par :
– *encore* :
Lunch isn't ready yet, *Le déjeuner n'est pas encore prêt.*
– *déjà* :
Are they here yet?, *Sont-ils/elles déjà ici ?* (ou *sont-ils/elles arrivé(e)s*), à laquelle on peut répondre : **No, not yet**, *Non, pas encore.*

Nous verrons **yet** avec plus de détails quand nous aborderons le **present perfect**, un temps passé spécifique.

5 *to speak* et *to talk*

La différence entre ces verbes, qui signifient tous les deux *parler*, tient essentiellement au nombre de personnes concernées, mais il y a des exceptions qui peuvent en changer la traduction.

– **to speak** : Avec ce verbe, l'attention est portée sur l'acte d'énoncer des mots et aussi sur la personne qui parle :
I want to speak to Ms Wright, *Je veux parler à Mme /Mlle Wright*. (C'est moi qui veux parler)
De plus, **to speak** est plus soutenu que **to talk** :
Who is going to speak at the meeting tomorrow? *Qui va parler à la réunion demain ?*
Enfin, c'est le verbe utilisé lorsqu'il s'agit de parler une langue :
She speaks English, French and German, *Elle parle l'anglais, le français et l'allemand.*

– **to talk** s'emploie pour exprimer la notion de conversation ou de dialogue :
Charlie and his girlfriend talk for hours on the phone, *Charlie et sa copine parlent pendant les heures au téléphone.*
What is he talking about? *De quoi parle-t-il ?*
Enfin, **to talk** est régulier, contrairement à **to speak**.

6 Le "petit plus" des verbes de mouvement

Si certains verbes permettent de préciser le type de ressemblance (leçon 42, section 2), d'autres nous informent sur le moyen de transport utilisé dans un déplacement.
Si l'on pose la question **How does Sally go to work?** *Comment Sally se rend-elle [habituellement] à son travail ?*, plusieurs réponses sont possibles :
She always walks → *elle y va toujours à pied* (**to walk**, *marcher*)
She always drives → *elle y va toujours en voiture* (**to drive**, *conduire*)
She always cycles → *elle y va toujours à vélo* (**to cycle**, *se déplacer à bicyclette*)
She always flies → *elle y va toujours en avion* (**to fly**, *voler*)
Et admettons qu'elle puisse s'y rendre à la nage… **She always swims.**

Malheureusement, ce mécanisme n'est pas adaptable à tous les moyens de transport (le bus ou le train, par exemple), auquel cas, il faut une construction plus classique :
She goes to work by bus / train
Il n'empêche que ces tous ces verbes "informatifs" sont très utiles !

Revision dialogue

1 – Do you mind if I borrow your dress tonight?
2 I have nothing to wear and I have to go to a party.
3 – What do you mean, you don't have anything to wear?
4 – I know, but your dresses are prettier than mine.
5 – Yes, they are, but they are also bigger than yours.
6 – Then lend me the smallest dress that you've got.
7 – I have a better idea: you can borrow that skirt,
8 the blue one over there on the bed.
9 – But that's your best piece of clothing.
10 – I don't care. I'll lend it to you if you want.

Traduction

1 Cela te dérange si je t'emprunte ta robe ce soir ? **2** Je n'ai rien à me mettre et je dois aller à une fête. **3** Comment ça, tu n'as rien à te mettre ? **4** Je sais, mais tes robes sont plus jolies que les miennes. **5** Oui, elles le sont, mais elles sont aussi plus grandes que les tiennes. **6** Alors prête-moi la plus petite robe que tu as. **7** J'ai une meilleure idée : tu peux emprunter cette jupe, **8** la bleue, là-bas sur le lit. **9** Mais c'est ton plus beau *(meilleur)* vêtement. **10** Je m'en fiche. Je te le prêterai si tu veux.

Vous allez maintenant passer à la vitesse supérieure en entamant la phase d'activation de votre apprentissage, dont nous avons parlé dans l'Introduction. Nous vous en rappellerons le principe à la leçon suivante. Pour l'heure, contentez-vous de réécouter notre dialogue de révision – et de vous rendre compte des énormes progrès que vous avez accomplis en l'espace de quelques semaines.

50 Fiftieth lesson

We had fun

1 – So tell me [1], **So**nia, how was [2] your **ho**liday?
2 You said [3] that you **want**ed [4] to get a**way** [5] from **Lon**don.
3 You told me that you were [2] fed up [6].
4 – Mike and I **vis**ited my aunt in **Black**pool.
5 We **rent**ed a nice room above a pub near her house.
6 We stayed there for a week and we had fun [7].
7 We ex**plored** all the **tour**ist at**trac**tions.
8 The **wea**ther was **pleas**ant and it rained only once.
9 One **eve**ning, we went [8] to the beach and watched the **sun**set.
10 We **want**ed to go **danc**ing **af**ter that, but we were ex**haust**ed.
11 We only had [9] one week, and it was much too short.

Prononciation

*2 … **won**təd 4 … aannt … **blak**poul 6 … stééd … 7 … ə**trak**chənz 8 … **ple**zənt … réénd … 9 … **seunn**sett 10 … eg**zor**stəd*

Notes

1 Nous savons que **to tell**, *dire / raconter* se rapporte à l'information livrée lorsqu'on parle. Il doit toujours être suivi directement soit d'un pronom personnel complément : **Tell me where you live**, *Dites-moi où vous habitez*, soit d'un nom : **Tell the truth**, *Dis la vérité*, soit d'un nom propre : **Tell Matt to park over there**, *Dites [à] Matt de se garer là-bas*. Comparez ce verbe avec **to say**, (note 3).

2 Voici le passé (ou prétérit) du verbe irrégulier **to be**. Il possède deux formes : **I was**, **he/she/it was** *j'étais, il/elle était* et **you/we/they were**,

Cinquantième leçon

Nous nous sommes [bien] amusés.

1 – Alors raconte-moi, Sonia, comment étaient tes *(était ton)* vacances ?
2 Tu as dit que tu voulais t'éloigner *(t'échapper)* de Londres.
3 Tu m'as dit que tu en avais marre *(étais nourri-jusqu'au-bord)*.
4 – Mike et moi [avons] rendu visite à ma tante à Blackpool.
5 Nous [avons] loué une belle chambre au-dessus d'un pub près de chez elle.
6 Nous y [sommes] restés *(pour)* une semaine et nous nous sommes [bien] amusés *(avions amusement)*.
7 Nous [avons] exploré toutes les attractions touristiques.
8 Le temps était agréable et il n'a plu qu'une fois.
9 Un soir, nous [sommes] allés à la plage et nous [avons] regardé le coucher du soleil.
10 Nous voulions aller danser après cela, mais nous étions épuisés.
11 Nous n'avons eu qu'une semaine, et c'était beaucoup trop court.

tu étais, *vous étiez*, *nous étions*, *ils/elles étaient*. Ce temps peut ressembler au passé simple français car il ne comporte qu'un seul mot, mais ce n'est pas toujours le cas, comme vous pouvez le constater dans la traduction du dialogue. Tout sera expliqué plus loin ; pour l'instant, regardez attentivement chaque phrase de la leçon.

3 Le prétérit de **to say**, *dire*, est **said** à toutes les personnes. Ce verbe est souvent confondu avec **to tell**. La principale différence est que **say** se réfère simplement aux phrases prononcées plutôt qu'aux informations délivrées. Il est suivi directement d'une subordonnée (jamais d'un pronom personnel). Ainsi **She said: "I'm fed up"**, *Elle a dit : "J'en ai marre"*, mais **She told us that she was fed up**, *Elle nous a dit qu'elle en avait marre*.

4 Pour les verbes réguliers, le prétérit à toutes les personnes se forme simplement en ajoutant **-ed** à l'infinitif (ou **-d** si celui-ci se termine en **e**) : **I/You/He/She/We/They wanted to help us,** *Je/Tu/Il/Elle/Nous/Ils/Elles voulais/voulais/voulait/voulions/vouliez/voulaient nous aider*. Il en va de même pour **visit**, **rent** et **explore** dans ce dialogue.

5 **away** est un adverbe de lieu qui introduit une notion d'éloignement. **The beach is four miles away,** *La plage est à 4 miles / 6,4 kms*. Le verbe à particule **to get away** signifie *s'éloigner / s'échapper / s'absenter*, etc..: **I can't get away from the meeting before lunch,** *Je ne peux pas m'absenter de la réunion avant le déjeuner*. Nous verrons d'autres usages de cet adverbe courant plus loin dans le livre.

6 **fed** est le prétérit du verbe irrégulier **to feed**, *nourrir / donner à manger à*. Mais l'expression idiomatique **to be fed up** signifie *en avoir marre*. (Le sens littéral est "*être nourri jusqu'au bord*", ce qui n'est pas sans rappeler *ras-le-bol*.) Si la phrase comporte un complément, il faut ajouter

***

Exercise 1 – Translate

❶ Mike's fed up with his job. He's exhausted and he wants to get away. ❷ Dancing can be a fun thing to do. ❸ The weather's very pleasant at this time of year. ❹ One week is much too short to explore all the attractions. ❺ The room that we rent is above an old pub near their house.

***

Exercise 2 – Fill in the missing words

❶ Je voulais quitter *(partir)* Londres, alors j'ai rendu visite à mes frères en Écosse.
I .... London so .... in Scotland.

❷ Nous y sommes resté(e)s pendant une semaine et nous nous sommes [bien] amusé(e)s.
We ...... there ... a week and ....

❸ Ma tante et moi sommes allé(e)s à la plage et avons regardé le coucher de soleil.
.... the beach and .... the sunset.

la préposition **with** après le verbe. Ainsi, **I'm fed up**, *J'en ai ras-le-bol*, mais **I'm fed up with my job**, *J'en ai marre de mon travail*.

7 **fun** fait partie des mots qui ont migré vers le français. À la fois nom et adjectif, il dénote *l'amusement*, *le rire*, etc. Il s'emploie souvent avec le verbe **to have** : **We had good fun**, *Nous nous sommes beaucoup amusé(e)s* ou encore **Bowling is a fun thing to do**, *Le bowling est une activité amusante*. Il ne faut pas confondre ce mot avec **funny**, *drôle*, même si les deux mots partagent la même racine.

8 **to go** – comme presque tous les verbes à haute fréquence – est irrégulier. Le prétérit à toutes les personnes est **went**. **We went on holiday**. *Nous sommes parti(e)s en vacances*. Il faut faire attention car la distinction entre les deux auxiliaires du passé composé français (*être* et *avoir*) disparaît complètement en anglais : *j'ai regardé*, **I watched** ; *je suis allé(e)*, **I went**.

9 **had** est le prétérit de **to have**, à toutes les personnes.

***

Corrigé de l'exercice 1

❶ Mike en a marre de son travail. Il est épuisé et veut s'échapper. ❷ Danser peut être une activité amusante. ❸ Le temps est très agréable à cette époque de l'année. ❹ Une semaine est beaucoup trop courte pour découvrir toutes les attractions. ❺ La chambre que nous louons se trouve au-dessus d'un vieux pub près de chez eux.

***

❹ **Ils/Elles étaient fatigué(e)s et avaient faim, alors ils/elles sont rentré(e)s tôt chez eux/elles.**
They .... tired and hungry so .... early.

❺ **Il n'a plu qu'une seule fois quand j'étais en vacances l'année dernière.**
It .... when I ... on holiday last year.

Corrigé de l'exercice 2

❶ – wanted to leave – I visited my brothers – ❷ – stayed – for – had fun ❸ My aunt and I went to – watched – ❹ – were – they went home – ❺ – rained only once – was –

Vous entamez aujourd'hui la phase d''activation de votre apprentissage. Le but est de consolider les bases de vos connaissances au fur et à mesure que vous avancez dans votre étude. Comment procéder ? C'est très simple : après avoir étudié votre leçon quotidienne, vous reprendrez ensuite une leçon du début (nous vous indiquerons laquelle à la fin de chaque leçon à partir de maintenant). Mais cette fois, vous traduirez à haute voix le texte français de la leçon et de l'exercice 1 en anglais. Parlez

51

Fifty-first lesson

You didn't think

1 – There's no [1] **but**ter or milk left [2] in the fridge [3].
2 – **So**rry, I **did**n't go [4] **sho**pping **yes**terday.
3 I **did**n't have time be**cause** three of my **co**lleagues are sick.
4 – But I **tex**ted you and asked you to go to the **su**permarket **af**ter work!
5 – I know, but I **did**n't leave un**til** [5] nine p.m. [6]
6 And I **did**n't see your text be**fore** I left [7], **ho**nestly.
7 Then I went for a drink [8] with some of [9] the guys from the **o**ffice.
8 – Why **did**n't you phone me? I su**ppose** that you **did**n't think.
9 – I **did**n't **re**alise that it was so late. Wait, I'll go in a few **mi**nutes.
10 – Don't **bo**ther [10]. You'll get black tea and dry **bis**cuits for **break**fast. □

Prononciation

… ***did**ənt* … **1** … *fridj* **3** … ***ko**liigz* **4** … ***teks**təd* … **5** … *eun**til*** … *pii-emm* **6** … ***o**nəstlii* **7** … *gaïz* … **9** … ***rii**əlaïz* … **10** … ***bo**DHə* …

bien fort, articulez clairement, et revenez plusieurs fois sur la prononciation d'un son si besoin est.
Loin d'être fastidieux, ce petit travail supplémentaire vous permettra de réviser, vérifier et valider tout ce que vous avez appris au fil des leçons, presque sans vous en apercevoir. Et il renforcera votre capacité d'assimilation naturelle. **Let's go!** (Allons-y !)

Phase d'activation : 1re leçon

51

Cinquante et unième leçon

Tu n'[y] as pas pensé

1 – Il n'y a plus de beurre ni *(ou)* de lait au *(dans le)* frigo.
2 – Désolé. Je n'ai pas fait les courses hier.
3 Je n'ai pas eu [le] temps car trois de mes collègues sont malades.
4 – Mais je t'ai envoyé un texto pour te demander d'aller au supermarché après le travail !
5 – Je sais, mais je ne [suis] pas parti avant *(jusqu'à)* 21 heures *(9 post meridiem)*.
6 Et je n'ai pas vu ton message avant [de] partir, honnêtement.
7 Puis je suis allé boire un verre *(pour une boisson)* avec quelques-uns des gars du bureau.
8 – Pourquoi tu ne m'as pas téléphoné ? Je suppose que tu n'[y] as pas pensé.
9 – Je ne me suis pas rendu compte *(n'ai pas réalisé)* qu'il était si tard. Attends, je vais y aller dans quelques minutes.
10 – Ne te dérange pas. Tu auras du thé noir et des biscuits secs pour le petit-déjeuner.

Notes

1 **no** signifie *non* (leçon 3, phrase 2) , mais il est employé comme adjectif de négation signifiant l'absence de quelque chose. Ainsi, pour traduire *il n'y a pas de beurre*, on peut dire **there isn't any butter** ou **there's no butter**. À la rigueur, **no** serait plus catégorique, mais en pratique, on peut utiliser l'un ou l'autre indifféremment.

2 **left**, le prétérit de **to leave**, *laisser / partir / quitter*, s'emploie dans une construction un peu particulière, **to be left**, avec le sens de *rester* : **There's no tea left**, *Il ne reste plus de thé*. **Are there any biscuits left?**, *Est-ce qu'il reste des biscuits ?*. Notez que **left** se place immédiatement après le nom ou pronom.

3 **fridge** est la contraction de **refrigerator** et correspond à notre *frigo / réfrigérateur*. À ne pas confondre avec **a freezer**, *congélateur* (de **to freeze**, *geler / congeler*, voir leçon 47 note 7).

4 Voici la forme négative du prétérit. Elle se construit avec **did** (le passé de **do**) + **not** (**didn't** à la forme contractée) + l'infinitif nu à toutes les personnes : **I didn't go**, **he didn't go**, etc. C'est simple, non ?

5 **until**, *jusqu'à*. **I'm here until nine tonight**, *Je suis là jusqu'à 21h*. Cette préposition ne s'emploie que pour parler du temps, jamais pour les distances. Utilisée dans une construction négative, elle sert à accentuer le passage du temps, comme notre *pas avant* : **I didn't leave home until ten**, *Je ne suis pas parti(e) de la maison avant dix heures*. Parfois, surtout dans la langue parlée, **until** est contracté en **till** (remarquez le doublement de la consonne finale). **I won't leave till Friday**, *Je ne partirai pas avant vendredi*.

6 Même si l'horloge à 24 heures est utilisée couramment dans les contextes officiels, comme les transports, elle est beaucoup moins fréquente dans la communication courante, et notamment la conversation quotidienne. Ainsi, la journée est divisée en deux blocs de 12 heures et la distinction entre les deux s'effectue avec **a.m.** (***ante meri-***

***

Exercise 1 – Translate

❶ There isn't any ice cream left because I *(f.)* didn't go shopping. ❷ Wait until nine o'clock. – A.m. or p.m.? ❸ We can drive you* home. – Thanks, but don't bother. ❹ Do you want something to drink, like water? ❺ Most of the guys from the office are away today.

* *Utilisez le tutoiement*

diem, *avant midi* en latin) pour le matin, et **p.m.** (***post meridiem***, *après midi / soir*) pour le soir et la nuit. Ainsi **9 a.m.** (*9h*) ou **9 p.m.** (*21h*).

7 Remarquez la différence de construction par rapport au français : **I didn't see your text before I left**, *Je n'ai pas vu ton message avant de partir* ("avant [que] je suis parti(e)"). Lorsque **before** est employé comme une conjonction de subordination reliant deux actions, la seconde est normalement au prétérit. Lorsque le sens de la phrase est clair, cependant, il est possible d'employer un participe présent : **I didn't see your text before leaving**. Il n'y a pas de différence entre les deux énoncés.

8 **a drink**, *une boisson*. Dans ce contexte, **a drink** signifie généralement *une boisson alcoolisée*, et on le traduit par *un verre / un pot*. **We're invited to Steve's house for a drink**, *Nous sommes invités chez Steve pour boire un verre*. Généralement, il s'agit, dans la plupart des cas, d'alcool. Pour proposer autre chose que de l'alcool, on demandera **Do you want something to drink?**, *Voulez-vous boire quelque chose ?*, au lieu de **Do you want a drink?** *Voulez-vous un verre ?* (forcément alcoolisé).

9 Vous savez que **some** (et **any**) ne sont pas suivis de **of** s'ils précèdent directement un nom (**some guys**, *des types*). Mais si le mot qui suit est un déterminant ou un pronom personnel complément qui ajoute une information, il faut à la fois **of** et un article : **some of the guys at the office**, *quelques-uns des types du bureau*. Il en va de même pour **most** (**most people**, *la plupart des gens* → **most of the people who I know**, *la plupart des gens que je connais*.

10 **to bother**, *ennuyer* ou *importuner quelqu'un* : **Stop bothering me!** *Arrêtez de m'importuner !* Mais ce verbe est aussi utilisé, généralement au négatif, dans le sens de *se donner la peine* : **Don't bother to phone**, *Ne vous donnez pas la peine de téléphoner*. **I'll drive you home. – Don't bother**, *Je te raccompagnerai en voiture. – Ne t'embête pas*. Enfin, **It's no bother** est une expression très utile pour *Ça ne me dérange pas* : **I'll drive you home. It's no bother**, *Je te raccompagnerai en voiture ; ça ne me dérange pas*.

***

Corrigé de l'exercice 1

❶ Il ne reste plus de glace parce car je ne suis pas allée faire les courses. ❷ Attendez jusqu'à neuf heures. – Du matin ou du soir ? ❸ Nous pouvons te raccompagner en voiture. – Merci, mais ce n'est pas la peine. ❹ Voulez-vous boire quelque chose, comme de l'eau ? ❺ La plupart des gars du bureau sont absents aujourd'hui.

Exercise 2 – Fill in the missing words

À partir de maintenant, l'utilisation de la forme contractée ne sera plus signalée car vous avez sans doute acquis les réflexes nécessaires.

❶ Nous n'avons pas vu l'heure, donc nous ne sommes pas partis immédiatement.
We ...... see .... so we .... immediately.

❷ Pourquoi n'est-elle pas allée au supermarché après le travail ?
.... the supermarket ..... work?

❸ Nous étions invité(e)s chez Mike pour boire un verre mais nous n'y sommes pas allé(e)s.
.... to .... for ...... but ....

❹ Il ne s'est pas rendu compte qu'il était si tôt. – Mais je lui ai envoyé un texto !
.... that it .... – But .... !

❺ Je les raccompagnerai en voiture. Ça ne me dérange pas.
.... home. ....

52

Fifty-second lesson

"It was the best of times, it was the worst of times"

1 Charles **Dic**kens, the great **wri**ter, was born [1] in **Ports**mouth in 1812 (**eigh**teen twelve) [2].
2 He had a **deep**ly un**ha**ppy [3] **child**hood: his **fa**mily was poor,
3 his **fa**ther went to **pri**son and young Charles worked in a **fac**tory.
4 He felt [4] sad, **alone** and un**cer**tain [3] **about** his **fu**ture.
5 **La**ter he came [5] to **Lon**don and got a job as a **jour**nalist.

Corrigé de l'exercice 2
❶ – didn't – the time – didn't leave – ❷ Why didn't she go to – after – ❸ We were invited – Mike's house – a drink – we didn't go ❹ He didn't realise – was so early – I texted him ❺ I'll drive them – It's no bother

Phase d'activation : 2e leçon

52

Cinquante-deuxième leçon

"C'était le meilleur des temps, c'était le pire des temps"

1 Charles Dickens, le grand écrivain, est *(fut)* né à Portsmouth en 1812.

2 Il a eu une enfance profondément malheureuse : sa famille était pauvre,

3 son père [est] allé en prison et le jeune Charles [a] travaillé dans une usine.

4 Il [se] sentait triste, seul et incertain quant à *(autour)* son avenir.

5 Plus tard, il [est] venu à Londres et [a] obtenu un emploi de journaliste.

6 He be**gan writ**ing at an **ear**ly age.
7 He **pub**lished his first **novel** [6] when he was **on**ly **twen**ty-four.
8 It was **huge**ly suc**cess**ful and **Dick**ens soon [7] be**came** [5] **fa**mous.
9 In all, he wrote a**round** [8] **twen**ty books, and **hun**dreds of **ar**ticles and short **sto**ries [7].
10 Charles **Dick**ens died [1] in 1870 (**eigh**teen **sev**enty) and was **bur**ied in **West**minster **A**bbey. □

Prononciation

*2 … **diip**lii eun**Ha**pii **tchaïld**Houd … poor **3** … weurkt … **fak**trii **4** … ə**loon** … eun**ser**tən … **fiou**tchə **6** … **eu**lii éédj **7** … **peu**blicht … **no**vəl … **8** … bii**kéém féé**məs **9** …root … **aa**tikəlz … **10** … daïd … **be**riid … **west**minstə **a**bii*

Notes

1 **to be born**, *naître* : **She was born in Ireland**, *Elle est née en Irlande*. Il faut faire très attention à conjuguer le verbe **to be** dans cette structure. Le substantif (*naissance*) relatif à ce verbe est **birth**, que nous avons déjà rencontré (leçon 19) dans le nom composé **birthday**, *anniversaire* ("jour-de-naissance"). Le contraire de **to be born** est **to die** (phrase 10), *mourir*. **Dickens died in 1870**, *Dickens est mort en 1870*. Il s'agit d'un verbe régulier dont l'infinitif nu se termine en **e**, donc on forme le passé avec **-d**. Le substantif correspondant est **death**, *la mort*, et l'adjectif **dead**. Soyez attentif : si vous dites **He is dead**, *Il est mort*, vous constatez simplement le décès de la personne (elle n'est plus vivante).

2 Pour dire les années, il faut les diviser en deux. Ainsi 1812 se décompose en 18 et 12, soit **eighteen twelve**. La seule exception est pour les siècles, où l'anglais fait comme parfois en français. Par exemple, **1800** se dit **eighteen hundred**, *dix-huit cent*, et **2000** devient **two thousand**, *deux mille*. Pour les neuf premières années d'un siècle, le zéro se prononce comme la lettre **o**. Rendez-vous aux exercices.

3 Voici l'un des préfixes négatifs les plus courants, appliqué à des adjectifs : **happy**, *heureux/-euse* → **unhappy**, *malheureux/-euse* ; **certain** → **uncertain**. Si l'adjectif commence par un **n** (**natural**, *naturel*, **necessary**,

6 **Il [a] commencé à écrire à un âge précoce** *(tôt)*.
7 **Il [a] publié son premier roman alors qu'il** *(quand il)* **n'avait que vingt-quatre [ans].**
8 **Le succès fut énorme** *(ce fut énormément réussi)* **et Dickens devint vite célèbre.**
9 **En tout, il [a] écrit environ vingt livres, et des centaines d'articles et de nouvelles** *(courtes histoires)*.
10 **Charles Dickens [est] mort en 1870 et a [été] enterré dans l'abbaye de Westminster.**

nécessaire), on se retrouve donc avec deux **n** à la suite : **unnatural**, *contre nature*, **unnecessary**, *inutile*. Nous verrons d'autres préfixes de négation dans les leçons à venir.

4 **felt** est le prétérit du verbe **to feel** (leçon 42, section 2), *toucher / sentir*. Ainsi, ce verbe simple est employé pour parler d'une émotion ou d'une sensation, là où le français exige la forme pronominale : **I feel sad**, *Je me sens triste*. Comme nous le verrons, les verbes réfléchis sont moins fréquents en anglais qu'en français.

5 Encore un verbe irrégulier : **came** est le prétérit de **to come**, *venir*. **She came to see me yesterday**, *Elle est venue me voir hier*. On retrouve cette même forme dans **to become**, *devenir* (phrase 8) : **Dickens became famous when he was thirty**, *Dickens devint célèbre quand il avait trente ans*.

6 **a novel** est un faux-ami car ce nom signifie *un roman* alors que **a short story** ("histoire courte") est *une nouvelle* (et **history** signifie *histoire* dans le sens de l'étude du passé). La plupart des noms anglais sont épicènes, **a novelist** est *un romancier / une romancière* et **a short story writer** est *un(e) nouvelliste*. Au cas où il faut vraiment préciser le sexe de l'auteur, on dirait **a female / male novelist**.

7 **soon**, *bientôt* (leçon 37, phrase 10) peut aussi signifier *peu après* ou *vite / rapidement* : **She soon realised that she was alone**, *Elle a (très) vite compris qu'elle était seule*. Dans ce type de construction, le mot est synonyme de **quickly** : **she quickly realised...**, *elle se rendit vite compte que...* etc.

8 **around**, *environ*. Nous avons déjà vu ce mot dans son sens spatial (leçon 25, note 4). Dans cette phrase, cependant, il dénote une approximation : **I have around three hundred books**, *J'ai environ trois cents livres*. Puisque l'anglais ne possède pas de mots comme *dizaine*, *quinzaine*, *vingtaine*, etc., il faut utiliser **around** : **around ten, around fifteen, around twenty**, etc. Cela dit, *une douzaine* se dit **a dozen**.

***

Exercise 1 – Translate

❶ Four important dates in British history are 1564, 1815, 1939 and 2022. ❷ Two great English novelists are Jane Austen and George Orwell. Orwell was also a short story writer. ❸ My brother got his first job when he was around forty. ❹ Like many great writers, Dickens had a deeply unhappy childhood. ❺ All of her books are hugely successful and she's very famous.

***

Exercise 2 – Fill in the missing words

❶ Charles Dickens naquît en 1812 *(en toutes lettres)* et mourût en 1870 *(en toutes lettres)*.
Charles Dickens . . . . and . . . . . .
. . . .

❷ Ils étaient très malheureux car ils étaient incertains quant à leur avenir.
. . . . very . . . . because . . . . about their . . . .

❸ Elle a écrit une centaine de livres et est devenue célèbre en tant qu'écrivaine.
She . . . . books and . . . . as a . . . .

❹ Il dit que la richesse est contre nature et inutile. – C'est parce qu'il est fortuné.
He . . . . that . . . . . . is . . . . and . . . . – That's . . . . he's . . . . !

❺ Je me suis senti(e) triste et seul(e) et j'ai commencé à m'inquiéter pour mon avenir.
I . . . . and . . . . . and . . . . my future.

Corrigé de l'exercice 1

❶ Quatre dates importantes de l'histoire britannique sont 1564, 1815, 1939 et 2022. ❷ Deux grands romanciers anglais sont Jane Austen et George Orwell. Orwell était également un auteur de nouvelles. ❸ Mon frère a obtenu son premier emploi à l'âge de quarante ans environ. ❹ Comme beaucoup de grands écrivains, Dickens a eu une enfance profondément malheureuse. ❺ Tous ses livres ont un énorme succès et elle est très célèbre.

***

Corrigé de l'exercice 2

❶ – was born in eighteen twelve – died in eighteen seventy ❷ They were – unhappy – they were uncertain – future ❸ – wrote around a hundred – became famous – writer ❹ – says – wealth – unnatural – unnecessary – because – wealthy – ❺ – felt sad – alone – began to worry about –

Charles Dickens est l'un des plus grands écrivains de la littérature anglaise. Très marqué par son enfance malheureuse, il s'est imposé, à travers son œuvre, comme un critique et réformateur social particulièrement influent. Mais c'est surtout pour ses romans et ses personnages mémorables, dont certains des noms sont passés dans le langage courant, que Dickens est toujours aussi célèbre aujourd'hui.
Le titre de cette leçon vient de la première phrase du roman **A Tale of Two Cities** (Le Conte de deux cités), *qui a pour toile de fond la Révolution française.*
Lire de la littérature dans une langue étrangère peut sembler intimidant au début, mais nous vous conseillons d'ores et déjà de vous y mettre, en commençant par des textes courts ou des romans bilingues.

Phase d'activation : 3e leçon

Fifty-third lesson

Rivals

1 – **Ma**ggie, how come [1] you like **A**drian more than me?
2 I know he's **ve**ry good-**look**ing [2], but so am I [3].
3 – He's **gen**erous. Did you know that he buys me **pres**ents?
4 – Ah, but did you know [4] that I'm **real**ly rich?
5 – Yes, I heard. But so is he.
6 Did I tell you that he won [5] the **lot**tery last year?
7 – So what? I'm much **rich**er than him.
8 Did you hear that I now earn [5] **mill**ions in the stock **mar**ket.
9 – It doesn't **mat**ter [6]. Adrian has one big ad**van**tage.
10 – Oh yeah [7]? Is he **kind**er than me?
11 Did he dis**co**ver oil in his **gar**den?
12 – Bel**ieve** me, it's not that. He's **sin**gle [8] and you're not.

Prononciation

***raï**vèlz **1** … **éé**driən … **3** … **dgen**ərəs … **4** … ritch **5** … Heurd … **6** … weun … **lot**ərii … **8** … eunn **mil**ieunz … **9** … əd**vaan**tidj **10** … yèè … **kaïnd**ə … **11** … oïl … **12** … **sing**əl*

Notes

1 **How come…?** est une tournure idiomatique utilisée pour poser des questions. Elle équivaut à notre *Comment se fait-il que …* et se trouve toujours en début de phrase. Et comme en français, le reste de la phrase est à la forme affirmative, se terminant néanmoins par un point d'interrogation : **How come they're always unlucky?** *Comment se fait-il qu'ils/elles soient toujours malchanceux/-euses ?* **How come you don't like me?** *Comment se fait-il que tu ne m'aimes pas ?.*

Cinquante-troisième leçon

Des rivaux

1 – Maggie, comment se fait-il *(comment venir)* que tu aimes Adrian plus que moi ?
2 Je sais qu'il est très beau *(bon-regardant)*, mais moi aussi *(ainsi suis je)*.
3 – Il est généreux. Savais-tu qu'il m'achète [des] cadeaux ?
4 – Ah, mais savais-tu que je suis vraiment [très] riche ?
5 – Oui, j'ai entendu. Mais lui aussi *(ainsi est lui)*.
6 Je t'ai dit qu'il a gagné [à] la loterie [l]'année dernière ?
7 – Et alors *(ainsi quoi)* ? Je suis beaucoup plus riche que lui.
8 Tu as entendu que je gagne maintenant [des] millions à la bourse *(valeurs marché)*.
9 – Peu importe. Adrian a un gros *(grand)* avantage.
10 – Ah ouais ? Il est plus gentil que moi ?
11 A-t-il découvert [du] pétrole *(huile)* dans son jardin ?
12 – Crois-moi, ce n'est pas ça. Il est célibataire *(simple)*, et toi non.

2 **good-looking** : *beau / belle*. Une des caractéristiques que l'anglais a hérité des langues germaniques est de faire des adjectifs composés, là où les langues latines utiliseraient un seul mot. Mais comme l'anglais a aussi des racines latines, il peut choisir entre les deux formules. Ainsi, on peut dire qu'un homme est **handsome**, *beau* et qu'une femme est **beautiful**, *belle* ou qu'ils sont tous les deux **good-looking**. Cette double origine explique en partie pourquoi la langue anglaise a un vocabulaire aussi étendu. Attention ! Comme la forme comparative de **good** est irrégulière (voir leçon 42, section 2), les formes comparative et superlative dérivées de **good** sont irrégulières, elles aussi : **good-looking**, **better-looking**, **the best-looking**.

3 **So am I**, *Moi aussi*. Bien sûr, cette tournure se décline : **So is he / So are they**, etc. Une structure équivalente est composée du pronom personnel complément et de **too** : **I'm Welsh. – Me too**, *Je suis gallois. – Moi aussi*. Pensez au mouvement social féministe **#Me Too**.

4 Voici la forme interrogative du prétérit, qui se construit avec **did** (le passé de **do**) + sujet + l'infinitif nu à toutes les personnes. **He said hello** → **Did he say hello?** *Il a dit bonjour.* → *A-t-il dit bonjour ?*

5 **to win**, *gagner / vaincre*, est irrégulier : le prétérit est **won** (qui se prononce comme **one**). Attention à ne pas confondre ce mot avec le verbe régulier **to earn** (phrase 8), *gagner* dans le sens d'*acquérir quelque chose* (argent, prix) par le travail, le talent, etc. Ainsi **She won the Nobel Prize last year**, *Elle a gagné le Prix Nobel l'année dernière* mais **She earned a lot of money last year**, *Elle a gagné beaucoup d'argent l'année dernière*.

6 Nous avons vu ce nom dans l'expression as **a matter of fact** en leçon 38, phrase 10. Voici le verbe intransitif, qui signifie *importer / avoir de l'importance*. Par exemple, le mouvement militant créé aux États-Unis par la communauté afro-américaine s'appelle **Black Lives Matter**, *Les vies des Noirs comptent*. L'expression courante **It doesn't matter** veut dire *Ça n'a*

***

Exercise 1 – Translate

❶ How come you're* late? – Sorry, I was busy *(f.)*. ❷ They *(f.)* have a big advantage: they're *(f.)* famous and we are not. ❸ A single to Exeter, please. – What time do you want to leave? ❹ He said that he discovered oil in his garden. – Oh yeah? I don't believe him. ❺ He's nicer than you*. – I don't care. I'm happier than him.

* *Utilisez le tutoiement*

***

Exercise 2 – Fill in the missing words

❶ Nous vous avons dit que nous sommes gallois(es) ? – Moi aussi.
. . . . we are . . . . . ? – . . . . . .

❷ Est-ce qu'ils/elles m'ont entendu(e) quand je suis rentré(e) à la maison hier soir ?
. . . . when I . . . . last night?

❸ Elle a gagné un prix et son mari a gagné beaucoup d'argent à la bourse.
. . . . . . a . . . . . and . . . . money in . . .
. . . .

pas d'importance / peu importe, etc. : **It doesn't matter if you're black or white: vote!**, *Peu importe que vous soyez blanc ou noir : votez !*

7 Dans un registre informel, beaucoup de Britanniques (et d'Américains) déforment le mot **yes** en supprimant le **s** terminal et en allongeant la voyelle (un peu comme *ouais* en français familier). Le mot qui en résulte se transcrit comme **yuh**, **yea** ou **yeah**. La tournure **Oh yeah?** est une réponse sardonique à quelque chose que l'on ne croit pas : **He's really very nice. – Oh yeah?**, *Il est vraiment très gentil. – C'est ce que tu crois ? / Ah bon ?*).

8 **single**, *seul / unique* : **Three hundred people visited the place in a single day**, *3 000 personnes ont visité l'endroit en un seul jour*. **Single** signifie aussi *simple* : **A single ticket to Exeter, please**, *Un billet aller simple pour Exeter, s'il vous plaît* (comme en français, **a single ticket** peut être abrégé en **a single**). Enfin, **single** signifie *célibataire* : **Is he married or single?**, *Est-il marié ou célibataire ?* ; **She's a single mother**, *C'est une mère célibataire*.

***

Corrigé de l'exercice 1

❶ Comment se fait-il que tu sois en retard ? – Désolée, j'étais occupée. ❷ Elles ont un gros avantage : elles sont célèbres et nous ne le sommes pas. ❸ Un aller simple pour Exeter, s'il vous plaît. – À quelle heure voulez-vous partir ? ❹ Il dit qu'il a découvert du pétrole dans son jardin. – Ah oui ? Je ne le crois pas. ❺ Il est plus sympa que toi. – Je m'en fiche. Je suis plus heureux que lui.

***

❹ Le mari de Sally est plus beau que moi. – Et alors ?
. . . . is . . . . me. – . . . . . . ?

❺ Charles Dickens est-il devenu célèbre quand il était jeune ?
. . . Charles Dickens . . . . when . . . . . young?

Corrigé de l'exercice 2

❶ Did we tell you that – Welsh – So am I ❷ Did they hear me – came home – ❸ She won – prize – her husband earned a lot of – the stock market – ❹ Sally's husband – better-looking than – So what ❺ Did – become famous – he was –

Phase d'activation : 4e leçon

Fifty-fourth lesson

A dreadful memory

1 – I must **fi**nish **pack**ing [1] be**cause** the **ta**xi is on the way.
2 Let me see, I've got shorts, **trou**sers, py**ja**mas [2] …
3 but where on earth [3] did I put my jeans [2]?
4 – There they are, on the **so**fa by [4] the bed.
5 You **must**n't leave your clothes on the **fur**niture [5]!
6 Take my ad**vice** [6] and don't put too many things in your **lu**ggage.
7 But take a book and some fruit [7] for the **jour**ney.
8 – Help! Now I can't find my flight infor**ma**tion.
9 – You really have got a **dread**ful **mem**ory.
10 – I do. I once for**got** [8] my mum's **birth**day and she was **fu**rious.
11 – I can i**ma**gine. What did she say to you?
12 – She said **no**thing at all. For six months. □

Prononciation

*… **dred**fəl … **2** … **traou**zəz pə**DJaa**məz **3** … eurTH … pout … DJiinz **4** … **soo**fə … **5** … **feu**nitchə **6** … əd**vaïs** … **leu**gidj **7** … frout … **DJeu**nii **10** … fə**got** … **fiou**riəs*

Notes

1 **to pack** nous rappelle *empaqueter* (sa racine étymologique), mais dans le contexte d'un voyage ce verbe signifie *faire sa valise/ses bagages*. De ce fait, la précision **a suitcase** (*une valise*) n'est pas toujours nécessaire : **Don't forget to pack some warm clothes**, *N'oublie pas d'emporter [dans ta valise] des vêtements chauds*. Le substantif **packing** signifie donc l'acte de préparer ses valises. À ne pas confondre avec **packaging**, *l'emballage / le conditionnement*. Si vous achetez un produit en ligne

Cinquante-quatrième leçon

Une mémoire épouvantable

1 – Je dois finir [de faire mes] bagages car le taxi est en route *(sur le chemin)*.
2 Voyons voir *(laisse moi voir)*, j'ai des shorts, des pantalons, des pyjamas...
3 mais où diable *(sur terre)* ai-je mis mon jean ?
4 – Il est *(Ils sont)* là, sur le canapé, près du lit.
5 Tu ne dois pas laisser tes vêtements sur les meubles !
6 Suis *(Prends)* mon conseil et ne mets pas trop de choses dans tes bagages.
7 Mais prends un livre et des fruits pour le voyage.
8 – [Au] secours ! Maintenant, je ne trouve plus *(pas)* mes informations de vol.
9 – Tu as vraiment une mémoire épouvantable.
10 – En effet *(je fais)*. J'ai oublié une fois l'anniversaire de ma mère et elle était furieuse.
11 – Je peux imaginer. Qu'est-ce qu'elle t'a dit ?
12 – Elle n'a rien dit du tout. Pendant six mois.

sur un site anglophone, vous verrez sans doute l'abréviation **P&P**, pour **Post and Packaging**, soit *les frais de poste et d'emballage*.

2 Nous savons que **clothes**, *les vêtements*, est toujours pluriel (leçon 43, note 3). La même règle s'applique à certains types de vêtements, notamment les articles "à deux jambes" : **trousers**, *un pantalon* ; **shorts**, *un short* ; **pyjamas**, *un pyjama* ; et **jeans**, *un jean* (dont le nom vient du français *la toile de Gênes*, l'étoffe dont étaient fabriqués les premiers pantalons de ce type). Ainsi, **my trousers** peut signifier *mon pantalon* ou *mes pantalons*, mais le contexte rendra clair le sens voulu.

3 **earth**, *la terre*. Le mot peut être utilisé dans plusieurs expressions adverbiales : **What on earth is that?** *Qu'est-ce que ça peut bien être ?* **How on earth did he know ?** *Comment diable a-t-il su ?* L'idée sous-jacente

est qu'on remue ciel et terre (ou, en français, l'enfer...) pour trouver une réponse à une question étonnante. (Comme en français, **Earth** s'écrit avec une capitale lorsqu'il s'agit de la planète Terre.)

4 La préposition **by**, *par*, peut aussi signifier *à côté de / près de* : **She's sitting by the window**, *Elle est assise près de la fenêtre*. Dans ce contexte, le mot est synonyme de **next to** (leçons 6 phrase 5, et 26 phrase 6).

5 Ici nous avons un nom indénombrable – et un faux-ami : **furniture**, *les meubles / le mobilier*. **Please don't sit on the furniture**, *Ne t'assois pas sur les meubles s'il te plaît*. S'il fallait préciser *un meuble*, on dirait **a piece of furniture** (voir note 6). Mais dans les deux cas, le verbe est toujours au singulier **My furniture is very old**, *Mes meubles sont très vieux*.

6 Le nom indénombrable **advice** signifie *conseil(s)* : **Let me give you some advice**, *Permettez-moi de vous donner un conseil* ou, éventuel-

***

Exercise 1 – Translate

❶ Hurry up*, the taxi is on the way. You* mustn't be late. ❷ Take my advice and take a good book for the journey. ❸ He can't find his flight information. – It doesn't matter: it's on my phone. ❹ My memory is dreadful. Where on earth are my keys? ❺ Where's Jake? – He's sitting over there by the door.

* *Utilisez le tutoiement*

***

Exercise 2 – Fill in the missing words

❶ Laissez-moi vous donner un conseil : n'oubliez pas vos clés.
Let .. give ... one .... : .... keys.

❷ Son *(à lui)* pantalon est sur le lit et son *(à lui)* jean est en dessous.
.... the bed and .... it.

❸ Tes informations sont fausses. Les fruits ne sont pas mauvais pour toi, honnêtement.
Your .... bad for you, ...

❹ Où est mon jean ? – Tu l'as mis sur la chaise.
.... jeans? – .... on the chair.

lement, **...a piece of advice**. Comme pour **furniture** en note 5, il faut toujours employer un verbe singulier : **Her advice is always good**, *Ses conseils sont toujours bons*.

7 **fruit** (leçon 15, note 6) fait partie des mots indénombrables : **You must eat more fruit**, *Vous devez manger plus de fruits*, mais, pour exprimer un nombre précis – par exemple, *Les adultes doivent manger trois fruits chaque jour* – il faut une solution de contournement : **Adults must eat three portions of fruit every day**, *Les adultes doivent manger 3 fruits par jour*. Il existe un pluriel, **fruits**, mais ce mot est utilisé dans certains contextes spécifiques.

8 **to forget**, *oublier*, suit le même modèle que **to get** au prétérit : **I forgot my login**, *J'ai oublié mes données de connexion*. Cependant, le participe passé des deux verbes est différent, ce que nous verrons quand nous aborderons un autre temps passé.

***

Corrigé de l'exercice 1

❶ Dépêche-toi, le taxi est en route. Tu ne dois pas être en retard ❷ Suivez mon conseil et prenez un bon livre pour le voyage. ❸ Il ne trouve pas ses informations de son vol. – Ce n'est pas grave : elles sont sur mon téléphone. ❹ Ma mémoire est épouvantable. Mais où peuvent bien être mes clés ? ❺ Où est Jake ? - Il est assis là-bas, près de la porte.

***

❺ **Tu ne dois pas oublier d'emporter des vêtements chauds. – Où sont-ils ?**

... . some warm .... – Where ... .?

Corrigé de l'exercice 2

❶ – me – you – piece of advice – don't forget your – ❷ His trousers are on – his jeans are under – ❸ – information is wrong – Fruit isn't – honestly – ❹ Where are my – You put them – ❺ You mustn't forget to pack – clothes – are they

Phase d'activation : 5e leçon

Fifty-fifth lesson

Keep cool!

1 – At last! [1] We're off [2] to Spain for [3] three weeks!
2 – I'm **wo**rried about **leav**ing the house **emp**ty **dur**ing [3] the **su**mmer.
3 Did you un**plug** [4] the com**pu**ters and turn down the **heat**ing?
4 – Of course I did [5]. Stop **wo**rrying for a few **min**utes.
5 Did you lock all the doors?
6 – I did, and I said good**bye** to the **neigh**bours.
7 – You didn't for**get** to check the a**larm sys**tem, did you [6]?
8 – Of course I **did**n't. Keep cool [7].
9 – Did you make sure the **shutt**ers were closed?
10 – Do you think I'm **ab**sent-**mind**ed [8]? You're worse than I am! [9] (...)
11 – Good **mor**ning. May I see your **tick**ets and **pass**ports, please?
12 – Oh no! I left them on the **kitch**en **ta**ble.

Prononciation

kiip koul **1** *… spéénn …* **2** *…* ***djou****ring …* **3** *… eun****pleug*** *…* ***hii****ting* **6** *…* ***néé****bəz* **7** *… tchek … ə****laam*** *…* **9** *…* ***cheu****təz …* **10** *…* ***ab****sənt* ***maïn****dəd …*

Notes

1 Si **last** veut dire *dernier* (leçon 44), l'expression **at last** signifie *enfin* : **You're here at last!** *Te voilà enfin !* Faites attention : si l'on oublie **at**, la phrase voudrait dire que la personne est arrivée la dernière ! Et si l'attente a été longue, on peut appuyer : **They arrived at long last in Spain,** *Ils sont enfin arrivés en Espagne* – sous-entendu après un long périple.

Cinquante-cinquième leçon

Reste calme !

1 – Enfin *(à-fin)* ! Nous partons en Espagne pendant *(pour)* trois semaines !
2 – J'ai peur *(je suis inquiet)* de laisser la maison vide pendant *(durant)* l'été.
3 As-tu débranché les ordinateurs et baissé *(tourné-bas)* le chauffage ?
4 – Bien sûr que oui. Arrête [de t']inquiéter tout le temps *(pour quelques minutes)*.
5 As-tu fermé à clé *(verrouillé)* toutes les portes ?
6 – Je [l']ai fait, et j'ai dit au revoir aux voisins.
7 – Tu n'as pas oublié de vérifier le système d'alarme, n'est-ce pas ?
8 – Bien sûr que non. Reste *(garde)* calme.
9 – T'es-tu assuré *(As-tu fais sûr)* que les volets étaient fermés ?
10 – Tu crois *(penses)* que je suis distrait *(absent-esprit)* ? Tu es pire que moi *(que je suis)* ! (...)
11 – Bonjour. Puis-je voir vos billets et passeports, s'il vous plaît ?
12 – Oh non ! Je les ai laissés sur la table de la cuisine.

2 **to be off** est une tournure idiomatique qui signifie *partir* ou *s'en aller*. **It's late. I must be off**, *Il est tard, il faut que je parte*. Le verbe est utilisé dans le contexte d'un voyage, de vacances, etc. **They're off to Devon for the weekend**, *Ils s'en vont dans le Devon pour le week-end*.

3 On confond souvent les prépositions **for** et **during** car les deux peuvent se traduire par *pendant*. La différence est pourtant simple : **for** se réfère à une durée (ici, **three weeks**, *trois semaines*) alors que **during** concerne une période précise (**the summer**, *l'été*).

4 a plug, *une prise de courant*. Les "gamers" connaissent la notion de **plug and play** (*connecter pour jouer*). La verbalisation **to plug (in/into)** signifie *brancher* : **Plug in your phone when the battery is low**, *Branchez votre téléphone lorsque la batterie est faible*. Le préfixe **un-** nous donne le contraire **Unplug your phone**, *Débranchez votre téléphone*.

5 Voici la reprise verbale (leçon 29, note 6) au passé : **Did you call me? – Yes I did** ou, à la forme négative, **No I didn't**. (*Tu m'as appelé(e) ? – Oui/Non*).

6 Voici à présent le "tag" interro-négatif (leçon 30, note 3) : **You didn't forget, did you?** *Tu n'as pas oublié, n'est-ce pas ?* À l'affirmatif, nous aurions **You forgot, didn't you?** *Tu as oublié, n'est-ce pas ?* Rappelons le mécanisme : phrase interro-négative → "tag" affirmatif, et vice-versa.

7 Si l'adjectif **cool** est bien connu des francophones, le sens littéral est *frais / fraîche* : **I love this cool weather**, *J'adore ce temps frais*. C'est dans

***

Exercise 1 – Translate

❶ At last! I'm off to Devon for two months. ❷ Please make sure that the shutters are closed and the doors are locked. ❸ I was worried *(m.)* about leaving the children for a month during the summer. ❹ Kenny speaks Italian much better than me, but I speak German better than he does. ❺ You must keep a cool head: the situation is dangerous.

***

Exercise 2 – Fill in the missing words

❶ As-tu as vérifié l'alarme ? - Bien sûr que je l'ai fait.
. . . . the alarm? – . . . .

❷ S'est-il assuré que les volets étaient fermés ? – Non, il ne l'a pas fait.
. . . . the . . . . closed? – No, ...

❸ Pense-t-il que je suis distrait ? – Je suis sûre que oui.
. . . . that I'm . . . . ? – . . . . that . . . . . .

❹ Elles sont enfin là mais elles ont laissé leur voiture à la gare.
. . . . but . . . . at the station.

❺ Tu n'as pas oublié son *(à-elle)* anniversaire, n'est-ce pas ? – Si, je l'ai oublié.
. . . . birthday, ... ? – . . . .

cette acception que l'adjectif est compris dans l'expression **to keep** (ou **stay**) **cool**, *garder son calme*. On peut aussi dire **to keep a cool head**, *garder la tête froide*.

8 Encore un adjectif composé (voir leçon 53, note 2) : ("absent d'esprit"), c'est-à-dire *distrait*.

9 En leçon 53, phrase 7, nous avons appris **I'm richer than him**. Il est aussi possible de dire **I'm richer that he is** ("...qu'il est"). **We're stronger than them/than they are**, *Nous sommes plus forts qu'eux/qu'ils ne sont*. Il n'y a aucune différence de sens, mais cette deuxième formulation est considérée comme plus formelle. Si le premier membre de la phrase comporte un autre verbe que **to be** – **She speaks English**, par exemple, – l'auxiliaire **be** est remplacé par **do** : **She speaks English better than we do**, *Elle parle anglais mieux que nous*.

***

Corrigé de l'exercice 1

❶ Enfin ! Je m'en vais dans le Devon pendant deux mois. ❷ Veuillez vous assurer que les volets sont fermés et que les portes sont verrouillées. ❸ J'étais inquiet de laisser les enfants pendant un mois durant l'été. ❹ Kenny parle l'italien beaucoup mieux que moi, mais je parle l'allemand mieux que lui. ❺ Vous devez garder la tête froide : la situation est dangereuse.

Corrigé de l'exercice 2

❶ Did you check – Of course I did ❷ Did he make sure – shutters were – he didn't ❸ Does he think – absent-minded – I'm sure – he does ❹ They're here at last – they left their car – ❺ You didn't forget her – did you – Yes I did

Phase d'activation : 6e leçon

Fifty-sixth lesson

Revision – Révision

1 Le passé simple ou prétérit

1.1 Emplois et formation

Le passé simple anglais (ou prétérit) s'emploie pour évoquer une action ou un état qui est terminé. Il correspond aussi bien au passé composé qu'au passé simple en français – mais parfois aussi à l'imparfait.

Son trait caractéristique, pour les verbes réguliers, est la terminaison **-ed**, utilisée aussi pour le participe passé. Voici comment le former :

• Pour les verbes dont l'infinitif nu se termine par une consonne, il faut ajouter **-ed** à toutes les personnes :
to visit → **I visited**, **he/she/it visited**, etc.
to want → **I wanted**, **he/she/it wanted**, etc.

• Pour les verbes dont l'infinitif nu se termine par une voyelle, on ajoute simplement **-d** à toutes les personnes :
to phone → **I phoned**, **he/she/it phoned**, etc.
to invite → **I invited**, **he/she/it invited**, etc.
to echo *(faire écho)* → **I echoed**, **he/she/it echoed**, etc.

• Pour les verbes dont l'infinitif nu se termine par **-y**, il existe deux cas de figure :
– voyelle + **y** : on ajoute simplement **-ed** :
to stay → **I stayed**, **he/she/it stayed**, etc.
– consonne + **y** : le **y** devient **i** :
to worry → **I worried**, **he/she/it worried**, etc.

Enfin, le prétérit est souvent utilisé dans les structures qui exigent l'imparfait en français. Ceci est notamment le cas lorsqu'il s'agit d'une habitude révolue, soit parce que l'action est passée soit parce que le contexte a forcément évolué :
I went swimming every week when I was on holiday, *J'allais toutes les semaines quand j'étais en vacances.*

Cinquante-sixième leçon

When Dickens was young, he was very poor, *Lorsque Dickens était jeune, il était très pauvre.*

De même, le prétérit est utilisé dans la narration là où le français emploie l'imparfait :
Greta Garbo wanted to be alone, *Greta Garbo voulait être seule.*

Les formes négative et interrogative se construisent avec **did**, le passé (irrégulier) de **to do**, et l'infinitif nu. On remplace la terminaison **-ed**, qui caractérise le passé, par **did** (voir sections qui suivent)

1.2 Forme interrogative

She forgot to check the alarm. → Did she forget to check the alarm? *Elle a oublié de vérifier l'alarme. → A-t-elle oublié de vérifier l'alarme ?*
They wanted to finish packing → Did they want to finish packing? *Ils/Elles voulaient finir de faire leurs bagages. → Est-ce qu'ils/elles voulaient finir de faire leurs bagages ?*
Les adverbes d'interrogation (**what**, **when**, **who**, etc.) viennent en début de phrase, suivis immédiatement par l'auxiliaire **did** :
When did you go dancing? *Quand êtes-vous allé(e)s danser ?*

1.3 Forme négative

I visited my family. → I did not visit my family, *J'ai rendu visite à ma famille. → Je n'ai pas rendu visite à ma famille.*
She stayed in a hotel → She did not stay in a hotel, *Elle est descendue à l'hôtel. → Elle n'est pas descendue à l'hôtel.*
Bien sûr, dans la langue parlée, **did not** est contracté en **didn't** :
I didn't visit my family.
She didn't stay in a hotel.
Rappelons que la forme non-contractée peut être utilisée pour insister sur la négation. Dans ce cas, **not** devient le mot-clé à accentuer (à l'écrit, celui-ci est parfois mis en italique) :
No, she did *not* stay in a hotel! *Mais non, elle n'est pas descendue à l'hôtel !*

1.4 Doublement de la consonne finale

Quand un suffixe (ici, la terminaison verbale du prétérit) est ajouté à certains mots, la consonne finale doit être doublée. Apprenez les trois règles suivantes ; la pratique et une lecture attentive feront le reste.

Il faut doubler la consonne finale :
– d'un verbe monosyllabique se terminant par une simple consonne : **to stop**, *arrêter* → **stopped** ;
– d'un verbe dont la dernière syllabe contient une seule voyelle et se termine en **-l** : **to travel** → **travelled** (cependant, en anglais américain, cette consonne finale n'est pas doublée : **traveled**) ;
– d'un verbe avec deux syllabes ou plus, dont la dernière syllabe contient une voyelle et une seule consonne qui prend l'accent tonique : **to permit** → **permitted**, mais **to enter** → **entered**, car l'accent tonique tombe sur la première syllabe (**enter**).

Cette troisième règle peut paraître compliquée – et vous ferez certainement quelques fautes au début – mais elle montre l'importance de bien apprendre la prononciation des mots en plaçant bien l'accent tonique.

1.5 Prononciation

Quand et comment prononce-t-on la terminaison **-ed** ? Nous vous donnons les règles suivantes pour information seulement : c'est votre oreille qui fera le travail pour vous. C'est aussi pour cette raison que nous insistons sur une relecture à haute voix lors de la phase d'activation.
• On la prononce comme une syllabe entière après **-t** et **-d**.
• Après les autres consonnes, le **e** de **-ed** ne se prononce pas.
• Après les sons **s**, **sh**, **f**, **p**, **k** et **x**, le **d** final se prononce comme un **t**.

1.6 Les verbes irréguliers

Les verbes irréguliers (appelés aussi des verbes forts) sont naturellement ceux qui sont les plus usuels. Mais ils ne sont pas très nombreux, et il y a même une certaine régularité dans leur irrégularité, c'est-à-dire que certains verbes avec une orthographe similaire suivent les même évolutions (voir l'Appendice grammatical en annexe).

• Le verbe irrégulier le plus usité est sans aucun doute **to be** :
to be → **I was**, **you were**, **he/she/it was**, **we were**, **they were**
Comme pour le temps présent, la forme interrogative se forme par simple inversion (**he was** → **was he?**) et la forme négative avec **not** : **I was** → **I was not**. Dans la plupart des cas, on utilise la contraction (**wasn't**, **weren't**), sauf quand il faut insister :
He was born in York. – No he was not! *Il est né à York. – Je vous assure que non !*

• Voici quelques autres verbes irréguliers que nous avons déjà vus (nous vous en donnons aussi le participe passé, qui va nous servir pour former un autre temps du passé que nous verrons bientôt) :

to have	**had**	**had**	*avoir*
to forget	**forgot**	**forgotten**	*oublier*
to put	**put**	**put**	*mettre*
to say	**said**	**said**	*dire*

Vous trouverez une liste détaillée des verbes irréguliers dans les annexes. N'essayez pas de l'apprendre par cœur, mais lorsque vous rencontrez un verbe irrégulier pour la première fois, reportez-vous à cette liste et apprenez le prétérit et le participe passé de celui-ci. Faites-en autant quand vous en retrouvez dans une leçon étudiée en phase d'activation. De cette manière, votre apprentissage se fera naturellement.

2 *a little* et *a few*

Nous savons que, pour parler d'abondance (*beaucoup de*), l'anglais fait une distinction entre les noms dénombrables et les non-dénombrables (*les voitures* mais *la circulation*). La même règle s'applique quand on parle de rareté (*peu de*).
I made a few mistakes, *J'ai fait quelques erreurs* – Dénombrable : **a few**
Then you need a little help, *Alors tu as besoin d'un peu d'aide* – Indénombrable : **a little**

Dans les deux cas, il n'y a pas de partitif (*du / de la / des*) mais toujours l'article indéfini (**a** devant **little** et **few**). Nous pouvons utiliser ces deux tournures pour exprimer *un peu / quelques un(e)s*

Do you speak English? – A little, *Parlez-vous anglais ? – Un peu.*
Do you have any friends in Blackpool? – A few, *Avez-vous des amis à Blackpool ? – Quelques-uns.*

3 *to tell* ou *to say* ?

Ces deux verbes signifient tous les deux *dire*, mais il y a des nuances. Plutôt que d'essayer de raisonner à chaque fois, fiez-vous à votre oreille – par exemple, vous n'entendrez jamais **~~Say me~~**, toujours **Tell me**. Voici une explication succincte des principales différences :

• **to tell** (prétérit **told**) est presque toujours suivi d'un complément d'objet de personne (nom ou pronom) :
Tell me where you live, *Dites-moi où vous habitez.*
Tell Sarah where you live, *Dites à Sarah où vous habitez.*
Ce verbe sert aussi à traduire *raconter*. Il est donc question d'informations, d'un narratif ou d'instructions :
Tell me about your childhood, *Racontez-moi/Parlez-moi de votre enfance.*
He told them how to check the alarm, *Il leur a expliqué comment vérifier l'alarme.*

• **to say** introduit un énoncé :
He says that he lives in Brighton, *Il dit qu'il habite à Brighton.*
She said: "I want to explore the town", *Elle a dit : "Je veux explorer la ville."*

En résumé, **to say** est suivi d'un complément d'objet indirect et exprime le fait de prononcer des mots, alors que **to tell**, suivi d'un COD, nous informe quant au contenu de ce qui est dit.

4 Constructions avec *some/any* et *most/many*

Lorsque **some/any** se réfèrent à une quantité indéfinie, ils sont suivis directement par le complément (**some people / any friends**). En revanche, si le complément lui-même est défini, alors **some/any** sont suivis de **of** et l'article adéquat :
There are some people in your office, *Il y a des gens dans votre bureau.*

mais :
I know some of the people in your office, *Je connais certaines des personnes dans votre bureau.*
I don't have any information, *Je n'ai pas d'informations.*
I don't have any of the information that you need, *Je n'ai aucune des informations dont vous avez besoin.*

Cette règle s'applique aussi à **most** et **many** :
Most/Many tourist attractions are closed in the winter, *La plupart des/Beaucoup d'attractions touristiques sont fermées en hiver.*
Most of the/Many of the tourist attractions in the town are closed in the winter, *La plupart des attractions touristiques dans la ville sont fermées en hiver.*

Notez enfin que ce mécanisme fonctionne aussi avec **all** (**all tourist attractions / all of the tourist attractions**), mais il ne s'agit pas d'une règle systématique.

5 Se situer dans le temps : *for, during* et *until*

5.1 *for* et *during*

Ces deux prépositions traduisent la notion de *pendant* en parlant d'une période de temps dans le passé. On fait une distinction selon qu'il s'agit d'une durée ou d'un moment précis :
Il a travaillé dans une usine pendant six ans (durée) → **for**:
He worked in a factory for six years.
Il travailla dans une usine pendant l'été (moment précis) → **during** :
He worked in a factory during the summer.
Une manière simple de faire la distinction est de se rappeler que **during** répond à la question "Quand ?" :
When did he work in a factory? – During the summer.
tandis que **for** répond à la question "Pendant combien de temps ?"
How long did he work there? – For six months.

5.2 *until*

Cette préposition est un peu déroutante au début. Elle est simple quand elle traduit la notion de *jusqu'à* en parlant du temps (jamais un objet ou un endroit) :

He worked until ten o'clock at night, *Il travailla jusqu'à 22 heures.*
You can stay until Tuesday, *Tu peux rester jusqu'à mardi.*
(On n'utilise jamais **until** pour exprimer une notion de distance :
They walked to the end of the street, *Ils marchèrent jusqu'au bout de la rue.*)

Dans une phrase négative, **until** se traduit par *pas avant*... ou *seulement.*
I didn't arrive until ten, *Je suis arrivé seulement à 10h/23h.*
We can't leave until Friday, *Nous ne pouvons pas partir avant vendredi.*
Ainsi, **until** est très utile et peut traduire trois ou quatre constructions françaises de manière concise.

Notez que dans la langue parlée, **until** est souvent contracté en **till** (remarquez le doublement de la consonne finale).

6 Noms dénombrables et indénombrables

• Un point gênant pour les francophones qui apprennent l'anglais est que certains noms sont dénombrables dans une langue mais pas dans l'autre. Nous en connaissons déjà quelques exemples, comme **work**, *le/un travail* (leçon 22, note 4). Apprenez maintenant ces deux phrases mnémotechniques :
I need some information: my luggage is still at the airport and I have no news of it, so I can't make any progress, *J'ai besoin d'informations : mes bagages sont toujours à l'aéroport et je n'en ai aucune nouvelle, donc je ne peux pas faire de progrès.*
Here's some advice: don't put fruit on the furniture. And your hair is too long! *Voici quelques conseils : ne laisse pas les fruits sur les meubles. Et tes cheveux sont trop longs !*

Tous les mots en couleur sont indénombrables en anglais, c'est-à-dire qu'on ne peut pas dire "un meuble", "un fruit", etc. S'il faut absolument mettre un de ces noms au singulier, nous utilisons une expression comme **a piece of** (**a piece of fruit / a piece of furniture**, etc.), mais dans la plupart des cas, nous nous contentons du nom seul ou de **some/any** :
Do you have any luggage, sir? *Avez-vous des bagages, monsieur ?*

• Rappelons aussi qu'il y a des noms anglais qui se terminent en **-s** et correspondent à un singulier français. Nous connaissons déjà certains noms de vêtements (**trousers**, **shorts**, **pyjamas**, voir leçon 54, note 2). Dans cette même catégorie on trouve **tights**, *un collant* ; **panties**, *un slip* (de femme) ; et **underpants** ou **briefs**, *un slip* (d'homme) – en bref, les vêtements "a deux jambes".

Ces noms ne doivent pas s'accompagner d'un verbe au singulier :
My trousers are on the chair, *Mon pantalon est sur la chaise*.
Where are my black tights?, *Où est mon collant noir ?*
Dans tous ces cas, pour "singulariser" un de ces noms, il faut la locution **a pair of** : **a pair of shorts**, *un short*, etc.

• D'autres noms propres se terminant en **-s** :
– certains jeux tels que **billiards**, *le billard* ; **darts**, *les fléchettes* ou encore **dominoes**, *le domino*
– les disciplines se terminant en **-ics** : **physics**, *la physique* ; **ergonomics**, *l'ergonomie* ; **politics**, *la politique*.

En revanche, contrairement aux noms se terminant en **-s** qui exigent un verbe au pluriel, les mots ci-dessus sont suivis d'un verbe au singulier.

Revision dialogue

1 – My aunt and uncle went on holiday for two weeks this autumn.
2 I think that they rented a room in a pub. It was expensive.
3 – They did *not* rent a room! They stayed with me.
4 They visited most of the tourist attractions and they even went dancing.
5 – Did they go to the beach?
6 – No, they didn't. It was too cold. And their holiday was too short.
7 But that didn't bother them. They had a lovely time.

8 – They're luckier than me. I'm not going on holiday until December.
9 – Take my advice: when you fly to Spain, don't take too much luggage.
10 We won't need it.
11 – We? How on earth do you know that I'm going to Spain?
12 – I just saw your ticket.

Traduction
1 Mon oncle et ma tante sont partis en vacances pendant deux semaines cet automne. **2** Je pense qu'ils ont loué une chambre dans un pub. C'était cher. **3** Mais ils n'ont pas loué de chambre ! Ils sont restés avec moi. **4** Ils ont visité la plupart des attractions touristiques et ils sont même allés danser. **5** Sont-ils allés à la

57

Fifty-seventh lesson

À partir de cette leçon, et pendant les trois séries suivantes, nous indiquerons les verbes irréguliers par un astérisque, la première fois qu'ils apparaissent dans un dialogue. Nous vous invitons à vérifier la conjugaison dans l'annexe des verbes irréguliers. Par ailleurs, nous allégeons encore un peu plus la prononciation figurée.

A job interview

1 – Could* I [1] speak* to **Ca**therine Hughes, please?
2 – This is **Ca**thy Hughes **speak**ing [2]. Who's **call**ing?
3 – My name's **Son**ia Pa**tel**. I'm **hu**man **re**sources **man**ager at ComSys.
4 I found* your CV [3] in our **da**tabase this **mor**ning and I'm im**pressed**.
5 I would like [4] you to come* [5] for an **in**terview with our **com**pany.

plage ? **6** Non. Il faisait trop froid. Et leurs vacances étaient trop courtes. **7** Mais ça ne les a pas dérangés. Ils ont passé un bon moment. **8** Ils ont plus de chance que moi. Je ne pars pas en vacances avant décembre. **9** Suivez mon conseil : quand vous prenez l'avion pour l'Espagne, n'emportez pas trop de bagages. **10** Nous n'en aurons pas besoin. **11** Nous ? Comment diable savez-vous que je vais en Espagne ? **12** Je viens de voir votre billet.

Ne vous inquiétez pas : la phase d'activation à la fin de chaque leçon ne vous prendra pas beaucoup de temps. En revanche, elle apportera une contribution capitale à votre étude dans le but de consolider vos acquis de façon durable. Traduisez donc aussi en anglais le dialogue de révision de la leçon indiquée dans la rubrique "Phase d'activation" ci-dessous, en partant du corrigé français.

Phase d'activation : 7e leçon

57

Cinquante-septième leçon

Un entretien d'embauche *(travail)*

1 – Pourrais-je parler à Catherine Hughes, s'il vous plaît ?
2 – [C'est] Cathy Hughes à l'appareil *(parlant)*. Qui est à l'appareil ? *(appelant)*
3 – Je m'appelle Sonia Patel. Je suis responsable *(directrice)* des ressources humaines chez *(à)* ComSys.
4 J'ai trouvé votre CV dans notre base de données ce matin et je suis impressionnée.
5 J'aimerais [que] vous veniez *(venir)* pour un entretien dans *(avec)* notre entreprise.

6 We're **hi**ring some new team **mem**bers and we thought* of you.

7 – But I sent* [6] you my appli**ca**tion more than six months ago [7].

8 – I a**po**logise, but we're **al**ways rushed at this time of year.

9 I **won**der [8] if you are* still **in**terested in the po**si**tion?

10 – I **cer**tainly am! When would you like [9] me to come?

11 – As soon as **pos**sible. How a**bout** next **Thurs**day at ten past ten [10]?

12 – That'd [4] be **per**fect. See* you then. **Good**bye. □

Prononciation

*… inn**tə**viou **1** kou**daï** … **3** … Hiou**mən** **rii**sorsəz … **4** … sii vii … **déé**təbéés … **6** … **Haï**ring … THoot … **7** … apli**kéé**chənn … **8** … ə**po**lədjaïz … reucht … **9** … pə**zi**chən*

Notes

1 **could** est le prétérit de **can**. C'est aussi un auxiliaire modal utilisé par politesse à la place de **can** dans des phrases interrogatives (par exemple, leçon 43, phrase 3). **Can I speak to Steve?**, *Est-ce que je peux parler à Steve ?*, mais, plus formel, **Could I speak to Mr Hughes, please?** *Pourrais-je parler à M. Hughes, s'il vous plaît ?* **Could you help me?** *Pourriez-vous m'aider ?*

2 Reprenant le ton formel de son interlocuteur, Mme Hughes répond : **This is Cathy Hughes speaking**, *Ici Cathy Hughes (qui parle)*. Dans un registre plus familier, on répondrait simplement : **Speaking** avec une intonation montante. Dans certains cas, notamment outre-Atlantique, l'interlocuteur peut dire **This is he/she** mais on vous déconseille cette réponse car il y a un débat autour de l'exactitude grammaticale du pronom (**he/him** ou **she/her**).

3 Comme en français, **a curriculum vitae** s'abrège en **a CV** en anglais britannique (prononcez les deux lettres séparément), alors que l'anglais américain utilise le mot français **a résumé** (*un résumé* se dit **a sum-**

6 Nous embauchons de nouveaux membres [dans notre] équipe et nous avons pensé à *(de)* vous.
7 – Mais je vous ai envoyé ma candidature il y a plus de six mois !
8 – Veuillez m'excuser *(Je [m']excuse)*, mais nous sommes toujours pressés à cette période *(temps)* de [l']année.
9 Je [me] demande si vous êtes toujours intéressée par le poste *(position)* ?
10 – Bien sûr que oui *(je certainement suis)* ! Quand voulez-vous [que] je vienne ? *(moi venir)*
11 – Le plus *(Aussi)* tôt *(aussi)* possible. Que diriez-vous de jeudi prochain à 10 [heures] *(passé)* dix ?
12 – Ça serait parfait. À bientôt *(voir vous)* alors. Au revoir.

mary). Deux autres termes utiles pour la recherche d'emploi sont **an application** (phrase 7), *une candidature*, et **a cover** ou **covering letter**, *une lettre de motivation*.

4 Le conditionnel se construit en mettant **would** devant l'infinitif nu. **I would like to speak to Cathy**, *J'aimerais parler à Cathy*. La forme contractée est tout simplement **'d** (phrase 12) dans **That'd** à toutes les personnes : **I'd like to speak to Cathy, We'd like to see you**, *J'aimerais parler à Cathy. Nous aimerions vous voir*.

5 Le subjonctif est peu usité en anglais. Ainsi, pour exprimer une volonté avec **to like** ou **to want**, là où le français emploie *vouloir que* plus le subjonctif, l'anglais utilise simplement le pronom personnel complément (**me, him, her**, etc.) suivi de l'infinitif : **We'd like her to come for an interview**, *Nous aimerions qu'elle vienne pour un entretien*. **I want them to come tomorrow**, *Je veux qu'ils/elles viennent demain*.

6 **to send**, *envoyer*, est un verbe irrégulier dont le prétérit (et le participe passé) est **sent**. Cette même irrégularité se trouve avec plusieurs verbes monosyllabiques se terminant par **-end**, notamment **to spend**, *dépenser* (leçon 43, phrase 7) et **to lend**, *prêter* (leçon 36, phrase 8). **They lent me a lot of money but I spent it all**, *Ils/Elles m'ont prêté beaucoup d'argent mais j'ai tout dépensé*. Aussi irréguliers soient-ils, certains verbes forts suivent le même schéma (voir les annexes).

7 **ago** traduit *il y a* dans le sens temporel (*Il y a 6 mois*, etc.). Cet adverbe s'emploie avec le prétérit et se place toujours après l'expression de temps. **I sent you my CV six weeks ago**, *Je vous ai envoyé mon CV il y a six semaines*. De même, **ago** est utilisé en relation avec une action ayant eu lieu dans un passé lointain, sans plus de précisions, **That novelist died a long time ago**, *Ce romancier / Cette romancière est mort / morte il y a longtemps*.

8 **to wonder** signifie *s'émerveiller* (leçon 15, note 5) mais aussi *se demander* : **I wonder where she is?** *Je me demande où elle est ?*. C'est ainsi que le verbe est utilisé dans les formules de politesse : **I wonder if you can help me?** *Je me demande si vous pouvez m'aider ?*

9 La forme interrogative avec **would** se fait simplement par inversion : **He would like…** → **Would he like…?** Et comme toujours, un interroga-

***

Exercise 1 – Translate

❶ Could I speak to Dave Hughes, please? – Speaking. ❷ We'd like to see her next week if she's still interested in the job. ❸ When do you want to come? – How about twenty past ten on Tuesday? ❹ Please send us your application with a cover letter and your CV. ❺ They (*m.*) are always rushed at this time of the year.

***

Exercise 2 – Fill in the missing words

❶ Je suis sûr(e) que nous vous avons envoyé un mail il y a trois jours.
I am sure ……… an email ………….

❷ Quand aimeraient-ils/elles que nous leur rendions visite ? – Le plus tôt possible.
……………… to visit? – ……………….

❸ Ils/Elles nous ont prêté beaucoup d'argent mais j'ai peur que nous ayons tout dépensé.
They …… a lot of money but ……… that ……… all.

tif comme **when**, **where**, etc., est placé au début de la phrase : **When would you like me to come?** *Quand aimeriez-vous que je vienne ?* (voir note 5 pour la structure de cet énoncé). Bien entendu, il n'y a pas de contraction dans ces cas.

10 Nous savons dire l'heure exacte (leçon 4, note 6). Pour la suite, pour la première demi-heure, on utilise **past** (*passé*) suivi de l'heure écoulée : *Il est 10h20* = **It's twenty past ten**. Pour la deuxième demi-heure, il faut **to** (*jusqu'à*) suivie de l'heure à venir : *Il est 10h40* : **It's twenty to eleven**. Dans les deux cas – et contrairement au français – on annonce toujours les minutes en premier. Pour plus d'explications, rendez-vous à la leçon 63.

***

Corrigé de l'exercice 1

❶ Puis-je parler à Dave Hughes, s'il vous plaît ? – C'est lui-même / Oui, c'est moi. ❷ Nous aimerions la voir la semaine prochaine si elle est toujours intéressée par le poste. ❸ Quand voulez-vous venir ? – Que diriez-vous de 10h20 mardi ? ❹ Veuillez nous envoyer votre candidature avec une lettre de motivation et votre CV. ❺ Ils sont toujours pressés à cette période de l'année.

***

❹ **Je me demande s'ils/elles sont toujours intéressé(e)s par ce poste ? – Bien sûr que oui** *(Ils/Elles le sont certainement)*.
. . . . **interested in that job?** – . . . .
. . . .

❺ **Nous aimerions que vous veniez nous voir demain. - Ce serait parfait.**
. . . . **and** . . . . . **tomorrow.** – . . . .

Corrigé de l'exercice 2

❶ – we sent you – three days ago – ❷ When would they like us – As soon as possible ❸ – lent us – I'm afraid – we spent it – ❹ I wonder if they are still – They certainly are ❺ We'd like you to come – see us – That'd be perfect

58

Fifty-eighth lesson

Good news

1 – Hello? I must speak to Sean Hughes. Is he available [1]?
2 – He's on another line. Can I take* a message?
3 – Could you tell* him that his wife rang* [2], please?
4 – Hi darling. You wanted me to call you back [3]? What's up? [4]
5 – Guess what? I heard from [5] ComSys this morning.
6 I've got* an interview with them!
7 – That's excellent! But speak louder [6], I can't hear you.
8 Ah, that's much better. Go* on [7].
9 – I was working [8] in my office when my phone rang*.
10 It was the personnel manager herself [9].
11 She said* she wants me to go to York next week.
12 I'm so excited! I really wasn't expecting [10] this.
13 – I have to go. Tell me all about it this evening. Bye.

Prononciation

1 … əvéélәbәl 2 … mesәdj 3 … ranng … 5 gues … 7 … laoudә … 10 … peursәnel … Heurself 12 … eksaïtәd … 13 … baï

Maintenant que vous avez acquis de bonnes bases en anglais, et que vous vous sentez à l'aise avec les mécanismes de la langue, nous allons commencer à vous proposer des situations plus réalistes, prises "sur le vif". Nous allons aussi vous présenter certains points de grammaire un peu plus rapidement, sachant que dans la plupart des cas, il s'agit de consolider les bases existantes.

Phase d'activation : 8e leçon

58

Cinquante-huitième leçon

La bonne nouvelle *(bonnes nouvelles)*

1 – Allô ? Je dois parler à Sean Hughes. Est-il disponible ?
2 – Il est sur une autre ligne. Puis-je prendre un message ?
3 – Pourriez-vous lui dire que sa femme a appelé *(sonné)*, s'il vous plaît ?
4 – Salut chérie. Tu voulais que je te rappelle ? *(moi appelle toi)*. Qu'est-ce qu'il y a ? *(quoi est en-haut)*
5 – Devine quoi ? J'ai eu des nouvelles *(entendu)* de ComSys ce matin.
6 J'ai un entretien avec eux !
7 – Génial *(C'est excellent)* ! Mais parle plus fort, je ne t'entends pas *(peux pas entendre toi)*.
8 Ah, c'est beaucoup mieux. Continue. *(aller sur)*
9 – Je travaillais dans mon bureau quand mon téléphone a sonné.
10 C'était la responsable du personnel elle-même.
11 Elle a dit [qu]'elle voulait que j'aille *(veut moi aller)* à York la semaine prochaine.
12 Je suis tellement excitée ! Je ne m'attendais vraiment pas [à] cela.
13 – Je dois y *(j'ai à)* aller. Raconte-moi tout ce soir. Au revoir.

Notes

1 L'adjectif **available**, *disponible*, est utilisé dans plusieurs expressions et contextes plus ou moins formels, souvent suivi des prépositions **for** ou **from** : **This service is available for national customers only**, *Ce service est disponible uniquement pour clients nationaux*. **His novels are available from all good book shops**, *Ses romans sont disponibles dans toutes les bonnes librairies*. Le nom est **availability** : **What is your availability**, *Quelles sont vos disponibilités ?*

2 **to ring**, *sonner*, est irrégulier, le prétérit étant **rang** et le participe passé **rung**. **I rang the doorbell three times but no one answered**, *J'ai sonné trois fois à la porte* ("la sonnette-de-porte") *mais personne n'a répondu*. Dans un contexte téléphonique, le verbe a le même sens à la forme intransitive (**Your phone is ringing**, *Ton téléphone sonne*) alors que, à la forme transitive, il est synonyme de **to call** : **I rang / called you twice yesterday**, *Je vous ai appelé(e) deux fois hier*. La sonnerie d'un téléphone s'appelle **a ringtone**.

3 Voir leçon 42, section 5. Rappelons que l'adverbe **back** donne le sens de réciprocité : **I sent back the contract**, *J'ai renvoyé le contrat*. L'ordre des mots est très important. La construction usuelle est **call** + nom ou pronom personnel complément + **back**. (**call her back** ou **call Cathy back**). Sur un téléphone, **the callback function** est *la fonction Rappel*.

4 L'expression **What's up?** s'emploie dans deux contextes : pour s'enquérir d'un problème (santé, dysfonctionnement), auquel cas il est synonyme de **What's wrong?** (leçon 16, note 1), ou plus généralement pour demander *Qu'est ce qui se passe ?* ou encore *Quoi de neuf ?* Et en argot, notamment américain, **What's up?** est utilisé comme une salutation : *Quoi de neuf ?*

5 Si **to hear** tout seul signifie *entendre*, son sens peut changer selon la particule qui le suit. Ainsi, **to hear from**, *avoir des nouvelles de* : **We heard from Cathy yesterday**, *Nous avons eu des nouvelles de Cathy hier*. De la même façon, **to hear about** veut dire *entendre parler de / être au courant de* : **We heard about the match but we didn't see it**, *Nous avons entendu parler du match mais nous ne l'avons pas vu*.

6 **loud**, *fort* (en parlant de volume sonore) : **The music's too loud**, *La musique est trop forte*. Comparatif : **louder** et superlatif : **the loudest**. Enfin, **a loudspeaker**, *un haut-parleur*.

7 La difficulté avec les verbes à particules est que la même forme (ici **go** + **on**) peut avoir plusieurs significations, d'où l'importance de les apprendre en contexte. Ici, le sens est *continuer / poursuivre* : **The meeting went on for four hours**, *La réunion s'est poursuivie pendant quatre heures*. Le verbe peut aussi être utilisé pour demander ou encourager quelqu'un à poursuivre son action : **Go on, I'm listening**, *Continuez, j'écoute*. N'oubliez pas de noter le contexte chaque fois que vous rencontrez l'un de ces verbes à particule.

8 Voici le passé continu (ou progressif). Construit avec le prétérit de **to be** (**was/were**) suivi du participe présent du verbe en **-ing**, la forme continue décrit une action révolue qui a duré un certain temps : **She was living in Berlin**, *Elle habitait à Berlin*. Même s'il ressemble à l'imparfait français, ce temps n'en est pas systématiquement l'équivalent. Il est souvent employé – comme dans cette leçon – dans une construction avec le prétérit, accompagné de la conjonction temporelle **when** : **I was reading Steve's email when he called**, *Je lisais le mail de Steve quand il a téléphoné*.

9 **self**, *soi*. Nous connaissons bien en français *le self*, un restaurant où l'on se sert soi-même. Mais **self** (et la forme pluriel **selves**) est aussi le suffixe qu'on attache au pronom personnel complément ou à l'adjectif possessif pour donner le pronom réfléchi. Nous les verrons tous prochainement. **It was the manager himself who called**, *C'était le directeur lui-même qui appelait*. Vous trouverez les différentes formes de ces pronoms en leçon 63.

10 Voici la forme négative du passé progressif. Il faut simplement mettre **not** (ou la contraction **'nt**) après le verbe : **I was expecting → I wasn't expecting**, *Je ne m'attendais pas*. **To expect**, *s'attendre à* (quelque chose), *prévoir*. **We're expecting rain tomorrow**, *On s'attend à de la pluie demain*. **Learning English is not as difficult as I expected**, *Apprendre l'anglais n'est pas aussi difficile que je le prévoyais*. Ne confondez pas **to expect** et **to wait**, *attendre*, qui prend normalement la préposition **for** : **I was waiting for the bus**, *J'attendais le bus*. La différence entre les deux verbes est que, avec **to expect**, le résultat est presque certain.

Exercise 1 – Translate

❶ What's your* availability this week? – I'm free on Tuesday afternoon. ❷ It's your actions, not your promises, that speak the loudest. ❸ Her novels are available from all good book shops. ❹ We have a big problem. – What's up? ❺ Your phone's ringing. – I'm on another line.

** Utilisez le tutoiement*

***

Exercise 2 – Fill in the missing words

❶ Ils/Elles s'attendaient à du mauvais temps mais il n'a pas plu.
... ... bad weather but .. ..

❷ Elle a appelé il y a deux jours et j'ai envoyé le contrat hier matin.
.. .... two days ... and . .... the contract ....

❸ Nous les attendions à l'arrêt de bus mais ils/elles sont arrivé(e)s en taxi.
.. .. at bus stop but they .... taxi.

❹ J'ai eu des nouvelles de Cathy mais je n'étais pas au courant de ses vacances.
I .... Cathy but I .... her holiday.

❺ Devinez quoi ? C'est Jane elle-même qui est a répondu au téléphone.
....? .. ... Jane .... the phone.

59

Fifty-ninth lesson

Tell us all about yourself

1 – Let's **prac**tise your **in**terview skills [1]. Remem**ber**: be [2] **hon**est.
2 So: "Good **mor**ning Ms Hughes. Tell us all a**bout** your**self**" [3].
3 – No way! [4] I can't tell you **ev**erything be**cause** I **real**ly need this job.

Corrigé de l'exercice 1

❶ Quelles sont tes disponibilités cette semaine ? – Je suis libre le mardi après-midi. ❷ Ce sont vos actions, et non vos promesses, qui parlent le plus fort. ❸ Ses romans sont disponibles dans toutes les bonnes librairies. ❹ Nous avons un gros problème. – Qu'est-ce qu'il y a ? ❺ Votre téléphone sonne. – Je suis sur une autre ligne.

***

Corrigé de l'exercice 2

❶ They were expecting – it didn't rain ❷ She rang – ago – I sent – yesterday morning ❸ We were waiting for them – arrived by – ❹ – heard from – didn't hear about – ❺ Guess what – It was – herself who answered –

***York** est l'une des villes les plus anciennes et les plus belles d'Angleterre. Fondée au premier siècle, c'est aujourd'hui un pôle industriel et agricole, un nœud de transport, et un grand centre touristique, doté d'une magnifique cathédrale – **York Minster** – qui date du XIIe siècle, et de musées très originaux. Avec le développement des biotechnologies et de l'informatique vers la fin du XXe siècle, York allie aujourd'hui histoire et modernité. Outre-Atlantique, la ville de **New Amsterdam** est devenue **New York** en 1664 en honneur du Duc de York, le frère du roi d'Angleterre.*

Phase d'activation : 9e leçon

59

Cinquante-neuvième leçon

Dites-nous tout de vous *(-même)*

1 – Entraînons-nous aux *(à-tes)* techniques *(capacités)* [d]'entretien. N'oublie pas *(souviens[-toi])* : sois honnête.

2 Alors : "Bonjour Mme/Mlle Hughes. Parlez-nous *(dites nous tout)* de vous*(-même)*."

3 – Pas question ! Je ne peux pas tout vous dire car j'ai vraiment besoin de ce travail.

4 – Why do you want to come and work here?
5 – It's **bet**ter than **be**ing **hun**gry, and I have* to [5] pay* my rent [6].
6 – Can you de**scribe** your**self** [3] in one word?
7 – I **lis**ten **ve**ry **care**fully to what [7] **peo**ple say about them**selves** [3].
8 – Let's try another **ques**tion: Where do you see your**self** [8] in five years?
9 – I see my**self** [3] in your chair, but asking **bet**ter **ques**tions...
10 and with a much **high**er **sa**lary. Say, **eigh**ty **thous**and?
11 – I'm **sor**ry. What [7] you are **ask**ing is out of the **ques**tion.
12 We **def**initely can't give* you what [7] you want.
13 Let's try a**gain**, **Ca**thy. And this time, be [2] a little less **ho**nest.

Prononciation

*1 … o**n**əst **3** noo ouéé … **5** … **biiing** … rennt **6** … dis**kraïb** … **7** … DHəm**selvz** **10** … **Haïə** … **THaou**zənd **12** … **def**initlii …*

Notes

1 **skill**, *l'habileté / l'aptitude / la compétence* : **I want to improve my programming skills**, *Je veux améliorer mes compétences en programmation*. Malgré l'existence de synonymes comme **ability**, **aptitude** ou **competence**, qui ont plus ou moins le même sens que **skill**, c'est le mot d'origine saxonne qui est le plus parlant. Dans le domaine du recrutement, par exemple, on parle de **job skills** pour *compétences professionnels* plutôt que **professional competencies**, même si les deux termes sont quasiment synonymes. Un conseil pour augmenter votre vocabulaire : lorsque vous rencontrez un mot d'origine latine, vérifiez s'il existe un équivalent anglo-saxon.

2 Voir leçon 26, note 5. L'impératif de **to be** – comme pour tous les verbes – est l'infinitif nu : **Be quiet**, *Reste(z) calme(s)*.

4 – Pourquoi voulez-vous venir *(et)* travailler ici ?
5 – C'est mieux que d'avoir *(étant)* faim, et je dois *(j'ai à)* payer mon loyer.
6 – Pouvez-vous [vous] décrire *(vous-même)* en un mot ?
7 – J'écoute très attentivement *(à)* [ce] que les personnes disent d'elles-mêmes.
8 – Essayons une autre question : où vous voyez-vous *(vous-même)* dans cinq ans ?
9 – Je me vois dans votre fauteuil *(chaise)*, mais [en] posant de meilleures questions…
10 et avec un salaire beaucoup plus élevé. Disons, quatre-vingt mille ?
11 – Je suis désolé. Ce que vous demandez est hors de *(la)* question.
12 Nous ne pouvons absolument pas vous donner [ce] que vous voulez.
13 Essayons à nouveau, Cathy. Et cette fois, sois un peu moins honnête.

3 Voir leçon 58, note 9. Voici trois autres pronoms réfléchis : **myself**, *moi-même* (ligne 9), **yourself**, *toi-même/vous-même* (lignes 2, 6 et 8) et la forme plurielle **themselves**, *eux-mêmes / elles-mêmes* (ligne 7). Ainsi, le pluriel de **yourself** est **yourselves**, *vous-mêmes*. Les deux autres sont **himself**, *lui-même*, et **ourselves**, *nous-mêmes*.

4 Voir leçon 43, note 8. **No way!** ("pas de chemin"), un américanisme qui s'est enraciné dans l'anglais britannique, est un refus total, du genre *Pas question*. **Could you lend me some money? – No way!**, *Pourriez-vous me prêter de l'argent ? – Pas question !* On peut aussi utiliser **no way** avec **there is** dans une phrase construite. **There's no way I'm going to lend you any money**, *Il est hors de question que je vous prête de l'argent*. Attention, les panneaux routiers signalant **NO WAY IN** ou **NO WAY OUT** vous informent que l'entrée ou la sortie, respectivement, sont interdites.

5 Au temps présent, **I have to** est synonyme de **I must**, mais il y a une légère nuance entre les deux. Le premier exprime une obligation générale imposée par quelqu'un ou quelque chose d'extérieur (loi, habitude, tradition, etc.). Comparez **I have to pay income tax**, *Je suis obligée – comme tout le monde – de payer des impôts sur le revenu*, avec **I must pay my income tax**, *Je dois régler mon impôt sur le revenu* (car j'avais oublié, décalé le paiement, etc.). En quelque sorte on retrouve la même distinction qu'en français entre *devoir* et *falloir*. Dans les deux cas, l'infinitif est **to have to**.

6 **rent**, *le loyer*, vient du verbe **to rent**, *louer* (vu en leçon 50, ligne 5). En fait, l'anglais a plusieurs verbes pour exprimer la notion de location. Le plus courant est **to hire** : **Can I hire a car easily at the airport?**, *Puis-je louer une voiture facilement à l'aéroport ?* **To rent** est plutôt américain, mais est entré en anglais britannique depuis très longtemps : **We can rent a car for a week**, *Nous pouvons louer une voiture pendant une semaine*. Notez que **to hire** est aussi utilisé pour *embaucher* (leçon 57, phrase 6) : **The company hired three sales representatives last week**,

***

Exercise 1 – Translate

❶ There's no way I'm going to lend them any money! ❷ Why do you want to work here? – It's better than being hungry. ❸ Let's practise your programming skills. ❹ Can you describe him in a few words? – Not very honest. ❺ I'm lucky because I don't have to pay any rent this month.

***

Exercise 2 – Fill in the missing words

❶ Son problème est qu'il n'écoute pas ce que les gens lui disent.
His problem is that . . . . people say to him.

❷ Elle s'est posé une question : "Où est-ce que je me vois l'année prochaine ?"
She . . . . a question: " . . . . next year?"

❸ Ils/Elles ne peuvent certainement pas me donner ce que je veux.
They definitely . . . . want.

❹ Elle écoute ce que les gens disent d'eux-mêmes.
She . . . . people . . . .

❺ Pourquoi veut-elle travailler ici ? - Elle doit payer le loyer.
. . . . to work here? – She . . . .

La société a embauché trois commerciaux la semaine dernière. En revanche, **to rent** ne peut s'employer comme synonyme de *embaucher*.

7 Lorsque **what** est utilisé en tant que pronom relatif, il signifie *ce que* ou *ce qui* (autrement dit *la* ou *les choses que/qui*). Ainsi, une phrase comme **I listen to the things that people say**, *J'écoute les choses que disent les gens*, peut se dire **I listen to what people say**, *J'écoute ce que disent les gens*. De même, **what** peut être le sujet du verbe et remplace **the thing that** : **The thing that's surprising** → **What's surprising is the price of petrol**, *Ce qui surprend c'est le prix de l'essence*. Dans ce cas, il n'y a pas besoin de **that**.

8 Les pronoms relatifs s'emploient dans les verbes pronominaux. Ainsi, **I asked you a question**, *Je vous ai posé une question* → **I asked myself a question**, *Je me suis posé une question*. Nous y reviendrons plus loin car les règles concernant les verbes réfléchis et réciproques sont différentes de celles du français.

***

Corrigé de l'exercice 1

❶ Il est hors de question que je leur prête de l'argent ! ❷ Pourquoi voulez-vous travailler ici ? – C'est mieux que d'avoir faim. ❸ Mettons en pratique vos compétences en programmation. ❹ Pouvez-vous le décrire en quelques mots ? – Pas très honnête. ❺ J'ai de la chance car je ne dois pas payer de loyer ce mois-ci.

Corrigé de l'exercice 2

❶ – he doesn't listen to what – ❷ – asked herself – Where do I see myself – ❸ – can't give me what I – ❹ – listens to what – say about themselves ❺ Why does she want – has to pay the rent –

Phase d'activation : 10e leçon

Sixtieth lesson

A lift to York

1 – How will you get to [1] York next **Thurs**day?
2 You could drive*, but it's quite [2] a long way.
3 – How far is it from here? **A**bout a **hun**dred miles?
4 – No, it's more like [3] two **hun**dred. You could go by train.
5 – I sup**pose** so [4]. How long [5] does it take, do you think?
6 – **Nor**mally two hours or so [6], but there are **of**ten de**lays** [7].
7 There's **al**ways the ex**press** coach. They're **pre**tty [8] re**li**able.
8 – Yes, but how **of**ten [5] do they run*?
9 – Not **of**ten e**nough**, un**for**tunately.
10 I've got an i**de**a. **Ha**rry goes to York every Thursday on **bus**iness.
11 I'm sure he would give you a lift [9]. He leaves* at half past **se**ven.
12 – **Bril**liant. Would you mind [10] **ask**ing him?
13 – Of course not. I'll [11] call him right now.
14 – Don't for**get*** to say hi from me [12].

Prononciation

*6 … dil**éé**z 7 … kootch … re**laï**əbəl 9 … eun**for**tchənitlii 11 … haaf … 12 **bril**iənt …*

Notes

1 Suivi de la préposition **to**, qui dénote le mouvement, le verbe **get** signifie *atteindre / arriver* : **What time do we get to York?** *À quelle heure arrivons-nous à York ?* Pour bien traduire **get**, il faut toujours regarder le

Soixantième leçon

En route pour York

1 – Comment vas-tu te rendre à York jeudi prochain ?
2 Tu pourrais [y] aller en voiture *(conduire)*, mais c'est un assez long trajet *(assez un long chemin)*.
3 – C'est à quelle distance *(Combien loin)* d'ici ? Environ cent miles ?
4 – Non, c'est plutôt *(plus comme)* deux cents. Tu pourrais [y] aller en *(par)* train.
5 – Je suppose que oui *(ainsi)*. Combien de temps *(long)*, penses-tu [que] cela prendrait *(prend)* ?
6 – Normalement deux heures environ *(ou ainsi)*, mais il y a souvent des retards.
7 Il y a toujours le car express. Ils sont assez fiables.
8 – Oui, mais à quelle fréquence *(combien souvent)* circulent-ils *(courent)* ?
9 – Pas assez souvent, malheureusement.
10 J'ai une idée. Harry va à York chaque jeudi pour *(sur)* affaires.
11 Je suis sûr qu'il t'emmènera. Il part à sept heures et demie.
12 – Génial *(brillant)* ! Cela te dérangerait-il de lui demander ?
13 – Bien sûr que non. Je vais l'appeler tout de suite.
14 – N'oublie pas de lui dire bonjour de ma part *(dire salut de moi)*.

contexte afin de choisir la bonne nuance : **I got to work by bus**, *Je me suis rendu(e) au travail en bus*.

2 Voir leçon 26, note 4. L'adjectif **quite** signifie *plutôt / assez*. On peut le mettre soit devant un adjectif : **It's quite cold**, *Il fait assez froid* ; soit devant un adverbe : **He talks quite slowly**, *Il parle assez lentement* ; ou encore devant un verbe : **I quite like this suit**, *J'aime assez ce costume*.

On trouve **quite** aussi dans l'expression **quite a lot**, où il a le sens de *pas mal (de)* : **There were quite a lot of people at the show**, *Il y avait pas mal de monde au spectacle*. Vous rencontrerez aussi **quite** avec le sens de *tout à fait*, souvent dans des expressions comme **I quite agree**, *Je suis entièrement/tout à fait d'accord*.

3 Utilisée dans les comparaisons, la préposition **like** signifie *comme*. **Rob speaks French like a Canadian**, *Rob parle français comme un Canadien*. Elle peut aussi être précédée d'un adverbe comme **quite** (voir note 2) ou **very**, *très* : **She's quite/very like her mother**, *Elle ressemble assez/beaucoup à sa mère*.

4 **so** est souvent accolé à un verbe comme **to think** (*penser*), **to suppose** (*supposer*) ou **to hope** (*espérer*) dans une réponse courte : **Is Cathy coming to the meeting? – I hope so**, *Est-ce que Cathy vient à la réunion ? – Je l'espère*. Il en est de même avec l'expression **I'm afraid...**, *J'ai peur* (leçon 18, note 4) : **Did he forget his key? – I'm afraid so**. *A-t-il oublié sa clé ? – J'ai bien peur que oui*. À la forme négative, **so** est remplacé par **not** : **I hope not**, *J'espère que non*, etc.

5 Voir leçon 36, note 8. **How** est aussi utilisé avec **long** (*long*) et **often** (*souvent*) pour poser des questions simples : **How long is the journey?** *Combien de temps dure le voyage ?* (Voir aussi leçon 56 section 5.1). **How often do you change your browser settings?** *À quelle fréquence changez-vous vos paramètres de navigateur ?*

6 Nous **savons** que **around** permet d'exprimer une approximation (leçon 52, note 8). Une alternative est l'expression **or so**, qui vient après la mesure (au contraire de **about**, qui vient avant). **I lived there for ten years or so**, *J'ai habité là environ dix ans*.

7 Attention au faux-ami : **a delay** signifie *un retard* : **The train left with a delay of two hours**, *Le train est parti avec un retard de deux heures*. Ainsi, l'adjectif **delayed** signifie *retardé* : **Our flight is delayed**, *Notre vol est retardé*. En revanche, la traduction de *un délai* varie selon qu'il est question d'une période d'attente ou d'une limite de temps. Mais il est souvent possible de supprimer le mot tout simplement : *Votre paquet/colis sera livré dans un délai d'une semaine*, **Your package will be delivered in a week**.

8 Nous avons rencontré **pretty** (leçon 19, phrase 4) avec le sens de *joli(e)*. Mais dans un registre informel, **pretty** peut remplacer **quite** pour *assez / plutôt* ou *plus ou moins* – mais seulement devant un adjectif ou un adverbe : **It's pretty cold**, *Il fait plutôt froid*.

9 **a lift**, *un ascenseur* (ou **an elevator** en anglais américain) : **There are no lifts in this building**, *Il n'y a pas d'ascenseurs dans cet immeuble.* (Le verbe racine est **to lift**, *lever / soulever*). Mais **to give someone a lift** est une tournure idiomatique qui signifie *accompagner/amener/emmener quelqu'un en voiture*. Ainsi **I can drive you to the station** pourrait aussi se dire : **I can give you a lift to the station**. Ou encore **Can you give me a lift home?** *Pouvez-vous me raccompagner chez moi en voiture ?* (Remarquez l'absence de **to** dans cette tournure doublement idiomatique.)

10 Voir leçon 48, note 5. La formulation interrogative **Would you mind…?** est plus polie que **Do you mind…** car elle est renforcée par le conditionnel. Elle permet le choix entre deux constructions, l'une avec **if** + pronom personnel sujet, **Would you mind if I leave now?** *Cela vous dérangerait-il si je pars maintenant?* (Il y a deux personnes impliquées : le sujet de **mind** n'est pas le sujet du deuxième verbe) ; et l'autre avec le gérondif + pronom personnel également mais complément : **Would you mind asking him?** *Cela vous dérangerait-il de lui demander ?* (La même personne est sujet à la fois de **mind** et de **ask**.)

11 Quand quelqu'un décide de faire quelque chose sur le champ dans un futur proche, l'anglais utilise le temps futur alors que le français emploie plutôt le présent. Par exemple, quand le téléphone sonne, on dit **I'll go** comparé au français *J'y vais*. Ces cas d'exception sont limités à des situations bien précises comme celle-ci.

12 Nous savons depuis la toute première leçon que **Hi** signifie *Salut*. Ainsi, l'expression idiomatique **Say hi to him/her/them from me** est l'équivalent de *Dis-lui/leur bonjour de ma part*. Si la relation est plus affectueuse, on peut dire **Send** ou **Give him/her/them my love**. Malgré l'utilisation du mot **love**, *amour*, le sentiment est amical plutôt que passionné.

Exercise 1 – Translate

❶ Would you mind helping me in the kitchen? ❷ Can you* understand him? – Yes, he talks quite slowly. ❸ Did you forget your travel pass?– I'm afraid so. ❹ There are often delays on the London to York line. ❺ Unfortunately, I *(m.)* got to work late again yesterday, at half past eleven. The manager was furious.

* *Utilisez le tutoiement*

***

Exercise 2 – Fill in the missing words

❶ Ça vous dérange si je vous pose une question ? – Bien sûr que non.
. . . . a question? – . . . .

❷ À quelle fréquence les bus circulent-ils ? – Pas assez souvent.
. . . . the buses run? – . . . .

❸ Quelle est la durée du film ? – Beaucoup trop long.
. . . . the movie? – . . . . . . long.

❹ Notre colis sera livré en deux jours, s'il n'est pas retardé.
Our . . . . in two days, if . . . .

61

Sixty-first lesson

Travelling around Britain

1 **Tra**velling [1] a**round Bri**tain to**day** is **ea**sy and **al**so [2] con**ven**ient [3].

2 There are a **num**ber of ways to reach your desti**na**tion.

3 The **rail**way **sys**tem is **pro**bably the **ea**siest **me**thod.

4 It used to [4] be unre**li**able but cheap, now it is fast and ex**pen**sive.

5 There are **in**ter-**ci**ty trains for long-**dis**tance **jour**neys

Corrigé de l'exercice 1

❶ Cela vous dérangerait-il de m'aider dans la cuisine ? ❷ Peux-tu le comprendre ? - Oui, il parle assez lentement. ❸ Avez-vous oublié votre pass de voyage ? – J'ai bien peur que oui. ❹ Il y a souvent des retards sur la ligne Londres-York. ❺ Malheureusement, je suis encore arrivé en retard au travail hier, à 11h30. Le directeur était furieux.

***

❺ Je peux te déposer à la gare ? – Ne te dérange pas, j'irai à pied.
. . . . to the station? – . . . ., I'll walk.

Corrigé de l'exercice 2

❶ Would you mind if I ask you – Of course not – ❷ How often do – Not often enough – ❸ How long is – Much too – ❹ – package will be delivered – it's not delayed ❺ Can I give you a lift – Don't bother –

Phase d'activation : 11e leçon

61

Soixante et unième leçon

Voyager en *(autour)* Grande-Bretagne

1 Voyager en [Grande-] Bretagne aujourd'hui est facile et pratique.
2 Il y a un [certain] nombre de moyens *(chemins)* pour atteindre votre destination.
3 Le système ferroviaire *(rail)* est probablement la méthode la plus simple *(facile)*.
4 Autrefois, il était peu fiable mais bon marché, maintenant il est rapide et cher.
5 Il y a des trains interurbains pour les voyages [de] longue distance,

6 and com**mu**ter [5] **ser**vices for **peo**ple that [6] **tra**vel to work **dai**ly [7].
7 But some pre**fer** to go by car, bus or coach.
8 So al**though** [8] the **coun**try has an ex**ten**sive **net**work of **mo**torways and roads,
9 it has e**nor**mous **tra**ffic jams [9], too [2].
10 In fact, there are **ba**sically two sorts of roads: those that are **be**ing built* [10]
11 and those that are **be**ing re**paired**. □

Prononciation

1 ... kənviiniənt 2 ... riitch ... 3 ... réélwéé ... 4 ... ioustou bii eunrelaïəbəl ... 6 ... kəmioutə ... 7 ... prifeur ... 8 ... olDHoo ... roodz 9 ... inorməs ... 10 ... béésiklii ... bilt 11 ... ripaird

Notes

1 Nous avons vu (leçon 29, phrase 2) comment utiliser le gérondif, ou nom verbal, avec le verbe **to like**, là où le français emploie un nom (**She likes climbing**, *Elle aime l'escalade*). Voici à nouveau le gérondif, cette fois-ci à la place de l'infinitif en français. Dans ce cas, il peut être le sujet de la phrase : **Travelling around Britain is easy**, *Voyager en Grande-Bretagne est simple*, ou le complément : **She hates travelling**, *Elle déteste voyager*. Vous trouverez souvent cette deuxième forme dans la signalisation : **NO SMOKING**, *Interdiction de fumer*, **PARKING NOT PERMITTED**, *Il est interdit de stationner*.

2 **also** signifie *aussi / également*, que nous avons déjà rencontré depuis la leçon 12 phrases 5 et 7, est synonyme de **too** (leçon 1, phrase 6). S'il n'y a pas de différence de sens entre ces deux adverbes, le positionnement est différent : **also** vient généralement avant le verbe et **too** à la fin de la phrase ou proposition, précédé d'une virgule. **He also speaks French** ou **He speaks French, too**. *Il parle aussi le français*. Faites attention à ne pas mettre **also** après le verbe, en imitant la structure française, car on ne peut pas séparer un verbe de son complément d'objet.

3 **convenient**, *convenable / commode* – en somme, tout ce qui est *pratique*, *bien situé*, etc. **Their new house is particularly convenient for the shops,**

6 et des services de banlieue pour les personnes qui se rendent *(voyagent)* au travail quotidiennement.
7 Mais certains préfèrent se déplacer *(aller)* en voiture, [en] bus ou [en] autocar.
8 Ainsi, même si le pays dispose [d']un vaste réseau d'autoroutes et [de] routes,
9 il y a d'énormes embouteillages, aussi.
10 En fait, il y a essentiellement deux sortes de routes : celles qui sont en train d'être construites
11 et celles qui sont en train d'être réparées.

Leur nouvelle maison est particulièrement bien située pour les magasins. Par ailleurs, on utilise souvent **convenient** dans une requête polie : **Would tomorrow be convenient?** *Est-ce que demain vous conviendrait ?* Le substantif **convenience** s'emploie dans des expressions comme **convenience store**, *magasin de proximité*, ou **convenience foods**, *plats cuisinés*. Attention, si vous voyez en Grande-Bretagne des panneaux indiquant **Public Conveniences**, il s'agit d'un terme formel pour les *toilettes publiques* (**toilets** étant le terme courant).

4 Voici une autre construction au passé pour laquelle le français emploie l'imparfait (leçon 56, section 1.1) : **used to** + infinitif nu décrit un fait ou une habitude qui existait autrefois mais n'a plus cours au moment où on en parle : **They used to live in York**, *Autrefois, ils/elles habitaient à York* ; **I used to smoke but I stopped ten years ago**, *Avant, je fumais mais j'ai arrêté il y a dix ans*. Il n'est pas possible de séparer **used to** du verbe. (La prononciation de **used to** est très importante, car il ne faut pas confondre cette tournure avec le verbe **to use**, *utiliser*, qui se prononce *[iouz]* – écoutez bien le premier exercice.)

5 Le verbe **to commute** n'a pas d'équivalent en français car il signifie *prendre un moyen de transport pour se rendre au travail*. Il s'agit très souvent de personnes habitant en banlieue et travaillant en métropole : **She lives in the suburbs and commutes to Manchester**, *Elle habite en banlieue et elle se rend à Manchester pour travailler*. Une personne qui fait ce trajet s'appelle **a commuter** (que d'autres pays francophones traduisent par *navetteur*). Le mot s'emploie aussi comme adjectif, **a commuter train**, *train de banlieue* ; **commuter traffic**, *la circulation habitation-travail*, etc.

6 Si le relatif **who**, *qui*, se réfère au sujet du verbe qui le suit, il peut être remplacé par **that** même s'il s'agit d'une personne : **He's the man who works with my father** → **He's the man that works with my father**, *C'est l'homme qui travaille avec mon père*. S'il n'y a aucune différence de sens, certains puristes désapprouvent cette substitution. Notez que si **that** est le relatif du sujet, il ne peut pas être omis.

7 Ajouté à une unité de temps, le suffixe **-ly** exprime la fréquence : **daily** (*quotidien / quotidiennement*), **weekly** (*hebdomadaire*), **monthly** (*mensuel*), **yearly** (*annuel*) mais aussi **hourly** (*par heure*) / *à l'heure* : **Are you paid daily or hourly? – Weekly, unfortunately**. *Êtes-vous payé à la journée ou à l'heure. – À la semaine, malheureusement*.

8 **although**, *bien que / même si* : **Although the coach is cheap, many people travel by train**, *Même si l'autocar n'est pas cher, beaucoup de gens voyagent en train*. Le subjonctif étant peu usité (voir leçon 57, note 5), le verbe est toujours à l'indicatif. On peut remplacer **although** par **though** ou encore par **even though** : **Even though the coach is cheap**. (Cependant, on ne peut pas accoler **even** à **although**).

***

Exercise 1 – Translate

❶ I used to buy tickets when I used the Tube; now I have a travel pass. ❷ The bus is the easiest way to travel. It's the cheapest, too. ❸ Max prefers travelling by coach, although he also drives. ❹ That new flat in the high-rise is very convenient for public transport. ❺ Are you being served, sir? – Yes I am, thank you.

***

Le système ferroviaire britannique est le plus ancien au monde. Privatisé au milieu des années 1990, il continue à évoluer. Aujourd'hui, l'ensemble de l'infrastructure ferroviaire est géré par une régie chargée de l'entretien des voies ainsi que de la coordination des mouvements des trains et des horaires, et l'acheminement de passagers et de fret est assuré par de nombreuses sociétés régionales.
En ce qui concerne les transports routiers, les lignes de bus et d'autocars, eux aussi, sont privatisés. Ainsi, la Grande-Bretagne est dotée d'un réseau très dense et efficace d'autocars long-courrier, que beaucoup de voyageurs préfèrent aux trains.
Mais le moyen de transport le plus courant reste l'automobile. Dans les années 1960, les Britanniques ont commencé à construire un sys-

9 **jam**, *la confiture* : **Do you want some jam on your toast?** *Voulez-vous de la confiture avec votre pain grillé ?* Mais **a traffic jam** n'est point une "confiture de voitures" – aussi imagé que cela puisse paraître –, mais un banal *embouteillage*. L'expression vient du verbe **to jam**, *serrer* ou *comprimer*. **The new road system won't reduce traffic jams**, *Le nouveau système routier ne réduira pas les embouteillages*.

10 Voici la forme continue de **to be** : **it is being** + participe passé. Une phrase courante, utilisée dans un cadre commercial ou de services, est : **Are you being served?**, *Est-ce qu'on s'occupe de vous ?* **To build**, *construire*, est irrégulier : **to build, built** (part. passé **built**). Ainsi **a building** : *un bâtiment / un immeuble*. Notre mot d'emprunt *un building* se référant à *une tour* (d'habitation) ou *tour d'immeuble* se traduit par **a high-rise** (du verbe **to rise**, *s'élever / augmenter*) ou **a tower block** ("une tour bloc").

***

Corrigé de l'exercice 1

❶ J'avais l'habitude d'acheter des tickets lorsque j'utilisais le métro ; maintenant j'ai un pass de voyage. ❷ Le bus est le moyen de transport le plus simple. C'est aussi le moins cher. ❸ Max préfère voyager en car, même s'il prend aussi la voiture. ❹ Ce nouvel appartement dans la tour d'immeuble est très bien situé pour les transports en commun. ❺ On s'occupe de vous, monsieur ? – Oui, merci.

***

tème d'autoroutes, **motorways**, *pour compléter le réseau de* **trunk roads** *("routes-troncs",* ou routes nationales), *provoquant ainsi un engouement pour la voiture particulière qui ne s'est jamais démenti depuis. À quelques exceptions près, les* **motorways** *restent gratuites pour les utilisateurs mais, étant donné les problèmes d'encombrement, la question d'introduire un système de péages revient régulièrement à l'ordre du jour. Enfin, en ville, l'utilisation des* **trams** *et d'autres formes de transport collectifs, dont le* **light rail** (trains légers), *ainsi que de la bicyclette se développe fortement depuis une vingtaine d'années. Beaucoup de villes ont installé des réseaux importants de* **cycle routes** *ou* **cycle paths** (itinéraires/pistes cyclables) *pour faciliter le déplacement du nombre grandissant de cyclistes.*

Exercise 2 – Fill in the missing words

❶ Beaucoup de gens voyagent encore en train, même si l'autocar n'est pas cher.
.... people .... by train .... is not expensive.

❷ Il habite en banlieue et fait la navette tous les jours jusqu'à la ville.
He .... and .... the city.

❸ Une nouvelle autoroute est en cours de construction en ce moment pour réduire les embouteillages.
A new .... at the moment ....

❹ J'ai besoin de vous voir dans mon bureau. Est-ce que demain vous conviendrait ?
.... you in my office. ....?

❺ La bicyclette est le moyen le plus simple pour se déplacer en Grande-Bretagne. C'est aussi le moins cher.
The bicycle .... to .... Britain. It's
....

62

Sixty-second lesson

Bear with me

1 – Thank you for **call**ing **East**ern Rail. Press "One" for **sched**ules [1] and **pass**enger a**ssist**ance.
2 We're **so**rry. None [2] of our ad**vi**sers are free at the **mo**ment.
3 Your call is now in a queue and we will **an**swer you **short**ly [3].
4 – Thanks for being **pa**tient. What can I do for you?
5 – I'd like some infor**ma**tion on trains to York, please.
6 – What station are you **leav**ing from? [4]

Corrigé de l'exercice 2
❶ Many – still travel – even though the coach – ❷ – lives in the suburbs – commutes daily to – ❸ – motorway is being built – to reduce traffic jams ❹ I need to see – Would tomorrow be convenient ❺ – is the easiest way – travel around – also the cheapest

Phase d'activation : 12ᵉ leçon

62

Soixante-deuxième leçon

Accordez-moi quelques secondes

1 – Merci d'appeler Eastern *(de-l'est)* Rail. Appuyez [sur] "Un" pour les horaires et l'assistance [aux] passagers.
2 Nous sommes désolés. Aucun de nos conseillers n'est *(sont)* libre en ce moment.
3 Votre appel est maintenant dans la file [d'attente] et nous vous répondrons sous peu *(courtement)*.
4 – Merci d'avoir patienté *(pour étant patient)*. Que puis-je faire pour vous ?
5 – Je voudrais *(j'aimerais)* des informations sur les trains pour York, s'il vous plaît.
6 – De quelle gare partez-vous *(quelle gare partez-vous de)* ?

7 – I want to get from [5] **Sal**ford to York on **Thurs**day before mid**day**.
8 – Bear* with me. [6] I'm **check**ing for you.
9 **Sor**ry a**bout** the wait. Right, there's a train that leaves at eight ten [7].
10 Change at **Man**chester and you'll get to York at nine **for**ty [7].
11 – Do you have a low fare [8], like an off-peak re**turn** [9] or **some**thing?
12 – I'm a**fraid** not. Un**less** [10] you leave **af**ter a **quar**ter to e**lev**en [7].
13 – In that case, I won't go by train. It's **cheap**er to drive.

Prononciation

*1 … **ske**dioulz … ə**sis**təns 2 … neun … əd**vaï**zəz … 4 … **pé**é**chənt** … 8 bair … 11 … fair … off-piik … 12 … eun**les** … 13 … **tchii**pə …*

Notes

1 **a schedule**, *un programme / un planning*. Dans le contexte des transports en commun, ce mot signifie *un horaire*. Si vous entendez une annonce comme **The train is on schedule**, vous saurez que votre train est à l'heure (a contrario, **behind schedule** veut dire qu'il est "*derrière [son] horaire*", donc *en retard*). Le mot peut aussi se prononcer ***[chedioul]***.

2 **none** (à ne pas confondre avec **no one**, *personne*) signifie *aucun(e)*. Ce mot-outil est utilisé tout particulièrement dans une construction avec **of** suivi d'un nom ou d'un pronom : **None of my friends live in England**, *Aucun de mes amis n'habite en Angleterre*. **I called ten people but none of them were at home**, *J'ai appelé dix personnes mais aucune d'entre elles n'était à la maison*. En principe, le verbe avec **none** devrait être au singulier, mais le pluriel est usuel dans la langue courante. Nous privilégions l'usage plutôt que la règle. Ajoutons que cette règle s'applique aux situations où il y a trois sujets ou plus. Lorsqu'il n'y en a que deux (= *ni l'un ni l'autre*), il faut utiliser **neither** (nous en reparlerons bientôt).

7 – Je veux aller de Salford à York *(sur)* jeudi avant midi.
8 – Accordez-moi quelques secondes *(supportez avec moi)*. Je vérifie pour vous.
9 Désolé pour l'attente. Bon, il y a un train qui part à 8 h 10.
10 Changez à Manchester et vous arriverez à York à 9 h 40.
11 – Avez-vous un tarif réduit, comme un aller-retour en heure creuse ou quelque chose [comme ça] ?
12 – J'ai bien peur que non. Sauf si vous partez après onze heures moins le quart.
13 – Dans ce cas, je n'irai pas en *(par)* train. C'est moins cher d'y aller en voiture *(de conduire)*.

3 **shortly** est la forme adverbiale de **short**, *court*, mais le sens usuel est *bientôt / prochainement* : **The doctor will be with you shortly**, *Le docteur sera avec vous sous peu*. Bien que **shortly** soit proche en signification de **soon** (leçon 52, phrase 8), il suggère un avenir plus rapproché. **We'll give you an answer soon**, *Nous vous donnerons une réponse bientôt* mais **I'm expecting an answer shortly**, *J'attends une réponse prochainement*.

4 Nous savons que les mots interrogatifs (**where**, **who**, **when**, etc.) se mettent en début de phrase. Si, en plus, il y a une préposition (par exemple, *D'où partez-vous ?*), elle devrait se placer avant même la question (**From where are you leaving?**). Mais dans la langue courante, on rejette la préposition à la fin de la question : **Where are you leaving from?** Prenons un autre exemple : *À qui parlais-tu ?* Au lieu de dire : **To who were you speaking?** on rejette la préposition à la fin : **Who were you speaking to?** Certains puristes désapprouvent ces formulations car, en théorie, il ne faudrait pas séparer le verbe de sa préposition. Mais, une fois de plus, la pratique l'emporte à la théorie.

5 Nous savons que, dans ce contexte, **to get to** est synonyme de **to go to** (leçon 60, note 1). Voici à présent la même construction avec une autre préposition : **to get from... to**, *aller de... à*. **How do I get from A to B quickly?** *Comment vais-je rapidement de A à B ?* Rappelons que **to get**

remplace souvent un verbe plus précis – ici, la manière de se déplacer (**drive**, **walk**, etc.).

6 **to bear**, *supporter / tolérer*. Le verbe est souvent utilisé dans une proposition négative, comme **I can't bear him! He's so rude**, *Je ne peux pas le supporter ! Il est tellement mal élevé*. Cependant, l'expression **Bear with me** est employée par le personnel en contact direct avec la clientèle pour faire patienter au téléphone ou au guichet. On pourrait le traduire par *Accordez-moi quelques secondes*.

7 Pour dire l'heure, nous connaissons **past** et **to** (leçon 57, note 10). Comme en français, il y a plusieurs structures : *8h10* : **ten past eight** ou **eight ten** ; *9h40* : **twenty to ten** ou **nine forty**. Dans nos exemples, la deuxième option est utilisée plutôt dans un contexte "officiel" alors que la première relève de la langue courante. Voir leçon 63 pour une explication plus détaillée.

8 Encore un mot qui fait défaut au français : **a fare** signifie *le prix à payer pour un billet de transport* (ou une course de taxi). **The fare is shown**

***

Exercise 1 – Translate

❶ How much is the taxi fare? – You can see it on the meter. ❷ We really can't bear them. They're (*m.*) so rude. ❸ How do I get from Leeds to York quickly? – Don't take* the train! ❹ Thanks so much for calling. We weren't expecting an answer so quickly. ❺ We apologised to passengers because the train was behind schedule. It left shortly after midday.

* *Utilisez le tutoiement*

***

Exercise 2 – Fill in the missing words

❶ Je ne viendrai pas à la fête, à moins qu'il ne me le demande.
I . . . . to the party . . . .

❷ De quelle gare pars-tu demain ?
Which station . . . . tomorrow?

❸ Ils/Elles n'iront pas aux magasins si vous ne le leur demandez pas.
. . . . the shops . . . .

❹ À qui parlais-tu ? – Ce ne sont pas tes affaires.
. . . were . . . . ? – That's . . . .

on the meter, *Le prix de la course est affiché sur le compteur/taximètre*. How much is the fare from Plymouth to York? *Combien coûte le trajet de Plymouth à York ?* Ainsi, **a low fare**, *un tarif bas*, c'est-à-dire spécial.

9 Parmi les nombreuses formules proposées par les compagnies de chemin de fer et d'autocar, **the off-peak return**, *aller-retour en dehors des heures de pointe* ("l'heure de pic") est l'un des plus courants.

10 **unless** est une conjonction qui introduit une condition ou une hypothèse. Elle se traduit par *à moins que/de* : **I'll borrow your headphones, unless you need them**, *J'emprunterai ton casque, à moins que tu [n'] en aies besoin* (rappelons que le subjonctif anglais est rarement utilisé). Parfois, **unless** s'emploie dans une construction conditionnelle, où il est l'équivalent de *si* et un verbe négatif : **He won't come to the party unless you ask him**, *Il ne viendra pas à la fête si tu ne le lui demandes pas / à moins que tu ne le lui demandes*.

***

Corrigé de l'exercice 1

❶ Combien coûte la course en taxi ? – Vous pouvez le voir sur le compteur. ❷ Nous ne pouvons vraiment pas les supporter. Ils sont tellement grossiers. ❸ Comment puis-je aller rapidement de Leeds à York ? – Ne prends pas le train ! ❹ Merci beaucoup d'avoir appelé. Nous ne nous attendions pas à une réponse si rapidement. ❺ Nous nous sommes excusés auprès des passagers car le train avait du retard. Il est parti juste après midi.

***

❺ **Mon appel était en** *(dans une file d')* **attente pendant une heure mais personne n'a répondu.**
My call was .... for an hour but ....

Corrigé de l'exercice 2

❶ – won't come – unless he asks me – ❷ – are you leaving from – ❸ They won't go to – unless you ask them ❹ Who – you speaking to – not your business ❺ – in a queue – no one answered

63

Sixty-third lesson

Revision – Révision

1 Le passé progressif et *used to*

1.1 Le passé progressif

Ce temps – qui s'appelle aussi passé continu – se forme avec **was / were** devant le participe présent :
I was reading, we were driving, etc. *Je lisais, nous conduisions*, etc.

La négation est formée avec **not** (contracté en **-n't**) :
I wasn't reading, we weren't driving, etc.

Quant à la forme interrogative, elle se forme par inversion :
Was I reading?, Were we driving?, etc.

Le passé progressif décrit une action qu'on était en train de faire dans le passé, et donc correspond la plupart du temps – mais pas toujours – à l'imparfait français :
I was living in London in the 2010s, *Je vivais à Londres dans les années 2010.*

Le passé progressif s'emploie souvent dans la même phrase avec un prétérit pour parler d'une action qui est en cours quand une autre action survient :
She was working in the garden when the phone rang, *Elle travaillait / était en train de travailler dans le jardin quand le téléphone a sonné.*

Si nous vous disons souvent "Nous y reviendrons", c'est parce que certains points de grammaire ou de vocabulaire nécessitent un apprentissage progressif et répété afin d'être bien assimilés. Nous préférons bâtir une base solide puis revenir la renforcer petit à petit. Après tout, vous n'avez pas appris votre langue maternelle en mémorisant des recueils grammaticaux rébarbatifs.

Phase d'activation : 13e leçon

63

Soixante-troisième leçon

Ici, il y a une action qui continue et une autre qui vient l'interrompre. Si, en revanche, nous avons deux prétérits dans une phrase, la seconde action suit la première, comme en français. Comparez :
When we arrived, he was making coffee, *Quand nous sommes arrivés, il était en train de faire du café.*
When we arrived, he made coffee, *Quand nous sommes arrivées, il a fait du café.*

1.2 Emploi de *used to*

Il existe une exception à la règle "passé continu anglais = imparfait français" : lorsqu'on parle d'une habitude dans le passé qui est révolue (autrement dit, on n'est plus "en train de" la faire). Prenons un exemple : *Il nous rendait souvent visite*. Ici, il faut soit le prétérit : **He often visited us**, ou bien l'expression **used to**, que nous avons vue à la leçon 61 : **He often used to visit us**.
Rappelons que **used to** s'emploie pour parler d'une habitude ou d'un état de fait qui n'existe plus au moment où on en parle :
I used to eat meat but I became vegan a year ago, *Autrefois je mangeais de la viande, mais je suis devenu végan il y a un an.*
My parents used to live in York, *Jadis, mes parents habitaient à York.*

Il existe une façon de parler d'une habitude ou une action répétée dans un passé révolu, que nous détaillerons à la prochaine leçon de révision.

2 Expressions de politesse avec le conditionnel : *could* et *would*

Pour vous préparer à aborder le conditionnel dans les phrases complexes, nous vous avons présenté les auxiliaires **would** et **could**, très utilisés – comme en français – dans les constructions de politesse.

• **would** + infinitif nu à toutes les personnes :
I would like to speak to Ms Patel, please, *J'aimerais parler à Mme/ Mlle Patel, s'il vous plaît.*
I would be very happy to help you, *Je serais très heureux de vous aider.*

La contraction est **-'d** :
I'd like to see you at ten o'clock, *J'aimerais vous voir à 10 / 22 heures.*
She'd be very happy to answer your questions, *Elle serait très heureuse de répondre à vos questions.*

La forme interrogative est formée par inversion :
you would → would you...? et s'emploie pour former une requête polie ou simplement pour offrir quelque chose à quelqu'un. (Dans ce cas, le français emploie autant l'indicatif que le conditionnel).
Would you help me, please? *Voudriez-vous m'aider, svp ?*
Would you like some more tea? *Voudriez-vous encore du thé ?*
Ce registre de politesse est extrêmement courant et n'est nullement considéré comme obséquieux.

• **could** + pronom :
could est le conditionnel de **can** et s'emploie pour demander poliment la permission ou un service :
Could I speak to the manager, please? *Pourrais-je parler au directeur/à la directrice, s'il vous plaît ?*
Could you pass me the salt? *Pourriez-vous me passer le sel ?*

En ce qui concerne la prononciation, rappelons que le **l** est muet conditionnel et dans **would** et **could**.

3 Exprimer sa volonté : *want* ou *like* + complément et infinitif

Nous vous avons dit à plusieurs reprises que le subjonctif s'emploie rarement en anglais. Ainsi, lorsqu'on exprime le désir que quelqu'un fasse quelque chose, généralement avec des verbes **to want** ou **to like**, il faut une construction particulière, où le verbe est suivi d'un pronom personnel complément (**me**, **him**, **her**, etc.) et l'infinitif :
I'd like you to come for an interview, *J'aimerais que vous veniez pour un entretien.*
They want me to lend them some money, *Ils/Elles veulent que je leur prête de l'argent.*

Pour être sûr de ne pas vous tromper de construction, ne mettez jamais **that** après **want** (**I ~~want that~~ you listen** → **I want you to listen**, *Je veux que vous écoutiez*).

4 Interrogations concernant les quantités, mesures, etc. avec *How...?*

Faisons le point, à présent, sur toutes les phrases interrogatives à propos de la hauteur, le poids, la distance, etc. de quelque chose ou de quelqu'un. Elles se construisent avec **How...?** suivi de l'adjectif ou l'adverbe adéquat. (En français, nous n'avons pas de tournure unique pour ce type de questions.)
How far is it from London to York? *Quelle est la distance entre Londres et York ?*
How fast is the train? *Quelle est la vitesse du train ?*
How long is the movie? *Combien de temps dure le film?*
How old is she? *Quel âge a-t-elle ?*
How tall are you? *Vous mesurez combien ?*
How wide is this road? *Quelle est la largeur de cette route ?*

La plupart de ces questions se construisent avec le verbe **to be**, mais d'autres structures sont possibles :
How long does it take to get an appointment? *Combien de temps faut-il pour avoir un rendez-vous ?*
How often do you check your social media? *À quelle fréquence vérifies-tu/consultes-tu tes réseaux sociaux ?*

5 Les pronoms réfléchis

Pour former un pronom réfléchi, il suffit d'ajouter le singulier **-self** ou le pluriel **-selves** aux pronoms personnels compléments ou aux adjectifs possessifs :
myself, *moi-même*
yourself, *toi/vous-même* (singulier)
himself, **herself**, **itself**, *lui-même, elle-même*
Le pluriel irrégulier **-selves** permet de distinguer la deuxième personne du singulier de celle du pluriel : **Help yourself**, *Sers-toi / Servez-vous* (singulier), mais **Help yourselves**, *Servez-vous* (plusieurs personnes) :
ourselves, *nous-mêmes*
yourselves, *vous-mêmes*
themselves, *eux/elles-mêmes*

Ces pronoms sont utilisés lorsque la personne est à la fois le sujet et l'objet de l'action décrite par le verbe :
I did the job myself, *J'ai fait le travail moi-même.*
They didn't design the software themselves, *Ils/Elles n'ont pas conçu eux-mêmes/elles-mêmes le logiciel.*

Les pronoms réfléchis sont utilisés aussi dans les contextes où le français emploient *me*, *te*, *se*, *nous* et *vous*.
They asked themselves if the technology was reliable, *Ils/Elles se sont demandé si la technologie était fiable.*
She found herself a new job in marketing, *Elle s'est trouvé un nouvel emploi dans le marketing.*

Nous y reviendrons lorsque nous aborderons en détail les verbes pronominaux.

6 Le pronom relatif *what*

Voici un petit tour d'horizon de ce pronom relatif, que nous avons déjà rencontré à plusieurs reprises.
what traduit *ce que / ce qui / ce dont* autrement dit *la/les chose(s) que…*
Regardez ce mécanisme de substitution :
I liked the things that I saw, *J'ai aimé les choses que j'ai vues* →
I liked what I saw, *J'ai aimé ce que j'ai vu.*

We told him the things that we needed, *Nous lui avons indiqué les choses dont nous avions besoin.* → **We told him what we needed**, *Nous lui avons indiqué ce dont nous avions besoin.*

Il y a d'autres manières de traduire *ce que / ce qui* :
– Après **all**, **something**, **everything**, **anything** et **only**, il faut utiliser **that** :
Everything that he says is true, *Tout ce qu'il dit est vrai.*
All that I want is to find a new flat, *Tout ce que je veux, c'est de trouver un nouvel appartement.*
Take anything that you want, *Prenez tout ce que vous voulez.*

Rappelons que le relatif **that** peut être omis s'il est utilisé avec un verbe d'attribution (leçon 45, note 5) mais pas quand il est le relatif du sujet (leçon 61, note 6). Ainsi :
Everything he says is true. / All I want is to find a new flat. / Take anything you want.

Mais on ne peut jamais omettre **what** :
Take what you want, *Prenez (tout) ce que vous voulez.*
We told them what we wanted, *Nous leur avons indiqué ce que nous voulions.*

Enfin, n'oubliez pas que **what** est aussi un pronom interrogatif : **What do you want?** *Que veux-tu/voulez-vous ?* (leçon 4, note 2).

7 L'heure

Pour connaitre l'heure, on peut dire indifféremment **What time is it?** ou **What is / What's the time?** : *Quelle heure est-il ?*.

7.1 L'heure pile

L'heure pile se dit **o'clock**, une contraction de **of the clock**, *de l'horloge*. Cette précision, qui ne s'emploie pas avec les minutes, est souvent omise dans la conversation courante :
It's three o'clock → **It's three** *Il est 03h00/15h00*

Puisque ni les Britanniques ni les Américains n'ont adopté l'horloge de 24 heures dans la conversation courante (elle est néanmoins utilisée dans les domaines techniques : horaires de transports, etc.), il est théoriquement impossible de distinguer entre le matin, l'après-midi ou le soir lorsqu'on annonce l'heure. Si le contexte ne permet pas cette distinction, il faut ajouter, respectivement : **in the morning**, **in the afternoon** et **in the evening**.

They're arriving at... *Ils/Elles arrivent à...*
18 h 00 : **six (o'clock) in the evening**
08 h 00 : **eight (o'clock) in the morning**

Dans un registre officiel, on écrit **a.m.**(pour ***ante meridiem***, *avant midi*) et **p.m.**(***post meridiem***, *après midi*).
08 h 00 : **8 a.m.** *18 h 00* : **6 p.m.**

Il n'est pas possible de combiner **o'clock** et **a.m./p.m.**

Enfin, *minuit* se dit **midnight** ("mi-nuit") et *midi*, **midday** ("mi-jour") ou bien **noon**, que l'on trouve dans **afternoon**, *après-midi*.

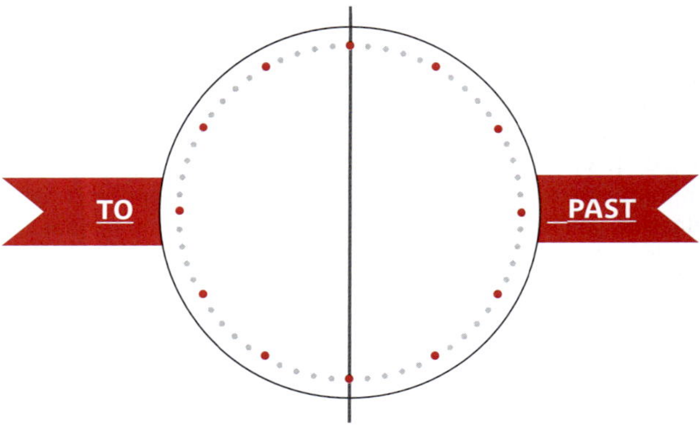

7.2 Les quart et demi

Après l'heure, *et quart* se dit **(a) quarter past** ou **fifteen** ; et avant l'heure, *moins le quart* se dit **(a) quarter to** ou **forty-five**. Contrairement au français, ces mentions précèdent l'énoncé des heures :

05 h 15	**(a) quarter past five**	*02 h 15*	**two fifteen**
21 h 45	**(a) quarter to ten**	*09 h 45*	**nine forty-five**

La demi-heure s'exprime simplement par **half past** ou **thirty** :
7 h 30 : **half past seven** ; *22 h 00* : **ten thirty**

7.3 Les minutes

Pour les multiples de 5 minutes, nul besoin d'exprimer l'unité. Contrairement au français, on donne les minutes d'abord et l'heure ensuite.

five past three	*15 h 05*	**twenty to ten**	*21 h 40*
twenty past six	*18 h 20*	**ten to five**	*04 h 50*

Cependant, pour les durées de moins de 5 min, il faut employer **minutes** :

four minutes past five	*17 h 04*	**twenty-one minutes to four**	*16 h 39*
eight minutes past two	*02 h 08*	**six minutes to nine**	*08 h 54*

Il est aussi possible d'exprimer le nombre de minutes comme un chiffre. Dans ce cas, celui-ci suit l'heure : **five oh four**, **two oh eight**, **four thirty-nine**, **eight fifty-four**. Mais, pour éviter de se tromper il est parfois plus simple d'employer **nearly** : *17 h 04* : **It's nearly five past five**, etc. !

Enfin, dans un contexte plus formel ou officiel, la tendance est d'employer la formulation proche de celle du français (mais sans le mot **hour**) : *10 h 40* = **ten forty**, *8 h 20* = **eight twenty**, etc.
Dire l'heure n'est pas difficile ; c'est une question d'entraînement. Regardez votre montre de temps à autre et dites l'heure à haute voix.

Revision dialogue

1 – This is Annie Lennon. Who's calling?
2 – I'm Ms Patel. I'd like you to come for an interview.
3 – I wasn't expecting your call. I was having breakfast when you rang.
4 When would you like me to be there?
5 – Can you get to our office at twenty past ten on Tuesday?

6 – I hope so. My car's being repaired so I'll have to take the train.
7 I may be a bit late because I'm not sure how often they run.
8 – Could you be here at midday, unless that's not convenient.
9 – I've got an idea. I have a friend who used to live in London.
10 Now he goes there once a week on business.
11 – Would you mind asking him to give you a lift?
12 – Of course not. I'll text him right now.
13 Thanks so much for calling me.

64

Sixty-fourth lesson

You know* the rule, don't you?

1 – I've got to [1] find* a new **ja**cket for my **meet**ing by [2] to**mo**rrow.
2 You'll come and help me choose* one, won't you? [3]
3 – No, I won't. I'm not good at **choos**ing clothes.
4 – Never mind. [4] I'll buy* you lunch at **Ke**lly's **af**terwards [5].
5 – Hi there! [6] Can I help you?
6 – I want a **jack**et for an **in**terview. **Some**thing smart [7].
7 – I've got [1] one that you're **go**ing to love.
8 You take a size twelve, don't you?
9 What do you think of this? It's wool and silk.
10 – It's **fa**bulous. May I try it please?
11 It fits [8] **per**fectly. Sean, it suits [9] me, **does**n't it?

Traduction

1 Ici Annie Lennon. Qui est à l'appareil ? **2** Je suis Mme /Mlle Patel. J'aimerais que vous veniez pour un entretien. **3** Je n'attendais pas votre appel. Je prenais mon petit-déjeuner quand vous avez appelé. **4** Quand aimeriez-vous que je sois là ? **5** Pouvez-vous venir à notre bureau mardi à dix heures vingt ? **6** Je l'espère. Mais comme ma voiture est en réparation, je vais devoir prendre le train. **7** Je risque d'avoir un peu de retard car je ne sais pas à quelle fréquence ils circulent. **8** Pourriez-vous être là à midi, à moins que cela ne vous convienne pas ? **9** J'ai une idée. J'ai un ami qui habitait à Londres. **10** Maintenant, il y va une fois par semaine pour affaires. **11** Cela vous dérangerait-il de lui demander de vous déposer ? **12** Bien sûr que non. Je vais lui envoyer un SMS tout de suite. **13** Merci beaucoup de m'avoir appelée.

Phase d'activation : 14e leçon

64

Soixante-quatrième leçon

Tu connais la règle, n'est-ce pas ?

1 – Je dois trouver une nouvelle veste pour ma réunion d'ici *(par)* demain.
2 Tu viendras m'aider à *(et)* [en] choisir une, n'est-ce pas ?
3 – Non. Je ne suis pas doué pour *(bon à)* choisir [des] vêtements.
4 – Ça n'a pas d'importance *(Jamais se soucier)*. Je t'invite à *(t'achèterai)* déjeuner chez Kelly après.
5 – Bonjour *(Salut là)* ! Je peux vous aider ?
6 – Je veux une veste pour un entretien. Quelque chose [d']élégant.
7 – J'en ai une que vous allez adorer.
8 Vous prenez une taille 12 *(40)*, n'est-ce pas ?
9 Que pensez-vous de ça ? C'est [en] laine et soie.
10 – C'est fabuleux. Je peux l'essayer, s'il vous plaît ?
11 Elle est parfaitement à ma taille. Sean, elle me va bien, n'est-ce pas ?

12 – Yes, it does. But it costs* a **for**tune.
13 – You know* the first rule of **shopp**ing, don't you?
14 Choose what you need, not what you want. □

Prononciation

*... roul ... **1** ... **djak**ət ... **4** ... **aaf**təwədz **8** ... saïz ... **9** ... woul ... **10** ... **fab**ioulәs ... **11** ... souts ... **12** ... **for**tchiounn*

Notes

1 Dans la langue parlée, **have got to**, suivi d'une base verbale, est l'équivalent de **have to** : **I've got to go now**, *Il faut que je parte maintenant* (au lieu de **I have to go now**). En effet, la contraction seule (**I've to**) serait difficilement audible, donc la particule **got** est ajoutée pour compenser cette lacune. Dans cette acception, **got to** n'est utilisé qu'au temps présent pour parler d'une action imminente. **She's got to tell you something**, *Il faut qu'elle te dise quelque chose*. Comparez **I've got to find a jacket** avec **I've got one** (*J'en ai une*) en phrase 7. Faites une petite révision à la leçon 35 section 2.

2 Dans un sens temporel, la préposition **by** signifie *avant / d'ici (à)* : **You've got to pay the bill by Friday**, *Vous devez régler la facture d'ici à vendredi*. Elle remplace **before** dans ces contextes, notamment pour *une date limite de vente*, ou **sell-by date** : **Sell by 20 March**, *Date limite de vente : le 20 mars*.

3 Voir leçon 35 section 2. Voici les fameux **question tags** au temps futur. Ils suivent les même mécanismes qu'au présent et au passé : **He won't come, will he?** *Il ne viendra pas, n'est-ce pas ?* ou, à l'affirmatif, **He will come, won't he?** *Il viendra, n'est-ce pas ?*

4 Nous avons rencontré **mind** à la leçon 48, note 5. **to mind** entre dans de nombreuses expressions toujours avec le sens de *prêter attention / se soucier de* (voir aussi leçon 60 note 10). L'expression invariable **Never mind** ("jamais se-soucier") veut dire *Ne vous en faites pas / Ne t'en fais pas* ou *Ça n'a pas d'importance*. **I made a mistake. – Never mind**, *J'ai fait une erreur. – Ça n'a pas d'importance*.

5 Ne confondez pas la préposition **after**, *après*, et l'adverbe **afterwards**, qui a le même sens mais s'emploie lorsqu'il n'y a pas de complément de précision : **Do it after lunch**, *Fais-le après le déjeuner* → **Do it afterwards**, *Fais-le après*.

12 – **Oui, c'est vrai. Mais elle coûte une fortune.**
13 – **Vous connaissez la règle numéro un** *(première)* **du shopping, n'est-ce pas ?**
14 **Choisir ce dont on a** *(tu as)* **besoin, pas ce qu'on** *(tu)* **veut.**

6 En règle générale, et en dehors des contextes formels, l'anglais est plus détendu que le français, surtout l'anglais américain (voir la note culturelle en fin de leçon). Par exemple, un(e) assistant(e) commercial(e) dans une boutique peut très bien saluer un client avec **Hi** ou **Hi there**, sans paraître inconvenant(e). Bien entendu, à moins d'en maîtriser les nuances, évitez d'employer ces formules – mais vous les entendrez certainement de la bouche de vos interlocuteurs.

7 **smart** (qui a pris racine en français via le Canada) est un adjectif polyvalent. Appliqué à l'apparence, il signifie *chic* ou *élégant* : **She was wearing a very smart suit**, *Elle portait un tailleur très élégant*. D'ailleurs, dans ce sens on l'utilise souvent à la forme adverbiale : **Cora is always smartly dressed**, *Cora est toujours habillée de manière élégante*. L'autre sens courant de **smart** est *intelligent* ou *habile*. **She's one of the smartest people that I know**, *Elle est l'une des personnes les plus intelligentes que je connaisse*. C'est dans ce sens qu'on trouve les termes comme **a smartphone** ou **a smart home**, *maison informatisée* ou *connectée*.

8 Appliqué à un vêtement, **to fit** signifie que la taille est bonne. **The coat fits you perfectly**, *Le manteau vous va parfaitement*, c'est à dire qu'il est à votre taille (le pronom n'est pas nécessaire s'il n'y a pas de risque de confusion : **The blouse fits perfectly**, *Le chemisier est de la bonne taille*). Si vous voulez essayer un vêtement dans un magasin en Grande-Bretagne, demandez **the fitting room**, *la cabine d'essayage*. (Voir aussi la note suivante.)

9 Nous connaissons **a suit**, *un costume / un tailleur* (leçon 8, phrase 3). Le nom vient du verbe **to suit**, *convenir à* ou *aller avec* (autrement dit, les différents éléments vont bien ensemble). **That coat doesn't suit you**, *Ce manteau ne te convient pas / ne te va pas*. **A job in New York would suit me perfectly**, *Un travail à New York m'irait parfaitement*. En parlant d'un vêtement, ne confondez pas **to suit** et **to fit**, qui ne concerne que la taille, pas le côté esthétique : **That hat suits you but it doesn't fit**, *Ce chapeau te va bien mais ce n'est pas la bonne taille*.

Exercise 1 – Translate

❶ Are the tickets expensive? – They cost a fortune! ❷ Fill in the form and send it back by next Friday. ❸ Hi there! How are you? – We're very well, thanks. ❹ This dress won't fit me. It's a size ten and I take a size twelve. ❺ What's the first rule of shopping? – Stay at home.

***

Exercise 2 – Fill in the missing words

❶ J'ai une belle veste mais je dois en trouver une autre pour un entretien.
. . . . a nice jacket but . . . . for an interview.

❷ N'achète pas ce jean. Il ne te va pas. – Ça n'a pas d'importance.
Don't buy . . . . – . . . .

❸ Ils/Elles viendront nous voir, n'est-ce pas ? – Oui.
. . . . and see us, ... ? – . . . .

❹ La règle est de choisir ce qu'on veut, pas ce dont on a besoin.
The rule is . . . . want, ... need.

❺ Il est l'une des personnes les plus intelligentes que je connaisse.
. . . . people . . . .

65

Sixty-fifth lesson

A quick lunch at Kelly's

1 – **Wel**come to **Ke**lly's [1]. Would you come [2] this way?
2 Here's your **ta**ble. I'll be back in a **min**ute. (...)
3 Are you **rea**dy to **or**der or do you need [3] to see a **men**u?
4 – I'll just have an **a**pple tart and a glass of **wa**ter. **No**thing else.

Corrigé de l'exercice 1

❶ Est-ce que les billets sont chers ? – Ils coûtent une fortune ! ❷ Complétez le formulaire et renvoyez-le d'ici vendredi prochain. ❸ Bonjour ! Comment allez-vous ? – Très bien, merci. ❹ Cette robe ne m'ira pas. C'est une taille 10 et je prends une taille 12. ❺ Quelle est la règle numéro un du shopping ? – Rester à la maison.

Corrigé de l'exercice 2

❶ I've got – I've got to find another one – ❷ – those jeans – They don't suit you – Never mind ❸ They'll come – won't they – Yes they will ❹ – to choose what you – not what you – ❺ He's one of the smartest – that I know

À partir de maintenant, lorsque nous vous présenterons un verbe irrégulier dans une note grammaticale, nous vous préciserons ses principaux temps : infinitif nu, prétérit et participe passé. Vous trouverez une liste complète dans les annexes.

Phase d'activation : 15e leçon

65

Soixante-cinquième leçon

Un déjeuner rapide chez Kelly

1 – Bienvenue chez Kelly. Voulez-vous me suivre *(venir ce chemin)* ?

2 Voici votre table. Je reviens *(reviendrai)* dans une minute. (...)

3 Êtes-vous prêts à commander ou avez-vous besoin de voir le *(un)* menu ?

4 – Je vais juste prendre *(avoir)* une tarte [aux] pomme[s] et un verre d'eau. Rien d'autre.

5 – Could I get [4] an **o**range juice and the house [5] **spe**cial, please?
6 – That's the **Kel**ly's **Bur**ger. How would you like it? Rare?
7 – No, **me**dium-rare, please. And with**out** fries [6].
8 – It's **re**ally sweet [7] of you to come **sho**pping with me.
9 – **Ac**tually, I want to make sure we don't spend* too much.
10 – You **need**n't [3] **wo**rry. **Mo**ney can't buy **ev**erything.
11 – Abso**lute**ly. That's why they [8] in**ven**ted the **cre**dit card.
12 – Do you need **a**nything else? Can I get you a **co**ffee?
13 – No, just the bill, please.
14 – Pay at the cash desk [9] by the **en**trance. □

Prononciation

*3 … **men**niou 4 … **a**pəl … 5 … **o**rindj-djous … 6 … raiə 7 … fraïz 8 … swiit … 10 … **nii**dnt … 11 absə**lout**lii … 14 … **kach**desk … **enn**trəns*

Notes

1 Rappelons que le cas possessif est souvent utilisé pour la raison sociale d'un commerce ou d'un restaurant. Voir leçons 21 section 4 et 42 section 3.

2 Le conditionnel **would**, nous le savons, s'emploie dans les expressions de politesse (leçon 60, note 10). Voici un autre exemple, assez formel, utilisé pour inviter quelqu'un à faire quelque chose : **Would you come with me, please?**, *Voulez-vous venir avec moi, s'il vous plaît ?* Ici, l'anglais utilise le conditionnel alors que le français emploie l'indicatif : **Would you come to lunch next Tuesday?** *Voulez-vous venir déjeuner mardi*

5 – Pourrais-je avoir un jus d'orange et la spécialité de la maison *(maison-spécial)*, s'il vous plaît ?
6 – C'est le burger de chez Kelly. Comment l'aimeriez-vous ? Saignant *(rare)* ?
7 – Non, à point *(moyen-rare)*, s'il vous plaît. Et sans frites.
8 – C'est vraiment gentil *(doux)* de ta part *(de toi)* de venir [faire du] shopping avec moi.
9 – En fait, je veux m'assurer *(faire sûr)* que nous ne dépensons pas trop.
10 – Tu n'as pas besoin de [t]'inquiéter. L'argent ne peut pas tout acheter.
11 – Absolument. C'est pour cela qu'on a inventé la carte de crédit.
12 – Avez-vous besoin d'autre chose ? Je peux vous apporter un café ?
13 – Non, juste l'addition, s'il vous plaît.
14 – Payez à la caisse *(espèces bureau)* près de *(par)* l'entrée.

prochain ? Une variante, qui ne change en rien le sens, consiste à ajouter to **like** : **Would you like to come with me? / Would you like to come to lunch?**

3 Lorsqu'il est suivi d'un infinitif, **to need** a le sens de *être obligé de* ou *devoir* : **Do you need to see a menu?** *Vous faut-il voir la carte ?* **We need to pay by credit card**, *Nous devons payer par carte de crédit*. Pour la négation, on utilise soit l'auxiliaire habituel (**don't/doesn't**) soit simplement **not**, comme s'il s'agissait d'un verbe défectif tel que **can** : **You needn't worry**, *Tu ne dois pas t'inquiéter* (phrase 10) ; **They needn't come if they don't have the time**, *Ils/Elles ne sont pas obligé(e)s de venir s'ils/elles n'ont pas le temps*. Dans ce cas, le verbe qui suit **needn't** est l'infinitif nu, c'est-à-dire sans **to**.

4 Nous savons que **to get** remplace **to have** (et bien d'autres verbes). L'expression idiomatique **Could I get…** est employée lorsqu'on de-

mande quelque chose à quelqu'un – ici, dans un restaurant. **Could I get a large salad, please?** *Pourrais-je avoir une grande salade, s'il vous plaît ?* (il faut noter que cette formulation, ainsi que sa variante **Can I get... ?**, sont d'origine américaine et peuvent donc être considérées comme familières en anglais britannique). En revanche, lorsque l'employé(e) demande (phrase 12) **Can I get you a coffee?**, le verbe **get** signifie simplement *apporter* : *Puis-je vous apporter un café ?*

5 **house** s'emploie comme adjectif dans le domaine de la restauration : *maison / préparé par nos soins*, etc. : **Our house cocktail is on special offer tonight**, *Notre cocktail maison est en promotion ce soir* (si, d'aventure, vous entendiez la phrase : **The drinks are on the house**, vous aurez de la chance car ça sera *la tournée du patron*). Dans le même contexte, **special** est utilisé comme un nom, avec un qualificatif comme **chef's** ou **today's**, dans le sens de *la spécialité du chef* ou *le plat du jour*.

6 Vous avez rencontré en leçon 17, phrase 5, le mot **chips**, *des frites*, mais le sens littéral de **a chip** est *un éclat / un fragment* (d'où le terme utilisé pour *une puce électronique*) soit un "éclat de patate". Aux États-Unis – et de plus en plus en Grande-Bretagne – *les frites* se disent **French fries**

***

Exercise 1 – Translate

❶ It's really sweet of them to pay for us. ❷ Could I have an apple juice and a cheese sandwich please? ❸ Is he ready to order or does he need more time? ❹ How do I find products that are on special offer on your website? ❺ I need to pay by card. Is that OK? – Absolutely.

***

Les titres respectueux **sir**, monsieur, **madam**, madame *et* **miss**, mademoiselle *sont plus formels en anglais qu'en français (et n'oubliez pas l'honorifique* **Ms**, *expliquée dans la note culturelle de la leçon 4). Ils sont utilisés dans le secteur tertiaire (par un vendeur, un commerçant, etc.) ou dans le cadre d'une relation hiérarchique. Autrement, il y a une tendance à les éviter. Nous avons déjà vu (leçon 3, note 1) comment l'expression* **Excuse me...** *nous permet d'attirer l'attention d'un inconnu : on n'utilise pas* **Sir** *ou* **Madam** *dans un tel contexte* ou, simplement **fries**. (A contrario, **chips** en américain a le même sens qu'en français : *les chips*).

7 **sweet**, *sucré / doux*. **This tea is too sweet**, *Ce thé est trop sucré*. Appliqué à une personne, l'adjectif signifie *gentil / mignon* : **She's a really sweet person**, *C'est une personne très gentille*. **It's really sweet of them to invite us**, *C'est vraiment très gentil à eux de nous inviter*. (Le nom **a sweet** signifie *un bonbon*.)

8 Voir leçon 34, note 10. Puisque **they** permet de pallier l'absence en anglais d'un pronom personnel indéfini tel que *on*, il est souvent utilisé dans les dictons ou proverbes: **They say that money can't buy you happiness**, *On dit que l'argent ne fait pas le bonheur*.

9 **cash desk**, ("bureau à espèces") est *la caisse* d'un commerce. En passant à la caisse dans un grand magasin, le serveur pourrait vous demander : **Cash or [credit] card?**, *Souhaitez-vous régler en espèces ou par carte [de crédit] ?* Dans un supermarché, *la caisse* s'appelle **the checkout**, mais il n'y a aucun rapport avec les chèques : tous les achats sont *contrôlés* (**checked**) avant que le client ne sorte du magasin.

***

Corrigé de l'exercice 1

❶ C'est vraiment gentil de leur part de nous inviter. ❷ Pourrais-je avoir un jus de pomme et un sandwich au fromage s'il vous plaît ? ❸ Est-il prêt à commander ou a-t-il besoin de plus de temps ? ❹ Comment est-ce que je trouve les produits en promotion sur votre site internet ? ❺ Je dois payer par carte. Est-ce que c'est possible ? – Absolument.

***

(au contraire du français, **Pardon, monsieur...***). En effet, le choix du mode pour interpeller son interlocuteur est assez complexe – il dépend de facteurs comme l'âge et la position sociale de la personne –, et ne peut être vraiment assimilé qu'en visitant le pays (par exemple, dans notre leçon, Simon est dans un contexte formel, donc le* **miss** *qu'il adresse à la serveuse est respectueux). De plus, il y a une tendance de fond vers un langage plus informel dans la vie.*

Exercise 2 – Fill in the missing words

❶ Nous voulons nous assurer qu'il ne dépense pas trop.
. . . . that . . . . too much.

❷ Vous n'avez pas besoin de venir si vous n'avez pas le temps, mais vous devez me le dire maintenant.
. . . . if . . . . but . . . . now.

❸ Voulez-vous me suivre, s'il vous plaît ? Votre table est prête.
. . . . please? Your table . . . .

❹ Je peux vous apporter un jus d'orange ? Les boissons sont offertes par la maison ce soir.
. . . . an orange juice? The drinks . . . . tonight.

❺ On dit que l'argent ne fait pas le bonheur car il coûte une fortune.
. . . . money . . . . happiness because it
. . . .

66

Sixty-sixth lesson

The most successful band ever

1 The **Bea**tles are **pro**bably the most su**ccess**ful rock band **e**ver [1].
2 Even to**day**, **peo**ple [2] still talk about them and their **mu**sic.
3 Two friends, John **Le**nnon and Paul Mc**Car**tney, **star**ted the group in nine**teen** **six**ty.
4 In the **ear**ly days [3], they used to fre**quent** clubs in **Li**verpool and **Ham**burg,
5 where they would [4] play **night**ly in **or**der to [5] make* ends meet*.
6 It is still **po**ssible to **vi**sit some of the **pla**ces where they used to per**form**.

Corrigé de l'exercice 2

❶ We want to make sure – he doesn't spend – ❷ You needn't come – you don't have the time – you need to tell me – ❸ Would you come this way – is ready ❹ Can I get you – are on the house – ❺ They say that – can't buy you – costs a fortune

Phase d'activation : 16e leçon

66

Soixante-sixième leçon

Le groupe [le] plus réputé de tous les temps

1 Les Beatles sont probablement le groupe *(bande)* de rock le plus réputé *(plein-de-succès)* de tous les temps *(jamais)*.

2 Aujourd'hui encore, on *(les gens)* parle [d']eux et [de] leur musique.

3 Deux amis, John Lennon et Paul McCartney, créèrent *(débutèrent)* le groupe en 1960.

4 Au début *(Dans les tôt jours)*, ils fréquentaient [des] clubs à Liverpool et [à] Hambourg,

5 où ils jouaient tous les soirs *(nuitamment)* afin de joindre les deux bouts *(faire bouts rencontrer)*.

6 Il est toujours possible de visiter certains des endroits où ils se produisaient.

7 Then in **nine**teen **six**ty-three they had their first **num**ber-one hit [6].
8 The **Bea**tles **quick**ly became* **fa**mous, with **mil**lions of fans **eve**rywhere.
9 What is **in**teresting is that they could [7] play **in**struments and write* songs,
10 but none of them could read* **mu**sic!
11 Though they were to**ge**ther for only ten years, they are still **high**ly influ**en**tial.
12 But in the be**gin**ning, not **eve**ryone be**lieved** in their suc**cess**.
13 **Le**nnon's aunt **fre**quently told him:
14 "**Play**ing the gui**tar**'s all right [8], John, but you'll **ne**ver earn a **li**ving [9]". □

Prononciation

*1 … **bii**tәlz … 4 … **eu**lii … frii**kouennt** … **li**vәpoul … **Hamm**beug 5 … **naït**lii … 6 … pә**form** 8 … fannz … 9 … **inn**strәmәnts … 11 DHoo … 12 bә**liivd** … 13 … **frii**kwenntlii … 14 … gui**taa** …*

Notes

1 **ever**, *jamais* (leçon 29 phrase 7) peut s'employer après un superlatif : **The M2 is the best car ever built**, *La M2 est la meilleure voiture jamais construite*, ou en fin de phrase : **He was the singer with the most famous band ever**, *Il était le chanteur du groupe le plus célèbre de tous les temps*. Cependant, **never** ne peut pas être utilisé dans le même type de construction.

2 Voici une autre manière de contourner l'absence d'un pronom personnel indéfini dans la langue courante (leçon 34, note 10) : **People say that he's a superb drummer**, *Les gens disent / On dit qu'il est un batteur excellent*. Il n'y a pas de substitution systématique de pronoms dans ce type de construction, donc soyez attentif à chaque nouvel exemple. Nous ferons un point dans une leçon de révision.

3 **early**, *tôt / de bonne heure*, s'emploie dans plusieurs tournures (dont **an early age**, *âge précoce* (leçon 52, phrase 6). L'expression **in the early**

7 Puis, en 1963, ils ont sorti *(eu)* leur premier tube [classé] numéro un.
8 Les Beatles devinrent rapidement célèbres, avec [des] millions de fans partout.
9 Ce qui est intéressant, [c']est qu'ils savaient *(pouvaient)* jouer [des] instruments et écrire [des] chansons,
10 mais aucun d'eux ne savait *(pouvaient)* lire [la] musique !
11 Bien qu'ils n'aient été ensemble que pendant dix ans, ils sont toujours très *(hautement)* influents.
12 Mais au début, tout le monde ne croyait pas à leur succès.
13 La tante de John lui disait souvent :
14 "Jouer de la guitare, c'est bien *(tout droit)*, John, mais tu ne gagneras jamais ta vie."

days signifie *au début / au commencement* (d'une histoire, un projet, etc.). **In the early days, the Beatles were called The Silver Beetles**, *Au début, les Beatles s'appelèrent "Les scarabées d'argent"*. Très souvent, **early** est synonyme de **beginning** (du verbe **to begin**, *commencer*, leçon 52, phrase 6). **He was born in the early / at the beginning of the twentieth century**, *Il naquit au début du 20e siècle*.

4 Nous maîtrisons désormais **used to** (phrase 4 et leçon 61 note 4). L'auxiliaire **would**, utilisé surtout pour le conditionnel, nous permet d'exprimer une notion similaire : une action que l'on faisait souvent ou régulièrement dans le passé. La différence est que **would** ne peut être utilisé que s'il y a une précision temporelle. Comparez **The band used to play in Hamburg** (sans précision temporelle, donc **would** est impossible) avec **When we were young, we would go to concerts every week**, *Quand nous étions jeunes, nous allions aux concerts chaque semaine*. Dans ce dernier cas, **used to** et **would** sont admis, comme on peut le constater en phrases 4 et 5.

5 Si **an order** signifie *un ordre* ou *une commande* (voir **to order**, *commander*, leçon 65, phrase 3), **in order to** est une conjonction de subordination qui explique le but ou la raison d'une action, comme *pour* ou

afin de : **She bought the flat in order to rent it to students**, *Elle acheta l'appartement afin de le louer à des étudiants*. Dans beaucoup de cas, cependant, l'infinitif seul exprime exactement la même chose : **She bought the flat to rent it to students**.

6 **a hit** est *une frappe* et **to hit**, *frapper / taper / cogner*. **Stop hitting me!** *Arrête de me taper !* Le verbe est irrégulier (**to hit, hit, hit**) : **She hit her foot on a big stone**, *Elle s'est cogné le pied contre une grosse pierre*. Mais le substantif **a hit** est utilisé surtout dans le sens figuratif d'*une réussite / un beau coup* : **Her first solo album was a big hit**, *Son (à elle) premier album en solo a été un grand succès*. (Notre expression d'emprunt le *hit-parade* se dit **the charts**).

7 Nous connaissons **could** dans son rôle de conditionnel (leçon 57, note 1). Mais **could** est aussi le prétérit de **can**, surtout lorsqu'il s'agit d'une compétence ou d'une capacité que l'on avait dans le passé : **He could play chess when he was ten**, *À 10 ans, il savait jouer aux échecs*.

***

Exercise 1 – Translate

❶ When I was young, I used to go dancing three times a week. ❷ Ouch! I hit my head on the window. ❸ Is it all right if we borrow your car this weekend? ❹ I'm only doing this job to make ends meet. ❺ I bought a computer to lend to my dad but he couldn't use it.

***

Exercise 2 – Fill in the missing words

❶ Elle était la chanteuse du groupe le plus réputé de tous les temps.
She was the singer with ... ...

❷ Ce qui est intéressant, c'est qu'il ne savait pas lire la musique, mais il savait jouer de la guitare.
... ... is that ... ... but he ... ... the guitar.

❸ Elle se cogne la tête sur le lit tous les matins quand elle se lève.
She ... ... the bed every morning when ... .

Rappelons que l'anglais utilise parfois **can**, *pouvoir* où le français emploie *savoir*, voir leçon 21, section 2 : **He can speak Japanese**, *Il sait parler le japonais*.

8 **all right** (parfois **alright**) est un adjectif et un adverbe dont le sens littéral est "*tout droit*", donc *bien / acceptable*, etc. Il est souvent synonyme de **OK – Is everything all right?** *Tout va bien ?* – mais aussi pour acquiescer : **Will you come? – All right**. *Tu viens ? – D'accord*. Une tournure interrogative utile **Is it all right if I take your guitar?** – *Ça te dérange si je prends ta guitare ?* Dans ce cas, elle est synonyme de **Do you mind if...?** (leçon 43, phrase 1).

9 **a living** vient de **to live**, *vivre* (leçon 8, phrase 5), mais l'expression idiomatique **to earn** (ou **make**) **a living** est l'équivalent de *gagner sa vie* : **How does he make a living**, *Comment gagne-t-il sa vie ?* (**living** est aussi un adjectif : *vivant*).

***

Corrigé de l'exercice 1

❶ Quand j'étais jeune, j'allais danser trois fois par semaine. ❷ Aïe ! Je me suis cogné la tête sur la fenêtre. ❸ Est-ce qu'on peut emprunter votre voiture ce week-end ? ❹ Je fais ce travail uniquement pour joindre les deux bouts. ❺ J'ai acheté un ordinateur pour le prêter à mon père mais il ne savait pas l'utiliser.

***

❹ **Écrire des chansons, c'est bien, mais il ne gagnera* jamais sa vie.**
.... **songs is** .... **but he'll** .... / ....

❺ **Au début, ils jouaient tous les soirs dans les bars de** *(autour de)* **Liverpool.**
............., **they** .... **in bars** ...... **Liverpool.**

* *Deux verbes sont possibles*

Corrigé de l'exercice 2

❶ – the most successful band ever ❷ What's interesting – he couldn't read music – could play – ❸ – hits her head on – she gets up ❹ Writing – all right – never earn/make a living ❺ In the early days – used to play nightly – around –

67 Sixty-seventh lesson

What will you do?

1 – What will you do* if they **o**ffer [1] you the posi**si**tion?
2 – Well, if they **o**ffer it to me [2] – and that's far from **cer**tain –
3 I'll think [3] a**bout** it and we'll talk a**bout** it.
4 What's the **ma**tter? [4]
5 – You **re**alise that we'll have to [5] move to York, don't you?
6 – What's wrong with that? Don't you like [6] York?
7 – That's not the **pro**blem. It's just that if we move,
8 then I'll have to find a new job, too, won't I?
9 – Can't you ask [7] for a **trans**fer?
10 That way, we can have the best of both [8] worlds.
11 – What a [9] great i**de**a! I'll ask to**mo**rrow.
12 – Hold* on! [10] **Af**ter all, it's **on**ly an **in**terview!

Groupe mythique, qui détient toujours le record du plus grand nombre de disques vendus, **The Beatles** *(c'est un mot-valise composé de* **beat**, le rythme, *et de* **beetle**, scarabée*), changea à jamais la* musique populaire, *ou* **pop music**. *D'un point de vue linguistique, le groupe a abandonné l'accent et le vocabulaire américains, plus ou moins de rigueur chez les chanteurs anglais à l'époque, en les remplaçant par des mots, expressions et références culturelles anglaises, et, surtout, l'accent si caractéristique de leur ville natale, Liverpool. Grâce à eux, l'anglais britannique est devenu* **cool**.

Phase d'activation : 17e leçon

67

Soixante-septième leçon

Que feras-tu ?

1 – Que feras-tu s'ils te proposent *(offrent)* le poste ?
2 – Eh bien, s'ils me le proposent – et c'est loin d['être] certain –
3 j'y réfléchirai *(penserai autour lui)* et nous en parlerons.
4 Qu'est-ce qu'il y a ?
5 – Tu te rends compte que nous devrons déménager à York, n'est-ce pas ?
6 – Quel mal à *(avec)* cela ? Tu n'aimes pas York ?
7 – Ce n'est pas le problème. C'est juste que si nous déménageons,
8 alors je devrai trouver un nouveau travail, aussi, n'est-ce pas ?
9 – Ne peux-tu pas demander un transfert ?
10 Comme ça, nous pouvons avoir le meilleur des deux mondes.
11 – Quelle bonne *(grande)* idée ! Je vais [le] demander demain.
12 – Attends ! *(Tiens sur)*. Après tout, ce n'est qu'un entretien !

13 You don't have to make a de**ci**sion yet.
14 – But if I don't ask for things straight a**way** [11], I al**ways** for**get** them. □

Prononciation

1 … offə … 2 … seutən 9 … trannsfeu 14 … stréét əwéé …

Notes

1 **to offer**, *offrir* : **The city has a lot to offer**, *La ville a beaucoup à offrir*, mais aussi **proposer** : **The company offered me a contract**, *La société m'a proposé un contrat*. En revanche, la notion d'*offrir* (en cadeau) ou de *payer* se traduit par **to buy** (voir leçon 64, phrase 4) ou **to give** : **He gave me a beautiful gift**, *Il m'a offert un beau cadeau*. Si vous achetez un cadeau et voulez préciser au vendeur que *c'est pour offrir*, dites-lui : **It's for a gift / a present**.

2 Comparez l'ordre des mots avec **to offer** dans les phrases 1 et 2. Certains verbes, dont celui-ci, peuvent avoir deux compléments (ici, **me** et **the job**). Dans ce cas, nous pouvons dire **They offered me the job**, *Ils m'ont / On m'a proposé le boulot* (le pronom personnel suit directement le verbe) ou bien **They offered the job to me**. Dans ce deuxième cas, nous devons rajouter **to**. Pour plus de détails, voir la leçon 70.

3 Pour exprimer une condition au présent, on utilise, comme en français, le verbe de la proposition subordonnée conditionnelle au présent de l'indicatif, et celui de la proposition principale au futur : **If they offer me the job, I'll think about it**, *S'ils me proposent le travail, j'y réfléchirai*. Il est parfois possible d'ajouter **then**, *alors* : **If Chris comes to the party, then I'll come too**, *Si Chris vient à la fête, alors je viendrai aussi*.

4 Nous connaissons **the matter** dans le sens de la teneur ou l'importance de quelque chose (leçon 38 note 9). L'expression idiomatique **What's the matter?** signifie *Qu'y a-t-il ?*, *Quel est le problème ?* Pour ajouter un complément, il faut la préposition **with** : **What's the matter with him?** *Qu'est-ce qu'il a ?*

5 Rappelons que **to have to** est l'infinitif de **must** (leçon 59, note 5). En voici le temps futur : **He will have to move**, *Il devra déménager*. Les règles habituelles s'appliquent à la forme négative (**he will not have to** ou **he won't have to**) et à l'interrogative (**will he have to... ?**).

13 **Tu n'es pas encore obligé de prendre** *(faire)* **une décision.**

14 – Mais si je ne demande pas les choses tout de suite *(droit au-loin)*, **je les oublie toujours.**

6 Voici la forme interro-négative du verbe, dont nous avons déjà fait la connaissance par les **tags**, les *queues de phrase* (**... doesn't he?**, **... don't they?**, etc.). La structure est très simple : [auxiliaire + **not** + pronom + verbe] : **She likes travelling.** → **Doesn't she like travelling?**, *Elle aime voyager.* → *N'aime-t-elle pas voyager ?* En règle générale, l'interro-négation s'emploie comme en français (pour plus de détails, rendez-vous à la leçon 70).

7 Pour la forme interro-négative des verbes défectifs **can** et **must**, ainsi que pour **to be**, on n'utilise pas d'auxiliaire, bien entendu, mais l'inversion : **You can take a holiday.** → **Can't you take a holiday?**, *Tu peux prendre des vacances.* → *Ne peux-tu pas prendre des vacances ?* **They're coming for dinner.** → **Aren't they coming for dinner?** *Ils/Elles viennent dîner.* → *Ne viennent-ils/elles pas dîner ?*

8 **both** est à la fois un adjectif, un pronom et un adverbe dont le sens est *les deux* / *l'un et l'autre*. **Both my brothers are in a band**, *Mes deux frères sont tous les deux dans un groupe*. Lorsqu'il est utilisé devant un déterminant (**a**, **the**, **my**, etc.), **both** peut se placer aussi devant le verbe : **My brothers are both in a band**. Comme pronom, **both** doit être suivi de **of** : **The present is from both of them**, *Le cadeaux est d'eux deux*.

9 Comme nous l'avons déjà vu, les exclamations avec **What...!** sont très courantes. Lorsque le complément est un nom singulier dénombrable, il faut ajouter l'article indéfini : **What a bad idea!** *Quelle mauvaise idée !* Bien sûr, cette règle ne s'applique pas au pluriel : **What brilliant musicians!** *Quels musiciens brillants !* L'adjectif n'est pas obligatoire : **What an idiot!** *Quel idiot !*

10 Le verbe irrégulier **to hold** (**held**, **held**) signifie *tenir*. **Can you hold my jacket for a minute?** *Peux-tu tenir ma veste un instant ?* Utilisé avec **on** dans une forme impérative – **Hold on!** –, il signifie : *Attendez ! / Attends !* : **Hold on! It's too early**, *Attends ! Il est trop tôt*. L'expression est souvent utilisée dans une conversation téléphonique. **Can I speak**

to Tim? – Hold on, I'll get him**, *Puis-je parler à Tim ? – Ne quittez pas, je vais le chercher*. Dans un contexte formel, vous entendrez **Please hold the line**, ou simplement **Please hold**.

11 **straight**, *droit / rectiligne* : **a straight line**, *une ligne droite*. L'expression **straight away**, avec **away** (*au loin*) veut dire *tout de suite* : **You must see a doctor straight away**, *Vous devez voir un médecin tout de suite* (**straight away** est synonyme de **immediately**, *immédiatement*). Une formulation alternative est **right away**.

***

Exercise 1 – Translate

❶ Let's think about it and talk about it before we make a decision. ❷ My brothers are both in the band and my sister plays the guitar. ❸ Please hold the line. I'll see if she's in her office. ❹ Do* it straight away. If not, you'll* forget. ❺ Brighton has the best of both worlds: we're a city and a seaside resort.

* *Utilisez le tutoiement*

***

Exercise 2 – Fill in the missing words

❶ Susan ne peut-elle pas prendre de vacances ? – Non, elle est trop occupée.
..... Susan .... a holiday? – No, ...

❷ S'ils me proposent un travail, j'y réfléchirai, puis je le prendrai !
.. .. a job, ... it, then .... it!

❸ Qu'est-ce qu'il y a ? N'aimes-tu pas ton cadeau ?
....? .... present?

❹ Le cadeau est de nous deux : Eva et moi.
The .... is from ....: Eva and ...

❺ Si vous vendez votre maison, devrez-vous quitter Liverpool ?
.. .. your house, ... leave Liverpool?

Corrigé de l'exercice 1

❶ Réfléchissons-y et parlons-en avant de prendre une décision. ❷ Mes frères sont tous les deux dans le groupe et ma sœur joue de la guitare. ❸ Ne quittez pas, je vais voir si elle est dans son bureau. ❹ Fais-le tout de suite. Sinon, tu oublieras. ❺ Brighton a le meilleur des deux mondes : nous sommes une ville et une station balnéaire.

***

Corrigé de l'exercice 2

❶ Can't – take – she's too busy ❷ If they offer me – I'll think about – I'll take – ❸ What's the matter – Don't you like your – ❹ – gift – both of us – me ❺ If you sell – will you have to –

En ce qui concerne l'ordre des mots dans des constructions complexes, n'essayez pas d'apprendre des règles par cœur. Regardez d'abord les exemples et les exercices ; ensuite, revenez sur la ou les phrases en question. Au fil des leçons vous commencerez à vous familiariser avec ces structures. Et n'oubliez pas, la phase d'activation renforcera tout naturellement vos acquis.

Phase d'activation : 18e leçon

Sixty-eighth lesson

What would you do?

1 – **To**day's my **lu**cky day. We should [1] buy a **lo**ttery **tick**et right a**way**.
2 – Hang* on! [2] Are you sure that you **rea**lly want one?
3 – I don't under**stand***. What do you mean*?
4 – If we won* the **jack**pot, we would need [3] to move.
5 And if we moved, we would have a big **gar**age.
6 – I su**ppose** we would [4]. But what's the **prob**lem?
7 – If we had a **gar**age, you'd need to buy a car, **would**n't you? [5]
8 Then you'd have to take **dri**ving **le**ssons because you don't have a **li**cence.
9 And if you took your test [6], you **cer**tainly wouldn't pass [6],
10 so you'd feel* **mis**erable [7] and you'd start **drink**ing*.
11 You would be**come** an alco**ho**lic and you'd lose* your job.
12 – Would I? [8]
13 – Yes you would. It'd be **aw**ful! Let's not [9] buy a **tic**ket.
14 – Too late. Look, I've bought [10] one! □

Prononciation

*1 … choud … 2 Hangonn … 4 … **djak**pot … 5 … **ga**raaj 8 … **draï**ving **less**ənz … **laï**ssəns 9 … touk … 10 … **miz**rəbəl … 11 … alkə**Ho**lik … 13 … **oo**fəl … 14 … boot …*

Soixante-huitième leçon

Que ferais-tu?

1 – Aujourd'hui est mon jour de chance *(chanceux)*. Nous devrions acheter un billet de loterie tout de suite.
2 – Attends *(accroche sur)* ! Es-tu sûr que tu [en] veux vraiment un ?
3 – Je ne comprends pas. Qu'est-ce que tu veux dire ?
4 – Si nous gagnions le gros lot, nous devrions déménager *(bouger-maison)*.
5 Et si nous déménagions, nous aurions un grand garage.
6 – Je suppose que oui. Mais quel est le problème ?
7 – Si nous avions un garage, tu aurais besoin d'acheter une voiture, n'est-ce pas ?
8 Alors tu devrais prendre des leçons de conduite parce que tu n'as pas de permis.
9 Et si tu passais *(prenais)* ton examen, tu ne le réussirais *(passer)* certainement pas,
10 alors tu [te] sentirais malheureux et tu commencerais à boire.
11 Tu deviendrais *(un)* alcoolique et tu perdrais ton travail.
12 – Ah bon ?
13 – Oui. Ce serait horrible ! N'achetons pas de billet de loterie.
14 – Trop tard. Regarde, j'[en] ai acheté un !

Notes

1 **should** est un modal qui exprime une obligation ou un devoir au conditionnel. Il est moins fort que **must** : **I must go**, *Je dois partir* → **I should go**, *Je devrais partir*. Nous y reviendrons.

2 Le verbe irrégulier **to hang** (**hung, hung**) signifie *suspendre / accrocher* : **You can hang your coat over there**, *Vous pouvez accrochez votre manteau là-bas*. Concernant le téléphone, deux verbes à particule utiles sont **to hang up**, *raccrocher* : **Hang up and try again**, *Raccrochez et essayez à nouveau*, et to **hang on**, *attendre* : **Hang on, I'll call him**, *Attendez, je vais l'appeler*. Cette deuxième formulation – synonyme plus idiomatique de **Hold on** (leçon 67, note 10) – s'emploie aussi comme une injonction ou interpellation : **Hang on!** *Attendez un instant !*

3 Voici le deuxième conditionnel, similaire à la structure française. À l'inverse de la certitude du premier contexte, la situation ici est beaucoup moins avérée. Nous utilisons alors la construction [**if** + prétérit dans la subordonnée + conditionnel (**would**) dans la principale] : **If we won the lottery, we would buy a new house**, *Si nous gagnions à la loterie, nous achèterions une maison neuve*. Bien sûr, nous savons que **would** est généralement contracté en **-'d** dans la langue parlée : **If I had another laptop, I'd lend it to you**, *Si j'avais un autre ordinateur portable, je te le prêterais*. (Faites attention de ne pas contracter le verbe qui suit **if**).

4 Avec **we would** on suit la même logique de la queue de phrase, qui reprend l'auxiliaire de la proposition précédente : **Do you like mushrooms? – Yes, I do**, *Aimez-vous les champignons? – Oui*. **Would you like some? – Yes, I would. / No, I wouldn't.** *– En voudriez-vous ? – Oui. / Non.*

5 Voici la forme interro-négative du conditionnel, qui suit le schéma habituel, à savoir [auxiliaire + **not** (**-'nt**) + pronom personnel + verbe] : **Wouldn't we have to move?** *Ne serions-nous pas obligés de déménager ?*

6 Voici deux faux-amis qui sont une source d'erreur courante en parlant d'examens : **to take an exam**, *passer un examen* mais **to pass an exam**, *réussir un examen* : **She's taking her final exams next week and I'm sure she'll pass them**, *Elle passe ses examens de dernière année la semaine*

***

Exercise 1 – Translate

❶ My son took his driving test last week. – Did he pass? – No, he failed. ❷ Hang on. I'll go and find her. ❸ Today's your lucky day. – Is it? ❹ Let's not go out. It's already very late. ❺ You* can hang your coat over there by the door.

** Utilisez le tutoiement*

prochaine et je suis sûr(e) qu'elle les réussira. Le contraire, *rater* (un examen) / *échouer*, se dit **to fail**. (**To take** est irrégulier : **take**, **took**, **taken**).

7 Et encore un faux-ami : **miserable** signifie *malheureux* ou *triste* : **Chloe failed her driving test and was miserable for a week**, *Chloé a loupé son examen au permis de conduire et a été malheureuse pendant une semaine*. L'anglais n'a pas un simple équivalent pour exprimer la notion de pauvreté contenue dans *misérable*. Selon le contexte, il peut se traduire par **impoverished** ou simplement **poor** (la traduction anglaise du célèbre roman de Victor Hugo garde le titre français, "Les Misérables").

8 Voici une variante du fameux "**question-tag**" : la reprise interrogative, comme *Ah bon ?* en français. Le mécanisme est simple : il suffit de reprendre l'auxiliaire (et le mot négatif, le cas échéant) utilisé dans l'énoncé, avec le pronom adéquat : **I will buy a new car. – Will you?** *J'achèterai une nouvelle voiture. – C'est vrai ?* **She won't listen to them. – Won't she?** *– Elle ne les écoutera pas. – Ah bon ?*

9 Nous connaissons **Let's...**, utilisé pour faire une suggestion (leçon 19, note 3). Voici la forme négative : **Let's not go out tonight**, *Ne sortons pas ce soir*. L'accent de la phrase tombe sur le **not**. Dans le langage familier, vous entendrez souvent **Don't let's...**, mais il s'agit d'une utilisation impropre.

10 Il existe un autre temps du passé : **the present perfect**, qui relie le passé au présent. Il se forme avec l'auxiliaire **to have** et le participe passé du verbe : **Look, I've bought a ticket**, *Regarde, j'ai acheté un billet* (l'achat est une action passée, mais le billet, lui, est entre les mains de l'acheteur au moment où il parle). Il n'y a pas d'équivalent français : il correspond tantôt au passé composé, tantôt à l'imparfait. Pour l'instant, contentez-vous d'assimiler ce temps par l'usage ; nous reviendrons plus en détail dans les leçons qui viennent.

***

Corrigé de l'exercice 1

❶ Mon fils a passé son examen au permis de conduire la semaine dernière. – L'a-t-il réussi ? – Non, il a échoué. ❷ Attendez. J'irai la chercher. ❸ C'est votre jour de chance. – Ah bon ? ❹ Ne sortons pas. Il est déjà très tard. ❺ Tu peux accrocher ton manteau là-bas, près de la porte.

Exercise 2 – Fill in the missing words

❶ Ils achèteraient une nouvelle maison s'ils gagnaient à la loterie.
. . . . a new house . . . . the lottery.

❷ S'ils avaient une voiture, Tim devrait prendre des leçons de conduite.
. . . . a car, Tim . . . . driving lessons.

❸ Elle ne répond pas au téléphone. Je vais raccrocher et réessayer.
She isn't answering the phone. . . . .

❹ Voudrais-tu du café ? – Oui.
. . . . coffee? – . . . , ...

❺ Ne te sentirais-tu pas malheureuse si tu perdais ton travail ? – Non.
. . . . if you lost your job? – No, ...

69

Sixty-ninth lesson

A nation of gamblers?

1 On the whole [1], the **Bri**tish are keen on [2] **bet**ting [3].
2 Every week, **mill**ions of them buy a **lo**ttery **tick**et,
3 while **mill**ions more bet* [3] on the re**sults** of **foot**ball **match**es.
4 Many **peo**ple do both so as to [4] im**prove** their **chan**ces.
5 Horse **ra**cing is a**no**ther ex**treme**ly **pop**ular sport.
6 For well-known [5] **ra**ces like the **Der**by and the Grand **Na**tional,
7 at least half the **coun**try **pla**ces a bet, **ei**ther [6] on**line**
8 or at high-street [7] **book**makers, **bet**ter-known as **book**ies.

Corrigé de l'exercice 2
❶ They would buy – if they won – ❷ If they had – would have to take – ❸ – I'll hang up and try again ❹ Would you like some – Yes, I would ❺ Wouldn't you feel miserable – I wouldn't

Phase d'activation : 19e leçon

69

Soixante-neuvième leçon

Une nation de joueurs ?

1 Dans l'ensemble, les Britanniques sont friands de paris.
2 Chaque semaine, [des] millions d'[entre] eux achètent un billet de loterie,
3 tandis que des millions [d]'autres parient sur les résultats des matchs de football.
4 Beaucoup de gens font les deux pour améliorer leurs chances.
5 Les courses de chevaux sont un autre sport extrêmement populaire.
6 Pour les courses bien connues comme le Derby et le Grand National,
7 au moins la moitié du pays parie, soit en ligne,
8 soit chez les bookmakers en ville, plus connus sous le nom de "bookies".

9 You [8] can bet on **a**nything, from sport to el**ec**tions.

10 You [8] could say that the **Br**itish are best-known as a **na**tion of **gam**blers.

11 There is a **sto**ry a**bout** a man who left the ca**si**no with a small **for**tune.

12 The **prob**lem is that he went **in**to it with a **ma**ssive one!

Prononciation

*... **néé**chən ... **gamm**bləz **1** ... Hool ... **3** waïl ... **match**əz **4** ... imm**prouv** ... **tchaan**səz **5** Hors **réé**sing ... **6** **daa**bii ... grannd **nach**ənəl **7** ... liist ... **8** ... **bouk**méékəz ... **bouk**iiz **11** ... kə**ssii**no ... **12** ... **ma**sif ...*

Notes

1 **whole**, *entier/-ère*. Ce mot peut être un adjectif : **Our network covers the whole country**, *Notre réseau couvre le pays entier*, ou un nom, auquel cas il est suivi de **of** (**the**) : **The whole of the country is covered by our network**, *Le pays tout entier est couvert par notre réseau*. L'expression **on the whole** signifie *dans l'ensemble* et se place au début ou à la fin de la phrase : **The results were excellent on the whole**, *Les résultats étaient excellents dans l'ensemble*.

2 Le sens premier de l'adjectif **keen** est *aiguisé* ou *affilé*, mais nous le trouvons surtout dans sa deuxième acception, *enthousiaste* / *passionné* : **He's a keen cyclist**, *C'est un cycliste passionné*. Si la phrase exprime l'objet de cet enthousiasme, nous utilisons la préposition **on** : **He's keen on cycling**, *Il est passionné de cyclisme/vélo*. Enfin, si l'objet de la passion est un être humain, on peut aussi utiliser **to be keen on** : **She's very keen on Mike**, *Elle a le béguin pour Mike*.

3 **to bet**, *parier*. Comme en français, le verbe peut être utilisé au sens figuré : **I bet you can't stop smoking**, *Je parie que tu ne peux pas arrêter de fumer* (alors que le verbe **to place a bet**, *faire un pari*, n'a pas de sens figuré). Il y a aussi le verbe **to gamble**, *jouer de l'argent* : **Many people go to Las Vegas simply to gamble**, *Beaucoup de gens vont à Las Vegas uniquement pour jouer*. Notre titre, **A nation of gamblers**, *Une nation de*

9 On peut parier sur n'importe quoi, du sport aux élections.
10 On pourrait dire que les Britanniques sont surtout *(mieux-)*connus comme une nation de parieurs.
11 Il y a une histoire concernant un homme qui a quitté le casino avec une petite fortune.
12 Le problème est qu'il y était entré *(alla dedans)* avec une énorme fortune !

joueurs/parieurs, est un clin d'œil à la phrase célèbre de Napoléon, qui traita les Anglais de *nation de boutiquiers* (**a nation of shopkeepers**).

4 **so as to** est un synonyme de **in order to**, *pour / afin de* (leçon 66, note 5). **We bought the television in order to / so as to watch the racing**, *Nous avons acheté la télévision afin de regarder les courses*. Ces deux tournures sont assez formelles et il est possible de les remplacer simplement par l'infinitif, qui exprime cette même notion de but ou d'intention : **We bought the television to watch the racing**.

5 **well-known**, *bien connu / célèbre*. **known** est le participe passé du verbe irrégulier **to know** : **The French footballer Leblanc is well-known in Britain**, *Le footballeur français Leblanc est bien connu en Grande-Bretagne*. Le comparatif de **well** étant **better** et le superlatif **best** (leçon 53, note 2), cela donnera : **Leblanc is better-known in Britain than in France**, *Leblanc est mieux/plus connu en Grande-Bretagne qu'en France* et : **Leblanc is the best-known player in the team**, *Leblanc est le joueur le mieux/plus connu de l'équipe*.

6 **either** (leçon 20, note 4), utilisé comme conjonction avec **or**, signifie *ou… ou / soit… soit* : **He lives either in York or in Manchester; I don't remember which one**, *Il habite soit à York, soit à Manchester ; je ne me souviens pas laquelle [des deux villes]*. Il est aussi possible d'employer **either** seul, comme adjectif, avec le sens de *l'un ou l'autre* : **Do you want to come on Monday or Tuesday? – Either would suit me**, *Voulez-vous venir le lundi ou le mardi ? – L'un ou l'autre me conviendrait*. Pour obtenir la forme négative *ni… ni*, (voir leçon 62, note 2), il faut employer **neither… nor** : **He lives neither in York nor in Manchester**, *Il n'habite ni à York ni à Manchester*, qui peut aussi être employé seul pour traduire *aucun des deux* : **Do you want to come on Monday or Tuesday? – Neither**, *Voulez-vous venir le lundi ou le mardi ? – Aucun des deux [jours]*. Bien entendu, le verbe doit être à l'affirmatif pour éviter la double négation. Notez que dans ce dialogue, **either** se prononce ***[aïDHə]*** alors qu'en leçon 20, phrase 4, il est prononcé ***[iiDHə]***. Les deux prononciations sont correctes.

7 **High Street**, ("Haute Rue"), est le nom traditionnel donné à la principale rue commerçante d'une ville britannique – comme notre *grand-rue*. Aujourd'hui, le terme est souvent employé au sens figuré, généralement sans majuscules. Par exemple : **You'll find an Indian restaurant on every high street in the country**, *Vous trouverez un restaurant indien dans la rue commerçante de chaque ville du pays*. D'ailleurs, **high street** peut

***

Exercise 1 – Translate

❶ Which day is best for you: Wednesday or Thursday? – Neither, unfortunately. ❷ I bet he's a keen cyclist. – You're* right, he is. ❸ The problem is that high-street spending is falling quickly at the moment. ❹ Hundreds of people bet regularly on the results of the elections. ❺ Their new network covers the whole of Wales.

* *Utilisez le tutoiement*

***

Exercise 2 – Fill in the missing words

❶ Shilton est le joueur le plus connu de l'équipe. Il est plus connu que Carling.
Shilton is . . . . in the team. He's . . . . Carling.

❷ Dans l'ensemble, les gens vont à Las Vegas simplement pour jouer.
. . . . , people go to Las Vegas . . . .

❸ Nous allons acheter un nouveau téléviseur afin de regarder la Coupe du monde.
. . . . to buy a new television . . . . the World Cup.

❹ Ils vivent soit au pays de Galles, soit en Cornouailles, je ne me souviens pas exactement.
. . . . Wales . . . . Cornwall, ... exactly.

❺ En hiver, on ne peut ni nager ni faire de l'escalade ici. Il fait trop froid.
In winter, ... nor . . . . here. . . . .

servir d'adjectif (auquel cas, il faut un trait d'union entre les deux mots) : **high-street spending** sont *les dépenses de consommation courante*.

8 Après **they** (leçons 34, note 10 et 65, note 8) et **people** (leçon 66, note 2), voici un autre moyen de contourner l'absence du pronom personnel indéfini équivalent à *on* : le **you** indéfini : **In summer, you can swim and go climbing**, *En été, on peut nager et faire de l'escalade*. C'est-à-dire que tout le monde peut le faire. Regardez l'exemple en note 7, qui pourrait aussi être traduit par *on* en utilisant le **you** indéfini : **You will find an Indian restaurant**, etc. *On trouvera un restaurant indien*, etc.

***

Corrigé de l'exercice 1

❶ Quel jour est le meilleur pour vous : mercredi ou jeudi ? – Aucun des deux, malheureusement. ❷ Je parie que c'est un cycliste passionné. – Tu as raison, il l'est. ❸ Le problème, c'est que les dépenses de consommation courante baissent rapidement en ce moment. ❹ Des centaines de personnes parient régulièrement sur les résultats des élections. ❺ Leur nouveau réseau couvre l'ensemble du pays de Galles.

***

Corrigé de l'exercice 2

❶ – the best-known player – better-known than – ❷ On the whole – simply to gamble ❸ We're going – so as to watch – ❹ They live either in – or in – I don't remember – ❺ – you can neither swim – go climbing – It's too cold

La première loterie nationale en Grande-Bretagne fut créée seulement en 1994 afin de récolter des capitaux pour les bonnes œuvres. Gérée par une société privée et contrôlée par une commission d'État, la **National Lottery** *(remarquez l'orthographe avec deux "t") est très vite devenue un phénomène de société. Mais les Britanniques n'ont pas attendu la loterie pour assouvir leur passion pour les jeux d'argent : les* **football pools** *(un système de pronostics, un peu comme notre Loto foot) ont toujours eu des millions d'adeptes, un succès qui ne s'est pas démenti.*
Les courses de chevaux ont aussi leurs partisans parmi les parieurs. Les deux réunions les plus célèbres et les plus prestigieuses, **the Derby** *(du nom de son fondateur, le comte de Derby, qui inaugura la course*

70

Seventieth lesson

Revision – Révision

1 La phrase conditionnelle

Nous connaissons l'auxiliaire **would**, placé devant l'infinitif nu pour former le conditionnel :
I would be happy to meet her, *Je serais heureux de la rencontrer.*
She would hate to live in a big city. *Elle détesterait vivre dans une grande ville.*
Nous connaissons aussi la contraction **-'d**:
I'd be happy to meet her; She'd hate to live in a big city.
La structure des phrases conditionnelles en anglais est similaire à la formulation française. Il existe deux types d'énoncés, chacun avec **if** :
• certitude [**if** + présent + futur] :
If you come to the party, you will see him, *Si tu viens à la fête, tu le verras.*
She will give you a lift if you ask her, *Elle vous emmènera en voiture si vous lui demandez.*

• incertitude ou hypothèse [**if** + prétérit + conditionnel] :
If I won the lottery, I would buy a new car, *Si je gagnais à la loterie, j'achèterais une voiture neuve.*

en 1780) et **the Grand National**, *un steeple-chase qui se courut pour la première fois en 1839, attirent des millions de parieurs, du joueur professionnel au retraité.*
Grâce aux **bookmakers**, *ou "***bookies***" (l'expression* **to make a book** *signifie* tenir un livre de paris*), les Britanniques peuvent parier sur tout et n'importe quoi : les sports, bien sûr, mais aussi les résultats d'une élection, la chanson gagnante à l'Eurovision et même – pari traditionnel – la tombée de la neige à Noël ! Alors, nation de boutiquiers ou de joueurs ?*

Phase d'activation : 20e leçon

70

Soixante-dixième leçon

She would speak perfect French if she lived in France, *Elle parlerait un français parfait si elle vivait en France.*
Dans la langue parlée, la contraction est utilisée presque systématiquement :
If I won the lottery, I'd buy a new car.
She'd speak perfect French if she lived in France.
Remarquez que la nuance entre la première et la deuxième forme peut être assez subtile et subjective (quel est le degré d'incertitude ?). Mais en tout cas, **would** introduit toujours une notion de contingence.

Enfin, à la première personne, on utilise le conditionnel pour donner des conseils :
If I was you, I would apologise, *Si j'étais vous, je présenterais mes excuses.*

Dans ce cas précis, le verbe **to be** peut se mettre à la forme subjonctive (si rare par ailleurs), formé avec **were** à toutes les personnes :
If I were you, I would apologise.

Pour clore ce chapitre, rappelons que l'auxiliaire **would** peut s'employer à la forme interrogative lorsqu'on invite quelqu'un à faire quelque chose :
Would you come with me, please? *Voulez-vous bien me suivre, s'il vous plaît ?*

Dans ce type de construction, l'anglais utilise le conditionnel alors que le français emploie l'indicatif :
Would you come to lunch next Tuesday? *Voulez-vous venir déjeuner mardi prochain ?*

2 *would* et *used to*

Nous avons étudié **used to** dans la dernière leçon de révision. Cette construction peut être remplacée par **would** pour parler d'une action que l'on faisait souvent ou régulièrement dans le passé. En général, la période de déroulement est identifiée dans une proposition avec **when** :
When we were young, our father used to / would take us swimming every Saturday, *Quand nous étions jeunes, notre père nous emmenait faire de la natation tous les samedis.*
When the Beatles were in Hamburg, they used to / would play at the Star Club, *Lorsque les Beatles étaient à Hambourg, ils jouaient au Star Club.*

Cependant, lorsqu'il s'agit d'une habitude révolue ou d'une situation qui contraste avec le présent, seul **used to** est possible :
I used to smoke, *Avant je fumais.*
She used to go swimming every day, but now she doesn't have time, *Autrefois, elle se baignait tous les jours, mais maintenant elle n'a pas le temps.*

Vous remarquerez sans doute que, en français, il faut souvent employer un adverbe comme *autrefois* dans ce même type de construction.

Enfin, avec des verbes d'état comme **be**, **like**, **love**, **understand**, etc., **used to** est obligatoire :
She used to be a singer but now she works in a bank, *Elle était chanteuse, mais maintenant elle travaille dans une banque.*
When I was younger, I used to love their music, *Quand j'étais plus jeune, j'adorais leur musique.*

Pour être sûr de ne pas se tromper, nous vous conseillons d'utiliser **used to** à chaque fois mais d'être attentif à l'emploi singulier de **would**.

Enfin, les formes négative et interrogative sont simples à former : **he didn't used to be** ; **did he used to be... ?** Mais puisque ces constructions sont assez longues, il y une tendance à chercher des solutions de contournement, comme par exemple : **Did he used to work... ?** peut être remplacé simplement par → **Did he once work... ?**

3 *ever* et *never*

Ces deux adverbes, qu'on traduit généralement tous deux par *jamais*, sont souvent confondus. Pourtant leur utilisation est différente. Rappelons d'abord la règle selon laquelle il ne faut qu'une seule négation dans une phrase en anglais. Ainsi, par exemple, *Il ne téléphone jamais à ses parents* peut se traduire par **He doesn't ever call his parents** ou par **He never calls his parents** (on a bien une seule négation dans chaque phrase, car **ever** n'est pas à proprement parler un adverbe de négation). Le sens de ces deux phrases est identique mais, toutes choses égales par ailleurs, la seconde formulation est préférable car plus courte.

• **Never** veut dire *jamais / à aucun moment* et s'emploie dans une construction affirmative (bien qu'il traduise une situation négative)
He never eats meat, *Il ne mange jamais de viande*.
I'll never forget you, *Je ne t'oublierai jamais*.

• **Ever** permet d'exprimer un doute ou de poser une question :
Do you ever think of me? *Est-ce que tu penses parfois à moi ?*
Do you ever wonder why they're friends? *Tu ne te demandes jamais pourquoi ils/elles sont ami(e)s ?*
Il y a une exception dans le cas de **ever**, qui peut être utilisé dans une phrase affirmative après un superlatif, un adjectif comme **only**, ou enfin avec **if** :
If ever you're in London, call us, *Si jamais vous êtes à Londres, téléphonez-nous.*
He only ever thinks of himself, *Il ne pense jamais qu'à lui.*
They're the best band ever, *C'est le meilleur groupe de tous les temps.*

Et enfin, les deux mots s'emploient ensemble – **never, ever**, toujours dans cet ordre – pour accentuer un propos :
She never, ever wants to see me again, *Elle ne veut plus jamais, jamais me revoir.*

4 La phrase interro-négative

Dans la langue parlée, cette "question négative" se forme tout simplement en mettant **-n't** (la contraction de **not**) après l'auxiliaire d'interrogation :
Doesn't he like coffee? *N'aime-t-il pas le café ?*
Why won't they help you? *Pourquoi ne t'aideront-ils pas ?*

Dans un style plus soutenu (ou littéraire), la contraction **-n't** n'est pas utilisée et **not** vient après le nom ou pronom (ex : **Does he not like coffee?** *N'aime-t-il pas le café ?*). Mais pour l'instant nous resterons avec la forme contractée, la plus courante. Par ailleurs, notez que la forme interro-négative de la première personne, **Am I not...?**, ne se retrouve guère que dans les belles lettres. On dit plutôt **Aren't I...?**, bien que cette tournure soit grammaticalement incorrecte.

Avec les verbes défectifs **can** et **must**, ainsi que le verbe **to be**, l'interro-négation se forme par inversion, sans auxiliaire :
Can't you take a holiday? *Ne peux-tu pas prendre des vacances ?*
Aren't they coming for dinner? *Ne viennent-ils/elles pas dîner ?*

En règle générale, la forme interro-négative s'emploie comme en français, si ce n'est qu'en français, dans le langage courant, nous avons tendance à utiliser la forme négative avec une intonation montante pour poser ce type de question :
Don't you like coffee? *Tu n'aimes pas le café ? / N'aimes-tu pas le café ?*
Can't they come? *Ils/Elles ne peuvent pas venir ? / Ne peuvent-ils/elles pas venir ?*
Ne transposez pas la première tournure française en anglais, mais utilisez toujours la seconde, c'est-à-dire la vraie forme interro-négative.

5 Les "question tags" (suite)

Nous nous permettons de revisiter ce mécanisme typique (voir leçon 35, section 3) car il peut dérouter même ceux qui ont un bon niveau d'anglais.

• Le principe reste le même, quel que soit le temps ou le type de verbe : phrase affirmative → tag négatif, et vice versa. Le tag se

construit soit avec le même auxiliaire utilisé dans la phrase principale, soit avec **do** :
They phoned, didn't they? *Ils/Elles ont téléphoné, n'est-ce pas ?*
He will come, won't he? *Il viendra, n'est-ce pas ?*
She can't drive, can she? *Elle ne peut pas / ne sait pas conduire, n'est-ce pas ?*
We haven't helped, have we? *Nous ne [les] avons pas aidés, n'est-ce pas ?*

• Pour la forme interro-négative, en cas d'une réponse contraire à l'attente du locuteur, le tag reprend l'auxiliaire négatif :
Didn't he call? – No he didn't. (*N'a-t-Il pas appelé ? – Non.*) / **Won't he call? – No, he won't** (*N'appellera-t-il pas ? – Non.*), etc.

• Le même principe s'applique en cas de réponse à une question affirmative :
Did they come? → **Yes they did. / No they didn't.** (*Étaient-ils/-elles venus ? – Oui. / Non.*)
Will they come? → **Yes they will. / No they won't.** (*Viendront-ils/-elles ? – Oui. / Non.*)
Have they come → **Yes they have / No they haven't.** (*Sont-ils/-elles venus ? – Oui. / Non.*)
Can they come? → **Yes they can. / No they can't.** (*Peuvent-ils/-elles venir ? – Oui. / Non.*)

• Dans ces constructions, le sujet est toujours un pronom. Dans le cas de **no one**, **nobody** ou **anybody**, qui ont un sens négatif, la **question tag** est affirmative et on utilise le pronom **they** :
No one came, did they? *Personne n'est venu, n'est-ce pas ?*
... tandis que **everyone**, **everybody** et **somebody** prennent une **question tag** négative, et toujours le pronom **they** :
Everybody arrived safely, didn't they? *Tout le monde est arrivé sain et sauf, n'est-ce pas ?*

• Enfin, une autre particularité qui emploie ce même type de structure s'appelle la reprise interrogative, où l'on répond à une affirmation avec une expression d'intérêt ou une demande de confirmation – comme en français avec *Ah bon ?* ou *C'est vrai ?*. Mais contrairement aux **question-tags**, cette reprise emploie le même auxiliaire que l'énoncé :

You will lose. – Will I? *Tu perdras. – Ah bon ?*
They didn't come. – Didn't they? *Ils/Elles ne sont pas venu(e)s. – C'est vrai ?*
They will come. – Will they? *Ils/Elles ne viendront pas. – Tu crois ?*
They can come. – Can they ? *Ils/Elles peuvent venir. – Ah oui ?*

Ce mécanisme est aussi à l'œuvre avec **neither** et **so**, que nous verrons plus tard.

Une bonne connaissance du mécanisme des **question tags** est importante car elles sont plus structurées que notre *n'est-ce pas*, *hein* ou autres *Ah bon ?*

6 Les verbes avec deux compléments

Certains des verbes rencontrés au fil des leçons, dont **to offer**, **to give**, **to buy**, **to send** et **to tell**, peuvent être suivis de deux compléments, le complément d'objet direct (COD) et le complément d'attribution (indirect ou COI).

Normalement, le complément indirect est une personne (identifiée par un nom ou un pronom personnel), qui se place devant le COD :
They offered me a drink, *Ils/Elles m'ont proposé un verre*.
He gave Sarah a present, *Il offrit un cadeau à Sarah*.

Mais le complément indirect peut aussi se mettre après le COD, avec **to** pour indiquer le mouvement de quelque chose vers quelqu'un :
They offered a drink to me ; **He gave a present to Sarah.**

Si les deux compléments sont des pronoms, le choix de la construction est assez complexe et dépend beaucoup du contexte, mais sachez que la construction [verbe + complément d'objet direct + **to** + complément indirect] est la forme habituelle : **they offered it to me**, *Ils/Elles me l'ont proposé(e)*.

N'essayez pas d'apprendre cette règle par cœur, mais maintenant que vous savez qu'il existe des verbes à deux compléments, faites bien attention à la structure de la phrase lorsque vous en rencontrez un.

Revision dialogue

1 – Would you help me to choose a new jacket for the interview?
2 I'll buy you a coffee or lunch if you come.
3 You needn't worry. I won't spend too much.
4 – Hi there. Are you ready to order?
5 – Could I get a salad and an apple juice, please?
6 I used to like this place.
7 When I worked in the city, I would come here twice a week to eat dinner.
8 The food used to be cheap and I could park the car easily.
9 But this evening, I couldn't find anywhere to leave the car.
10 – You really should take public transport.
11 – I would take buses if they came regularly, but they don't.
12 – Is everything all right with your meal? Another coffee?
13 – No thanks, just the bill.

Traduction

1 Tu pourrais m'aider à choisir une nouvelle veste pour l'entretien ? **2** Je t'offre un café ou un déjeuner si tu viens. **3** Tu n'as pas besoin de t'inquiéter. Je ne dépenserai pas trop. **4** Bonjour. Êtes-vous prêts à commander ? **5** Pourrais-je avoir une salade et un jus de pomme, s'il vous plaît ? **6** J'aimais bien cet endroit avant. **7** Quand je travaillais en ville, je venais ici deux fois par semaine pour dîner. **8** La nourriture était bon marché et je pouvais garer la voiture facilement. **9** Mais ce soir, je n'ai trouvé aucun endroit où laisser la voiture. **10** Tu devrais vraiment prendre les transports en commun. **11** Je prendrais les bus s'ils passaient régulièrement, mais ils ne viennent pas. **12** Est-ce que tout se passe bien avec votre repas ? Un autre café ? **13** Non merci, juste l'addition.

Comment vous sentez-vous, arrivé(e) à ce stade ? Le rythme s'accélère un peu, les exercices deviennent un peu plus compliqués, mais nous sommes sûrs que vous y arriverez !

71

Seventy-first lesson

À partir de maintenant, nous réduisons au minimum les traductions littérales afin de fluidifier votre lecture et privilégier la compréhension rapide.

I feel awful!

1 – How are you **feel**ing [1]? You don't look well.
2 – I don't feel well. My head aches [2],
3 my throat's sore [3], my hands and feet are **freez**ing* [4],
4 my nose is **run**ning [5] and my eyes are red.
5 I'm **go**ing to call my **man**ager and tell her that I'm ill [6]. (...)
6 **He**llo Miss **Bass**ey, this is **Ga**ry from IT.
7 I'm a**fraid** I won't be **a**ble to [7] come **in**to work to**day**.
8 I'm **feel**ing **un**der the **wea**ther [8]. I've got a **head**ache,
9 a sore throat and a **run**ny nose.
10 – It must be [9] the flu. You'd **bet**ter [10] see a **doc**tor.
11 Will you be **a**ble to [7] get an a**ppoint**ment **quick**ly?
12 – I doubt it. My GP is off [11] this week. She's sick [6]. □

Prononciation

*2 … ééks **3** … THroots sor … **frii**zing **8** … **hed**éék **10** … flou … **12** … djii-pii …*

Lisez bien les notes, nous vous y présentons quelques mots nouveaux à chaque fois, que nous réutilisons dans les exercices, afin d'augmenter votre vocabulaire petit à petit.

Phase d'activation : 21e leçon

71

Soixante et onzième leçon

Je me sens mal fichu !

1 – Comment tu te sens ? Tu n'as pas l'air en forme *(bien)*.
2 – Je ne me sens pas bien. J'ai mal à la tête *(ma tête fait mal)*
3 ma gorge est douloureuse, mes mains et [mes] pieds sont gelés,
4 mon nez coule *(coure)* et mes yeux sont rouges.
5 Je vais appeler ma responsable et lui dire que je suis malade. (...)
6 Bonjour Mlle Bassey, c'est Gary de l'informatique.
7 J'ai [bien] peur de ne pas pouvoir venir au *(dans)* travail aujourd'hui.
8 Je [ne] me sens pas en forme *(sous le temps)*. J'ai *(un)* mal à la *(de)* tête,
9 mal à la *(de)* gorge et le *(un)* nez [qui] coule *(coulant)*.
10 – Ça doit être la grippe. Tu ferais mieux de voir un médecin.
11 Peux-tu obtenir un rendez-vous rapidement ?
12 – J'[en] doute. Mon médecin est en congé cette semaine. Elle est malade.

Notes

1 Le verbe irrégulier **to feel** (**felt**, **felt**), *se sentir*, utilisé à la leçon 52, phrase 4 pour décrire des émotions, s'emploie aussi à la forme simple ou continue pour les sensations liées à la maladie. **I feel terrible**, *Je me sens très mal*, etc. **She's feeling awful**, *Elle se sent mal fichue*.

2 **ache** décrit *une douleur / une souffrance* (écoutez attentivement la prononciation sur l'enregistrement). Il existe en tant que verbe – **My head aches**, *J'ai mal à la tête*, **His whole body was aching**, *Tout son corps lui faisait mal* – et aussi comme nom, le plus souvent dans un mot composé : **She has a terrible headache**, *Elle a un mal de tête affreux*, **I've got a toothache**, *J'ai mal aux dents*. Pour les amateurs de chansons et de poésie, notez que **heartache** ("mal de cœur") n'a rien de médical mais signifie *chagrin (d'amour), peine*.

3 L'adjectif **sore** décrit un endroit du corps qui est *douloureux* ou *sensible*. **I have arthritis and my shoulders are sore**, *J'ai de l'arthrite et j'ai mal aux épaules*. Contrairement à **to ache**, **sore** ne peut pas s'employer comme verbe.

4 **to freeze (froze, frozen)**, *geler* (leçon 47, note 7 et leçon 51, note 3) s'emploie – comme en français – dans des expressions figurées : **The house is freezing**, *La maison est glaciale*. Curieusement, le mot **cold**, *froid*, est parfois ajouté, ce qui est redondant mais néanmoins catégorique : **My hands are freezing cold**, *Mes mains sont gelées*.

5 Le verbe irrégulier **to run** (**ran**, **run**), signifie *courir* : **She ran quickly to the shop before it closed**, *Elle a couru rapidement jusqu'au magasin avant qu'il ne ferme*. Mais au sens figuré, il traduit les notions de *circuler* (leçon 60, phrase 8) et, comme dans ce dialogue, *couler* : **She's so cold that her nose is running**, *Elle a tellement froid que son nez coule* ; **I'll run you a hot bath**, *Je vais te faire couler un bain chaud*.

6 **ill** signifie *malade* : **I feel really ill**, *Je me sens vraiment malade*. Un synonyme est **sick** (voir leçon 51, phrase 3). Même si les deux sont souvent interchangeables, **ill** s'emploie dans le cas des maladies plus graves, alors que **sick** évoque souvent la sensation de nausée. Cependant, c'est le mot utilisé dans les expressions comme **sick leave**, *congé maladie* ou encore **to be off sick**, *être absent* (ou *en congé*) *à cause de la maladie*.

***

Exercise 1 – Translate

❶ She's under the weather today and she looks awful. ❷ There's no heating and the house is freezing cold. ❸ He had bad arthritis and his shoulders and arms were always sore. ❹ Where's Nora? – She's off sick. ❺ I don't feel well. – I'll run you a hot bath.

7 Les formes négative et interrogative du futur de **can** sont construites à partir de l'infinitif nu irrégulier **be able to** : **He will not be able to come to tomorrow's meeting**, *Il ne pourra pas venir à la réunion de demain* (la forme contractée, **won't be able to**, est presque toujours employée dans la conversation courante). À la forme interrogative : **Will she be able to come to the seminar?** *Pourra-t-elle venir au séminaire ?* Petit rappel : la contraction n'est pas utilisée avec l'interrogatif.

8 Cette expression idiomatique ("sous le temps") signifie *être mal fichu* : **He's feeling under the weather** (**feeling** peut être omis). Comme beaucoup d'idiotismes, celui-ci est probablement lié à la vie maritime : **I'm taking medicine, but I'm still feeling a bit under the weather**, *Je prends des médicaments, mais je me sens encore un peu mal fichu(e).*.

9 Comme *devoir*, **must** peut exprimer une supposition : **You're not ill. It must be your imagination**, *Tu n'es pas malade ; ça doit être ton imagination*.

10 **better**, nous le savons, est la forme comparative de **good**. Utilisée avec un pronom (**I / you /he/she/ we/they**), la locution invariable **had better** traduit une obligation conditionnelle comme *il vaut mieux que / on devrait* : **We had better call a doctor**, *Il vaut mieux/Nous devrions/Nous ferions mieux d'appeler un médecin*. Dans la langue courante, bien sûr, **had** est contracté : **You'd better do what she says**, *Tu devrais faire ce qu'elle dit*.

11 Nous avons vu l'idiotisme **to be off** en leçon 55, note 2. Ici, **is off** signifie que la personne est *en congé* (**off work**) ; par exemple, il peut s'agir de **a day off**, *un jour de congé* : **Tuesday's her day off**, *Le mardi est son jour de congé* (voir aussi note 6.)

***

Corrigé de l'exercice 1

❶ Elle n'est pas en forme aujourd'hui et elle a l'air mal en point. ❷ Il n'y a pas de chauffage et la maison est glaciale. ❸ Il avait de l'arthrite et ses épaules et ses bras étaient toujours douloureux. ❹ Où est Nora ? – Elle est en congé maladie. ❺ Je ne me sens pas bien. – Je vais te faire couler un bain chaud.

Exercise 2 – Fill in the missing words

❶ Pourrez-vous venir au séminaire demain ? – Non, je ne pourrai pas.
. . . . the seminar . . . . ? – . . . .

❷ J'ai un mal de tête horrible, une rage de dents, et le nez qui coule.
. . . . . . a terrible . . . ., a bad . . . ., and a . . . .

❸ Demain est mon jour de congé mais je ne me sens pas très bien.
Tomorrow . . . . but . . . . very well.

❹ Je suis désolé(e), mais je ne pourrai pas vous reconduire chez vous ce soir.
I'm sorry but . . . . you . . . . tonight.

❺ Tu ferais mieux d'appeler ton directeur et lui dire pourquoi tu n'es pas venu(e) travailler.
. . . . call your manager and tell him . . . .
. . . . to work.

***

La Grande-Bretagne a été l'un des premiers pays au monde à introduire un système universel et gratuit de soins de santé, au lendemain de la deuxième guerre mondiale. Ce système, – le **National Health Service**, *connu par ses initiales* **NHS** *– est financé principalement par l'État, le solde venant pour l'essentiel de cotisations prélevées sur les salaires (***National Insurance**, assurance nationale*). Dans l'en-*

72

Seventy-second lesson

I've been [1] ill

1 – Come in, Mr **Phi**lips. I haven't seen [2] you for [3] a long time.
2 I've missed you! [4]
3 – I've been ill, **doc**tor. I've been in **hos**pital for [3] a week.
4 – Ah, that ex**plains** it. What seems to be the **prob**lem to**day**?

Corrigé de l'exercice 2

❶ Will you be able to come to – tomorrow – No I won't ❷ I've got – headache – toothache – runny nose ❸ – is my day off – I'm not feeling – ❹ – I won't be able to drive – home – ❺ You'd better – why you didn't come –

***

semble, le système est gratuit, mais certaines prestations (examens dentaires, médicaments, etc.) sont payées en partie par le malade. Chaque personne doit s'inscrire auprès d'un médecin généraliste selon son lieu de résidence (on ne fait pas de différence en anglais entre le titre de Docteur *et la profession de* médecin *: les deux se disent* **doctor***). En ville, ce* médecin généraliste *– appelé* **General Practitioner***, mais connu sous le sigle de* **GP** *– travaille avec d'autres confrères au sein d'un partenariat appelé* **a group practice** *ou* **a surgery** *(*une chirurgie*). Pour certaines interventions, notamment des consultations externes, il faut s'adresser à* **a clinic***,* un dispensaire *ou* centre médico-social *(attention, faux-ami :* une clinique *peut aussi se traduire par* **a private hospital***). Si l'avenir de ce système universel, ainsi que les problèmes auxquels il doit faire face (lourdeurs administratives, pénurie de personnel, évolution des besoins de soins, mais surtout financement) sont des thèmes incontournables du débat politique, l'institution elle-même est plébiscitée par la quasi-totalité des Britanniques.*

Phase d'activation : 22e leçon

72

Soixante-douzième leçon

J'ai été malade

1 – Entrez, M. Philips. Je ne vous ai pas vu depuis longtemps *(un long temps)*.
2 Vous m'avez manqué *(j'ai manqué vous)*.
3 – J'ai été malade, docteur. J'étais *(ai été)* à l'hôpital depuis une semaine.
4 – Ah, ça explique tout *(ça)*. Quel est *(Que semble être)* le problème aujourd'hui ?

5 – I've been **ve**ry tired and I've had a high **tem**perature.
6 I've **al**so lost a lot of weight be**cause** I **have**n't been **hun**gry.
7 In fact, I **have**n't **eat**en* anything since [5] **Tues**day.
8 – Have you **tak**en [6] any pills or other medi**ca**tion [7]?
9 – No. I **have**n't found a drug [7] that works.
10 And I **have**n't slept* a wink [8] for **a**ges [9].
11 When I was in **hos**pital [10], they used to wake* me up at five o'clock every **sin**gle **mor**ning. It was **cru**el!
12 – No **won**der [11] you **have**n't been well!
13 But why did they wake you up so **ear**ly?
14 – To give us a **sleep**ing pill.

Prononciation

*4 … eks**pléénz** … 5 … **temm**prətchə 7 … **ii**tən … sinns … 8 … medi**kéé**chən 9 … dreug … 10 … **éé**djəz 11 … **krou**əl*

Notes

1 Voici à présent le **present perfect**, entrevu en leçon 68, note 10, formé avec l'auxiliaire **have** et le participe passé du verbe. Comme son nom l'indique, ce temps décrit l'aspect présent d'une action passée. Ainsi, **I've been ill** nous informe que la personne a été malade récemment et l'est peut-être toujours. Il n'y a pas d'équivalent direct de ce temps en français : c'est pourquoi on garde l'appellation grammaticale en VO.

2 Voici la forme négative du **present perfect** : [**have** + **not** + participe passé] : **We have not seen you this week**, *Nous ne t'avons pas vu(e) cette semaine*. Bien entendu, la contraction est employée dans la conversation : **We haven't seen you**.

3 Nous savons que **for** peut signifier *pendant* (leçon 55, phrase 1). Cette préposition s'emploie souvent avec le **present perfect** lorsqu'on parle d'une durée ou une période de temps, et dans ce cas on la traduit par *depuis* : **I've lived here for two years**, *J'habite ici depuis deux ans* (et j'y vis encore). Voir note 5.

5 – J'ai été très fatigué et j'ai eu beaucoup de fièvre *(une forte température)*.
6 J'ai aussi perdu beaucoup de poids parce que je n'avais pas faim.
7 En fait, je n'ai rien mangé depuis mardi.
8 – Avez-vous pris des pilules ou d'autres médicaments ?
9 – Non. Je n'ai pas trouvé de médicament *(drogue)* qui fonctionne.
10 Et je n'ai pas fermé l'œil *(dormi un clin d'œil)* depuis longtemps *(ages)*.
11 Quand j'étais à l'hôpital, ils avaient l'habitude de me réveiller à cinq heures tous les matins *(chaque unique matin)*. C'était cruel !
12 – Pas étonnant *(émerveillement)* que vous n'ayez pas été bien !
13 Mais pourquoi ils vous réveillaient si tôt ?
14 – Pour nous donner un somnifère. *(dormant pilule)*

4 Lorsque **to miss**, *manquer* (vu en leçon 40 phrase 6), décrit un sentiment affectif, l'ordre des mots est l'inverse du français : **I miss you**, *Tu me manques* ; **She misses me**, *Je lui manque (à elle)*.

5 Le **present perfect** est utilisé pour une action qui continue dans le présent depuis un moment précis dans le passé, indiqué par **since**, *depuis* : **She has worked here since Christmas**, *Elle travaille ici depuis Noël* (la forme contractée de **She has / He has** sera **She's** et **He's** ; attention car c'est la même qu'avec le verbe **to be**). Notez que *depuis* peut se traduire à la fois par **for** et par **since**. Reprenant l'exemple donné en note 3, nous pouvons dire : **I've lived here for two years** ou **I've lived here since 2022**, *J'habite ici depuis deux ans/depuis 2022*.

6 La forme interrogative du **present perfect** se construit par inversion : [auxiliaire + (pro)nom + participe passé] : **Meg has lived here.** → **Has Meg lived here?**, etc.

7 Il y a plusieurs mots pour *un médicament*, notamment **a medicine** (vu en leçon 71, note 8) et **a drug**. Notez que **medicine**, à la forme indénombrable, signifie *la médecine* et que **a drug** est aussi *une drogue /*

un stupéfiant. Le terme générique pour l'ensemble des moyens utilisés pour soigner est **medication**.

8 **to wink** (**at someone**), *faire un clin d'œil (à quelqu'un)*. Mais l'idiotisme – toujours à la forme négative – **I didn't sleep a wink** signifie *Je n'ai pas fermé l'œil de la nuit*. Il est aussi possible de dire **I didn't get a wink of sleep**.

9 L'expression nominale **for ages**, utilisée avec le **present perfect**, signifie *depuis (très) longtemps*. **I haven't seen him for ages**, *Je ne l'ai pas vu depuis des lustres*. Comme **ages** décrit une période, et non un moment précis dans le passé, il ne peut pas être associé à **since** : **She's known me for ages; in fact, since 2010**, *Elle me connaît depuis longtemps ; en fait depuis 2010*. L'expression est synonyme de **a long time** (phrase 1).

***

Exercise 1 – Translate

Nous n'indiquerons plus l'utilisation du tutoiement car vous avez sans doute assimilé le principe.

❶ No wonder she's tired! She worked seventy hours last week. ❷ The neighbours' party was so noisy that we didn't get a wink of sleep last night. ❸ What seems to be the problem? Are you ill? ❹ Why did you wake me *(f.)* up so early? – To give you your medication. ❺ I read loads of novels when I was on holiday.

***

Exercise 2 – Fill in the missing words

❶ Il travaille ici depuis longtemps mais il ne s'est pas fait beaucoup d'amis.
. . . . here . . . . but . . . . many friends.

❷ Tu as été occupé(e) ? On ne t'a pas vu(e) la semaine dernière.
Have you been . . . . ? . . . . last week.

❸ Tu me manques. Est-ce que je te manque ?
. . . . Do . . . . ?

❹ Quand je travaillais dans un bureau, je me levais à six heures tous les matins.
When . . . . in an office, I . . . . at six o'clock . . . . . morning.

10 Lorsqu'une action dans le passé est terminée et n'a aucun rapport avec le présent, il faut employer le prétérit, jamais le **present perfect** : **When he was in hospital, he read loads of novels**, *Quand il était à l'hôpital, il a lu des tas de romans*. La logique est simple : la personne n'est plus à l'hôpital, et le fait qu'il ait lu beaucoup de romans n'a aucun rapport avec le présent.

11 Nous connaissons l'adjectif **wonderful**, *merveilleux* (leçon 15, phrase 5), et son verbe-racine **to wonder** (leçon 57, note 8). L'expression **no wonder** signifie *il n'est pas surprenant* : **It's no wonder that he's tired**, *Il n'est pas surprenant qu'il soit fatigué*. Mais dans la langue courante, **No wonder** est utilisé comme une locution : **No wonder you're hungry!** *Pas étonnant que tu aies faim !* (Notez que le relatif **that** est ici omis pour mettre l'accent sur la deuxième partie de la phrase.)

***

Corrigé de l'exercice 1

❶ Pas étonnant qu'elle soit fatiguée ! Elle a travaillé soixante-dix heures la semaine dernière. ❷ La fête des voisins était si bruyante que nous n'avons pas fermé l'œil la nuit dernière. ❸ Quel est le problème ? Vous êtes malade ? ❹ Pourquoi m'as-tu réveillée si tôt ? – Pour te donner tes médicaments. ❺ J'ai lu beaucoup de romans pendant mes vacances.

❺ **Sadie vit au bord de la mer depuis vingt ans, depuis qu'elle a quitté l'école.**
Sadie .... by the sea ...., ... school.

Corrigé de l'exercice 2

❶ He's worked – for ages – he hasn't made – ❷ – busy – We didn't see you – ❸ I miss you – you miss me ❹ – I worked – used to get up – every – ❺ – has lived – for twenty years, since she left –

Phase d'activation : 23ᵉ leçon

73

Seventy-third lesson

Dans cette leçon il est amplement question du verbe to get. *Fidèle à notre principe d'assimilation naturelle, nous ne commenterons pas chaque occurrence tout de suite mais ferons un point plus complet dans la prochaine leçon de révision.*

You've got to stop…

1 – Tell me a**bout** your day. What time did you get home last night?
2 – I got in [1] **ve**ry late: it must have been [2] **af**ter **mid**night.
3 I got a **read**y meal from the fridge, ate it, and got to bed just **af**ter one.
4 I got up before the a**larm** rang and had a **show**er.
5 I got dressed **quick**ly, got into [3] my car and drove to the gym.
6 It's **ve**ry **ea**sy to get a**round** [4] at that time of the day.
7 I got to the gym before it **o**pened and had to [5] wait for half an hour.
8 While [6] I was **wait**ing, Archie got off [7] the bus and walked to the **en**trance.
9 He's a good friend of mine [8] and a great guy.
10 So I got out of [9] my car and went to talk to him for a while [7].
11 We get on [10] **ra**ther well, and we **al**ways en**joy** **chat**ting [11] about sport.
12 We got into [3] a dis**cus**sion about **foot**ball and we for**got** the time.

Soixante-treizième leçon

Tu dois [t']arrêter...

1 – Parle-moi *(dis-moi autour)* de ta journée. À quelle heure es-tu rentré hier soir *(dernière nuit)*?

2 – Je suis rentré très tard ; il devait être minuit passé.

3 J'ai pris un plat préparé *(repas prêt)* dans le frigo, [je] l'ai mangé et [je] me suis couché juste après une heure.

4 Je me suis levé avant que le réveil [ne] sonne et [j'ai] pris une douche.

5 Je me suis habillé rapidement, [je] suis monté dans ma voiture et [je] suis allé *(en_voiture)* au gymnase.

6 Il est très facile de se déplacer *(autour)* à cette heure de la journée.

7 Je suis arrivé au gymnase avant qu'il [n']ouvre et j'ai dû attendre une demi-heure.

8 Pendant que j'attendais, Archie est descendu du bus et a marché jusqu'à l'entrée.

9 C'est un ami à moi *(du mien)* et un chouette type.

10 Donc je suis sorti de ma voiture et [je] suis allé lui parler pendant un moment.

11 Nous [nous] entendons plutôt bien, et nous prenons toujours plaisir à *(apprécions)* discuter de sport.

12 Nous nous sommes lancés dans une discussion sur le football et nous avons oublié l'heure.

13 **Su**ddenly, Archie said "I'm late. I've got to go!". Keep in touch [12].

14 – You've got to stop **say**ing "got" all the time! □

Prononciation

2 *… **mid**naït **3** … **et**-it … **4** … **chao**ə **5** … drest … djimm **11** … **raa**DHə … **tchat**ing … **12** dis**keu**chən … **13** teutch*

Notes

1 **to get in**, *entrer / rentrer* : **What time did you get in last night?** *À quelle heure es-tu rentré hier soir ?* Comme toujours avec ce type de construction, il faut bien regarder le contexte.

2 **must have been** est la forme passée de **must be** (leçon 71, note 9) : **What was that noise? – It must have been the wind**, *Quel était ce bruit ? – Ça devait être le vent*.

3 Voici un bon exemple de l'importance du contexte pour comprendre les verbes à particule. Ici, **to get into a car** signifie *monter dans une voiture* alors qu'à la phrase 11, **to get into a discussion** est l'équivalent de *entrer/se lancer dans une discussion*. Le verbe exprime la même idée de mouvement, d'abord littéralement puis de façon figurée.

4 Sachant que **around** signifie *autour de* (leçon 25, note 4), le verbe à particule **to get around** – dans un contexte de mouvement – est l'équivalent de *circuler* ou *se déplacer dans*. **Rye is a small town. You can get around it in an hour**, *Rye est une petite ville. On peut en faire le tour en une heure*. Ainsi, dans un contexte figuré, **We got around the problem easily** veut dire *Nous avons pu contourner le problème facilement*.

5 **had to** est le passé de **to have to / must** (voir leçon 67, note 5). **It's late; I have to leave** → **It was late; I had to leave**. *Il est/était tard ; je dois/devais partir*. Voir la prochaine leçon de révision pour un point complet.

6 La conjonction **while** a deux sens principaux : *tandis que* (leçon 69, phrase 3) et, comme ici, *pendant que* : **Sam called while I was having lunch**, *Sam a téléphoné pendant que j'étais en train de déjeuner*. Lorsque **while** est suivi directement par un gérondif, il traduit la notion de simultanéité : **Never take selfies while driving**, *Ne prenez jamais de selfies en conduisant*. Dans le commerce, la mention **...while you wait**, *pendant que vous attendez*, désigne une action quasi-immédiate : **Keys**

13 Soudain *(soudainement)*, Archie a dit : "Je suis [en] retard. Il faut que j'[y] aille !" Restons *(garder)* en contact.

14 – Il faut que tu arrêtes de dire "*got*" tout le temps !

cut while you wait, *Clés minute* (litt. : "*clés coupées pendant que vous attendez*"). Enfin, le nom **a while** signifie *un moment / quelque temps*. **She waited for a while but he never came**, *Elle a attendu un moment mais il n'est jamais venu*.

7 **to get off**, *descendre* (d'un moyen de transport, etc.). **Take the 74 bus and get off at Hyde Park**, *Prenez le bus 74 et descendez à Hyde Park*. Par extension, il est facile de comprendre l'expression idiomatique : **I get off work at five**, *Je quitte le travail à 17h*.

8 Les pronoms possessifs (leçon 49, section 2.1) peuvent être utilisés dans une structure avec **of**. Par exemple : **He's my friend**, *C'est mon ami*, peut aussi se dire **He's a friend of mine**, *C'est un ami à moi*. Ou encore **Moondollars is a favourite café of theirs**, *Le Moondollars est un de leurs cafés préférés*.

9 Si **to get off** signifie *descendre* (note 7), alors **to get out of** veux dire *sortir / émerger* : **He got out of bed and took a shower**, *Il est sorti du lit et a pris une douche*.

10 **to get on**, au sens littéral, est le contraire de **to get off** : **Get on the bus at Penny Lane and get off at Abbey Road**, *Montez dans le bus à Penny Lane et descendez à Abbey Road*. Mais le sens idiomatique est *s'entendre avec quelqu'un* : **We met last week and got on very well**, *Nous nous sommes rencontrés il y une semaine et nous nous sommes très bien entendus*.

11 **to chat**, *bavarder / causer*, est l'origine du mot d'emprunt "*chatter*" c'est-à-dire *participer à une conversation en ligne*. Il existe aussi le verbe **to chatter**, qui signifie plutôt *jacasser*. Ainsi, **a chatterbox** est *un moulin à paroles* (donc une personne qui parle beaucoup trop).

12 Si **to touch** signifie *toucher*, l'expression **in touch** veut dire *en contact / en rapport*. Elle s'emploie avec **to be** ou, plus fréquemment, **to keep** (ou **to stay**). **Keep/Stay in touch**, *Reste en contact*. Lorsque **in touch** est suivi d'un complément, il faut la préposition **with** : **I kept in touch with my ex-husband for a long time**, *J'ai gardé le contact avec mon ex-mari pendant longtemps*.

Exercise 1 – Translate

❶ Archie and I chatted for an hour and then he went home. ❷ Your phone rang three times while you were in the shower. ❸ Look at the time! We have to go right now. ❹ When did they (*m.*) get home last night? – It must have been after midnight. ❺ I've got to go, but let's stay in touch.

***

Exercise 2 – Fill in the missing words

❶ Il est plutôt facile de se déplacer dans Londres en métro, si on a assez d'argent.
It's . . . . to . . . . London by Tube . . . .
. . . . . money.

❷ Je prends plaisir à jouer au football avec lui et nous nous entendons bien.
I . . . . football with him and we . . . . . well.

❸ Il est rentré tard, a pris un plat préparé dans le réfrigérateur et s'est couché à minuit.
He . . . ., ... from the fridge and . . . . .
. . . at midnight.

❹ Ils/Elles sont descendu(e)s de leur taxi, ont marché jusqu'à l'arrêt de bus et sont monté(e)s dans le bus.
They . . . . taxi, walked to the bus stop and . . .
. . . .

❺ Carl est un bon ami à moi : nous nous lançons dans de longues discussions sur la politique.
Carl is a . . . . : we . . . . long discussions
. . . .

Corrigé de l'exercice 1

❶ Archie et moi avons discuté pendant une heure, puis il est rentré chez lui. ❷ Ton téléphone a sonné trois fois pendant que tu étais sous la douche. ❸ Regarde l'heure ! Il faut qu'on y aille tout de suite. ❹ À quelle heure sont-ils rentrés hier soir ? – Il devait être minuit passé. ❺ Je dois y aller, mais restons en contact.

***

Corrigé de l'exercice 2

❶ – rather easy – get around – if you've got enough – ❷ – enjoy playing – get on – ❸ – got home late, got a ready meal – got to bed – ❹ – got out of their – got on the bus ❺ – good friend of mine – get into – about politics

Au chapitre des différences entre l'anglais britannique et l'anglais américain, le **football** *est un bon exemple car le vocabulaire peut prêter à confusion. En Grande-Bretagne,* **football** *désigne le jeu traditionnel – ("la balle au pied") – alors qu'aux États-Unis il se réfère au sport que nous connaissons sous l'étiquette "football américain" ou* **American football***. Un autre terme pour le jeu original, utilisé par les deux cultures, mais surtout aux États-Unis, est* **soccer***, une déformation de* **Football Association***, l'organisme qui gère ce sport en Grande-Bretagne depuis les années 1860. Enfin, pour la culture populaire, le football jouit du petit nom :* **the beautiful game** *car, pour les fans, il s'agit du plus beau jeu du monde.*

Phase d'activation : 24e leçon

Seventy-fourth lesson

A virtual meeting (Part 1)

1 – Thank you all for **attend**ing [1]. Can **ev**erybody see me?
2 **Wel**come **ev**eryone. To**day's meet**ing is a**bout** com**plaints**.
3 Did you all get a **co**py of the a**gen**da [1] I sent **yes**terday?
4 – No, I **did**n't get one. Can you send it a**gain**, please?
5 – Will do. [2] Now, if we're all **rea**dy, let's get on [3].
6 The main **i**ssue [4] we want to a**ddress** is **cus**tomer satis**fac**tion.
7 Let's kick off [5] with a re**view** of our last **meet**ing.
8 Did **ev**erybody read the **min**utes [1] that I **pos**ted on the **in**tranet?
9 – I'm **so**rry, you're **break**ing* up [6] and the sound is bad. Can you speak up?
10 – As I was **say**ing, emplo**yees** whose [7] per**for**mance is exceptional…
11 Damn! [8] The screen has **fro**zen!
12 – Could you re**peat** the last bit? I **did**n't get [9] what you said.
13 – **Nei**ther did I. [10] The sound **qua**lity isn't good e**nough**.
14 – I think we should get on [3] to the next **i**tem.
15 – So do we! [11] □

Prononciation

*… **veur**tchoul … 2 … kəm**pléénts** 3 … ə**djenn**də … 6 … **i**chou … 7 … rə**viou** … 8 … **inn**trənet 10 … Houz … 11 dam … **froo**zənn 12 … ri**piitt** … 13 **naï**DHə … 14 … **aï**təm*

Soixante-quatorzième leçon

Une réunion virtuelle (Ire partie)

1 – Merci à tous d'être présents *(assister)*. Est-ce que tout le monde peut me voir ?
2 Bienvenue à tous [et à toutes]. La réunion d'aujourd'hui porte sur les plaintes.
3 Avez-vous tous reçu une copie de l'ordre du jour [que] j'ai envoyé hier ?
4 – Non, je n'[en] ai pas reçu. Pouvez-vous l'envoyer à nouveau, s'il vous plaît ?
5 – Entendu. Maintenant, si nous sommes tous prêts, avançons *(poursuivons)*.
6 La question principale que nous voulons aborder est [la] satisfaction [du] client.
7 Commençons par un examen *(revue)* de notre dernière réunion.
8 Est-ce que tout le monde a lu le procès-verbal *(les minutes)* que j'ai publié sur l'intranet ?
9 – Je suis désolée, je ne vous capte plus *(vous êtes-en-train-de-désagréger)* et le son est mauvais. Pouvez-vous parler plus fort ?
10 – Comme je le disais, les collaborateurs *(employés)* dont la performance est exceptionnelle...
11 Mince ! L'écran [s]'est figé *(gelé)*!
12 – Pouvez-vous répéter la dernière partie *(morceau)* ? Je n'ai pas compris ce que vous avez dit.
13 – Moi non plus. La qualité du son n'est pas assez bonne.
14 – Je pense que nous devrions passer *(monter sur)* au point suivant, n'est-ce pas ?
15 – Nous aussi !

Notes

1 Voici trois faux-amis courants dans le milieu des affaires : **to attend**, *assister à* (une réunion, une fête, etc.) **How many people attended the last meeting?** *Combien de personnes ont assisté à la dernière réunion ?* (*Un participant* s'appelle, logiquement, **an attendee**). Le verbe **to assist** signifie *aider*. **An agenda** est *un ordre du jour* : **That proposal is the only item on the agenda**, *Cette proposition est le seul point à l'ordre du jour*. Le mot français *un agenda* se traduit par **a diary**, s'il s'agit d'un support physique ou numérique, et **a schedule** (comme pour *un emploi du temps*, leçon 62, note 1). Enfin, **the [meeting] minutes** sont *le compte-rendu [de réunion]* – notez la différence pluriel/singulier.

2 **Will do**, sans pronom, est une locution de reconnaissance. **Please email her the agenda. – Will do**, *Envoyez-lui l'ordre du jour par mail s'il vous plait. – Entendu* ("[je le] ferai"). Admirez la concision de la réponse !

3 Nous connaissons déjà deux emplois de **to get on** (73, note 10). En voici un autre, où le verbe à particule se substitue à **to continue** ou **to advance**. **It's late. We must get on**, *Il est tard, nous devons poursuivre*. Une expression courante est **Let's get on with the job**, *Continuons le travail*. (Voir aussi phrase 14).

4 De racine française, le faux-ami **an issue** est aujourd'hui un mot galvaudé qui se traduit par *problème / point / question*, et d'autres poncifs utilisés en relation avec un débat ou une discussion. Par exemple **Immigration is a complex issue**, *L'immigration est une question complexe*. **Issue** est souvent utilisé – souvent au pluriel – pour éviter un mot plus évocateur comme **a problem** : **I'm having issues with the delivery of my order**, *J'ai des problèmes avec la livraison de ma commande*. Dans le contexte de l'édition ou du journalisme, **an issue** est *une parution* ou *un numéro* : **The latest issue of the magazine comes out next Monday**, *Le dernier numéro du magazine sort lundi prochain*.

5 **to kick**, *donner un coup de pied*. Les amateurs du ballon rond ou ovale connaissent certainement **to kick off**, *donner le coup d'envoi* (d'où le substantif **the kick-off**). C'est dans cette optique que le terme est employé dans le milieu des affaires pour *le début / le point de départ* voire *le lancement*. **The kick-off meeting is an opportunity to meet new colleagues**, *La réunion de lancement est l'occasion de rencontrer de nouveaux collègues*.

6 Voici un autre exemple de comment une préposition peut modifier ou nuancer un verbe simple. Nous connaissons **to break**, *(se) casser* (leçon 16, note 4), mais avec **up**, le sens est modifié légèrement : *craquer / défoncer / (se) disloquer / (se) disperser*, etc. **The police broke up the demonstration**, *La police a dispersé la manifestation*. Dans le contexte de la télécommunication, c'est la ligne ou le signal qui est interrompu : **I can't hear you. You're breaking up**, *Je ne te capte plus*.

7 Le pronom relatif **whose**, *dont*, s'applique en principe à des êtres animés : **She's interested in women whose lives are different from hers**, *Elle s'intéresse aux femmes dont la vie est différente de la sienne*. Faites attention à ne pas confondre **whose** et son homophone **who's** (*qui est*). Nous y reviendrons dans la prochaine séries de leçons.

8 Malgré une étymologie liée à la damnation, **Damn!** (ou **Damn it!**) est l'équivalent de *Bon sang !* Évidemment, à moins de bien maîtriser la langue, il faut éviter d'employer soi-même ce registre ; néanmoins vous entendez ce mot – et bien pire ! – dans la culture populaire et les médias.

9 Rappelons que **to get** est un verbe imprécis (c'est pourquoi les écrivains attentifs l'évitent). Ici, on aurait pu dire **I didn't hear that**, *Je n'ai pas entendu* mais **get** est plus naturel.

10 **neither**, *ni* (leçon 69, note 6). Ici, le mot est employé comme une conjonction dans une expression qui signifie l'accord avec une proposition négative. Il suffit de reprendre l'auxiliaire qui indique le temps (contrairement au français) et le pronom personnel <u>sujet</u> : **I don't like X. – Neither do I**, *Je n'aime pas X – Moi non plus*. **She won't go to the gym. – Neither will he**. *Elle n'ira pas au gymnase. – Lui non plus*.

11 Le même mécanisme que pour **neither** s'emploie, au sens affirmatif, avec **so** : **She goes to the gym every day. – So do I.** *Elle va au gymnase tous les jours. – Moi aussi*.

Exercise 1 – Translate

❶ This month, we must address the issue of customer satisfaction. ❷ Can you send me the agenda? – Will do. ❸ I have nothing in my diary for this morning. Let's get a coffee. ❹ You'll have to speak up. You're breaking up. ❺ I don't get the last bit of the text. Please explain it to me.

***

Exercise 2 – Fill in the missing words

❶ Nous n'avons pas aimé l'idée. - Eux non plus.
We . . . . idea. – . . . .

❷ Ils/Elles aiment mon projet. – Moi aussi, mais c'est une question complexe.
They like my plan. – . . . . . , but it's . . . .

❸ Combien de personnes assisteront à la réunion de demain ?
. . . . people . . . . ?

❹ Il est tard. Nous devons poursuivre le travail.
It's late. job.

75

Seventy-fifth lesson

Feeling better?

1 – How are you **do**ing [1] to**day**? **Feel**ing **bet**ter? [2]
2 – Much **bet**ter. I'm **dy**ing [3] to get out of the house and get back to [4] work.
3 **Talk**ing of which, to**mor**row's the big day! I've got my **in**terview.
4 – Yes I know, but are you sure this is wise?
5 You've just spent [5] three days in bed.
6 – Yeah, and I've just re**co**vered. I'm as fit as a **fid**dle [6].

Corrigé de l'exercice 1
❶ Ce mois-ci, nous devons aborder la question de la satisfaction du client. ❷ Pouvez-vous m'envoyer l'ordre du jour ? – D'accord. ❸ Je n'ai rien dans mon agenda pour ce matin. Allons prendre un café. ❹ Il faut parler plus fort. On ne vous capte plus. ❺ Je ne comprends pas la dernière partie du texte. Expliquez-la-moi s'il vous plaît.

***

❺ Les étudiants dont la performance est exceptionnelle recevront un prix.
.... is exceptional will ... .

Corrigé de l'exercice 2
❶ – didn't like the – Neither did they ❷ – So do I – a complex issue ❸ How many – will attend tomorrow's meeting ❹ – We must get on with the – ❺ Students whose performance – get a prize

Phase d'activation : 25e leçon

75

Soixante-quinzième leçon

Tu te sens mieux ?

1 – Comment vas-tu aujourd'hui ? [Tu te] sens mieux ?
2 – Beaucoup mieux. Je meurs d'envie de sortir de la maison et de retourner au travail.
3 En parlant de ça, demain c'est le grand jour ! J'ai mon entretien.
4 – Oui, je sais, mais es-tu sûre [que] ce soit sage ?
5 Tu viens juste de passer trois jours au lit.
6 – Oui, et je viens juste de récupérer. Je suis en pleine forme *(aussi en forme qu'un violon)*.

7 **Yes**terday I was **a**ble to [7] eat a **pro**per [8] meal.
8 And I was **a**ble to [7] get out of bed and **e**xercise.
9 – Fair e**nough** [9], if you say so. We'll go to**mo**rrow.
10 But on one con**di**tion: you must let me drive.
11 – It's a deal [10]. But are you sure you won't get lost?
12 – No **wo**rries. I've been to York [11] be**fore**. □

Prononciation

2 *… daïing …* ***4*** *… waïz* ***6*** *… ri**keu**vəd … **fi**dəl* ***9*** *féér **ineuf** …* ***10*** *… kən**di**chən …* ***11*** *… diil …*

Notes

1 L'expression **to be doing** permet de parler, entre autres, des progrès que l'on fait, de ses prouesses, et de sa santé. **How are you doing?** *Comment vous portez-vous ?* L'expression peut être utilisée aussi pour s'enquérir des progrès du malade : **How's she doing? – She's still got a cold but she's much better**, *Comment va-t-elle ? – Elle est toujours enrhumée mais elle va beaucoup mieux*. Si, au contraire, tout va bien, on peut répondre **She's doing very well**. Puisque ce type de question porte sur le moment présent, la forme continue du verbe est de rigueur.

2 Comme en français, le registre familier permet parfois de déroger aux règles de grammaire. C'est souvent le cas dans les interrogations. Par exemple, au lieu de **Are you feeling better?** *Te sens-tu mieux ?* on peut demander simplement **Feeling better?** Si ces tournures ne sont pas "correctes", elles sont néanmoins très courantes.

3 **to die**, *mourir* (leçon 52, note 1) est utilisé dans plusieurs expressions idiomatiques : **I'm dying to meet your new boyfriend/girlfriend**, *Je meurs d'envie de rencontrer ton nouveau petit ami / ta nouvelle petite amie*. Le deuxième verbe est toujours à la forme racine. Il est aussi possible d'utiliser un substantif pour le COD, auquel cas la préposition est **for** : **I'm dying for a hot shower**, *J'ai très envie d'une douche chaude*.

4 **to get back**, *revenir / retourner*. Dans notre exemple, il y a un mouvement vers quelque chose (le lieu de travail), donc le verbe se construit de la manière suivante : **I must get back to work**, *Je dois retourner au travail*. Comme vous pouvez le constater, **get** remplace **go**. Une autre expression idiomatique, utilisée dans les télécommunications, a été importée en

7 Hier, j'ai pu *(étais capable de)* manger un vrai *(véritable)* repas.
8 Et j'ai pu *(étais capable de)* sortir du lit et faire de l'exercice.
9 – Très bien *(juste assez)*, si tu [le] dis *(ainsi)*. Nous irons demain.
10 Mais à *(sur)* une condition : tu dois me laisser conduire.
11 – Marché conclu. Mais tu es sûr que tu ne vas pas te perdre ?
12 – Pas de soucis. Je suis déjà allé à York.

français : **We'll get back to you tomorrow**, *Nous reviendrons vers vous demain* (comprenez *nous vous contacterons à nouveau*).

5 Si le **present perfect** lie le présent à un passé plus ou moins distant (leçon 72, note 1), [**have just** + participe passé] permet de parler d'une action tout juste terminée, comme le fait [*venir de* + verbe] en français : **She has just bought a new flat**, *Elle vient d'acheter un nouvel appartement*. L'interrogatif suit la structure habituelle pour un auxiliaire : **Has she just bought…?** ; il n'y a pas de forme négative courante.

6 Nous avons vu (leçon 64, note 8) **to fit**, *être à la bonne taille*. Cependant **to be fit** signifie *être en bonne forme physique* : **She's very fit: she plays tennis every day**, *Elle est en excellente forme : elle joue au tennis tous les jours*. **a fiddle**, *un violon* (ou *un crincrin*, selon le joueur) dans le cadre de la musique folklorique, par opposition à **a violin**, pour la musique classique. L'expression to **be as fit as a fiddle** signifie *être en pleine forme*. Bien sûr, il ne s'agit pas d'une vraie comparaison, le mot **fiddle** étant choisi pour l'euphonie (D'ailleurs, une variante de cette expression, qui est totalement synonyme, est **to be as fit as a flea**, *une puce*). Le substantif de **fit** est **fitness**, *la bonne forme*, que nous connaissons en France grâce à nos centres de *fitness* (comprenez "remise en forme")…

7 **to be able to** (leçon 71, note 7) se conjugue ainsi au prétérit : **I wasn't able to get in touch with him**, *Je n'ai pas pu le contacter*. Selon le contexte, **to be able to** peut signifier *être en mesure de* ou *avoir la possibilité de* : **I'm afraid I'm not able to help you**, *Je regrette, mais je ne suis pas en mesure de vous aider*.

8 Attention ! **proper** est un faux-ami. L'adjectif signifie *véritable / réel*. **He's not a proper lawyer; he's actually a legal assistant**, *Ce n'est pas un véritable avocat ; il est en fait assistant juridique*. Le mot a aussi le sens de *approprié / adéquat* : **You can't go fishing without the proper equipment**, *On ne peut pas aller à la pêche sans l'équipement approprié*. L'adjectif français de possession *propre (à soi)* se dit **own** : **Our daughter wants her own room**, *Notre fille veut sa propre chambre*.

9 L'adjectif **fair** signifie *juste / équitable*. **How can I tell if the price is fair?** *Comment puis-je savoir si le prix est juste?* Et en français nous connaissons la notion du *fair play* ("le jeu juste"). Mais la locution **Fair enough** se dit lorsqu'on considère que quelque chose est raisonnable : **I don't want to work this weekend. – Fair enough**, *Je ne veux pas travailler ce week-end. – OK, d'accord*. Mais l'accord n'est pas nécessairement total :

***

Exercise 1 – Translate

❶ Are you feeling better? – Yes, but I've *(f.)* still got a bit of a cold. ❷ We're dying to meet Adam's new girlfriend. ❸ We don't want to work this weekend. – Fair enough. ❹ Thanks for calling. We'll get back to you as soon as possible. ❺ Matt runs eight miles a day and he's as fit as a flea.

***

Exercise 2 – Fill in the missing words

❶ Je l'ai appelé deux fois hier mais je n'ai pas réussi à le joindre.
I .... yesterday but ....

❷ Nous venons d'acheter un nouvel écran pour l'ordinateur.
.... a new ...... for the computer.

❸ Pouvez-vous me renvoyer le mail s'il vous plaît ? – Entendu.
... ... the email ..... please? – ....

❹ Nous sommes déjà allés à York. Nous [y] sommes allés l'année dernière.
.... York before. We .... last year.

❺ Je vous contacterai à nouveau dans quelques jours.
.... in .... days.

Fair enough, but I'm not totally convinced, *D'accord, mais je ne suis pas totalement convaincu*.

10 **a deal** est un mot informel pour *un accord* ou *un marché* : **Our firm did a deal with a Spanish company**, *Notre entreprise a conclu un marché avec une société espagnole*. Le mot est utilisé fréquemment dans le commerce en ligne (**good deals**, *bons plans*), ainsi que dans des expressions idiomatiques, telles que **It's a deal**, *Marché conclu* : **I'll do the cooking if you clear the table. – It's a deal**, *Je ferai la cuisine si tu débarrasses la table. – Marché conclu*.

11 En parlant d'un voyage déjà effectué dans un passé indéfini, il faut utiliser **to be** et le **present perfect** (au lieu de **to go**) : **I've been to York before**, *Je suis déjà allé* ("j'ai été") *à York*. Mais avec une précision de temps, il faut employer **to go** : **I went to York last year**, *Je suis allé à York l'année dernière*.

***

Corrigé de l'exercice 1

❶ Vous sentez-vous mieux ? – Oui, mais je suis encore un peu enrhumée. ❷ Nous mourrons d'envie de rencontrer la nouvelle petite amie d'Adam. ❸ Nous ne voulons pas travailler ce week-end. – D'accord. ❹ Merci d'avoir appelé. Nous vous rappellerons dès que possible. ❺ Matt court huit miles par jour et il est en pleine forme.

Corrigé de l'exercice 2

❶ – called him twice – I wasn't able to get in touch with him ❷ We've just bought – screen – ❸ Can you send me – again – Will do ❹ We've been to – went – ❺ I'll get back to you – a couple of –

Phase d'activation : 26e leçon

Seventy-sixth lesson

I'm bored in the car

1 – Is it al**right** [1] if I turn on the **ra**dio? I'm bored [2].
2 – Go a**head** [3]. We can find out [4] what's **go**ing on [5] in the world.
3 – "Good **eve**ning, here is the news. First, the **head**lines [6]:
4 The **gov**ernment has a**nnounced** plans to hire **hund**reds [7] of **nur**ses.
5 The oppo**si**tion has raised [8] the **ques**tion of **pet**rol prices, which are **ri**sing* [8] **fast**er than in**fla**tion.
6 And trade **u**nions have asked em**ploy**ers for an **av**erage ten per **cent** pay rise.
7 The Prime **Min**ister said that re**du**cing unem**ploy**ment was his top pri**o**rity.
8 The **hea**vy snow that fell* last night has blocked roads in **York**shire.
9 Police have ad**vised mo**torists [9] to take **ex**tra care on the road,
10 and not to take their cars un**less** it is abso**lute**ly **ne**cessary."
11 – Slow down! [10] Look: what's that **flash**ing light a**head** [3]?
12 – It looks like [11] a snow plough. □

Prononciation

… bord ***1*** *… oo**raït** …* ***3*** *… **Hed**laïnz* ***4*** *… **Haïeu** … **neus**səz* ***5*** *… réézd …* ***6*** *… trééd **iou**niənz … **peussent** péé raïz* ***7*** *… praïm **minn**istə … eunem**ploï**mənt … praï**o**ritii* ***8*** *… **iork**chə* ***9*** *… əd**vaïzd** …* ***11*** *… ə**Hed*** ***12*** *… snoo-plao*

Soixante-seizième leçon

Je m'ennuie dans la voiture

1 – Ça te dérangerait *(c'est acceptable)* si j'allumais la radio ? Je m'ennuie *(suis ennuyé)*.
2 – Vas-y *(vas devant)*. Nous pouvons découvrir ce qui se passe dans le monde.
3 – "Bonsoir, voici les informations. D'abord, les gros titres *(tête-lignes)* :
4 Le gouvernement a annoncé son intention *(projets/plans)* d'embaucher des centaines |d']infirmières.
5 L'opposition a soulevé la question des prix [de l'] essence, qui augmentent plus rapidement que l'inflation.
6 Et les syndicats *(commerce unions)* ont demandé aux employeurs une augmentation de salaire de dix pour cent.
7 Le Premier ministre a déclaré *(dit)* que la réduction du chômage *(réduire le non-emploi)* était sa priorité absolue *(première)*.
8 La neige abondante *(lourde)* qui est tombée la nuit dernière a bloqué les routes du Yorkshire.
9 La police a *(ont)* conseillé aux automobilistes de faire très attention *(prendre soin supplémentaire)* sur la route,
10 et de ne prendre leur voiture que si *(à-moins-que)* c'est absolument nécessaire."
11 – Ralentis ! Regarde : c'est quoi ce feu *(lumière)* clignotant devant ?
12 – On dirait un chasse-neige *(neige charrue)*.

Notes

1 **alright** est une variante orthographique de **all right** (leçon 66, note 8). Les deux formes s'emploient indifféremment dans la formule de politesse **Is it alright / all right if...** *Cela vous / te dérangerait si...* : **Is it alright if I get an ice cream from the freezer?** *Ça te dérangerait si je prends une glace dans le congélateur ?* Bien sûr, **alright/all right** peut être remplacé par l'omniprésent **OK/okay** : **Is it okay if**, etc.

2 **to bore (someone),** *ennuyer (quelqu'un)* : **His job bores him,** *Son travail l'ennuie*. Le verbe s'emploie dans deux expressions idiomatiques qui ressemblent à leurs équivalents français : **He bores me to tears / to death** : *Il m'ennuie à pleurer* ("aux larmes") ou *à mourir* ("à la mort"). Les deux adjectifs dérivés ne doivent pas être confondus : **You're bored / You're boring**, *Tu t'ennuies / Tu m'ennuies* c'est-à-dire "tu es ennuyeux-euse". Nous regarderons de plus près les verbes pronominaux dans la prochaine séries de leçons.

3 **ahead**, *en avant / devant* mais également *à venir* : **Go straight ahead and turn left**, *Allez droit devant [vous] et tournez à gauche* (voir aussi la phrase 11). Cependant, la tournure idiomatique **Go ahead** ("allez droit-devant") signifie *Allez-y* : **Is it alright if I ask you a question? – Go ahead**, *Cela vous dérange si je vous pose une question ? – Allez-y*.

4 Encore un verbe à particule. **to find** (**found**, **found**), *trouver* mais **to find out**, *découvrir*. **I found out that the payment site was a fake**, *J'ai découvert que le site de paiement était faux*. Par extension, le sens peut être *se renseigner* : **Is the information true? – I'll find out**, *L'information est-elle vraie ? – Je vais me renseigner*.

5 Nous avons vu le verbe à particule **to go on** dans le sens de *continuer* (leçon 58, note 7). La forme continue signifie *se passer* : **What's going on?** *Que se passe-t-il ?* ou, à l'affirmatif : **Nothing is going on at the moment**, *Il ne se passe rien en ce moment*. N'oubliez pas de noter ces fameux verbes chaque fois que vous en rencontrez un nouveau.

6 **a headline** : une *manchette* de journal, donc *un gros titre* : **Here are the news headlines**, *Voici les titres de l'actualité*.

7 **hundred**, **thousand** et **million** sont invariables : **two hundred**, **five thousand**, **seven million**. Mais utilisés seuls comme des noms, ces mots prennent un **s** terminal et sont suivis de **of** : **hundreds of articles**

(leçon 52, phrase 9), **thousands of people**, *des milliers de gens*, **millions of pounds**, *des millions de livres [sterling]*. Le même mécanisme s'emploie avec d'autres quantités, que nous verrons à la leçon 93.

8 Il y une différence importante entre **to raise** et **to rise** : le premier verbe est transitif et régulier : **The company has raised its prices three times this month**, *L'entreprise a augmenté ses prix trois fois ce mois-ci*, alors que le second est intransitif et irrégulier (**to rise**, **rose**, **risen**) : **Petrol prices have risen three times this month**, *Les prix de l'essence ont augmenté trois fois ce mois-ci*.

9 Il existe deux mots pour *un moteur* : **an engine** et **a motor**. Grossièrement, la différence technique est que le premier produit de l'énergie par la combustion et le second par l'énergie électrique ou hydraulique. Mais en réalité, c'est une question d'usage. Le terme pour *un moteur de voiture* est **a car engine** mais le véhicule lui-même est **a motor car** (*une moto*, **a motor bike**). De même, *un automobiliste* est **a motorist**. Plutôt qu'analyser de façon logique, apprenez simplement le vocabulaire : par exemple, *un moteur de recherche* est **a search engine**.

10 L'adjectif **slow**, *lent*, peut aussi s'employer comme verbe, **to slow**, *ralentir*. **The economy has slowed**, *L'économie s'est ralentie*. Cependant, il est plus courant de rajouter l'adverbe **down** comme particule : **Slow down, you're going too fast**, *Ralentissez, vous allez trop vite* (**a slow-down**, *un ralentissement*).

11 Le verbe à particule **to look like** signifie *ressembler à* : **She looks like her mother**, *Elle ressemble à sa mère*. Au figuré, le sens est celui rendu par un conditionnel en français (*on dirait…*, *il semblerait…*) : **It looks like it's going to rain**, *On dirait qu'il va pleuvoir*.

Exercise 1 – Translate

❶ What's going on in the meeting? – I'll find out. ❷ Is it alright if I turn off the radio? The news is too depressing. ❸ I'm bored. Nothing is going on. ❹ The main headline is that the economy slowed down last month. ❺ Our top priority in the weeks ahead is to hire thousands of doctors.

***

Exercise 2 – Fill in the missing words

❶ Nous vous conseillons de ne pas prendre votre voiture car la neige a bloqué de nombreuses routes.
We .... your car because the snow ... . roads.

❷ Je me suis ennuyé(e) à pleurer parce que le programme était très ennuyeux.
I was .... the programme was very ....

❸ La société a augmenté ses prix à nouveau. Ils augmentent trop rapidement.
The company .... its prices again. They're ...... too .....

❹ La priorité absolue du gouvernement est de réduire le chômage.
The .... is ....

❺ Ils ont annoncé des plans pour dépenser des millions de livres sur les hôpitaux.
They have .... of pounds on hospitals.

Corrigé de l'exercice 1

❶ Qu'est-ce qui se passe à la réunion ? – Je vais me renseigner. ❷ Cela vous dérange si j'éteins la radio ? Les nouvelles sont trop déprimantes. ❸ Je m'ennuie. Il ne se passe rien. ❹ Le principal gros titre est que l'économie a ralenti le mois dernier. ❺ Notre absolue priorité dans les semaines à venir est d'embaucher des milliers de médecins.

***

Corrigé de l'exercice 2

❶ – advise you not to take – has blocked many – ❷ – bored to tears because – boring ❸ – has raised – rising – fast ❹ – government's top priority – reducing unemployment ❺ – announced plans to spend millions –

Le Royaume-Uni est organisé en une petite cinquantaine de **counties** *(singulier :* **county***, du vieux français* comté*) dont la définition et le tracé peuvent varier. Beaucoup de ces divisions administratives portent un nom se terminant en* **-shire** *(***Hampshire***,* **Lancashire***, etc.), d'un vieux mot saxon signifiant* "district"*. Certains tirent leur appellation de leur ville principale ou* chef-lieu *:* **the county town***. C'est le cas, par exemple, de* **Yorkshire***,* **Leicestershire** *ou encore* **Nottinghamshire***. Faites attention à la prononciation :* **-shire** *ne porte jamais l'accent tonique et, par conséquent, se déforme en* **e** *muet [ə]. Il existe en outre six* **metropolitan counties***, formés autour de grandes villes comme* **Manchester** *ou* **Birmingham***, ainsi que la région métropolitaine de* **Greater London***.*

Phase d'activation : 27e leçon

77 Seventy-seventh lesson

Revision – Révision

1 Le *present perfect*

Ce temps relie l'actualité (**present**) et le passé (**perfect**), par opposition au prétérit. Le fait que ces deux temps se traduisent indifféremment en français par le passé composé (ou le passé simple, selon le contexte) peut poser un problème pour le débutant, car nous n'avons pas d'équivalent direct. Mais vous allez très vite maîtriser ce temps un petit peu particulier (nous préférons employer le terme anglais pour souligner cette spécificité).

D'abord, la structure : [**to have** + participe passé] (d'où l'importance d'apprendre les verbes irréguliers…). Prenons le verbe **to take**, *prendre* :

Affirmatif ou déclaratif	Négatif
I have taken…	**I have not/haven't taken…**
you have taken…	**you have not/haven't taken…**
he/she/it has taken…	**he/she/it has not/hasn't taken…**
we have taken…	**we have not/haven't taken…**
they have taken…	**they have not/haven't taken…**
…a long time.	
Interrogatif	Interro-négatif
have I taken…	**haven't I taken…**
have you taken…	**haven't you taken…**
has he/she/it taken…	**hasn't he/she/it taken…**
have we taken…	**haven't we taken…**
have they taken…	**haven't they taken…**
…a long time?	

• La règle fondamentale est que le **present perfect** n'est jamais utilisé si le moment où une action a eu lieu est précisé :

Soixante-dix-septième leçon

I **have sent** **you the agenda**, *Je vous ai adressé l'ordre du jour.* (Quand ? Nous ne le savons pas.)
(N'oubliez pas que tous les verbes se conjuguent avec **to have** au **present perfect**, jamais **to be**)
Mais si une précision temporelle est ajoutée à cet énoncé, il faut employer le prétérit :
I sent you the agenda yesterday, *Je vous ai adressé l'ordre du jour hier.* (Quand ? Hier.)

De plus, s'il n'y a aucun rapport entre le passé et le présent, c'est le prétérit, pas le **present perfect** qui s'impose :
Dickens wrote around twenty books, *Dickens a écrit une vingtaine de livres.*
She studied law at university, *Elle a étudié le droit à l'université.*

Un exemple concret du contraste entre **present perfect** et prétérit se trouve dans les bulletins d'actualité (voir leçon 76). D'abord le présentateur donne les titres – sans précision de temps – pour souligner l'aspect présent des actions passées :
The government has announced…
Trade unions have asked their employers…
Ensuite, il donne plus d'informations, mais avec une précision temporelle :
The government announced yesterday…
Trade unions asked their employers last Tuesday…

• Le **present perfect** s'emploie avec des expressions de temps comme **already**, *déjà* ; **before**, *avant*, ou **never**, *jamais*, qui relient le passé au présent, sans constituer pour autant des précisions temporelles :
Have you ever read his science-fiction novels? *Avez-vous déjà ("jamais") lu ses romans de science fiction ?*
I've already listened to the news, *J'ai déjà écouté les actualités.*

• Si l'action vient de se terminer et on souhaite en parler, il suffit d'employer le **present perfect** avec **just** :
I've just finished! *Je viens de finir/terminer*.

• Une particularité : le **present perfect** de **to be** (**have/has been**) est utilisé à la place de celui de **to go** en parlant d'un voyage, un déplacement ou une visite ayant eu lieu dans un passé non-défini. Par exemple, **I have been to Scotland**, *Je suis allé(e) en Écosse*. (Quand ? Nous ne le savons pas et l'information n'est pas importante). En revanche, **I went to Scotland last year**, *Je suis allé(e) en Écosse l'année dernière*. (Nous savons quand le voyage a eu lieu).

• En français nous utilisions souvent le temps présent avec *depuis* pour parler d'une action passée qui continue depuis un certain temps ou un moment précis (*J'habite ici depuis Noël/six mois*). L'anglais utilise le **present perfect** – **I have lived here...** – avec **for** ou **since** :
– **since** pour parler d'un point de départ : **...since Christmas**.
– **for** pour une période : **...for six months**.

Le point de départ ou la période mesurée peuvent être très éloignés dans le passé :
The avoirdupois system has existed for centuries, *Le système [de mesure anglo-saxon] "avoirdupois" existe depuis des siècles.* (ici, ce qui nous intéresse est le lien entre le début de l'action et le moment présent).

Pense-bête : **since** répond à la question *depuis quand ?* alors **for** est la réponse à *depuis combien de temps ?*
(Cela rappelle la différence entre **for** et **during**, qu'il serait utile de réviser maintenant à la leçon 56, section 5.1)

Enfin, il existe aussi une forme progressive du **present perfect**, que nous verrons ultérieurement.

2 *To get* (II)

Approfondissons notre connaissance de ce verbe omniprésent. Nous savons que, au-delà du sens propre, il remplace certains verbes de mouvement (leçon 35, section 2). Mais **to get** a bien d'autres fonctions :

2.1 Changement d'état ("devenir"), suivi d'un adjectif

Dans ces exemples, si l'on utilisait le "vrai" verbe (mentionné à l'infinitif entre crochets), le registre serait formel, voire guindé :
When you get old [to age], you forget things, *En vieillissant, on oublie des choses.*
I'm getting [to become] very hungry, *Je commence à avoir très faim.*
It's getting dark [to darken], *Il commence à faire nuit ("s'assombrir").*

2.2 Mouvement, suivi d'une préposition

Cette catégorie est sans doute la plus importante :
He got up from the table, *Il s'est levé de table.*
Please get into the car, *Monte dans la voiture s'il te plait.*
We'll get off the bus at the museum, *Nous descendrons du bus au musée.*
They got to the meeting on time, *Ils/Elles arrivèrent à la réunion à l'heure.*

Dans le cas de l'utilisation de **to get** pour décrire un mouvement, il y a souvent une connotation de difficulté ou d'urgence :
I must get out of the house, *Je dois absolument quitter cette maison.*
She got through the town in two hours, *Elle a réussi à traverser la ville en deux heures.*
Get up!, *Levez-vous !*

2.3 Obligation : *have got*

Dans la langue parlée, **have got** remplace souvent **must/have to,** le son guttural du *[g]* renforçant la notion d'obligation (comme il le fait lorsque **have**, *posséder*, est un verbe lexical, voir leçon 35, section 2.2) :
Look at the time! I must go → Look at the time! I've got to go, *Regardez l'heure ! Il faut que je parte.*
You must help me! → You've got to help me! *Il faut que tu m'aides.*
Il est possible de construire ce type de phrases avec un deuxième

verbe qui, lui aussi, utilise **get**. Prenons un exemple plus haut : **I must get out of the house → I've got to get out of the house**. Il n'y a pas de différence de sens, ni aucune règle grammaticale qui impose d'employer ces constructions. Il n'empêche qu'elles sont courantes dans la langue parlée.

2.4 "Faire" ou "faire faire" (quelque chose), avec participe passé

Cette utilisation se traduit généralement par un verbe pronominal en français :
I must get dressed, *Je dois m'habiller*.
He got lost in York, *Il s'est perdu dans York*.

Notez bien qu'il s'agit d'une action et non d'un état. Regardez ces deux paires d'exemples :
I got lost, *Je me suis perdu*, mais **I am lost**, *Je suis perdu*.
She got dressed, *Elle s'est habillée*, mais **She is dressed**, *Elle est habillée*.

Dans les leçons à venir, nous parlerons plus en détail de l'emploi de **got** avec le passif.

Nous sommes conscients que tout ceci peut sembler compliqué. Mais en fait, vous avez déjà absorbé beaucoup d'exemples de l'utilisation de **to get** au fil des leçons. Ces quelques explications ont simplement pour but de mettre un peu d'ordre dans les connaissances que vous avez déjà acquises. **Right, let's get on with the lesson**, *Bien, continuons la leçon*.

3 *must* et *to have to*

Le verbe modal **must**, dont nous avons fait un premier point en leçon 49, section 3, n'existe qu'au temps présent. Pour le décliner au futur ou au passé, on se sert d'un "faux infinitif", **to have to** (**I had to...**, *J'ai dû...* ; **We'll have to...**, *Nous serons obligés de...*). Au présent, les deux formes – **must** et **to have to** – existent en parallèle, mais il y a une nuance au niveau de l'origine de la contrainte. Avec **must**, l'obligation vient de la personne qui parle, alors que, avec **to have to**, elle est d'origine externe.

Comparez ces obligations-ci…
We must leave; we're late, *Nous devons partir ; nous sommes en retard*.
You must turn off the lights before you leave the house, *Vous devez éteindre les lumières avant de quitter la maison*.
Drivers must stop at the orange light, *Les conducteurs doivent s'arrêter au feu orange*.
(Bien sûr, c'est **must** qui est toujours sur des panneaux et autres formes de signalisation.)

… avec celles-ci :
I have to finish this project by tomorrow, *Il faut que je finisse/termine ce projet d'ici à demain*. (C'est-à-dire que c'est mon équipe ou mon client qui m'y obligent.)
She has to do some exercise, *Elle doit faire de l'exercice*. (C'est le médecin qui l'ordonne.)

Souvent la frontière entre les deux sources d'obligation est assez floue, mais il est important de reconnaître la nuance, surtout lorsqu'on donne des ordres à quelqu'un. (Par exemple, le panneau que nous citons ci-dessus dit **Drivers must stop…**, mais si vous répétez cet ordre à la personne qui vous conduit, vous direz **You have to stop…** car ce n'est pas vous qui imposez la contrainte.)

À la forme négative, la différence entre les deux formes est claire et nette : **must not** est un ordre :
You must not give him any money, *Vous ne devez pas lui donner de l'argent* (je vous l'interdis).

… alors que **do not have to** exprime l'absence d'obligation :
You don't have to give him any money, *Vous n'êtes pas obligé de lui donner de l'argent* (c'est à vous de décider).

Enfin, regarder la section 2.3 ci-dessus.

4 *could* et *was able to*

Nous savons que **to be able to** est le faux infinitif de **can**. Les deux formes coexistent au temps présent, mais aussi – à l'inverse de

must – au temps passé. Et c'est précisément au passé qu'il y a une nuance entre **could** et **was able to**.

• Nous utilisons **could** surtout pour parler de notre capacité à faire quelque chose dans le passé, soit régulièrement soit de manière permanente (rappelons que **can/could** se traduit souvent par *savoir*) :
He could play chess when he was five, *Il savait jouer aux échecs à 5 ans.*
When I was younger, I could dance for hours, *Quand j'étais plus jeune, je pouvais danser pendant des heures.*
(Cela vous rappelle peut-être la même notion d'habitude passée que l'on a rencontrée avec **would** et **used to** – voir leçon 70, section 2.)

• En revanche, en parlant d'une action précise accomplie dans le passé, il faut utiliser **was able to** :
Although she was ill, she was able to get out of bed yesterday, *Même si elle était malade, elle a pu se lever hier.*
I got lost, but I was finally able to find the business district, *Je me suis perdu, mais j'ai enfin pu trouver le quartier des affaires.*

Sachez que, à la forme négative, cette nuance est souvent oubliée.

Ces subtilités peuvent vous sembler fastidieuses, mais il est important de vous les faire connaître maintenant, afin que vous les assimiliez dès le début de votre étude, quand tout est très vivant, et non pas a posteriori à partir d'un livre de grammaire.

Revision dialogue

1 – I'm sorry but I won't be able to come into work today. I'm feeling under the weather.
2 I have a runny nose, my throat's sore and my head aches.
3 – You'd better see a doctor.
4 – Come in, I haven't seen you for a long time. I've missed you!

5 – I know, doctor. I haven't called you since last year.
6 I've lost a lot of weight and I have been really tired.
7 – Have you taken any medication?
8 – No, I haven't got anything to take.
9 I used to have some pills but I finished them two days ago.
10 – No wonder you're not feeling well.
11 You'll have to go to hospital for a month.
12 – Ah, I'm fine now. I feel as fit as a fiddle.

Traduction

1 Je suis désolé, mais je ne pourrai pas venir travailler aujourd'hui. Je ne me sens pas en forme. **2** J'ai le nez qui coule, j'ai mal à la gorge et j'ai mal à la tête. **3** Vous feriez mieux de consulter un médecin. **4** Entrez, ça fait longtemps que je ne vous ai pas vu. Vous m'avez manqué! **5** Je sais, docteur. Je ne vous ai pas appelé depuis l'année dernière. **6** J'ai perdu beaucoup de poids et je suis très fatigué. **7** Avez-vous pris des médicaments ? **8** Non, je n'ai rien à prendre. **9** [Avant], j'avais des pilules mais je les ai terminées il y a deux jours. **10** Pas étonnant que vous ne vous sentiez pas bien. **11** Vous allez devoir aller à l'hôpital pendant un mois. **12** Ah, je vais bien maintenant. Je me sens en pleine forme.

Félicitations ! Vous avez fait plus de trois quarts du chemin et vous êtes maintenant en train de manier des structures de plus en plus complexes, dont certaines n'ont pas d'équivalent direct en français. Il est important de travailler tous les jours pour maintenir le rythme, en fonction de vos disponibilités. Si vous êtes à court de temps, faites juste un exercice ; écoutez un dialogue pendant votre trajet ; revoir un ou deux verbes irréguliers ou lisez simplement les numéros de page ! Le plus important, c'est une pratique régulière... et si possible quotidienne.

Phase d'activation : 28e leçon

78

Seventy-eighth lesson

Look where you're going!

1 – I told you that you **should**n't drive so fast on a **round**about.
2 You've just run into [1] that blue car!
3 – But it was his fault, not mine. He **did**n't brake [2] in time [3].
4 – Look what you've done to my door!
5 I'm not **hap**py, to say the least [4].
6 – You should pay at**ten**tion and look where you're **go**ing.
7 – You must be **kidd**ing! [5] You ought to [6] be more **care**ful.
8 You shouldn't do **fif**ty [7] in a built-up **a**rea.
9 And you're sup**posed** [8] to give me the right of way.
10 At least [4] **no**body was hurt* and the **da**mage [9] isn't **se**rious.
11 Here, you'd **bet**ter [10] have a big sip of **whis**ky from this flask.
12 It's the least [4] I can do to a**po**logise.
13 – Thanks **ve**ry much. I could do with [11] a drink.
14 What a**bout** you? Aren't you **hav**ing **a**ny?
15 – Not yet. I'll wait un**til** the police have talked to you…

Prononciation

__1__ … __choud__ənt … __raound__əbaout… __3__ … foolt … bréék … __5__ … liist __6__ … ə__tenn__chənn … __7__ … ort … __8__ … bilt-eup … __9__ … raït-əv-wéé … __10__ … __damm__idj … __11__ … flaask

Soixante-dix-huitième leçon

Regarde où tu vas !

1 – Je t'ai dit que tu ne devais pas rouler si vite sur un rond-point.
2 Tu viens de rentrer *(courir)* dans cette voiture bleue !
3 – Mais c'était sa faute, pas [la] mienne. Il n'a pas freiné à temps.
4 – Regardez ce que vous avez fait à ma portière !
5 Je ne suis pas content, c'est le moins que l'on puisse dire.
6 – Vous devriez faire *(payer)* attention et regarder où vous allez.
7 – Vous *(devez)* plaisantez ! Vous devriez faire plus attention.
8 Vous ne devriez pas rouler à cinquante dans une agglomération *(zone bâtie)*.
9 Et vous êtes censé me laisser la priorité *(donner le droit de chemin)*.
10 Au moins, personne [n'a] été blessé et les dégâts ne sont pas graves.
11 Tiens, vous feriez *(avait)* mieux de prendre une grande gorgée de whisky dans cette flasque.
12 C'est le moins que je puisse faire pour [m']excuser.
13 – Merci beaucoup. J'ai bien besoin *(pouvais faire avec)* d'un verre.
14 Et vous ? Vous n'en prenez pas ?
15 – Pas encore. Je vais attendre que la police vous ait parlé...

Notes

1 Beaucoup de verbes à particule ont un sens littéral et un – ou plusieurs – sens figurés, comme **to run into**, *(r)entrer en courant* : **They ran into the house when it started raining**, *Ils sont rentrés en courant dans la maison quand il s'est mis à pleuvoir*. Dans notre phrase, le sens est plutôt *rentrer dedans / entrer en collision* : **She ran into a glass door**, *Elle est rentrée dans une porte en verre*. Cependant, **to run into** peut aussi signifier *rencontrer par hasard* : **I ran into Sheila in the supermarket**, *J'ai rencontré Sheila par hasard au supermarché*. Enfin, **to run out of**, outre le sens de *sortir en courant*, signifie *venir à manquer de / ne plus avoir* : **I've run out of petrol**, *Je n'ai plus d'essence*.

2 Faites attention aux homophones : **to break**, *casser*, et **to brake**, *freiner* (véhicule) se prononcent exactement de la même manière. (Écoutez attentivement la phase 2 du premier exercice.) La différence de sens mise à part, seul le premier des deux verbes est irrégulier (**break, broke, broken** – voir leçon 16, note 4). Le substantif **a brake** signifie *un frein*.

3 Ne confondez pas **in time** avec **on time**. Le premier signifie *à temps* : **He didn't stop in time**, *Il ne s'est pas arrêté à temps*, alors que le second signifie *à l'heure* : **They're never on time**, *Ils ne sont jamais à l'heure*. Comme toujours, la préposition est importante !

4 **the least** est le superlatif de **less** et signifie *le/la/les moins* (voir leçon 49 section 1.3) : **This is the least expensive oven that I can find**, *C'est le four le moins cher que je puisse trouver*. L'expression **to say the least** est donc l'équivalent de *C'est le moins qu'on puisse dire*. À ne pas confondre avec **at least**, *au moins* (voir aussi leçon 69, phrase 7).

5 Nous savons que **a kid** est le terme familier pour *un(e) gosse* (leçon 44, phrase 1). Mais le verbe familier **to kid** signifie, *plaisanter / blaguer*. **Are you kidding?** *Tu plaisantes ?*

6 **ought to** est un auxiliaire modal (sans infinitif ni inflexions). Synonyme de **should**, il exprime une obligation : **I ought to go; it's getting late**, *Je devrais partir ; il se fait tard*. Il y a une légère nuance entre **ought to** et **should** (le premier est moins "autoritaire" que le second), mais dans la pratique ils sont quasiment identiques. **You should apologise / You ought to apologise**, *Tu devrais t'excuser*. Dans le langage courant, **should** est utilisé beaucoup plus fréquemment que **ought to**.

7 Nous savons que *faire* peut se traduire par **to do** et **to make**. Alors qu'on "roule" à une vitesse donnée en français, on la "fait" en anglais, c'est-à-dire **to do** : **He was doing ninety on the motorway when the police stopped him**, *Il roulait à 90 (miles / 145 kms) sur l'autoroute lorsque la police l'a arrêté*. (Comme en français, l'unité de mesure (miles / km) est facultative ou sous-entendue.)

8 Alors que **to suppose** signifie *supposer* (leçon 51, phrase 8), l'expression **to be supposed to** est l'équivalent de *être censé(e) (faire quelque chose)* : **You're supposed to slow down at roundabouts**, *Vous êtes censé(e) ralentir aux ronds-points*. Pour la forme négative, mettez **not** après **to be** : **I'm not supposed to tell you what I heard.**, *Je ne suis pas censé(e) te raconter ce que j'ai entendu*.

9 Nous vous avions dit qu'il y a certains noms – comme **advice**, *conseil(s)* – qui sont indénombrables en anglais, alors qu'ils ne le sont pas en français (leçon 54, note 6). En voici un autre : **The damage isn't serious**, *Les dégâts ne sont pas graves*. Il est important de retenir cette règle car le nom pluriel **damages** (pas de singulier) signifie *les dommages et intérêts* : **The victim received ninety thousand pounds in damages**, *La victime a reçu 90 000 £ en dommages et intérêts*.

10 Voir leçon 71, note 10. Dans une phrase négative avec la locution invariable **had better**, **not** doit suivre **better** : **It's urgent. You'd better not wait too long**, *C'est urgent. Vous ne devriez pas/feriez mieux de ne pas trop attendre*. La forme interrogative est très rarement utilisée.

11 L'expression **could do with** dénote l'utilité ou le besoin de quelque chose, au conditionnel : **That cupboard could do with a coat of paint**, *Ce placard aurait besoin d'une couche de peinture*. C'est une façon moins affirmative de dire **to need** (**That cupboard needs**, etc.). Armez-vous de patience et d'un bon dictionnaire bilingue pour vous confronter à ces fameux **phrasal verbs**.

Exercise 1 – Translate

❶ They got fifty thousand pounds in damages for the damage to their house. ❷ Be careful! Don't break the brakes. ❸ Which is the least expensive way to travel? – Walking. ❹ You'd better not wait too long. You'll run out of petrol. ❺ You've got to be kidding! The accident was your fault, not mine.

***

Exercise 2 – Fill in the missing words

❶ Ces placards auraient besoin d'une couche de peinture.
. . . . a coat of paint.

❷ Merci. – Il n'y a pas de quoi. C'est le moins que je puisse *(pourrais)* faire.
Thank you! – . . . . It's . . . .

❸ Et eux/elles ? N'ont-ils/elles pas de succès ?
. . . . ? . . . . success?

❹ Tu devrais au moins l'appeler (*m.*) et lui dire bonjour.
. . . . you . . . . and say hello.

❺ Je suis tombé(e) sur votre patronne hier. Elle n'était pas contente, c'est le moins qu'on puisse dire.
I . . . . your boss yesterday. She wasn't happy, ...

79

Seventy-ninth lesson

I haven't the faintest idea

1 – **Wel**come to **Com**Sys. Might [1] I have your name?

2 – It's Hughes, **Ca**thy Hughes. I'm here to see Ms Pa**tel**.

3 – What **com**pany do you work for [2]?

4 – I have an a**ppoint**ment at ten past ten for a job **in**terview.

Corrigé de l'exercice 1

❶ Ils ont reçu 50 000 £ de dommages et intérêts pour les dégâts causés à leur maison. ❷ Fais attention ! Ne casse pas les freins. ❸ Quelle est la façon la moins chère de voyager ? – En marchant. ❹ Vous feriez mieux de ne pas trop attendre. Vous tomberiez en panne d'essence. ❺ Vous plaisantez ! L'accident était de votre faute, pas la mienne.

***

Corrigé de l'exercice 2

❶ Those cupboards could do with – ❷ – You're welcome – the least that I could do ❸ What about them – Aren't they having any – ❹ At least – ought to phone him – ❺ – ran into – to say the least

En Grande-Bretagne, on roule à gauche et on double à droite. Sur les **roundabouts** (ronds-points)*, on* cède le passage / donne la priorité *(***give the right of way***) aux conducteurs arrivant de la droite. Sinon, il n'y a pas de priorité systématique : elle est signalée par le marquage au sol (triangles, lignes discontinues, etc.) ou par des panneaux (par exemple :* **Give Way**, Cédez le passage*). En* agglomération urbaine *(***built-up area***, "zone bâtie"), la vitesse est limitée à 48 km/h (***30 miles per hour** *ou* **mph***) et à 113 km/h (***70 mph***) sur* autoroute *(***motorway***). N'oubliez pas :* **Drive carefully**.

Phase d'activation : 29e leçon

79

Soixante-dix-neuvième leçon

Je n'ai pas la moindre idée

1 – Bienvenue à ComSys. Pourrais-je avoir votre nom ?
2 – C'est Hughes, Cathy Hughes. Je suis ici pour voir Mme/Mlle Patel.
3 – [Pour] quelle entreprise travaillez-vous ?
4 – J'ai un rendez-vous à 10h10 pour un entretien d'embauche.

5 – Ms **Pa**tel's still [3] in a **meet**ing, but I'm sure she won't be long [4].
6 Would you care [5] to take a seat **o**ver there?
7 Can I get you a **co**ffee? Or a cup of tea, per**haps** ?
8 – No, I'm fine. And I pre**fer** to stand. Thanks all the same. (...)
9 I've been **wait**ing for two hours. Will she be much **lon**ger [6]?
10 – I **hav**en't got the **faint**est i**dea** [7], but a long wait is **nor**mal.
11 You can **ne**ver tell with a **man**agement **meet**ing.
12 It might [1] be **fin**ished in ten **min**utes or it might last [8] for hours.
13 There are so many e**xe**cutives and di**rec**tors in this **com**pany that there's no one who **ac**tually works.
14 They just talk to each **o**ther [9]. □

Prononciation

*1 … maït … **6** woud-iou-kair … **10** … **féé**ntəst … **13** … eg**zek**ioutifs … **14** … iitch-**eu**DHə*

Notes

1 Si **may** (leçon 48, note 3) permet de poser une question poliment, **might** est encore plus courtois, voire formel **May I ask...** → **Might I ask...** *Puis-je demander...?* Cette formulation est souvent utilisée dans un contexte commercial. De même, **might** exprime une possibilité, mais avec moins de certitude que **may**. En phrase 12, la durée de la réunion est très incertaine : **The meeting may / might last an hour**, *La réunion peut / pourrait durer une heure*.

2 Nous avons appris comment, et pourquoi, les prépositions sont rejetées à la fin d'une question commençant avec un mot interrogatif (leçon 62, note 4). En voici encore un exemple. Nous revisiterons cette règle dans une leçon à venir car ce mécanisme est très courant dans la langue parlée.

5 – Mme/Mlle Patel est encore en réunion, mais je suis sûr qu'elle ne va pas tarder *(ne sera pas long)*.
6 Voudriez-vous [vous] asseoir *(prendre un siège)* là-bas ?
7 Puis-je vous offrir un café ? Ou une tasse de thé, peut-être ?
8 – Non, ça va. Et je préfère [rester] debout. Merci quand même. (...)
9 Cela fait deux heures que j'attends. Est-ce qu'elle en a encore pour longtemps *(sera beaucoup plus-long)* ?
10 – Je n'[en] ai pas la moindre *(la-plus-faible)* idée, mais une longue attente est normale.
11 On ne peut jamais savoir avec une réunion de direction.
12 Elle pourrait se terminer en dix minutes ou elle pourrait durer des heures.
13 Il y a tellement de cadres et de dirigeants dans cette entreprise qu'il n'y a personne qui travaille vraiment.
14 Ils [ne] font que parler entre eux *(chaque autre)*.

3 Voici encore une autre nuance entre les deux adverbes temporels **still** et **yet** (leçon 49, section 4). Sommairement, **yet** signifie *jusqu'à maintenant* : **The meeting hasn't finished yet**, *La réunion n'est toujours pas finie*, alors que **still** s'emploie pour une action toujours en cours : **He's still in a meeting**, *Il est toujours en réunion*.

4 L'adjectif **long**, *long*, est utile pour indiquer le passage du temps et se traduit habituellement par *longtemps* : **I won't be long**, *Je n'en ai pas pour longtemps*. Le verbe souvent associé à **long** dans de telles locutions est **to take**, *prendre* : **How long does it take?** *Combien de temps faut-il ? / cela prend-il ?*

5 **care**, *le soin / l'attention* (que nous connaissons grâce à l'adjectif **careful** et l'expression **take care**) est utilisé dans beaucoup de contextes (voir leçon 44, note 7), dont des offres courtoises. Par exemple, pour proposer à boire, nous connaissons **Would you like some more tea?**, mais encore plus poli est **Would you care for some more tea?** Il n'y a pas de différence de sens, simplement de registre.

6 **longer** est le comparatif de l'adjectif **long**, *long* mais aussi l'adverbe *longtemps*. Remarquez comment le verbe **to be** fonctionne dans cette question (alors qu'en français il faut *avoir*) : **Will he be long?** *En a-t-il pour longtemps ?* → **Will he be much longer?** *En aura-t-il encore pour longtemps ?*

7 L'adjectif **faint** (dérivé du français *feindre*) décrit quelque chose qui est *faible* ou à peine audible ou visible. **I have a faint signal**, *J'ai un signal faible*. Cette faiblesse peut aussi être physique : **She feels faint**, *Elle se sent mal/faible*. D'où le verbe **to faint**, *s'évanouir* : **It was so hot that they fainted**, *Il faisait tellement chaud qu'ils/elles se sont évanoui(e)s*. L'expression **I haven't [got] the faintest idea** signifie *Je n'ai pas la moindre idée*.

8 **last**, *dernier/-ère*, est aussi un verbe : **to last**, *durer* : **The show lasted three hours**, *Le spectacle a duré trois heures*. Il est possible d'ajouter un

***

Exercise 1 – Translate

❶ They're (*f.*) still in a meeting but I'm sure (*f.*) that they (*f.*) won't be long. ❷ How long will it last? – I haven't the faintest idea. ❸ The money that he has earned should last him a month. ❹ What company do they work for? ❺ No one actually works. They simply talk to one another.

***

Exercise 2 – Fill in the missing words

❶ En aura-t-il encore pour longtemps ? Cela fait plusieurs heures que je suis debout ici.
.... he ....? .... several hours.

❷ Le spectacle pourrait durer moins d'une heure, mais j'en doute.
The show .... for .... an hour, but ....

❸ Ils se parlent à eux-mêmes mais pas l'un à l'autre.
.... but not ....

❹ La réunion est très longue : elle n'est pas encore terminée.
The .... is very long: ....

❺ Puis-je vous demander quel âge vous avez ? – Ce ne sont pas vos affaires.
.... you are? – That's ....

complément d'objet direct, auquel cas le sens est plutôt *tenir* : **That money should last them for a week**, *Cet argent devrait leur permettre de tenir une semaine / Ils devraient tenir une semaine avec cet argent*. Dans tous les cas, il y a la notion de passage du temps.

9 Le pronom réciproque **each other** correspond à *l'un(e) l'autre / les un(e)s et les autres* ou à un pronom réfléchi : **They don't talk to each other**, *Ils ne se parlent pas* (une variante, **one another**, est moins usitée ; il y a une différence théorique entre les deux mais en pratique ils sont synonymes). Attention à ne pas confondre **each other** et **themselves** (leçon 58, note 9 et 59 note 3) : **They talk to each other**, *Ils se parlent entre eux* ; **They talk to themselves**, *Chacun se parle à lui-même / Ils se parlent à eux-mêmes*.

***

Corrigé de l'exercice 1

❶ Elles sont toujours en réunion mais je suis sûre qu'elles ne vont pas tarder. ❷ Combien de temps cela va-t-il durer ? – Je n'en ai pas la moindre idée. ❸ Il devrait tenir un mois avec l'argent qu'il a gagné. ❹ Pour quelle société travaillent-t-ils ? ❺ Personne ne travaille réellement. Ils se parlent simplement entre eux.

Corrigé de l'exercice 2

❶ Will – be much longer – I've been standing here for – ❷ – might last – less than – I doubt it ❸ They talk to themselves – to each other ❹ – meeting – it hasn't finished yet ❺ Might I ask how old – not your business

*L'une des questions les plus complexes, en termes d'usage, est celle du langage neutre du point de vue du genre (***gender-neutral language***). Contrairement au français, où les noms propres sont ou masculins ou féminins, l'anglais est caractérisé par le genre naturel, c'est-à-dire que les substantifs désignant des personnes sont généralement neutres et où il existe des pronoms personnels propres à chaque genre. Depuis plusieurs décennies, cependant, grâce à une évolution sociale par laquelle les occupations réservées autrefois exclusivement à des hommes (et dans certains cas plus rares à des femmes) se sont ouvertes au sexe opposé, la langue aussi a dû évoluer. Ainsi, des appellations qui*

80

Eightieth lesson

Thanks for bringing it back

1 – Good to see you [1], Joe. Come in and take off [2] your **ja**cket.

2 When you've **tak**en it off [2], you can hang* it up on the coat rack.

3 I'll turn down [3] the **mu**sic. It's far too loud.

4 – No, don't turn it down [3]. I like it.

5 – **So**rry a**bout** the mess [4]. I **have**n't cleaned up [5] the flat.

6 I meant to clean it up [5] **yes**terday but I **could**n't be **bo**thered [6].

7 – I've come to give you back the drill that you lent me.

8 – Give it back to me? I didn't know you still had it.

9 – Don't you re**mem**ber? I **need**ed it to fix up [7] my **bath**room.

10 I bought one from an **on**line **hard**ware [8] store but I had to send it back.

11 I tried it out and it **was**n't **pow**erful e**nough**.

se terminent en **-man**, *comme* **policeman**, policier *et* **fireman**, pompier, *etc, ont fait place aux synonymes "sans genre" :* **police officer** *et* **firefighter**. *De plus, un nombre important de noms propres sont déjà épicènes :* **an actor**, acteur/-trice, **a doctor**, **a nurse**, infirmier/-ère, **a manager**, **a server**, un serveur/-euse. *Enfin, la discrimination sexuelle étant interdite par la loi, les médias sont obligés d'employer ces nouvelles appellations – même si tout le monde ne fait pas preuve d'autant de sensibilité dans le langage courant.*

Phase d'activation : 30e leçon

80

Quatre-vingtième leçon

Merci de l'avoir rapporté

1 – Sympa de te voir, Joe. Entre et enlève ta veste.
2 Quand tu l'auras enlevée, tu pourras la suspendre au portemanteau.
3 Je vais baisser la musique. C'est beaucoup trop fort.
4 – Non, ne la baisse pas. Je l'aime bien.
5 – Désolé pour le désordre. Je n'ai pas nettoyé l'appartement.
6 Je voulais le nettoyer hier mais j'avais la flemme.
7 – Je suis venu te rendre la perceuse que tu m'as prêtée.
8 – Me la rendre ? Je ne savais pas que tu l'avais encore.
9 – Tu ne [te] souviens pas ? J'en avais besoin pour rénover *(réparer)* ma salle de bains.
10 J'[en] ai acheté une dans une quincaillerie en ligne mais j'ai dû la renvoyer.
11 Je l'ai essayée et elle n'était pas assez puissante.

12 I was **go**ing to throw* it a**way** [9] but in the end I de**cid**ed not to.

13 – Why would you throw a**way** [9] a brand-new [10] drill?

14 **An**yway, I'm pleased that you've brought* [11] it back. □

Prononciation

__1__ … djoo … __5__ … __kliind-__eup … __6__ … ment-tou … __bo__DHəd __7__ … lennt … __10__ … __haad__waïr-stor … __11__ … __pao__əfəl … __12__ … THroo … __13__ … brannd-niou … __14__ broot

Notes

1 Comme nous avons expliqué (leçon 75, note 2), la langue parlée permet parfois des raccourcis ou omissions. Dans une phrase comme **It's good to see you**, *C'est bon de te voir*, on peut supprimer le pronom neutre **it** et le verbe **to be** : **Good/Nice to see you**, *Sympa de te voir*. Ainsi, la phrase commence avec un mot sémantique (**good**). Il ne s'agit pas d'une règle mais de l'usage.

2 Il est possible de séparer les deux composants de certains verbes à particules en intercalant un complément. Par exemple, dans **to take off**, *enlever*, le COD peut se mettre entre les deux éléments ou après l'adverbe, sans différence de sens : **I took off my coat** ou **I took my coat off**. En revanche, si le nom est remplacé par un pronom personnel complément, celui-ci doit impérativement se placer entre les deux : **I took it off**. C'est ce que l'on appelle un verbe à particule séparable.

3 **to turn down**, **up**, **on** et **off** sont tous des verbes à particule séparables (leçon 46, note 8). **Turn on the computer / Turn the computer on**. Il en sera de même pour **to turn over**, *tourner* : **Turn over the page**, **Turn the page over**, *Tourner la page* (le sigle **PTO** qui figure en bas de la page de certains documents signifie **Please turn over**, l'équivalent de *Tourner la page SVP*).

4 **a mess**, *une pagaille / un fouillis*. **Clean up this mess right away!** *Remettez de l'ordre dans tout ça tout de suite !* Le verbe à particule séparable **to mess up** signifie *mettre en désordre* : **You've messed up the room/messed the room up**, *Tu as mis la pièce en désordre*. Par extension, le sens est *gâcher / ruiner* : **You've messed up my plans for tonight**, *Tu as gâché mes plans/projets pour ce soir*.

12 J'allais la jeter *(au rebut)* mais finalement j'ai décidé de ne pas [le] faire.
13 – Pourquoi jetterais-tu une perceuse toute neuve ?
14 En tout cas, je suis content que tu l'aies rapportée.

5 Nous savons que l'ajout de la particule **up** à certains verbes leur confère une notion de finalité ou d'achèvement (**to hang up**, leçon 68, note 2 ; **to break up**, leçon 74, note 6). Ici, **to clean**, *nettoyer* devient **to clean up**, *tout nettoyer / mettre de l'ordre* : **We have to clean up the house / clean the house up before the guests arrive**, *Il faut qu'on range toute la maison avant l'arrivée des invités*. Avec **to drink**, *boire* : **Drink up, the train's coming**, *Finis [de boire] ton verre, le train arrive*.

6 Nous connaissons **to bother** dans le sens de *déranger* ou *ennuyer* (leçon 51, note 10). Mais dans l'expression **can't** (passé **couldn't**) **be bothered**, le verbe signifie plutôt *avoir la flemme* ou *ne pas avoir le courage* : **Bob has invited me to the match, but I can't be bothered to go**, *Bob m'a invité au match, mais j'ai la flemme d'y aller*.

7 **to fix** est un verbe très utile, un rien informel, qui signifie *réparer* ou *arranger* : **The washing machine is broken but I can fix it**, *La machine à laver est cassée mais je peux la réparer*. En informatique, **a fix** est *une rustine* – ou *un correctif temporaire* pour un problème de logiciel. Avec **up**, le sens du verbe est plus étendu (voir note 5) : **I'll fix up the living room / fix the living room up**, *J'arrangerai le salon*. Bien entendu, **to fix** a aussi le sens de *fixer* en français : **Have you fixed a date yet?** *Avez-vous déjà fixé une date*.

8 **ware** (généralement au pluriel) veut dire *article / matériel*. Il est surtout utilisé comme suffixe, comme dans **software**, *un/des logiciel(s)* (leçon 23, phrase 3) ou **hardware**, *le matériel* (informatique, par exemple) mais aussi *la quincaillerie* : **a hardware store**, *une quincaillerie*.

9 **to throw**, *jeter* (à distance ou lancer) mais **to throw away**, *jeter au rebut/à la poubelle* : **Don't throw away that envelope; I need the address**, *Ne jette pas cette enveloppe à la poubelle. J'ai besoin de l'adresse*. Au figuré, le sens est plus large : *gaspiller / perdre* : **You're throwing away your talent**, *Tu gaspilles ton talent*.

10 **a brand**, *une marque commerciale*. Mais l'adjectif **brand-new** n'a rien à voir avec le commerce car **brand** est une déformation du vieux mot

bran, qui voulait dire *le feu*. Ainsi, **a brand-new oven** est *un four… flambant neuf/tout neuf*.

11 **to bring** (**brought**, **brought**) signifie à la fois *amener* et *apporter / rapporter*. **I'll bring you a cup of tea**, *Je t'apporterai une tasse de thé*. **Don't bring your dog to the party!** *N'amène pas ton chien à la fête!*. Faites attention à ne pas confondre **brought** avec **bought**, le passé de **to buy**.

***

Exercise 1 – Translate

❶ Don't throw that empty box away, I need it. ❷ Nice to see you, Rosie. Come in and hang up your coat. ❸ Our oven and our washing machine are broken but I think I can fix them. ❹ The kids have messed up our plans for next week. ❺ I've brought the brand-new drill that I bought last week.

***

Exercise 2 – Fill in the missing words

❶ Ils nous ont invités à dîner mais on a la flemme d'y aller.
. . . . for dinner, but . . . . to go.

❷ Allumez la télé mais baissez le volume. Et n'oubliez pas d'éteindre les lumières.
. . . . . . the TV but . . . . the volume . . . . . And remember to . . . . the lights.

❸ Tu as mis le bazar dans la chambre. Nettoie-la tout de suite.
. . . . the bedroom. . . . . right away.

❹ Nous avons dû renvoyer la perceuse parce qu'elle n'était pas assez puissante.
We . . . . the drill because . . . .

❺ Nous sommes contents qu'il ait rapporté les dossiers manquants.
. . . . that . . . . the . . . .

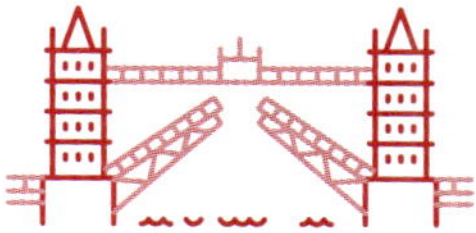

***

Corrigé de l'exercice 1

❶ Ne jetez pas cette boîte vide, j'en ai besoin. ❷ Sympa de te voir, Rosie. Entre et accroche ton manteau. ❸ Notre four et notre machine à laver sont en panne mais je pense pouvoir les réparer. ❹ Les enfants ont gâché nos plans pour la semaine prochaine. ❺ J'ai apporté la perceuse toute neuve que j'ai achetée la semaine dernière.

***

Corrigé de l'exercice 2

❶ They've invited us – we can't be bothered – ❷ Turn on – turn – down – turn off – ❸ You have messed up – Clean it up – ❹ – had to send back – it wasn't powerful enough ❺ We are pleased – he brought back – missing files

Phase d'activation : 31e leçon

Eighty-first lesson

A company like yours

1 – Do come in [1] and sit down. Please ac**cept** my a**po**logies.
2 I know you've been **wait**ing [2] for quite a while.
3 – It's no **trou**ble. I've been **look**ing for**ward** to [3] **meet**ing you.
4 – Where e**xact**ly are you **work**ing at the **mo**ment?
5 – In **ac**tual fact, I'm be**tween** jobs just now.
6 But I've been **work**ing [2] in the tech **in**dustry for years.
7 And I've been **hop**ing [2] to find an **o**pening like this one.
8 – Have you had any ex**pe**rience in **mar**keting?
9 – No I **have**n't. But I do know [1] a good deal [4] a**bout** it.
10 I worked [5] in **pub**lishing for ten years before **go**ing free**lance** [6].
11 Be**fore** that, I did a de**gree** in eco**no**mics.
12 But when I left uni**ver**sity I **could**n't get a **de**cent job,
13 so I took a **train**ing course in **or**der to change ca**reers**.
14 – Have you always **want**ed [7] to work in this **in**dustry [8]?
15 – Yes, and I've been **look**ing for [2] a **com**pany like yours.

Quatre-vingt-unième leçon

Une entreprise comme la vôtre

1 – Entrez *(Faites entrer)* [je vous prie] et asseyez-vous. Veuillez accepter mes excuses.
2 Je sais que vous attendez depuis un bon moment.
3 – Il n'y a pas de problème. J'avais hâte de vous rencontrer.
4 – Où travaillez-vous exactement en ce *(au)* moment ?
5 – En fait, je suis entre [deux] emplois en ce moment *(juste maintenant)*.
6 Mais je travaille dans l'industrie technologique depuis des années.
7 Et j'espérais trouver un poste *(ouverture)* comme celui-ci.
8 – Avez-vous de l'expérience en marketing ?
9 – Non, je n'en ai pas. Mais j'en connais un rayon *(connais un bon accord autour cela)*.
10 J'ai travaillé dans l'édition pendant dix ans avant de me mettre à mon compte.
11 Avant cela, j'ai fait une licence *(degré)* en économie.
12 Mais quand j'ai quitté l'université, je n'ai pas pu trouver un emploi décent,
13 alors j'ai suivi une formation pour changer de carrière.
14 – Avez-vous toujours voulu travailler dans ce secteur *(industrie)* ?
15 – Oui, et j'ai cherché une entreprise comme la vôtre

Prononciation

*1 … ək**sept** … ə**pol**ədjiiz 3 … **for**wəd … 6 … tek-**inn**dəstrii … 10 … **peub**liching … **frii**laants 11 … di**grii** … ekə**nom**iks 12 … iouni**veu**ssitii … 13 … **tréén**ing …kə**riirz***

Notes

1 **to do** est utilisé dans une phrase ou expression affirmative pour insister sur une action : **Come in** → **Do come in**, *Entrez* → *Entrez, je vous en prie*. Il n'y a pas de différence de sens, juste une accentuation appuyée sur l'auxiliaire. De même, on utilise **do** pour faire ressortir un contraste. **Do you speak Russian? – No but I do speak Polish**, *Parlez-vous le russe ? – Non mais, par contre je parle le polonais*. Dans les deux cas, il n'y a pas de traduction exacte mais il suffit d'ajouter un complément (*par contre / en revanche / je vous en prie*, etc.).

2 Voici la forme continue du **present perfect**, que nous avons aperçue en leçon 79, phrase 9. La différence entre les formes simple et continue est que, dans le premier cas, l'attention se porte sur le résultat de l'action : **I have found a job** (je cherchais un travail et maintenant j'en ai trouvé un) alors que la forme continue décrit une action qui continue encore : **I've been looking for a job** (et je suis toujours à la recherche).

3 **to look forward to** ("regarder vers l'avant de") signifie *attendre avec impatience / avoir hâte de*. Souvent utilisé dans les formules de politesse ou de courtoisie, ce verbe à particule est suivi d'un nom ou d'un gérondif : **I look forward to your visit** / **We're looking forward to seeing you** : *Je me réjouis à l'avance de ta/votre visite / Nous avons hâte de te/vous voir*. Il n'y a pas de différence de sens entre les formes simple et progressive du verbe.

***

Exercise 1 – Translate

❶ Where's your brother working at the moment? – In fact, he's between jobs right now. ❷ Has she had any experience as a journalist? – Yes, she's a freelancer. ❸ Sue left university with a degree in economics but she couldn't find a decent job. ❹ We're really looking forward to seeing you again. We have a great deal to tell you. ❺ She hasn't always wanted to work in the tourism industry, you know.

4 Nous connaissons **a deal**, *un accord*, etc. (leçon 75, note 10). Mais l'expression figée **a good deal (of)** est plus ou moins synonyme de **a lot (of)** : **I need a good deal of information about the plan**, *J'ai besoin de beaucoup d'informations à propos du projet*. Une variante est **a great deal of**.

5 Dans les phrases de 2, 3, 6 et 7, nous entendons la forme continue du **present perfect** car il est question d'un passé non-défini. Ici, en revanche, nous avons une précision en fin de phrase : **...before going freelance** (voir ci-dessous). Il faut donc employer le prétérit. Si nécessaire, révisez la règle en leçon 77, section 1.

6 L'adjectif **freelance** fait référence aux mercenaires moyenâgeux qui vendaient leurs compétences en armes (**a lance**, *une lance*) au plus offrant. Aujourd'hui le mot s'applique aux travailleurs indépendants : **a freelance journalist**, *Elle est journaliste indépendante/pigiste*. Le substantif est **a freelancer**.

7 Rappelons que certains verbes, notamment ceux ayant trait aux sensations, émotions ou connaissances, n'ont pas de forme continue (leçon 35, section 1).

8 **industry**, *l'industrie*, a un sens plus large en anglais qu'en français et peut souvent se traduire par *un secteur*. Le mot s'applique à presque tous les secteurs d'activité : **the sandwich industry**, **the tourism industry** ou même **the handkerchief industry** (*le secteur des mouchoirs*), etc.

Corrigé de l'exercice 1

❶ Où travaille ton frère en ce moment ? – En fait, il est entre deux emplois en ce moment. ❷ A-t-elle eu une expérience en tant que journaliste ? – Oui, elle est indépendante. ❸ Sue a quitté l'université avec un diplôme en économie, mais elle n'a pas pu trouver un emploi décent. ❹ Nous sommes vraiment impatients de vous revoir. Nous avons beaucoup de choses à vous raconter. ❺ Elle n'a pas toujours voulu travailler dans le secteur du tourisme, vous savez.

Exercise 2 – Fill in the missing words

❶ Il travaille dans l'édition depuis quinze ans.
He .... in .... fifteen years.

❷ Je n'ai pas cherché d'emploi parce que j'ai été malade.
I .... a job because I ....

❸ Nous n'avons pas eu beaucoup d'expérience dans le tourisme, mais nous en savons beaucoup sur ce secteur *(lui)*.
We .... in tourism but .... about it.

❹ Je me réjouis à l'avance de votre visite. Appelez-moi, je vous en prie, quand vous arriverez à l'aéroport.
I .... your visit. .... when .... at the airport.

❺ Je sais qu'elle m'attend depuis un bon moment.
I .... she .... for me ....

82 Eighty-second lesson

Once upon a time... [1]

1 – I used to wake up [2] **ear**ly, wash, shave and get dressed.
2 I would take a walk [3] a**round** the park, stop at the **cor**ner shop to buy a **pa**per
3 and then **hu**rry to the **co**ffee shop to get **break**fast.
4 I used to sit there for hours, **read**ing and **do**ing the **cross**word un**til** I got bored [4].
5 Then I would get up and go the **lo**cal **li**brary [5].
6 I used to use the only com**pu**ter to chat with my **fam**ily in **Ire**land.

Corrigé de l'exercice 2

❶ – has been working – publishing for – ❷ – haven't been looking for – have been ill ❸ – haven't had much experience – we do know a lot – ❹ – look forward to – Do call me – you arrive – ❺ – know – has been waiting – for a quite while

N'oubliez pas d'apprendre les verbes irréguliers (liste en annexe), d'autant plus que, avec le* present perfect*, vous avez besoin de connaître les participes passés. Lorsque vous apprenez un nouveau verbe, regardez aussi celui qui est immédiatement au-dessus ou en dessous dans la liste : ainsi, vous les assimilerez progressivement et naturellement. Vous pouvez même terminer votre étude quotidienne par une brève révision d'une ou deux minutes.

Phase d'activation : 32e leçon

82

Quatre-vingt-deuxième leçon

Il était une fois...

1 – J'avais l'habitude de [me] lever tôt, [de me] laver, [de me] raser et [de m']habiller.

2 Je [me] promenais autour du parc, [je m']arrêtais au magasin du coin pour acheter un journal,

3 puis [je me] dépêchais [d']aller au café pour prendre [le] petit-déjeuner.

4 J'avais l'habitude de [m']asseoir là pendant des heures, [en] lisant et faisant le[s] mot[s] croisé[s] jusqu'à ce que je [m']ennuie.

5 Alors je me levais et j'allais à la bibliothèque locale.

6 J'utilisais le seul ordinateur pour chatter avec ma famille en Irlande.

7 I would sit down [6] in the **stu**dy room and take my time.
8 I would **of**ten **ar**gue [7] with the li**bra**rian, who said I was **wast**ing [8] time.
9 In the **su**mmer, I would drive to the **o**cean and go **swimm**ing.
10 **Af**terwards I would lie* down on the beach and get a **sun**tan.
11 There were tons of things to do, and I used to have fun.
12 – Did you **e**ver get **ma**rried [9]?
13 – No, I **did**n't. To be **hon**est, I **ne**ver thought a**bout** it.
14 – Why **did**n't you? Most **pe**ople do.
15 – **Ma**rriage is the main **rea**son why people get di**vorced** [9]. □

Prononciation

*... əponn ... 1 ... wosh ... chéév ... 5 ... **laï**brərii 6 ... **aï**ələnd 8 ... **aa**giou ... laï**brair**iən ... **wéés**ting ... 9 ... **oo**chən ... 10 ... **seun**tann 11 ... teunz ... 12 ... **ma**riid 15 **ma**ridj ... **rii**zən ... di**vorst***

Notes

1 Ainsi commencent les contes : **Once upon a time...** C'est l'équivalent de notre *Il était une fois...* Autrement, la préposition **upon** est l'équivalent élégant de **on**, *sur*, qui peut toujours la remplacer.

2 Les verbes pronominaux sont moins courants en anglais qu'en français, surtout si le sens réfléchi peut être déduit du contexte. Par exemple, le sujet de **to wake up**, *se réveiller*, n'a pas besoin d'être explicité **I woke up late**, *Je me suis réveillé(e) tard*. Si vous réveillez une autre personne, il suffit d'employer un nom ou un pronom : **I woke my wife up / I woke up my wife; I woke her up**, *J'ai réveillé ma femme ; je l'ai réveillée*. D'autres actes quotidiens suivent cette même règle : **to wash**, *(se) laver*, **to shave**, *(se) raser*, et **to shower**, *se doucher*, par exemple.

7 Je [m']asseyais dans la salle d'étude et prenais mon temps.
8 Je [me] disputais souvent avec le/la bibliothécaire, qui disait que je perdais [mon] temps.
9 En été, j'allais en voiture jusqu'à l'océan et je [me] baignais *(allais nager)*.
10 Ensuite, je [m']allongeais sur la plage et je [me] faisais bronzer *(obtiens un bronzage)*.
11 Il y avait des tonnes de choses à faire et je [m']amusais.
12 – Est-ce que vous [vous] êtes déjà marié ?
13 – Non, je ne [l']ai pas fait. Pour être honnête, je n'y ai jamais pensé.
14 – Pourquoi ne [l']avez-vous pas [fait] ? La plupart des gens [le] font.
15 – Le mariage est la principale raison pour laquelle les gens divorcent.

3 **to walk**, *marcher / promener* : **Will you walk the dog, please?** *Veux-tu promener le chien, s'il te plait ?* Mais **to go for a walk** ou **to take a walk**, *se promener* : **We went for / took a walk after lunch**, *Nous nous sommes promenés après le déjeuner*.

4 Après **to get dressed** (phrase 1), voici un autre exemple de l'utilisation de **to get** avec le participe pour transformer un verbe transitif en intransitif: **to bore**, *ennuyer (quelqu'un)* (leçon 76, note 2) → **to get bored**, *s'ennuyer*.

5 Faux-ami classique : il ne faut pas confondre **a library**, *une bibliothèque*, et **a book shop**, *librairie* (ce dernier mot s'écrit parfois **bookshop**, ou encore **book store** en anglais américain). De même, *un(e) bibliothécaire* est **a librarian** et *un(e) libraire* est **a book seller** (ou **bookseller**).

6 **to sit** peut être transitif : **They sat us in a corner of the room**, *Ils nous ont fait asseoir dans un coin de la pièce* – mais ce verbe est généralement employé de manière intransitive, avec un choix de plusieurs prépositions : **to sit down** (par exemple **on the sofa**) *s'asseoir sur le canapé*, **to sit back** (p. ex. **in an armchair**), *se caler (dans un fauteuil)* ou **to sit up (in a chair)**, *se redresser (dans une chaise)*.

7 Le verbe régulier **to argue** (du français *arguer*) est utilisé à la forme transitive dans quelques contextes spécifiques – par exemple, **to argue a court case**, *plaider une affaire judiciaire* –, mais s'emploie habituellement intransitivement dans le sens de *se disputer* : **They are always arguing about money**, *Ils se disputent toujours à propos de l'argent*. **An argument**, *un argument* ou *une dispute*.

8 En anglais, on ne *perd* (**lose**) pas le temps, on le *gaspille* (**waste**), : **Stop wasting time; we're late**, *Arrête de perdre du/ton temps, on est en re-*

***

Exercise 1 – Translate

❶ They sat me in the corner of an office and gave me some files to read. ❷ Jenny used to wash, shave and dress her elderly father. ❸ Robin and his brothers waste time arguing about money. ❹ I never got married but all my friends did. And then they got divorced. ❺ Will you walk the dog after lunch? – If you want.

***

Exercise 2 – Fill in the missing words

❶ J'ai entendu un bruit et je me suis réveillée. Puis, j'ai réveillé mon mari.
I . . . . and . . . . . . Then, I . . . . . . my husband.

❷ Au printemps, on ira à la plage et on se baignera.
In . . . . . . , we'll . . . . and . . . .

❸ Il s'est levé de son fauteuil et s'est précipité vers la salle de bain.
He . . . . and . . . . the bathroom.

❹ Je ne suis pas fatigué. Allons nous promener après le dîner s'il fait beau.
I'm . . . . after dinner if . . . .

❺ Pourquoi n'as-tu pas épousé le libraire? - Je n'y ai jamais pensé.
. . . . the . . . . ? – I . . . .

tard. En revanche, **to lose time** se dit d'une montre qui retarde, ou dans l'expression **There's no time to lose**, *Il n'y a pas de temps à perdre*.

9 Voir note 4. Les deux verbes transitifs **to marry** (*épouser*) et **to divorce** (*divorcer*) sont transitifs : **She married a rich man, then divorced him**, *Elle a épousé un homme riche et puis elle a divorcé* ("[de] lui"), mais aussi intransitifs : **They got married in New York then got divorced in Las Vegas**, *Ils se sont mariés à New York et ont divorcé à Las Vegas*.

***

Corrigé de l'exercice 1

❶ Ils m'ont fait asseoir dans le coin d'un bureau et m'ont donné quelques dossiers à lire. ❷ Jenny avait l'habitude de laver, raser et habiller son père âgé. ❸ Robin et ses frères perdent du temps à se disputer à propos de l'argent. ❹ Je ne me suis jamais marié, mais tous mes amis l'ont fait. Et puis ils ont divorcé. ❺ Veux-tu promener le chien après le déjeuner ? – Si tu veux.

Corrigé de l'exercice 2

❶ – heard a noise – woke up – woke up – ❷ – spring – drive to the beach – go swimming ❸ – got up from his armchair – hurried to – ❹ – not tired – Let's take a walk – the weather's fine ❺ Why didn't you marry – bookseller – never thought about it

Phase d'activation : 33e leçon

83

Eighty-third lesson

A virtual meeting (Part 2)

1 – Right, let's **ca**rry on [1]. The next piece of **bus**iness is...
2 – I want to break in [2] here be**cause** there's a **prob**lem I want to dis**cuss** [3].
3 I'm con**cerned** [4] **a**bout the **con**tract that we signed with Sam Stone.
4 He's the guy that [5] wrote it, and he is the one who [5] **ben**efits from it.
5 – You're mis**tak**en*. That **con**tract, which [6] we all a**greed** on, is **to**tally fine;
6 it's just the **jar**gon that's hard to under**stand**.
7 – The condi**ti**ons, which [6] I **cri**ticised at the time, are re**stric**tive.
8 – We can't get a**round** them [7], and we can't do with**out** [8] Stone.
9 – **Ev**erything you say is true, but what up**sets** me is the cost.
10 A **law**yer to whom [9] I spoke **yes**terday – he's the man I play squash with –
11 told me in **pri**vate that we ought to use a**no**ther **a**gent.
12 I've been ex**am**ining the **clau**ses I disa**gree** with, which in**clude**...
13 – **O**kay, o**kay**. So Stone might not be our best bet [10],
14 but as I said a **min**ute a**go**, we can't do with**out** [8] his help.
15 – Oh yes we can: the **cem**eteries are full of indis**pen**sable **pe**ople! □

Quatre-vingt-troisième leçon

Une réunion virtuelle (2e partie)

1 – Bien, continuons. Le point suivant *(prochain morceau d'affaire)* est...
2 – Je voudrais *(veux)* [vous] interrompre ici car il y a un problème [dont] je veux discuter.
3 Je suis inquiet au sujet du contrat que nous avons signé avec Sam Stone.
4 C'est lui le type qui l'a écrit, et c'est lui qui en bénéficie.
5 – Vous [vous] trompez *(êtes trompé)*. Ce contrat, sur lequel nous étions tous d'accord, est tout à fait correct,
6 c'est juste le jargon qui est difficile à comprendre.
7 – Les conditions, que j'ai critiquées à l'époque, sont restrictives.
8 – On ne peut pas les contourner, et on ne peut pas se passer de *(faire sans)* Stone.
9 – Tout ce que tu dis est vrai, mais ce qui me dérange *(contrarie)*, c'est le coût.
10 Un avocat à qui j'ai parlé hier – c'est l'homme avec lequel je joue au squash –
11 m'a dit en privé que nous devrions utiliser un autre agent.
12 J'ai examiné les clauses avec lesquelles je ne suis pas d'accord, qui incluent...
13 – Ok, ok. Donc Stone n'est peut-être pas notre meilleure chance *(pari)*,
14 mais comme je l'ai dit il y a une minute, nous ne pouvons pas [nous] passer [de] son aide.
15 – Oh si, on peut : les cimetières sont pleins de gens indispensables !

Prononciation

***2** … **bréék**-in … **5** … mis**téék**ən … **6** … **djaa**guən … **9** … eup**sets** … **10** … Houm … **11** … **éé**djənt **12** … eg**zam**ining … **klor**zəz … disə**grii** **15** … **sem**ətriiz …indis**penns**ibəl*

Notes

1 **to carry**, *porter*. Mais **to carry on**, *poursuivre / continuer*. Dans cette acception, les deux éléments du verbe à particule sont inséparables. **We carried on a conversation for a couple of hours**. *Nous avons poursuivi une conversation pendant quelques heures*. (Le célébré slogan **KEEP CALM AND CARRY ON** – né pendant la 2e guerre mondiale – signifie *Restez calme et continuez*).

2 Le verbe à particule inséparable **to break in** veut dire *interrompre* : **May I break in and give you some news?** *Puis-je [vous] interrompre pour vous donner des nouvelles ?* Mais comme le verbe **to break** signifie *casser*, il faut regarder de près le contexte : **Burglars broke into my house and stole my wedding ring**, *Des cambrioleurs sont entrés par effraction dans ma maison et ont volé mon alliance*. Comme nous ne cessons de dire : regardez attentivement le contexte !

3 Voir leçon 45, note 5. Le pronom **that** peut être omis s'il se réfère à l'objet de la clause, comme ici : **a problem [that] I want to discuss**, *un problème dont* ("que") *je veux discuter*.

4 Le verbe **to concern** a deux sens principaux : *concerner* : **This issue concerns all of us**, *Cette question nous concerne tous* ; mais aussi *s'inquiéter / se préoccuper* : **What concerns me is the cost**, *Ce qui m'inquiète, c'est le coût*. Dans cette deuxième acception, la préposition habituelle est **about** : **I'm concerned about the cost**, *Je m'inquiète / suis inquiet au sujet du coût*.

5 Si **that** / **who** concerne le sujet, il ne peut pas être omis : **He's the guy that wrote it**. Rappelons que **that** peut remplacer **who** sans aucun changement de sens : **He's the guy who wrote it** (leçon 61, note 6). Ce type de construction s'appelle une clause restrictive car elle délimite le sens de son antécédent (et ne peut pas en être séparée par une virgule).

6 Le relatif **which** est utilisé dans une clause non-restrictive, c'est-à-dire qui ajoute une information supplémentaire vis-à-vis d'un antécédent inanimé : **My car, which I parked over there, needs petrol**, *Ma voiture, que j'ai garée là-bas, a besoin d'essence*. Si cet antécédent est une personne, il faut **who** : **Mr Hughes, who teaches chemistry, is off sick this week**, *M. Hughes, qui enseigne la chimie, est en arrêt maladie cette semaine*. Il ne faut en aucun cas omettre **which** / **who** dans ce type de construction.

7 Nous avons appris **to get around** à la forme intransitive dans le sens de *se déplacer* (leçon 73, note 4). Mais le même verbe peut aussi être transitif et signifie *contourner* : **We can get around this problem easily**, *Nous pouvons facilement contourner ce problème*.

8 Le verbe à particule inséparable **to do without** signifie *se passer de* : **The team had to do without their best player**, *L'équipe a dû se passer de son meilleur joueur* (à rapprocher de **to do with**, voir leçon 78, note 11).

9 Le pronom relatif **whom**, mentionné à la leçon 7, section 3, est peu utilisé dans l'anglais courant car considéré comme trop formel. Il est remplacé généralement par **who** : **The friends who(m) I am meeting have been delayed**, *Les amis que je vais rencontrer ont été retardés*. Nous vous présentons ce pronom pour information ; néanmoins, la première phrase dans l'exercice n° 1 est ce que vous entendrez dans la conversation quotidienne. Voir leçon 84 pour un point complet.

10 Voir leçon 69, note 3 concernant le mot **bet**, *pari*. **It's/He's/She's our best bet**, *C'est/Il est/Elle est notre meilleure chance*.

Exercise 1 – Translate

❶ The lawyer who I spoke to this morning told me to talk to you. ❷ Someone broke into my flat and stole all my watches. ❸ He's concerned about the contract we signed. – It doesn't concern him. ❹ All the shops are closed so we'll have to do without milk. ❺ I think that we can get around the problem easily.

***

Exercise 2 – Fill in the missing words

❶ Mon médecin, à qui j'ai parlé aujourd'hui, m'a dit que je pourrais me passer de mes médicaments.
My doctor, ... , ... that I . . . . medication.

❷ La voiture que j'ai louée en vacances, qui a coûté très cher, n'était pas assez grande.
The . . . . on holiday, ... money, wasn't . . . .

❸ Les amis que* je rencontre sont ceux avec lesquels je joue au tennis.
The friends . . . / . . . . . am . . . . are the ones . . . .

❹ Voici toutes les choses avec lesquelles nous ne sommes pas d'accord.
. . . . all the things . . . .

84

Eighty-fourth lesson

Revision – Révision

1 Les verbes pronominaux

Ces verbes se divisent en deux catégories :
– réciproque (la même action est à la fois accomplie et reçue par deux ou plusieurs personnes) ;
– réfléchi (le sujet et le complément de l'action sont la même personne).

Corrigé de l'exercice 1

❶ L'avocat à qui je me suis adressé *(j'ai parlé)* ce matin m'a dit de vous parler. ❷ Quelqu'un a cambriolé mon appartement et a volé toutes mes montres. ❸ Il s'inquiète du contrat que nous avons signé. – Ça ne le concerne pas. ❹ Tous les magasins sont fermés, donc nous devrons nous passer de lait. ❺ Je pense que nous pouvons facilement contourner le problème.

***

❺ Le contrat ? C'est elle qui* l'a écrit et qui* en a bénéficié.
The contract? She's . . . . / . . . . and . . . / . . . . benefited . . . .

* *deux possibilités de réponse pour les deux pronoms relatifs*

Corrigé de l'exercice 2

❶ – who I spoke to today, told me – could do without my – ❷ – car I rented – which cost a lot of – big enough ❸ – who/that I – meeting – I play tennis with ❹ Here are – that we disagree with ❺ – the one who/that wrote it – who/that – from it

Phase d'activation : 34e leçon

84

Quatre-vingt-quatrième leçon

1.1 Verbes réciproques

Les verbes réciproques utilisent le pronom **each other** (parfois **one another**, voir leçon 79, note 9) :

They talk to each other once a week by video call, *Ils/Elles se parlent une fois par semaine par appel vidéo.*

My boyfriend and I don't tell each other everything, *Mon petit ami et moi ne nous disons pas tout.*

When can we see each other again? *Quand pourrions-nous nous revoir ?*

1.2 Verbes réfléchis

• Ces verbes emploient l'un des pronoms que nous avons vus à la leçon 63, section 5 : **myself**, **yourself**, **himself**, **herself**, **itself**, **ourselves**, **yourselves**, **themselves** :
We have to prepare ourselves, *Nous devons nous préparer.*
I don't want to repeat myself, *Je ne veux pas me répéter.*
How did she injure herself? *Comment s'est-elle blessée ?*

• Il en va de même si c'est le sujet lui-même qui réalise une action (l'équivalent en français des pronoms *moi-même*, *toi-même*, *nous-mêmes*, etc.) :
It was the prime minister himself who signed the contract, *Ça a été le Premier ministre lui-même qui a signé le contrat.*
I didn't make this cake myself, *Je n'ai pas fait ce gâteau moi-même.*
Can they repair the engine themselves? *Peuvent-ils/elles réparer eux-mêmes/elles-mêmes le moteur ?*

• Il y a une distinction entre la deuxième personne du singulier et du pluriel :
Did you enjoy yourself? *Est-ce que tu t'es bien amusé(e) ?*
Did you enjoy yourselves? *Est-ce que vous vous êtes bien amusé(e)s ?*

• L'anglais se sert beaucoup moins que le français des constructions pronominales, notamment lorsque le sens réfléchi d'un verbe peut être déduit du contexte. C'est le cas d'un certain nombre d'actions quotidiennes : **to wake up**, *se réveiller*, **to get dressed**, *s'habiller*, **to wash**, *se laver*, **to shave**, *se raser*, **to put on make-up**, *se maquiller*, ou **to go to bed**, *se coucher*. Dans ces cas, le pronom ne s'emploie que s'il faut souligner la nature "réfléchie" de l'action :
After the accident, he couldn't wash himself, *Après l'accident, il ne pouvait pas se laver lui-même* (sans aide).
D'autres verbes courants suivent la même règle : **to argue**, *se disputer*, **to be bored**, *s'ennuyer*, **to hurry**, *se dépêcher*, **to meet**, *se rencontrer*, **to swim**, *se baigner*, **to have fun**, *s'amuser*.

• Il ne faut pas confondre **themselves** et **each other** (ou **one another**) (voir "les verbes réciproques" ci-dessus) :
They photographed themselves, *Ils se sont photographiés eux-mêmes.*

They photographed each other/one another, *Ils se sont photographiés l'un l'autre.*

2 Les verbes à particule séparable

Ces fameux **phrasal verbs** – un verbe simple suivi d'un adverbe ou d'une préposition – sont d'une importance capitale car ils permettent de contourner leurs synonymes d'origine latine, jugés plus formels : par exemple **to discuss** → **to talk about** (*discuter de*), ou encore **to return** → **to get/go back** (*retourner*). Il n'y pas a de règle fixe en ce qui concerne la substitution – il est tout à fait possible d'utiliser un verbe à particule et son équivalent dans un même acte de langage – et c'est pour cette raison qu'il faut bien les mémoriser. L'élément grammatical le plus important est sans doute la différence entre les verbes à particules séparables et non-séparables. Dans le premier cas uniquement, il est possible d'interposer un complément objet direct entre les deux composants d'un verbe transitif. Si cet objet est un nom, l'interposition est facultative, par exemple : **to turn off**, *éteindre* : **turn off the TV / turn the TV off**, *éteindre la télé* (il n'y a aucune différence de sens entre les deux formes). En revanche, si l'objet est un pronom, il faut absolument l'interposer : **turn it off**.

Voici quelques exemples (la catégorie "séparable" est la plus étendue des deux) :

Séparable		Inséparable	
hang up	*accrocher / raccrocher*	**break in**	*s'interposer / interrompre*
give back	*rendre*	**carry on**	*continuer / poursuivre*
fix up	*réparer*	**come across**	*trouver par hasard*
turn down	*baisser* (son, lumière)	**come back**	*revenir*
take off	*enlever*	**do without**	*se passer de*
turn over	*retourner*	**do with**	*avoir bien besoin de*
send back	*renvoyer*	**get around**	*contourner*
throw away	*jeter* (au rebut)	**get on / off**	*monter / descendre* (transport)

fill in	*remplir* (formulaire)	**hope for**	*espérer*
clean up	*nettoyer / ranger*	**look forward to**	*attendre avec impatience*
bring back	*ramener / rapporter*	**wait for**	*attendre*

Il faut malheureusement apprendre ces verbes à particule par cœur, mais il est possible de les étudier par groupes (**get up/off/in/into**, etc.)

3 Donner un conseil ou parler d'une obligation

Il existe plusieurs façons de donner un conseil (*Tu devrais lire ce papier*) ou de parler de ce que l'on devrait ou aurait dû faire.

3.1 *should* et *ought to*

– Ces deux modaux ont des significations similaires et sont souvent interchangeables, notamment à l'affirmatif :
You should eat more vegetables. / You ought to eat more vegetables, *Tu devrais manger plus de légumes.*

– Cependant, **ought to** est plus formel que **should**. À la forme négative, non seulement il est plus long mais la contraction est plus difficile à prononcer :
You should not eat too many chips. / You shouldn't eat too many chips, *Tu ne devrais pas manger trop de frites.*
You ought not to eat too many chips. / You oughtn't to eat too many chips.

– Enfin, la forme interrogative de **ought to** est tellement formelle que, en pratique, on ne l'utilise pas :
Should I take a bus? / Ought I to take a bus? *Devrais-je prendre le bus ?*

3.2 *had better*

Cette tournure est similaire au français *je ferais mieux de* mais se construit avec le participe passé de **have** (**had**) à la place du conditionnel de *faire* :

We had better review the meeting minutes, *Nous ferions mieux de revoir le procès-verbal de la réunion.*
Dans le language parlé, bien sûr, **had** est abrégé en **'d** :
We'd better review, etc.
Attention : à la forme négative, **not** se place après **better**, pas après **had** :
We'd better not be late, *Nous ferions mieux mieux de ne pas être en retard.*
La forme négative est rare.

3.3 *be supposed to*

Cette tournure est l'équivalent de *être censé(e)* + infinitif :
She is/She's supposed to be at work but she's ill, *Elle est censée être au travail mais elle est malade.*
Les formes négative et interrogative suivent les schémas habituels :
You're not supposed to be here, *Tu n'es pas censé(e) être ici.*
Are you supposed to be here?, *Es-tu censé(e) être ici ?*

4 La forme impersonnelle (I)

Vous savez qu'il n'existe pas d'équivalent du pronom personnel indéfini *on* – ou, plus exactement, son équivalent direct **one** ne s'emploie que dans des contextes bien précis et très formels. Sachant qu'il n'y a pas de règle unique, voici trois solutions de contournement :
• Une des possibilités parmi les plus simples est l'emploi du pronom personnel **you** :
There is so much to do that you never get bored, *Il y a tellement à faire qu'on ne s'ennuie jamais.*

• Si *on* représente un groupe dont le locuteur fait partie, choisissez **we** ou, au sens plus large, **people** :
In our company, we believe that the customer comes first, *Dans notre entreprise, on pense que le client passe avant tout.*
People in this country don't like political change, *Dans ce pays on n'aime pas le changement politique.*

• Quand *on* représente un groupe dont le locuteur est exclu, il est possible d'utiliser **they**, notamment avec une construction comme **they say that**, *on dit que* :
They say that anything is possible. *On dit que tout est possible.*

Enfin, une autre solution est l'emploi du passif, que nous verrons dans la prochaine série des leçons.

5 Un point sur les relatifs

Les pronoms relatifs **who**, **that** et **which**, traduisent *qui*, *que*, etc.

• **who** s'emploie pour les êtres vivants :
The woman who phoned is my lawyer, *La femme qui a téléphoné est mon avocate.*

• **which** est utilisé pour des objets inanimés :
The computer is the machine which changed our lives, *L'ordinateur est la machine qui a changé notre vie.*

Dans les deux cas, le pronom relatif peut se remplacer par **that** sans modifier le sens de la phrase :
The woman that phoned me... ; **the machine that changed ...**

Lorsque le relatif est utilisé comme complément d'objet direct, il est souvent omis – surtout après des verbes courants (leçon 45, note 5). Par exemple :
The woman who/that I saw yesterday is my lawyer, *La femme que j'ai vue hier est mon avocate* devient **The woman I saw yesterday is my lawyer**.

Reprenons maintenant notre première phrase :
The woman who/that phoned me is my lawyer.
Les mots **who phoned me** définissent, en quelque sorte, le sujet de la phrase principale : **the woman**. Nous ne pouvons en aucun cas omettre le relatif **who** ou **that**, car la proposition **who phoned me** apporte une information essentielle sur le sujet **the woman**. Il s'agit donc d'une proposition dite restrictive, qui fournit des informations essentielles pour identifier le sujet ou l'objet de la phrase.

Mais parfois, surtout dans la langue écrite, nous ajoutons un complément d'information qui n'est pas essentiel. Regardez cet exemple :

The motor car, which was invented by a German engineer, changed the twentieth century, *La voiture, qui fut inventée par un ingénieur allemand, changea le cours du* XXe *siècle.*
Nous pouvons enlever **which was invented by a German engineer** et la phrase tiendrait debout : **The motor car changed the twentieth century**. Cette proposition est non-restrictive car elle ne fait qu'ajouter un complément d'information.
Cependant, nous ne pouvons ni supprimer le relatif ni utiliser **that** à la place de **which**. (S'il s'agit d'une personne, on utilise **who**, jamais **that**.)

Remarquez que ce type de proposition ou apposition est toujours séparée du reste de la phrase par des virgules.

Pour résumer :
• **who** et **which** peuvent être remplacés par **that** dans une proposition restrictive, qui définit le reste de la phrase :
The woman who/that called me was my lawyer, *La femme qui m'a appelé(e) était mon avocate.*

• le pronom relatif peut être omis si c'est un COD :
The woman I saw yesterday was my lawyer, *La femme que j'ai vue hier était mon avocate.*

• Dans une proposition non-restrictive (entre deux virgules), le relatif qui apporte un complément d'information, mais ne définit pas le sujet de la phrase, ne peut pas être omis, et doit être **which** (ou **who** pour une personne).

À cause de ce mécanisme, le pronom **whom** – la forme objective de **who** – a quasiment disparu de la langue courante ; c'est pourquoi nous n'en parlons que de façon sommaire. Si le verbe utilisé avec **whom** comporte une particule, celle-ci est place devant : **the man with whom I play squash**, *l'homme avec lequel j'ai joué au tennis.* Lorsque **whom** est omis ou remplacé par **who**, cette particule est rejetée à la fin de la phrase : **the man [who] I play squash with**. Il n'y a aucune différence de sens, simplement de registre (formel/informel).

Revision dialogue

1 – You shouldn't have turned left. Now we're lost.
2 – I'd better ask someone how to get there.
3 – Hurry up, I mustn't be late.
4 – Good morning. Might I have your name?
5 – I'm Cathy Hughes. I'm here to see your manager.
6 – He won't be long. Would you care to take a seat?
7 I'll turn down the music. It's far too loud.
8 – No, don't turn it down. I like it. Please turn it up.
9 – Hello Ms Hughes. Please accept my apologies.
10 – It doesn't matter. I've only been waiting for a hour.
11 I went for a walk around the park.
12 – Anyway, I've been looking forward to meeting you.
13 I have read your CV, which is very good.
14 A colleague I spoke to yesterday told me that we should hire you.

85

Eighty-fifth lesson

À partir de maintenant nous supprimons l'indication de l'accent tonique dans le texte du dialogue. Vous devriez à présent être capable de le placer correctement sans avoir recours à cette signalétique. Mais rassurez-vous, nous continuerons à vous donner la transcription phonétique des mots difficiles. En tout cas, fiez-vous aux enregistrements, écoutez attentivement, et n'oubliez pas de lire à haute voix.

A car crash

1 – Good evening, officer. What's happened [1]?
2 – I'm afraid there's been [2] a serious accident, sir.
3 You'll have to wait until the road is clear.
4 – Oh no. I've got to get to [3] York before ten o'clock.

15 That colleague, who has worked here for years, always gives me good advice.

Traduction

1 Tu n'aurais pas dû tourner à gauche. Maintenant, nous sommes perdus. **2** Je ferais mieux de demander à quelqu'un comment y aller. **3** Dépêche-toi, je ne dois pas être en retard. **4** Bonjour. Pourrais-je avoir votre nom ? **5** Je suis Cathy Hughes. Je suis ici pour voir votre responsable. **6** Il ne sera pas long. Voulez-vous vous asseoir ? **7** Je vais baisser la musique. C'est beaucoup trop fort. **8** Non, ne la baissez pas. Je l'aime bien. Montez le [son], s'il vous plaît. **9** Bonjour Mme/Mlle Hughes. Veuillez accepter mes excuses. **10** Ce n'est pas grave. Je n'attends que depuis une heure. **11** Je suis allée faire un tour dans le parc. **12** En tout cas, j'avais hâte de vous rencontrer. **13** J'ai lu votre CV, qui est très bon. **14** Un collègue avec qui j'ai parlé hier m'a dit que nous devrions vous embaucher. **15** Ce collègue, qui travaille ici depuis des années, me donne toujours de bons conseils.

Phase d'activation : 35e leçon

85

Quatre-vingt-cinquième leçon

Un accident *(crash)* de voitures

1 – Bonsoir, [monsieur l']agent. Que s'est-il passé ?
2 – Je crains qu'il y ait eu un grave accident, monsieur.
3 Vous allez devoir attendre que la route soit dégagée *(claire)*.
4 – Oh non. Je dois arriver à York avant dix heures.

5 On top of that [4], I've been driving for three hours and I'm tired.
6 – In that case, you'd better do a U-turn [5]
7 and go back about thirty miles to the motorway entrance.
8 – But it'll take me more than an hour!
9 – I apologise for the inconvenience, but we've been working since six.
10 The road's still blocked and we have to clear it [6] before it [6] gets dark.
11 – It [6] sounds like a dreadful crash [7].
12 – I'm afraid so. It involved [8] at least twenty cars and two vans.
13 I wish [9] people had more common sense. □

Prononciation

*3 … **kliiə** 6 … **iou**-teun 9 … innkən**viin**iennts … 10 … blokt … 12 … vannz 13 … **ko**mənn-senss*

Notes

1 Le verbe intransitif **to happen** (leçon 46, phrase 5) signifie *se passer / se produire* : **The accident happened a year ago**, *L'accident s'est produit il y a un an*. Ce verbe est souvent utilisé dans un contexte d'actualité : **There's a lot happening in the sports world at the moment**, *Il se passe plein de choses dans le monde du sport en ce moment*. La tournure interrogative **What happened to…** permet de s'enquérir du devenir de quelque chose ou de quelqu'un : **What happened to Colin? – He's living in Australia**, *Qu'est devenu Colin ? – Il vie/habite en Australie*.

2 Le **present perfect** de **to be** est utilisé à la forme impersonnelle avec **there** or **it** : **There has been an accident**, *Un accident est survenu*. **It has been a pleasure to work with you**, *Ça a été / C'était un plaisir de travailler avec vous*.

3 **got to** est la forme familière de **must** / **have to** (leçon 64, note 1) alors que **to get to** signifie *atteindre / arriver à* (leçon 60, note 1). Ainsi, **I've**

5 En plus, je conduis depuis trois heures et je suis fatigué.
6 – Dans ce cas, vous feriez mieux de faire *(un)* demi-tour,
7 et revenir en arrière une trentaine de miles jusqu'à l'entrée de l'autoroute.
8 – Mais ça me prendra plus d'une heure !
9 – Je suis-désolé *(j'excuse)* pour le dérangement, mais nous travaillons depuis six heures [du matin].
10 La route est toujours bloquée et nous devons la dégager avant qu'il ne fasse nuit.
11 – Ça semble être, [d'après ce que vous dites], un terrible accident.
12 – J'en ai [bien] peur *(ainsi)*. Il a impliqué au moins vingt voitures et deux camionnettes.
13 Si seulement *(je souhaite)* les gens avaient plus de bon *(commun)* sens.

got to get to work before noon signifie *Je dois arriver au travail avant midi*. Chaque fois que vous rencontrez **get** / **got**, regardez attentivement le contexte.

4 **top** est à la fois un nom (*cime / sommet*) et un adjectif (voir, par exemple, la leçon 76, phrase 7). Parmi les nombreuses expressions utilisant ce mot, citons **from top to bottom**, *de haut en bas / de fond en comble*, ou encore **on top of that**, une locution équivalente à *de plus/ en* : **The hotel is uncomfortable, unfriendly and, on top of that, it's expensive**, *L'hôtel est inconfortable, froid* ("inamical") *et, en plus, il est cher*.

5 **a U-turn**, *un demi-tour* peut être utilisé avec le verbe **to do** ou **to make**, et prendre également un sens figuré : **The government did a U-turn on social policy**, *Le gouvernement a fait volte-face sur la politique sociale*. Rappelons que **You'd better...** signifie *Vous devriez...* ou *Vous feriez mieux...* (voir leçon 71, note 10).

6 Rappelons que le pronom **it** est à la fois neutre (**to clear the road** → **to clear it**, *dégager la route* → *la dégager*) et impersonnel : **It will take an hour**, *Ça prendra une heure*. Comme pour **to get** (note 3), lisez attentivement la phrase en contexte avant d'essayer de la traduire.

7 **a crash**, *une collision / un accident* peut aussi s'employer comme un verbe : **I crashed the car into a wall**, *J'ai écrasé la voiture contre un mur*, ou comme un adjectif : **a crash helmet**, *un casque de protection*. Dans ce dernier cas, la notion de vitesse peut être rendue figurativement : **I took a crash course in accounting**, *J'ai suivi un cours accéléré/intensif de comptabilité*.

8 Le sens principal de **to involve** est *(s')impliquer* : **The accident involved more than twenty cars**, *L'accident impliqua plus de vingt voitures*. **They were involved in a serious crime**, *Ils étaient mêlés à un crime très grave*.

***

Exercise 1 – Translate

❶ What's happening in the world at the moment? ❷ There have been three plane crashes in the past four days. ❸ The hotel is comfortable and friendly and, on top of that, it's cheap. ❹ We'd better do a U-turn and go back to the motorway entrance. ❺ I wish they would give me an answer to my questions about their industrial policy.

***

Exercise 2 – Fill in the missing words

❶ Aucune des personnes impliquées dans l'accident de voiture n'a été gravement blessée.
. . . . . . the people . . . . the car crash . . . badly injured.

❷ C'était un plaisir de vous parler. J'aurais aimé que nous ayons *(avions)* plus de temps.
. . . . to talk to you. . . . . more time.

❸ Nous devons aller à la pharmacie avant qu'elle ne ferme à six heures.
. . . . the pharmacy before it closes . . . . . .

❹ Nous craignons qu'il y ait eu une terrible erreur.
. . . . that . . . . a dreadful mistake.

❺ Ils/Elles ont nettoyé la maison de fond en comble après la fête.
They . . . . the house . . . . after the party.

9 **to wish**, *souhaiter* : **She phoned to wish me a happy birthday**, *Elle a téléphoné pour me souhaiter un joyeux anniversaire*. **To wish** peut aussi s'employer pour exprimer des souhaits ou des regrets. Dans ces cas-là, il y a toujours une notion de désespoir, de fatalité ou de désir hypothétique, comme *si seulement...* ou *j'aimerais tant/bien/tellement... / j'aurais aimé que...* : **I wish you would get a job**, *J'aimerais tellement que tu trouves du travail*. Ou bien **I wish I was a movie star**, *J'aimerais tant / J'aurais tant aimé être une vedette de cinéma*.

***

Corrigé de l'exercice 1

❶ Que se passe-t-il dans le monde en ce moment ? ❷ Il y a eu trois accidents d'avion au cours des quatre derniers jours. ❸ L'hôtel est confortable et accueillant et, en plus, il est bon marché. ❹ Nous ferions mieux de faire demi-tour et de retourner à l'entrée de l'autoroute. ❺ J'aimerais bien qu'ils répondent à mes questions sur leur politique industrielle.

***

Corrigé de l'exercice 2

❶ None of – involved in – was – ❷ It has been a pleasure – I wish that we had – ❸ We've got to get to – at six ❹ We are afraid – there has been – ❺ – cleaned up – from top to bottom –

Il n'existe pas de police nationale en Grande-Bretagne, chaque **county** *ou région étant responsable de son propre service de maintien de l'ordre. Et les grandes villes comme Londres, Birmingham, etc. ont leur propre police. Le nom épicène pour* un policier *est* **a police officer**. *Si vous devez demander votre chemin ou poser une question à un policier, vous commencerez votre phrase avec :* **Excuse me, officer**… *(vous avez sans doute remarqué, au fil des leçons, que l'anglais se sert beaucoup moins que le français de titres honorifiques comme "monsieur" ou "madame" en s'adressant à des inconnus). Le policier "de base" est le* **constable** *(du français* connétable*).*
Jadis – et parfois encore aujourd'hui – on utilisait le surnom de **bobby** *(pl.* **bobbies***) pour parler d'un policier. Cela vient de la contraction*

86

Eighty-sixth lesson

Make a plan, then do something

1 – What are you up to [1] today? Let's go to the health club together.
2 – I haven't made [2] any plans yet, but I've got a lot to do [3].
3 I've got to do [3] the housework and the ironing [4].
4 Then I have to make the beds and do the shopping.
5 And I really should make dinner before the kids get back.
6 At least I don't need to do any exercise to keep [5] fit!
7 – May I make a suggestion ?
8 – Sure thing. [6] What do you suggest?
9 – Why not make a salad and leave it in the fridge?
10 Then you can do your hair, get changed [7] and come with me.

(diminutif) du prénom de **Sir Robert Peel**, *qui fonda la première police organisée du monde moderne en 1829 : la* **Metropolitan Police**, *ou* police de Londres, *qui existe toujours. Un autre terme, plus actuel, est* **a cop**, un flic. *Ce terme, utilisé en anglais britannique et américain, est une aphérèse de* **a copper**, *le terme britannique pour* un policier, *allusion au cuivre (***copper***) des boutons d'uniforme ou des insignes des premiers policiers londoniens au XIXe siècle. Bien que* **cop** *(et* **copper***) sont largement utilisés – il suffit de regarder les titres de romans ou de films – le mot doit être utilisé avec précaution, notamment lorsqu'on s'adresse à un membre de la maréchaussée ...*

Phase d'activation : 36e leçon

86

Quatre-vingt-sixième leçon

Planifiez, puis faites quelque chose

1 – Qu'est-ce que tu fais aujourd'hui ? Allons ensemble au club de remise en forme *(santé)*.
2 – Je n'ai encore rien planifié *(fait projets)*, mais j'ai beaucoup de choses à faire.
3 Je dois faire le ménage et le repassage.
4 Ensuite, je dois faire les lits et faire les courses.
5 Et je devrais vraiment préparer *(faire)* le dîner avant que les enfants [ne] rentrent.
6 Au moins, je n'ai pas besoin de faire de l'exercice pour rester en forme !
7 – Puis-je faire une suggestion ?
8 – Bien sûr *(sûre chose)*. Que proposes *(suggères)* tu ?
9 – Pourquoi ne pas faire une salade et la laisser au frigo ?
10 Ensuite, tu pourras *(peux)* te coiffer, te changer et venir avec moi.

11 – You know I'm no good at making decisions. What about Sam?

12 – He can make do [8] with a ready meal for dinner, can't he?

13 – Alright, but I'd better make a quick phone call first.

14 – You're making a lot of fuss [9] about nothing.

15 Make up your mind [10]: are you coming or not? □

Prononciation

*1 … HelTH … 3 … aï**ə**ning 7 … s**ə**djestch**ə**n 14 … feus …*

Notes

1 **to be up to** a plusieurs sens, mais il s'emploie surtout dans cette formule interrogative qui permet de demander ce que fait quelqu'un : **What are you up to this week?** *Que fais-tu cette semaine ?* L'action dont il est question peut aussi être suspecte : **What are the kids up to?** *Que manigancent les enfants ?*

2 Nous savons que *faire* peut se traduire aussi bien par **to make** et **to do** (leçon 25, note 1). La règle de base est que **to make** implique la création de quelque chose alors **to do** s'emploie pour une activité ou une action : **I'll do the housework and then I'll make a cake**, *Je ferai le ménage et ensuite je ferai un gâteau*. Regardez attentivement les exemples dans cette leçon et nous ferons un point dans la leçon 91.

3 Notez la différence entre les deux emplois de **to get** : **I've got [= I have] a lot to do**, *J'ai beaucoup à faire* et **I've got to [= must] do the housework**, *Je dois faire le ménage*.

4 Le nom **iron** – lorsqu'il est indénombrable – signifie *le fer* : **Wales is a major centre for the iron and steel industry**, *Le pays de Galles est un pôle important pour la sidérurgie* ("le fer et l'acier"). Mais avec l'article défini, **the iron** signifie **le fer à repasser**, ce qui donne le verbe, **to iron**, *repasser* : **I've got to iron a shirt before I go out**, *Je dois repasser une chemise avant de sortir*. Le nom **the ironing** signifie donc *le repassage*. (Écoutez bien la prononciation.)

11 – Tu sais que je ne suis pas douée pour prendre des décisions. Et pour Sam ?
12 – Il peut se contenter d'un plat préparé pour le dîner, n'est-ce pas ?
13 – D'accord, mais je dois passer un coup de fil d'abord.
14 – Tu fais beaucoup d'histoires *(agitation)* pour rien.
15 Décide-toi : tu viens ou pas ?

5 Rappelons que nous pouvons employer **stay** et **keep** dans le sens de *rester* : **Stay / Keep calm!** *Restez calme* (leçon 55, note 7). En revanche, le verbe irrégulier **to keep** (**kept**, **kept**) a aussi le sens de *garder* : **You can keep the change**, *Vous pouvez garder la monnaie*.

6 L'expression idiomatique **Sure thing** permet d'acquiescer à une demande. **Are you coming? – Sure thing**, *Viens-tu ? – Bien sûr*. Elle est synonyme de **Of course** (leçon 13, note 6).

7 **to get changed**, *se changer*. Rappelons que la tournure **get** suivie du participe passé traduit souvent un verbe pronominal en français (leçon 77 section 2) : **I got up and got dressed**, *Je me suis levé(e) et je me suis habillé(e)*.

8 Voici les deux **make** et **do** ensemble : **to make do (with)** signifie *se contenter (de)* : **We've got no lemonade so you'll have to make do with water**, *Nous n'avons pas de limonade, donc vous devrez vous contenter d'eau*. Une autre signification reliée est *faire / se débrouiller avec* : **Mack lost his job so we had to make do with less money**, *Mack a perdu son emploi, alors nous avons dû nous débrouiller avec moins d'argent*.

9 **a fuss** signifie *une agitation / des histoires* : **Do your job and don't make a fuss**, *Fais ton travail et ne fait pas d'histoires*. Suivi d'un complément d'objet, il faut la préposition **about** : **He made a fuss about the cost of the meal**, *Il a fait des histoires sur le coût du repas*.

10 **to make up one's mind** ("faire son esprit"), *se décider* : **Please make up your mind, I'm waiting for an answer**. *Décide-toi, s'il te plaît, j'attends une réponse*. Rappelons que *décider* se dit simplement **to decide** (voir, par exemple, leçon 27, phrase 2).

Exercise 1 – Translate

❶ The situation isn't serious so I think they're making a lot of fuss about nothing. ❷ I suggest that you iron your shirt before meeting the bank manager. ❸ Here's a ten pound note. You can keep the change. ❹ The kids are very quiet. I wonder what they are up to? ❺ I really should make some phone calls before going to the health club.

***

Exercise 2 – Fill in the missing words

❶ Il a beaucoup de choses à faire aujourd'hui. D'abord, il doit me préparer le petit-déjeuner.
. . . . today. First, ... breakfast for me.

❷ Je peux faire une suggestion ? Faites les courses avant le retour des enfants.
. . . . a suggestion? . . . . before the kids . . . .

❸ Ils/Elles ont fait le ménage, fait les lits et ensuite fait un gâteau.
They . . . . , ... and then . . . .

❹ Elle a perdu son emploi et nous devrons nous contenter de moins d'argent.
She . . . . job so we will . . . . with . . . . money.

❺ Ils/Elles ont décidé de faire beaucoup d'exercice pour rester en forme.
They . . . . to do . . . . . exercise in order to . . . .

87

Eighty-seventh lesson

Higher education

1 When secondary school students [1] finish their sixth form,

2 they generally go to a university or a college of higher education,

Corrigé de l'exercice 1

❶ La situation n'est pas grave, donc je pense qu'ils font beaucoup d'histoires pour rien. ❷ Je suggère que tu repasses ta chemise avant de rencontrer le directeur de la banque. ❸ Voici un billet de dix livres. Vous pouvez garder la monnaie. ❹ Les enfants sont très calmes. Je me demande ce qu'ils manigancent ? ❺ Je devrais vraiment passer quelques coups de fil avant d'aller au club de remise en forme.

Corrigé de l'exercice 2

❶ He's got a lot to do – he's got to make – ❷ May I make – Do the shopping – get back ❸ – did the housework, made the beds – made a cake ❹ – has lost her – have to make do – less – ❺ – made up their mind – lots of – keep fit

Phase d'activation : 37e leçon

87

Quatre-vingt-septième leçon

L'enseignement supérieur

1 Lorsque les élèves du *(de l'école)* secondaire terminent leurs études *(sixième classe)*

2 ils vont généralement dans une université ou un établissement d'enseignement *(éducation)* supérieur *(plus-élevé)*,

3 where they study for [2] a degree or a vocational qualification.
4 Of course, some universities are more prestigious than others [3].
5 Many institutions are based on campuses, with all the facilities [4] on a single site.
6 In most cases, these universities are located on the outskirts [5] of a city.
7 Undergraduates can choose either to live on campus
8 or to find a bedsit [6] or a flat to share with other students.
9 A degree course – undergraduate or postgraduate – is hard work,
10 but nearly all universities offer a very active sporting and social life.
11 Higher education ensures that students who graduate [7] earn high incomes [8],
12 which they will need to send their children to university. □

Prononciation

*1 … **stiou**dennts … 2 … **ko**lidj … 3 … **steu**dii … vo**kéé**chənəl kwolifi**kééch**ən 4 … pres**ti**djəs … 5 … **kamm**pəssəz … 10 … **soo**chəl … 11 … enn**chiourz** … **inn**keumz*

Notes

1 Le nom épicène **a student**, *un(e) étudiant(e)* (voir leçon 66, note 5), est utilisé de plus en plus pour *un(e) élève*, remplaçant ainsi le "vieux" mot **a pupil**, qui partage la même racine que le mot français *pupille*.

2 Le verbe régulier **to study**, *étudier*, est suivi normalement par un complément d'objet direct : **She studied law at university**, *Elle a étudié le droit à l'université*. Mais si l'on se prépare à un examen, il faut ajouter la préposition **for** au verbe : **She's studying for her degree**, *Elle pré-*

3 où ils étudient pour [obtenir] un diplôme *(degré)* ou une qualification professionnelle.
4 Bien sûr, certaines universités sont plus prestigieuses que [d']autres.
5 [De] nombreuses institutions sont implantées sur des campus, avec toutes les installations sur un seul site.
6 Dans la plupart [des] cas, ces universités se trouvent *(sont localisées)* à la périphérie d'une ville.
7 Les étudiants de premier cycle *(sous-gradués)* peuvent choisir soit de vivre sur le campus,
8 soit de trouver une chambre meublée ou un appartement à partager avec [d']autres étudiants.
9 Un cursus universitaire – de premier ou de deuxième cycle *(post-gradué)* – constitue *(est)* un travail difficile,
10 mais presque toutes les universités proposent une vie sportive et sociale très active.
11 L'enseignement supérieur permet aux étudiants qui obtiennent leur diplôme de gagner des revenus élevés
12 dont ils auront besoin pour envoyer leurs enfants à l'université.

pare sa licence. Notez que dans le milieu éducatif britannique, on emploie souvent le verbe **to read**, *lire*, pour *étudier* : **He read law at the University of Kent**.

3 Utilisé comme un adjectif, **other** est, bien sûr, invariable : **the other students**, *les autres étudiants*. Mais il peut aussi être un pronom, auquel cas il prend un **s** terminal au pluriel : **Have you told the other students? → the others**, *As-tu informé les autres étudiants ? → les autres ?*

4 **a facility** est un terme générique (et imprécis) pour un bâtiment ou une installation ayant un but spécifique : **a storage facility**, *une installation pour le stockage*, **a sports facility**, *un complexe/centre sportif*, etc. Au pluriel, **facilities** – toujours aussi imprécis – est l'équivalent de *équipements* : **The hotel has no facilities for disabled guests**, *L'hôtel n'a pas d'équipements / n'est pas équipé pour les clients handicapés*.

5 **the outskirts** (toujours au pluriel) a peu de choses à voir avec **a skirt**, *une jupe* (leçon 43, phrases 1 et 9) car il signifie *les abords* ou *les faubourgs*

d'une agglomération : **Their house is on the outskirts of the town**, *Leur maison est aux abords de la ville* (voir la note culturelle de fin de leçon 78).

6 a **bedsit** ou **bedsitter** est un mot composé formé de **bedroom** (*chambre à coucher*) et **sitting room**, *salon* ; c'est une sorte de *chambre meublée*, très souvent occupée par des étudiants dans les villes universitaires. Plus chic, **a studio flat / apartment** est *un studio*.

7 **to graduate**, *obtenir une licence* ou *un diplôme* (voir la note culturelle) : **She graduated from Bath University**, *Elle est diplômée de l'université de Bath*. Si on précise la matière étudiée, il faut la préposition **in** : **She**

***

Exercise 1 – Translate

❶ This is the library, where students study when they are on campus. ❷ They're concerned about their children's studies. ❸ Their new house is on the outskirts of the town, near the university. ❹ Our hotel has all the necessary facilities for disabled guests. ❺ Marcus graduated in law two years ago and is now earning a good income.

***

Exercise 2 – Fill in the missing words

❶ Il prépare une licence en chimie et vit dans un meublé près du centre-ville.
. . . . a . . . . chemistry and . . . . near . . . .

❷ Avez-vous parlé aux autres de la nouvelle installation sportive ?
. . . . about the new . . . . ?

❸ Tu peux choisir soit de vivre sur le campus soit de partager un appartement avec d'autres étudiants.
You . . . . to live on campus . . . . a flat with . . . .

❹ En tant qu'étudiant de premier cycle, il a un petit revenu et ne peut pas vraiment prendre de vacances.
. . . ., he has . . . . and . . . . . . really . . . .

graduated in law, *Elle est diplômée en droit*. Notez qu'en anglais américain, **to graduate** s'emploie aussi pour l'équivalent du baccalauréat. Le nom propre est **a graduate**, *un(e) diplômé(e)*.

8 Le nom **income**, vu à la leçon 59, note 5, signifie *revenu(s)*, dont il est presque la traduction littérale (**in+come**). Selon le contexte, il peut s'agir d'un *salaire* (un synonyme de **salary**, leçon 59, phrase 10, mais aussi de **wage**, *la paye*). Pour une société commerciale, **income** peut se rapporter au *chiffre d'affaire* ou aux *bénéfices*, selon le contexte et la juridiction.

***

Corrigé de l'exercice 1

❶ Voici la bibliothèque dans laquelle les étudiants étudient lorsqu'ils sont sur le campus. ❷ Ils sont préoccupés par les études de leurs enfants. ❸ Leur nouvelle maison se trouve à la périphérie de la ville, près de l'université. ❹ Notre hôtel dispose de tous les équipements nécessaires pour les clients handicapés. ❺ Marcus a obtenu son diplôme de droit il y a deux ans et gagne maintenant un bon salaire.

❺ **Le cursus universitaire est difficile, mais étudier est amusant et j'aime ça.**
The .... is hard work but .... is fun and I ....

Corrigé de l'exercice 2

❶ He is studying for – degree in – living in a bedsit – the city centre ❷ Have you told the others – sports facility ❸ – can choose either – or to share – other students ❹ As an undergraduate – a small income – cannot – take a holiday ❺ – degree course – studying – enjoy it

Au lieu de commencer en sixième pour finir en terminale, *les élèves britanniques démarrent leur scolarité en* **Year Seven** *et terminent en* **Year Thirteen**. *Cependant, pour les deux dernières années d'étude, beaucoup d'écoles ont gardé une trace de l'ancien système, où ces classes s'appelaient* **sixth form**, *divisées en* **lower** *et* **upper** *et correspondent à la* première *et la* terminale *en France (le mot* **form** *pour une* classe *scolaire s'emploie uniquement dans ce contexte ; autrement on parle de* **a class**). *Il existe aussi des écoles spécialisées, appelées* **sixth form colleges**, *où les élèves passent ces deux dernières années pour préparer les examens de fin d'étude.*
Pour suivre des études supérieures en Grande-Bretagne, plusieurs options sont proposées. Une première option est **a university** (une université, *souvent abrégé en* **uni** *en anglais familier). Les étudiants – connus sous le nom de* **undergraduates** (sous-licenciés) *– suivent un cursus qui dure en moyenne trois ans, à la fin duquel ils reçoivent leur diplôme (***to graduate***, voir note 8 ci-dessus), généralement* **a Bachelor of Arts**, *équivalant à une* licence ès lettres *et abrégé en* **BA**, *ou* **a Bachelor of Science, BSc**, *une* licence ès sciences. *Ceux qui souhaitent poursuivre leur parcours peuvent préparer une* maîtrise *–* **Master of Arts (MA)** *ou* **Master of Science (MSc)** *– et ensuite un* doctorat. *Dans*

88

Eighty-eighth lesson

I want a well-paid job

1 – So tell me Ms Hughes, why should we take you on [1]?
2 – If you offered me the position, I'd be an asset [2] to your company.
3 I'm hard-working, open-minded and level-headed [3].
4 I'm used to working on large-scale projects in a fast-moving environment.
5 I use my problem-solving skills to find up-to-date solutions.

ce dernier cas, et quelle que soit la matière étudiée, ils obtiennent un diplôme appelé **Doctor of Philosophy***, ou* **PhD***. Dans les deux cas, ces étudiants sont des* **postgraduates***, ou ("post-licenciés").*
Pour des études ayant une orientation plus professionnelle, on peut s'inscrire à un **college of higher education***, pour y préparer* **a vocational qualification***, ou* diplôme de formation professionnelle. *Il existe aussi des* **colleges of further education***, qui forment des artisans et techniciens et qui servent de classes préparatoires au* **college of higher education**.
Enfin, pour ceux qui n'ont pas la possibilité de poursuivre leurs études dans un établissement spécialisé, il y a une institution originale appelée **the Open University** *(car ouverte à tout le monde), qui propose des cours par correspondance et des conférences diffusées par le biais de la télévision et la radio publiques et sur Internet (y compris des* **MOOC, massive open online courses***, ou* cours en ligne ouverts et massifs, CLOM*). Ouvert depuis 1971, ce système innovant connaît un succès indéfectible : la* **Open University** *est la plus grande université en Grande-Bretagne.*

Phase d'activation : 38e leçon

88

Quatre-vingt-huitième leçon

Je veux un emploi bien rémunéré

1 – Alors dites-moi Mme/Mlle Hughes, pourquoi devrions-nous vous embaucher ?
2 – Si vous me proposiez le poste, je serais un atout pour votre entreprise.
3 Je suis travailleuse, ouverte [d']esprit et équilibrée *(de tête)*.
4 J'ai l'habitude de travailler sur des projets de grande envergure dans un environnement qui évolue rapidement.
5 J'utilise mes compétences [en matière de] résolution de problèmes pour trouver des solutions modernes.

6 I have no time for old-fashioned methods:
7 I use state-of-the art [4] technologies to find time-saving solutions to real-world problems.
8 – Very impressive. Is there anything else you'd like to tell [5] me?
9 – As I said before, I am hard worker [5] and I want to succeed.
10 I have no problem with doing ten-hour [6] days or seven-day [6] weeks.
11 Ideally, I'd like a full-time position but I'm willing [7] to work part-time at first.
12 Above all, I want a well-paid job with a well-known and highly respected [8] company
13 with a long-term vision of the future… and a good profit-sharing plan.
14 – That will be all for now. I'll get back to you [9] very shortly. □

Prononciation

***2** … a**ss**ət … **3** … **lev**əl-**Hed**əd … **4** … enn**vaï**rənmənt **5** … sə**lou**chənz **7** … st**éé**t … **11** aï**dii**əlii … **13** … **vij**ən …*

Notes

1 Le verbe à particule **to take someone on** est un synonyme de **to hire**, *embaucher*. Il est séparable (voir leçon 84 section 2), donc *Nous avons embauché un(e) nouvel(le) assistant(e)* peut se dire **We've taken on a new assistant** ou **We've taken a new assistant on**. Rappelons que **to hire** signifie aussi *louer* (leçon 59, note 6).

2 **an asset** (du vieux français ***asez***) est un terme financier qui signifie *un actif* (élément de patrimoine). Sur son bilan, une entreprise doit faire état de ses **assets and liabilities**, *actif et passif* (pluriel en anglais, singulier en français). Plus généralement, ce nom désigne quelque chose ou quelqu'un d'important ou utile : *un atout / un avantage* : **Julie is one of our company's greatest assets**, *Julie est l'un des meilleurs éléments de notre société*.

6 **Je n'ai pas de temps à perdre avec les méthodes démodées :**
7 **j'utilise les technologies les plus récentes** *(état-de-l'art)* **pour trouver des solutions rapides** *([qui]-économise [du] temps)* **aux problèmes du monde réel.**
8 – **Très impressionnant. Y a-t-il autre chose que vous aimeriez me dire ?**
9 – **Comme je l'ai déjà dit, je suis une travailleuse appliquée et je veux réussir.**
10 **Je n'ai aucun problème à faire des journées de dix heures ou des semaines de sept jours.**
11 **Idéalement, j'aimerais un poste à temps plein, mais je suis prête à travailler à temps partiel au début.**
12 **Surtout, je veux un emploi bien rémunéré** *(bien-payé)* **dans une entreprise** *(bien-)***connue et très** *(hautement)* **respectée.**
13 **avec une vision à long terme de l'avenir... et un bon régime** *(plan)* **de participation aux bénéfices.**
14 – **Ce sera tout pour le moment** *(pour maintenant)*. **Je vous contacterai à nouveau** *(reviendrai à vous)* **très bientôt.**

3 Tout au long de cette leçon, vous découvrez des adjectifs composés, qui sont formés de plusieurs façons : [adverbe + participe présent] : **hard-working**, *travailleur(-euse)* ; [adjectif + participe passé] : **open-minded**, *ouvert d'esprit* ; [adjectif + nom] : **large-scale**, *à grande échelle*, ou deux adjectifs : **level-headed**, *équilibré*, qui, appliqué à une personne, a le sens de *posé* ou *pondéré*. Vous remarquerez – notamment dans le deuxième exercice de cette leçon – que ce type de construction permet une économie de mots par rapport au français. Rendez-vous à la leçon 91 pour un point complet.

4 **state-of-the-art** ("état de l'art") est un adjectif à la mode qui signifie *dernier cri* ou encore *ce qui se fait de mieux*. Il peut s'employer comme adjectif épithète : **This is a state-of-the-art system**, *C'est un système dernier cri*, ou bien attribut : **This system is state-of-the-art**, *Ce système est ce qui se fait de mieux*.

5 Il ne faut pas confondre un adjectif composé, par exemple **hard-working**, et un adjectif simple qui qualifie un nom : **a hard worker**. Un indice simple pour vérifier la différence est que les deux composants du premier sont reliés avec un trait d'union.

6 Lorsqu'un nombre est utilisé comme un adjectif épithète, il n'y a pas d'accord du nom qui l'accompagne : **a twelve-hour day**, *une journée de douze heures* : **a seven-day week**, *une semaine de 7 jours*.

***

Exercise 1 – Translate

❶ She was a big asset because she was used to working in a fast-moving environment. ❷ Tim is a hard worker. He does twelve-hour days and seven-day weeks. ❸ Is there anything else they would like to tell us? ❹ Is she willing to help us? – Yes, but on one condition. ❺ Our IT system is state-of-the-art so we have taken on a new employee for this job.

***

Exercise 2 – Fill in the missing words

❶ C'est un homme équilibré, ouvert d'esprit et travailleur, mais il est un peu vieux jeu.
He is a ...., ..., ... guy but he's a bit ....

❷ Si nous proposions le poste à Robert, il serait un atout pour l'entreprise.
.... Robert ......, ... to the firm.

❸ Il s'agit d'une société bien connue et très respectée qui propose des solutions permettant de gagner du temps.
It's a .... and .... company that offers .... solutions.

❹ Il est prêt à travailler à temps partiel s'il n'y a pas d'emplois à temps plein.
He's .... if there are ....

❺ C'est tout pour le moment. Je les contacterai à nouveau la semaine prochaine.
.... I'll .... next week.

7 Nous savons que le nom abstrait **will** signifie *la volonté* (leçon 42, section 1). Ainsi, l'expression **to be willing** exprime la notion d'*être disposé(e)* ou *prêt(e) à* : **I'm willing to help you, but on one condition**, *Je suis prêt(e) à vous aider, mais à une condition*.

8 Si le premier élément d'un adjectif composé est un adverbe se terminant en **-ly**, il n'est pas nécessaire d'utiliser un trait d'union. Cependant, l'omission n'est pas obligatoire : **a highly-respected company**.

9 Voir leçon 75 note 4.

***

Corrigé de l'exercice 1

❶ Elle était un atout important car elle avait l'habitude de travailler dans un environnement qui évolue rapidement. ❷ Tim est un travailleur appliqué. Il fait des journées de douze heures et des semaines de sept jours. ❸ Y a-t-il autre chose qu'ils souhaiteraient nous dire ? ❹ Est-elle prête à nous aider ? – Oui, mais à une condition. ❺ Notre système informatique étant ce qui se fait de mieux, nous avons engagé un(e) nouvel(le) employé(e) pour ce travail.

Corrigé de l'exercice 2

❶ – level-headed, open-minded, hard-working – old-fashioned ❷ If we offered – the job, he would be an asset – ❸ – well-known – highly respected – time-saving – ❹ – willing to work part-time – no full-time jobs ❺ That's all for now – get back to them –

Phase d'activation : 39e leçon

89 Eighty-ninth lesson

I was stunned!

1 My fiancée [1] wasn't in when I got home after work.

2 I knew she hadn't gone [2] for a run because her trainers [3] were still in the wardrobe [4]

3 and her running clothes and sweater [5] were on the armchair in the living room.

4 Had she gone [2] to the hairdresser, I wondered?

5 She had told me that she wanted a cut and blow dry [6] before picking up her clothes from the dry cleaner's.

6 I knew that she had a busy schedule so I wasn't too worried.

7 In the meantime, I decided to drive to the shops and buy some food.

8 I parked our old estate car [7] next to a big camper van in the car park.

9 When I got to the supermarket, I didn't have any coins [8] for a shopping trolley

10 and there were no baskets left [9], so I gave up and shopped at the drive-through [10].

11 On the way home, I went for a snack at the snack bar on Slip Street, which has table football and a vintage pinball machine [11].

12 I lost track of the time and played for hours.

13 When I got home, the front door was locked. I was stunned. [12] □

Quatre-vingt-neuvième leçon

J'étais scotché *(abasourdi)* !

1 Ma fiancée n'était pas à la maison quand je suis rentré après le travail.
2 Je savais qu'elle n'était pas allée faire un jogging *(pour une course)* car ses baskets étaient encore dans l'armoire,
3 et ses vêtements de jogging *(course)* et son pull étaient sur le fauteuil du salon.
4 Était-elle allée chez le coiffeur, me suis-je demandé ?
5 Elle m'avait dit qu'elle voulait une coupe et un brushing *(souffle sec)* avant d'aller chercher ses vêtements au pressing.
6 Je savais qu'elle avait un planning chargé, alors je n'étais pas trop inquiet.
7 Pendant ce temps, j'ai décidé d'aller faire des courses pour *(et)* acheter de la nourriture.
8 J'ai garé notre vieux break à côté d'un grand camping-car *(camionnette de campeur)* dans le parking.
9 Quand je suis arrivé au supermarché, je n'avais pas de pièces pour le caddie *(chariot de-courses)*,
10 et il n'y avait plus de paniers, alors j'ai renoncé et [j'ai] fait mes courses au drive.
11 Sur le chemin de retour, je suis allé manger un morceau au snack de la rue Slip, qui a un baby-foot et un flipper vintage.
12 J'ai perdu la notion *(trace)* du temps et j'ai joué pendant des heures.
13 Quand je suis rentré chez moi, la porte d'entrée était fermée à clé. J'étais scotché *(abasourdi)*.

Prononciation

… steund ***2*** *… **tréé**nəz …* ***3*** *… **swe**tə …* ***4*** *… **weun**dəd* ***5*** *… bloo-draï …* ***7*** *… **miin**taïm …* ***8*** *… paakt … es**téét**-kaa …* ***9*** *… koïnz …* ***11*** *… **vinn**tədj …*

Notes

1 Cette leçon examine (allégrement) non seulement le phénomène du franglais mais aussi les mots français utilisés en anglais, comme **a fiancé(e)**. Notez cependant que pour *se fiancer avec*, nous utilisons le verbe **to get engaged to** alors que *être financé(e) à* se dit **to be engaged to**. Enfin, *les fiançailles* se dit **engagement** : **Did you know about their engagement? – No, when did they get engaged?**, *Étais-tu au courant de leur fiançailles ? – Non, quand se sont-ils fiancés ?*

2 Voici un aperçu du plus-que-parfait, qui se forme avec **had** et le participe passé, par exemple : **he bought** → **he had bought**, *il a acheté → il avait acheté*. Rappelons que **to be** n'est pas utilisé comme auxiliaire dans ce type de construction : **she went** → **she had gone**, *elle est allée → elle était allée*. Les formes négative et interrogative suivent le schéma habituel : **he had not bought** ; **had she gone?**

3 Bien souvent, les mots franglais n'ont qu'un lien distendu avec les termes anglais d'origine. Ainsi, **a basket** est *un panier* (phrase 11) mais *les baskets* se disent **trainers** (on les porte pour s'entraîner) ou, pour la course à pied, **sneakers** (**to sneak**, *se glisser / se faufiler*). Une règle de base : si vous rencontrez un mot d'emprunt en français, vérifiez toujours la cohérence entre celui-ci et le nom (ou terme) anglais.

4 **a wardrobe** (vu en leçon 43, phrase 5) est une déformation du terme français *garde-robe*, dont il partage le sens. Le mot franglais *un dressing* se dit **a walk-in wardrobe** (une garde-robe où l'on peut marcher dedans).

5 **sweat**, *la sueur* (notez bien la prononciation, avec en **e** court) est à l'origine de **a sweater**, *un pull* (un vêtement qui fait transpirer). Un synonyme est **a pullover** (un vêtement que l'on tire par-dessus de sa tête), que le franglais réduit souvent en *un pull*. Enfin, ce que nous appelons en français *un sweat* ou *sweat-shirt* s'appelle **a sweatshirt** ("chemise à sueur") en anglais.

6 **to blow-dry** ("souffle-sec") *faire un brushing*. Nous savons que **a brush** est *une brosse* (par exemple, **a hairbrush**, *une brosse à cheveux*), mais la transition du séchage au brossage – le sens littéral de **to brush** étant *brosser* – est quelque peu mystérieux ! Dans le même registre, *le shampoing* se dit **shampoo** et *(se) faire un shampoing*, **to shampoo one's / someone's hair**.

7 **an estate car**, *un break* (type de voiture au coffre allongé). Le sens de **a break** est *une cassure* ou, plus couramment, *une pause*. **Let's take a break, I'm tired**, *Faisons une pause, je suis fatigué(e)*. Dans le monde automobile, **a shooting brake** était un véhicule allongé utilisé par des chasseurs pour transporter leurs fusils (**to shoot**, *tirer*). La longueur de cette voiture et l'homophonie **brake/break** (voir leçon 78, note 2) sont sans doute à l'origine de cette confusion.

8 Attention, faux-ami : **a coin** est *une pièce de monnaie* – **This machine does not accept notes or coins**, *Cette machine n'accepte ni les billets ni les pièces* – alors que *un coin* se dit **a corner** (voir, par exemple, leçon 26, phrase 3).

9 Voir note 2 en leçon 51.

10 **to drive through** signifie "*conduire à travers*" donc *traverser* (en voiture). Dans un contexte commercial **a drive-through store** ou **a drive-through supermarket** est *un point de retrait automobile* pour des produits achetés dans un supermarché. Le terme est normalement abrégé en **a drive-through** (parfois écrit **drive-thru**) ou, en français, *un drive*...

11 Voici deux jeux désignés par des termes français très approximatifs : **table football**, *le baby-foot* (ainsi nommé parce que le jeu est une version miniature, ou *bébé*, du football) et **a pinball (machine)**, *un flipper* (**a flipper** est *une nageoire* et, par extension, le petit levier qui sert à propulser la bille dans ce jeu qu'on nommait autrefois "billard électrique"). Enfin, en natation, **a flipper** est *une palme*.

12 Parfois, un mot d'emprunt n'a aucun rapport avec le nom ou verbe d'origine. Ainsi, la traduction du terme "français" *scotché* – qui vient de la bande adhésive éponyme – varie selon le contexte. Ici, il peut se traduire, entre autres, par **stunned** (du français *étonné*), qui signifie *abasourdi / stupéfié*. Le verbe anglais **to scotch**, quant à lui, s'emploie presque uniquement dans le sens de *étouffer une rumeur* (**to scotch a rumour**) ou *faire échouer une affaire* (**scotch a plan**).

Exercise 1 – Translate

❶ The new machines are arriving next week. In the meantime, we'll use the old ones. ❷ Did you know that Sandra has got engaged to Tom? – No, I didn't. ❸ We seem to have lost track of time. Let's take a break. ❹ My daughter will do anything to avoid brushing her hair. ❺ Will you pick up my dress from the dry cleaner's on the way home? – Sure thing.

***

Exercise 2 – Fill in the missing words

❶ J'étais embêtée *(inquiète)* d'avoir oublié l'anniversaire de mon mari.
I .... that I .... my .... birthday.

❷ Il ne restait plus de chariots ni de paniers dans le supermarché.
There .... or .... in the supermarket.

❸ Je me suis demandé s'ils avaient acheté un nouveau camping-car, mais ce n'était pas le cas.
I .... if they .... a new camper van, but they ....

90

Ninetieth lesson

A lesson on the environment

1 – So far as [1] we know, our politicians have failed to tackle climate change.
2 Amy, what would you have done if you had been [2] in charge?
3 – I would have asked people to use less [3] energy and fewer [3] natural resources.
4 – So far, so good [4]. But please give us some concrete examples.

Corrigé de l'exercice 1

❶ Les nouvelles machines arrivent la semaine prochaine. En attendant, nous allons utiliser les anciennes. ❷ Saviez-vous que Sandra s'est fiancée à Tom ? – Non, je ne le savais pas. ❸ Il semble que nous ayons perdu la notion du temps. Faisons une pause. ❹ Ma fille est prête à tout pour éviter de se brosser les cheveux. ❺ Veux-tu aller chercher ma robe au pressing en rentrant à la maison ? – Bien sûr.

***

❹ Elle avait laissé ses baskets et son pull dans le salon.
She .... and .... in the ....

❺ Nous avons garé notre break dans le parking près de l'ancien snack.
We .... in the .... near the old ....

Corrigé de l'exercice 2

❶ – was worried – had forgotten – husband's – ❷ – were no shopping trolleys – baskets left – ❸ – wondered – had bought – hadn't ❹ – had left her trainers – her sweater – living room ❺ – parked our estate car – car park – snack bar

Phase d'activation : 40e leçon

90

Quatre-vingt-dixième leçon

Une leçon sur l'environnement

1 – Pour autant que *(aussi loin comme)* nous sachions, nos politiques *(politiciens)* ont échoué dans la lutte contre le *(à s'attaquer [au])* changement climatique.

2 Amy, qu'aurais-tu fait si tu avais été aux commandes ?

3 – J'aurais demandé aux gens d'économiser *(utiliser moins)* l'énergie et *(moins-de)* les ressources naturelles.

4 – Jusqu'ici, tout va bien *(aussi loin, aussi bon)*. Mais donne-nous des exemples concrets.

5 – I would have banned cars from the city centre on weekdays,
6 and I'd have offered [5] free public transport twenty-four seven [6].
7 I also would have encouraged people to cycle or carpool [7].
8 – Would you have prohibited [8] ambulances or fire engines?
9 – Obviously not! And I would not have banned delivery vans, either.
10 – What would you have done [8] to reduce greenhouse gas emissions?
11 And what about global warming? What would you have done about that?
12 – For a start, [9] I wouldn't have used the word "warming"
13 I would've replaced the term with global heating!
14 People would have understood the danger and moved faster.
15 If the climate was [10] a bank, it would have been saved immediately! □

Prononciation

*1 … **ta**kəl **klaï**mət … 2 **éé**mii … 3 … **fiou**ə … 4 … **kon**kriit … 5 … bannd … 7 … kaa-poul … 8 … prə**Hib**itəd **amm**bioulənts əz … **enn**djinz 10 … **griin**Haous … 14 … **deïnn**djə …*

Notes

1 **so far as** est une locution conjonctive équivalente à *pour autant que* ou *d'après ce que* : **So far as I know, everything is going well**, *Pour autant que je sache, tout se passe bien*. Dans ce type de construction, le verbe est à l'indicatif, pas le subjonctif. On peut aussi dire **as far as**, sans changement de sens. Voir note 4.

5 – J'aurais interdit les voitures dans le centre-ville les jours de semaine,

6 et j'aurais proposé *(offert)* des transports publics gratuits 24 heures sur 24, 7 jours sur 7.

7 J'aurais aussi encouragé les gens à faire du vélo ou du covoiturage.

8 – Aurais-tu interdit les ambulances ou les camions de pompiers *(moteurs de feu)* ?

9 – Évidemment non ! Et je n'aurais pas interdit les camionnettes de livraison, non plus.

10 – Qu'aurais-tu fait pour réduire les émissions de gaz à effet de serre ?

11 Et quid du réchauffement climatique *(global)* ? Qu'aurais-tu fait pour y remédier ?

12 – Pour commencer, je n'aurais pas utilisé le mot "réchauffement".

13 J'aurais remplacé le terme par *(avec)* chauffage climatique !

14 Les gens auraient compris le danger et auraient agi *(bougé)* plus rapidement.

15 Si le climat était une banque, il aurait été sauvé immédiatement !

2 Voici un aperçu de la troisième forme du conditionnel. Dans une phrase à deux propositions reliées par **if**, la principale se forme avec **would have** et le participe passé du verbe, alors que la subordonnée avec **if** est au plus-que-parfait : **We would have gone swimming if the weather had been good**, *Nous serions allés nager s'il avait fait beau.*

3 Comme avec **much** / **many**, *beaucoup*, (leçon 32, note 3), il existe deux adjectifs pour traduire *moins*, selon que le nom qualifié est dénombrable ou non. Ainsi, **less energy** (indénombrable), *moins d'énergie*, mais **fewer resources** (dénombrable), *moins de ressources*. **We have less time and fewer opportunities than before**, *Nous avons moins de temps et moins d'occasions qu'auparavant.*

4 **so far, so good** est une expression figée, équivalente à l'expression française *jusqu'ici tout va bien*. À ne pas confondre avec **so far as / as far as** (note 1).

5 Voir leçon 67, note 1. Ici, **to offer** n'a pas le sens de *payer* mais de *proposer*.

6 **twenty-four seven** (aussi **24/7**) est une abréviation de **twenty-four hours a day, seven days a week**, (*24h par jour, 7 jours par semaine*). Dans le langage moderne, cet idiotisme remplace des expressions comme **around the clock** (*24h sur 24h*) ou **day in, day out** (*tous les jours, sans interruption*) : **She's exhausted because she's been working around the clock since last week**, *Elle est épuisée car elle a travaillé sans cesser depuis la semaine dernière*.

7 **a pool** / *une flaque, une mare* (que l'on retrouve dans **swimming pool**, *piscine*, leçon 34, note 3) comporte aussi une notion de groupement, que nous avons transposé en français (*un pool bancaire*, **a banking pool**, par exemple). Ainsi **a car pool** (ou **carpool**) est *un groupe de covoiturage*. Et avec sa souplesse grammaticale, l'anglais emploie ce nom comme un verbe : **These four families carpool to save petrol**, *Ces quatre familles font du covoiturage pour économiser de l'essence*.

8 La forme interrogative du troisième conditionnel suit la règle normale de l'inversion : **they would have prohibited** → **would they have prohibited?** *auraient-ils interdit ?* Et comme d'habitude, cette construction peut être précédée d'un adverbe interrogatif : **When/How/Where would they have prohibited...**, *Quand/Comment/Où auraient-ils interdit… ?*

9 L'expression **for a start** s'emploie en début de phrase, comme son équivalent français *pour commencer*. En anglais familier, elle est souvent

***

Exercise 1 – Translate

❶ If I were you, I would try to leave town before the rush hour. ❷ What would they have done if they had been in charge of the bank? ❸ So far as I know, everything is going well. ❹ For starters, we would like to welcome our guests of honour. Thank you for coming. ❺ Have our politicians tackled climate change? — Obviously not!

raccourcie en **for starters** : **For starters, I'd like to welcome our guests of honour**, *Pour commencer, je voudrais souhaiter la bienvenue à nos invités d'honneur*. (Sur une voiture, **the starter** est *le démarreur* – alors que *le starter* se dit **the choke** – mais au restaurant, il s'agit de *l'hors d'œuvre*.)

10 Dans ce type de proposition conditionnelle avec le verbe **to be**, on retrouve parfois le subjonctif passé (**were**), qui a plus ou moins disparu en anglais moderne : **if the climate were a bank...** De même, en prodiguant un conseil (*si j'étais vous / à votre place*), on peut dire **If I was you** ou, plus élégant, **If I were you**.

Les combinaisons de verbes courants avec une préposition ou particule adverbiale que vous rencontrez de plus en plus dans ces dernières leçons ont souvent plusieurs sens ; il faut alors se fier au contexte – et s'acheter un bon dictionnaire. (Vous pouvez aussi vous procurer notre Perfectionnement Anglais.)

***

Corrigé de l'exercice 1

❶ Si j'étais vous, j'essaierais de quitter la ville avant l'heure de pointe. ❷ Qu'auraient-ils fait s'ils avaient été à la tête de la banque ? ❸ Pour autant que je sache, tout se passe bien. ❹ Pour commencer, nous aimerions souhaiter la bienvenue à nos invités d'honneur. Merci d'être venus. ❺ Nos politiciens se sont-ils attaqués au changement climatique ? – Evidemment non !

Exercise 2 – Fill in the missing words

❶ Je veux voir moins de circulation et moins de voitures. Les gens devraient faire du covoiturage les jours de semaine.
I want to see .... traffic and ..... cars. People .... on ....

❷ Qu'auraient-ils fait à propos de la hausse des températures ? – Pas grand-chose *(pas beaucoup)*.
What .... about rising temperatures? – ... .

❸ Nous n'aurions pas interdit les voitures même si nous [en] avions eu l'occasion.
.. .. cars even .. .. the opportunity.

91

Ninety-first lesson

Revision – Révision

1 Le troisième conditionnel

La troisième forme du conditionnel permet de parler d'une action qui n'a pas eu lieu et d'en imaginer les conséquences ("l'irréel du passé"). Voici son utilisation et ses formes :

1.1 Formes affirmative, négative et interrogative

L'affirmatif est formé de la même manière qu'en français, avec le conditionnel au passé (**would have**) et le participe passé du verbe :
They would have bought that fridge but it was too expensive, *Ils/Elles auraient acheté ce frigo mais il était trop cher.*
Rappelons que **to be** n'est jamais utilisé comme auxiliaire dans ce type de construction passée :
She would have left earlier, *Elle serait partie plus tôt.*
Bien sûr, **would** peut être contracté (**they'd have bought, she'd have left**) mais reportez-vous à la section 1.2 ci-dessous pour plus de détails.

❹ Comment et quand auraient-ils réduit les émissions de gaz à effet de serre ?
... and .... greenhouse .... ?

❺ Serait-elle allée se baigner si le temps avait été beau ?
.... swimming if the weather .... ?

Corrigé de l'exercice 2

❶ – less – fewer – should carpool – weekdays ❷ – would they have done – Not much – ❸ We would not have banned – if we had had – ❹ How – when would they have reduced – gas emissions ❺ Would she have gone – had been good

Phase d'activation : 41ᵉ leçon

91

Quatre-vingt-onzième leçon

Les formes négative et interrogative suivent le schéma habituel :
Would they have bought that fridge? *Auraient-ils/elles acheté ce frigo ?*
She would not have left earlier, *Elle ne serait pas partie plus tôt.*

1.2 Phrase à deux propositions, avec *if*

Dans une phrase conditionnelle avec deux propositions, le verbe de la proposition subordonnée (celle qui commence par **if**) est au plus-que-parfait.
She would have left earlier if she had known, *Elle serait partie plus tôt si elle avait su.*
They would have bought that fridge if it had been cheaper, *Ils. Elles auraient acheté ce frigo s'il avait été moins cher.*

Les verbes dans chacune des propositions peuvent être contractés, mais il faut être prudent car les deux contractions sont identiques (**'d**) :
She'd have left earlier if she'd known. / They'd have bought that fridge if it'd been cheaper.
(Il arrive que certains anglophones confondent ces deux formes, mettant **would** à la place de **had** et vice versa. N'oubliez pas que l'on apprend de ses erreurs !)

Cette forme de"l'irréel" est utilisée couramment pour parler de ce que l'on aurait dû faire :
He would have passed the exam if he had worked harder, *Il aurait réussi l'examen s'il avait travaillé davantage.*
Elle s'emploie aussi pour présenter ses excuses à propos d'un événement dans le passé :
If we had known you were here, we would have come earlier, *Si nous avions su que tu étais là, nous serions venus plus tôt.*

Enfin, il est possible d'inverser l'ordre des mots dans la proposition avec **if**, en supprimant ce dernier. Par exemple : **if we had known** → **had we known** ; **if he had worked harder** → **had he worked harder**, etc. Mais il s'agit là d'un registre soutenu, rarement utilisé dans la langue courante.

2 *to make* et *to do*

Puisque ces verbes se traduisent tous les deux par *faire*, il est possible de les confondre. La différence fondamentale est que **to make** est utilisé si *faire* veut dire *fabriquer*, *créer* ou *produire* alors que **to do** se rapporte à l'action elle-même. En gros, **to do** décrit l'action et **to make**, le résultat. Cependant, il est préférable d'apprendre un certain nombre d'expressions courantes car certaines distinctions sont plutôt arbitraires (par exemple, **to make a phone call** est une action plutôt qu'une création).

• Dans le cas d'une action non précisée, utilisez **to do** :
What are you doing? *Que faites-vous ?*

• Si l'on produit quelque chose – même abstrait – il faut employer **to make** :
What are you making? *Que faites-vous ?* (dans le sens de "préparez")

Voici quelques autres exemples :

to do..., *faire...*	**to make...**, *faire...*
business, *des affaires*	**the bed**, *le lit*
the dishes, *la vaisselle*	**a decision**, *(prendre) une décision*
exercise, *de l'exercice*	**an effort**, *un effort*
a favour, *(rendre) un service*	**a fire**, *un feu*

good, *du bien*	**a fuss**, *des histoires / du tapage*
one's hair, *ses cheveux*	**a meal (breakfast / lunch / dinner)**, *un repas (petit-déjeuner / déjeuner / diner)*
homework, *ses devoirs* (scolaires)	**a mistake**, *une erreur*
the housework, *le ménage*	**a phone call**, *(passer) un coup de téléphone*
the ironing, *le repassage*	**a plan**, *un projet / un plan*
a job, *un travail*	**progress**, *des progrès*
research, *de la recherche*	**a suggestion**, *une suggestion*

Sachez enfin que **to make** est plus courant que **to do**.

3 Les mots composés

Les mots composés – plus fréquents en anglais qu'en français – permettent une économie d'expression. C'est surtout le cas des adjectifs, qui peuvent se former de plusieurs façons :

3.1 Adjectifs

• adjectif ou adverbe suivi d'un participe présent :
good-looking, *beau/belle*
hard-working, *travailleur(-euse) / appliqué(e)*
fast-moving, *en mouvement constant / rapide*

• adjectif suivi d'un participe passé :
old-fashioned, *démodé(e)*
short-haired / long-haired, *à cheveux courts/longs*

• adjectif suivi d'un nom :
large-scale, *à grande échelle*
last-minute, *de dernière minute*
white-collar, *à col blanc*

• adjectif suivi d'un adjectif :
level-headed, *équilibré(e) / pondéré(e)*
fat-free, *sans matière grasse*

• adverbe suivi d'un participe passé :
well-educated, *instruit(e)*
highly-respected, *considéré(e) / très respecté(e)*
(Dans cette dernière catégorie, le trait d'union entre les deux mots est souvent omis.)

3.2 Noms

Il est possible d'enchaîner deux, trois, voire quatre noms les uns après les autres sans prépositions ou autres indicateurs grammaticaux. Dans le cas des noms composés à deux éléments (les plus courants), le premier mot fournit une description du deuxième, qui précise la personne ou objet en question. Voici quelques règles :

• Il n'y a pas de lien avec *à*, *de*, etc. dans un nom composé anglais : **a seat belt**, *une ceinture de sécurité*, **a tea cup**, *une tasse à thé*. (Les deux mots sont souvent fusionnés – **seatbelt**, **teacup**, etc. – sans que cela en change le sens. Il n'y a pas de règle d'airain concernant cette fusion mais les termes les plus courants, comme les deux cités ici, sont les plus susceptibles de s'écrire en un seul mot.)

• L'ordre des mots est souvent à l'inverse du français. Un exemple classique est **chocolate milk**, *du lait au chocolat* et **milk chocolate**, *du chocolat au lait*.

• Avec un nom à trois composants (ou plus), il faut commencer par la fin et remonter vers le début :
a camping goods shop : *un magasin* (**shop**) qui vend *des articles* (**goods**) pour faire du *camping*.
an airline ticket office : *un bureau* (**office**) qui vend des *billets* (**ticket**) pour *les compagnies (lignes) aériennes* (**airline**).

Enfin, il est très important de garder à l'esprit que les mots qui précèdent le nom principal (ici, **shop** ou **office**) servent d'adjectifs et ne s'accordent donc pas – par exemple **an airline ticket** (plutôt que **tickets**) **office**.

Ce phénomène de concaténation explique pourquoi les manchettes (gros titres) de journal sont souvent difficiles à comprendre.

Il faut procéder de la même manière que pour les noms composés, en partant du dernier mot : **WELSH HEART DOCTOR'S PAY RISE UPROAR** signifie sans doute qu'il y a *un tollé* (**uproar**) à cause d'*une augmentation* (**rise**) de *salaire* (**pay**) pour *un médecin* (**doctor**) spécialisé en cardiologie (**heart**, *cœur*) d'origine *galloise* (**Welsh**). D'un point de vue purement technique, il pourrait être question d'un cœur gallois (**Welsh heart**) mais c'est la logique – et l'expérience du lecteur – qui priment.

4 Les adverbes

Nous avons fait un point sur les adverbes de fréquence à la leçon 35 section 5. Voici un récapitulatif des autres catégories, que vous avez déjà assimilées naturellement :

4.1 Les adverbes de lieu

Les mots comme **here**, **there**, **everywhere**, **near**, etc. se placent généralement comme les adverbes de manière, après le verbe (ou le COD, le cas échéant) :
I saw it there, *Je l'ai vu là-bas.*
We looked for you everywhere, *On t'a cherché partout.*

4.2 Les adverbes de fréquence

Le placement de ces adverbes est un peu plus compliqué (revoir leçon 35, section 5).

• Ils viennent toujours après les temps simples de **to be** :
She's always the first to arrive, *Elle est toujours la première à arriver.*
He's never on time, *Il n'est jamais à l'heure.*

• En revanche, ils se placent devant les temps simples des autres verbes :
They often go to Devon on holiday, *Ils/Elles vont souvent en vacances dans le Devon.*
We sometimes borrow their car, *Nous empruntons parfois leur voiture.*

• Pour les temps composés (présent ou passé continu, **present perfect**, etc.) ou les verbes à particule, l'adverbe de fréquence se place après le premier auxiliaire :

Have you ever worked in the tech industry? *Avez-vous déjà travaillé dans le secteur technologique ?*
I'll never understand why she married him, *Je ne comprendrai jamais pourquoi elle l'a épousé.*
They're still working together, *Ils/Elles travaillent toujours ensemble.*

4.3 Les adverbes de temps

Ce sont les mots indiquant le temps et/ou la durée d'une action : **today** (*aujourd'hui*) **yesterday** (*hier*), **the day before yesterday** (*avant-hier*), **tonight** (*ce soir/cette nuit*), etc. Selon la longueur de la phrase, ils peuvent se placer au début, au milieu ou à la fin. Les seuls qui posent une difficulté particulière sont **still** (*toujours / encore*) et **yet** (*encore*) (revoir leçon 49, section 4) :

• **still** vient avant le verbe principal et après un verbe auxiliaire dans une phrase affirmative :
He **still lives in Bristol**, *Il habite toujours à Bristol.*
She is still working as an analyst, *Elle travaille toujours comme analyste.*
Are you still hungry? *As-tu encore faim ?*

• **yet** se positionne à la fin de la proposition ou après **not** :
He hasn't called me yet and I'm worried, *Il ne m'a pas encore appelé(e) et je suis inquiet(-ète).*
Has she sent you the documents yet? – No, not yet, *Vous a-t-elle déjà envoyé les documents ? – Non, pas encore.*

5 Le franglais et les mots d'emprunt

Depuis toujours, nos deux langues se sont emprunté des mots, en les naturalisant au passage. Ainsi, par exemple, **a bowling green**, *terrain de boules* est-il devenu notre *boulingrin* alors que la fleur violette qui s'appelle *la pensée* est devenue en anglais, **pansy**. Il y a des centaines d'autres exemples de cet échange de bons procédés, qui prend de l'ampleur dans notre ère hyperconnectée. Mais il faut faire attention car beaucoup de ces mots d'emprunt ont été détournés de leur sens originel. Petit florilège :

des baskets	**trainers / sneakers**
un building	**a high-rise (building) / a tower block**
un caddie	**a (shopping) trolley**
un camping	**a campsite**
un flipper	**a pinball machine**
un footing	**a run / a jog**
un living	**a living room / sitting room**
un parking	**a car park**
un planning	**a schedule**
un pressing	**a dry cleaner's**
un pull	**a pullover / sweater**
un relooking	**a makeover**
un self(-service)	**a self-service restaurant**
un smoking	**a dinner suit / dinner jacket**

Beaucoup de ces mots – majoritairement des faux-amis – se terminent en **-ing**, terminaison qui est à fois celle du participe présent et du gérondif. Méfiez-vous donc de ces contrefaçons, qui sont incompréhensibles pour un anglophone (regardez la différence entre, par exemple, *un relooking* et **a makeover**). Même si les deux termes sont proches, comme *un tennisman* et **a tennis player**, il y a un risque de confusion (d'autant plus que bon nombre de ces "hommes" sont des femmes !). Ainsi, si vous entendez en français un mot à consonance anglaise, vérifiez toujours la correspondance avec le vrai mot vernaculaire.

Quant aux termes qui sont importés directement – **burnout**, **brainstorming**, **street art**, **fake news** – il existe des équivalents français qui sont parfaitement adéquats (*l'épuisement professionnel*, *le remue-méninges*, *l'art de la rue*, *l'infox*) et ce, dans tous les domaines. Cela permet d'agrandir son vocabulaire dans les deux langues tout en évitant un certain snobisme inutile ou paresseux.

Revision dialogue

1 – We've been driving for three hours and I'm tired.
2 We'll have to do a U-turn because there has been an accident on the motorway.
3 – We've got to get home quickly because we've still got a lot to do.
4 I have to do the dishes from last night, then do the housework and the ironing.
5 And you have to make the beds, make dinner, and make a cake for the kids.
6 – Don't bother: they can make do with an ice cream.
7 You work too hard, but I'm willing to help you if you want.
8 – I agree that I'm hard-working but I'm also level-headed.
9 I'm not like the others. If I don't do the work, no one else will.
10 – But we've got such a busy schedule: let's just buy a snack for dinner.
11 – If I had thought of it, I would have bought some frozen pizzas yesterday.
12 – We wouldn't have had time.
13 – You're right. We have less time and fewer opportunities than before.
14 – It's your fault. You've been working twenty-four seven for months.
15 If I were you, I'd take a break.

Traduction

1 Nous conduisons depuis trois heures et je suis fatigué. **2** Nous allons devoir faire demi-tour car il y a eu un accident sur l'autoroute. **3** Nous devons rentrer rapidement à la maison car nous avons encore beaucoup de choses à faire. **4** Je dois faire la vaisselle d'hier soir, puis faire le ménage et le repassage. **5** Et tu dois faire les lits, préparer le dîner et faire un gâteau pour les enfants. **6** Ce n'est pas la peine : ils peuvent se contenter d'une glace. **7** Tu travailles trop, mais je suis prêt à t'aider si tu veux. **8** Je suis d'accord pour dire que je travaille beaucoup mais je suis aussi équilibrée. **9** Je ne suis pas comme les autres. Si je ne fais pas le travail, personne d'autre ne le fera. **10** Mais nous avons un emploi du temps tellement chargé : achetons un casse-croûte pour le dîner. **11** Si j'y avais pensé, j'aurais acheté des pizzas surgelées hier. **12** Nous n'aurions pas eu le temps. **13** Tu as raison. Nous avons moins de temps et moins d'occasions qu'avant. **14** C'est de ta faute. Cela fait des mois que tu travailles vingt-quatre heures sur vingt-quatre. **15** À ta place, je ferais une pause.

Prêt pour la dernière ligne droite ? Vous avez acquis déjà des bases solides : les principaux temps verbaux (à part le passif, que nous verrons tout de suite), les parties du discours les plus importantes, les composantes des phrases complexes, ainsi qu'un vocabulaire impressionnant. Dans les leçons qui suivent, tâchez de lire les textes anglais d'un trait, avant de revenir pour les décortiquer et analyser. Vous verrez, l'exercice est simple et efficace !

Phase d'activation : 42e leçon

92

Ninety-second lesson

Pour cette dernière série de leçons, le texte français des dialogues comportera peu de traductions mot-à-mot. En effet, nous considérons que votre maîtrise de la langue est suffisante maintenant pour s'en passer.

How London was built

1 London is one of the world's [1] most exciting cities.
2 It was founded [2] by the Romans some [3] two thousand years ago.
3 The first bridge across the River Thames was built around fifty AD [4],
4 and Londinium, as the city was then called, became a major port.
5 London's [1] development really began in the eleventh century when it was chosen by William the Conqueror as his capital.
6 It grew to be one of Europe's greatest cities and trading centres.
7 However, disaster struck in sixteen sixty five, when thousands of people were killed by the Plague,
8 and the following year hundreds of buildings were destroyed by a devastating fire.
9 A leading architect, Sir Christopher Wren, was asked [5] to redesign the ruined city.
10 Thanks to him, some of today's [1] famous landmarks were built during that period.
11 Many of the buildings you see today were put up [6] in the nineteenth century to reflect London's status as the capital of the British Empire.

Quatre-vingt-douzième leçon

Comment Londres fut construit

1 Londres est l'une des villes les plus passionnantes du monde.
2 Elle a été fondée par les Romains il y a environ deux mille ans.
3 Le premier pont sur la Tamise a été construit vers l'an 50 de notre ère,
4 et Londinium, comme la ville s'appelait alors, est devenue un port important.
5 L'essor de Londres a réellement commencé au XIe siècle lorsque Guillaume le Conquérant l'a choisie comme capitale.
6 Elle est devenue l'une des plus grandes villes et l'un des plus grands centres de commerce d'Europe.
7 Cependant, le désastre eut lieu *(frappa)* en 1665, lorsque des milliers de personnes furent tuées par la peste,
8 et l'année suivante, des centaines de bâtiments furent détruits par un incendie dévastateur.
9 Un architecte de premier plan, Sir Christopher Wren, fut chargé de redessiner la ville en ruines.
10 Grâce à lui, certains des monuments célèbres d'aujourd'hui ont été construits à cette époque.
11 Nombre des bâtiments que vous voyez aujourd'hui ont été construits au XIXe siècle pour refléter le statut de Londres en tant que capitale de l'Empire britannique.

12 Though London is exciting, it can also be exhausting.

13 It is said [7] that a person who is tired of London is tired of life.

14 But they [8] might also be lost on the Tube or stuck in traffic! □

Prononciation

3 *... éé-dii* ***5*** *...* ***kon****kərə ...* ***7*** *... pléég* ***9*** *...* ***aa****kitekt ... renn ...* ***rou****innd ...* ***11*** *...* ***emm****païə*

Notes

1 Nous savons que le cas possessif s'emploie non seulement pour les êtres vivants mais aussi les périodes de temps (leçon 33, note 6) et les commerces (leçon 42, section 3). Voici un autre cas particulier : les lieux géographiques dotés d'une personnalité (pays, villes, etc.) : **the world's greenest cities**, *les villes les plus vertes du monde*, **London's oldest restaurant**, *le restaurant le plus ancien de Londres*. Il ne s'agit pas d'une règle mais d'un usage. Enfin, comme toujours, évitez de confondre le cas possessif avec la contraction de **is** : **London's an amazing city**, *Londres est une ville épatante/incroyable*.

2 Voici la voix passive. Elle se forme très simplement avec l'auxiliaire **to be** et le participe passé du verbe, suivis, le cas échéant, de la préposition **by** : **The Romans founded London**, *Les Romains fondèrent Londres*, devient **London was founded by the Romans**. (Ne confondez pas le verbe régulier **to found**, *fonder*, avec **to find**, *trouver*, qui est irrégulier et dont le prétérit et le participe passé sont tous les deux **found**.)

3 Utilisé devant une quantité approximative, **some** signifie *quelque / à peu près / environ* : **Some ten thousand people came to the music festival**, *Quelque 10 000 personnes ont assisté au festival de musique*. Cependant, il s'agit d'une tournure assez soignée, qui sied au style de cette leçon ; dans le langage quotidien, on dira plutôt **about** ou **around**, *environ* : **About/around ten thousand people came to the music festival**.

4 En histoire, les dates sont divisées en **BC**, **Before Christ**, *avant Jésus-Christ* et **AD**, l'abréviation du terme latin ***anno domini***, *l'année du Seigneur* pour dire *après Jésus-Christ*. Pour maintenir la laïcité, beau-

12 **Bien que Londres soit passionnante, elle peut aussi être épuisante.**

13 **On dit qu'une personne qui est fatiguée de Londres est fatiguée de la vie.**

14 **Mais elle peut aussi se perdre dans le métro ou être coincée dans les embouteillages !**

coup de rédacteurs remplacent ces sigles par **BCE** pour **before common era**, *avant l'ère commune*, et **CE**, **common era**, *ère commune*.

5 Retenez bien cette construction passive en anglais pour traduire la forme impersonnelle commençant par *on m'a demandé de…* : **I was asked to write an article** ("j'ai été demandé(e) d'écrire un article"), *On m'a demandé d'écrire un article*. Ces constructions impersonnelles feront l'objet d'une leçon à venir.

6 Comme beaucoup de verbes à particule, **to put up** a plusieurs sens. Ici, il s'agit de : *construire*, *ériger* ou *dresser* : **The buildings were put up very quickly**, *Les bâtiments ont été construits très rapidement*. C'est un verbe à particule séparable : **The campers put their tent up in the field**, *Les campeurs ont dressé leur tente dans le champ*. Une autre acception est *héberger* : **We can't put you up because our flat is too small**, *Nous ne pouvons pas t'héberger car notre appartement est trop petit*. Comme toujours, regardez attentivement le contexte.

7 Une autre façon de pallier l'absence en anglais d'un pronom comme *on* en français est d'employer un passif impersonnel : **It is said that the British remain divided about Europe**, *On dit* ("il est dit") *que les Britanniques restent divisés à propos de l'Europe*.

8 Puisque **a person** est un nom neutre, le choix d'un pronom pour le représenter peut s'avérer délicat. En français, la question ne se pose pas : *Si une personne est innocente d'un crime, elle n'est pas un suspect*. La solution par défaut en anglais est d'employer le masculin : **If a person is innocent of a crime, he is not a suspect**. Or, dans l'usage moderne, ce choix est souvent contesté. Une solution – courante – de contournement est d'employer **they** (forcément neutre), même si le sujet est singulier : **If a person is innocent of a crime, they are not a suspect**. Néanmoins, cette habitude ne fait pas l'unanimité parmi les anglophones, qui utilisent d'autres formulations (voir le premier exercice).

Exercise 1 – Translate

❶ London is one of the most exciting cities in the world. It's also exhausting. ❷ We can't put your friends up this weekend. Our flat is much too small. ❸ The journey took ages because we were stuck in traffic for hours. ❹ A famous writer once said: "A man who is tired of London is tired of life". ❺ They say that if a person is innocent of a crime, he or she is not a suspect.

***

Exercise 2 – Fill in the missing words

❶ Quelque dix mille personnes sont venues au festival, dont certaines *(quelques d'eux)* de France.
.... ten thousand people ...... the festival, ... from France.

❷ Bath fut fondée en 860 avant J.-C., mais le bâtiment le plus célèbre fut érigé aux alentours de 60 après J.-C.
Bath .... in 860 .. but the most famous building .... in ...... 60 AD.

❸ Avez-vous trouvé* le nom de la personne à qui on a demandé de redessiner le système ?
.... the name of the person .... the system?

❹ Beaucoup de bâtiments furent détruits par un incendie et des milliers de gens furent tués.
.... by fire and thousands of people ....

❺ On dit que les Romains ont construit le pont, mais il a en fait été construit beaucoup plus tard.
.... that the Romans .... but .... later.

* *Utilisez le* **present perfect**.

Corrigé de l'exercice 1

❶ Londres est l'une des villes les plus passionnantes du monde. Elle est aussi épuisante. ❷ Nous ne pouvons pas héberger vos amis ce week-end. Notre appartement est beaucoup trop petit. ❸ Le voyage a duré une éternité car nous sommes restés bloqués dans les embouteillages pendant des heures. ❹ Un célèbre écrivain a dit un jour : "Un homme qui est fatigué de Londres est fatigué de la vie". ❺ On dit que si une personne est innocente d'un crime, il ou elle n'est pas un suspect.

***

Corrigé de l'exercice 2

❶ Some – came to – some of them – ❷ – was founded – BC – was put up – around – ❸ Have you found – who was asked to redesign – ❹ Many buildings were destroyed – were killed ❺ It is said – built the bridge – it was actually built much –

La capitale britannique – ou plutôt anglaise, car l'Écosse a son Édimbourg et le pays de Galles son Cardiff – est depuis toujours un grand centre politique, commercial et artistique. Dans cette leçon, nous apprenons (de façon sommaire) un peu de son histoire. Outre la fondation de la ville et le couronnement de Guillaume le Conquérant à Westminster, les deux grands événements dont il est question dans cette leçon sont la **Great Plague**, *la* Grande peste *de 1664-1665, qui tua près de 70 000 âmes, et le* **Great Fire**, Grand Incendie *l'année suivante, qui détruisit des milliers de maisons et quelque 90 églises (mais, en revanche, ne tua que huit personnes). Pour faire renaître la ville de ses cendres, le roi Charles Ier fit appel au grand architecte* **Sir Christopher Wren** *(1632-1723), à qui on doit notamment la cathédrale Saint-Paul dans la* **City** *et le magnifique palais royal de* **Hampton Court**.
La citation célèbre reproduite dans l'exercice 1 (et donnée à la fin du dialogue de la leçon) est de l'écrivain, lexicographe et grand Londonophile Samuel Johnson (1709-1784).

Phase d'activation : 43e leçon

Ninety-third lesson

In the Tate Modern

1 If you ever [1] visit London, instead of [2] sightseeing you might want to go to an art gallery [3].
2 There are dozens [4] to choose from [5], with all kinds of works [6] ranging from mediaeval masterpieces to conceptual art.
3 – Take a look at this. Isn't it breath-taking [7]?
4 – Have you noticed that it's just a blank canvas?
5 – I wonder what the artist was trying to share with us?
6 She could have been [8] expressing her feelings about space and time.
7 Or she might have been commenting on loneliness and sadness.
8 You know, it may even be a self-portrait or a ship. I'm not sure.
9 – I know what it is. It's supposed to be a flock of sheep in a field.
10 – Well in that case, where's the grass?
11 – Easy. The sheep have eaten everything. There's nothing left.
12 – Maybe so. But in that case, where are the sheep?
13 – Why would they stay in the field if there was no grass? □

Prononciation
*1 … **saï**tsiiing … 2 … medi-**ii**vəl 3 … **breTH**tééking 4 … **kann**vəss 8 … **por**tréét … 9 … **fii**əld*

Quatre-vingt-treizième leçon

À la Tate Modern

1 Si jamais vous visitez Londres, au lieu de faire du tourisme vous pourriez aller dans une galerie d'art.
2 Il y en a des dizaines parmi lesquelles choisir, avec toutes sortes d'œuvres allant des chefs-d'œuvre médiévaux à l'art conceptuel.
3 – Jette un coup d'œil à ça. N'est-ce pas époustouflant ?
4 – As-tu remarqué que ce n'est qu'une toile blanche ?
5 – Je me demande ce que l'artiste a essayé de partager avec nous ?
6 Elle aurait pu exprimer ses sentiments sur l'espace et le temps.
7 Ou bien elle a peut-être fait un commentaire sur la solitude et la tristesse.
8 Tu sais, c'est peut-être même un autoportrait ou un bateau. Je ne suis pas sûr.
9 – Je sais ce que c'est. C'est censé être un troupeau de moutons dans un champ.
10 – Dans ce cas, où est l'herbe ?
11 – Facile. Les moutons ont tout mangé. Il n'y a plus rien.
12 – Peut-être bien. Mais dans ce cas, où sont les moutons ?
13 – Pourquoi resteraient-ils dans le champ s'il n'y a pas d'herbe ?

Notes

1 Rappelons que **ever**, *jamais*, peut s'employer avec un verbe affirmatif après **if** (leçon 70, section 3). Même si **ever** suit normalement le pronom personnel dans ce type de structure, il peut aussi se placer avant, sans aucun changement de sens : **Call me if ever you feel lonely**, *Appelle-moi si jamais tu te sens seul(e).*

2 L'adverbe **instead** signifie *à la place* ou *plutôt* et se place au début ou à la fin de l'énoncé : **I don't eat eggs. May I have cereal instead?** *Je ne mange pas les œufs. Pourrais-je avoir des céréales à la place ?* Suivi de **of**, **instead** est une préposition et doit toujours être suivi d'un complément : **May I have cereal instead of eggs?** *Pourrais-je avoir des céréales à la place des œufs ?* Il est suivi d'un nom ou d'un gérondif, jamais d'un verbe : **Instead of sightseeing, I'll go to the Tate**. *Au lieu de faire du tourisme, j'irai à la Tate* (**to sightsee** = **to see the sights** ("voir les vues"), donc *faire du tourisme*).

3 Le terme **art gallery** s'emploie aussi bien pour une galerie de *tableaux* (**paintings**) privée que pour un musée public d'art : **The Uffizi in Florence is one of the world's greatest art galleries**, *Le musée des Offices à Florence est l'un des plus grands musées d'art au monde*.

4 Nous connaissons **a dozen**, *une douzaine* (leçon 52, note 8). Mais au pluriel, **dozens** est moins précis et signifie plutôt *des dizaines* : **There are dozens of places to eat near the gallery**, *Il y a des dizaines d'endroits où manger autour de la galerie/du musée*. (Voir aussi leçon 76, note 7 pour le traitement des unités de dix.)

5 **to choose from**, *choisir parmi* : **You can choose from a wide variety of flavours**, *Vous pouvez choisir parmi une grande variété de parfums*. Si on enlève le complément **of flavours**, il faut néanmoins garder la préposition **from**, qui se met à la fin de l'énoncé : **There's a wide variety to choose from**, *Vous pouvez choisir parmi une grande variété*.

6 Nous savons que **work**, *le travail*, est indénombrable (leçon 22, note 4) et, de ce fait, **works** ne peut en être le pluriel (sauf dans un terme spécifique comme **roadworks**, *les travaux d'entretien des routes*). En effet, le nom dénombrable **a work** signifie *une œuvre* (d'art) : **The orchestra**

***

Exercise 1 – Translate

❶ If ever you're visiting Edinburgh, don't forget to visit the castle. **❷** Which flavour would you like? There are dozens to choose from. **❸** He's sad and lonely. – That's because all he talks about is sadness and loneliness! **❹** The artist breathed his last breath two years ago. **❺** I could have been a famous artist *(f.)*. – Oh yeah ? I doubt it.

played three works by Steve Reich, *L'orchestre a joué trois œuvres de Steve Reich*. Du coup, le pluriel d'un nom composé comme **a work of art**, *une œuvre d'art*, est **works of art**.

7 **breath**, *haleine* : **He should brush his teeth; he's got bad breath**, *Il devrait se laver les dents ; il a mauvaise haleine*. Une expression courante est **to be out of breath**, littéralement *"hors d'haleine"*, donc *être essoufflé(e)*. Si vous décrivez quelque chose qui est **breath-taking**, vous voulez dire qu'il vous enlève, ou plutôt vous *coupe le souffle* : **The view is breath-taking**, *La vue est époustouflante / à couper le souffle*. Notez enfin que le verbe *respirer* s'écrit **to breathe** et *rendre son dernier souffle* se dit **to breathe one's last breath** (écoutez attentivement l'exercice).

8 **could** combiné avec **has/have** + un participe passé exprime une éventualité qui ne s'est pas réalisée : **I could have been a famous singer**, *J'aurais pu être un chanteur célèbre*, ou tout simplement une supposition : **The painter could have been French**, *Il se peut que le peintre ait été français*. Dans ce deuxième cas, on emploie aussi **may** ou **might** (voir phrases 6 et 7).

Corrigé de l'exercice 1

❶ Si jamais vous visitez Édimbourg, n'oubliez pas de visiter le château. ❷ Quel parfum voudriez-vous ? Il y en a des dizaines parmi lesquelles choisir. ❸ Il est triste et solitaire. – C'est parce que tout ce dont il parle c'est de tristesse et de solitude. ❹ L'artiste a rendu son dernier souffle il y a deux ans. ❺ J'aurais pu être une artiste célèbre. – Ah ouais ? J'en doute.

Exercise 2 – Fill in the missing words

❶ Elles parlaient peut-être le russe. – Peut-être bien.
They . . . . Russian. – . . . .

❷ Je pensais avoir vu Jim mais ça ne pouvait pas être lui. Il est en vacances.
I . . . . I saw Jim but it . . . . He's . . . .

❸ Il ne reste plus de tomates. Les invités ont dû tous les manger.
. . . . no tomatoes . . . . . The guests . . . . all.

❹ Pourquoi resterait-il à l'hôtel au lieu d'aller voir sa famille ?
. . . . in a hotel . . . . family?

❺ Jetez un coup d'œil à ce tableau. C'est à couper le souffle !
. . . . this painting. It's . . . . !

94

Ninety-fourth lesson

Late for the interview

1 – We're lost. I thought we were in Museum Street.
2 I should have [1] looked at the street names.
3 – You shouldn't have taken that short cut [2].
4 – But I thought it would save time!
5 – You ought to [3] have trusted [4] the satnav [5].
6 You'd better hurry: I'm supposed to be there in ten minutes' time [6].
7 – I'd better ask someone… Excuse me!
8 Can you tell us how to get to the business district?
9 – You're nowhere [7] near it, I'm afraid.

Corrigé de l'exercice 2

❶ – might have been speaking – Maybe so ❷ – thought – couldn't have been him – on holiday ❸ There are – left – must have eaten them – ❹ Why would he stay – instead of going to see his – ❺ Take a look at – breath-taking

Construite en 1897, la **Tate Gallery** *(qui porte le nom d'un magnat de l'industrie sucrière) fut pendant longtemps le temple de l'art moderne à Londres. En 2000, la* **Tate** *s'est dédoublée avec l'ouverture de la* **Tate Modern**, *installée dans une ancienne centrale électrique devenue un espace monumental dédié à l'art contemporain. L'ancien musée, renommé* **Tate Britain**, *se spécialise aujourd'hui dans l'art britannique depuis le XVI*e *siècle.*

Phase d'activation : 44e leçon

94

Quatre-vingt-quatorzième leçon

En retard pour l'entretien

1 – Nous sommes perdus. Je pensais que nous étions à Museum Street.
2 J'aurais dû regarder les noms de rue.
3 – Tu n'aurais pas dû prendre ce raccourci.
4 – Mais j'ai pensé que [cela] ferait gagner du temps !
5 – Tu aurais dû faire confiance au GPS.
6 Tu ferais mieux de [te] dépêcher : je suis censée être là dans dix minutes *(de temps)*.
7 – Je ferais mieux de demander à quelqu'un… Excusez-moi !
8 Pouvez-vous nous dire comment se rendre dans le quartier des affaires ?
9 – Je regrette mais vous en êtes loin *(nulle part proche de lui)*.

10 You'd better not [8] drive through the city.
11 You'd get lost because there are roadworks everywhere.
12 – Then what should I do? We can't afford [9] to be late.
13 – First of all, you oughtn't to [3] have come by car.
14 You should've left it in the car park and come on foot.
15 – Thanks a million! You're so helpful.
16 – Don't mention it. [10] □

Prononciation

1 … miouziiəm … 9 … noowair … 13 … ootənt …

Notes

1 Voici le passé de **should**, formé avec l'auxiliaire **have** et le participe passé du verbe principal. **You should have been more careful with your wallet**, *Vous auriez dû faire plus attention à votre portefeuille*. La contraction est **should've** et la forme négative est **should not have / shouldn't have** : **You shouldn't have done that**, *Tu n'aurais pas dû faire ça* (**You shouldn't have!** est aussi une formule de politesse utilisée lorsqu'on reçoit un cadeau : *Il ne fallait pas !*).

2 **a short cut** (parfois **a shortcut**), littéralement *"une courte coupe"*, est *un raccourci*. Il peut s'agir d'un chemin plus rapide : **This is a short cut to Museum Street**, *C'est un raccourci pour aller à Museum Street* ou bien d'une fonctionnalité informatique permettant une exécution plus rapide : **You should learn the keyboard shortcuts for this program**, *Tu devrais apprendre les raccourcis clavier pour ce programme*.

3 Voici la forme passée de **ought to** (leçon 78, note 6). Plus formelle (et plus longue) que **should**, cette formulation est aussi moins courante dans la langue parlée. Nous vous montrons la forme négative (phrase 13) mais **should not have** est plus courant.

4 **to trust** est l'un de ces verbes simples anglais qui se traduisent par une expression complexe en français : *faire confiance à / se fier à*, etc. **I don't trust him**, *Je ne lui fais pas confiance* (notez que la construction est di-

10 Vous feriez mieux de ne pas traverser la ville en voiture.
11 Vous [vous] perdriez car il y a des travaux partout.
12 – Alors, que dois-je faire ? Nous ne pouvons pas nous permettre d'être en retard.
13 – Tout d'abord, vous n'auriez pas dû venir en voiture.
14 Vous auriez dû la laisser sur le parking et venir à pied.
15 – Merci mille *(un million)* fois ! Vous êtes si aimable.
16 – De rien.

recte en anglais et ne nécessite pas de préposition comme c'est le cas en français : *faire confiance à / se fier à qqn*). On trouve néanmoins un écho en français avec le terme financier *un trust*, un fonds fiduciaire dont ce dernier mot vient du mot latin pour *la confiance*.

5 **satnav** (parfois **sat nav**) est un nom composé qui signifie *système de navigation piloté par satellite* et donc la contraction de **satellite navigation**, que nous traduisons par… un terme anglais : *GPS* (**global positioning system**).

6 Nous savons que le cas possessif peut être utilisé avec les expressions de temps (leçon 33, note 6). Dans certain cas, il est même possible de préciser le mot **time** : **Our guests arrive in two days' time**, *Nous invités arrivent dans deux jours*. Mais cet ajout n'est pas obligatoire et n'apporte aucune nuance : **Our guests arrive in two days** (dans ce cas, bien sûr, nous n'avons plus besoin de l'apostrophe du possessif).

7 Voir leçon 27, note 3. **Nowhere**, *nulle part*, s'emploie souvent dans l'expression **nowhere near**, qui indique un grand éloignement, soit physique : **You're nowhere near the business district**, *Vous n'êtes pas du tout près du quartier des affaires*, soit figuratif : **He's nowhere near ready**, *Il est loin d'être prêt*.

8 Voir leçon 78, note 10.

9 Le verbe régulier **to afford**, *se permettre*, se réfère aux moyens ou possibilités financiers ou physiques nécessaires à la réalisation d'un achat ou d'une action et s'utilise généralement avec **can**. Par exemple : **Can we afford a second-hand e-bike?** *Avons-nous les moyens d'acheter un vélo électronique d'occasion ?* ou **You can't afford to make any**

mistakes, *Tu ne peux pas te permettre de faire des erreurs*. Il existe un adjectif connexe : **affordable** et le négatif **unaffordable**, *abordable / inabordable* : **That new 3D printer is very affordable**, *Cette nouvelle imprimante 3D est très abordable*.

10 Le verbe régulier **to mention** signifie *mentionner / citer*. Mais **Don't mention it** – comme **You're welcome** (leçon 5, note 7) – est une ré-

***

Exercise 1 – Translate

❶ **We should have turned on the radio and listened to the news.** ❷ **Thanks a million. You're very helpful. – My pleasure.** ❸ **The appointment's at ten, so you'd better not be late.** ❹ **You can't afford a brand-new computer but a second-hand laptop is affordable.** ❺ **I've tried to learn the keyboard shortcuts but I'm too lazy (*f.*).**

***

Exercise 2 – Fill in the missing words

❶ Tu n'aurais pas dû traverser la ville en voiture. Nous sommes perdus.
You . . . . the city. We're . . . . .

❷ Nous ferions mieux de ne pas rester trop longtemps. Nous ne pouvons pas nous permettre d'être en retard.
. . . . too long. We . . . .

❸ J'ai bien peur que vous ne soyez loin du quartier des affaires.
I'm afraid . . . . the . . . .

❹ Les invités arrivent dans trois jours, alors nous ferions mieux d'être prêts.
The . . . . . . arrive . . . . so . . . . ready.

❺ Tu aurais dû te fier au GPS. Il y a des travaux partout.
**You . . . . the satnav. There are . . . .
. . . .**

ponse de politesse (*Je vous/t'en prie*). Dans le même registre, une autre réponse courante, et synonyme, est **My pleasure**. Notez que dans cette leçon, tant le remerciement que la réponse sont sarcastiques – écoutez attentivement l'enregistrement audio.

***

Corrigé de l'exercice 1

❶ Nous aurions dû allumer la radio et écouter les nouvelles. ❷ Merci mille fois. Vous êtes très aimable. – Je vous en prie. ❸ Le rendez-vous est à dix heures, vous feriez mieux de ne pas être en retard. ❹ Tu n'as pas les moyens pour un ordinateur tout neuf mais un ordinateur portable d'occasion est abordable. ❺ J'ai essayé d'apprendre les raccourcis clavier mais je suis trop paresseuse.

Corrigé de l'exercice 2

❶ – shouldn't have driven through – lost ❷ We'd better not stay – can't afford to be late ❸ – you're nowhere near – business district ❹ – guests – in three days' time – we'd better be – ❺ – ought to have trusted – roadworks everywhere

Phase d'activation : 45e leçon

95

Ninety-fifth lesson

A wrong number

1 – They say [1] the Lake District is lovely at this time of year.
2 – I'm sure it is, but there will be tourists everywhere.
3 – You [2] never know, we might get a last-minute deal [3]. Let's try.
4 – Hello. We're thinking [4] of visiting your area shortly and we'd like some advice about where to stay and what to do.
5 Could you tell me if there's any accommodation [5] available?
6 – There's a country inn in Coniston, with superb lake views.
7 People [1] tell me that the rooms are clean and comfortable.
8 – Have you got any idea how much they charge [6]?
9 – No. You'll have to get in touch with the owners directly.
10 – Do you happen [7] to know if they have a website?
11 – No, but I've got their phone number. Will that do? [8]
12 – Have you any idea whether they're open at Easter?
13 – It's the high season, so they're bound [9] to be.
14 We've [1] got masses of visitor attractions. You'll be spoilt for choice. [10]
15 – You wouldn't happen to have a list, would you?
16 – Actually, madam, our phone number has changed.
17 This is a shoe shop, not the tourist office. □

Quatre-vingt-quinzième leçon

Un faux numéro

1 – On dit que la Région des lacs est magnifique à cette époque de l'année.
2 – Je n'en doute pas, mais il y aura des touristes partout.
3 – On ne sait jamais, on peut trouver une offre de dernière minute. Laissons-nous tenter.
4 – Bonjour. Nous envisageons de visiter votre région prochainement et nous aimerions avoir des conseils sur [l'endroit] où loger et ce qu'il faut faire.
5 Pourriez-vous me dire s'il y a un hébergement disponible ?
6 – Il y a une auberge de campagne à Coniston, avec une vue superbe sur le lac.
7 On me dit que les chambres sont propres et confortables.
8 – Avez-vous une idée du prix de l'hébergement ?
9 – Non. Vous devez contacter directement les propriétaires.
10 – Savez-vous à tout hasard s'ils ont un site Internet ?
11 – Non, mais j'ai leur numéro de téléphone. Cela fera-t-il l'affaire ?
12 – Savez-vous s'ils sont ouverts à Pâques ?
13 – C'est la haute saison, donc ils le sont forcément.
14 On a une multitude *(des tas)* d'attractions touristiques. Vous aurez l'embarras du choix.
15 – Vous n'auriez pas une liste, par hasard, n'est-ce pas ?
16 – En fait, madame, on a changé de numéro de téléphone.
17 [Ici] c'est un magasin de chaussures, pas l'office du tourisme.

Prononciation
*5 … akomo**déé**chən … **13** … baound **14** … spoïlt …*

Notes

1 Voir leçon 34, note 10 (et rappelons que le pronom relatif **that/which** peut être omis s'il introduit le complément de la phrase). Cette leçon fait le point sur les différentes façons de contourner l'absence d'un pronom personnel indéfini en anglais courant (comme *on* en français). Nous savons que lorsque ce pronom désigne un groupe, il peut être traduit par **they** (comme ici), **people** (voir phrase 7) ou encore par **someone** : **Someone's asking for you**, *On vous demande*. Il est aussi possible d'utiliser **we** si la personne qui parle fait partie du groupe en question. Comparez la première phrase, où le locuteur est à l'extérieur du groupe, avec la phrase 14 (**We've got masses of visitor attractions**), où il en fait partie.

2 Si *on* se rapporte à n'importe quelle personne, il est généralement traduit par **you** : **You can never be sure**, *On ne peut jamais être sûr/certain*.

3 **a deal** signifie *un accord* (leçon 75, note 10) mais aussi, par extension et dans un contexte familier, *une bonne affaire / un bon plan* : **They have fantastic deals on their website**, *Ils ont des bons plans fantastiques sur leur site internet*.

4 Certains verbes, comme **to hear**, ne s'emploient pas à la forme progressive (leçon 35, section 1). En revanche, d'autres n'utilisent le progressif que dans certains contextes bien définis. C'est le cas de **to think**. Lorsque ce verbe s'emploie au sens propre (*penser*), c'est la forme simple qui s'impose : **I think you're right**, *Je pense que vous avez raison*. Mais quand **to think** signifie *considérer* ou *réfléchir*, la forme progressive est obligatoire : **We're thinking of visiting the lakes**, *Nous pensons* (c'est-à-dire "*nous sommes en train d'envisager la possibilité de*") *visiter les lacs*. Seule une poignée de verbes se comportent ainsi, et le contexte vous guidera dans la plupart des cas.

5 Dans un contexte général, **accommodation** (toujours au singulier en anglais britannique) signifie *un logement* ou *un/l'hébergement* : **We provide accommodation in comfortable rooms with air conditioning**, *Nous proposons hébergement avec des chambres confortables climatisées*.

6 Le sens général de **to charge** est *faire payer* : **That restaurant charges a fortune for its wines**, *Ce restaurant facture ses vins très cher*. Dans le commerce, on utilise **to charge** lorsqu'il s'agit du prix d'un service plutôt que d'un produit : **How much does that electrician charge?**, *Combien prend/facture cet électricien ?*

7 Nous connaissons déjà **to happen** (leçon 85, note 1). Mais dans les questions indirectes – qui sont très courantes en anglais, comme en témoigne cette leçon – le verbe n'a pas de sens propre mais traduit l'idée de *par hasard* : **Do you happen to know where he lives?** *Savez-vous où il habite, par hasard ?* Il est possible d'être encore plus poli en utilisant le conditionnel (voir phrase 15).

8 **to do** peut comporter la notion de *suffire*, surtout avec le temps futur : **You need the original; a photocopy won't do**, *Vous avez besoin de l'original ; une photocopie ne suffira pas*. Ici, la question **Will that do?** correspond à l'interrogation : *Est-ce que cela fera l'affaire ?* : **I don't have a credit card, only cash. Will that do?** *Je n'ai pas de carte de crédit, seulement des espèces. Ça ira ?*

9 **bound** est le participe passé de **to bind**, *ligoter* ou *contraindre*. Utilisé comme un adjectif (donc invariable) avec un infinitif, **bound** traduit la notion d'une action qui est sûre – presque "contrainte" – de se réaliser : **It's Saturday, so it's bound to rain!** *C'est samedi, donc il va fatalement pleuvoir !*

10 **to spoil**, *gâcher / gâter* : **That building spoils the view**, *Ce bâtiment gâche la vue*. Le participe passé, et donc l'adjectif, est **spoilt** : **a spoilt child**, *un enfant gâté*. **To be spoilt for choice** est une expression idiomatique : **There are dozens of cinemas in my town. – You're spoilt for choice**, *Il y a des dizaines de cinémas dans ma ville. – Tu as l'embarras du choix*. **To spoil** fait partie d'un petit groupe de verbes, comme **to learn**, *apprendre*, avec deux formes du prétérit : une terminaison en **-(e)d** ou en **-t** (voir la liste des verbes irréguliers en annexe pour plus de précisions).

Exercise 1 – Translate

❶ It's not easy to find good deals on accommodation in the winter. ❷ The hotel is bound to be open now. It's the high season. ❸ Someone asked me how much that plumber charges. Do you have any idea? ❹ We might get some good deals on Black Friday. You never know. ❺ I only have their email address. Will that do?

***

Exercise 2 – Fill in the missing words

❶ Elle n'aurait pas par hasard une carte de crédit, n'est-ce pas ?
She .... a credit card, ... ?

❷ Il y a des tas de choses à faire. Vos enfants auront l'embarras du choix.
There are .... Your kids ....

❸ On (*deux possibilités*) dit que la Région des lacs est charmante. – Je n'en doute pas.
...... / .... the Lake District is .... – ... .

❹ Je réfléchis à aller à l'université l'année prochaine. Qu'en penses-tu ?
... . to university next year. .... ?

96

Ninety-sixth lesson

Car rental [1]

1 – We'd better hire [1] a car when we go [2] to Coniston next week.
2 I reckon [3] we'll need one while we're [2] there.
3 – There are loads of car rental apps. Shall I [4] choose one?
4 – I prefer to talk to a human being whenever [5] possible. (...)

Corrigé de l'exercice 1

❶ Il n'est pas facile de trouver des bonnes affaires pour le logement en hiver. ❷ L'hôtel est forcément ouvert maintenant. C'est la haute saison. ❸ On m'a demandé combien facture ce plombier. Avez-vous une idée ? ❹ On pourrait faire de bonnes affaires pendant le Black Friday. On ne sait jamais. ❺ Je n'ai que leur adresse mail. Cela suffira-t-il ?

***

❺ L'adresse a changé. Connaîtriez-vous la nouvelle, par hasard ?
The .... the new one?

Corrigé de l'exercice 2

❶ – wouldn't happen to have – would she ❷ – masses of things to do – will be spoilt for choice ❸ People/They say that – lovely – I'm sure it is ❹ I'm thinking of going – What do you think ❺ – address has changed – Do you happen to know –

Phase d'activation : 46e leçon

96

Quatre-vingt-seizième leçon

Location de voiture

1 – Nous ferions mieux de louer une voiture lorsque nous irons *(allons)* à Coniston la semaine prochaine.
2 Je pense que nous en aurons besoin pendant notre séjour *(pendant-que nous sommes là)*.
3 – Il existe de nombreuses applis de location de voitures. Veux-tu que j'en choisisse une ?
4 – Je préfère parler à un être humain quand c'est possible. (...)

5 Hello, Bert's Rentals? I'd like to hire a car for the coming weekend.

6 – Certainly sir. What category are you interested in [6]?

7 – The least expensive. And I'd rather [7] have an automatic.

8 – I'm sorry but we only have manuals in Category A.

9 But we do have a special promotional offer for public holidays and weekends.

10 The rate includes three days' rental [8], insurance and unlimited mileage.

11 And no additional charges for extras like roof racks or child seats.

12 – What documents will I need to show when I pick up [2] the car?

13 – We can have it delivered [9] to your home or wherever [5] you're staying.

14 Either way, you'll need a full, valid UK [10] driver's licence, which must be clean [11].

15 We accept all major credit and debit cards, but I'd rather [7] you paid cash. □

Prononciation

*3 … loodz … 4 … wenne**v**ə … 8 … **mann**iouəlz … 10 … **maï**lədj*
*13 … wai**r**evə …*

Notes

1 Voir leçon 59, note 6. Le sens du nom **rental** est plus large que **rent**, *le loyer*. Il peut désigner l'objet loué : **Is this your car? – No, it's a rental.** *Est-ce votre voiture ? – Non, c'est une location*, auquel cas il peut se mettre au pluriel. Mais c'est aussi un adjectif : **There are several rental properties available in this street**, *Il y plusieurs propriétés à louer dans cette rue*.

5 Bonjour, Locations Bert's ? Je voudrais louer une voiture pour le week-end prochain.

6 – Certainement monsieur. Quelle catégorie vous intéresse *(dans)*?

7 – La moins chère. Et je préférerais avoir une automatique.

8 – Je suis désolée mais nous n'avons que des manuelles en catégorie A.

9 Mais nous avons une offre promotionnelle spéciale pour les jours fériés et les week-ends.

10 Le tarif comprend trois jours de location, l'assurance et le kilométrage illimité.

11 Et pas de frais supplémentaires pour les suppléments comme les barres de toit ou les sièges pour enfants.

12 – Quels documents devrai-je présenter lorsque je récupérerai la voiture ?

13 – Nous pouvons la faire livrer *(avoir elle livrée)* à votre domicile ou à l'endroit où *(où-que-ce-soit)* vous séjournez.

14 Dans tous les cas, vous aurez besoin d'un permis de conduire britannique complet et valide, qui doit être "propre".

15 Nous acceptons *(toutes)* les principales cartes de crédit et de débit, mais je préférerais que vous payiez en espèces.

2 Nous avons vu que le temps futur n'est pas employé, comme il l'est en français, dans une subordonnée commençant par **when** (leçon 41, note 4). Cette règle s'impose pour d'autres conjonctions temporelles comme **while**, *pendant que* (phrase 2), **as soon as**, *aussitôt que / dès que* : **I'll tell you as soon as I hear from her**, *Je te le dirai dès que j'aurai de ses nouvelles*. Cependant, lorsque **when** est un interrogatif, il peut être suivi du futur : **When will I hear from you ?** *Quand aurai-je de vos nouvelles ?*

3 Le sens principal du verbe régulier **to reckon** est *calculer / compter*. Mais en anglais courant, il est utilisé généralement comme un syno-

nyme de *considérer / penser* : **What time is it? – I reckon it must be late**, *Quelle heure est-il ? – Je pense qu'il est plutôt tard*.

4 **shall** est l'auxiliaire de la première personne du futur. Mais, comme nous vous le disions à la leçon 42, section 1, il est rarement utilisé dans cette fonction grammaticale dans la langue courante, notamment à cause des contractions **shall** et **will** qui se réduisent toutes les deux à **'ll**. En revanche, dans un registre soutenu, **shall** peut être utilisé dans une question, dans le sens de *dois-je.. ?* ou *voulez-vous que..?*: **Shall I give you the answer?** *Veux-tu que je te donne la réponse ?*.

5 **ever**, *jamais*, peut être utilisé comme un suffixe avec des conjonctions telles que **when**, **where**, **who** et **what**. Ces mots composés – qui n'existent pas en tant que tels en français – expriment la nuance *n'importe quand*, *où que ce soit*, *qui que ce soit*, *quel(le) que soit/quoi que ce soit* ou encore *peu importe*, etc. : **We'll provide you with whatever you need. You can call us whenever you want**, *Nous vous fournirons tout ce dont vous avez besoin. Vous pouvez nous appeler quand vous voudrez/n'importe quand*. Comme toujours, la traduction dépendra du contexte.

6 Rappelons que dans la langue parlée, les prépositions sont rejetées à la fin d'une question ou d'un énoncé : **This is the type of art I'm interested in**, *Ceci est le genre d'art auquel je m'intéresse* – plutôt que d'utiliser une tournure plus formelle (et correcte) comme... **the kind of art in which I am interested**, où le relatif et la préposition sont juxtaposés.

7 Nous connaissons **rather** dans le sens de *plutôt* (leçon 73, phrase 11). Mais associé avec **to be** au conditionnel, il est synonyme **to prefer**, le verbe qui le suit étant à l'infinitif nu : **I would rather take a taxi**, *Je*

***

Exercise 1 – Translate

❶ We'd like to rent a car for the coming week and we'd rather have an automatic. ❷ That's not their van. I reckon it's a rental. ❸ When will I hear from you? – When I get back from my business trip. ❹ This is the kind of thing in which we are interested. ❺ How much did your new TV cost? – I'd prefer not to say.

préférerais/aimerais mieux prendre un taxi. Pour la négation, il suffit de mettre **not** après **rather** : **How much did the ring cost? – I'd rather not say**. *Combien a coûté la bague ? – Je préférerais ne pas le/rien dire*.

8 Voir leçon 33, note 6 pour la forme possessive avec **'s**.

9 La forme causative est l'équivalent de *faire faire* en français. Il existe deux structures : active et passive. Cette dernière est composée d'un auxiliaire, souvent **have** (conjugué), suivi du participe passé du verbe. Le complément d'objet (nom ou pronom) se place entre les deux. **I'll deliver the package/it → I'll have the package/it delivered**. *Je livrerai le paquet/le livrerai → Je ferai livrer le paquet/le ferai livrer*. Nous ferons un point complet dans la leçon de révision.

10 Nous vous avions dit dans la note culturelle de la leçon 33 que l'abréviation **UK** est utilisée couramment pour désigner *le Royaume-Uni* (**United Kingdom**). Ce sigle s'emploie non seulement comme nom : **They no longer live in the UK**, *Ils/Elles n'habitent plus au Royaume-Uni* mais aussi comme adjectif : **She's a UK citizen**, *Elle est citoyenne du Royaume-Uni*.

11 Voir la note culturelle de fin de leçon.

Corrigé de l'exercice 1

❶ Nous aimerions louer une voiture pour la semaine prochaine et nous préférerions avoir une automatique. ❷ Ce n'est pas leur camionnette. Je pense que c'est une location. ❸ Quand aurai-je de vos nouvelles ? – Quand je rentrerai de mon voyage d'affaires. ❹ C'est le genre de chose qui nous intéresse. ❺ Combien a coûté votre nouvelle télévision ? – Je préfère ne pas le dire.

Exercise 2 – Fill in the missing words

❶ Ils nous donneront tout ce que nous voulons, quand nous le voulons, et où que nous soyons.
They'll give us .... we want, ... we want it, and .... we are.

❷ Quand [le] diras-tu à Julia? – Je lui dirai dès que je la verrai.
When .... Julia? – I'll .... her .... her.

❸ Nous aimerions mieux ne pas prendre de taxi. Nous préférerions marcher.
.... take a taxi. We .... walk.

❹ Ne vous inquiétez pas pour le colis. Nous le ferons livrer cet après-midi.
.... the package. They'll .... this afternoon.

❺ Voulez-vous que je lui (*à lui*) demande quel genre de vacances l'intéressent ?
.... what ...... holiday he's ....?

97

Ninety-seventh lesson

Clever or stupid?

1 – Yesterday got off to [1] an awful start – a real nightmare.
2 The hard drive of my damned laptop crashed just as I was finishing a big spreadsheet presentation.
3 A whole week's work went down the drain [2].
4 The machine was almost new. I'd barely [3] used the bloody [4] thing.

Corrigé de l'exercice 2
❶ – whatever – whenever – wherever – ❷ – will you tell – tell – as soon as I see – ❸ We would rather not – would prefer to – ❹ Don't worry about – have it delivered – ❺ Shall I ask him – kind of – interested in

Encore un petit mot sur la conduite. Vous verrez sûrement en Grande-Bretagne des véhicules portant une plaque blanche marquée d'un **L** *rouge. Il s'agit d'un dispositif de conduite accompagnée (le* **L** *signifiant* **Learner**, apprenant*). Pour passer le permis de conduire, le candidat a la possibilité, outre l'auto-école (qui n'est pas obligatoire), de se munir d'un* permis provisoire, **provisional licence**, *et de conduire un véhicule avec une personne qui détient un* "vrai" permis, **full licence** *jusqu'à ce qu'il estime qu'il est prêt à passer l'examen de conduite. Une fois le permis en poche, le nouveau conducteur peut, s'il le veut, afficher des* plaques *(***plates***) marquées d'un* **P** *vert (pour* **probationary**, probatoire*).*
Pour les infractions au **highway code** (code de la route*), la Grande-Bretagne a instauré un système à points similaire à celui en vigueur en France, sauf qu'au lieu d'avoir un capital de points qui diminue avec chaque infraction, on accumule des* **penalty points** *(*points de pénalité*). Donc* **a clean licence**, *("permis propre") est un permis qui n'est "entaché" d'aucun point de pénalité.*

Phase d'activation : 47e leçon

97

Quatre-vingt-dix-septième leçon

Malin ou stupide ?

1 – La journée d'hier a commencé de façon épouvantable – un vrai cauchemar.
2 Le disque dur de mon maudit ordinateur portable est tombé en panne *(s'est écrasé)* juste au moment où je terminais une grosse présentation sur un tableur.
3 Toute une *(entière)* semaine de travail est partie en fumée *(dans les égouts)*.
4 La machine était presque neuve. J'avais à peine utilisé ce satané machin *(l'ensanglantée chose)*.

5 I tried to get the hotline to help [5] me and get the thing repaired.
6 But they made me wait for hours [6].
7 In the end, I went back to the store where I'd bought [7] it.
8 It was far from user-friendly [8]!
9 The place was jam-packed [9], and none of the sales assistants had a minute to spare [10].
10 One guy even said: "We see the same problems each and every [11] day".
11 Worst of all, I hadn't made a backup copy of my work.
12 – Well, you know what they say, don't you?
13 Computers are stupid machines that can do very clever [12] things,
14 whereas computer users are clever people who can do very stupid things. □

Prononciation

*2 … damd … **spred**chiit … 3 … dréénn … 4 … **bair**lii … **bleu**dii … 8 … **iouzə-frennd**lii 9 … djamm-pakt … 13 … **klev**ə …*

Notes

1 Nous savons (leçon 73, note 7) que **to get off** signifie *descendre d'un véhicule*. Mais on utilise la construction [**to get off to** + adjectif + **start**] pour décrire comment quelque chose (un projet, une journée, etc.) *a démarré* : **The day got off to a terrible start: we ran out of coffee**, *La journée a très mal commencé ; nous nous sommes retrouvés à court de café*. Nous insistons une dernière fois sur l'importance d'apprendre toutes les prépositions avec les verbes à particule.

2 **a drain** vient directement du français (mais attention à la prononciation !) mais le sens est plus large : *un égout / une canalisation sanitaire*, etc. L'expression **to go down the drain** signifie *partir à vau-l'eau*.

5 J'ai essayé de demander à l'assistance téléphonique de m'aider et de faire réparer l'appareil *(la chose)*.
6 Mais ils m'ont fait attendre pendant des heures.
7 Finalement, je suis retournée au magasin où je l'avais acheté.
8 C'était loin d'être convivial !
9 L'endroit était bondé, et aucun des vendeurs n'avait une minute à [m'] accorder.
10 Un type a même dit : "On voit les mêmes problèmes *(chaque jour et)* tous les jours".
11 Le pire, c'est que je n'avais pas fait de copie de sauvegarde de mon travail.
12 – Eh bien tu sais ce qu'on dit, n'est-ce pas ?
13 Les ordinateurs sont des machines stupides qui peuvent faire des choses très intelligentes,
14 alors que les utilisateurs d'ordinateurs sont des gens intelligents qui peuvent faire des choses très stupides.

3 L'adjectif **bare** signifie *nu(e)* : **Don't walk on the beach in bare feet**, *Ne marchez pas pieds nus sur la plage*, et, par extension, *dépouillé*, *simple* : **Give me the bare facts of the story**, *Donnez-moi les faits bruts de l'affaire*. Dans cette acception, l'adverbe **barely** signifie *à peine* : **I barely know them**, *Je les connais à peine* (voir aussi **hardly** en leçon 38, note 4).

4 L'adjectif **bloody**, qui peut aussi se traduire par *fichu* ou *foutu*, vient de **blood**, *le sang* (voir la note culturelle de fin de leçon).

5 Une autre façon de former le causatif passif est avec **get** + infinitif complet (= avec **to**), avec le complément d'objet interposé : **I'll get the doctor to call you this afternoon**, *Je vais demander au docteur de vous appeler cet après-midi*.

6 Voici à présent la forme active du causatif, formée de **make**, un complément d'objet et l'infinitif nu : **The doctor made me wait for ages**, *Le médecin m'a fait attendre longtemps*. Dans cette structure, l'agent fait subir l'action à une autre personne. Rendez-vous à la leçon de révision pour de plus amples explications.

7 Nous ferons un point complet sur le plus-que-parfait (abordé en leçon 89, note 2) dans la leçon 98.

8 Le jargon informatique est bien trop vaste – et parfois trop éphémère – pour être traité dans cet ouvrage. Cependant, certaines expressions sont entrées durablement dans le langage courant. Par exemple, l'adjectif **user-friendly** ("amical à l'utilisateur") signifie *convivial*. D'autres termes, comme le verbe **to browse**, *feuilleter* (livre, etc.) ont pris un autre sens (*naviguer sur la Toile*).

9 Nous avons appris **jam** en leçon 61, note 9. L'adjectif familier **jam-packed** ("tassé-comme-de-la-confiture"), signifie *serré(e)s comme des... sardines*. Souvenez-vous de notre "confiture-de-voitures" : **traffic jam**, *embouteillage*.

10 L'adjectif **spare** dénote quelque chose dont on ne se sert pas ou que l'on garde en réserve : **You can sleep in the spare room**, *Vous pouvez dormir dans la chambre d'amis* (c'est-à-dire une chambre généralement inutilisée). Ainsi, **a spare tyre** est *un pneu de secours*. Nous pouvons aussi employer le verbe-racine dans des expressions telles que **I only have a few minutes to spare**, *Je n'ai que quelques minutes à [vous] consacrer*, ou encore **There's no time to spare**, *Il n'y a pas de temps à perdre*.

11 On confond parfois **each**, *chaque*, et **every**, *tout/tous* mais aussi *chaque*, selon le contexte. Le premier désigne individuellement chaque élément (personne, chose) d'un ensemble : **He said hello to each student personally**, *Il a dit "bonjour" à chaque étudiant personnellement*, alors que **every** se réfère à cet ensemble de façon collective : **Every day I get**

***

Exercise 1 – Translate

❶ I need to know the bare facts of the story. – I hardly know them. ❷ My day got off to a terrible start because I ran out of coffee. ❸ The day's work went down the drain when her hard drive crashed. ❹ The expression "You're all fingers and thumbs" means that you're not clever with your hands. ❺ I can't talk to you right now, I haven't got a minute to spare.

up at five in the morning, *Chaque jour je me lève à 5 heures du matin*. Les deux sont souvent interchangeables, mais pas toujours. Enfin, pour insister sur chaque élément dans le groupe ainsi que sur le groupe lui-même, on utilise les deux mots ensemble : **I think of her each and every day**, *Je pense à elle chaque jour et tous les jours*. Rendez-vous à la leçon 98.

12 Le sens principal de **clever** est *intelligent*, mais cet adjectif – comme beaucoup d'autres mots anglais d'origine germanique – est moins abstrait que son équivalent français, et possède un champ sémantique très large. Par exemple : **He's clever with his hands**, *Il est habile de ses mains* ; **That's a very clever plan**, *C'est un projet astucieux* ; ou encore **Cling film is a clever invention**, *Le film alimentaire est une invention ingénieuse*. L'usage permet aussi un degré d'ironie : **You think you're so clever!** *Et tu te crois si malin !*

***

Corrigé de l'exercice 1

❶ J'ai besoin de connaître les faits bruts de l'histoire. – Je les connais à peine. ❷ Ma journée a très mal commencé car je n'avais plus de café. ❸ Le travail de la journée est tombé à l'eau lorsque son disque dur a planté. ❹ L'expression "Vous êtes tout doigts et pouces" signifie que vous n'êtes pas habile de vos mains. ❺ Je ne peux pas vous parler maintenant, je n'ai pas une minute à perdre.

Exercise 2 – Fill in the missing words

❶ Nous avons essayé de nous faire aider par l'assistant et de faire réparer la machine.
We .... the .... and ..... the machine ....

❷ Je m'ennuie parce que j'entends les mêmes excuses chaque jour et tous les jours.
.... because I hear the same excuses ....

❸ Nous sommes retournés au magasin où nous avions acheté le cadeau de Mack, mais il était fermé.
We .... the shop where ...., but it was closed.

❹ Le docteur nous a fait attendre pendant trois heures, et je pouvais à peine me tenir debout.
The doctor .... three hours, and I .... stand.

❺ L'accident s'est produit juste au moment où je quittais le bureau.
The accident .... the office.

***

*En prise directe avec le langage courant, vous rencontrerez tôt ou tard les jurons (***swear words***). Dans cette leçon, par exemple, vous avez appris un des gros mots les plus courants en anglais britannique : l'adjectif* **bloody***, dont le sens littéral est "ensanglanté". Ce mot tient sa mauvaise réputation du fait qu'il s'agissait à l'origine d'une contraction de* **God's blood***, ou* le sang de Dieu. *Plutôt anodin*

98

Ninety-eighth lesson

Revision – Révision

1 Le passif

• Il se construit, comme en français, en mettant le verbe **to be** au même temps que le verbe actif et en y ajoutant son participe passé : **The Romans built the bridge**, *Les Romains construisirent le pont* →

Corrigé de l'exercice 2
❶ – tried to get – assistant to help us – to get – repaired – ❷ I'm bored – each and every day ❸ – went back to – we had bought Mack's present – ❹ – made us wait for – could barely – ❺ – happened just as I was leaving –

***

de nos jours, il peut néanmoins choquer certaines catégories de gens c'est pour cette raison que certains lui préfèrent le juron adouci **damned**, damné / maudit*). Tout le problème est : doit-on utiliser ce type d'idiome ? Notre réponse est claire : nous le déconseillons car il est très délicat de mesurer l'impact des jurons dans une autre langue, surtout si l'on n'en saisit pas encore toutes les subtilités culturelles. Par exemple, nous avons l'équivalent de* **God's blood** *en français (*bon sang*), mais la connotation n'est pas tout à fait la même. De même, le mot de Cambronne est beaucoup moins fort en français que sa traduction anglaise :* **shit**. *Enfin, l'utilisation d'un argot indique l'appartenance à un certain groupe à l'intérieur d'une communauté – or, l'apprenant est a fortiori quelqu'un de l'extérieur, du moins au début de son étude. Lorsque vous serez plus à l'aise en anglais, lorsque vous aurez vécu vous-même en milieu anglophone, vous serez capable de juger si tel ou tel mot est déplacé. En attendant, vous devez faire la distinction entre le familier, l'argotique et la grossièreté. C'est pour ça que nous nous sommes permis de glisser un mot sulfureux tout en vous déconseillant de l'utiliser, car, comme nous l'avons déjà dit, vos interlocuteurs autochtones, eux, ne s'en priveront pas !*

Phase d'activation : 48e leçon

98

Quatre-vingt-dix-huitième leçon

The bridge was built..., *Le pont fut construit...*
Lorsqu'il faut préciser l'agent, on utilise **by**, *par* :
The bridge was built by the Romans, *Le pont fut construit par les Romains.*

• La négation et l'interrogation se forment de manière régulière :
The bridge was not built by the Romans, *Le pont ne fut pas construit par les Romains.*

Was the bridge built by the Romans? *Le pont fut-il construit par les Romains ?*

• Pour la forme continue, il suffit d'ajouter **being** avant le participe passé :
We are being asked to help, *On nous demande d'aider.*

• Le passif est utile car il est employé souvent dans les contextes où le français emploie le pronom personnel indéfini *on* (voir ci-dessus ainsi qu'en leçon 84, section 4). C'est surtout le cas si l'agent n'est pas important (ou connu) :
I've been asked to play next week, *On m'a demandé de jouer la semaine prochaine.*
Her car is being repaired, *Sa voiture est en cours de réparation.*

• Par ailleurs, la forme passive est employée dans des contextes formels, par exemple dans un magasin :
Are you being served? *On s'occupe de vous ?*
et, naturellement, sur les panneaux publics :
French spoken (contraction de **French is spoken**), *Ici on parle français.*
Smoking prohibited (contraction de **Smoking is prohibited**), *Défense/Interdit de fumer.*
ou encore **Keys cut while you wait** ("Clés découpées pendant-que vous attendez") c'est-à-dire *Clés-minute*

Le passif est aussi utilisé – comme en français – dans les textes techniques ou scientifiques, quand l'action prime sur l'agent :
A flask was placed on the desk. Another flask was placed on top of it. A little water was poured into the first flask and the weight was measured, *On a placé une fiole sur le bureau. Une autre fiole a été placée par-dessus. Un peu d'eau a été versée dans la première fiole et le poids a été mesuré.*

Ceci dit, il n'y a pas de règles bien définies pour remplacer telle tournure française systématiquement par le passif. Nous vous donnons ici les principales pistes. Le mécanisme se mettra naturellement en place progressivement.

2 Le plus-que-parfait

• Formé avec **had** et le participe passé à toutes les personnes à l'affirmatif, le **pluperfect** s'emploie comme le **present perfect**, mais au passé. Suivant le contexte, il est traduit par plusieurs temps verbaux en français :

– l'imparfait :
When I arrived, the ferry had just left, *Quand je suis arrivé(e), le ferry venait de partir.*

– le plus-que-parfait, c'est-à-dire pour parler, dans le passé, d'une action antérieure :
We took the smartwatch back to the shop where we had bought it, *Nous avons rapporté la montre connectée au magasin où nous l'avions achetée.*
I gave her the present I had bought on Tuesday, *Je lui ai donné le cadeau que j'avais acheté mardi.*

– le passé antérieur :
After we'd finished lunch, we felt much better, *Après que nous eûmes fini le déjeuner, nous nous sentîmes beaucoup mieux.*

• Il existe une forme continue (ou progressive), que l'on utilise le plus souvent avec **for** et **since**, comme pour le **present perfect**.
I had been living in Glasgow for three years before I went to a museum for the first time, *J'ai habité Glasgow pendant trois ans avant de visiter un musée pour la première fois.*

• Notez aussi qu'on emploie le passé antérieur lorsque le verbe en question n'a pas de forme progressive :
We had known them for ages, *Nous les connaissions depuis des lustres.*

• Enfin, les formes négative et interrogative se construisent de manière régulière :
When I got back from the shops, he still hadn't moved, *Lorsque je suis rentré(e) des courses, il n'avait toujours pas bougé.*
Had you worked in a big company before you joined ComSys? *Aviez-vous travaillé dans une grande société avant de venir chez ComSys ?*

Il existe une forme interro-négative, mais elle s'emploie rarement dans la langue courante.

3 Le passé du conditionnel

• Pour tous les verbes, sauf les modaux, il se forme avec l'auxiliaire conditionnel (**would**) + **have** suivi du participe passé. Voici deux exemples, l'un avec un verbe régulier, l'autre avec un irrégulier :
We would have invited her, *Nous l'aurions invitée.*
I would have bought the new-generation laptop but it was too expensive, *J'aurais acheté l'ordinateur portable de dernière génération mais il était trop cher.*
Faites attention : même si le verbe français se forme avec *être* au passé, nous employons systématiquement **have** en anglais :
We would have come, *Nous serions venus.*

• Les formes négative, interrogative et interro-négative sont régulières :
I wouldn't have invited her, *Je ne l'aurais pas invitée.*
Would you have bought that laptop? *Auriez-vous acheté cet ordinateur portable ?*
Wouldn't he have been ideal for the movie? *N'aurait-il pas été idéal pour le film ?*

• Si nous ajoutons une proposition avec **if** + verbe, ce dernier doit être au plus-que-parfait :
I would have bought that boat if I had been rich, *J'aurais acheté ce bateau si j'avais été riche.*
We would have come if you had invited us, *Nous serions venus si vous nous aviez invités.*

• Le passé du conditionnel s'emploie pour spéculer sur un événement hypothétique :
We wouldn't have had an accident if you had stopped at the roundabout, *Nous n'aurions pas eu d'accident si tu t'étais arrêté au rond-point.*

Notons enfin qu'il est possible d'utiliser **should** dans de pareilles circonstances :
You should have stopped at the roundabout, *Tu aurais dû t'arrêter au rond-point.*

4 Les structures causatives

Dans une phrase causative, le sujet est l'initiateur d'une action mais n'en est pas l'auteur. En français, ce type de phrase se construit généralement avec *faire faire* ; en anglais, on utilise principalement **make** ou **have** (souvent remplacé par **get**), suivi d'un infinitif nu ou complet (avec **to**). Et, contrairement au français, il existe une distinction entre l'actif et le passif.

• **to make** + objet + infinitif nu
La construction active permet d'exprimer soit une relation de cause à effet, soit une contrainte :
You make me very happy, *Tu me rends très heureux.*
Hurry up, don't make them wait, *Dépêchez-vous, ne les faites pas attendre*.
Dans ce type de construction, **make** ne peut pas être remplacé par **get**.

• **to have / get** + objet + participe passé
Avec cette construction passive, le sujet fait effectuer une action par un tiers :
They're having the living room painted, *Ils/Elles font peindre le salon.*
I get my eyes checked every six months, *Je me fais contrôler les yeux tous les six mois.*
We had/got the hard disc replaced, *Nous avons fait remplacer le disque dur.*

• **to get** + l'objet + infinitif complet
Il est aussi possible d'exprimer la notion de contrainte, en utilisant un nom ou un pronom après **get** (**to make** ne peut être utilisé ici). Dans ce cas, la traduction française se passe souvent de *faire faire* :
I'll get him to call you when he returns, *Je lui dirai de vous appeler quand il reviendra.*
We got the store to replace the hard disc, *On a obtenu du magasin qu'il remplace le disque dur.*

Il existe d'autres tournures causatives, ainsi que certaines exceptions à ces règles, mais les trois formes ci-dessus couvrent l'essentiel de nos besoins.

5 Suppositions (formes passées)

Nous savons que **may** exprime une éventualité (leçon 48, note 3) et que **might** a le même sens, mais avec une connotation de moindre probabilité (leçon 79, note 1). Voyons maintenant comment on peut utiliser ces mots, ainsi que **could**, pour formuler des suppositions. Cette construction se traduit généralement en français par *Il se peut que…* :
The artist could be trying to express his loneliness, *Il se peut que l'artiste essaie d'exprimer sa solitude.*

• **could** peut être remplacé par **may** :
The artist may be trying to express his loneliness.

• Si cette possibilité est plus ténue, nous employons **might** :
It might be a self-portrait, *Il se peut que ce soit un autoportrait.*

• Et si on n'est vraiment pas sûr, on rajoute **even** :
It might even be a photo, *Il se pourrait même que ce soit une photo.*
Maintenant, mettons ces mêmes tournures au passé :
The artist could have been trying to express his loneliness.
The artist may have been trying to express his loneliness.
The artist might have been trying to express his loneliness.
The artist might even have been trying to express his loneliness.

Dans ce contexte, **might have** peut s'employer dans un conditionnel passé, car il s'agit d'une spéculation :
If you hadn't started that company, we might have been rich, *Si tu n'avais pas fondé cette société, nous aurions peut-être été riches.*

Surtout, ne vous inquiétez pas si ces phrases paraissent compliquées, avec leurs **have had**, et autres **might have been**. Le plus important, c'est de maîtriser la construction de base. Partant de là, vous pouvez élaborer des énoncés plus ou moins complexes. Et ne croyez pas qu'un anglophone "de souche" ne fait jamais de fautes de grammaire…!

6 La forme impersonnelle (II)

Faisons un dernier point sur l'une des spécificités les plus difficiles à maîtriser : l'absence d'un pronom personnel indéfini à la troisième personne du singulier. Nous savons que les pronoms **you** et **they**, ainsi que le nom générique **people**, peuvent tous traduire *on* (leçon 84, section 4). Voici trois autres façons de pallier ce manque à l'aide du passif :

• La forme passive s'emploie lorsque le complément est plus important que le sujet :
The town centre has been rebuilt, *On a reconstruit le centre-ville.*
My wallet has been stolen, *On a volé mon portefeuille / Je me suis fait voler mon portefeuille.*

Dans chacune de ces phrases, le passif permet de mettre en avant l'élément le plus important (**town centre**, **wallet**), d'autant plus que l'agent ayant effectué l'action est passé sous silence. Cette règle s'applique aussi à une phrase comme **I was asked to write an article for the blog**, *On m'a demandé de rédiger un article pour le blog* (la personne ayant effectué cette demande n'est pas mentionnée car son identité n'est pas pertinente).

• Le passif impersonnel permet de faire une remarque d'ordre général :
It is said that the British are very divided, *On dit que les Britanniques sont très divisés.*
It has been noticed that certain photos are being shared online, *On a remarqué que certaines photos sont partagées en ligne.*

• Si *on* est utilisé comme un synonyme de *quelqu'un*, il est traduit par **someone** ou **somebody** accompagnés du passif :
Someone has sent you another email, *On t'/vous a envoyé un autre mail.*
Somebody's calling you, *On t'/vous appelle.*

Rappelons, enfin, que *on* peut être traduit par **one**, mais que ce pronom est très formel. Il est notamment considéré comme un marqueur de classe sociale : dans un contexte quotidien, une phrase comme **One cannot succeed unless one tries**, *On ne peut réussir que si l'on essaie* semblerait pompeux et serait remplacée par **You can't succeed unless you try**. En revanche, pour un membre de la haute société, une telle construction serait tout à fait normale. Tout est donc une question de contexte.

Revision dialogue

1 – "London was founded by the Romans more than a dozen centuries ago.
2 It could have remained a small village for thousands of years
3 but it began to grow when it was chosen by King William as his capital.
4 Disaster struck when the city was hit by a terrible fire and then a plague.
5 It was rebuilt and grew to become one of the world's leading capitals.
6 They say that a person is tired of life if they are tired of London.
7 It is also said that a bad day in London is a better day than anywhere else.
8 There are dozens of attractions to choose from, including the London Eye."
9 – Do you happen to know when the Tower of London was built?
10 – I'm afraid I don't. I ought to have learnt more about the history of the city.
11 I know that I should have made an effort, but I never had time.
12 But I've got a couple of books here. Will that do?
13 – Never mind. I'd rather call one of the tourist offices.
14 There are so many of them that I'll be spoilt for choice.

15 One of them is bound to be open – unless their phone numbers have changed.
16 They will be able to tell me whatever I need to know.
17 – I know someone who can help. I'll get him to call you this afternoon.

Traduction

1 "Londres fut fondée par les Romains il y a plus d'une douzaine de siècles. **2** Elle aurait pu rester un petit village pendant des milliers d'années **3** mais elle commença à grandir lorsqu'elle fut choisie comme capitale par le roi Guillaume. **4** Un désastre se produisit lorsque la ville fut frappée par un terrible incendie, puis par la peste. **5** Elle fut reconstruite et se développa pour devenir l'une des principales capitales du monde. **6** On dit qu'une personne est fatiguée de la vie si elle est fatiguée de Londres. **7** On dit aussi qu'une mauvaise journée à Londres est une meilleure journée que n'importe où ailleurs. **8** Il y a des dizaines d'attractions parmi lesquelles choisir, y compris le London Eye." **9** Savez-vous par hasard quand la Tour de Londres a été construite ? **10** J'ai bien peur que non. J'aurais dû apprendre davantage sur l'histoire de la ville. **11** Je sais que j'aurais dû faire un effort, mais je n'ai jamais eu le temps. **12** Mais j'ai quelques livres ici. Cela fera-t-il l'affaire ? **13** Ce n'est pas grave. Je préfère appeler l'un des offices de tourisme. **14** Il y en a tellement que j'aurai l'embarras du choix. **15** L'un d'eux est forcément ouvert, à moins que leurs numéros de téléphone aient changé. **16** Ils pourront me renseigner sur tout ce que j'ai besoin de savoir. **17** Je connais quelqu'un qui peut aider. Je vais lui demander de vous appeler cet après-midi.

Dans les deux dernières leçons, nous allons vous donner quelques indications qui vous aideront à poursuivre votre étude. Comme d'habitude, nous ne dressons pas une liste rébarbative de choses à apprendre ; nous essayons de vous indiquer la bonne direction pour la suite.

Phase d'activation : 49e leçon

Ninety-ninth lesson

A short getaway [1] in the UK

1 – This is go-uk.com, the top digital travel guide [2] for people visiting Britain.
2 If you're a first-time visitor to our country, you'll be totally amazed.
3 From stately homes to awesome [3] clubs, from gentle countryside to buzzing [4] cities,
4 as well as [5] vibrant culture: we've got everything you can think of [6].
5 Visit our Q&A section to find out what travellers really think.
6 But however [7] you travel, whatever you do, wherever you go,
7 and whoever you see, we hope you enjoy your stay in the wonderful UK.
8 Now it's time for your questions. Over to you.
9 – Is it possible to walk from Salisbury to Stonehenge?
10 – You can if you want, but it's a good twenty miles or so.
11 It's better to rent a bike, book a taxi or take the hop-on hop-off [8] bus.
12 – Where's the best place to party [9] in Manchester?
13 – The city's the clubbing [9] capital of Britain. Check out [10] Plug, near the canal.
14 – We're coming to England in June and neither my wife nor my son has [11] been before.

Quatre-vingt-dix-neuvième leçon

Une brève escapade au Royaume-Uni

1 – Voici go-uk.com, le meilleur guide de voyage numérique pour les personnes visitant la Grande-Bretagne.
2 Si c'est la première fois que vous visitez notre pays, vous serez totalement stupéfait.
3 Des demeures seigneuriales aux clubs géniaux, de la douce campagne aux villes animées,
4 ainsi qu'une culture dynamique : nous avons tout ce dont vous pouvez rêver *(penser à)*.
5 Visitez notre rubrique questions-réponses pour découvrir ce que les voyageurs pensent vraiment.
6 Mais quel que soit votre voyage, quoi que vous fassiez, où que vous alliez,
7 et qui que vous voyiez, nous espérons que vous profiterez de votre séjour dans notre merveilleux pays *(UK)*.
8 C'est maintenant l'heure de vos questions. C'est à vous !
9 – Est-il possible de marcher de Salisbury à Stonehenge ?
10 – Vous pouvez si vous voulez, mais il y a une bonne vingtaine de miles [trentaine de kilomètres].
11 C'est mieux de louer un vélo, réserver un taxi ou prendre le bus avec montée et descente libres.
12 – Quel est le meilleur endroit pour faire la fête à Manchester ?
13 – La ville est la capitale britannique des boîtes de nuit. Allez voir Plug, près du canal.
14 – Nous venons en Angleterre en juin et ni ma femme ni mon fils n'y sont allés auparavant.

15 What do you recommend? What are the unmissable [12] sights and the must-do [13] things?

16 – What a tough question! Surely, you must have [13] read a few guidebooks?

17 Tell me what you like, I'll tell you where to find it – and you pay for the drinks. Cheers! [14] □

Prononciation

*1 … gaïd … 3 … **oo**ssəm … 4 … **vaï**brənt … 5 … kiou-annd-éé …*
*9 … **soolz**bərii … stoon**Henndj** 15 … eunn**mis**ebel …*

Notes

1 Nous avons vu **to get away**, *s'échapper / s'éloigner* (leçon 50, phrase 2). En voici le substantif : **a getaway**. Dans le domaine touristique, ce terme est utilisé couramment dans le sens d'*une escapade / des vacances courtes*, etc. : **Planning an Easter getaway? Why not visit Yorkshire?** *Vous prévoyez une escapade à Pâques ? Pourquoi ne pas visiter le Yorkshire ?* Le contexte est très important car ce nom peut aussi désigner une *fuite* après un crime : **The robbers made their getaway on a motor scooter**, *Les voleurs ont pris la fuite en scooter*.

2 L'adjectif **digital**, *numérique*, vient de **a digit**, *un chiffre*. (Une autre signification, et la racine étymologique, est **a finger**, *un doigt*). Dans ce contexte, le préfixe **e-** (pour **electronic**, *électronique*) désigne une activité ou un produit s'appuyant sur les réseaux informatiques, notamment Internet : **an e-guide**, *un guide touristique en ligne*, **an e-book**, *un livre électronique*, etc.

3 Le nom abstrait **awe** (prononcé comme **or**) signifie *le respect mêlé de crainte* et en contexte : **She was always in awe of her grandfather**, *Elle était toujours en admiration intimidée devant son grand-père*. L'adjectif dérivé **awesome** traduit cette notion de quelque chose d'imposant. Mais en anglais moderne, influencé par l'américain, le sens est plutôt argotique : *Génial*, *Super*, etc. **How was the show? – Awesome.** *C'était comment, le spectacle ? – Génial !*

4 **buzz**, comme **cool**, s'est francisé depuis quelques temps. Mais le sens propre (et onomatopéique), *le bourdonnement* (abeilles, etc.), s'applique

15 Que nous recommandez-vous ? Quels sont les sites incontournables et les choses à faire absolument ?

16 – Quelle question difficile ! Vous avez sûrement lu quelques guides touristiques ?

17 Dites-moi ce que vous aimez, je vous dirai où le trouver...et vous payez à boire !

d'abord à *une activité grouillante* (comme dans notre dialogue) plutôt qu'au dernier cri mondain.

5 **as well as**, *ainsi que* : **He likes novels as well as comics**, *Il aime les romans ainsi que les bandes dessinées*. Cette construction met en relation deux noms, et **as well as** est tout simplement synonyme de **and** (**He likes novels and comics**). Elle est utilisée surtout avec une série de noms ayant tous la même valeur dans la phrase : **He likes jazz, pop and classical music as well as hip-hop**, *Il aime le jazz, la musique pop et la musique classique ainsi que le hip-hop*. Cependant, il y un petit risque de confusion car **as well as** se traduit aussi par *aussi bien que*. Donc une phrase comme **She speaks French as well as Italian** peut signifier non seulement *Elle parle français ainsi qu'italien*, mais aussi *Elle parle français aussi bien qu'italien*. Regardez bien le contexte et évitez d'utiliser **as well as** lorsque **and** tout seul suffirait.

6 Voir leçon 96, note 6. Comparez avec la phrase 5, où **think** est employé sans COD et, partant, sans **of**.

7 Nous connaissons **whatever**, **wherever**, **whoever**, etc. (leçon 96, note 5). **However** est un cas à part : bien qu'il fasse partie de cette catégorie (**However you travel, road safety is vital**, *Peu importe comment vous voyagez, la sécurité routière est essentielle*), c'est aussi un adverbe dont le sens est *cependant* ou *toutefois* (voir leçon 92, phrase 7).

8 **to hop**, *sautiller / sauter à cloche-pied*. Mais accompagné d'une préposition (ou particule), le verbe change de sens : **There's no need to take a plane. Just hop on the train**, *Il n'est pas nécessaire de prendre l'avion. Il suffit de sauter/monter dans le train*. Dans les transports en commun, **a hop-on hop-off service** est *un service de bus avec montée et descente libre aux arrêts* (ou *un service "hop-on, hop-off"* : certain termes sont adoptés en français car l'économie des mots est significatif !)

9 En anglais courant, le nom **a party**, *une fête* (vu de nombreuses fois depuis la leçon 8), est devenu un verbe : **to party**, *faire la fête* : **I love partying**, *J'adore faire la fête*. Un phénomène similaire se trouve avec **a club**, *un club*, qui permet de faire un verbe **to go clubbing**, *aller en boîte (de nuit)*. Faites attention à cette fluidité grammaticale, qui n'est pas systématique.

10 Nous connaissons **to check**, *vérifier*, ainsi que **a checkout**, *une caisse de supermarché* (leçon 65, note 9). À l'hôtel, **to check out** veut dire *quitter (et régler) la chambre* : **We have to check out before noon**, *Il faut qu'on quitte la chambre avant midi*. Dans un contexte familier, **to check out** signifie *jeter un coup d'œil à / essayer / viser*, etc. : **Let's check out that new club near the station**, *Essayons ce nouveau club près de la gare*.

11 En "bon" anglais, le verbe qui suit **neither** doit être au singulier. **Neither Andy nor Bob has any money**, *Ni Andy ni Bob n'a/n'ont de l'argent*. Cependant, comme ce type de construction fait toujours référence à plus d'une personne, l'anglais courant admet souvent un verbe au pluriel. Mais soyons puristes et utilisons le singulier, d'autant plus que cet usage familier n'est pas universellement accepté.

12 L'anglais étant une langue très malléable, il est facile de "fabriquer" des mots à partir d'un verbe ou d'un nom, et si ces néologismes ne sont pas toujours acceptés, ils sont néanmoins compréhensibles. Ainsi, **to miss**, *manquer*, **missable**, *ce qui peut (se) manquer* et enfin **unmissable**, *qui ne doit pas être raté / immanquable* : **This movie is unmissable**, *Ce film est un must !* Dans le même ordre d'idées, le verbe **must do**, *devoir faire*, peut devenir un adjectif : **Hampton Court is a must-do sightseeing trip when visiting London**, *Hampton Court est une visite incontournable lors d'un séjour à Londres*. Un autre adjectif très à la mode est **go-to** : **Your cheesecake recipe is my go-to dessert**, *Ta recette*

***

Exercise 1 – Translate

❶ You can dress however you want. However, you must look smart. ❷ This is my go-to recipe for cheesecake. You'll love it. ❸ Just hop on the train and you'll be in London in less than an hour. ❹ Why not check out Plug? It's a cool place to go clubbing and partying. ❺ That's all from me today. Over to you, Steve. Cheers.

de gâteau au fromage est mon dessert préféré. Ce mot branché désigne "quelque chose vers laquelle on se dirige (**go to**) par préférence ou prédilection".

13 Nous avons déjà vu (leçon 73, note 2) la tournure [**must have** + participe passé], qui dénote une supposition (rappelons que le passé de **must** est **had to**). Comparez **I had to buy a guidebook**, *J'étais obligé d'acheter un guide touristique* et **He must have bought a guidebook**, *Il a dû certainement acheter un guide* (= je pense qu'il y a de fortes chances qu'il en ait acheté un). Comme vous connaissez bien ces structures maintenant, cette petite embûche ne devrait pas vous poser de problèmes.

14 **Cheers!** est équivalent à notre *Santé !* Le verbe **to cheer** signifie *applaudir en poussant des hourras* : **The fans cheered as the team got off the plane**, *Les supporters ont applaudi lorsque l'équipe est descendue de l'avion*. Ici, il s'agit du bruit fait par des voix plutôt que par le battement des mains. Dans l'anglais familier, **Cheers** s'emploie aussi bien pour *merci* : **Cheers mate**, *Merci, mon pote*, que pour *au revoir* : **Right I'm off. Cheers**, *Eh bien je m'en vais. Salut*. Bien sûr, nous vous déconseillons d'utiliser de telles tournures familières, mais il est important de les reconnaître.

Corrigé de l'exercice 1

❶ Peu importe comment tu t'habilles. Cependant, tu dois être élégant. ❷ Voici ma recette préférée de gâteau au fromage. Vous allez l'adorer. ❸ Il suffit de sauter dans le train et vous serez à Londres en moins d'une heure. ❹ Pourquoi ne pas aller voir Plug ? C'est un endroit sympa pour aller en boîte et faire la fête. ❺ C'est tout pour moi aujourd'hui. C'est à toi, Steve. Salut.

Exercise 2 – Fill in the missing words

❶ J'avais oublié cette chemise. J'ai dû l'acheter l'année dernière en soldes.
I .... that ...... I .... it last year in ....

❷ Ni Andy ni Bob n'ont [*deux possibilités*] d'argent. - Et vous ?
.... Andy ... Bob ... / .... money. – .... you?

❸ Il n'y a plus de bus. C'est mieux de prendre un taxi.
.... buses. .... a taxi.

❹ Quelles sont les choses incontournables et les attractions à ne pas manquer ? C'est une question difficile.
What are .... things and the .... sights?
.... question.

❺ Elle aime les demeures seigneuriales, les châteaux et les monuments, ainsi que les clubs et les bars.
She likes ...., castles and monuments, ... clubs and bars.

100

One hundredth lesson

Bye for now

1 – Well done! [1] You've reached the last lesson of the course, all on your own [2].
2 From now on, it should be plain sailing [3] all the way.
3 – Obviously, you can't expect to speak fluent English after a few months of part-time study.
4 But you have learned [4] the basic structures and vocabulary; you know a bit about British culture;
5 and you can certainly get by [5] in most everyday situations.
6 – What's crucial now is to consolidate your knowledge.

Corrigé de l'exercice 2

❶ – had forgotten – shirt – must have bought – the sales ❷ Neither – nor – has/have any – What about – ❸ There are no more – It's better to take – ❹ – the must-do – unmissable – That's a tough – ❺ – stately homes – as well as –

Temple druidique, lieu de sacrifices ou système de balises d'atterrissage pour les extra-terrestres, nul ne connaît vraiment la finalité de **Stonehenge***, un* cromlech *(***henge***) de pierres monumentales construit entre 3 000 et 1 600 ans av. J.-C. Toujours est-il que ce monument, situé à une quarantaine de kilomètres de Salisbury, dans le sud-ouest de l'Angleterre, est un endroit à la fois mystérieux et captivant qui vaut le déplacement.*

Phase d'activation : 50e leçon

100

Centième leçon

Au revoir pour le moment

1 – Bravo ! Vous avez atteint la dernière leçon du cours, tout(e) seul(e).
2 À partir de maintenant, tout devrait aller comme sur des roulettes.
3 – Évidemment, vous ne pouvez pas vous attendre à parler couramment l'anglais après quelques mois d'étude à temps partiel.
4 Mais vous avez appris les structures et le vocabulaire de base ; vous connaissez un peu la culture britannique ;
5 et vous pouvez certainement vous débrouiller dans la plupart des situations quotidiennes.
6 – Ce qui est crucial maintenant, c'est de consolider vos connaissances.

7 Remember: practice makes perfect, so practise [6] on a regular basis [7].
8 – Pick up the book every day and read a sentence, a paragraph or, better still, a whole lesson.
9 Read an exercise out loud, listen to the dialogues and revise your irregular verbs.
10 – In short, keep in touch with the language.
11 – By reading papers and magazines, watching series and movies, surfing the web,
12 using social media, taking every opportunity to speak English,
13 – and above all, not worrying about making mistakes,
14 you'll very quickly feel totally at ease in this rich, wonderful and useful language.
15 – For [8] English truly is the language of the world. □

Prononciation

*7 … **prak**tiss … **prak**tiss … 12 … **mii**diə … 14 … iiz …*

Notes

1 **done** est, bien sûr, le participe passé de **to do**, vu à plusieurs reprises depuis la leçon 78. Dans un registre idiomatique, l'exclamation **Well done!** est utilisée pour féliciter : **I won first prize. – Well done!** *J'ai gagné le premier prix ! – Bravo !* Mais si vous commandez une viande au restaurant, **well done** signifie *bien cuit*.

2 Nous savons (leçon 75, note 8) que l'adjectif **own** signifie *propre* (à soi) : **This is my own opinion**, *C'est ma propre opinion*. Si vous faites quelque chose **on your own**, vous le faites *seul* ou *indépendamment* : **She doesn't want help. She can do the job on her own**, *Elle ne veut pas de l'aide ; elle peut faire le travail toute seule*.

3 L'adjectif **plain** signifie *simple / ordinaire* : **Please use plain language, not technical jargon**, *Veuillez utiliser un langage clair et simple, et non*

7 Souvenez-vous : c'est en forgeant qu'on devient forgeron, alors entraînez-vous régulièrement.
8 – Prenez le livre chaque jour et lisez une phrase, un paragraphe ou, mieux encore, une leçon entière.
9 Lisez un exercice à voix haute, écoutez les dialogues et révisez vos verbes irréguliers.
10 – En bref, restez en contact avec la langue.
11 – En lisant des journaux et des magazines, en regardant des séries et des films, en naviguant sur internet,
12 en utilisant les réseaux sociaux, en profitant de chaque occasion pour parler anglais
13 – et surtout, sans craindre de faire des erreurs,
14 vous vous sentirez très vite totalement à l'aise dans cette langue riche, merveilleuse et utile.
15 – Car l'anglais est vraiment la langue du monde.

un jargon technique. Ainsi **plain sailing** ("navigation simple") décrit *un parcours sans heurts* : **Once you've passed the entrance exams, university's plain sailing**, *Une fois que vous avez réussi les examens d'entrée, les études universitaires se passent comme sur des roulettes*.

4 **to learn** fait partie de ces verbes avec deux participes passés, l'un régulier (**learned**), l'autre irrégulier (**learnt**). Il n'y a aucune différence de sens (voir leçon 95, note 10).

5 **to get by**, *se débrouiller* : **Now I know enough English to get by**, *Maintenant, je connais suffisamment l'anglais pour me débrouiller*. Et c'est vrai !

6 En anglais britannique, le nom **practice**, *la pratique*, devient **practise** lorsqu'il s'agit du verbe *pratiquer / mettre en pratique* (voir leçon 59, phrase 1). En américain, par contre, **practice** est utilisé pour les deux fonctions grammaticales. Il n'y a aucune différence de prononciation. Relisez le paragraphe "L'anglais britannique vs l'américain" dans l'Introduction.

7 Même si on vante le caractère direct et sans ambages de l'anglais, nul n'est à l'abri de l'inflation verbale ! Ainsi, **on a regular basis** est synonyme de **regularly**, *régulièrement*, et exige quatre mots au lieu d'un, pour dire la même chose. Cette tournure **on a** [+ *adjectif*] **basis** est

***

Exercise 1 – Translate

❶ She gets by in three languages and speaks fluent English. ❷ The job was tough at first, but after a few months, it was plain sailing. ❸ He exercises on a regular basis. – You mean, regularly? ❹ Nobody helped me (*f.*). I did (*f.*) it all on my own. – Well done. ❺ Read a page or two whenever you can, or better still, read a whole lesson.

***

Exercise 2 – Fill in the missing words

❶ C'est en forgeant qu'on devient forgeron, alors entraînez-vous dur et ne craignez pas de faire des erreurs.
. . . . , so . . . . hard and . . . . mistakes.

❷ À partir de maintenant, restons en contact et profitez de chaque occasion pour étudier.
. . . ., let's . . . . and . . . . to study.

❸ Il est important d'utiliser un langage simple, pas un jargon. – C'est votre propre opinion ?
It's important . . . ., not jargon. – Is that . . . .?

❹ Il s'attend à se sentir à l'aise et parler couramment l'anglais après six mois d'études à temps partiel.
He . . . . and . . . . after six months of . . . .

❺ Surtout, ne craignez pas *(ne vous inquiétez pas)* de faire des erreurs.
. . . ., ... about . . . . !

malheureusement très – trop – fréquente, mais préférez toujours la simplicité lorsque vous vous exprimez à l'oral ou par écrit.

8 Dans un style soutenu, **for** est souvent utilisé au lieu de **because**, pour dire *car*.

***

Corrigé de l'exercice 1

❶ Elle se débrouille dans trois langues et parle couramment l'anglais. ❷ Le travail était difficile au début, mais après quelques mois, tout allait parfaitement bien. ❸ Il fait de l'exercice de façon régulière. – Vous voulez dire, régulièrement ? ❹ Personne ne m'a aidée. Je me suis débrouillée toute seule. – Bravo ! ❺ Lisez une page ou deux chaque fois que vous le pouvez, ou mieux encore, lisez une leçon entière.

Corrigé de l'exercice 2

❶ Practice makes perfect – practise – don't worry about making – ❷ From now on – keep in touch – take every opportunity – ❸ – to use plain language – your own opinion – ❹ – expects to feel at ease – speak fluent English – part-time study – ❺ Above all, don't worry – making mistakes

Well done! ***En cette fin de la leçon 100, la phase d'imprégnation se termine, mais tout n'est pas fini pour autant. Il vous reste à continuer la phase d'activation pour les leçons 51 à 100. Bonne continuation ! L'anglais est à vous !***

Phase d'activation : 51e leçon

Appendice grammatical

Vous trouverez ci-dessous, présentés de manière synthétique, les éléments principaux de la grammaire anglaise que vous avez rencontrés au fur et à mesure de votre étude. Le but en est de vous permettre de revoir ou de vous remémorer tel ou tel point ; il ne s'agit ni d'une leçon de grammaire ni d'un recueil exhaustif de règles mais d'une présentation synthétique. Pour une analyse plus approfondie, nous vous suggérons de consulter un des nombreux ouvrages spécialisés (ou notre Perfectionnement Anglais). Enfin, rappelons le vieux dicton : "On apprend la grammaire par la langue et non la langue par la grammaire".

1 Les noms

1.1 Genre

Les substantifs n'ont pas de genre grammatical : il n'y a ni masculin ni féminin :

a man / the man	*un homme / l'homme*
a woman / the woman	*une femme / la femme*
a car / the car	*une voiture / la voiture*

(voir plus loin, section 2 Les articles)

De ce fait, il n'y a pas d'accord d'adjectifs (voir plus loin, section 4 Les adjectifs) : **a black car**, *une voiture noire* ; **two black cars**, *deux voitures noires*.
Certains noms ayant trait à une activité professionnelle ont une forme pour le masculin et une autre pour le féminin (par exemple

actor/actress, *comédien/comédienne* ; **waiter/waitress**, *serveur/serveuse*), mais en règle générale le même nom s'emploie pour les deux sexes. C'est le cas de **actor** mais aussi de **doctor** (leçon 8, note 4), **teacher** (leçon 22) ou encore de **driver**, *conducteur/conductrice* (leçon 96, phrase 14). De nos jours, un effort constant est porté dans la langue à la modification de mots genrés ou à la création de nouveaux termes pour remplacer ceux se terminant en **-man**, *homme* (par exemple, **policeman**, *policier*). Pour cela, il y a deux possibilités : modifier la terminaison masculine en fonction du sexe de la personne (mais encore faut-il le connaître ! – par exemple, **a chairman**, *un président* (d'une entreprise, un comité, etc.) → **a chairwoman**, *une présidente* ; ou encore éliminer toute référence genrée : **a chair** (litt. *une chaise*), **a police officer** (*agent de police*) ou encore **a flight attendant** (*agent de bord*). Cet aspect de la langue étant en constante évolution pour des raisons politiques et sociétales, une lecture attentive de la presse et des médias s'avère fort utile.

1.2 Formes plurielles régulières

En règle générale, le pluriel est formé en ajoutant un **s** à la fin du nom :
flat → **flats**, *appartement(s)*
house → **houses**, *maison(s)*

Cette règle s'applique aussi aux noms qui se terminent en **-y** précédé d'une voyelle :
boy → **boys**, *garçon(s)*

Cependant, pour les noms se terminant en **-y** devant une consonne, la dernière lettre se transforme en **ie** avant d'ajouter le **s** final :
lady → **ladies**, *dame(s)*

Pour les noms se terminant en **-ss**, **-sh**, **-ch** ou **-x** (et, parfois, en **-o**), il faut ajouter un **e** avant le **s** du pluriel :
business → **businesses**, *entreprise(s)*
brush → **brushes**, *brosse(s)*
watch → **watches**, *montre(s)*
box → **boxes**, *boîte(s)*
hero → **heroes**, *héro(s)*

1.3 Formes plurielles irrégulières

Voici quelques noms courants dont le pluriel est irrégulier :
child → **children**, *enfant(s)*
fish → **fish**, *poisson(s)*
foot → **feet**, *pied(s)*
man → **men**, *homme(s)*
mouse → **mice***, *souris*
tooth → **teeth**, *dent(s)*
woman → **women**, *femme(s)*
* Sauf pour *une souris d'ordinateur* (**mouses**).

Enfin, une douzaine de mots se terminant en **-f** forment leur pluriel en transformant cette lettre en **v**. Voici quatre mots courants :
half → **halves**, *moitié(s)*
loaf → **loaves**, *miche(s) de pain*
shelf → **shelves**, *étagère(s)*
wife → **wives**, *épouse(s)*

1.4 Absence de forme plurielle

Un certain nombre de noms n'ont pas de forme plurielle. Voir plus loin : section 1.7 Dénombrable et indénombrable.

1.5 Singulier malgré le *s*

Quelques noms se terminant en **-s** sont singuliers. Les plus courants sont **news** (*une nouvelle / les nouvelles*) et **series** (*une série*) :
A new web series starts next Tuesday, *Une nouvelle série sur Internet commence mardi prochain.*

Les disciplines académiques ou scientifiques se terminant en **-ics** sont aussi au singulier dans la plupart des cas :
economics, *l'économie*
mathematics / **maths***, *les mathématiques / les maths*
politics, *la politique*
Politics is the art of the possible; mathematics is the art of giving the same name to different things, *La politique est l'art du possible ; la mathématique est l'art de donner le même nom à des choses différentes.*
* En anglais américain, la forme abrégé est **math**, ce qui est plus logique dans la mesure où le verbe est singulier.

1.6 Pluriel en anglais mais singulier en français

Plusieurs noms pluriels – surtout des vêtements "à deux jambes" – se traduisent par un singulier en français. Parmi les plus courants :

shorts, *un short*	**trousers**, *un pantalon*
pyjamas, *un pyjama*	**jeans**, *un jean*

Dans ces cas, bien sûr, le verbe est au singulier:
Your jeans are dirty, *Ton jean est sale*;
His trousers are too long, *Son pantalon est trop long*.

1.7 Dénombrable et indénombrable

Certains noms anglais sont "indénombrables", c'est-à-dire qu'ils ne peuvent pas être individualisés. En règle générale, ces noms n'ont pas de forme plurielle et donc sont suivis d'un verbe au singulier. En voici quelques-uns que nous avons rencontrés dans ce livre :

advice, *conseil(s)*	**hair**, *cheveu(x)*
fruit, *fruit(s)*	**information**, *information(s)*
furniture, *meuble(s)*	**progress**, *progrès*
	news, *actualités, informations*

Where is your luggage? *Où sont vos bagages ?*
His advice was very useful, *Ses conseils étaient fort utiles.*

L'article indéfini **a(n)** est rarement utilisé avec ces mots. Lorsqu'un singulier est vraiment nécessaire, il faut employer une expression quantitative comme **a piece of** (**a piece of fruit**, **a piece of furniture**, etc.). Mais dans la plupart des cas, on se contente du nom seul ou avec **some/any** :
I have news for you, *J'ai des nouvelles pour toi* ;
Do you have any news about the job? *Avez-vous des nouvelles à propos du boulot ?*

1.8 Note sur la prononciation des pluriels

Le **s** du pluriel se prononce comme un **z**, sauf après les consonnes **p**, **f**, **t** et **k**.

boys *[boïz]*	**wives** *[ouaïvz]*	**cars** *[kaaz]*

mais

books *[bouks]*	**cups** *[kəps]*	**flats** *[flats]*

Notez enfin que **women**, le pluriel de **woman**, se prononce *[**oui**mənn]*.

2 Les articles

Les noms n'ayant pas de genre grammatical, il n'y a pas d'article masculin ou féminin.

2.1 L'article indéfini

• L'article indéfini est **a**, *un/une* devant une consonne et **an** devant une voyelle :

a dress, *une robe*	**an interview**, *un entretien*

Il n'a pas de forme plurielle (*des*)

• Un nom singulier en position d'attribut prend toujours l'article indéfini, contrairement au français :
She's a lawyer, *Elle est avocate*.

• Notez que le **a** n'est pas ouvert (comme dans *un agent*) mais se transforme en *[ə]*. Par ailleurs, si le mot qui suit l'article commence avec une voyelle, une liaison est nécessaire :
an‿interview *[əninn**təviou**]*

• Enfin, dans une expression avec **What...!** (*Quel... !*), il faut ajouter l'article indéfini si le complément est un nom singulier dénombrable :
What a bad idea / What an interesting idea! *Quelle mauvaise idée ! / Quelle idée intéressante !*
Il existe d'autres petites différences avec le français, mais celles-ci s'apprennent sans problème.

2.2 L'article défini

L'article défini est **the**, au singulier comme au pluriel.

the guys	*les types*	**the airport**	*l'aéroport*

N.B : L'utilisation ou l'omission de l'article défini en anglais est assez complexe. Ci-dessous, nous résumons uniquement les exemples que vous avez vus pendant votre étude.

• L'article défini porte bien son nom car il n'est pas utilisé pour parler d'une généralité :
I don't like tea, *Je n'aime pas le thé*.
(c'est-à-dire : le thé en général. Mais, si je "définis" le thé en question, j'utilise alors l'article :
I don't like the tea that they serve in our canteen, *Je n'aime pas le thé que l'on sert dans notre cantine.*

Faites attention : un adjectif devant le nom ne constitue pas une définition : il faut une proposition ou une phrase en plus.
She loves dance music, *Elle adore la musique dance* (en général).
Mais
She likes the dance music that they play on Capital FM, *Elle adore la musique danse qu'on passe sur Capital FM.*

De même, **the** ne s'emploie jamais avec un nom pluriel qui n'est pas défini :
Dogs chase cats, *Les chiens poursuivent les chats*.

• Lorsqu'un nom singulier est employé pour représenter l'ensemble d'un groupe, on emploie l'article défini :
The pandemic has changed the way we work, *La pandémie a changé notre manière de travailler.*

• **the** ne s'emploie pas avec des sports :
We hate football, *Nous détestons le football*.

• Quand la chose dont on parle est unique, elle prend l'article défini :
The sun was shining, *Le soleil brillait*.
The sea is calm, *La mer est calme*.

• **the** s'emploie également pour les instruments de musique :
She plays the piano very well, *Elle joue très bien du piano*.

• En règle générale, les noms de pays ne prennent pas d'article défini :
France, *la France*
Wales, *le pays de Galles*

Ceci n'est pas le cas si l'appellation est un pluriel :
the United States, *les États-Unis*
the Netherlands, *les Pays-Bas*
(Rappelons que le verbe est toujours singulier :
The Netherlands is often called Holland, *Les Pays-Bas sont souvent appelés la Hollande.*

• Enfin, l'article défini est omis dans une construction avec le cas possessif (voir plus loin, section 7 Le cas possessif)

• **Note sur la prononciation**
the se prononce *[Dhə]* (**e** sourd) devant une consonne :
the journey *[Dhə **djeur**ni], le voyage*
et *[Dhii]* (**i** long) devant une voyelle :
the island *[Dhii **aïl**ənd], l'île*

3 Les pronoms

3.1 Les pronoms personnels sujets

Dans la mesure où, en anglais, le tutoiement et le vouvoiement se confondent, la deuxième personne du singulier (*tu*) et celle du pluriel (*vous*) sont identiques :

I	*je*
you	*tu/vous* (pluriel ou vouvoiement)
he	*il* (personne de sexe masculin)
she	*elle* (personne de sexe féminin)
it	*il/elle* neutre (objet)
we	*nous*
they	*ils/elles* (personnes, objets)

• La première personne du singulier, **I,** s'écrit toujours avec une majuscule.
• **he**, **she** et **it** deviennent **they** au pluriel :
Here's the letter; it arrived this morning, *Voici la lettre ; elle est arrivée ce matin.*
Here are the letters; they arrived this morning, *Voici les lettres ; elles sont arrivées ce matin.*

• De même, dans la phrase **They are coming**, *Ils/Elles arrivent*, **they** peut signifier des hommes, des femmes ou des objets.

3.2 Les pronoms personnels compléments

me	*me / moi*
you	*te / toi / vous*
him	*le / lui*
her	*la / lui / elle*
it	pronom neutre
us	*nous*
them	*les / leur / eux*

• Les pronoms d'objet directs se placent toujours après le verbe, contrairement au français :
I learned it from my colleague, *Je l'ai appris de mon collègue.*
Dans le cas d'un verbe à particule, le positionnement du pronom dépendra du fait que ce verbe soit séparable ou non-séparable (voir section 8.11 Les verbes à particules).

• Les pronoms compléments d'objet se forment d'habitude avec **to** :
Give it to him, *Donnez-le lui.*

• Faites attention avec un verbe ayant un double sujet dont un pronom personnel : on utilise le pronom sujet et non le complément.
Zack and I went to the pub, *Zack et moi sommes allés au pub.*
(Sachez, cependant, que beaucoup d'anglophones confondent le sujet et le complément dans ce type de phrase, en disant **Zack and me**)

3.3 Les pronoms possessifs

mine	*le/la mien(ne) / les mien(ne)s / à moi*
yours	*le/la tien(ne) / les tien(ne)s / le/la/les vôtre(s) / à toi/vous*
his	*le/la sien(ne), / les sien(ne)s / à lui*
hers	*le/la sien(ne) / les sien(ne)s / à elle*
its	*le/la sien(ne) / les sien(ne)s* (neutre)
ours	*le/la/les nôtre(s) / à nous*
theirs	*le/la les leur(s) / à eux/elles* (personnes, neutre)

(Voir aussi section 4.5 Les adjectifs possessifs.)

3.4 Les pronoms réfléchis

Comme en français, les pronoms réfléchis sont utilisés lorsque le sujet et le complément d'un verbe sont les mêmes. Notez qu'il y a une forme plurielle pour la deuxième personne :

myself	*me / moi-même*
yourself	*te / toi-même*
himself	*se / lui-même*
herself	*se / elle-même*
itself	*se* (neutre)
ourselves	*nous / nous-mêmes*
yourselves	*vous / vous-mêmes* (toujours pluriel)
themselves	*eux/elles-mêmes*

(**self** fait partie de cette douzaine de mots qui forment leur pluriel en **-ves** [voir section 1.3 Formes plurielles irrégulières].)
Ces pronoms se placent après le verbe :
She hurt herself, *Elle s'est fait mal.*
We enjoyed ourselves, *Nous nous sommes amusé(e)s.*

Cependant, certains verbes qui décrivent les actes quotidiens ne prennent pas de pronom réfléchi (voir leçon 82, note 2) car la précision de réciprocité est inutile :
He got up at nine. Then he washed, shaved, dressed and left the house, *Il s'est levé à neuf heures. Ensuite, il s'est lavé, rasé, habillé et il a quitté la maison.*

3.5 Les pronoms relatifs

Les pronoms relatifs sont **who, which, that** et **whose** (et aussi **of which**).

	Possessif	Complément	Sujet
whose	**who** ou **that**	**who** ou **that**	Personnes
whose ou **of which**	**which** ou **that**	**which** ou **that**	Objets

• Alors que **that** peut s'employer comme pronom relatif aussi bien pour les personnes que pour les choses, **who** s'applique uniquement aux premières et **which** aux secondes :
The guy who/that I spoke to on the phone was very helpful, *Le type à qui j'ai parlé au téléphone était très serviable/aimable.*

The book which/that I'm reading is about cryptocurrencies, *Le livre que je suis en train de lire traite des cryptomonnaies.*

• Lorsque le pronom relatif se réfère au complément, il est souvent omis (voir leçon 61, note 6) :
The man I spoke to on the phone was very helpful.
The book I'm reading is about cryptocurrencies.
Notez que, dans ce cas, il ne s'agit pas d'une règle, mais plutôt d'une habitude.

• En anglais informel, on évite d'accoler une préposition à un pronom relatif. Par conséquent, la préposition est souvent rejetée à la fin de la phrase ou de la proposition.
formel : **At what are you looking?** *Que regardez-vous ?*
informel : **What are you looking at?**
formel : **The shop from which I bought these shoes has closed**, *Le magasin dans lequel j'ai acheté ces chaussures a fermé.*
informel : **The shop which I bought these shoes from has closed.**
ou encore : **The shop I bought these shoes from has closed.**

• En ce qui concerne le possessif, **whose** est toujours utilisé lorsqu'on parle d'une personne :
She's the girl whose brother is an estate agent, *C'est la fille dont le frère est agent immobilier.*

• En parlant des choses, la règle grammaticale stricte impose **of which** :
This is the house the windows of which are broken, *Celle-ci est la maison dont les fenêtres sont cassées.*
Cependant, puisque cette juxtaposition est plutôt lourde, l'usage informel admet **whose** :
This is the house whose windows are broken.
Ou encore, et plus idiomatique, on tourne la phrase différemment :
This is the house with broken windows.

• **what** : utilisé comme pronom relatif, **what** signifie *la/les chose(s) que*, et remplace donc le complément d'objet direct :
When she sees the tablet I've bought, she'll be very pleased, *Lorsqu'elle verra la tablette que j'ai achetée, elle sera très contente.*
When she sees what I've bought, she'll be very pleased, *Lorsqu'elle verra ce que j'ai acheté, elle sera très contente.*

Il faut faire attention à ne pas confondre **what** avec **which/that**. Ce dernier se réfère à un mot ou groupe de mots qui le précède : **The ticket which you bought is a fake**, *Le billet que vous avez acheté est un faux* (**which** se réfère au billet alors que **what** remplace le COD).

3.6 Pronoms interrogatifs

La quasi-totalité des pronoms interrogatifs commencent par **wh-** Nous connaissons :

what	**What's your name?** *Quel est votre nom ?*
when	**When do they arrive?** *Quand est-ce qu'ils/elles arrivent ?*
where	**Where's the bathroom?** *Où est la salle de bains ?*
which	**Which city are you from?** *De quelle ville êtes-vous ?*
who	**Who's sick?** *Qui est malade ?*
whose	**Whose bag is this** *À qui est ce sac ?*
why	**Why are you here?** *Pourquoi êtes-vous ici ?*

La seule exception est **how**, *comment*.

4 Les adjectifs

4.1 La place de l'adjectif

Les adjectifs se placent devant le nom qu'ils décrivent et ne s'accordent pas avec celui-ci :
a new car, *une voiture neuve*
two new red cars, *deux voitures rouges neuves*
(La seule exception à cette règle d'accord concerne les adjectifs démonstratifs **this** et **that**, voir plus loin, section 4.4)
Faites attention : dans un nom composé, le premier élément sert d'adjectif ; il est donc invariable :
a horse race, *une course de chevaux*
Il faut garder en tête cette règle lorsque l'adjectif ainsi formé comporte un chiffre ou un nombre :
a two-hour walk, *une marché de deux heures*
a three-week holiday, *des vacances de trois semaines*

4.2 Formation

Beaucoup d'adjectifs sont formés en ajoutant un suffixe au nom, verbe ou radical. Voici quelques exemples de ces terminaisons adjectivales :

• Nom + **-y**
rain, *pluie* → **rainy**, *pluvieux/-euse*
storm, *orage* → **stormy**, *orageux/-euse*
speed, *vitesse* → **speedy**, *rapide*
Si le nom ne comporte que trois lettres, comme **sun**, *le soleil*, il faut doubler la consonne terminale : **sunny**, *ensoleillé/e*

• Nom ou verbe + **-able** (ou **-ible**)
love, *amour* → **lovable**, *adorable*
reason, *raison* → **reasonable**, *raisonnable*
terror, *terreur* → **terrible**, *terrible*

• Nom + **-ish** :
fool, *idiot* → **foolish**, *bête*
child, *enfant* → **childish**, *enfantin/e, puéril/e*

• Nom + **-ful** (dérivé de **full**, *plein/e*)
beauty, *beauté* → **beautiful**, *beau/belle*
hope, *espoir* → **hopeful**, *plein d'espoir / optimiste*
power, *puissance* → **powerful**, *puissant/e*

• Nom + **-less** (*moins*)
hopeless, *désespéré/e*
powerless, *impuissant/e*

Il existe d'autres façons de former les adjectifs, dont plusieurs sont similaires au français – par exemple, la terminaison **-ous** est l'équivalent de *-eux/-euse* (**danger**, *danger* → **dangerous**, *dangereux/-euse* ; **fame**, *célébrité* → **famous**, *célèbre / fameux/-euse*).
Nous ne proposons pas de liste exhaustive car, dans bien des cas, la compréhension est intuitive. (Voir aussi section 5. Les adverbes)

4.3 Le comparatif et le superlatif

Les formes comparative et superlative d'un adjectif dépendent du nombre de syllabes qu'il comporte. Pour un adjectif avec une seule

syllabe (ou deux, se terminant en **y**), on ajoute les suffixes **-er** (comparatif) et **-est** (superlatif, avec, comme en français, l'article défini) :
high, *haut/e* → **higher**, *plus haut/e* → **the highest**, *le/la plus haut/e*

– Si la dernière lettre est un **-y**, celui-ci devient **i** avant l'ajout du suffixe :
happy, *heureux/-euse* → **happier**, *plus heureux/-euse* → **the happiest**, *le/la plus heureux/-euse*.

– Et si l'adjectif se termine par une consonne précédée d'une seule voyelle, cette dernière consonne est doublée :
red, *rouge* → **redder**, *plus rouge* → **the reddest**, *le/la plus rouge*

– Les adjectifs de trois syllabes (ou plus) ne sont pas modifiés mais sont précédés de **more** (comparatif) et **most** (superlatif, avec **the**) :
interesting, *intéressant/e* → **more interesting**, *plus intéressant/e* → **the most interesting**, *le/la plus intéressant/e*

– Les adjectifs à deux syllabes (outre ceux se terminant en **-y**, voir ci-dessus) suivent l'une ou l'autre de ces règles. La plupart – comme ceux avec le suffixe **ful** – s'accompagnent de **more** et **most** :
beautiful, *beau/belle* → **more beautiful**, *plus beau/belle* → **the most beautiful**, *le/la plus beau/belle*

– Enfin, certains adjectifs sont irréguliers. Voici les plus courants :
bad, *mauvais/e* → **worse**, *pire* → **the worst**, *le/la pire*
good, *bon/ne* → **better**, *meilleur/e* → **the best**, *le/la meilleur/e*
much/many, *beaucoup* → **more**, *plus* → **the most**, *le/la plus*
Dans une comparaison, le *que* se traduit par **than** :
Michael's taller than me, *Michael est plus grand que moi*.

4.4 Les démonstratifs *this/these* et *that/those*

On emploie **this**, *ce / cet / cette / ceci / celui-ci / celle-ci*, quand la personne ou l'objet est près du locuteur ou du centre d'intérêt, et **that**, *ce / cet / cette / celui-là / celle-là*, s'il est plus loin :
This coffee is cold, *Ce café est froid*.
Pass me that cup, please, *Passe-moi la tasse [là-bas], s'il te plaît*.
this et **that** sont les seuls adjectifs à s'accorder (en nombre – il n'y a pas de genre) avec le nom qu'ils qualifient :
I found these keys in my pocket, *J'ai trouvé ces clés dans ma poche*.
Those towels are dirty, *Les (Ces) serviettes là-bas sont sales*.

4.5 Les adjectifs possessifs

my	*mon / ma / mes*
your	*ton / ta / tes / votre / vos*
his	*son / sa / ses* (à lui)
her	*son / sa / ses* (à elle)
its	*son / sa / ses* (neutre)
our	*notre / nos*
their	*leur / leurs*

• Comme pour les pronoms possessifs (voir section 3.3), la seule vraie difficulté, par rapport au français, se situe à la troisième personne, où **his**, **her** et **its** dépendent non pas du genre du nom (car il n'y en a pas) mais du sexe du possesseur : **Simon loves his mother**, *Simon aime sa mère* (Simon est un garçon) ; **Nadia loves her mother**, *Nadia aime sa mère* (Nadia est une fille) ; **Every job has its problems**, *Chaque emploi a ses problèmes* (neutre).

• Notez que **its** peut être à la fois adjectif et pronom possessif (il ne faut surtout pas confondre **its** avec **it's**, la troisième personne du verbe **to be** dans sa forme contractée).

• L'anglais utilise souvent un adjectif possessif là où le français emploie un verbe pronominal :
Damn, I've cut my finger, *Zut, je me suis coupé le doigt.*
She brushed her hair, *Elle s'est brossé les cheveux.*
Voir aussi section 7 Le cas possessif.

Remarque : Lorsque les pronoms de la troisième personne du singulier désignent des personnes (**he, she, him, her, his, hers**), ils sont forcément genrés. Si le sexe de la personne dont il est question n'est pas connu, il est coutumier d'employer la forme masculine. Cependant, pour éviter un langage genré ou non-inclusif, l'utilisation de la troisième personne du pluriel est de plus en plus acceptée, voire encouragée, bien que le nom soit singulier. Cela est souvent le cas avec la forme possessive. Par exemple, *La personne qui a oublié son ordinateur portable dans mon bureau est priée de contacter l'accueil*, se traduirait par **The person who left their** (au lieu de **his/her**) **computer in my office should contact the reception desk**. Autrefois décrié, ce type de formation devient aujourd'hui la norme.

4.6 *each* et *every*

• **each**, *chaque*, décrit des personnes ou des choses individuellement : **Each room in the house was painted blue and white**, *Chaque pièce de la maison était peinte en bleu et blanc.*

• **every**, *tout / toutes / tous*, décrit les personnes ou les choses ensemble : **Every student received a free book**, *Tous les étudiants ont reçu un livre gratuit.*

Cette nuance est parfois estompée (**every room**, **each student**), et **every** peut aussi se traduire par *chaque*.
Par ailleurs, **every** est utilisé dans les pronoms composés suivants :

everyone, everybody	*tout le monde*
everywhere	*partout*
everything	*tout*

Enfin, **every** s'emploie uniquement comme adjectif alors que **each** peut aussi être un pronom.

4.7 *much* et *many* utilisés comme adjectifs

Ces deux déterminants, qui traduisent la notion de *beaucoup*, s'emploient pour la plupart dans des constructions interrogatives et négatives.

• **much** est utilisé pour les noms indénombrables avec un verbe au singulier :
We don't have much time, *Nous n'avons pas beaucoup de temps.*
Is there much traffic today? *Y a-t-il beaucoup de circulation aujourd'hui ?*

• **many** est utilisé pour les noms dénombrables avec un verbe au pluriel :
There aren't many cars on the road today, *Il n'y a pas beaucoup de voitures sur la route aujourd'hui.*
Are there many people on the waiting list? *Y a-t-il beaucoup de personnes sur la liste d'attente ?*

• La même règle s'applique lorsque **much** et **many** expriment une surabondance :

There are too many calories and too much fat in hamburgers, *Il y a trop de calories et trop de gras dans les hamburgers.*
• À l'affirmatif, **much** et **many** sont souvent remplacés par **a lot of** ou **lots of**, et la distinction singulier/pluriel disparaît :
There aren't many cars. → There aren't a lot of cars.
Is there much traffic? → Is there a lot of traffic?

• Les formes contraires de **much** et **many** sont **little** et **few**, *peu de*. Cependant, ces adjectifs sont rarement utilisés dans l'anglais courant. Au lieu de dire, par exemple, **We have little time**, *Nous avons peu de temps*, on tourne la phrase avec **much** (ou **many** pour un nom dénombrable) : **We don't have much time**. Faites attention à ne pas confondre **little** et **few** avec **a little** et **a few**, qui signifient *un peu / quelques* :
We have few questions to ask / We have a few questions to ask, *Nous avons peu de question à poser / Nous avons quelques question à poser*

4.8 *some* et *any* utilisés comme adjectifs

Ces deux adjectifs, dits "partitifs", indiquent une certaine quantité de quelque chose. Ils correspondent en règle générale (mais pas toujours) à *du*, *de la* et *des* en français.
• **some** s'emploie dans un énoncé affirmatif :
I've got some spare time this week, *J'ai du temps libre cette semaine.*
ou dans une question où on s'attend à une réponse affirmative :
Can I have some water, please? *Puis-je avoir de l'eau, s'il vous plaît ?*
Dans ce contexte, **some** est utilisé aussi pour proposer quelque chose à quelqu'un :
Would you like some water? *Voudriez-vous de l'eau ?*
• **any** s'emploie dans un énoncé négatif :
There wasn't any snow this year, *Il n'y avait pas / Il n'y a pas eu de neige cette année.*
ou dans une question dont le but est de déterminer si quelque chose existe :
Is there any tea in the pot? *Y a-t-il du thé dans la théière ?*

• Sachez que **no** peut s'employer dans un énoncé affirmatif pour exprimer une négation :
We have no time, *Nous n'avons pas le temps.*

Dans de tels cas, **no** remplace **not** + **any** (**We haven't any time**). Cependant, la forme négative avec **any** est la plus courante des deux. (Rappelons qu'il n'y a jamais deux négatifs dans une phrase en anglais. Voir section 8 Les verbes).

Suivant ces règles, il est possible de former des mots composés comme :

verbe affirmatif	verbe négatif	négation avec un verbe affirmatif	
somebody	**anybody**	**nobody**	*quelqu'un / personne*
somewhere	**anywhere**	**nowhere**	*quelque part / nulle part*
something	**anything**	**nothing**	*quelque chose / rien*

5 Les adverbes

5.1 Formation

• Les adverbes sont invariables et se forment souvent à partir d'un adjectif, en y ajoutant le suffixe **-ly** :
quick, *rapide* → **quickly**, *rapidement*
slow, *lent* → **slowly**, *lentement / doucement*

• Deux adjectifs courants sont aussi des adverbes : **fast** (synonyme de **quick**), *rapide / rapidement* ; et **hard**, *dur / difficile / durement / difficilement*. (Attention : le mot **hardly** veut dire *à peine*, leçon 38, note 4).

• Enfin, malgré la terminaison en **-ly**, **friendly** (*amical*) et **lovely** (*mignon / joli*) sont des adjectifs, et non des adverbes.
Les autres adverbes, qui ne sont pas formés à partir d'un adjectif, doivent être appris.

5.2 Comparaison

Comme avec les adjectifs, la forme comparative dépend du nombre de syllabes. Pour les adverbes à deux syllabes, le comparatif et le superlatif se construisent avec **more** et **most** :
slowly, *lentement* → **more slowly**, *plus lentement* → **(the) most slowly**, *le plus lentement*
Et, tout comme les adjectifs, les adverbes monosyllabiques (et **early**, *tôt*) changent leur terminaison en **-er** et **-est** :
hard → **harder** → **hardest** ; **early** → **earlier** → **earliest**

5.3 Positionnement

Les adverbes de manière se placent généralement après le verbe : **He talks quickly**, *Il parle vite*.
La position dans la phrase des adverbes de fréquence (**always**, **never**, **often**, **sometimes**, **usually**, etc.) dépend du temps du verbe :

• Ils sont généralement placés entre le sujet et le verbe aux temps simples :
He always talks about his girlfriend, *Il parle toujours de sa copine*.
He never spoke of his girlfriend, *Il ne parlait jamais de sa copine*.

• Aux temps composés, ils sont placés entre l'auxiliaire et le verbe :
She has always lived in the country, *Elle a toujours habité à la campagne*.

• Avec l'auxiliaire **to be**, *être*, l'adverbe se place après le verbe :
He is often late for work, *Il est souvent en retard au travail*.

6 Les prépositions

Nous résumons ci-dessous les principales prépositions que vous avez vues lors de votre étude. Rappelons qu'il y a un certain nombre de différences entre l'anglais et le français à ce niveau, en particulier en ce qui concerne les prépositions associées à un verbe. Ainsi nous vous demandons d'apprendre chaque nouveau verbe avec sa préposition habituelle lorsqu'il en a une et de noter toute différence avec le français (ex. : **answer a question**, *répondre à une question*). Ceci est d'autant plus important dans le cas des verbes à particule (voir plus bas), qui peuvent changer radicalement de sens selon la préposition qui les suit.

about, *de (à propos de)*	**Tell me about your job**, *Parlez-moi de votre travail*.
at, *à*	**We arrive at ten o'clock**, *Nous arrivons à 10 heures*.
behind, *derrière*	**Her house is behind the station**, *Sa maison est derrière la gare*.
between, *entre*	**Birmingham is between Manchester and London**, *Birmingham se situe entre Manchester et Londres*.

by, *par / en*	**He went to work by train**, *Il est allé au travail en train.*
down, *en bas / vers le bas*	**I live down the street**, *J'habite en bas de la rue.*
for, *pour*	**The phone call is for you**, *L'appel téléphonique est pour vous.*
from, *(à partir) de*	**Where do you come from?**, *D'où êtes-vous ?*
in, *dans/en*	**Edinburgh is in Scotland**, *Édimbourg est en Écosse.*
in front of, *devant*	**Meet me in front of the cinema**, *Rendez-vous devant le cinéma.*
into, *dans* + mouvement	**We got into the car**, *Nous sommes montés dans la voiture.*
near, *près de*	**They're sitting near the exit**, *Ils sont assis près de la sortie.*
next to, *à côté de*	**The bank is next to the station**, *La banque est à côté de la gare.*
of, *de* (possession)	**What is the name of your company?**, *Quel est le nom de votre société ?*
on, *sur*	**The keys are on the table**, *Les clés sont sur la table.*
opposite, *en face de*	**The hotel is opposite a night club**, *L'hôtel est en face d'une boîte de nuit.*
over, *par-dessus / au-dessus*	**The plane flew over the city**, *L'avion a survolé* ("volé au-dessus") *la ville.*
through, *à travers*	**She walked through the fields**, *Elle marcha à travers les champs.*
to, *(jusqu')à, vers*	**I'll take her to school**, *Je l'amènerai jusqu'à l'école.*
under, *sous*	**The car park is under the bridge**, *Le parking est sous le pont.*
until, till, *jusqu'à* (temps)	**We waited until/till nine**, *Nous avons attendu jusqu'à 9 heures.*
with, *avec*	**Take me with you**, *Emmenez-moi avec vous.*

7 Le cas possessif

Pour indiquer la possession dans un énoncé comme *le frère de Steve*, il faut utiliser le cas possessif. Celui-ci se reconnaît par le suffixe **-'s** ajouté au nom du possesseur :
the brother of Steve → Steve's brother
the birthday of Laura → Laura's birthday, *l'anniversaire de Laura*
Dans cette construction, parfois appelée le génitif saxon, l'ordre des mots est à l'inverse du français car le signe de la possession (-**'s**) est ajouté au complément du nom, plutôt qu'au nom.
L'article défini **the** devant le nom disparaît.
Pour le pluriel, si le complément du nom est à la forme régulière – par exemple, *la maison de mes amis* – il suffit d'ajouter une apostrophe après le **s** final. Ainsi :
the house of my friends → my friends' house
Avec un pluriel irrégulier, par exemple, *l'école de mes enfants*, on ajoute le **-'s** :
the school of my children → my children's school
Selon la règle grammaticale stricte, le cas possessif ne peut pas être utilisé pour des objets inanimés. Mais en réalité, cette injonction est davantage ignorée que respectée dans le monde anglophone : **the plane's departure** (*le départ de l'avion*), **the album's cover** (*la pochette du disque*), **the film's ending**, (*le dénouement du film*) sont autant de collocations que l'on retrouve couramment. Cela étant dit, si vous avez un doute sur la justesse d'une tournure, il vaut mieux obéir à la règle et employer le cas possessif uniquement pour les personnes et les noms assimilés à des personnes.

8 Les verbes

Dans l'ensemble, les temps de verbes en anglais ressemblent aux français, même si certaines formes, comme le **present perfect**, n'existent pas. Le grand avantage est la simplicité : pour les verbes réguliers, il y a seulement quatre formes au total (**live**, **lives**, **living** et **lived**), pour une vingtaine en français.

8.1 Les verbes auxiliaires

Voici d'abord le temps présent des verbes **to be**, **to have** et **to do** qui servent d'auxiliaires (comme en français).

• **to be**, *être*

– Affirmation :

I am	*je suis*
you are	*tu es / vous êtes*
he is	*il est* (personne de sexe masculin)
she is	*elle est* (personne de sexe féminin)
it is	*il/elle est/c'est* (objet, inanimé)
we are	*nous sommes*
they are	*ils/elles/ce sont*

– La négation est formée simplement avec **not** après le verbe :

I am not	*je ne suis pas*
you are not	*tu n'es pas / vous n'êtes pas*
he is not	*il n'est pas*
she is not	*elle n'est pas*
it is not	*il/elle n'est pas / c'est n'est pas*
we are not	*nous ne sommes pas*
they are not	*ils/elles ne sont pas*

– Pour poser une question, il suffit d'inverser le pronom (ou nom) et le verbe.

am I?	*suis-je ?*
are you?	*es-tu / êtes-vous ?*
is he?	*est-il ?*
is she?	*est-elle ?*
is it?	*est-il / est-elle / est-ce ?*
are we?	*sommes-nous ?*
are they?	*sont-ils / sont-elles ?*

• **to have**, *avoir*

– Affirmation :

I have	*j'ai*
you have	*tu as / vous avez*
he has	*il a* (personne de sexe masculin)
she has	*elle a* (personne de sexe féminin)
it has	*il a /elle a* (objet, inanimé)

we have	*nous avons*
they have	*ils ont/elles ont*

– Négation :

Lorsque **to have** est utilisé comme auxiliaire, la négation est formée avec **not** ; autrement, il se comporte comme un verbe normal (voir plus loin).

I have not	we have not
you have not	they have not
he/she/it has not	

– Interrogation :

De même, si **to have** est un auxiliaire, l'interrogatif se forme en inversant le pronom et le verbe ; sinon, il se comporte comme un verbe normal (voir plus loin).

have I?	have we?
have you?	have they?
has he/she/it?	

• **to do**, *faire*

– Affirmation :

I do	*je fais*
you do	*tu fais / vous faites*
he does	*il fait* (personne de sexe masculin)
she does	*elle fait* (personne de sexe féminin)
it does	*il/elle fait* (objet, inanimé)
we do	*nous faisons*
they do	*ils/elles font*

to do est surtout utilisé sans les formes négative et interrogative des autres verbes.

– Négation :

I do not	we do not
we do not	they do not
he/she/it does not	

– Interrogation :
Lorsque **to do** est un auxiliaire, l'interrogation se forme en inversant le pronom et le verbe ; autrement, il se comporte comme un verbe normal (voir plus loin).

do I?	**do we?**
do you?	**do they?**
does he/she/it?	

• **Contractions**
– Dans la langue courante, les auxiliaires **to be** et **to have** sont souvent escamotés en parlant – c'est-à-dire que les voyelles sont "mangées" – et cette contraction est représentée par une apostrophe à la place de la voyelle manquante. Ce phénomène se trouve principalement aux formes affirmative et négative :

to be	to have
I'm	**I've**
you're	**you've**
he's	**he's**
she's	**she's**
it's	**it's**
we're	**we've**
they're	**they've**

Remarquez le risque de confusion entre **to be** et **to have** à la troisième personne (**he's**, etc.). Le contexte vous aidera.
À la forme négative, **do** est contracté ainsi : **I don't** / **he doesn't**, etc. Normalement, ces contractions ne s'emploient pas dans la langue écrite formelle. En revanche, elles sont largement utilisées dans la conversation, la correspondance informelle, les courriels, la publicité, les dialogues, etc.

8.2 Le temps présent des verbes lexicaux

• **Forme simple**

to live	*vivre, habiter*
I live	*j'habite*
you live	*tu habites / vous habitez*

he lives	*il habite* (personne de sexe masculin)
she lives	*elle habite* (personne de sexe féminin)
it lives	*il/elle habite* (objet, inanimé)
we live	*nous habitons*
they live	*ils/elles habitent*

Seule la troisième personne du singulier change, avec l'ajout d'un **s** terminal. Ce signe distinctif se retrouve à toutes les formes du verbe au présent (ainsi qu'avec le **present perfect**).

– Après les terminaisons **-s**, **-sh**, **-ch** et **-x**, il faut ajouter un **e** devant le **s** final : **she wishes**, *elle désire* ; **he watches**, *il regarde*, etc.

– Les verbes qui se terminent en **-y** précédé d'une consonne forment la troisième personne avec **ies** : **to cry**, *pleurer* → **he cries** ; les autres verbes se terminant en **-y** suivent la règle : **to say**, *dire* → **she says**.
Le présent simple s'emploie pour décrire les actions habituelles ou régulières :
Annie lives in Manchester, *Annie habite à Manchester*. (c'est-à-dire tout le temps)
Ali goes to the gym twice a week, *Ali va à la salle de gym deux fois par semaine*.

• **Négation et interrogation au présent simple**
– La négation des verbes (sauf **to be** et les modaux) se construit avec l'auxiliaire **to do**, *faire*, la négation **not** et l'infinitif du verbe sans **to** :

I do not live	*je n'habite pas*
you do not live	*tu n'habites pas / vous n'habitez pas*
he does not live	*il n'habite pas* (personne de sexe masculin)
she does not live	*elle n'habite pas* (personne de sexe féminin)
it does not live	*il/elle n'habite pas* (objet, inanimé)
we do not live	*nous n'habitons pas*
they do not live	*ils/elles n'habitent pas*

Remarquez que le **-s** terminal de la troisième personne passe du verbe à l'auxiliaire : **he lives** → **he does not live**.

– L'interrogation se construit avec **to do** suivi du pronom et l'infinitif du verbe sans **to** :

do I live?	*est-ce que j'habite ?*
do you live?	*est-ce que tu habites / vous habitez ?*
does he live?	*est-ce qu'il habite ?* (personne de sexe masculin)
does she live?	*est-ce qu'elle habite ?* (personne de sexe féminin)
does it live?	*est-ce qu'il/elle habite ?* (objet, inanimé)
do we live?	*est-ce que nous habitons ?*
do they live?	*est-ce qu'ils/elles habitent ?*

Là encore, le **-s** passe du verbe à l'auxiliaire à la troisième personne : **she lives → does she live?**

• **L'interro-négation au présent simple**
Voir plus loin section 8.8 Le cas spécifique de l'interro-négation.

• **Forme progressive**
La forme progressive (ou continue) se compose (à tous les temps) de **to be** conjugué et du participe présent, qui se construit en ajoutant le suffixe **-ing** à la racine du verbe :

Sans contraction	Avec contraction	
I am living	**I'm living**	*j'habite*
you are living	**you're living**	*tu habites / vous habitez*
he is living	**he's living**	*il habite* (personne de sexe masculin)
she is living	**she's living**	*elle habite* (personne de sexe féminin)
it is living	**it's living**	*il/elle habite* (objet, inanimé)
we are living	**we're living**	*nous habitons*
they are living	**they're living**	*ils/elles habitent*

Remarquez toujours le **-s** à la troisième personne de l'auxiliaire.
La forme progressive s'emploie pour décrire une action qui est en train de se dérouler au moment où l'on parle :
I'm living in London at the moment, *J'habite à Londres en ce moment.*
Certains verbes, notamment ceux qui décrivent les actions dites de "perception involontaire", comme **to see**, *voir* ; **to hear**, *entendre* ; **to understand**, *comprendre*, etc., ne se conjuguent pas à la forme

progressive en règle générale. Dans ce cas, on emploie toujours le présent simple :
I understand what you're saying, *Je comprends ce que vous êtes en train de dire.*
De même, les verbes ayant trait au sentiments (par ex. **to hate**, *haïr* ; **to love**, *aimer* ; **to want**, *vouloir*) n'ont pas de forme continue lorsqu'ils sont utilisés de façon classique plutôt dans des contextes familiers, comme dans certains slogans publicitaires, par exemple. D'autres verbes suivant le même modèle ont trait à la communication (ex. : **to promise**, *promettre*) et la pensée (ex. : **to know**, *savoir / connaître* ; **to mean**, *vouloir dire / signifier*).

• **Négation et interrogation à la forme progressive**
– Pour la négation, il suffit d'ajouter **not** après l'auxiliaire (voir **to be**, en section 8.1 Les verbes auxiliaires) :

Sans contraction	Avec contraction
I am not living	*je n'habite pas*
you are not living	*tu n'habites pas / vous n'habitez pas*
he is not living	*il n'habite pas* (personne de sexe masculin)
she is not living	*elle n'habite pas* (personne de sexe féminin)
it is not living	*il/elle n'habite pas* (objet, inanimé)
we are not living	*nous n'habitons pas*
they are not living	*ils/elles n'habitent pas*

– Pour l'interrogation, on intervertit l'auxiliaire et le pronom (voir **to be**) :

am I living?	*est-ce que j'habite ?*
are you living?	*est-ce que tu habites / vous habitez ?*
is he living?	*est-ce qu'il habite ?* (personne de sexe masculin)
is she living?	*est-ce qu'elle habite ?* (personne de sexe féminin)
is it living?	*est-ce qu'il/elle habite ?* (objet, inanimé)
are we living?	*est-ce que nous habitons ?*
are they living?	*est-ce qu'ils/elles habitent ?*

8.3 Le futur

Comme en français, il existe trois possibilités pour exprimer le futur en anglais : avec le temps futur ; ou le verbe **to go**, *aller*, comme auxiliaire ; ou encore avec le temps du présent simple.

- **Avec le temps futur**

– La forme simple :

Ce temps se construit avec **will** et l'infinitif sans **to**.

Sans contraction	Avec contraction	
I will live	**I'll live**	*je vivrai*
you will live	**you'll live**	*tu vivras / vous vivrez*
he will live	**he'll live**	*il vivra* (personne de sexe masculin)
she will live	**she'll live**	*elle vivra* (personne de sexe féminin)
it will live	**it'll live**	*il/elle vivra* (objets, inanimé)
we will live	**we'll live**	*nous vivrons*
they will live	**they'll live**	*ils/elles vivront*

(Voir leçon 96, note 4 pour **shall**.)

Ce temps s'emploie comme le futur en français :
Next year, I'll live in India for six months, *L'année prochaine, je vivrai six mois en Inde.*

Important : après une conjonction de temps (**when**, etc.), il faut le présent dans la proposition subordonnée :
When he moves to New York, he'll live near Central Park, *Quand il déménagera à New-York, il habitera près de Central Park.*

– La négation :

La négation se forme avec **not** après l'auxiliaire. Pour la forme contractée, **will not** devient **won't** à toutes les personnes

Sans contraction	Avec contraction	
I will not live	**I won't live**	*je ne vivrai pas*
you will not live	**you won't live**	*tu ne vivras pas / vous ne vivrez pas*
he will not live	**he won't live**	*il ne vivra pas* (personne de sexe masculin)
she will not live	**she won't live**	*elle ne vivra pas* (personne de sexe féminin)
it will not live	**it won't live**	*il/elle ne vivra pas* (objets, inanimé)

we will not live	we won't live	*nous ne vivrons pas*
they will not live	they won't live	*ils/elles ne vivront pas*

Il s'emploie comme en français. Notez que **will not** peut signifier aussi un refus :
I will not / won't live in a flat, *Je refuse de vivre dans un appartement.*

– L'interrogation :

will I live?	*vivrai-je ?*
will you live?	*vivras-tu / vivrez-vous ?*
will he live?	*vivra-t-il ?* (personne de sexe masculin)
will she live?	*vivra-t-elle ?* (personne de sexe féminin)
will it live?	*vivra-t-il/elle ?* (objets, inanimé)
will we live?	*vivrons-nous ?*
will they live?	*vivront-ils/elles ?*

La forme interrogative peut aussi s'employer pour demander à quelqu'un de faire quelque chose (là où le français emploie *vouloir*) :
Will you help me, please? *Voulez-vous m'aider, s'il vous plaît ?*

– Forme progressive :
Il existe aussi un futur progressif (ou continu), que nous n'avons pas vu dans ce livre et que vous pourrez découvrir dans la méthode de *Perfectionnement anglais*.

• **Avec le verbe *to go* :**
Pour parler d'une action qui est proche ou certaine de se réaliser, nous utilisons l'auxiliaire **going to** suivi de de l'infinitif nu (ce qui rappelle l'emploi du verbe *aller* en français) :
She's going to live in Edinburgh, *Elle va vivre à Édimbourg.*

• **Avec un temps présent**
Comme en français, le temps présent peut être employé pour parler du futur. Si l'action est proche et déjà décidée, on utilise le présent progressif :
We're leaving on holiday in three days, *Nous partons en vacances dans trois jours.*

En revanche, s'agissant d'une activité qui se déroule régulièrement ou d'un horaire, nous utilisons la forme simple :
Her plane leaves at noon, *Son avion part à midi.*

8.4 Le passé ou prétérit

• Forme simple
Pour les verbes faibles (c'est-à-dire réguliers), le prétérit est formé en ajoutant **-ed** à la racine (ou **-d** si celle-ci se termine déjà en **-e**). Ce temps décrit une action qui s'est déroulée dans le passé et qui est entièrement terminée au moment où l'on en parle. Par rapport au français, le prétérit correspond parfois au passé composé ou au passé simple et parfois à l'imparfait ; c'est pourquoi nous ne vous proposons pas de traductions dans les tableaux qui suivent.

– Affirmation :
I lived
you lived
he lived
she lived
it lived
we lived
they lived

We lived in London when we were young, *Nous habitions à Londres quand nous étions jeunes.*
Charles Dickens lived in the 19th century, *Charles Dickens vécut au* XIXe *siècle.*

– Négation :
Comme pour la négation au présent, sauf qu'on conjugue l'auxiliaire **to do** au passé :

Sans contraction	Avec contraction
I did not live	**I didn't live**
you did not live	**you didn't live**
he did not live	**he didn't live**
she did not live	**she didn't live**
it did not live	**it didn't live**

we did not live	we didn't live
they did not live	they didn't live

– Interrogation :
Comme pour l'interrogation au présent, sauf qu'on conjugue l'auxiliaire **to do** au passé :
did I live?
did you live?
did he live?
did she live?
did it live?
did we live?
did they live?

Pour les verbes forts (c'est-à-dire irréguliers), voir plus loin. La différence entre les verbes forts et faibles n'apparaît qu'à la forme affirmative. Par exemple **to run**, *courir* :

Affirmation	Négation	Interrogation
I ran	I didn't run	Did I run?

• **Forme progressive**
Le passé progressif décrit une action qui était en train de se dérouler au moment dont on parle.
They were living in Wales when I met them for the first time, *Ils habitaient au pays de Galles lorsque je les ai rencontrés pour la première fois.*

Il se comporte comme le présent progressif :

Affirmation	Négatif	Interrogatif
I was living	I was not [1] living	was I living?
you were living	you were not [2] living	were you living?
he was living	he was not living	was he living?
she was living	she was not living	was she living?
it was living	it was not living	was it living?
we were living	we were not living	were we living?
they were living	they were not living	were they living?

[1] Contraction : **was not → wasn't**
[2] Contraction : **were not → weren't**

8.5 Le present perfect

• **Forme simple**

Ce temps n'a pas d'équivalent direct en français. À cause de sa structure (**have** + participe passé) il est parfois appelé "passé composé", mais pour éviter toute confusion avec l'homonyme français nous avons choisi de garder le vocable anglais tout au long de ce livre. De plus, cette appellation – **present perfect** – est très parlante, car ce temps décrit l'aspect présent d'une action passée (ou "parfaite") qui s'est déroulée à un moment non spécifié.

– Affirmation :

Se forme avec **to have** conjugué et le participe passé :

I have lived
you have lived
he/she/it has lived
we have lived
they have lived

You can tell that she has lived in Australia.
Ça se voit qu'elle a vécu en Australie (c'est-à-dire que quelque chose que j'observe maintenant m'indique que la personne en question a vécu dans ce pays à un moment ou un autre dans le passé).

On utilise souvent un adverbe temporel comme **already**, *déjà* ; **never**, *jamais*, etc., qui font le lien entre un passé indéfini et le présent :
Have you already eaten? *Avez-vous déjà mangé ?*
She's / She has never owned a car, *Elle n'a jamais possédé de voiture.*

Mais dès qu'on spécifie le moment où l'action a eu lieu (même vaguement) il faut impérativement utiliser le prétérit :
She lived in Australia from 2017 to 2023.
Elle vécut en Australie de 2017 jusqu'en 2023.
He worked in the computer industry a long time ago.
Il a travaillé dans le secteur informatique il y a longtemps.
En bref, si l'énoncé peut constituer une réponse à la question **When?** *Quand ?*, le **present perfect** ne peut pas être utilisé.

– Négation :

Se forme en mettant **not** après l'auxiliaire **have/has** :

Sans contraction	Avec contraction
I have not lived	**I haven't lived**
you have not lived	**you haven't lived**
he/she/it has not lived	**he/she/it hasn't lived**
we have not lived	**we haven't lived**
they have not lived	**they haven't lived**

– Interrogation :
Se forme en intervertissant l'auxiliaire **have/has** et le pronom :
have I lived?
have you lived?
has he/she/it lived?
have we lived?
have they lived?

• **Forme progressive**
La forme progressive du **present perfect** se construit avec l'auxiliaire **has/have**, le participe passé de **to be** (**been**) et le participe présent du verbe :

Affirmatif	Négatif	Interrogatif
I have been living[1]	**I have not been living** [2]	**have I been living?**
you have been living	**you have not been living**	**have you been living?**
he/she/it has been living	**he/she/it has not been has living**	**he/she/it been living?**
we have been living	**we have not been living**	**have we been living?**
they have been living	**they have not been living**	**have they been living?**

[1] Contraction : **-'ve been living**
[2] Contraction : **-n't been living**

La forme progressive du **present perfect** est utilisée pour une action qui a commencé dans le passé et qui continue au moment où l'on en parle :
It's been raining all afternoon, *Il a plu tout l'après-midi* (et il continue à pleuvoir).

Cette forme est souvent employée dans des constructions avec **for** et **since** (*depuis*, voir la leçon 72, note 5), là où le français utilise le temps présent :
We've been living in the south for ten years, *Nous vivons dans le sud depuis dix ans.*

8.6 Le plus-que-parfait

• **Forme simple**
Ce temps se construit à l'affirmatif avec **had** et le participe passé à toutes les personnes :

Affirmatif	Négatif	Interrogatif
I had lived[1]	**I had not lived**[2]	**had I lived?**
you had lived	**you had not lived**	**had you lived?**
he/she/it had lived	**he/she/it had not lived had**	**he/she/it lived?**
we had lived	**we had not lived**	**had we lived?**
they had lived	**they had not lived**	**had they lived?**

[1] Contraction : **-'d lived**
[2] Contraction : **hadn't lived**

Le plus-que-parfait s'emploie comme son équivalent français, c'est-à-dire pour parler, dans le passé, d'une action antérieure :
She took the shoes back to the shop where she had bought them, *Elle a rapporté les chaussures au magasin où elle les avait achetées.*

Remarquez que la contraction de **had** (**'d**) est identique à celle de **would** (voir section 8.7) ; c'est le contexte qui indique s'il s'agit du plus-que-parfait ou du conditionnel.

• **Forme progressive**
La forme progressive se construit avec l'auxiliaire **had** à toutes les personnes, le participe passé de **to be** (**been**) et le participe présent du verbe :

Affirmatif	Négatif	Interrogatif
I had been living[1]	**I had not been living**[2]	**had I been living?**
you had been living	**you had not been living**	**had you been living?**

he/she/it had been living	**he/she/it had not been living**	**had he/she/it been living?**
we had been living	**we had not been living**	**had we been living?**
they had been living	**they had not been living**	**had they been living?**

[1] Contraction : **-'d been living**
[2] Contraction : **hadn't been living**

Ce temps s'emploie comme le **present perfect**, mais au passé. Dans ce cas, il remplace l'imparfait en français :
She had been living in London for a year when she met Andrew, *Elle vivait à Londres depuis un an lorsqu'elle a rencontré Andrew.*

8.7 La forme conditionnelle

• **Le conditionnel présent**
Se construit avec l'auxiliaire **would** placé après le sujet (nom ou pronom personnel), suivi de l'infinitif sans **to**. La négation se forme en mettant **not** directement après **would** :

Affirmation	Négation
I would live[1], *je vivrais*	**I would not live**[2], *je ne vivrais pas*
you would live, *tu vivrais / vous vivriez*	**you would not live**, *tu ne vivrais pas / vous ne vivriez pas*
he would live, *il vivrait*	**he would not live**, *il ne vivrait pas*
she would live, *elle vivrait*	**she would not live**, *elle ne vivrait pas*
it would live, *il/elle vivrait*	**it would not live**, *il/elle ne vivrait pas*
we would live, *nous vivrions*	**we would not live**, *nous ne vivrions pas*
they would live, *ils/elles vivraient*	**they would not live**, *ils/elles ne vivraient pas*

[1] Contraction : **'d**
[2] Contraction : **wouldn't**

She would hate to live in a big city, *Elle détesterait vivre dans une grande ville.*

Pour un énoncé hypothétique introduit par **if**, du type *si… alors*, on utilise le prétérit et le conditionnel :
If she won the lottery, she would buy a new house, *Si elle gagnait à la loterie, elle achèterait une nouvelle maison.*

Remarquez que la contraction de **would** (**'d**) est identique à celle de **had** (voir section 8.6) ; c'est le contexte qui indique s'il s'agit du conditionnel ou du plus-que-parfait.

– L'interrogatif du conditionnel présent se forme par inversion de l'auxiliaire et du pronom :

would I live?	*vivrais-je ?*
would you live?	*vivrais-tu / vivriez-vous ?*
would he live?	*vivrait-il ?*
would she live?	*vivrait-elle ?*
would it live?	*vivrait-il/elle ?*
would we live?	*vivrions-nous ?*
would they live?	*vivraient-ils/elles ?*

• **Le conditionnel passé**
Se forme avec **would have** + participe passé à toutes les personnes ; pour la négation, il faut placer **not** entre les deux :

Affirmatif	Négatif
I would have lived *j'aurais vécu*	**I would not have lived** *je n'aurais pas vécu*
you would have lived *tu aurais / vous auriez vécu*	**you would not have lived** *tu n'aurais pas / vous n'auriez pas vécu*
he would have lived *il aurait vécu*	**he would not have lived** *il n'aurait pas vécu*
she would have lived *elle aurait vécu*	**she would not have lived** *elle n'aurait pas vécu*
it would have lived *il/elle aurait vécu*	**it would not have lived** *il/elle n'aurait pas vécu*
we would have lived *nous aurions vécu*	**we would not have lived** *nous n'aurions pas vécu*
they would have lived *ils/elles auraient vécu*	**they would not have lived** *ils/elles n'auraient pas vécu*

La forme passée s'emploie comme son équivalent français :
I would have gone out but it was too late, *Je serais sorti(e), mais il était trop tard.*

Pour un énoncé hypothétique introduit par **if**, du type *si j'avais... alors*, on utilise le plus-que-parfait et le passé du conditionnel :
If she had won the lottery, she would have bought a new house, *Si elle avait gagné à la loterie, elle aurait acheté une nouvelle maison*

En ce qui concerne les contractions, il y a deux possibilités pour l'affirmatif : **he'd have lived** ou **he would've lived**. Pour la négation, nous utilisons : **wouldn't have lived**.

– La forme interrogative du conditionnel passé est obtenue par inversion de **would** et du sujet (pronom personnel ou nom) :

would I have lived?	*aurais-je vécu ?*
would you have lived?	*aurais-tu / auriez-vous vécu ?*
would he have lived?	*aurait-il vécu ?*
would she have lived?	*aurait-elle vécu ?*
would it have lived?	*aurait-il/elle vécu ?*
would we have lived?	*aurions-nous vécu ?*
would they have lived?	*auraient-ils/elles vécu ?*

8.8 Le cas spécifique de l'interro-négation

Pour vous apprendre à manier les constructions verbales, nous vous présentons la forme interro-négative (sans et avec contraction) :

Sans contraction	Avec contraction	
do I not live?	**don't I live?**	*n'habité-je pas ?*
do you not live?	**don't you live?**	*n'habites-tu pas / n'habitez-vous pas ?*
does he not live?	**doesn't he live?**	*n'habite-t-il pas ?* (personne de sexe masculin)
does she not live?	**doesn't she live?**	*n'habite-t-elle pas ?* (personne de sexe féminin)
does it not live?	**doesn't it live?**	*n'habite-il/elle pas ?* (objet, inanimé)

do we not live?	don't we live?	*n'habitons-nous pas ?*
do they not live?	don't they live?	*n'habitent-ils/elles pas ?*

Dans la langue courante, la forme sans contraction est très rare car très formelle. C'est pourquoi nous ne l'avons pas employée à ce stade de votre étude.

8.10 La forme passive

Elle se construit, comme en français, en mettant le verbe **to be** au même temps que le verbe actif et en ajoutant son participe passé. Lorsqu'il faut préciser l'agent, on utilise **by**, *par* et l'accusatif. Voici ce que ça donne avec le verbe **to build**, *construire* :

I	**built the house.**	**→**	**The house was built**	**by me.**
You				**by you.**
He				**by him.**
She				**by her.**
We				**by us.**
They				**by them.**

La négation et l'interrogation se forment de manière régulière :
The bridge was not built in 1880, *Le pont ne fut pas construit en 1880.*
Was the bridge built by the Romans? *Le pont fut-il construit par les Romains ?*

Le passif est employé très souvent là où le français utilise le pronom personnel indéfini *on* (voir aussi leçon 84, § 4 et leçon 98, § 6) – surtout lorsque l'agent n'est pas important (ou connu) :
I've been asked to play next week, *On m'a demandé de jouer la semaine prochaine*.
Her bag has been stolen, *On a volé son sac*.

Ce temps est également utilisé souvent dans un langage formel, par exemple dans un magasin :
Are you being served?, *On s'occupe de vous ?*
ou encore sur les panneaux publics :
German spoken, *Ici on parle allemand*
Smoking prohibited, *Interdit de fumer*

8.11 Les modaux

Les deux principaux auxiliaires modaux rencontrés dans ce livre (à part **would**, voir section 8.7 La forme conditionnelle) sont **can** et **must**. Ces verbes sont défectifs, c'est-à-dire qu'il ne possèdent pas toutes les formes de la conjugaison, ni infinitif avec **to**, ni participes, ni **-s** à la troisième personne du singulier. De plus, il n'y a pas de forme progressive.

• **can**, *pouvoir*

Affirmation	Négation	Interrogation
I can	**I cannot**[1]	**can I?**
you can	**you cannot**	**can you?**
he can	**he cannot**	**can he?**
she can	**she cannot**	**can she?**
it can	**it cannot**	**can it?**
we can	**we cannot**	**can we?**
they can	**they cannot**	**can they?**

[1] S'écrit toujours en un seul mot ; contraction : **can't**

• **must**, *devoir*

Affirmation	Négation	Interrogation
I must	**I must not**[1]	**must I?**
you must	**you must not**	**must you?**
he must	**he must not**	**must he?**
she must	**she must not**	**must she?**
it must	**it must not**	**must it?**
we must	**we must not**	**must we?**
they must	**they must not**	**must they?**

[1] S'écrit toujours en deux mots ; contraction : **mustn't**

• La forme interrogative de **can** et **must** se construit par inversion : **Can I?**, *Puis-je ?* **Must they**, *Doivent-ils/elles ?*, etc.

• Contrairement aux équivalents français, il n'est pas possible d'utiliser un infinitif complet (avec **to**) après **can** ou **must**, il faut juste la base verbale ou infinitif nu : **you must go**, *tu dois aller* ; **I can't come**, *je ne peux pas venir*, etc.

• Le passé de **can** est **could**, à toutes les personnes. Mais il existe une autre forme (voir ci-après).

• Deux verbes composés, qui ont plus ou moins le même sens que les deux défectifs, permettent de pallier le manque d'infinitif. Il s'agit de **to be able to** (pour **can**) et **to have to** (pour **must**).

can–to be able to		**must–to have to**	
Passé	Futur	Passé	Futur
I was able to	**I will be able to**	**I had to**	**I will have to**
you were able to	**you will be able to**	**you had to**	**you will have to**
he / she / it was able to	**he / she / it will be able to**	**he / she / it will be able to**	**he / she / it will have to**
we were able to	**we will be able to**	**we had to**	**we will have to**
they were able to	**they were able to**	**they had to**	**they will have to**

Même si **could** et **was/were able to** sont souvent interchangeables, ce n'est pas toujours le cas. Le premier exprime la capacité de faire quelque chose de façon habituelle (exprimé souvent avec *savoir* en français) : **She could swim when she was nine**, *Elle savait nager quand elle avait neuf ans* ; en revanche, lorsqu'il s'agit d'un événement spécifique ou individuel, il faut **was able to** : **She was able to swim in the Olympic pool yesterday**, *Elle a pu nager dans la piscine olympique hier*.

8.12 Les verbes à particule (*phrasal verbs*)

Les **phrasal verbs** sont l'un des éléments les plus singuliers de la grammaire anglaise. Ce sont des verbes lexicaux suivis d'une particule adverbiale qui en modifie le sens et, parfois, le change radicalement. En cela, ils sont distincts de la simple combinaison d'un verbe et une préposition : par exemple **to talk + to** : **Talk to me**, *Parlez-moi*. Dans de telles combinaisons, le verbe peut exister sans un complément et, partant, sans préposition (**Talk!** *Parlez !*). En revanche, le **phrasal verb** doit toujours être composé d'un verbe racine et d'une (parfois plusieurs) particule(s). Plus important encore, son sens ne peut pas nécessairement être deviné à partir de ces composants : par exemple, **to talk back**, *répondre de façon insolente*. C'est pour cette raison qu'il faut retenir les **phrasal verbs** par cœur, de préférence en contexte.

En ce qui concerne l'utilisation, un verbe à particule peut être un synonyme moins formel d'un autre verbe – souvent d'origine latine – qui a le même sens. Par exemple, **to tolerate** et **to put up with** signifient tous les deux *tolérer*, mais le premier serait utilisé dans un contexte formel – par exemple, un proviseur avertissant un élève – alors que le second s'entendrait dans la bouche des parents de ce même élève : **I will not tolerate your behaviour / We won't put up with your behaviour**. *Je ne tolérerai pas votre comportement / Nous ne tolérerons pas ton comportement*. Il n'existe pas de règles catégoriques sur ce type d'usage : c'est en écoutant ou en lisant attentivement que l'on découvrira les bonnes pratiques.

Enfin, concernant la structure grammaticale de ces verbes, il existe une différence fondamentale entre ceux dits à particule séparable et ceux qui sont à particule non-séparable. Dans le premier cas uniquement, il est possible d'interposer un objet direct entre les composants d'un verbe transitif ; si cet objet est un nom, l'interposition est facultative et ne change en rien le sens, par exemple : **to turn off**, *éteindre* : **turn off the radio / turn the radio off**, *éteindre la radio*. En revanche, si l'objet est un pronom, il faut absolument l'interposer : **turn it off**.

9 Liste des verbes irréguliers les plus courants

Infinitif	Prétérit	Participe passé	Traduction
be	**was, were**	**been**	*être*
bear	**bore**	**borne**	*porter / supporter*
become	**became**	**become**	*devenir*
begin	**began**	**begun**	*commencer*
bend	**bent**	**bent**	*courber*
bet	**bet, betted**[1]	**bet, betted**[1]	*parier*
bite	**bit**	**bitten**	*mordre*
bleed	**bled**	**bled**	*saigner*
blow	**blew**	**blown**	*souffler*

break	broke	broken	*casser*
bring	brought	brought	*apporter*
build	built	built	*construire*
burn	burnt[1]	burnt[1]	*brûler*
burst	burst	burst	*éclater*
buy	bought	bought	*acheter*
can	could	could	*pouvoir*
catch	caught	caught	*attraper*
choose	chose	chosen	*choisir*
come	came	come	*venir*
cost	cost	cost	*coûter*
creep	crept	crept	*ramper*
cut	cut	cut	*couper*
deal	dealt	dealt	*distribuer*
dig	dug	dug	*creuser*
do	did	done	*faire*
draw	drew	drawn	*tirer / dessiner*
dream	dreamt[1]	dreamt[1]	*rêver*
drink	drank	drunk	*boire*
drive	drove	driven	*conduire*
eat	ate	eaten	*manger*
fall	fell	fallen	*tomber*
feed	fed	fed	*nourrir*
feel	felt	felt	*sentir / ressentir*
find	found	found	*trouver*
fly	flew	flown	*voler* (oiseau, avion)
forget	forgot	forgotten	*oublier*
forgive	forgave	forgiven	*pardonner*
freeze	froze	frozen	*geler*
get	got	got	*obtenir / devenir*
give	gave	given	*donner*
go	went	gone	*aller*
grow	grew	grown	*croître / devenir*
hang	hung	hung	*pendre (à) / suspendre*

have	**had**	**had**	*avoir*
hear	**heard**	**heard**	*entendre*
hide	**hid**	**hidden**	*cacher*
hit	**hit**	**hit**	*frapper*
hold	**held**	**held**	*tenir*
hurt	**hurt**	**hurt**	*blesser / faire mal*
keep	**kept**	**kept**	*tenir, garder*
kneel	**knelt**[1]	**knelt**[1]	*s'agenouiller*
know	**knew**	**known**	*savoir / connaître*
lay	**laid**	**laid**	*poser*
lead	**led**	**led**	*mener / conduire*
lean	**leant**[1]	**leant**[1]	*pencher*
learn	**learnt**[1]	**learnt**[1]	*apprendre*
leave	**left**	**left**	*laisser / quitter*
lend	**lent**	**lent**	*prêter*
let	**let**	**let**	*laisser (faire) / louer*
lie	**lay**	**lain**	*être couché / être situé*
light	**lit**	**lit**	*allumer / éclairer*
lose	**lost**	**lost**	*perdre*
make	**made**	**made**	*faire / fabriquer*
may	**might**	–	*pouvoir*
mean	**meant**	**meant**	*signifier / vouloir dire*
meet	**met**	**met**	*rencontrer*
mistake	**mistook**	**mistaken**	*prendre (pour) par erreur*
mow	**mowed**	**mown**	*faucher, tondre*
overcome	**overcame**	**overcome**	*surmonter*
overtake	**overtook**	**overtaken**	*dépasser*
pay	**paid**	**paid**	*payer*
put	**put**	**put**	*mettre*
read	**read**	**read**	*lire*
ride	**rode**	**ridden**	*monter* (à cheval)
ring	**rang**	**rung**	*sonner*

rise	rose	risen	*se lever*
run	ran	run	*courir*
saw	sawed	sawn	*scier*
say	said	said	*dire*
see	saw	seen	*voir*
seek	sought	sought	*chercher*
sell	sold	sold	*vendre*
send	sent	sent	*envoyer*
set	set	set	*placer*
shake	shook	shaken	*secouer*
shine	shone	shone	*briller*
shoot	shot	shot	*tirer / abattre*
show	showed	shown	*montrer*
shut	shut	shut	*fermer*
sing	sang	sung	*chanter*
sink	sank	sunk	*sombrer / couler*
sit	sat	sat	*s'asseoir*
sleep	slept	slept	*dormir*
slide	slid	slid	*glisser*
smell	smelt[1]	smelt[1]	*sentir (odorat)*
speak	spoke	spoken	*parler*
spell	spelt[1]	spelt[1]	*épeler*
spend	spent	spent	*passer (temps) / dépenser*
spit	spat	spat	*cracher*
split	split	split	*fendre*
spoil	spoilt[1]	spoilt[1]	*gâter*
spread	spread	spread	*répandre*
spring	sprang	sprung	*s'élancer*
stand	stood	stood	*être debout*
steal	stole	stolen	*voler (dérober)*
stick	stuck	stuck	*coller*
stink	stank	stunk	*puer*
strike	struck	struck	*frapper*
swear	swore	sworn	*jurer*

sweep	**swept**	**swept**	*balayer*
swim	**swam**	**swum**	*nager*
swing	**swung**	**swung**	*se balancer*
take	**took**	**taken**	*prendre*
teach	**taught**	**taught**	*enseigner*
tear	**tore**	**torn**	*déchirer*
tell	**told**	**told**	*dire / raconter*
think	**thought**	**thought**	*penser / croire*
throw	**threw**	**thrown**	*jeter*
understand	**understood**	**understood**	*comprendre*
undertake	**undertook**	**undertaken**	*entreprendre*
wake	**woke**	**woken**	*éveiller*
wear	**wore**	**worn**	*porter* (vêtements)
weep	**wept**	**wept**	*pleurer*
win	**won**	**won**	*gagner*
wind	**wound**	**wound**	*enrouler*
write	**wrote**	**written**	*écrire*

[1] En américain, ces verbes sont généralement réguliers, sauf dans le cas de **get**, dont le participe passé est **gotten**.

Lexiques

Ces lexiques (anglais-français et français-anglais) contiennent tous les mots employés dans cet ouvrage. Dans le lexique anglais-français, la traduction est celle donnée dans le contexte des leçons (il peut en exister d'autres, bien entendu). Ainsi, lorsqu'un mot anglais se traduit de différentes façons au fil des leçons, vous retrouverez toutes les traductions correspondantes avec le numéro de la leçon dans laquelle la nouvelle traduction apparaît pour la première fois. Par ailleurs, les verbes anglais sont donnés à l'infinitif et suivis de "(to ~)". Le lexique français-anglais vous permet de retrouver rapidement un mot tel qu'il a été employé dans le contexte d'une leçon, une note ou une section de révision. Là encore, d'autres traductions sont possibles dans des contextes différents.

Voici la liste des abréviations utilisées dans ce lexique :

adj .	adjectif	*n.*	nom (substantif)
adv.	adverbe	*pers.*	personnel
Am.	américain	*pl.*	pluriel
aux.	auxiliaire	*pr.*	pronom
compl.	complément	qqch.	quelque chose
conj.	conjonction	qqn	quelqu'un
ex.	exemple	*sing.*	singulier
f.	féminin	so	someone
m.	masculin	*v.*	verbe

Lexique anglais-français

A

a / an *(devant voyelle initiale)*	un / une 3
a.m. (ante meridiem)	*ante meridiem* (avant midi) 51
abbey	abbaye 52
able to (to be ~)	pouvoir *(v.)* 71 ; être en mesure de, avoir la possibilité de 75
about	autour (de) 3 ; approximativement 31 ; environ 31, 36
above	au-dessus de 50
above all	surtout 88
abroad	à l'étranger 38

absent-minded	distrait/e 55
absolutely	absolument 65
accept (to ~)	accepter 81
accident	accident 85
accommodation *(indénombrable)*	hébergement, logement 95
accounting	comptabilité 85
ache	douleur, souffrance 71
ache (to ~)	faire/avoir mal 71
across	au-dessus de, à travers 92
active	actif/-ve 29
activity	activité 29
actual	réel/le 37
actual fact (in ~)	en fait 81
actually	en fait 37; vraiment 79
AD (anno domini)	ap. J.-C. 92
addition	addition (somme) 39
additional	supplémentaire 96
address (to ~)	aborder 74
advanced	avancé/e 47
advantage	avantage 48
advice *(indénombrable)*	conseil(s) 54
advise (to ~)	conseiller *(v.)* 76
adviser	conseiller *(n.)* 62
afford (to ~)	avoir les moyens de..., se permettre (financièrement) 94
affordable	abordable 94
afraid (to be ~)	avoir peur 18 ; craindre 85
after	après 13
afternoon	après-midi 5
afterwards	après 64
again	encore une fois, à nouveau 37
against	contre 47
age	âge 9, 52
agenda	ordre du jour 13, 74
agent	agent 83
ago	il y a *(pour exprimer le passé)* 57
agree (to ~)	accepter, être d'accord, consentir 27
agreement	accord 27
ahead	en avant, devant, à venir 76
air conditioning	climatisation 95
airport	aéroport 40
alarm	alarme 55 ; réveil (matin) 73
alcoholic	alcoolique 68
all	tout(e) / tous/toutes 5
all right / alright	acceptable 66, 76 ; d'accord, bien 66
almost	presque 97
alone	seul/e 52

already	déjà 13
also	aussi 12
although	bien que, même si 61
always	toujours 3
amazed (to be ~)	être étonné/e 99
amazing	épatant/e, incroyable 92
ambitious	ambitieux/-euse 44
ambulance	ambulance 90
among	parmi 31
and	et 1
announce (to ~)	annoncer 76
another	un/une autre 47
answer	réponse 33
answer (to ~)	répondre 42, 58, 62
any	*adjectif interrogatif* 3 ; du / de la / des 15 ; n'importe… 48
any time	à tout moment, n'importe quand 48
anymore	plus *(adv. de négation)* 43
anything	quelque chose 17 ; rien *(dans une phrase négative)* 19
anyway	de toute façon 3 ; en tout cas 3, 80
anywhere	n'importe où, nulle part, quelque part 27
apartment	appartement 8
apologise (to ~)	s'excuser 57
apology	excuse 81
app (application)	appli (application informatique) 96
apple	pomme 65
application	candidature 57
appointment	rendez-vous 4
appreciate (to ~)	apprécier 37
April	avril 13
architect	architecte 92
area	région 33, 95
argue (to ~)	se disputer 82
argument	argument, dispute 82
armchair	fauteuil 82, 89
around	autour (de) 25 ; environ 25, 52
arrive (to ~)	arriver 35, 40
art	art 93
art gallery	galerie d'art, musée (d'art) 93
arthritis	arthrite 71
article	article (dans un journal, etc.) 52
artist	artiste 93
as	comme 38
as well as	ainsi que, aussi bien que 99
ask (to ~)	poser une question 27
ask for (to ~)	demander (qqch.) 27

asset	atout / actif (patrimoine) 88
assistance	assistance 62
assistant	assistant/e 97
at	à 3
attend (to ~)	assister à 74
attention	attention 78
attraction	attraction 50
August	août 13
aunt	tante 50
automatic	automatique 96
autumn	automne 11
availability	disponibilité(s) 58
available	disponible 58
average	moyen/ne 76
avoid (to ~)	éviter 31
away	au loin 67
awe	respect mêlé de crainte 99
awesome	génial/e, super 99
awful	horrible 68 ; épouvantable 97
awful (to feel ~)	se sentir mal fichu/e 71

B

B&B (Bed and Breakfast)	chambre d'hôtes 11
back *(adj. / adv.)*	arrière 36
back *(n.)*	dos 37
backup	sauvegarde 97
bacon	lard fumé 15
bad	mauvais/e 5 ; mal 37
badly	mal 37
bag	sac (à main) 40
ballpoint pen	stylo à bille 45
ban (to ~)	interdire 90
band	bande, groupe 66
bank	banque 13
bank holiday	jour férié (au R.-U. et en Irlande) 13
bar	bar 26
bare	brut/e (simple, de base), nu/e 97
barely	à peine 97
based on (to be ~)	être basé/e sur, être implanté/e sur 87
basic	de base 100
basically	essentiellement 61
basis	base 100
basket	panier 89
bath	bain 11
bathroom	salle de bains 11, 80
battery	batterie 55
BC (before Christ)	av. J.-C. 92

BCE (before common era)	AEC (avant l'ère commune) 92
be (to ~)	être *(v.)* 1, 50, 59
beach	plage 11
bear (to ~)	supporter, tolérer 62
beard	barbe 40
beautiful	beau / belle 11
because	parce que 10 ; car *(conj.)* 27
become (to ~)	devenir 52
bed	lit 11
bedroom	chambre (à coucher) 11
bedsit / bedsitter	chambre meublée 87
before	avant 31
begin (to ~)	commencer 52
beginning	début 66
behind	derrière 6
believe (to ~)	croire 35, 53
benefit (to ~)	bénéficier 83
beside	à côté de 36
besides	en/de plus 36
best (I/you/he/she/we/they had ~)	mieux valoir 99
best (the ~)	le/la/les meilleur(s)/meilleure(s) 47
best-known	mieux/plus connu(e)s 69
bet	pari 69
bet (to ~)	parier 69
better	meilleur(e)s, mieux 46
better (I/you/she/he/we/they'd ~)	devoir *(au conditionnel)*, mieux valoir 71
between	entre 29, 31
bicycle	bicyclette 29
big	grand/e 6 ; gros/se 16
bike	vélo 29
bill	addition (à payer), facture 27
bill *(Am.)*	billet (de banque) 27
bind (to ~)	contraindre, ligoter 95
biro	stylo à bille 45
birth	naissance 52
birthday	anniversaire 9
biscuit	biscuit 51
bit	bout 36 ; morceau 74
bit (a ~)	un peu 36
bitter	amer 17
black	noir 18
blank	blanc/he *(sans écriture ou marques)* 93
block (to ~)	bloquer 76
blood	sang 97
bloody	ensanglanté/e, fichu/e / foutu/e, satané/e 97
blow dry	brushing 89

blue	bleu/e 8
boat	bateau 98
book	livre 26
book (to ~)	réserver 26, 48
book seller / bookseller	libraire 82
book shop	librairie 58
booked	complet/-ète, réservé/e 26
booking office	guichet des réservations 26
bookmaker	bookmaker 69
boot	botte 9, 40
bore (s.o.) (to ~)	ennuyer (qqn) 76, 82
bored (to be ~)	s'ennuyer 76
born (to be ~)	naître, être né 52
borrow (to ~)	emprunter 43
both	les deux 67
bother (to ~)	déranger, ennuyer, importuner (qqn) 51
bothered (can't be ~)	avoir la flemme 80
bottom	bas *(n.)* 85
bound to (to be ~)	être sûr de se réaliser 95
box	boîte 5, 13
boy	garçon 75
boyfriend	petit ami 75
brake	frein 78
brake (to ~)	freiner 78
brand	marque (commerciale) 80
brand-new	tout/e neuf/-ve 80
bread	pain 12
break	pause 89
break (to ~)	casser 16
break in (to ~)	interrompre / entrer par effraction 83
break up (to ~)	se désagréger, se disperser 74
breakfast	petit-déjeuner 11
breath	haleine, souffle 93
breath (out of ~)	essoufflé/e 93
breathe (to ~)	respirer 93
breath-taking	époustouflant/e 93
bridge	pont 92
briefs *(pl.)*	slip (d'homme) 56
bright	brillant/e 41
brilliant	génial/e 60
bring (to ~)	apporter 80
Britain	la Grande-Bretagne 33, 41
British	britannique 33
broad	large 36
broken	cassé/e 16
brother	frère 16
brotherhood	fraternité 27

brown	brun/e, châtain, marron 43
browse (to ~)	feuilleter, naviguer sur internet 97
browser	navigateur (internet) 60
brunch	brunch 25
brush (to ~)	brosser 89
build (to ~)	construire 61
building	bâtiment 8, 61 ; immeuble 60
built-up	bâti/e, construit/e 78
built-up area	agglomération urbaine 78
burger	steak hâché (burger) 65
buried	enterré/e 52
bus	bus 3
business	les affaires 9, 30 ; entreprise 30
business trip	déplacement professionnel 30
busy	occupé/e 9, 30 ; affairé/e 30, 47
but	mais 3
butter	beurre 12
buy (to ~)	acheter 19, 65, 68 ; offrir 64
buzz	activité grouillante, bourdonnement 99
buzzing	animé/e 99
by	par 23, 34 ; en 34 ; à côté de, près (de) 54 ; avant 64
bye *(fam.)*	au revoir 58

C

cake	gâteau 31
call	appel 62
call (to ~)	appeler 34
calm	calme 11
camera	appareil photo 16
camper	campeur/-euse 92
camper van	camping-car 89
campsite	camping 91
campus	campus (universitaire) 87
can *(v. défectif)*	pouvoir *(v.)* 15 ; savoir (avoir la capacité de) 49, 66
Canadian	canadien/ne 60
canal	canal (cours d'eau) 99
canvas	toile (peinture) 93
capital	capitale 33
capitalism	capitalisme 47
car	voiture 23
car park	parking 89
car rental	location de voitures 96
card	carte 65
cards	cartes (jeu) 39
care	soin 37

care (to ~)	se soucier de (qqch. ou qqn) 44
care (not to ~)	s'en fiche/ficher 44
career	carrière 81
careful	attentif, prudent/e, soigneux/-euse 37
carefully	attentivement 59
carpool (to ~)	faire du covoiturage 90
carrot	carotte 12
carry (to ~)	porter (un objet) 40
carry on (to ~)	continuer, poursuivre 83
case	cas 24
cash	espèces (argent liquide) 20
cash desk	caisse (d'un commerce) 65
cash machine	distributeur automatique de billets 36
casino	casino 69
castle	château 43
category	catégorie 96
celebrity	people (personne célèbre) 8
cellphone *(Am.)*	portable (téléphone) 6
cemetery	cimetière 83
centre / center *(Am.)*	centre 23
century	siècle 92
certain	certain/e 52, 67
certainly	bien sûr, certainement 48
chair	chaise 6, 59
chance	chance (possibilité) 69
change (to ~)	changer 41
change *(dénombrable)*	changement 20, 41
change *(indénombrable)*	monnaie (rendue) 20
channel	chaîne (médias) 46
charge	frais (à payer) 96
charge (to ~)	facturer, faire payer 95
charge (to be in ~)	être aux commandes 90
charts (the ~)	hit-parade 66
chat (to ~)	bavarder, causer, discuter 73
chatbot	agent conversationnel 34
chatter (to ~)	jacasser 73
chatterbox	moulin à paroles 73
cheap	bon marché 19
cheaper	moins cher 62
check (to ~)	contrôler, vérifier 55
check out (to ~)	quitter et régler une chambre d'hôtel, essayer, jeter un coup d'œil, viser 99
checkout	caisse (de supermarché) 65
cheer (to ~)	applaudir (avec cris enthousiastes) 99
Cheers!	Santé ! 99
cheese	fromage 12
cheesecake	gâteau au fromage 99

chemistry	chimie 22
chess	échecs (jeu) 66
child (*pl.* children)	enfant/s 8
childhood	enfance 27, 52
China	Chine 28
Chinese	chinois/e 28
chip	éclat, fragment, puce (électronique) 65
chips	pommes de terre frites 17
chocolate	chocolat 51
choice	choix 47
choose (to ~)	choisir 41, 92
choose from (to ~)	choisir parmi 93
Christmas	Noël 13
city	ville 3
city centre	centre-ville 22
city hall	mairie 22
class	classe 48, 87
clause	clause 83
clean	propre 11
clean up (to ~)	nettoyer de fond en comble, mettre de l'ordre, nettoyer 80
cleaning	nettoyage 25
clear	clair, dégagé/e 85
clear (to ~)	dégager 85
clear the table (to ~)	débarrasser la table 75
clever	astucieux/-euse, habile, ingénieux/-euse, intelligent/e, malin/-gne 97
client	client/e 38
climate	climat 90
climbing	escalade 29
cling film	film alimentaire 97
clinic	centre médico-social, dispensaire 71
clock	horloge, pendule 4
close (to ~)	fermer 26
close to	près (de), proche de 26
cloth	chiffon 43
clothes *(inv.)*	vêtements 43
cloud	nuage 10
cloudy	nuageux/-euse 10
club	club 99
clubbing (to go ~)	aller en boîte de nuit 99
coach	entraîneur/-euse 9 ; car (véhicule) 60 ; autocar 61
coat	manteau 24
coat of paint	couche de peinture 78
coat rack	portemanteau 80
coconut	noix de coco 39

coffee	café (boisson) 15
coffee shop	café (lieu) 82
coin	pièce (de monnaie) 89
cold *(adj.)*	froid/e 10
cold *(n.)*	rhume 75
colleague	collègue 51
college	établissement d'enseignement supérieur 87
come (to ~)	venir 5, 32, 52
come in (to ~)	entrer 72
comfortable	confortable 6
comic	bande dessinée 99
coming	prochain/e 96
comment (to ~)	faire un commentaire 93
common	commun 85
commute (to ~)	se rendre au travail en transport 61
commuter	banlieusard/e (qui fait un trajet journalier pour se rendre au travail) 61
commuter train	train de banlieue 61
company	compagnie, société 23 ; entreprise 28, 57
compare (to ~)	comparer 47
complaint	plainte 74
complete	total/e 20
complex	complexe 74
compute (to ~)	calculer 22
computer	ordinateur 6
computer science	informatique *(n.)* 22
conceptual	conceptuel/le 93
concern (to ~)	concerner, s'inquiéter, se préoccuper 83
concerned (to be ~)	être inquiet/-ète 83
concrete	concret/-ète 90
condition	condition 75
confusion	confusion 4
congratulations	félicitations 33
connect (to ~)	connecter 48
conqueror	conquérant/e 92
conservative	conservateur *(adj.)* 41
consolidate (to ~)	consolider 100
constable	policier/-ère 85
consultant	consultant/e 38
contract	contrat 58, 83
convenient	commode, convenable, pratique 61
conversation	conversation 83
cook (to ~)	cuisiner 25
cooking *(n.)*	cuisine (le fait de cuisiner) 25
cool	calme, frais / fraîche 55
copy	copie 74

corner	coin 26
corner shop	magasin du coin 82
Cornwall	Cornouailles 10
correct	correct/e, exact/e 33
cost	coût 83
cost (to ~)	coûter 12
cosy / cozy	accueuillant/e, chaleureux/-euse, confortable, douillet/te 11
could *(prétérit et conditionnel de* can*)*	pouvoir *(v.)* 57 ; savoir (avoir la capacité de) 66
country	pays 33
country inn	auberge de campagne 95
countryside	campagne 99
couple	couple 34
couple of... (a ~)	deux ou trois 34
course	cours 13, 81 ; stage 13
course (of ~)	bien sûr 13
court	court (de tennis, squash, badminton, etc.) 34
cover (to ~)	couvrir 69
cover letter	lettre de motivation 57
cowboy	cow-boy 40
crash	accident 85
crash (to ~)	s'écraser 85, 97 ; tomber en panne (informatique) 97
craze	engouement 34
crazy	fou / folle 34
credit	crédit 65
crisps	chips 17
criticise (to ~)	critiquer 83
crossword	mots croisés 82
crucial	crucial/e 100
cruel	cruel/le 72
culture	culture 99
cup	coupe, tasse 18
cupboard	placard 24
current	actuel/le 41
custom	coutume 26
customer	client/e 26
customs *(inv.)*	douane 26
cut	coupe 89
cut (to ~)	couper 41
CV (curriculum vitae) (au R.-U.)	CV (curriculum vitae) 57
cycle (to ~)	faire du vélo 29, 90 ; se déplacer à vélo 29
cycling	cyclisme 29

D

dad	papa 44
daily	quotidiennement 61
dairy	laiterie 13
damage *(indénombrable)*	dégât(s) 78
damages *(pl.)*	dommages et intérêts 78
Damn!	Bon sang !, Mince ! 74
damned	maudit/e 97
dance (to ~)	danser 50
danger	danger 90
dangerous	dangereux/-euse 42
darling	chéri/e 58
data	données (informations) 22
data processing	traitement de données 22
database	base de données 57
daughter	fille (lien familial) 2
day	jour / journée 1, 3
day before yesterday (the ~)	avant-hier 48
day off	jour de repos 30
dead	mort *(adj..)* 52
deal	accord, marché 75 ; bon plan (bonne affaire), offre 95
death	mort *(n.)* 52
debit card	carte de débit 96
decent	convenable, correct/e 33 ; décent/e 81
decide (to ~)	décider 27
decision	décision 67
deeply	profondément 52
definitely	absolument 59
degree	degré, licence (d'études) 81 ; diplôme 87
degree course	cursus universitaire 87
delay	retard 60
delayed	retardé/e 60
delicious	délicieux/-euse 39
deliver (to ~)	livrer 96
delivery	livraison 90
democratic	démocratique 47
dentist	dentiste 8
depressing	déprimant/e 46
describe (to ~)	décrire 59
design (to ~)	concevoir 23
desk	bureau (meuble) 6
destination	destination 48
destroy (to ~)	détruire 92
devastating	dévastateur/-trice 92
development	développement, essor 92
diary	agenda 13

die (to ~)	mourir 52, 75
different	différent/e 29
difficult	difficile 26
difficulty	difficulté 40
digit	chiffre 99
digital	numérique 99
dining room	salle à manger 11
dinner	dîner 25
dinner jacket	smoking 91
dinner suit	smoking 91
dinnertime	heure du dîner 34
directly	directement 95
director	dirigeant/e 79
dirty	sale 40
disabled	handicapé/e 87
disagree (to ~)	ne pas être d'accord 48, 83
disappoint (to ~)	décevoir 48
disaster	désastre 92
disconnect (to ~)	déconnecter 48
discover (to ~)	découvrir 53
discuss (to ~)	discuter 83
discussion	discussion 73
dish	plat *(n.)* 25
dishes (to do the ~)	faire la vaisselle 25
dislike (to ~)	ne pas aimer, déplaire 48
distance	distance 61
district	quartier 94 ; région 95
divided	divisé/e 92
divorce (to ~)	divorcer 82
divorced (to get ~)	divorcer 82
do (to ~)	faire 11, 78
do (to ~) *(au futur ou conditionnnel)*	suffire 95
do one's hair (to ~)	se coiffer 86
do with (to ~)	avoir bien besoin de 78
do without (to ~)	se passer de 83
doctor	médecin 8 ; docteur 72
document	document 96
door	porte 6 ; portière (de véhicule) 78
doorbell	sonette (d'une porte) 58
double	double 11, 29
double-click (to ~)	double-cliquer 29
doubt (to ~)	douter 71
down	en bas, là-bas 10
downstairs	en bas (de l'escalier) 23
dozen (a ~)	une douzaine 52
dozens	dizaines 93
drain	canalisation sanitaire, égoût 97

drawer	tiroir 45
dreadful	épouvantable 54 ; terrible 85
dress	robe 8
drill	perceuse 80
drink	boisson, verre 41, 51 ; pot (à boire) 51
drink (to ~)	boire 31
drive (to ~)	conduire 23 ; aller en voiture 73
drive through (to ~)	traverser (en voiture) 89, 94
driver	conducteur/-trice 77, 96
drive-through	drive (point de retrait commande en voiture) 89
driving lesson	leçon de conduite 68
driving test	examen du permis de conduire 68
drug	drogue (stupéfiant), médicament 72
dry	sec 36
dry cleaner's	pressing 36
during	durant, pendant 55
Dutch	hollandais/e, néerlandais/e 28
duty-free	hors-taxes 27

E

each	chaque 33
each other	l'un(e) l'autre 79
early	tôt 25, 52 ; de bonne heure 66
earn (to ~)	gagner (de l'argent) 53
earn a living (to ~)	gagner sa vie 66
earth	terre 54
ease	facilité 100
ease (at ~)	à l'aise 100
easily	facilement 40
east	est (point cardinal) 62
Easter	Pâques 13
eastern	de l'est (oriental) 62
easy	facile 12 ; simple 61
eat (to ~)	manger 31, 72, 73
e-book	livre électronique 99
economics	économie 81
economy	économie (science) 76
education	éducation, enseignement 87
effort	effort 91
egg	œuf 12
e-guide	guide (touristique) en ligne 99
eighty	quatre-vingts 9
either	non plus 20 ; l'un ou l'autre 69
either way	dans tous les cas 96
either... or	ou... ou, soit... soit 69
elderly	âgé/e 41

elected	élu 41
election	élection 41
electronic	électronique 99
else	autre 17
email	mail 38
emission	émission (gaz, liquide, etc.) 90
empire	empire 92
employed	employé/e *(adj.)* 38
employee	employé/e *(n.)* 74
employer	employeur 76
empty	vide 55
encourage (to ~)	encourager 90
end	fin *(n.)* 36 ; bout 66
energetic	énergique 29
energy	énergie 90
engaged to (to get ~)	se fiancer 89
engagement	fiançailles 89
engine	moteur 76
England	Angleterre 28, 99
English	anglais/e 22
enjoy (oneself) (to ~)	s'amuser 84
enjoy (to ~)	aimer bien (faire qqch.), apprécier (qqch.), prendre plaisir à 73 ; profiter 99
enormous	énorme 61
enough	assez 13 ; suffisamment 100
ensure (to ~)	permettre de (à qqn) 87
entrance	entrée (d'un lieu) 65
environment	environnement 88
estate car	break (voiture) 89
eve	veille 13
even	même 36
evening	soir 2
ever	jamais 29 ; de tous les temps 66
every	chaque, tous/toutes 10
everybody	tous 33 ; tout le monde 39
everyone	tout le monde 33, 39
everything	tout 29
everywhere	partout 41
exactly	exactement 5
examine (to ~)	examiner 83
example	exemple 90
excellent	excellent/e 58
except	sauf (excepté) 41
exceptional	exceptionnel/le 74
excited	excité/e 58
exciting	passionnant/e 92
excuse	excuse 3

excuse (to ~)	excuser, pardonner 3
executive	cadre (dans une entreprise) 79
exercise	exercice 29
exercise (to ~)	faire de l'exercice 75
exhausted	épuisé/e 50
exhausting	épuisant/e 92
exit	sortie 26
expect (to ~)	s'attendre à, prévoir 58
expensive	cher (prix) 3
experience	expérience 27
explain (to ~)	expliquer 72
exploit (to ~)	exploiter 47
explore (to ~)	découvrir, explorer 50
express	express 60
express (to ~)	exprimer 93
extensive	vaste 61
extra	supplémentaire 76 ; supplément 96
extremely	extrêmement 69
eye	œil 40

F

fabulous	fabuleux/-euse 64
facilities	équipements, installations (bâtiment) 87
fact	fait *(n.)* 38
fact (in ~)	en fait 10
factory	usine 52
fail (to ~)	échouer 68, 90 ; rater (qqch.) 68
faint	faible 79
fair	équitable, juste 75
fall (to ~)	tomber 13, 76
family	famille 8
famous	célèbre 52
fan	fan 66
fantastic	fantastique 10
far	loin 26
far too	beaucoup trop 33
fare	tarif 62
fast	rapide, rapidement, vite 31
fast-moving	qui évolue rapidement 88
father	père 13, 52
fault	faute 78
favourite	favori/e, préféré/e 29
February	février 13
fed up (to be ~)	en avoir marre 50
feed (to ~)	donner à manger à, nourrir 50
feel (to ~)	sentir / se sentir 52
feeling	sentiment 93

few	quelques 51
fewer	moins (de) 90
fiancé/e	fiancé/e 89
fiddle	crin-crin, violon 75
field	champ 92, 93
fifteenth	quinzième 13
fifth	cinquième 13
file	dossier 6
finally	finalement 9
find (to ~)	trouver 26, 57
find out (to ~)	découvrir 76
fine	bien, délicat/e, fin/e 1 ; excellent/e, super 9
finger	doigt 29
finish (to ~)	finir 45 ; terminer 77, 87
fire	feu 13, 90 ; incendie 92
fire engine	camion de pompier 90
firefighter/fireman	pompier 79
firework	feu d'artifice 13
firm	entreprise 75
first	premier/-ère 13
first (at ~)	au début 88
fish *(indénombrable)*	poisson(s) 12, 17
fit	forme (physique) 75
fit (to ~)	aller (pour la taille d'un vêtement) 64
fit (to be ~)	être en bonne forme 75
fitness	bonne forme (fitness) 75
fitting room	cabine d'essayage 64
fix	correctif *(n.)* (en informatique) 80
fix (to ~)	fixer, réparer 80
fix up (to ~)	arranger 80
flashing	clignotant/e 76
flask	flasque 78
flat *(adj.)*	plat *(adj.)* 8
flat *(n.)* (au R.-U.)	appartement 8
flea	puce (animal) 75
flight	vol (avion/oiseau) 48
flipper	nageoire, palme 89
flock	troupeau 93
floor	plancher 6 ; étage 8
flu	grippe 71
fluent	courant/e 100
fly (to ~)	prendre l'avion, voler (avion/oiseau) 48
follow (to ~)	suivre 35
following	suivant/e 92
food	nourriture 12
fool	idiot/e, imbécile, sot/te 13

foot	pied 9 ; mesure de longueur (30 cm) 35
foot (on ~)	à pied 94
football	football 69
footballer	footballeur/-euse 69
for	pour 4 ; pendant 55 ; depuis 72 ; car *(conj.)* 100
forecast	prévision 46
foreigner	étranger/-ère 20
forget (to ~)	oublier 42, 54
fork	fourchette 12
form	formulaire 45 ; classe 87
fortune	fortune 64
forty	quarante 12
forward	en/vers l' avant 81
found (to ~)	fonder 92
free	libre 5 ; gratuit/e 27
freelance	à son propre compte 81
freelancer	travailleur/-euse indépendant/e 81
freeze (to ~)	congeler, geler 51
freezer	congélateur 51
freezing (to be ~)	être gelé/e 47
French	français/e 22
frequent (to ~)	fréquenter 66
frequently	souvent 66
Friday	vendredi 10
fridge	frigo, réfrigérateur 51
friend	ami/e 2
friendly	aimable, amical/e 39
fries	frites (pomme de terre) 65
from	de 10
front	devant 89
front of (in ~)	devant 36
frozen	gelé/e / congelé/e / surgelé/e 74
fruit *(indénombrable)*	fruit(s) 15
full	plein/e 13 ; complet/-ète 26
full-time	temps plein 88
fully	pleinement 26
fun	amusement 50
fun (to have ~)	s'amuser 50
funny	drôle 44
furious	furieux/-euse 54
furniture *(indénombrable)*	meubles, mobilier *(n.)* 54
fuss	agitation 86
future	avenir 41

G

gamble (to ~)	jouer de l'argent 69

gambler	joueur, parieur/-euse 69
game	jeu 29
garage	garage 68
garden	jardin 25
gas	gaz 90
general	général/e 38, 41
general election	élections législatives 41
generally	généralement 38
generous	généreux/-euse 53
gentle	doux / douce 4, 99 ; gentil/le 4
gentleman (*pl.* gentlemen)	gentilhomme, monsieur 4
German	allemand/e 22
Germany	Allemagne 28
get (let's ~)	allons chercher 31
get (to ~)	avoir *(v.)*, obtenir 16 ; apporter 65
get around (to ~)	circuler 73 ; contourner 73, 83 ; se déplacer 73
get away (to ~)	s'absenter, s'échapper, s'éloigner 50
get back (to ~)	retourner, revenir 75
get bored (to ~)	s'ennuyer 82
get by (to ~)	se débrouiller 100
get changed (to ~)	se changer 86
get dark (to ~)	faire nuit 85
get dressed (to ~)	s'habiller 73
get from... to (to ~)	aller de... à 62
get home (to ~)	rentrer à la maison 34
get in (to ~)	entrer 73
get in touch (to ~)	contacter 95
get into (to ~)	monter dans (un véhicule) 73
get married (to ~)	se marier 82
get off (to ~)	descendre (d'un bus, train, etc.) 73
get off to (+ *adj.* + start) (to ~)	commencer, démarrer 97
get on (to ~)	s'entendre 73 ; continuer, poursuivre 74
get out of (to ~)	émerger, sortir (d'un véhicule) 73
get to (to ~)	arriver (quelque part), atteindre, se rendre à 60
get to bed (to ~)	se coucher (aller au lit) 73
get up (to ~)	se lever 25
getaway	espapade, fuite 99
gift	cadeau 67
girl	fille 75
girlfriend	petite amie 75
give (s.o.) a lift (to ~)	accompagner (qqn) en voiture, emmener (qqn) en voiture 60
give (to ~)	donner 26, 43
give the right of way (to ~)	céder le passage 78
give up (to ~)	renoncer à 89

glass	verre (récipient) 65
global	global/e 47
go (to ~)	aller 23, 50, 89
go back (to ~)	retourner 36
go down the drain (to ~)	partir en fumée 97
go for a run (to ~)	faire du jogging 89
go for a walk (to ~)	se promener 82
go on (to ~)	continuer 58
go out (to ~)	sortir (dehors) 68
go through (to ~)	passer par 48
good	bon/ne 2 ; bien 5
goodbye	au revoir 24
good-looking	beau / belle 53
got to (have ~)	devoir *(v.)* 64
go-to *(adj.)*	préféré/e 99
government	gouvernement 41
GP (General Practitioner)	médecin généraliste 71
graduate (a ~)	un/e diplômé/e 87
graduate (to ~)	obtenir un diplôme 87
grandfather	grand-père 13
grandmother	grand-mère 13
grass	herbe (pelouse) 93
great	génial/e, super, grand/e 38, 47
Great Britain	la Grande-Bretagne 33
green	vert/e 40
greenhouse	serre 90
grey	gris/e 40
ground floor	rez-de-chaussée 8
group	groupe 66
grow (to ~)	se développer, grandir, pousser 92
guess (to ~)	deviner 58
guest	invité/e 33
guide	guide 99
guidebook	guide touristique (livre) 99
guitar	guitare 66
guy	type (personne) 8 ; gars 51
gym	gymnase 73

H

hair	cheveux, poils 40
hairdresser	coiffeur/-euse 89
half	demi 60 ; moitié 69
hall	salle 34
hand	main 24
hand (to ~)	passer (avec la main) 46
handkerchief	mouchoir 81
handsome	beau / belle 53

hang (to ~)	accrocher, suspendre 68
hang on (to ~)	attendre (au téléphone) 68
hang up (to ~)	raccrocher (au téléphone) 68 ; suspendre (au portemanteau) 80
happen (to ~)	se passer 46, 85 ; se produire 85
happen to know (to ~)	savoir par hasard 95
happily	heureusement 38
happiness	bonheur 30
happy	content/e, heureux/-euse 27
hard	rude 9 ; difficile, dur/e 37
hard disc	disque dur 98
hard drive	disque dur 97
hard worker	travailleur/-euse appliqué/e 88
hardly	à peine, presque 38
hardware	matériel (informatique, par ex.) 80
hardware store	quincaillerie 80
hard-working	qui travaille dur 88
harsh	rude 9
hat	chapeau 40
hate (to ~)	haïr 35 ; détester 45
have (to ~)	avoir *(v.)* 4, 5, 50 ; posséder 9
have to (to ~)	devoir *(v.)* 59, 73
he	il 2
head	tête 40
head (to ~)	être à la tête de (diriger) 46
head waiter	maître d'hôtel 27
headache	mal de tête 37
headlines	gros titres (des journaux) 76
health	santé 47, 86
health club	club de gym, club de remise en forme 86
hear (to ~)	entendre 15, 53
hear about (to ~)	être au courant de, entendre parler de 58
hear from (to ~)	avoir des nouvelles de 58
heart	cœur 71
heartache	chagrin, peine 71
heating	chauffage 55
heavy	lourd/e 9
hello	bonjour 1 ; allô 58
helmet	casque 85
help	aide 5
help (to ~)	aider 16
helpful	serviable, utile 37 ; aimable 94
helpless	sans défense, impuissant/e 37
her	la / lui / elle *(pr. pers. compl.)* 7, 19 ; son / sa / ses 8
here	ici 2
hers	le/la/les sien(s) / sienne(s) 45

herself	elle-même 58
Hey!	Salut ! 1
Hi!	Salut ! 1
high	haut/e 44 ; élevé/e 59
higher education	enseignement supérieur 22, 87
highly	hautement 66
high-rise	building (immeuble haut) 61
highway code	code de la route 96
him	le *(pr. pers. compl.)* 7 ; lui 7, 16
himself	lui-même 58
hire (to ~)	embaucher 57 ; louer 59, 96
his	son/sa/ses 8 ; le/la/les sien(s) / sienne(s) 45
history	histoire 52
hit	frappe, réussite, tube (musical) 66
hit (to ~)	cogner, frapper, taper 66
Hiya!	Salut ! 1
hold on (to ~)	tenir 67
holiday *(sing.)*	vacances 11
holy	sacré/e 11
home	chez soi, foyer 5
home (at ~)	à la maison 5
honest	honnête 59
honestly	honnêtement 51
honour	honneur 90
hop (to ~)	sautiller 99
hop on (to ~)	monter (dans un bus, train, etc.) 99
hope	espoir 46
hope (to ~)	espérer 37
hop-on hop-off	montée et descente libre (transports touristiques) 99
horrible	horrible 27
horse	cheval 69
hospital	hôpital 72
hot	chaud/e 10
hotel	hôtel 39
hotline	assistance téléphonique 97
hour	heure 3
house	maison 5, 23
household	ménage (foyer) 25
housework	ménage (nettoyage) 25
how	comment 1
how many... ?	combien de... ? 33
how much... ?	combien de... ? 33
however	cependant 92 ; quel(le)s que soi(en)t, toutefois 99
huge	énorme, immense 11
hugely	énormément 52

human	humain/e 57
human being	être humain 96
hundred	cent 36
hundreds	des centaines 52
hungry	affamé/e 15
hungry (to be ~)	avoir faim 15
hurry	précipitation 36
hurry (to ~)	se dépêcher 36, 82
hurry (to be in a ~)	être pressé/e 36
hurt (to ~)	blesser 78
husband	époux, mari 8

I

I	je 1
ice	glace (eau gelée) 31
ice cream	glace (crème glacée) 31
idea	idée 6
ideal	idéal/e 39
ideally	idéalement 88
if	si *(conj.)* 15
ill	malade 71
imagination	imagination 71
imagine (to ~)	imaginer 39
immediately	immédiatement 67, 90 ; tout de suite 67
important	important/e 5
impressed	impressionné/e 57
impressive	impressionnant/e 88
improve (to ~)	améliorer 69
in	dans, dedans, en 5
inch	pouce (mesure de longueur) 34
include (to ~)	inclure 83
included	compris/e, inclus/e 27
income	bénéfices, chiffre d'affaires, revenu (salaire) 87
income tax	impôt sur le revenu 59
inconvenience	dérangement 85
independently	indépendamment 23
index finger	index (doigt) 29
Indian	indien 69
indispensable	indispensable 83
industry	industrie, secteur 81
inflation	inflation 76
influential	influent/e 66
information	information(s) 54
injure (to ~)	blesser 84
inn	auberge 95
instead	à la place (de), plutôt 93
instead of	au lieu de 93

institution	institution 87
instrument	instrument 66
insurance	assurance 71, 96
intelligent	intelligent/e 44
inter-city	interurbain 61
interested (to be ~)	être intéressé/e (par qqch.) 17
interested in (to be ~)	s'intéresser à 96
interesting	intéressant/e 44
interview	entretien 57
into	dans *(avec v. de mouvement)* 34
intranet	intranet 74
invent (to ~)	inventer 65
invite (to ~)	inviter 51
involve (to ~)	s'impliquer 85
Ireland	Irlande 82
Irish	irlandais/e 33
iron	fer (à repasser) 86
iron (to ~)	repasser 86
iron *(indénombrable)*	fer 86
ironing	repassage 86
irregular	irrégulier/-ère 100
issue	question 74
it	ce / ceci / cela / ça / c' 1 ; il / elle *(pr. pers. sujet neutre)* 4 ; le / la / lui / elle *(pr. pers. compl. neutre)* 7
IT (Information Technology)	technologie de l'information 22
IT department	service informatique 22
Italian	italien/ne 28
Italy	Italie 28
item	point 74

J

jacket	veste 64
jackpot	le gros lot 68
jam	confiture 61
jam-packed	bondé/e 97
January	janvier 13, 32
jargon	jargon 83
jeans *(indénombrable)*	jean (pantalon) 54
job	emploi, poste (travail), travail 22
joke (to ~)	plaisanter 45
journalist	journaliste 52
journey	voyage 54
juice	jus (de fruits) 65
July	juillet 13
June	juin 13
just	juste 13

K

keen	aiguisé/e, enthousiaste, passionné/e 69
keen on (to be ~)	être friand de 69
keep (to ~)	garder 55
keep cool (to ~)	rester calme 55
keep fit (to ~)	rester en forme 86
keep in touch (to ~)	rester en contact 73
key	clé 24
keyboard	clavier 94
kid	gamin 44
kid (to ~)	plaisanter 78
kill (to ~)	tuer 92
kind	gentil/le 37
kind of	sorte de 93
kindness	gentillesse 37
kingdom	royaume 33
kitchen	cuisine (pièce) 26
kneel (to ~)	s'agenouiller 42
knife	couteau 12
know (to ~)	connaître 8 ; savoir 9, 89
knowledge	connaissance 100

L

Labour (Party)	le parti Travailliste 47
lady	dame 4, 8
lake	lac 95
lance	lance 81
land (to ~)	atterrir 40
landline	téléphone fixe 6
landmark	paysage 92
language	langue / langage 100
laptop	ordinateur portable 68, 97
large	grand/e 8
last	dernier/-ère 41, 44
last (at ~)	enfin 55
last (to ~)	durer 79
lastly	enfin 33
late	tard 25
late (to be ~)	être en retard 4
later	plus tard 40
law	le droit, loi 44
lawyer	avocat/e 44
lazy	paresseux/-euse 25
leading	de premier plan, principal/e 92
leaf	feuille 12
lean (to ~)	s'appuyer, se pencher 42
least (at ~)	au moins 69

least (the ~)	le/la/les moins 49, 78
leather	cuir 40
leave (to ~)	laisser 24, 55 ; partir 43, 51
left	gauche 8
left (to be ~)	rester 51
lemonade	limonade 86
lend (to ~)	prêter 36, 80
less	moins (de) 46
let (to ~)	laisser 19
level	nivelé/e, plat/e 88
level-headed	équilibré/e (personne), pondéré/e (personne) 88
liar	menteur/-euse 41
librarian	bibliothécaire 82
library	bibliothèque 82
licence (driver's ~)	permis (de conduire) 68, 96
lie (to ~)	être allongé, s'allonger, s'étendre 39 ; mentir 39, 41
lie down (to ~)	s'allonger 82
life	vie 29, 39
lifestyle	mode de vie 29
lift	ascenseur 60
lift (to ~)	lever 29 ; soulever 60
light	feu (de véhicule), lumière 76
like	comme 8 ; semblable 10
like (to ~)	aimer 22
line	ligne 6, 58
list	liste 95
listen to (to ~)	écouter 34, 59
little	petit/e, peu 10
live (to ~)	habiter, vivre 8
living *(adj.)*	vivant/e 66
living room	salon 11
loaf	miche (de pain) 12
local	local/e 82
located (to be ~)	être situé/e 87
lock (to ~)	fermer à clé 55, 89 ; verrouiller 55
loneliness	solitude 93
lonely	seul/e, solitaire 93
long	long/ue 3, 79 ; longtemps 79
long (to be ~)	être long (en avoir pour longtemps) 79
long time (a ~)	longtemps 72
look (to ~)	regarder 12 ; avoir l'air 38
look at (to ~)	regarder 36
look for (to ~)	chercher 36
look forward to (to ~)	attendre avec impatience, avoir hâte de... 81

look like (to ~)	ressembler 76
look well (to ~)	avoir l'air bien 71
lose (to ~)	perdre 68, 72
lost (to be ~)	être perdu/e 94
lost (to get ~)	se perdre 75, 94
lot (a ~)	beaucoup 18
lot of (a ~)	beaucoup (de) 32
lots (of)	beaucoup (de) 32, 33
lottery	loterie 53
loud	fort (pour le son) 58
loud (out ~)	à voix haute 100
loudspeaker	haut-parleur 58
love	amour 29
love (to ~)	adorer 22 ; aimer (fort / d'amour) 29
lovely	agréable, charmant/e, chouette, ravissant/e 39 ; magnifique 95
low	bas/se 47 ; faible 55
luck	chance 11
lucky	chanceux/-euse, heureux/-euse 11
lucky (to be ~)	avoir de la chance 11
luggage *(indénombrable)*	bagage(s) 54
lunch	déjeuner *(n.)* 12
luxury	de luxe 39

M

madam	madame 4
magazine	magazine 100
main	principal/e 74
major	important/e 86, 92 ; majeur/e 86 ; principal/e 96
make (to ~)	faire 12
make a decision (to ~)	prendre une décision 67
make a fuss (to ~)	faire des histoires 86
make a living (to ~)	gagner sa vie 66
make a plan (to ~)	planifier 86
make do (with) (to ~)	se contenter (de) 86
make sure (to ~)	s'assurer (de qqch.) 55
make up one's mind (to ~)	se décider 86
makeover	relooking 91
make-up (to put on ~)	se maquiller 84
man (*pl.* men)	homme 2
management	direction 79
manager	directeur/-trice, responsable (dans une entreprise) 57
manual	manuel/le 96
many	beaucoup 3
March	mars 13

market	marché 22
marketing	marketing 81
marriage	mariage 82
married	marié/e 53
marry (to ~)	épouser 82
marvellous	merveilleux/-euse 39
mass	masse 95
masses of	un/des tas de 95
massive	énorme 69
masterpiece	chef d'œuvre 93
match	match 69
matter	matière 38
matter (to ~)	avoir de l'importance / importer 53
matter of fact (as a ~)	en effet, en fait 38
May	mai 13
may *(aux. modal)*	pouvoir *(v.)* 48
maybe	peut-être 44
me	moi 3 ; me 7
meal	repas 31
mean (to ~)	vouloir dire 4 ; signifier 47
meantime (in the ~)	en attendant, pendant ce temps 89
mediaeval	médiéval/e 93
medication	médicaments *(terme générique)* 72
medicine	médicament 71 ; médecine 72
medium	moyen/ne 65
medium-rare	à point (cuisson) 65
meet (to ~)	faire connaissance 2 ; rencontrer (qqn) 2, 34 ; retrouver (qqn) / se retrouver venir chercher (qqn) 34
meeting	réunion 4
member	membre 57
memory	mémoire 54
mention (to ~)	citer, mentionner 94
menu	menu *(n.)* 65
mess	désordre, pagaille 80
mess up (to ~)	gâcher, mettre en désordre 80
message	message 58
meter	compteur (de taxi) 62
method	méthode 61
metre/meter *(Am.)*	mètre 9
midday	midi 62
middle	milieu 31
middle finger	majeur (doigt) 29
midnight	minuit 73
might *(aux. modal prétérit de* may*)*	pouvoir *(v.)* 79
mile	mile 22
mileage	kilométrage 96

milk	lait 18
million	million 53
mind	esprit 43
mind (to ~)	prêter attention, se soucier de (qqch. ou qqn) 64
mind (to ~) *(à la forme interrogative)*	cela... gêne/dérange-t-il... ? 43
mind (to ~) *(à la forme négative)*	être égal à qqn *(expression)* 48
mind. (Never ~)	Ne t'en fais pas. / Ne vous en faites pas. 64
mine	le/la/les mien(s) / mienne(s), à moi 45
minute	minute 45
minutes *(pl.)*	procès verbal (de réunion) 74
miserable	malheureux/-euse, triste 68
Miss	Mlle (mademoiselle) 4
miss (to ~)	manquer (qqch.), rater (qqch. ou qqn) 40 ; manquer (à qqn) 72
mistake	erreur 41
mistaken (to be ~)	se tromper 83
mobile (phone)	portable (téléphone) 6
modern	moderne 93
moment (at the ~)	en ce moment 35, 37, 62 ; actuellement 37
Monday	lundi 10
money	argent 20
month	mois 13
more	plus (davantage) 11
morning	matin 4
most (of) *(+ subst.)*	la plupart des 51
most (the ~)	le/la/les plus 47
mother	mère 13
motor	moteur 76
motor bike	moto(cyclette) 76
motorist	automobiliste 76
motorway	autoroute 61
move (to ~)	bouger 34 ; déménager 67
movie (a ~)	un film 25
movie camera	caméra 16
movies (the ~)	le cinéma 25
MP (Member of Parliament)	député/e 47
Mr (mister)	M. (monsieur) 4
Mrs (Missus)	Mme (madame) 5
Ms	Mme / Mlle (madame / mademoiselle) 4
much	beaucoup 5, 32
mum	maman 44
museum	musée 94
mushroom	champignon 68
music	musique 30

must *(défectif)*	devoir *(v.)* 34
mustard	moutarde 12
must-do *(adj.)*	à faire absolument, incontournable 99
my	mon / ma / mes 2
myself	moi-même 43, 59

N

name	nom, prénom 2
nation	nation 69
national	national/e 58
natural	naturel/le 52, 90
near	près (de) 3
nearly	presque 87
necessary	nécessaire 52, 76
need (to ~)	avoir besoin de 12
neighbour	voisin/e 27, 55
neighbourhood	quartier, voisinage 27
neither	aucun/e (ni l'un ni l'autre) 62
neither... nor	ni... ni 69
nephew	neveu 38
Netherlands (the ~)	les Pays-Bas 28
network	réseau 61
never	jamais 24
new	neuf/-ve, nouveau/-elle 2
news *(inv.)*	actualités, journal (télévisé ou radiophonique), nouvelle(s) *(n.)* 46
next	prochain/e 9 ; après, ensuite 13
next to	à côté de 6
nice	agréable, bon/ne, gentil/le, sympa(thique) 1 ; beau / belle 19
niece	nièce 38
night	nuit 3
nightly	tous les soirs / toutes les nuits, nuitamment 66
nightmare	cauchemar 97
no	non 3
no one	personne *(adv.)* 34
noise	bruit 32
noisy	bruyant/e 37
none	aucun/e 62
noon	midi 31
normal	normal/e 38, 79
normally	normalement 38
north	nord 10
Northern Ireland	Irlande du Nord 33
nose	nez 71
not	pas *(négation)* 3, 6

note	billet (de banque) 27
nothing	rien 43
notice (to ~)	remarquer 93
nought	zéro 7
novel	roman 52
novelist	romancier 52
November	novembre 13
now	maintenant 4
nowhere	nulle part 27, 94
number	numéro 16, 66 ; nombre 61
nurse	infirmier/-ère 76

O

obvious	évident/e 15
obviously	évidemment 36
occasion	occasion 19
occasionally	occasionnellement, de temps en temps 38
ocean	océan 82
o'clock	heure (à l'horloge) 4
of	de 3
off	en dehors de 30
off (to be ~)	s'en aller, partir 55
offer (to ~)	offrir, proposer 67
office	bureau (pièce) 6
officer	agent (de police) 85
off-peak	en heure creuse 62
often	souvent 31
oh	zéro 7
oil	huile, pétrole 53
okay	d'accord 26
old	vieux / vieil/le 3
old-fashioned	démodé/e 88
on	sur 6
once	une fois 34
one	un / une 4, 9 ; on *(pr. pers. indéfini)* 34
onion	oignon 12
online	en ligne 25
only	seulement 10
open	ouvert/e 26
open (to ~)	ouvrir 26
opening	ouverture 81
open-minded	ouvert/e d'esprit 88
opponent	adversaire 41
opportunity	possibilité 46 ; occasion 100
opposite	en face de 11 ; contraire 47
opposition	opposition 76
orange	orange 65

order – commande, ordre 66
order (to ~) – commander 65
order to (in ~) – afin de, pour 66
other – autre 12
ought to *(aux. modal au conditionnel)* – devoir *(v.)* 78
ounce (oz) – once (mesure de masse = 28 g) 35
our – notre 2
ours – le/la/les nôtre(s) 45, 47
ourselves – nous-mêmes 59
out – dehors 5
outskirts – faubourgs, périphérie (d'une agglomération) 87
oven – four 78
over – dessus, sur 2 ; au-dessus 9
over there – là-bas 2
own – propre (à soi) 75, 100
own (on my/your/his/her/its/our/their ~) – tout/e seul/e 100
owner – propriétaire 95

P

p.m. (post meridiem) – *post meridiem* (après midi) 51
pack (to ~) – faire ses bagages 54
package – colis, paquet 60
packaging – emballage 54
pain – douleur 37
painful – douloureux/-euse 37
painless – indolore 37
painting – tableau (œuvre d'art) 93
panties *(inv.)* – slip (de femme) 56
paper – papier 43 ; journal 82
paragraph – paragraphe 100
parents – parents 13
park – parc 82
park (to ~) – garer 89
parking – stationnement 61
part – partie 41
particularly – particulièrement 61
partner – associé/e 71
part-time – temps partiel 88
party – fête 8 ; parti (politique) 47
party (to ~) – faire la fête 99
pass (travel ~) – pass (de voyage) 20
pass an exam (to ~) – réussir un examen 68
passenger – passager 62
passport – passeport 55
password – mot de passe 34

past	passé 57
patient	patient/e 62
pay	salaire 76
pay (to ~)	payer, régler 41
pay attention (to ~)	faire attention 78
pay cash (to ~)	payer en espèces 96
pay for (to ~)	payer (qqch.) 39
peace	paix 46
peanut	cacahuète 17
pen	stylo 45
penalty	pénalité 96
penny (*pl.* pennies/pence)	penny/pence (monnaie) 12
people *(inv.)*	gens, personnes 8
per cent	pour cent 76
perfect	parfait/e 38
perfectly	parfaitement 64
perform (to ~)	se produire (sur scène) 66
performance	performance 74
perhaps	peut-être 9
permitted	permis/e 61
person	personne *(n.)* 8, 47
personnel	personnel (d'une entreprise) 58
petrol	essence 76
phone	téléphone 6
phone (to ~)	téléphoner 51
phrasal verb	verbe à particule adverbiale 28
pick up (to ~)	aller chercher 89 ; récupérer 96 ; prendre 100
piece	morceau 31
pill	pillule 72
pinball machine	flipper (machine à boules) 89
pint	pinte 17
place	endroit 27
place a bet (to ~)	faire un pari 69
plague	peste (maladie) 92
plain	ordinaire, simple 100
plan	projet 76
plane	avion 40
play (to ~)	jouer 29
player	joueur 69
pleasant	agréable 50
please	s'il te/vous plaît 4
please (to ~)	plaire 4
pleased	content/e 2 ; heureux/-euse 4
pleasure	plaisir 85
plough	charrue 76
plug	prise (de courant) 55

plug (in/into) (to ~)	brancher 55
pocket	poche 24
police	police 76
policy	politique *(n.)* 47
Polish	polonais/e 81
political	politique *(adj.)* 46
politician	politique (personne) 90
politics	politique *(n.)* 47
poor	pauvre 52
popular	populaire 69
port	port 92
portion	portion 27
position	position, poste (travail) 57
possible	possible 57
possibly	probablement 99
post (to ~)	publier / poster (sur internet, réseaux sociaux, etc.) 74
post office	bureau de poste 36
postgraduate	étudiant/e de deuxième cycle universitaire 87
pot	pot (contenant) 15
potato	pomme de terre 12
pound	livre (monnaie anglaise) 12
pound (*abrév.* : lb)	mesure de masse (450 g) 35
powerful	puissant/e 80
practice	pratique 100
practise (to ~)	s'entraîner 59, 100 ; mettre en pratique 59 ; pratiquer 100
prefer (to ~)	préférer 61
premium	premium 48
prepare (to ~)	préparer 84
present	cadeau 19
presentation	présentation 97
press (to ~)	appuyer 62
prestigious	prestigieux/-euse 87
pretty	joli/e 19 ; assez, plutôt 60
price	prix 33, 76
Prime Minister	Premier ministre 41, 76
printer	imprimante 28, 94
priority	priorité 76
prison	prison 52
private	privé/-e 83
prize	prix (à gagner) 33
probably	probablement 61
problem	problème 3
problem-solving	résolution de problèmes 88
profit	bénéfice 88

prohibit (to ~)	interdire 90
project	projet 88
promise	promesse 47
promise (to ~)	promettre 39
promotional	promotionnel/le 96
proper	approprié/-e, véritable 75
provide (to ~)	fournir 95
pub	pub 17
public	public/-que 23
public holiday	jour férié *(terme générique)* 11
public transport	transports en commun 23
publish (to ~)	publier (livre, revue, etc.) 52
publishing	édition 81
put (to ~)	mettre 24
put up (to ~)	construire, dresser, ériger, héberger 92
pyjamas *(pl.)*	pyjama 54

Q

Q&A (questions & answers)	questions-réponses 99
qualification	qualification 87
quality	qualité 74
question	question 9
queue	queue 3
quick	rapide 27
quickly	vite 52 ; rapidement 62, 66
quiet	calme, silencieux/-euse, tranquille 26
quite	assez 26, 60 ; plutôt 26 ; pas mal de..., tout à fait 60
quiz show	jeu concours (spectacle) 33

R

race	course 69
radio	radio 46, 76
railway	chemin de fer 6, 61 ; rail 61
rain	pluie 10
rain (to ~)	pleuvoir 10, 50
rainy	pluvieux/-euse 10
raise (to ~)	augmenter, soulever 76
range (from... to...) (to ~)	aller (de... à...) (rang/évaluation) 93
rare	saignant (cuisson) 65
rarely	rarement 31
rate	tarif 96
rather	plutôt 73
rather(pr. pers. + would/'d ~)	préférer *(au conditionnel)* 96
reach (to ~)	atteindre 61
read (to ~)	lire 38 ; étudier 87
ready	prêt/e 9

ready meal	plat préparé 73
real	réel/le 88
realise (to ~)	réaliser, se rendre compte de/que 51
really	réellement, vraiment 6
reason	raison 82
reasonable	convenable, correct/e 33
receive (to ~)	recevoir 35, 78
reception	accueil (lieu) 33
recipe	recette 99
reckon (to ~)	calculer, compter, considérer, penser 96
recognise (to ~)	reconnaître 40
recommend (to ~)	recommander 99
recover (to ~)	récupérer 75
red	rouge 40
redesign (to ~)	redessiner / redesigner 92
reduce (to ~)	réduire 61, 76
reflect (to ~)	refléter 92
refrigerator	réfrigérateur 51
regular	régulier/-ère 100
regular basis (on a ~)	régulièrement 100
regularly	régulièrement 23, 38, 100
reliable	fiable 60
remain (to ~)	rester 92
remember (to ~)	se souvenir de 38
remind (to ~)	faire penser à, rappeler (qqch. à qqn) 38
remote	télécommande 46
rent	loyer 59
rent (to ~)	louer 50
rental	location 96
rental *(adj.)*	à louer 96
repair (to ~)	réparer 61
repeat (to ~)	répéter 74
replace (to ~)	remplacer 90
resource	ressource 57, 90
respected	respecté/e 88
restaurant	restaurant 25
restrictive	restrictif/-ve 83
result	résultat 47
résumé *(Am.)*	CV (curriculum vitae) 57
return	aller-retour 62
review	revue (examen, vérification, contrôle) 74
review (to ~)	revoir (passer en revue) 84
revise (to ~)	réviser 100
rich	riche 53
right	droit/e 4
right (to be ~)	avoir raison 4
right away	tout de suite 68

right now	en ce moment 48
ring (to ~)	appeler, sonner 58
ring finger	annulaire (doigt) 29
ringtone	sonnerie (d'un téléphone portable) 58
rise	augmentation, hausse 76
rise (to ~)	augmenter 61, 76 ; s'élever 61
rival	rival/e 53
river	rivière 92
road	route 61
roadworks	travaux (d'entretien des routes) 93, 94
rock band	groupe de rock 66
Roman	Romain 92
roof	toit 8
roof rack	barre de toit (voiture) 96
room	chambre, pièce 11
root	racine 9
roundabout	rond-point 78
rude	grossier/-ère, impoli/e 9
rudeness	grossièreté, impolitesse 9
ruined	en ruines 92
rule	règle 64
run	course 89
run (to ~)	courir 60 ; couler 71
run into (to ~)	entrer en collision, entrer en courant, rencontrer par hasard 78
run out of (to ~)	ne plus avoir de, venir à manquer de qqch. 78 ; être à court (de qqch.) 97
running	jogging 89
rush	ruée 34
rush (to ~)	se précipiter, se ruer 34
rush hour	heure de pointe 34
rushed	pressé/e 57
Russia	Russie 28
Russian	russe 28, 81

S

sad	triste 52
sadness	tristesse 93
safety	sécurité 99
sail (to ~)	naviguer 100
sailing	navigation 100
salad	salade, laitue 12
salary	salaire 59
sale	vente 32
sales	soldes 32
sales assistant	vendeur/-euse 97
sales representative	commercial/-e (vendeur/-euse) 59

same	même 24
same (all the ~)	tout de même, quand même 79
sandwich	sandwich 12
satisfaction	satisfaction 74
satnav	GPS 94
Saturday	samedi 10, 25
save (to ~)	économiser 43 ; sauver 43, 90
say (to ~)	dire 41, 50
scale	échelle 88
scarf	écharpe, foulard 19
schedule	horaire 62 ; planning 62, 89 ; programme 62
school	école 22
science	science 22
Scotland	Écosse 5, 13
Scottish	écossais/e 33
screen	écran 74
search	recherche 43
seaside resort	station balnéaire 39
season	saison 95
seat	siège 79
seat belt	ceinture de sécurité 91
secondary	secondaire 22
secondary school	collège 22
second-hand	d'occasion 94
secret	secret 31
section	rubrique 99
see (to ~)	voir 1, 72
seem (to ~)	sembler 39
self	soi 58
selfie	selfie (autoportrait photographique) 73
self-portrait	autoportrait 93
sell (to ~)	vendre 32
sell-by-date	date limite de vente 64
seminar	séminaire 71
send (to ~)	envoyer 57
send back (to ~)	renvoyer 80
sense	bon sens 45
sentence	phrase 100
September	septembre 13
series	série 100
serious	grave 78
server	serveur/-euse 27
service	service 27
settings	paramètres 60
shall	*auxiliaire du futur à la première pers du sing.* 96

shampoo	shampoing 89
share (to ~)	partager 87
shave (to ~)	raser / se raser 82
she	elle 2
sheep	mouton 93
shelf	étagère 6
shine (to ~)	briller 39
ship	bateau 93
shirt	chemise 40
shit	merde 97
shop	magasin 12
shop (to ~)	faire les courses 89
shopping (to do the ~)	faire les courses 25
shopping (to go ~)	faire les courses 51
shopping *(n.)*	courses (alimentaires/du quotiden) 25
short	court/e 40, 50 ; bref/brève 99
short cut	raccourci 94
short story	nouvelle (en littérature) 52
shortly	bientôt, prochainement, sous peu 62
shorts *(inv.)*	short (pantalon court) 54
should *(aux. modal au conditionnel)*	devoir *(v.)* 68
shoulder	épaule 71
show	spectacle 30
show (to ~)	montrer 30
shower (to ~)	se doucher 82
shrimp	crevette 12
shutter	volet (de fenêtre) 55
sick	malade 51
sick (to be ~)	être malade, vomir 51
sick (to be off ~)	être en congé maladie 71
sick leave	congé maladie 71
side	côté 36
sight	vue 93 ; site (touristique) 99
sightsee (to ~)	faire du tourisme 93
sign	enseigne, signe 40
sign (to ~)	signer 45
silk	soie 64
simple	simple 31
simply	simplement 23
since	depuis 72
singer	chanteur/-euse 66
single	célibataire, seul/e, simple, unique 53
sip	gorgée 78
sir	monsieur 4, 26
sister	sœur 9
sit (to ~)	s'asseoir 26, 46 ; être assis/e 26
sit down (to ~)	s'asseoir 81

site	site 87
situation	situation 46
sixty	soixante 22
size	taille 64
skill	aptitude, capacité 59 ; compétence 59, 88 ; habilité 59
skirt	jupe 43
sky	ciel 39
sleep	sommeil 37
sleep (to ~)	dormir 37, 72
sleeping pill	somnifère 72
sleepless	sans sommeil 37
slim	mince, svelte 31
slim (to ~)	faire/suivre un régime 31
slow	lent/-e 76
slow (down) (to ~)	ralentir 76
slowdown	ralentissement 76
small	petit/e 6
smart	chic, élégant/e, habile, intelligent/e 64
smell (to ~)	sentir (odeurs) 35
smoke (to ~)	fumer 25, 44
snack	collation 17, 31 ; en-cas 17
snack (to ~)	grignoter 17
snack bar	snack (snack-bar) 89
sneak (to ~)	se faufiler 89
sneakers	baskets 89
snow	neige 10, 76
snow plough	chasse-neige 76
so	si *(adv.)* 3 ; alors, aussi, tellement 11
so far as	pour autant que 90
soccer	football 73
social	social/e 87
social media	réseau(x) social/-aux 62, 100
socialism	socialisme 47
sofa	canapé 54
software *(inv.)*	logiciel 23, 80
solution	solution 88
solve (to ~)	résoudre 88
some	quelques 9 ; du / de la / des 12 ; certains / certaines 66
something	quelque chose 19
sometimes	parfois 10
somewhere	quelque part 27
somewhere else	ailleurs 27
son	fils (lien familial) 2
song	chanson 66
soon	bientôt 37 ; rapidement, vite 52 ; tôt 57

sore	douloureux/-euse, sensible 71
sorry	désolé/e 5
sort	sorte 61
sound	son *(n.)* 38
sound (to ~)	avoir l'air (à l'oreille / d'après ce qu'on entend) 38
south	sud 10
space	espace 93
Spain	Espagne 28, 55
Spanish	espagnol/e 22
spare (to ~)	accorder (du temps, de l'attention, etc.), consacrer (du temps) 97
spare room	chambre d'amis 97
spare tyre	pneu de secours 97
speak (to ~)	parler 16, 83
speak up (to ~)	parler plus fort 74
special	spécial 19 ; spécialité (dans un restaurant) 65
special (house ~)	plat du jour 65
special offer	promotion 65
spend (to ~)	dépenser 43 ; passer (du temps) 75
spending	dépenses 69
spoil (to ~)	gâcher, gâter 95
spoilt for choice (to be ~)	avoir l'embarras du choix 95
sport	sport 9
sporting	sportif/-ve 87
sports hall	salle de sport 34
spreadsheet	tableur 97
spring	printemps 11
squash	squash 83
staff	personnel (d'une entreprise) 39
stair	marche (d'escalier) 23
stand	debout 3
stand (to ~)	se tenir debout 42, 79
star	étoile 33
star (to ~)	être la/mettre en vedette 33
start	commencement 90
start (to ~)	commencer 33 ; débuter 66
starter	démarreur, hors d'œuvre 90
starve (to ~)	affamer, laisser mourir de faim 31
stately home	deumeure seigneuriale 99
state-of-the-art	dernier cri (à la pointe de...), récent/e 88
station	gare 34, 62
status	statut 92
stay	séjour 99
stay (to ~)	rester 39, 50
stay cool (to ~)	garder son calme 55

steakhouse	grill 27
steel	acier 86
steel industry	sidérurgie 86
still	encore, toujours 37
stock	valeur 53
stock market	bourse (marché de valeurs) 53
stomach	estomac 15
stone	pierre 66, 83
stop	arrêt 3
stop (to ~)	arrêter 51, 55
storage	stockage 87
store	magasin 80
storm	tempête 46
story	histoire (à raconter) 52
straight	droit/e, rectiligne 67
straight away	tout de suite 67
stranger	étranger/-ère, inconnu/e 20
strategy	stratégie 47
strawberry	fraise 26
stream	ruisseau 46
stream (to ~)	regarder/passer un film en flux continu (en streaming) 46
street	rue 36
strike (to ~)	frapper 92
strong	fort/e, solide 12
structure	structure 100
stuck (to be ~)	être coincé/e 92
student	étudiant/e 66 ; élève 87
studio flat	studio 87
study	étude 82
study (to ~)	étudier 44
stuff	affaires, choses, trucs 32
stunned	abasourdi/e, scotché/e 89
stupid	stupide 97
suburb	banlieue 22
subway	métro (aux États-Unis) 20
succeed (to ~)	réussir 88
success	succès 66
successful	réussi/e, avec succès 52 ; réputé/e, qui a du succès 66
such	si *(adv.)* 19
suddenly	soudain, soudainement 73
sugar	sucre 18
sugar-free	sans sucre 27
suggest (to ~)	proposer, suggérer 86
suggestion	suggestion 86
suit	costume 8

suit (to ~)	aller (pour l'allure d'un vêtement) 64
suitcase	valise 54
summary	résumé 57
summer	été 10
sun	soleil 10, 39
Sunday	dimanche 10
sunny	ensoleillé/e 10
sunset	coucher de soleil 50
suntan	bronzage 82
superb	excellent/e 66 ; superbe 95
supermarket	supermarché 89
supplies	fournitures 54
suppose (to ~)	supposer 51
supposed (to be ~)	être censé/e 78
sure	sûr 9
surely	sûrement 99
surf (to ~)	naviguer sur internet, surfer 100
surgery	chirurgie 71
swear word	juron 97
sweat	sueur 89
sweater	pull 89
sweatshirt	sweat-shirt (vêtement de sport) 89
sweet *(adj.)*	doux / douce, gentil/le, sucré/e 65
sweet *(n.)*	bonbon 65
swim (to ~)	se baigner 29, 48 ; nager 29
swimming	natation 29
swimming pool	piscine 34
system	système 55

T

table	table 24
table football	baby-foot 89
tackle (to ~)	s'attaquer à 90
tag	étiquette 30
take (s.o.) on (to ~)	embaucher 88
take (to ~)	prendre 12, 72 ; emmener 48
take a look (to ~)	jeter un coup d'œil 93
take an exam (to ~)	passer un examen 68
take care (to ~)	prendre soin 37
take off (to ~)	enlever 80
talk (to ~)	parler 44
tall	grand/e, haut/e 8
tart	tarte 65
taste (to ~)	avoir du goût 39
tax	impôt 41
taxi	taxi 3
tea	thé 15

teach (to ~)	enseigner 22
teacher	enseignant/e, professeur/e 22
team	équipe 57
tech(nology)	technologie 81
teenager	adolescent/e 7
television	télévision 46
tell (to ~)	dire 16, 50 ; raconter 45, 50
temperature	fièvre, température 72
tennis	tennis 34
tent	tente 92
term	terme 88
terminal	terminal *(n.)* 40
terrible	affreux/-euse 10, 27 ; horrible, moche 10
test	examen 68
text	message, texto 51
text (to ~)	envoyer/écrire un texto 51
Thames (River ~)	Tamise (la rivière / le fleuve) 92
than	que 43 ; que *(conj.)* 44
thank (to ~)	remercier 5
thank you	merci 5
thanks	merci 1
that	ce / ceci / cela / ça / c', ce / cet / cette (éloigné) 2 ; que 9 ; qui 61 ; ce qui / ce que 83
the	le / la / les *(article défini)* 3
their	leur(s) *(adj. possessif)* 8
theirs	le/la/les leur(s) 45, 47
them	eux *(pr. pers. compl.)* 7, 8 ; les *(pr. pers. compl.)* 7, 24 ; leur *(pr. pers. compl.)* 7 ; leur *pr. pers. compl.)* 19
themselves	elles-mêmes, eux-mêmes 59
then	puis 10, 13 ; alors 45
there	là 2
there is/are	il y a 3
these	ces 3
they	ils / elles 3
thin	maigre 31
thing	chose 19, 32
think (to ~)	penser 31, 33 ; croire 55
think about (to ~)	penser, réfléchir 41
think of (s.o.) (to ~)	penser à (qqn) 57
third	troisième 8
thirsty	assoiffé/e 15
thirsty (to be ~)	avoir soif 15
thirty	trente 4
this	ce / cet / cette (proche), ceci / c' 2
those	ces, ceux(-là)/celles(là) 6

though	bien que 61, 66 ; même si 61
thousand	mille 52, 59
thousands	des milliers 76
throat	gorge 71
through	à travers 48
throw (to ~)	jeter (au loin) 80
throw away (to ~)	gaspiller, jeter (au rebut / à la poubelle) 80
thumb	pouce (de la main) 16
Thursday	jeudi 10
ticket	ticket 20 ; billet (de spectacle/ transport, etc.) 30
tights *(inv.)*	collant *(n.)* 56
till	jusqu'à 51
time	heure, temps 3 ; fois 10
time (in ~)	à temps 78
time (on ~)	à l'heure 78
time-saving	qui économise du temps 88
tiny	minuscule 27
tip	bout, pointe, pourboire 27
tired	fatigué/e 13
to	pour 1 ; jusqu'à 56, 73
to *(+ verbe)*	*marqueur de l'infinitif* 1
toast	pain grillé 33
today	aujourd'hui 5
together	ensemble 23
toilet	toilettes 26
tomato	tomate 12
tomorrow	demain 5
ton	tonne 82
tonight	ce soir 26
too	aussi 1 ; trop 5
too many	trop (de) 32
too much	trop (de) 32
tool	outil 43
tooth (*pl.* teeth)	dent 12
toothbrush	brosse à dents 12
top	absolu/e, premier/-ère 76 ; cime, haut *(n.)*, sommet 85 ; meilleur(e)s 99
totally	totalement 99
touch (in ~)	en contact 73
touch (to ~)	toucher 73
tough	difficile 99
tourist	touriste 11 ; touristique 50
tourist office	office du tourisme 95
tower block	building (immeuble haut), tour 61
town	ville 22

town centre	centre-ville 22, 23
town hall	mairie 22
track	trace 89
trade	commerce 76
trade union	syndicat 76
trading centre	centre de commerce 92
traffic	circulation, traffic 32
traffic jam	embouteillage 61
train	train 22, 34
trainers *(inv.)*	baskets 89
training course	formation 81
transfer	transfert 67
transport	transport 23
travel	voyage 20
travel (to ~)	voyager 22, 23
travel guide	guide de voyage 99
traveller	voyageur/-euse 99
trolley / shopping trolley	caddie, chariot (de supermarché) 89
trouble	problème 81
trousers *(inv.)*	pantalon 54
true	vrai/e 41
truly	vraiment 100
trust (to ~)	faire confiance à, se fier à 94
truth	vérité 41
try (to ~)	essayer 27
Tube / tube	métro (de Londres) 20
Tuesday	mardi 10
turn (to ~)	tourner 36
turn down (to ~)	baisser 46, 55
turn off (to ~)	éteindre 46
turn on (to ~)	allumer 46, 76
turn over (to ~)	tourner / retourner 80
turn up (to ~)	monter 46
TV	télé 46
twice	deux fois 34
tyre	pneu 97

U

Ukrainian	ukrainien/ne 28
unaffordable	inabordable 94
uncertain	incertain/e 52
uncle	oncle 40
uncomfortable	inconfortable 85
under	sous 6 ; en-dessous 9
under-age	mineur/e 9
undergraduate	étudiant/e de premier cycle universitaire 87

Underground	métro (de Londres) 6
underpaid	sous-payé 6
underpants *(inv.)*	slip (d'homme) 56
understand (to ~)	comprendre 34, 90
unemployment	chômage 76
unfortunately	malheureusement 60
unfriendly	froid (inamical) 85
unhappy	malheureux/-euse 52
united	uni/e 33
United Kingdom (UK)	Royaume-Uni 33
university	université 81
unless	à moins que/de, sauf si 62
unlimited	illimité/e 96
unlucky	malchanceux/-euse 53
unmissable	immanquable, incontournable 99
unnatural	contre nature 52
unnecessary	inutile 52
unplug (to ~)	débrancher 55
unreliable	peu fiable 61
until	avant, jusqu'à 51
up	en haut 10
up there	là-haut 10
up to (to be ~)	faire, manigancer 86
upon	sur 82
upset (to ~)	contrarier, déranger 83
upstairs	à l'étage 23
up-to-date	moderne 88
us	nous *(pr. pers. compl.)* 7, 8
use (to ~)	utiliser 24
used to *(+ verbe)*	*aux. pour décrire une habitude dans le passé* 61
useful	utile 42, 100
user	utilisateur/-trice 97
user-friendly	convivial/e (technologie) 97
usually	habituellement 25
U-turn	demi-tour 85
U-turn (to do a ~)	faire demi-tour, faire volte-face 85

V

vacation *(Am.) (sing.)*	vacances 11
valid	valide 96
van	camionnette 85
vegetable	légume 12
verb	verbe 28, 100
very	très 1
vibrant	dynamique 99
video	vidéo 29

video game	jeu vidéo 29
view	vue 95
village	village 11
vintage	vintage 89
violin	violon 75
virtual	virtuel/le 74
vision	vision 88
visit (to ~)	visiter 43 ; rendre visite (à qqn) 50
visitor	visiteur/-euse 95
vital	essentiel/le 99
vocabulary	vocabulaire 100
vocational	professionnel/le 87
vote (to ~)	voter 41

W

wage	paye *(n.)* 87
wait	attente 62
wait (for) (to ~)	attendre (qqch. ou qqn) 58
wait (to ~)	attendre 9
waiter/waitress	serveur/-euse 27
wake up (to ~)	se réveiller 72
Wales	pays de Galles 33
walk	promenade 29
walk (to ~)	aller à pied, marcher 30 ; promener 82
walk (to take a ~)	se promener 82
walk-in wardrobe	dressing 89
wallet	portefeuille 94
want (to ~)	vouloir 15, 50
wardrobe	armoire, garde-robe 43
warm	chaleureux/-euse, chaud/e 11
warm (up) (to ~)	chauffer, se réchauffer 47
warming	réchauffement 47
wash (to ~)	laver / se laver 82
washing machine	machine à laver (le linge) 80
waste (to ~)	gaspiller 82
waste time (to ~)	perdre du temps 82
watch	montre 4
watch (to ~)	regarder 29, 50
water	eau 15
way	chemin 3, 43 ; moyen *(n.)* 3, 61
we	nous *(pr. pers. sujet)* 4
wealth	richesse 41
wealthy	fortuné/e, riche 41
wear (to ~)	porter (des vêtements) 19
weather	temps 10
web	toile (d'araignée / réseau) 48
website	site internet 48

wedding ring	alliance (bague) 83
Wednesday	mercredi 10
week	semaine 5
weekday	jour de semaine 90
weekend	week-end 11
weekly	chaque / à la semaine 61
weight	poids 9
welcome	bienvenu/e 5
welcome (to ~)	accueillir 33
welcome (you're ~)	je vous/t'en prie, de rien 5
well	bien 1
well-known	célèbre, bien connu 69
Welsh	gallois/e 33
wet	humide 10
what	que, quoi 3 ; quel(s) / quelle(s) 4
whatever	peu importe 96 ; quoi que... 96, 99 ; tout ce que/dont... 96
when	quand 5 ; lorsque 38
whenever	quand/à chaque fois que c'est possible, n'importe quand 96
where	où 4
whereas	alors que 97
wherever	où que... 96
whether	si *(conj.)* 95
which	lequel / laquelle / lesquel(le)s, quel(s) / quelle(s) 5 ; que 47 ; quoi 75
while	tandis que 69 ; pendant que 73
while (a ~)	quelque temps 73
while (for a ~)	pendant un moment 73
whisky	whisky 78
white	blanc/he 12
who	qui 4
whoever	qui que... 99
whole	entier/-ère 69, 97
whole (on the ~)	dans l'ensemble 69
whom	qui 83
whose	à qui 6 ; dont 74
why	pourquoi 4
wide	large 8
wife	épouse, femme 2
will	*particule du futur* 36, 40 ; volonté 42
willing (to be ~)	être disposé/e à, être prêt/e à 88
win (to ~)	gagner 33, 53, 68 ; vaincre 53
window	fenêtre 6
windy	venteux/-euse 10
wine	vin 9
wine waiter	sommelier 27

wink	clin d'œil 72
wink (at s.o.) (to ~)	faire un clin d'œil (à qqn) 72
winter	hiver 9
wise	sage 75
wish (to ~)	souhaiter 85
with	avec 4
without	sans 18
woman (*pl.* women)	femme 4
wonder	émerveillement 15, 72 ; étonnement 15
wonder (to ~)	se demander, s'émerveiller 57
wonderful	formidable, génial/e, merveilleux/-euse 15
wool	laine 64
word	mot 44
work (to ~)	travailler 22 ; fonctionner 72
work *(dénombrable)*	œuvre 93
work *(indénombrable)*	travail 5
worker	travailleur/-euse 47
world	monde 18, 46
worried (to be ~)	être inquiet/-ète 55
worry (to ~)	s'inquiéter 27
worse	pire(s) 46
worst (the ~)	le/la/les pire(s) 47
would	*marque du conditionnel* 57
write (to ~)	écrire 23, 52
writer	écrivain/e 52
wrong	faux / fausse 16
wrong (to be ~)	avoir tort 4

Y

yard	mesure de longueur (91 cm) 35
yeah	ouais 53
year	an / année 13
yellow	jaune 40
yes	oui 3
yesterday	hier 30, 51
yet (not ~)	pas encore 41
you	toi, tu 1 ; vous 1, 2 ; te 7
young	jeune *(adj.)* 2
your	votre / vos 4
yours	le/la/les tien(s) / tienne(s), le/la/les vôtre(s) 45
yourself	toi-même, vous-même 59
yourselves	vous-mêmes 59

Lexique français-anglais

A

à	at 3
abasourdi/e	stunned 89
abbaye	abbey 52
abordable	affordable 94
aborder	to address 74
absenter (s'~)	to get away 50
absolu/e	top 76
absolument	definitely 59 ; absolutely 65
acceptable	all right / alright 66, 76
accepter	to agree 27 ; to accept 81
accident	accident, crash 85
accompagner (qqn) en voiture	to give (s.o.) a lift 60
accord	agreement 27 ; deal 75
accord (d'~)	okay 26 ; all right / alright 66
accord (être d'~)	to agree 27
accord (ne pas être d'~)	to disagree 48, 83
accorder (du temps / de l'attention, etc.)	to spare 97
accrocher	to hang 68
accueil (lieu)	reception 33
accueillir	to welcome 33
accueuillant/e	cosy / cozy 11
acheter	to buy 19, 65, 68
acier	steel 86
actif/-ve	active 29
activité	activity 29
activité grouillante	buzz 99
actualités	news *(inv.)* 46
actuel/le	current 41
actuellement	at the moment 37
addition (à payer)	bill 27
addition (somme)	addition 39
adolescent/e	teenager 7
adorer	to love 22
adversaire	opponent 41
aéroport	airport 40
affairé/e	busy 30, 47
affaires	stuff 32
affaires (les ~)	business 9, 30
affamé/e	hungry 15
affamer	to starve 31
affreux/-euse	terrible 10, 27

afin de	in order to 66
âge	age 9, 52
âgé/e	elderly 41
agenda	diary 13
agenouiller (s'~)	to kneel 42
agent	agent 83
agent (de police)	officer 85
agglomération urbaine	built-up area 78
agitation	fuss 86
agréable	nice 1 ; lovely 39 ; pleasant 50
aide	help 5
aider	to help 16
aiguisé/e	keen 69
ailleurs	somewhere else 27
aimable	friendly 39 ; helpful 94
aimer	to like 22 ; to love 29
aimer (fort / d'amour)	to love 29
aimer (ne pas ~)	to dislike 48
aimer bien (faire qqch.)	to enjoy 73
ainsi que	as well as 99
air (avoir l'~)	to look 38
air (avoir l'~) (à l'oreille / d'après ce qu'on entend)	to sound 38
air bien (avoir l'~)	to look well 71
aise (à l'~)	at ease 100
alarme	alarm 55
alcoolique	alcoholic 68
Allemagne	Germany 28
allemand/e	German 22
aller	to go 23, 50, 89
aller (de... à...) (rang/évaluation)	to range (from... to...) 93
aller (pour la taille d'un vêtement)	to fit 64
aller (pour l'allure d'un vêtement)	to suit 64
aller (s'en ~)	to be off 55
aller à pied	to walk 30
aller chercher	to pick up 89
aller de... à	to get from... to 62
aller en voiture	to drive 73
aller-retour	return 62
alliance (bague)	wedding ring 83
allô	hello 58
allongé (être ~)	to lie 39
allonger (s'~)	to lie 39 ; to lie down 82
allumer	to turn on 46, 76
alors	so 11 ; then 45
alors que	whereas 97
ambitieux/-euse	ambitious 44

ambulance	ambulance 90
améliorer	to improve 69
amer	bitter 17
ami (petit ~)	boyfriend 75
ami/e	friend 2
amical/e	friendly 39
amie (petite ~)	girlfriend 75
amour	love 29
amusement	fun 50
amuser (s'~)	to have fun 50 ; to enjoy (oneself) 84
an / année	year 13
anglais/e	English 22
Angleterre	England 28, 99
animé/e	buzzing 99
anniversaire	birthday 9
annoncer	to announce 76
annulaire (doigt)	ring finger 29
août	August 13
ap. J.-C.	AD (anno domini) 92
appareil photo	camera 16
appartement	apartment, flat *(n.)* (au R.-U.) 8
appel	call 62
appeler	to call 34 ; to ring 58
applaudir (avec cris enthousiastes)	to cheer 99
appli (application informatique)	app (application) 96
apporter	to get 65 ; to bring 80
apprécier	to appreciate 37
apprécier (qqch.)	to enjoy 73
approprié/-e	proper 75
approximativement	about 31
appuyer	to press 62
appuyer (s'~)	to lean 42
après	after, next 13 ; afterwards 64
après-midi	afternoon 5
aptitude	skill 59
architecte	architect 92
argent	money 20
argument	argument 82
armoire	wardrobe 43
arranger	to fix up 80
arrêt	stop 3
arrêter	to stop 51, 55
arrière	back *(adj. / adv.)* 36
arriver	to arrive 35, 40
arriver (quelque part)	to get to 60
art	art 93
arthrite	arthritis 71

article (dans un journal, etc.)	article 52
artiste	artist 93
ascenseur	lift 60
asseoir (s'~)	to sit 26, 46 ; to sit down 81
assez	enough 13 ; quite 26, 60 ; pretty 60
assis/e (être ~)	to sit 26
assistance	assistance 62
assistance téléphonique	hotline 97
assistant/e	assistant 97
assister à	to attend 74
associé/e	partner 71
assoiffé/e	thirsty 15
assurance	insurance 71, 96
assurer (s'~) (de qqch.)	to make sure 55
astucieux/-euse	clever 97
atout	asset 88
attaquer à (s'~)	to tackle 90
atteindre	to get to 60 ; to reach 61
attendant (en ~)	in the meantime 89
attendre	to wait 9
attendre (au téléphone)	to hang on 68
attendre (qqch. ou qqn)	to wait (for) 58
attendre à (s'~)	to expect 58
attendre avec impatience	to look forward to 81
attente	wait 62
attentif	careful 37
attention	attention 78
attentivement	carefully 59
atterrir	to land 40
attraction	attraction 50
auberge	inn 95
auberge de campagne	country inn 95
aucun/e	none 62
aucun/e (ni l'un ni l'autre)	neither 62
au-dessus	over 9
au-dessus de	across 92
augmentation	rise 76
augmenter	to rise 61, 76 ; to raise 76
aujourd'hui	today 5
aussi	too 1 ; so 11 ; also 12
aussi bien que	as well as 99
autocar	coach 61
automatique	automatic 96
automne	autumn 11
automobiliste	motorist 76
autoportrait	self-portrait 93
autoroute	motorway 61

autour (de)	about 3 ; around 25
autre	other 12 ; else 17
autre (un/une ~)	another 47
av. J.-C.	BC (before Christ) 92
avancé/e	advanced 47
avant	before 31 ; until 51 ; by 64
avant (en ~)	ahead 76
avant (en/vers l' ~)	forward 81
avantage	advantage 48
avant-hier	the day before yesterday 48
avec	with 4
avenir	future 41
avion	plane 40
avocat	lawyer 44
avoir *(v.)*	to have 4, 5, 50 ; to get 16
avoir de (ne plus ~)	to run out of 78
avoir des nouvelles de	to hear from 58
avoir les moyens de...	to afford 94
avril	April 13

B

baby-foot	table football 89
bagage(s)	luggage *(indénombrable)* 54
baigner (se ~)	to swim 29, 48
bain	bath 11
baisser	to turn down 46, 55
bande	band 66
bande dessinée	comic 99
banlieue	suburb 22
banlieusard/e (qui fait un trajet journalier pour se rendre au travail)	commuter 61
banque	bank 13
bar	bar 26
barbe	beard 40
barre	rack 96
barre de toit (voiture)	roof rack 96
bas (en ~)	down 10
bas (en ~) (de l'escalier)	downstairs 23
bas *(n.)*	bottom 85
bas/se	low 47
base	basis 100
base (de ~)	basic 100
base de données	database 57
basé/e sur (être ~)	to be based on 87
baskets	sneakers, trainers *(inv.)* 89
bateau	ship 93 ; boat 98
bâti/e	built-up 78

bâtiment	building 8, 61
batterie	battery 55
bavarder	to chat 73
beau / belle	beautiful 11 ; nice 19 ; good-looking, handsome 53
beaucoup	many 3 ; much 5, 32 ; a lot 18
beaucoup (de)	a lot of 32 ; lots (of) 32, 33
beaucoup trop	far too 33
bénéfice	profit 88
bénéfices	income 87
bénéficier	to benefit 83
besoin de (avoir ~)	to need 12
besoin de (avoir bien ~)	to do with 78
beurre	butter 12
bibliothécaire	librarian 82
bibliothèque	library 82
bicyclette	bicycle 29
bien	fine, well 1 ; good 5 ; all right / alright 66
bien que	although 61 ; though 61, 66
bien sûr	of course 13 ; certainly 48
bientôt	soon 37 ; shortly 62
bienvenu/e	welcome 5
billet (de banque)	bill *(Am.)*, note 27
billet (de spectacle/transport, etc.)	ticket 30
biscuit	biscuit 51
blanc/he *(sans écriture ou marques)*	blank 93
blanc/he	white 12
blesser	to hurt 78 ; to injure 84
bleu/e	blue 8
bloquer	to block 76
boire	to drink 31
boisson	drink 41, 51
boîte	box 5, 13
bon marché	cheap 19
bon plan (bonne affaire)	deal 95
Bon sang !	Damn! 74
bon/ne	nice 1 ; good 2
bonbon	sweet *(n.)* 65
bondé/e	jam-packed 97
bonheur	happiness 30
bonjour	hello 1
bonne heure (de ~)	early 66
bookmaker	bookmaker 69
botte	boot 9, 40
bouger	to move 34
bourdonnement	buzz 99
bourse (marché de valeurs)	stock market 53

bout	tip 27 ; bit 36 ; end 66
brancher	to plug (in/into) 55
break (voiture)	estate car 89
bref/brève	short 99
brillant/e	bright 41
briller	to shine 39
britannique	British 33
bronzage	suntan 82
brosse à dents	toothbrush 12
brosser	to brush 89
bruit	noise 32
brun/e	brown 43
brunch	brunch 25
brushing	blow dry 89
brut/e (simple, de base)	bare 97
bruyant/e	noisy 37
building (immeuble haut)	high-rise, tower block 61
bureau (meuble)	desk 6
bureau (pièce)	office 6
bureau de poste	post office 36
bus	bus 3

C

cabine d'essayage	fitting room 64
cacahuète	peanut 17
caddie	trolley / shopping trolley 89
cadeau	present 19 ; gift 67
cadre (dans une entreprise)	executive 79
café (boisson)	coffee 15
café (lieu)	coffee shop 82
caisse (de supermarché)	checkout 65
caisse (d'un commerce)	cash desk 65
calculer	to compute 22 ; to reckon 96
calme	calm 11 ; quiet 26 ; cool 55
caméra	movie camera 16
camion de pompier	fire engine 90
camionnette	van 85
campagne	countryside 99
campeur/-euse	camper 92
camping	campsite 91
camping-car	camper van 89
campus (universitaire)	campus 87
canadien/ne	Canadian 60
canal	canal 99
canalisation sanitaire	drain 97
canapé	sofa 54
candidature	application 57

capacité	skill 59
capitale	capital 33
capitalisme	capitalism 47
car (véhicule)	coach 60
car *(conj.)*	because 27 ; for 100
carotte	carrot 12
carrière	career 81
carte	card 65
cartes (jeu)	cards 39
cas	case 24
casino	casino 69
casque	helmet 85
cassé/e	broken 16
casser	to break 16
catégorie	category 96
cauchemar	nightmare 97
causer	to chat 73
ce / ceci / cela / ça / c'	it 1 ; that 2
ce / cet / cette (éloigné)	that 2
ce / cet / cette (proche)	this 2
ce qui / ce que	that 83
ceci / c'	this 2
céder le passage	to give the right of way 78
ceinture de sécurité	seat belt 91
célèbre	famous 52 ; well-known 69
célibataire	single 53
censé/e (être ~)	to be supposed 78
cent	hundred 36
centaines (des ~)	hundreds 52
centre	centre / center *(Am.)* 23
centre de commerce	trading centre 92
centre médico-social	clinic 71
centre-ville	city centre 22 ; town centre 22, 23
cependant	however 92
certain/e	certain 52, 67
certainement	certainly 48
certains / certaines	some 66
ces	these 3 ; those 6
ceux(-là)/celles(là)	those 6
chagrin	heartache 71
chaîne	channel (médias) 46
chaise	chair 6, 59
chaleureux/-euse	cosy / cozy, warm 11
chambre	room 11
chambre (à coucher)	bedroom 11
chambre d'amis	spare room 97
chambre d'hôtes	B&B (Bed and Breakfast) 11

chambre meublée	bedsit / bedsitter 87
champ	field 92, 93
champignon	mushroom 68
chance	luck 11 ; chance (possibilité) 69
chance (avoir de la ~)	to be lucky 11
chanceux/-euse	lucky 11
changement	change *(dénombrable)* 20, 41
changer	to change 41
changer (se ~)	to get changed 86
chanson	song 66
chanteur/-euse	singer 66
chapeau	hat 40
chaque	every 10 ; each 33
chariot (de supermarché)	trolley / shopping trolley 89
charmant/e	lovely 39
charrue	plough 76
chasse-neige	snow plough 76
châtain	brown 43
château	castle 43
chaud/e	hot 10 ; warm 11
chauffage	heating 55
chauffer	to warm (up) 47
chef d'œuvre	masterpiece 93
chemin	way 3, 43
chemin de fer	railway 6, 61
chemise	shirt 40
cher (moins ~)	cheaper 62
cher (prix)	expensive 3
chercher	to look for 36
chéri/e	darling 58
cheval	horse 69
cheveux	hair 40
chez soi	home 5
chic	smart 64
chiffon	cloth 43
chiffre	digit 99
chiffre d'affaires	income 87
chimie	chemistry 22
Chine	China 28
chinois/e	Chinese 28
chips	crisps 17
chirurgie	surgery 71
chocolat	chocolate 51
choisir	to choose 41, 92
choisir parmi	to choose from 93
choix	choice 47
chômage	unemployment 76

chose	thing 19, 32
choses	stuff 32
chouette	lovely 39
ciel	sky 39
cime	top 85
cimetière	cemetery 83
cinéma (le ~)	the movies 25
cinquième	fifth 13
circulation	traffic 32
circuler	to get around 73
citer	to mention 94
clair	clear 85
classe	class 48, 87 ; form 87
clause	clause 83
clavier	keyboard 94
clé	key 24
client/e	customer 26 ; client 38
clignotant/e	flashing 76
climat	climate 90
climatisation	air conditioning 95
clin d'œil	wink 72
clin d'œil (à qqn) (faire un ~)	to wink (at s.o.) 72
club	club 99
club de gym	health club 86
club de remise en forme	health club 86
code de la route	highway code 96
cœur	heart 71
cogner	to hit 66
coiffer (se ~)	to do one's hair 86
coiffeur/-euse	hairdresser 89
coin	corner 26
coincé/e (être ~)	to be stuck 92
colis	package 60
collant *(n.)*	tights *(inv.)* 56
collation	snack 17, 31
collège	secondary school 22
collègue	colleague 51
combien de… ?	how many… ?, how much… ? 33
commande	order 66
commander	to order 65
commandes (être aux ~)	to be in charge 90
comme	like 8 ; as 38
commencement	start 90
commencer	to start 33 ; to begin 52 ; to get off to (+ *adj.* + start) 97
comment	how 1
commentaire (faire un ~)	to comment 93

contact (en ~)	in touch 73
contacter	to get in touch 95
content/e	pleased 2 ; happy 27
contenter (de) (se ~)	to make do (with) 86
continuer	to go on 58 ; to get on 74 ; to carry on 83
contourner	to get around 73, 83
contraindre	to bind 95
contraire	opposite 47
contrarier	to upset 83
contrat	contract 58, 83
contre	against 47
contre nature	unnatural 52
contrôler	to check 55
convenable	decent, reasonable 33 ; convenient 61
conversation	conversation 83
convivial/e (technologie)	user-friendly 97
copie	copy 74
Cornouailles	Cornwall 10
correct/e	correct, decent, reasonable 33
correctif *(n.)* (en informatique)	fix 80
costume	suit 8
côté	side 36
côté de (à ~)	next to 6 ; beside 36 ; by 54
couche de peinture	coat of paint 78
coucher (se ~) (aller au lit)	to get to bed 73
coucher de soleil	sunset 50
couler	to run 71
coupe	cup 18 ; cut 89
couper	to cut 41
couple	couple 34
courant de (être au ~)	to hear about 58
courant/e	fluent 100
courir	to run 60
cours	course 13, 81
course	race 69 ; run 89
courses (alimentaires/du quotiden)	shopping *(n.)* 25
courses (faire les ~)	to do the shopping 25 ; to go shopping 51 ; to shop 89
court (de tennis, squash, badminton, etc.)	court 34
court/e	short 40, 50
coût	cost 83
couteau	knife 12
coûter	to cost 12
coutume	custom 26
couvrir	to cover 69
covoiturage (faire du ~)	to carpool 90

cow-boy	cowboy 40
craindre	to be afraid 85
crédit	credit 65
crevette	shrimp 12
critiquer	to criticise 83
croire	to believe 35, 53 ; to think 55
crucial/e	crucial 100
cruel/le	cruel 72
cuir	leather 40
cuisine (le fait de cuisiner)	cooking *(n.)* 25
cuisine (pièce)	kitchen 26
cuisiner	to cook 25
culture	culture 99
cursus universitaire	degree course 87
CV (curriculum vitae)	CV (curriculum vitae) (au R.-U.), résumé *(Am.)* 57
cyclisme	cycling 29

D

dame	lady 4, 8
danger	danger 90
dangereux/-euse	dangerous 42
dans	in 5
dans *(avec v. de mouvement)*	into 34
danser	to dance 50
date limite de vente	sell-by-date 64
de	of 3 ; from 10
débarrasser la table	to clear the table 75
débit (carte de ~)	debit card 96
debout	stand 3
debout (se tenir ~)	to stand 42, 79
débrancher	to unplug 55
débrouiller (se ~)	to get by 100
début	beginning 66
début (au ~)	at first 88
débuter	to start 66
décent/e	decent 81
décevoir	to disappoint 48
décider	to decide 27
décider (se ~)	to make up one's mind 86
décision	decision 67
déconnecter	to disconnect 48
découvrir	to explore 50 ; to discover 53 ; to find out 76
décrire	to describe 59
dedans	in 5
défense (sans ~)	helpless 37

dégagé/e	clear 85
dégager	to clear 85
dégât(s)	damage *(indénombrable)* 78
degré	degree 81
dehors	out 5
dehors de (en ~)	off 30
déjà	already 13
déjeuner *(n.)*	lunch 12
délicat/e	fine 1
délicieux/-euse	delicious 39
demain	tomorrow 5
demander (qqch.)	to ask for 27
demander (se ~)	to wonder 57
démarrer	to get off to (+ *adj.* + start) 97
démarreur	starter 90
déménager	to move 67
demi	half 60
demi-tour	U-turn 85
demi-tour (faire ~)	to do a U-turn 85
démocratique	democratic 47
démodé/e	old-fashioned 88
dent	tooth (*pl.* teeth) 12
dentiste	dentist 8
dépêcher (se ~)	to hurry 36, 82
dépenser	to spend 43
dépenses	spending 69
déplacement professionnel	business trip 30
déplacer (se ~)	to get around 73
déplaire	to dislike 48
déprimant/e	depressing 46
depuis	for, since 72
député/e	MP (Member of Parliament) 47
dérangement	inconvenience 85
déranger	to bother 51 ; to upset 83
dernier/-ère	last 41, 44
derrière	behind 6
désagréger (se ~)	to break up 74
désastre	disaster 92
descendre (d'un bus, train, etc.)	to get off 73
désolé/e	sorry 5
désordre	mess 80
dessus	over 2
dessus de (au-~)	above 50
destination	destination 48
détester	to hate 45
détruire	to destroy 92
deumeure seigneuriale	stately home 99

deux (les ~)	both 67
deux ou trois	a couple of... 34
devant	in front of 36 ; ahead 76 ; front 89
dévastateur/-trice	devastating 92
développement	development 92
développer (se ~)	to grow 92
devenir	to become 52
deviner	to guess 58
devoir *(au conditionnel)*	I/you/she/he/we/they'd better 71
devoir *(v.)*	must *(v. défectif)* 34 ; to have to 59, 73 ; have got to 64 ; should *(aux. modal au conditionnel)* 68 ; ought to *(aux. modal au conditionnel)* 78
différent/e	different 29
difficile	difficult 26 ; hard 37 ; tough 99
difficulté	difficulty 40
dimanche	Sunday 10
dîner	dinner 25
diplôme	degree 87
diplôme (obtenir un ~)	to graduate 87
diplômé/e (un/e ~)	a graduate 87
dire	to tell 16, 50 ; to say 41, 50
directement	directly 95
directeur/-trice	manager 57
direction	management 79
dirigeant/e	director 79
discussion	discussion 73
discuter	to chat 73 ; to discuss 83
dispensaire	clinic 71
disperser (se ~)	to break up 74
disponibilité(s)	availability 58
disponible	available 58
disposé/e à (être ~)	to be willing 88
dispute	argument 82
disputer (se ~)	to argue 82
disque dur	hard drive 97 ; hard disc 98
distance	distance 61
distrait/e	absent-minded 55
distributeur automatique de billets	cash machine 36
divisé/e	divided 92
divorcer	to divorce, to get divorced 82
dizaines	dozens 93
docteur	doctor 72
document	document 96
doigt	finger 29
dommages et intérêts	damages *(pl.)* 78
données (informations)	data 22

donner	to give 26, 43
donner à manger à	to feed 50
dont	whose 74
dormir	to sleep 37, 72
dos	back *(n.)* 37
dossier	file 6
douane	customs *(inv.)* 26
double	double 11, 29
double-cliquer	to double-click 29
doucher (se ~)	to shower 82
douillet/te	cosy / cozy 11
douleur	pain 37 ; ache 71
douloureux/-euse	painful 37 ; sore 71
douter	to doubt 71
doux / douce	gentle 4, 99 ; sweet *(adj.)* 65
douzaine (une ~)	a dozen 52
dresser	to put up 92
dressing	walk-in wardrobe 89
drive (point de retrait commande en voiture)	drive-through 89
drogue (stupéfiant)	drug 72
droit (le ~)	law 44
droit/e	right 4 ; straight 67
drôle	funny 44
du / de la / des	some 12 ; any 15
dur/e	hard 37
durant	during 55
durer	to last 79
dynamique	vibrant 99

E

eau	water 15
échapper (s'~)	to get away 50
écharpe	scarf 19
échecs (jeu)	chess 66
échelle	scale 88
échouer	to fail 68, 90
éclat	chip 65
école	school 22
économie	economics 81
économie (science)	economy 76
économiser	to save 43
écossais/e	Scottish 33
Écosse	Scotland 5, 13
écouter	to listen to 34, 59
écran	screen 74
écraser (s'~)	to crash 85, 97

écrire	to write 23, 52
écrivain/e	writer 52
édition	publishing 81
éducation	education 87
effet (en ~)	as a matter of fact 38
effort	effort 91
égoût	drain 97
élection	election 41
élections législatives	general election 41
électronique	electronic 99
élégant/e	smart 64
élève	student 87
élevé/e	high 59
élever (s'~)	to rise 61
elle	she 2
elle-même	herself 58
elles-mêmes	themselves 59
éloigner (s'~)	to get away 50
élu	elected 41
emballage	packaging 54
embarras du choix (avoir l'~)	to be spoilt for choice 95
embaucher	to hire 57 ; to take (s.o.) on 88
embouteillage	traffic jam 61
émerger	to get out of 73
émerveillement	wonder 15, 72
émerveiller (s'~)	to wonder 57
émission (gaz, liquide, etc.)	emission 90
emmener	to take 48
emmener (qqn) en voiture	to give (s.o.) a lift 60
empire	empire 92
emploi	job 22
employé/e *(adj.)*	employed 38
employé/e *(n.)*	employee 74
employeur	employer 76
emprunter	to borrow 43
en	in 5 ; by 34
en-cas	snack 17
encore	still 37
encore une fois	again 37
encourager	to encourage 90
en-dessous	under 9
endroit	place 27
énergie	energy 90
énergique	energetic 29
enfance	childhood 27, 52
enfant/s	child (*pl.* children) 8
enfin	lastly 33 ; at last 55

engouement	craze 34
enlever	to take off 80
ennuyer	to bother 51
ennuyer (qqn)	to bore (s.o.) 76, 82
ennuyer (s'~)	to be bored 76 ; to get bored 82
énorme	huge 11 ; enormous 61 ; massive 69
énormément	hugely 52
ensanglanté/e	bloody 97
enseignant/e	teacher 22
enseigne	sign 40
enseignement	education 87
enseignement supérieur	higher education 22, 87
enseigner	to teach 22
ensemble	together 23
ensemble (dans l'~)	on the whole 69
ensoleillé/e	sunny 10
ensuite	next 13
entendre	to hear 15, 53
entendre (s'~)	to get on 73
entendre parler de	to hear about 58
enterré/e	buried 52
enthousiaste	keen 69
entier/-ère	whole 69, 97
entraîner (s'~)	to practise 59, 100
entraîneur/-euse	coach 9
entre	between 29, 31
entrée (d'un lieu)	entrance 65
entreprise	company 28, 57 ; business 30 ; firm 75
entrer	to come in 72 ; to get in 73
entrer en collision	to run into 78
entrer en courant	to run into 78
entretien	interview 57
environ	around 25, 52 ; about 31, 36
environnement	environment 88
envoyer	to send 57
envoyer/écrire un texto	to text 51
épatant/e	amazing 92
épaule	shoulder 71
épouse	wife 2
épouser	to marry 82
époustouflant/e	breath-taking 93
épouvantable	dreadful 54 ; awful 97
époux	husband 8
épuisant/e	exhausting 92
épuisé/e	exhausted 50
équilibré/e (personne)	level-headed 88
équipe	team 57

équipements	facilities 87
équitable	fair 75
ériger	to put up 92
erreur	mistake 41
escalade	climbing 29
espace	space 93
Espagne	Spain 28, 55
espagnol/e	Spanish 22
espapade	getaway 99
espèces (argent liquide)	cash 20
espérer	to hope 37
espoir	hope 46
esprit	mind 43
essayer	to try 27 ; to check out 99
essence	petrol 76
essentiel/le	vital 99
essentiellement	basically 61
essor	development 92
essoufflé/e	out of breath 93
est (de l'~) (oriental)	eastern 62
est (point cardinal)	east 62
estomac	stomach 15
et	and 1
étage	floor 8
étage (à l'~)	upstairs 23
étagère	shelf 6
été	summer 10
éteindre	to turn off 46
étendre (s'~)	to lie 39
étiquette	tag 30
étoile	star 33
étonné/e (être ~)	to be amazed 99
étonnement	wonder 15
étranger (à l'~)	abroad 38
étranger/-ère	foreigner, stranger 20
être *(v.)*	to be 1, 50, 59
être à court (de qqch.)	to run out of 97
être humain	human being 96
être sûr de se réaliser	to be bound to 95
étude	study 82
étudiant/e	student 66
étudier	to study 44 ; to read 87
eux *(pr. pers. compl.)*	them 7, 8
eux-mêmes	themselves 59
évidemment	obviously 36
évident/e	obvious 15
éviter	to avoid 31
exact/e	correct 33

exactement	exactly 5
examen	test 68
examen du permis de conduire	driving test 68
examiner	to examine 83
excellent/e	fine 9 ; excellent 58 ; superb 66
exceptionnel/le	exceptional 74
excité/e	excited 58
excuse	excuse 3 ; apology 81
excuser	to excuse 3
excuser (s'~)	to apologise 57
exemple	example 90
exercice	exercise 29
expérience	experience 27
expliquer	to explain 72
exploiter	to exploit 47
explorer	to explore 50
express	express 60
exprimer	to express 93
extrêmement	extremely 69

F

fabuleux/-euse	fabulous 64
face de (en ~)	opposite 11
facile	easy 12
facilement	easily 40
facilité	ease 100
façon (de toute ~)	anyway 3
facture	bill 27
facturer	to charge 95
faible	low 55 ; faint 79
faim (avoir ~)	to be hungry 15
faire	to do 11, 78 ; to make 12 ; to be up to 86
faire attention	to pay attention 78
faire de l'exercice	to exercise 75
faire des histoires	to make a fuss 86
faire la fête	to party 99
faire nuit	to get dark 85
faire payer	to charge 95
faire penser à	to remind 38
faire ses bagages	to pack 54
faire un pari	to place a bet 69
fait (en ~)	in fact 10 ; actually 37 ; as a matter of fact 38 ; in actual fact 81
fait *(n.)*	fact 38
famille	family 8
fan	fan 66
fantastique	fantastic 10

fatigué/e	tired 13
faubourgs	outskirts 87
faufiler (se ~)	to sneak 89
faute	fault 78
fauteuil	armchair 82, 89
faux / fausse	wrong 16
favori/e	favourite 29
félicitations	congratulations 33
femme	wife 2 ; woman (*pl.* women) 4
fenêtre	window 6
fer	iron *(indénombrable)* 86
fer (à repasser)	iron 86
férié (jour ~) (au R.-U. et en Irlande)	bank holiday 13
férié (jour ~) *(terme générique)*	public holiday 11
fermer	to close 26
fermer à clé	to lock 55, 89
fête	party 8
feu	fire 13, 90
feu (de véhicule)	light 76
feu d'artifice	firework 13
feuille	leaf 12
feuilleter	to browse 97
février	February 13
fiable	reliable 60
fiable (peu ~)	unreliable 61
fiançailles	engagement 89
fiancé/e	fiancé/e 89
fiancer (se ~)	to get engaged to 89
fiche/ficher (s'en ~)	not to care 44
fichu/e / foutu/e	bloody 97
fier à (se ~)	to trust 94
fièvre	temperature 72
fille	girl 75
fille (lien familial)	daughter 2
film (un ~)	a movie 25
film alimentaire	cling film 97
fils (lien familial)	son 2
fin *(n.)*	end 36
fin/e	fine 1
finalement	finally 9
finir	to finish 45
fixer	to fix 80
flasque	flask 78
flemme (avoir la ~)	can't be bothered 80
flipper (machine à boules)	pinball machine 89
fois	time 10
fois (deux ~)	twice 34

fois (une ~)	once 34
fonctionner	to work 72
fonder	to found 92
football	football 69 ; soccer 73
footballeur/-euse	footballer 69
formation	training course 81
forme (physique)	fit 75
forme (bonne ~) (fitness)	fitness 75
forme (être en bonne ~)	to be fit 75
formidable	wonderful 15
formulaire	form 45
fort (pour le son)	loud 58
fort/e	strong 12
fortune	fortune 64
fortuné/e	wealthy 41
fou / folle	crazy 34
foulard	scarf 19
four	oven 78
fourchette	fork 12
fournir	to provide 95
fournitures	supplies 54
foyer	home 5
fragment	chip 65
frais (à payer)	charge 96
frais / fraîche	cool 55
fraise	strawberry 26
français/e	French 22
frappe	hit 66
frapper	to hit 66 ; to strike 92
fraternité	brotherhood 27
frein	brake 78
freiner	to brake 78
fréquenter	to frequent 66
frère	brother 16
friand de (être ~)	to be keen on 69
frigo	fridge 51
frites (pomme de terre ~)	chips 17
frites (pomme de terre)	fries 65
froid (inamical)	unfriendly 85
froid/e	cold *(adj.)* 10
fromage	cheese 12
fruit(s)	fruit *(indénombrable)* 15
fuite	getaway 99
fumer	to smoke 25, 44
furieux/-euse	furious 54

G

gâcher	to mess up 80 ; to spoil 95
gagner	to win 33, 53, 68
gagner (de l'argent)	to earn 53
gagner sa vie	to earn a living, to make a living 66
galerie d'art	art gallery 93
gallois/e	Welsh 33
gamin	kid 44
garage	garage 68
garçon	boy 75
garder	to keep 55
garder son calme	to stay cool 55
garde-robe	wardrobe 43
gare	station 34, 62
garer	to park 89
gars	guy 51
gaspiller	to throw away 80 ; to waste 82
gâteau	cake 31
gâteau au fromage	cheesecake 99
gâter	to spoil 95
gauche	left 8
gaz	gas 90
gelé/e (être ~)	to be freezing 47
gelé/e / congelé/e / surgelé/e	frozen 74
geler	to freeze 51
général/e	general 38, 41
généralement	generally 38
généreux/-euse	generous 53
génial/e	wonderful 15 ; great 38 ; brilliant 60 ; awesome 99
gens	people *(inv.)* 8
gentil/le	nice 1 ; gentle 4 ; kind 37 ; sweet *(adj.)* 65
gentilhomme	gentleman (*pl.* gentlemen) 4
gentillesse	kindness 37
glace (crème glacée)	ice cream 31
glace (eau gelée)	ice 31
global/e	global 47
gorge	throat 71
gorgée	sip 78
goût (avoir du ~)	to taste 39
gouvernement	government 41
GPS	satnav 94
grand/e	big 6 ; large, tall 8 ; great 38, 47
Grande-Bretagne (la ~)	Britain 33, 41 ; Great Britain 33
grandir	to grow 92
grand-mère	grandmother 13
grand-père	grandfather 13

gratuit/e	free 27
grave	serious 78
grignoter	to snack 17
grill	steakhouse 27
grippe	flu 71
gris/e	grey 40
gros lot (le ~)	jackpot 68
gros/se	big 16
grossier/-ère	rude 9
grossièreté	rudeness 9
groupe	band, group 66
groupe de rock	rock band 66
guichet des réservations	booking office 26
guide	guide 99
guide (touristique) en ligne	e-guide 99
guide de voyage	travel guide 99
guide touristique (livre)	guidebook 99
guitare	guitar 66
gymnase	gym 73

H

habile	smart 64 ; clever 97
habilité	skill 59
habiller (s'~)	to get dressed 73
habiter	to live 8
habituellement	usually 25
haïr	to hate 35
haleine	breath 93
handicapé/e	disabled 87
hâte de... (avoir ~)	to look forward to 81
hausse	rise 76
haut (en ~)	up 10
haut *(n.)*	top 85
haut/e	tall 8 ; high 44
hautement	highly 66
haut-parleur	loudspeaker 58
hébergement	accommodation *(indénombrable)* 95
héberger	to put up 92
herbe (pelouse)	grass 93
heure	hour, time 3
heure (à l'~)	on time 78
heure (à l'horloge)	o'clock 4
heure creuse (en ~)	off-peak 62
heure de pointe	rush hour 34
heureusement	happily 38
heureux/-euse	pleased 4 ; lucky 11 ; happy 27
hier	yesterday 30, 51

histoire	history 52
histoire (à raconter)	story 52
hit-parade	the charts 66
hiver	winter 9
hollandais/e	Dutch 28
homme	man (*pl.* men) 2
honnête	honest 59
honnêtement	honestly 51
honneur	honour 90
hôpital	hospital 72
horaire	schedule 62
horloge	clock 4
horrible	terrible 10 ; horrible 27 ; awful 68
hors d'œuvre	starter 90
hors-taxes	duty-free 27
hôtel	hotel 39
huile	oil 53
humain/e	human 57
humide	wet 10

I

ici	here 2
idéal/e	ideal 39
idéalement	ideally 88
idée	idea 6
idiot/e	fool 13
il	he 2
il / elle *(pr. pers. sujet neutre)*	it 4
il y a	there is/are 3
il y a *(pour exprimer le passé)*	ago 57
illimité/e	unlimited 96
ils / elles	they 3
imagination	imagination 71
imaginer	to imagine 39
imbécile	fool 13
immanquable	unmissable 99
immédiatement	immediately 67, 90
immense	huge 11
immeuble	building 60
implanté/e sur (être ~)	to be based on 87
impliquer (s'~)	to involve 85
impoli/e	rude 9
impolitesse	rudeness 9
importance (avoir de l'~) / importer	to matter 53
important/e	important 5 ; major 86, 92
importuner (qqn)	to bother 51
impôt	tax 41

impôt sur le revenu	income tax 59
impressionnant/e	impressive 88
impressionné/e	impressed 57
imprimante	printer 28, 94
impuissant/e	helpless 37
inabordable	unaffordable 94
incendie	fire 92
incertain/e	uncertain 52
inclure	to include 83
inclus/e	included 27
inconfortable	uncomfortable 85
inconnu/e	stranger 20
incontournable	must-do *(adj.)*, unmissable 99
incroyable	amazing 92
indépendamment	independently 23
indépendant/e (travailleur/-euse ~)	freelancer 81
index (doigt)	index finger 29
indien	Indian 69
indispensable	indispensable 83
indolore	painless 37
industrie	industry 81
infirmier/-ère	nurse 76
inflation	inflation 76
influent/e	influential 66
information(s)	information 54
informatique (service ~)	IT department 22 ; IT (Information Technology) 71
informatique *(n.)*	computer science 22
ingénieux/-euse	clever 97
inquiet/-ète (être ~)	to be worried 55 ; to be concerned 83
inquiéter (s'~)	to worry 27 ; to concern 83
installations (bâtiment)	facilities 87
institution	institution 87
instrument	instrument 66
intelligent/e	intelligent 44 ; smart 64 ; clever 97
interdire	to ban, to prohibit 90
intéressant/e	interesting 44
intéressé/e (par qqch.) (être ~)	to be interested 17
intéresser à (s'~)	to be interested in 96
interrompre	to break in 83
interurbain	inter-city 61
intranet	intranet 74
inutile	unnecessary 52
inventer	to invent 65
invité/e	guest 33
inviter	to invite 51
irlandais/e	Irish 33

Irlande	Ireland 82
Irlande du Nord	Northern Ireland 33
irrégulier/-ère	irregular 100
Italie	Italy 28
italien/ne	Italian 28

J

jacasser	to chatter 73
jamais	never 24 ; ever 29
janvier	January 13, 32
jardin	garden 25
jargon	jargon 83
jaune	yellow 40
je	I 1
jean (pantalon)	jeans *(indénombrable)* 54
jeter (au loin)	to throw 80
jeter (au rebut / à la poubelle)	to throw away 80
jeter un coup d'œil	to take a look 93 ; to check out 99
jeu	game 29
jeu concours (spectacle)	quiz show 33
jeu vidéo	video game 29
jeudi	Thursday 10
jeune *(adj.)*	young 2
jogging	running 89
jogging (faire du ~)	to go for a run 89
joli/e	pretty 19
jouer	to play 29
jouer de l'argent	to gamble 69
joueur	gambler, player 69
jour / journée	day 1, 3
jour de repos	day off 30
jour de semaine	weekday 90
journal	paper 82
journal (télévisé ou radiophonique)	news *(inv.)* 46
journaliste	journalist 52
juillet	July 13
juin	June 13
jupe	skirt 43
juron	swear word 97
jus (de fruits)	juice 65
jusqu'à	till, until 51 ; to 56, 73
juste	just 13 ; fair 75

K

kilométrage	mileage 96

L

là	there 2
la / lui / elle *(pr. pers. compl.)*	her 7, 19
là-bas	over there 2 ; down 10
lac	lake 95
là-haut	up there 10
laine	wool 64
laisser	to let 19 ; to leave 24, 55
laisser mourir de faim	to starve 31
lait	milk 18
laiterie	dairy 13
lance	lance 81
langue / langage	language 100
lard fumé	bacon 15
large	wide 8 ; broad 36
laver / se laver	to wash 82
le / la / les *(article défini)*	the 3
le / la / lui / elle *(pr. pers. compl. neutre)*	it 7
le *(pr. pers. compl.)*	him 7
leçon de conduite	driving lesson 68
légume	vegetable 12
lent/-e	slow 76
lequel / laquelle / lesquel(le)s	which 5
les *(pr. pers. compl.)*	them 7, 24
lettre de motivation	cover letter 57
leur *(pr. pers. compl.)*	them 7
leur *pr. pers. compl.)*	them 19
leur(s) (le/la/les ~)	theirs 45, 47
leur(s) *(adj. possessif)*	their 8
lever	to lift 29
lever (se ~)	to get up 25
libraire	book seller / bookseller 82
librairie	book shop 58
libre	free 5
licence (d'études)	degree 81
lieu de (au ~)	instead of 93
ligne	line 6, 58
ligne (en ~)	online 25
ligoter	to bind 95
limonade	lemonade 86
lire	to read 38
liste	list 95
lit	bed 11
livraison	delivery 90
livre	book 26
livre (monnaie anglaise)	pound 12

livre électronique	e-book 99
livrer	to deliver 96
local/e	local 82
location	rental 96
location de voitures	car rental 96
logement	accommodation *(indénombrable)* 95
logiciel	software *(inv.)* 23, 80
loi	law 44
loin	far 26
loin (au ~)	away 67
long (être ~) (en avoir pour longtemps)	to be long 79
long/ue	long 3, 79
longtemps	a long time 72 ; long 79
lorsque	when 38
loterie	lottery 53
louer	to rent 50 ; to hire 59, 96
louer (à ~)	rental *(adj.)* 96
lourd/e	heavy 9
loyer	rent 59
lui	him 7, 16
lui-même	himself 58
lumière	light 76
lundi	Monday 10
luxe (de ~)	luxury 39

M

M. (monsieur)	Mr (mister) 4
machine à laver (le linge)	washing machine 80
madame	madam 4
magasin	shop 12 ; store 80
magasin du coin	corner shop 82
magazine	magazine 100
magnifique	lovely 95
mai	May 13
maigre	thin 31
mail	email 38
main	hand 24
maintenant	now 4
mairie	city hall, town hall 22
mais	but 3
maison	house 5, 23
maison (à la ~)	at home 5
maître d'hôtel	head waiter 27
majeur (doigt)	middle finger 29
majeur/e	major 86
mal	bad, badly 37

mal (faire/avoir ~)	to ache 71
mal de tête	headache 37
malade	sick 51 ; ill 71
malade (être ~)	to be sick 51
malchanceux/-euse	unlucky 53
malheureusement	unfortunately 60
malheureux/-euse	unhappy 52 ; miserable 68
malin/-gne	clever 97
maman	mum 44
manger	to eat 31, 72, 73
manigancer	to be up to 86
manquer (à qqn)	to miss 72
manquer (qqch.)	to miss 40
manquer (venir à ~ de qqch.)	to run out of 78
manteau	coat 24
manuel/le	manual 96
maquiller (se ~)	to put on make-up 84
marché	market 22 ; deal 75
marche (d'escalier)	stair 23
marcher	to walk 30
mardi	Tuesday 10
mari	husband 8
mariage	marriage 82
marié/e	married 53
marier (se ~)	to get married 82
marketing	marketing 81
marque (commerciale)	brand 80
marre (en avoir ~)	to be fed up 50
marron	brown 43
mars	March 13
masse	mass 95
match	match 69
matériel (informatique, par ex.)	hardware 80
matière	matter 38
matin	morning 4
maudit/e	damned 97
mauvais/e	bad 5
me	me 7
médecin	doctor 8
médecin généraliste	GP (General Practitioner) 71
médecine	medicine 72
médicament	medicine 71 ; drug 72
médicaments *(terme générique)*	medication 72
médiéval/e	mediaeval 93
meilleur(e)s	better 46 ; top 99
meilleur(s)/meilleure(s) (le/la/les ~)	the best 47
membre	member 57

même	same 24 ; even 36
même (tout de ~)	all the same 79
même si	although, though 61
mémoire	memory 54
ménage (foyer)	household 25
ménage (nettoyage)	housework 25
menteur/-euse	liar 41
mentionner	to mention 94
mentir	to lie 39, 41
menu *(n.)*	menu 65
merci	thanks 1 ; thank you 5
mercredi	Wednesday 10
merde	shit 97
mère	mother 13
merveilleux/-euse	wonderful 15 ; marvellous 39
message	text 51 ; message 58
mesure de (être en ~)	to be able to 75
méthode	method 61
mètre	metre/meter *(Am.)* 9
métro (aux États-Unis)	subway 20
métro (de Londres)	Underground 6 ; Tube / tube 20
mettre	to put 24
mettre de l'ordre	to clean up 80
mettre en désordre	to mess up 80
mettre en vedette	to star 33
meubles	furniture *(indénombrable)* 54
miche (de pain)	loaf 12
midi	noon 31 ; midday 62
mien(s) / mienne(s) (le/la/les ~)	mine 45
mieux	better 46
mile	mile 22
milieu	middle 31
mille	thousand 52, 59
milliers (des ~)	thousands 76
million	million 53
mince	slim 31
Mince !	Damn! 74
mineur/e	under-age 9
minuit	midnight 73
minuscule	tiny 27
minute	minute 45
Mlle (mademoiselle)	Miss 4
Mme (madame)	Mrs (Missus) 5
Mme / Mlle (madame / mademoiselle)	Ms 4
mobilier *(n.)*	furniture *(indénombrable)* 54
moche	terrible 10

mode de vie	lifestyle 29
moderne	up-to-date 88 ; modern 93
moi	me 3
moi (à ~)	mine 45
moi-même	myself 43, 59
moins (au ~)	at least 69
moins (de)	less 46 ; fewer 90
moins (le/la/les ~)	the least 49, 78
moins que/de (à ~)	unless 62
mois	month 13
moitié	half 69
moment (à tout ~)	any time 48
moment (en ce ~)	at the moment 35, 37, 62 ; right now 48
mon / ma / mes	my 2
monde	world 18, 46
monnaie (rendue)	change *(indénombrable)* 20
monsieur	gentleman (*pl.* gentlemen) 4 ; sir 4, 26
monter	to turn up 46
monter (dans un bus, train, etc.)	to hop on 99
monter dans (un véhicule)	to get into 73
montre	watch 4
montrer	to show 30
morceau	piece 31 ; bit 74
mort *(adj..)*	dead 52
mort *(n.)*	death 52
mot	word 44
mot de passe	password 34
moteur	engine, motor 76
moto(cyclette)	motor bike 76
mots croisés	crossword 82
mouchoir	handkerchief 81
mourir	to die 52, 75
moutarde	mustard 12
mouton	sheep 93
moyen *(n.)*	way 3, 61
moyen/ne	medium 65 ; average 76
musée	museum 94
musée (d'art)	art gallery 93
musique	music 30

N

nageoire	flipper 89
nager	to swim 29
naissance	birth 52
naître	to be born 52
natation	swimming 29
nation	nation 69

national/e	national 58
naturel/le	natural 52, 90
navigateur (internet)	browser 60
navigation	sailing 100
naviguer	to sail 100
naviguer sur internet	to browse 97 ; to surf 100
né (être ~)	to be born 52
nécessaire	necessary 52, 76
néerlandais/e	Dutch 28
neige	snow 10, 76
nettoyage	cleaning 25
nettoyer	to clean up 80
neuf/-ve	new 2
neuf/-ve (tout/e ~)	brand-new 80
neveu	nephew 38
nez	nose 71
ni... ni	neither... nor 69
nièce	niece 38
n'importe où	anywhere 27
n'importe quand	any time 48 ; whenever 96
n'importe...	any 48
nivelé/e	level 88
Noël	Christmas 13
noir	black 18
noix de coco	coconut 39
nom	name 2
nombre	number 61
non	no 3
non plus	either 20
nord	north 10
normal/e	normal 38, 79
normalement	normally 38
notre	our 2
nôtre(s) (le/la/les ~)	ours 45, 47
nourrir	to feed 50
nourriture	food 12
nous *(pr. pers. compl.)*	us 7, 8
nous *(pr. pers. sujet)*	we 4
nous-mêmes	ourselves 59
nouveau (à ~)	again 37
nouveau/-elle	new 2
nouvelle (en littérature)	short story 52
nouvelle(s) *(n.)*	news *(inv.)* 46
novembre	November 13
nu/e	bare 97
nuage	cloud 10
nuageux/-euse	cloudy 10

nuit	night 3
nuitamment	nightly 66
nulle part	anywhere 27 ; nowhere 27, 94
numérique	digital 99
numéro	number 16, 66

O

obtenir	to get 16
occasion	occasion 19 ; opportunity 100
occasion (d'~)	second-hand 94
occasionnellement	occasionally 38
occupé/e	busy 9, 30
océan	ocean 82
œil	eye 40
œuf	egg 12
œuvre	work *(dénombrable)* 93
office du tourisme	tourist office 95
offre	deal 95
offrir	to buy 64 ; to offer 67
oignon	onion 12
on *(pr. pers. indéfini)*	one 34
oncle	uncle 40
opposition	opposition 76
orange	orange 65
ordinaire	plain 100
ordinateur	computer 6
ordinateur portable	laptop 68, 97
ordre	order 66
ordre du jour	agenda 13, 74
où	where 4
où que...	wherever 96
ou... ou	either... or 69
ouais	yeah 53
oublier	to forget 42, 54
oui	yes 3
outil	tool 43
ouvert/e	open 26
ouvert/e d'esprit	open-minded 88
ouverture	opening 81
ouvrir	to open 26

P

pagaille	mess 80
pain	bread 12
pain grillé	toast 33
paix	peace 46
palme	flipper 89

panier	basket 89
pantalon	trousers *(inv.)* 54
papa	dad 44
papier	paper 43
Pâques	Easter 13
paquet	package 60
par	by 23, 34
paragraphe	paragraph 100
paramètres	settings 60
parc	park 82
parce que	because 10
pardonner	to excuse 3
parents	parents 13
paresseux/-euse	lazy 25
parfait/e	perfect 38
parfaitement	perfectly 64
parfois	sometimes 10
pari	bet 69
parier	to bet 69
parieur/-euse	gambler 69
parking	car park 89
parler	to speak 16, 83 ; to talk 44
parler plus fort	to speak up 74
parmi	among 31
partager	to share 87
parti (politique)	party 47
particulièrement	particularly 61
partie	part 41
partir	to leave 43, 51 ; to be off 55
partir en fumée	to go down the drain 97
partout	everywhere 41
pas *(négation)*	not 3, 6
pass (de voyage)	travel pass 20
passager	passenger 62
passé	past 57
passeport	passport 55
passer (avec la main)	to hand 46
passer (du temps)	to spend 75
passer (se ~)	to happen 46, 85
passer de (se ~)	to do without 83
passer par	to go through 48
passer un examen	to take an exam 68
passionnant/e	exciting 92
passionné/e	keen 69
patient/e	patient 62
pause	break 89
pauvre	poor 52

paye *(n.)*	wage 87
payer	to pay 41
payer (qqch.)	to pay for 39
payer en espèces	to pay cash 96
pays	country 33
pays de Galles	Wales 33
paysage	landmark 92
Pays-Bas (les ~)	the Netherlands 28
peine	heartache 71
peine (à ~)	hardly 38 ; barely 97
pénalité	penalty 96
pencher (se ~)	to lean 42
pendant	during, for 55
pendant ce temps	in the meantime 89
pendant que	while 73
pendant un moment	for a while 73
pendule	clock 4
penser	to think 31, 33 ; to think about 41 ; to reckon 96
penser à (qqn)	to think of (s.o.) 57
perceuse	drill 80
perdre	to lose 68, 72
perdre (se ~)	to get lost 75, 94
perdre du temps	to waste time 82
perdu/e (être ~)	to be lost 94
père	father 13, 52
performance	performance 74
périphérie (d'une agglomération)	outskirts 87
permettre (se ~) (financièrement)	to afford 94
permettre de (à qqn)	to ensure 87
permis (de conduire)	driver's licence 68, 96
permis/e	permitted 61
personne *(adv.)*	no one 34
personne *(n.)*	person 8, 47
personnel (d'une entreprise)	staff 39 ; personnel 58
personnes	people *(inv.)* 8
peste (maladie)	plague 92
petit/e	small 6 ; little 10
petit-déjeuner	breakfast 11
pétrole	oil 53
peu	little 10
peu (un ~)	a bit 36
peu importe	whatever 96
peur (avoir ~)	to be afraid 18
peut-être	perhaps 9 ; maybe 44
phrase	sentence 100
pièce	room 11

pièce (de monnaie)	coin 89
pied	foot 9
pied (à ~)	on foot 94
pierre	stone 66, 83
pillule	pill 72
pinte	pint 17
pire(s)	worse 46
pire(s) (le/la/les ~)	the worst 47
piscine	swimming pool 34
placard	cupboard 24
place (de) (à la ~)	instead 93
plage	beach 11
plainte	complaint 74
plaire	to please 4
plaisanter	to joke 45 ; to kid 78
plaisir	pleasure 85
plancher	floor 6
planifier	to make a plan 86
planning	schedule 62, 89
plat *(adj.)*	flat *(adj.)* 8
plat *(n.)*	dish 25
plat du jour	house special 65
plat préparé	ready meal 73
plat/e	level 88
plein/e	full 13
pleinement	fully 26
pleuvoir	to rain 10, 50
pluie	rain 10
plupart des (la ~)	most (of) *(+ subst.)* 51
plus (davantage)	more 11
plus (en/de ~)	besides 36
plus (le/la/les ~)	the most 47
plus *(adv. de négation)*	anymore 43
plutôt	quite 26 ; pretty 60 ; rather 73 ; instead 93
pluvieux/-euse	rainy 10
pneu	tyre 97
pneu de secours	spare tyre 97
poche	pocket 24
poids	weight 9
poils	hair 40
point	item 74
point (à ~)	medium-rare 65
pointe	tip 27
poisson(s)	fish *(indénombrable)* 12, 17
police	police 76
policier/-ère	constable 85

politique (personne)	politician 90
politique *(adj.)*	political 46
politique *(n.)*	policy, politics 47
polonais/e	Polish 81
pomme	apple 65
pomme de terre	potato 12
pompier	firefighter/fireman 79
pondéré/e (personne)	level-headed 88
pont	bridge 92
populaire	popular 69
port	port 92
portable (téléphone)	cellphone *(Am.)*, mobile (phone) 6
porte	door 6
portefeuille	wallet 94
portemanteau	coat rack 80
porter (des vêtements)	to wear 19
porter (un objet)	to carry 40
portière (de véhicule)	door 78
portion	portion 27
poser une question	to ask 27
position	position 57
posséder	to have 9
possibilité	opportunity 46
possibilité de (avoir la ~)	to be able to 75
possible	possible 57
poste (travail)	job 22 ; position 57
pot (à boire)	drink 51
pot (contenant)	pot 15
pouce (de la main)	thumb 16
pouce (mesure de longueur)	inch 34
pour	to 1 ; for 4 ; in order to 66
pour autant que	so far as 90
pour cent	per cent 76
pourboire	tip 27
pourquoi	why 4
poursuivre	to get on 74 ; to carry on 83
pousser	to grow 92
pouvoir *(v.)*	can *(v. défectif)* 15 ; may *(aux. modal)* 48 ; could *(prétérit et conditionnel de* can*)* 57 ; to be able to 71 ; might *(aux. modal prétérit de* may*)* 79
pratique	convenient 61 ; practice 100
pratique (mettre en ~)	to practise 59
pratiquer	to practise 100
précipitation	hurry 36
précipiter (se ~)	to rush 34
préféré/e	favourite 29 ; go-to *(adj.)* 99

préférer	to prefer 61
préférer *(au conditionnel)*	rather (pr. pers. + would/'d ~) 96
Premier ministre	Prime Minister 41, 76
premier/-ère	first 13 ; top 76
premium	premium 48
prendre	to take 12, 72 ; to pick up 100
prendre l'avion	to fly 48
prendre plaisir à	to enjoy 73
prendre soin	to take care 37
prendre une décision	to make a decision 67
prénom	name 2
préoccuper (se ~)	to concern 83
préparer	to prepare 84
près (de)	near 3 ; close to 26 ; by 54
présentation	presentation 97
presque	hardly 38 ; nearly 87 ; almost 97
pressé/e	rushed 57
pressé/e (être ~)	to be in a hurry 36
pressing	dry cleaner's 36
prestigieux/-euse	prestigious 87
prêt/e	ready 9
prêt/e à (être ~)	to be willing 88
prêter	to lend 36, 80
prêter attention	to mind 64
prévision	forecast 46
prévoir	to expect 58
prie (je vous/t'en ~)	you're welcome 5
principal/e	main 74 ; leading 92 ; major 96
printemps	spring 11
priorité	priority 76
prise (de courant)	plug 55
prison	prison 52
privé/-e	private 83
prix	price 33, 76
prix (à gagner)	prize 33
probablement	probably 61 ; possibly 99
problème	problem 3 ; trouble 81
procès verbal (de réunion)	minutes *(pl.)* 74
prochain/e	next 9 ; coming 96
prochainement	shortly 62
proche de	close to 26
produire (se ~)	to happen 85
produire (se ~) (sur scène)	to perform 66
professeur/e	teacher 22
professionnel/le	vocational 87
profiter	to enjoy 99
profondément	deeply 52

programme	schedule 62
projet	plan 76 ; project 88
promenade	walk 29
promener	to walk 82
promener (se ~)	to go for a walk, to take a walk 82
promesse	promise 47
promettre	to promise 39
promotion	special offer 65
promotionnel/le	promotional 96
proposer	to offer 67 ; to suggest 86
propre	clean 11
propre (à soi)	own 75, 100
propriétaire	owner 95
prudent/e	careful 37
pub	pub 17
public/-que	public 23
publier (livre, revue, etc.)	to publish 52
publier / poster (sur internet, réseaux sociaux, etc.)	to post 74
puce (animal)	flea 75
puce (électronique)	chip 65
puis	then 10, 13
puissant/e	powerful 80
pull	sweater 89
pyjama	pyjamas *(pl.)* 54

Q

qualification	qualification 87
qualité	quality 74
quand	when 5
quand même	all the same 79
quarante	forty 12
quartier	neighbourhood 27 ; district 94
quatre-vingts	eighty 9
que	what 3 ; that 9 ; than 43 ; which 47
que *(conj.)*	than 44
quel(le)s que soi(en)t	however 99
quel(s) / quelle(s)	what 4 ; which 5
quelque chose	anything 17 ; something 19
quelque part	anywhere, somewhere 27
quelque temps	a while 73
quelques	some 9 ; few 51
question	question 9 ; issue 74
questions-réponses	Q&A (questions & answers) 99
queue	queue 3
qui	who 4 ; that 61 ; whom 83
qui (à ~)	whose 6

R

règle	rule 64
régler	to pay 41
régulier/-ère	regular 100
régulièrement	regularly 23, 38, 100 ; on a regular basis 100
relooking	makeover 91
remarquer	to notice 93
remercier	to thank 5
remplacer	to replace 90
rencontrer (qqn)	to meet 2, 34
rencontrer par hasard	to run into 78
rendez-vous	appointment 4
rendre à (se ~)	to get to 60
rendre compte de/que (se ~)	to realise 51
renoncer à	to give up 89
rentrer à la maison	to get home 34
renvoyer	to send back 80
réparer	to repair 61 ; to fix 80
repas	meal 31
repassage	ironing 86
repasser	to iron 86
répéter	to repeat 74
répondre	to answer 42, 58, 62
réponse	answer 33
réputé/e	successful 66
réseau	network 61
réseau(x) social/-aux	social media 62, 100
réservé/e	booked 26
réserver	to book 26, 48
résolution de problèmes	problem-solving 88
résoudre	to solve 88
respecté/e	respected 88
respirer	to breathe 93
responsable (dans une entreprise)	manager 57
ressembler	to look like 76
ressource	resource 57, 90
restaurant	restaurant 25
rester	to stay 39, 50 ; to be left 51 ; to remain 92
rester calme	to keep cool 55
rester en contact	to keep in touch 73
rester en forme	to keep fit 86
restrictif/-ve	restrictive 83
résultat	result 47
résumé	summary 57
retard	delay 60
retard (être en ~)	to be late 4
retardé/e	delayed 60

retourner	to go back 36 ; to get back 75
retrouver (qqn) / se retrouver	to meet 34
réunion	meeting 4
réussi/e	successful 52
réussir	to succeed 88
réussir un examen	to pass an exam 68
réussite	hit 66
réveil (matin)	alarm 73
réveiller (se ~)	to wake up 72
revenir	to get back 75
revenu (salaire)	income 87
réviser	to revise 100
revoir (au ~)	goodbye 24 ; bye *(fam.)* 58
revoir (passer en revue)	to review 84
revue (examen, vérification, contrôle)	review 74
rez-de-chaussée	ground floor 8
rhume	cold *(n.)* 75
riche	wealthy 41 ; rich 53
richesse	wealth 41
rien	nothing 43
rien (de ~)	you're welcome 5
rien *(dans une phrase négative)*	anything 19
rival/e	rival 53
rivière	river 92
robe	dress 8
Romain	Roman 92
roman	novel 52
romancier	novelist 52
rond-point	roundabout 78
rouge	red 40
route	road 61
royaume	kingdom 33
Royaume-Uni	United Kingdom (UK) 33
rubrique	section 99
rude	hard, harsh 9
rue	street 36
ruée	rush 34
ruer (se ~)	to rush 34
ruines (en ~)	ruined 92
ruisseau	stream 46
russe	Russian 28, 81
Russie	Russia 28

S

sac (à main)	bag 40
sacré/e	holy 11
sage	wise 75

saignant (cuisson)	rare 65
saison	season 95
salade	salad 12
salaire	salary 59 ; pay 76
sale	dirty 40
salle	hall 34
salle à manger	dining room 11
salle de bains	bathroom 11, 80
salle de sport	sports hall 34
salon	living room 11
Salut !	Hey!, Hi!, Hiya! 1
samedi	Saturday 10, 25
sandwich	sandwich 12
sang	blood 97
sans	without 18
sans sucre	sugar-free 27
santé	health 47, 86
Santé !	Cheers! 99
satané/e	bloody 97
satisfaction	satisfaction 74
sauf (excepté)	except 41
sauf si	unless 62
sautiller	to hop 99
sauvegarde	backup 97
sauver	to save 43, 90
savoir	to know 9, 89
savoir (avoir la capacité de)	can *(v. défectif)* 49, 66 ; could *(prétérit et conditionnel de* can*)* 66
savoir par hasard	to happen to know 95
science	science 22
scotché/e	stunned 89
sec	dry 36
secondaire	secondary 22
secret	secret 31
secteur	industry 81
sécurité	safety 99
séjour	stay 99
selfie (autoportrait photographique)	selfie 73
semaine	week 5
semaine (chaque / à la ~)	weekly 61
semblable	like 10
sembler	to seem 39
séminaire	seminar 71
sens (bon ~)	sense 45
sensible	sore 71
sentiment	feeling 93
sentir (odeurs)	to smell 35

sentir / se sentir	to feel 52
sentir mal fichu/e (se ~)	to feel awful 71
septembre	September 13
série	series 100
serre	greenhouse 90
serveur/-euse	server, waiter/waitress 27
serviable	helpful 37
service	service 27
seul/e	alone 52 ; single 53 ; lonely 93
seul/e (tout/e ~)	on my/your/his/her/its/our/their own 100
seulement	only 10
shampoing	shampoo 89
short (pantalon court)	shorts *(inv.)* 54
si *(adv.)*	so 3 ; such 19
si *(conj.)*	if 15 ; whether 95
sidérurgie	steel industry 86
siècle	century 92
siège	seat 79
sien(s) / sienne(s) (le/la/les ~)	hers, his 45
signe	sign 40
signer	to sign 45
signifier	to mean 47
s'il te/vous plaît	please 4
silencieux/-euse	quiet 26
simple	simple 31 ; single 53 ; easy 61 ; plain 100
simplement	simply 23
site	site 87
site (touristique)	sight 99
site internet	website 48
situation	situation 46
situé/e (être ~)	to be located 87
slip (de femme)	panties *(inv.)* 56
slip (d'homme)	briefs *(pl.)*, underpants *(inv.)* 56
smoking	dinner jacket, dinner suit 91
snack (snack-bar)	snack bar 89
social/e	social 87
socialisme	socialism 47
société	company 23
sœur	sister 9
soi	self 58
soie	silk 64
soif (avoir ~)	to be thirsty 15
soigneux/-euse	careful 37
soin	care 37
soir	evening 2
soir (ce ~)	tonight 26
soit… soit	either… or 69

soixante	sixty 22
soldes	sales 32
soleil	sun 10, 39
solide	strong 12
solitaire	lonely 93
solitude	loneliness 93
solution	solution 88
sommeil	sleep 37
sommeil (sans ~)	sleepless 37
sommelier	wine waiter 27
sommet	top 85
somnifère	sleeping pill 72
son / sa / ses	her 8
son *(n.)*	sound 38
son/sa/ses	his 8
sonette (d'une porte)	doorbell 58
sonner	to ring 58
sonnerie (d'un téléphone portable)	ringtone 58
sorte	sort 61
sorte de	kind of 93
sortie	exit 26
sortir (dehors)	to go out 68
sortir (d'un véhicule)	to get out of 73
sot/te	fool 13
soucier de (se ~) (qqch. ou qqn)	to care 44 ; to mind 64
soudain	suddenly 73
soudainement	suddenly 73
souffle	breath 93
souffrance	ache 71
souhaiter	to wish 85
soulever	to lift 60 ; to raise 76
sous	under 6
sous peu	shortly 62
sous-payé	underpaid 6
souvenir de (se ~)	to remember 38
souvent	often 31 ; frequently 66
spécial	special 19
spécialité (dans un restaurant)	special 65
spectacle	show 30
sport	sport 9
sportif/-ve	sporting 87
squash	squash 83
stage	course 13
station balnéaire	seaside resort 39
stationnement	parking 61
statut	status 92
steak hâché (burger)	burger 65

stockage	storage 87
stratégie	strategy 47
structure	structure 100
studio	studio flat 87
stupide	stupid 97
stylo	pen 45
stylo à bille	ballpoint pen, biro 45
succès	success 66
succès (avec ~)	successful 52
succès (qui a du ~)	successful 66
sucre	sugar 18
sucré/e	sweet *(adj.)* 65
sud	south 10
sueur	sweat 89
suffire	to do *(au futur ou conditionnnel)* 95
suffisamment	enough 100
suggérer	to suggest 86
suggestion	suggestion 86
suivant/e	following 92
suivre	to follow 35
super	fine 9 ; great 38 ; awesome 99
superbe	superb 95
supermarché	supermarket 89
supplément	extra 96
supplémentaire	extra 76 ; additional 96
supporter	to bear 62
supposer	to suppose 51
sur	over 2 ; on 6 ; upon 82
sûr	sure 9
sûrement	surely 99
surfer	to surf 100
surtout	above all 88
suspendre	to hang 68 ; to hang up 80
svelte	slim 31
sweat-shirt (vêtement de sport)	sweatshirt 89
sympa(thique)	nice 1
syndicat	trade union 76
système	system 55

T

table	table 24
tableau (œuvre d'art)	painting 93
tableur	spreadsheet 97
taille	size 64
Tamise (la rivière / le fleuve)	River Thames 92
tandis que	while 69
tante	aunt 50

taper	to hit 66
tard	late 25
tard (plus ~)	later 40
tarif	fare 62 ; rate 96
tarte	tart 65
tas de (un/des é~)	masses of 95
tasse	cup 18
taxi	taxi 3
te	you 7
technologie	tech(nology) 81
technologie de l'information	IT (Information Technology) 22
télé	TV 46
télécommande	remote 46
téléphone	phone 6
téléphone fixe	landline 6
téléphoner	to phone 51
télévision	television 46
tellement	so 11
température	temperature 72
tempête	storm 46
temps	time 3 ; weather 10
temps (à ~)	in time 78
temps en temps (de ~)	occasionally 38
temps partiel	part-time 88
temps plein	full-time 88
tenir	to hold on 67
tennis	tennis 34
tente	tent 92
terme	term 88
terminal *(n.)*	terminal 40
terminer	to finish 77, 87
terre	earth 54
terrible	dreadful 85
tête	head 40
texto	text 51
thé	tea 15
ticket	ticket 20
tien(s) / tienne(s) (le/la/les ~)	yours 45
tiroir	drawer 45
titres (gros ~) (des journaux)	headlines 76
toi	you 1
toile (d'araignée / réseau)	web 48
toile (peinture)	canvas 93
toilettes	toilet 26
toi-même	yourself 59
toit	roof 8
tolérer	to bear 62

tomate	tomato 12
tomber	to fall 13, 76
tomber en panne (informatique)	to crash 97
tonne	ton 82
tort (avoir ~)	to be wrong 4
tôt	early 25, 52 ; soon 57
total/e	complete 20
totalement	totally 99
toucher	to touch 73
toujours	always 3 ; still 37
tour	tower block 61
tourisme (faire du ~)	to sightsee 93
touriste	tourist 11
touristique	tourist 50
tourner	to turn 36
tourner / retourner	to turn over 80
tous	everybody 33
tous/toutes	every 10
tout	everything 29
tout à fait	quite 60
tout cas (en ~)	anyway 3, 80
tout ce que/dont...	whatever 96
tout de suite	immediately, straight away 67 ; right away 68
tout le monde	everyone 33, 39 ; everybody 39
tout(e) / tous/toutes	all 5
toutefois	however 99
trace	track 89
traffic	traffic 32
train	train 22, 34
train de banlieue	commuter train 61
traitement de données	data processing 22
tranquille	quiet 26
transfert	transfer 67
transport	transport 23
transports en commun	public transport 23
travail	work *(indénombrable)* 5 ; job 22
travailler	to work 22
travailleur/-euse	worker 47
Travailliste (le parti ~)	Labour (Party) 47
travaux (d'entretien des routes)	roadworks 93, 94
travers (à ~)	through 48 ; across 92
traverser (en voiture)	to drive through 94
trente	thirty 4
très	very 1
triste	sad 52 ; miserable 68
tristesse	sadness 93

troisième	third 8
tromper (se ~)	to be mistaken 83
trop	too 5
trop (de)	too many, too much 32
troupeau	flock 93
trouver	to find 26, 57
trucs	stuff 32
tu	you 1
tube (musical)	hit 66
tuer	to kill 92
type (personne)	guy 8

U

ukrainien/ne	Ukrainian 28
un / une	a / an *(devant voyelle initiale)* 3 ; one 4, 9
un(e) l'autre (l'~)	each other 79
uni/e	united 33
unique	single 53
université	university 81
usine	factory 52
utile	helpful 37 ; useful 42, 100
utilisateur/-trice	user 97
utiliser	to use 24

V

vacances	holiday *(sing.)*, vacation *(Am.) (sing.)* 11
vaincre	to win 53
vaisselle (faire la ~)	to do the dishes 25
valeur	stock 53
valide	valid 96
valise	suitcase 54
valoir (mieux ~)	I/you/she/he/we/they'd better 71 ; I/ you/he/she/we/they had best 99
vaste	extensive 61
vedette	star 33
veille	eve 13
vélo	bike 29
vélo (faire du ~)	to cycle 29, 90
vélo (se déplacer à ~)	to cycle 29
vendeur/-euse	sales assistant 97
vendre	to sell 32
vendredi	Friday 10
venir	to come 5, 32, 52
venir (à ~)	ahead 76
venir chercher (qqn)	to meet 34
vente	sale 32
venteux/-euse	windy 10

verbe	verb 28, 100
verbe à particule adverbiale	phrasal verb 28
vérifier	to check 55
véritable	proper 75
vérité	truth 41
verre	drink 41, 51
verre (récipient)	glass 65
verrouiller	to lock 55
vert/e	green 40
veste	jacket 64
vêtements	clothes *(inv.)* 43
vide	empty 55
vidéo	video 29
vie	life 29, 39
vieux / vieil/le	old 3
village	village 11
ville	city 3 ; town 22
vin	wine 9
vintage	vintage 89
violon	fiddle, violin 75
virtuel/le	virtual 74
viser	to check out 99
vision	vision 88
visite (à qqn) (rendre ~)	to visit 50
visiter	to visit 43
visiteur/-euse	visitor 95
vite	fast 31 ; quickly, soon 52
vivant/e	living *(adj.)* 66
vivre	to live 8
vocabulaire	vocabulary 100
voir	to see 1, 72
voisin/e	neighbour 27, 55
voisinage	neighbourhood 27
voiture	car 23
voix haute (à ~)	out loud 100
vol (avion/oiseau)	flight 48
voler (avion/oiseau)	to fly 48
volet (de fenêtre)	shutter 55
volonté	will 42
volte-face (faire ~)	to do a U-turn 85
vomir	to be sick 51
voter	to vote 41
votre / vos	your 4
vôtre(s) (le/la/les ~)	yours 45
vouloir	to want 15, 50
vouloir dire	to mean 4
vous	you 1, 2

ASSiMiL
Le don des langues

L'anglais

chez Assimil, c'est également :

Perfectionnement Anglais*
L'anglais d'Amérique*
L'anglais des affaires
L'anglais du travail
Apprendre l'anglais - niveau A2
Guide de conversation Anglais
Guide de conversation Anglais américain
L'anglais australien de poche
Anglais ou américain ? Les différences à connaître
Cahiers d'exercices Anglais (3 niveaux)
Cahiers d'exercices Collège : 6e, 5e, 4e et 3e
Cahiers d'exercices : TOEIC Reading test et Listening test
QCM : 300 tests d'anglais
QCM : 200 tests de conjugaison anglaise

* existent aussi en e-méthode (version numérique)

N° édition 4360 : L'anglais
Imprimé en France par Laballery - Août 2024
406404